विनय पत्रिका

विनय पत्रिका

(पाठ समीक्षा तथा विवेचन)

सम्पादक
प्रो. योगेन्द्र प्रताप सिंह
पूर्व प्रोफेसर तथा अध्यक्ष
हिन्दी विभाग
इलाहाबाद, विश्वविद्यालय

लोकभारती प्रकाशन
पहली मंजिल, दरबारी बिल्डिंग, महात्मा गांधी मार्ग इलाहाबाद-1

लोकभारती प्रकाशन
पहली मंजिल, दरबारी बिल्डिंग, महात्मा गाँधी मार्ग
इलाहाबाद-211 001

वेबसाइट : www.lokbhartiprakashan.com
ईमेल : info@lokbhartiprakashan.com

शाखाएँ : 1-बी, नेताजी सुभाष मार्ग, दरियागंज
नयी दिल्ली-110 002
अशोक राजपथ, साइंस कॉलेज के सामने
पटना-800 006 (बिहार)
36-ए, शेक्सपियर सरणी
कोलकाता-700 017

तृतीय संस्करण : 2009
पुनर्मुद्रण : 2014,2016

मूल्य : ₹ 595

इण्डियन प्रेस
इलाहाबाद द्वारा मुद्रित

VINAY PATRIKA
by Prof. Yogendra Pratap Singh

ISBN : 978-81-8031-403-2

आत्मकथ्य

पाठकों के समक्ष तुलसी कृत विनय पत्रिका का पाठ तथा उसकी विवेचना रखते हुए अत्यन्त प्रसन्नता हो रही है। वर्षों पूर्व वैद्यनाथ धाम, देवघर, विहार के पुरोहित ब्रह्माविष्णु महेश ने बताया था कि भगवान भूतभावन को विनय पत्रिका विशेष प्रिय है। इसकी व्याख्या लिखकर इन्हें सुनाएँ। उनकी प्रेरणा से तथा लोकभारती प्रकाशन के व्यवस्थापक श्री दिनेश जी के आग्रह को स्वीकार करके विनय पत्रिका का कार्य प्रस्तुत किया गया है। सुना गया है, भूतभावन विनय पत्रिका सुनकर पुलकित होते हैं, समय मिलने पर उन्हें अवश्य निवेदित करूँगा—स्वयं तुलसी ने काशी में इस विनय पत्रिका को लिखकर उन्हें सुनाया था, विनय पत्रिका के कहने, सुनने तथा समझने का पृथक् सुख है। विनय पत्रिका समझने पर जीव की अहन्ता का तिरोधान होता है। निर्मल मति-आत्मबोध की ग्रंथि खोलती है। विवेक स्वयं उत्पन्न होकर अनेक योनियों में पड़कर अनेकानेक जन्म मरण की भोगी हुई पीड़ा का जीव को ज्ञान कराता है। जन्म-मरण की असह्य पीड़ा तथा संत्रास का अनुभव करके जीव इस नारकीय जीवन से मुक्ति चाहता है। विनय पत्रिका अधोगति की इस पीड़ा में छटपटाते निराश्रित जीव की मुक्तिदात्री गाथा है। इस मुक्ति विधायिनी विनय पत्रिका का अवगाहन करके जीवसत्ता परात्पर ब्रह्म श्रीराम से अनन्यभात्र से जुड़ती है। इस अनन्यता से जीव को तृष्णाक्षय सुख की उपलब्धि होती है। यही तृष्णाक्षय सुख ही विश्रान्तिं का पर्यायवाची है। इस प्रकार विनय पत्रिका जरा-मरण के ताप से जर्जर मानव जाति के सन्तप्त मन पर विश्रान्तिमूलक शान्ति का अमृतदायी लेप है—

जे येहिं वारि न मानस धोये। ते कायर कलिकाल बिगोये।

—योगेन्द्र प्रताप सिंह

विजय दशमी, आश्विन

२१-१०-९६

भगवान भूतभावन महाशिव को
भक्तिपूर्वक, प्रीतिपूर्वक, श्रद्धापूर्वक
अर्पित

विषय-सूची

क्रम संख्या | | पृष्ठ

परिशिष्ट

विनय पत्रिका का मूल स्वरूप

विनय पत्रिका श्रीरामचरित मानस के पश्चात् तुलसी की सबसे अधिक लोक प्रचलित कृति है। प्रौढ़ता तथा आत्मानुभव के विकास की दृष्टि से यह मानस से भी कहीं अधिक गूढ़, दार्शनिक चिंतन से पूर्ण तथा राम भक्तियोग की साधना से परिपूर्ण है। इतनी प्रचलित कृति होते हुए भी, यह आश्चर्य का विषय है कि इसमें जटिल पाठान्तर, प्रक्षेप एवं लेखकीय प्रमाद लेश मात्र नहीं प्राप्त होते।

सूर तथा कबीर आदि के विनय के पदों तथा शरणागति एवं प्रपत्तिमूलक भक्ति से प्रभावित होकर कवि ने पद शैली में प्रारम्भ में विनय के पदों की रचना की थी। डॉ० श्यामसुन्दर दासजी ने बताया है कि इसकी एक प्रति 'विनयावली' के नाम से भी मिलती है, सम्प्रति, ऐसी प्रति मात्र डॉ० दासजी की निजी सूचना मात्र है। 'विनय पत्रिका' नामकरण के पूर्व यह कृति 'रामगीतावली' नाम से कवि द्वारा लिखी गई थी और उसकी प्रति काशिराज पुस्तकालय में सम्प्रति वर्तमान है। इस 'रामगीतावली' में मात्र १७६ पद हैं। स्तुति, स्तोत्र, श्रीराम के माहात्म्य एवं वर्तमान विनय पत्रिका के मूल पद यहाँ प्राप्त होते हैं और इस 'रामगीतावली' कृति का सम्बन्ध विनयमूला शरणागतियुक्त प्रपत्ति भक्ति से ही है। इस विनय पत्रिका में इसके मन्तव्य को स्पष्ट करते हुए प्रारम्भ में एक श्लोक आया है, जो इस प्रकार है—

यदि रघुवर भक्तिर्मुक्तिदा प्रेक्ष्यते सा,
सकल कलुषहंत्री सेवनीयाऽप्रमादात्।
श्रुणुति सुमति पुंसो निर्मिता रामभक्तैः
जगति तुलसीदास रामगीतावलीयम्।

श्रीरामचरितमानस में प्रत्येक सोपान की समाप्ति के बाद, 'कलि कलुष विध्वंसने' के उल्लेख के समान्तर भाव का यह श्लोक है। सामान्यता इस कृति का लक्ष्य कलि कल्मष का विनाश निर्धारित किया जा सकता है। विनय पत्रिका का मन्तव्य थोड़ा इससे हटकर है। वहाँ कलि से संतप्त मानव जाति की अखिल मायिक पीड़ा से मुक्ति की छटपटाहट तो है परन्तु उससे कहीं अधिक महत्त्वपूर्ण श्रीरामभक्तियोग की साधना तथा स्थापना है और इस योग द्वारा ईश्वर तथा जीव के बीच अज्ञान के अवरण की समाप्ति, साथ ही साथ इन दोनों की उस तादात्म्य का चित्रण है, जिससे जीव जन्म-भरण के क्लेशदायी बन्धन से मुक्त हो जाता है। इस प्रकार रामगीतावली श्रीराम के विग्रह की स्तुति, रूप तथा नाम की उपासना, साथ ही, विनय के विविध भावों से युक्त कृति है—जबकि विनय पत्रिका इससे भिन्न है।

कवि ने अपने विशिष्ट मन्तव्य की सम्पुष्टि के लिए एक विशेष समय पर पूरी तरह से सोच-समझ के पश्चात् रामगीतावली के पदों की व्यवस्था तथा छन्द संख्या में परिवर्तन करके उसका विनय पत्रिका स्वरूप निर्धारित किया। विनय पत्रिका में २७९ छन्द हैं और जबकि

रामगीतावली में, जैसा कि बताया गया है, १७६ छन्द हैं।

'रामगीतावली' का पाठ कलेवर विनय पत्रिका से पर्याप्त भिन्न है, और विशेष रूप से छन्दों का स्थान परिवर्तन तो एकदम बदला हुआ है। रामगीतावली में प्रारम्भ में यमुना, चित्रकूट एवं लक्ष्मण स्तुति नहीं थी। विनय पत्रिका में इनसे सम्बन्धित स्तुतियाँ बाद में जोड़ी गईं। रामगीतावली के अन्त में भरत, शत्रुघ्न एवं सीता की स्तुतियाँ थीं। प्रसिद्ध 'छन्द' 'कबहुँक अंब अवसर पाइ' रामगीतावली का अन्तिम छन्द था, किन्तु यहाँ प्रारम्भ में है। रामगीतावली में श्रीराम से सम्बन्धित १७ छन्द मात्र थे, किन्तु विनय पत्रिका में उन सत्रह छन्दों को सम्मिलित करते हुए ३८ छन्द रखे गए। रामगीतावली में प्रथम छन्द गणेश वन्दना का था, छन्द संख्या २, ३, ४ क्रमशः शिव की स्तुति से सम्बद्ध थे, किन्तु विनय पत्रिका में दूसरा छन्द सूर्य स्तुति का है। यह सूर्य स्तुति का छन्द रामगीतावली में १९ वाँ था। भैरव रूप शिव को स्तुति रामगीतावली में नहीं है। विनय पत्रिका में शिव स्तुति के बाद कवि देवी स्तुति प्रारम्भ करता है किन्तु रामगीतावली में हनुमान स्तुति पर कवि सीधा उतर आता है। विनय पत्रिका में 'मंगल मूरति मारुति नन्दन' शीर्षक प्रसिद्ध हनुमत् स्तुति का पद अन्तिम है, किन्तु रामगीतावली में यह पहला छन्द है। इसी प्रकार कवि ने रामगीतावली के कई छन्दों को हटाकर गीतावली में जोड़ दिया। ये छन्द संख्या में तीन हैं। रामगीतावली के पदों का मूल मन्तव्य मन की विवशता श्रीराम का अनुग्रह, राम का अकारण वात्सल्य, सांसारिक संसक्ति तथा मोह ग्रस्तता, चित्तभ्रम, श्रीराम के गुणों की उदारता, दानशीलता, अनाथों के प्रति हितैषिता आदि हैं। अन्त में, कलि कल्मष सम्बन्धी भी कुछ पद हैं। अपने तीन छन्दों का स्थानान्तरण गीतावली में करके कवि ने १७६ नए छन्दों की रचना की और उसने विनय पत्रिका को वर्तमान कलेवर देकर उसे 'रामगीतावली' से युक्त किया।

विनय पत्रिका रामगीतावली के कलेवर का विकास मात्र नहीं है। उसने बहुत सोची-समझी योजना के तहत नए ढंग से उसके कलेवर का न केवल विन्यास किया, अपितु उसके रचनात्मक स्वरूप तथा क्रम में भी पर्याप्त परिवर्तन किया। रामगीतावली का स्वरूप मात्र संग्रहात्मक था। विनय पत्रिका केवल पदों का संकलन मात्र नहीं है। उसमें प्रारम्भ से अन्त तक एक व्यवस्था है। प्रारम्भ में स्तुति के पद हैं। उसके पश्चात् नामस्मरण माहात्म्य है। नाम स्मरण माहात्म्य के पश्चात् सांसारिक अनित्यता का चित्रण है। इसके पश्चात् रामसनेही पद हैं। राम सनेही पदों के पश्चात् कलि कलुष, प्रपत्ति तथा शरणागति के पद हैं और इस प्रकार प्रपत्ति तथा शरणागति के पदों के बाद 'जीव तथा ईश्वर' के सम्बन्ध की मार्मिक गाथा और उसके पश्चात् पत्रिका की प्रकरण वक्रता का सन्दर्भ है। कुल मिलाकर, विनय पत्रिका अपने आपमें सुव्यवस्थित तथा अविशृंखलित पदों का संग्रह है और इस संग्रह में प्रबन्धात्मक दृष्टि की छाया स्पष्ट रूप से देखी जा सकती है।

पाठ की यह समस्या अपने ढंग की एक विशिष्ट स्थिति है, जब कृती स्वयं अपनी कृति को संशोधित करके उसके स्वरूप, पद संख्या तथा प्रवृति में कतिपय परिवर्तन करता हो? यह एक प्रकार से रचनाकार द्वारा किया हुआ संशोधन तथा कृति को नया स्वरूप प्रदान करने का क्रम है। यह न तो शुद्ध समालोचना का प्रश्न है और न सामान्य सम्पादन का अपितु पाठालोचन के अन्तर्गत एक प्रकार के स्वरूप-परिवर्तन का प्रश्न कृति के वर्तमान कलेवर तथा पाठ निर्धारण से अवश्य जुड़ता है।

विनय तथा पत्रिका के सन्दर्भ

विनय—विनय भारतीय मनीषा की एक सर्वाधिक विकसित अवधारणा है, जो लोकनीति, नीति, धर्माचरण, भगवद्भक्ति, आत्मानुशासन, लोक व्यवहार से जुड़कर विनयी को आत्मश्लाघा से मुक्त करती है। लोक में उत्पन्न होने वाले मिथ्याभिमान के ठीक विपरीत यह आत्मा का प्रणति भरा अनुशासन है।

सामान्य अर्थ में विनय का तात्पर्य अनुशासन, अधृष्टता, शिक्षा, प्रणति, प्रशंसा, इन्द्रिय-संयम, लज्जाशीलता, आत्मज्ञानजन्य संस्कार भेद आदि से है। विनय पत्रिका के अन्तर्गत तुलसीदास का विनय से तात्पर्य संसार की अनित्यता तथा मिथ्यात्व से उत्पन्न अनासक्ति के कारण श्रीराम के प्रति अतिशय संसक्ति भरी प्रणति भावना से है। एक ओर, विनय पत्रिका में इस संसार की असत्यता तथा मिथ्या रूप से उत्पन्न जितनी अधिक ग्लानि, उदासीनता, अनासक्ति, पीड़ा का द्रावक चित्रण प्रस्तुत किया गया है, वहीं दूसरी ओर उसका सबसे महत्त्वपूर्ण भावात्मक पक्ष श्रीराम के प्रति अतिशय भक्ति तथा संसक्ति का भी चित्रण है। अभाव तथा भाव दोनों मिलकर एक द्वन्द्व एवं एक दूसरे के पूरक साथ-ही-साथ पीड़ा तथा उस पीड़ा के समाधान की मुक्ति 'विनय पत्रिका' का प्रतिपाद्य विषय है। गोस्वामी तुलसीदासजी ने 'प्रणति' के अर्थ में विनय पत्रिका में दो स्थलों पर 'विनय' शब्द का प्रयोग किया है—

(१) बावरो रावरो नाह भवानी

* * *

प्रेम प्रसंसा विनय व्यंग्यजुत सुनि विधि की बरबानी

(२) विनय करौं अपभयहु तें तुम्ह परम हितैहो-

इन प्रकरणों में भी विनय का अर्थ प्रणति से ही है।

'विनय' स्वयं में एक चित्त दशा है किन्तु इसके लिए अहन्ता का त्याग आवश्यक है। सामान्य तथा '**लोक चित्त**' का सम्बन्ध मन, तज्जन्य बुद्धि, उससे निर्मित विशेष प्रकार की चित्तदशा तथा तद्विषयक अहंकार भाव से है। सम्पूर्ण जीव एवं मनुष्य ज्ञान की इसी लोक दशा में व्यवहार करते हैं। 'अहम्' तथा 'अहन्ता' इस प्रकार सम्पूर्ण लोक व्यवहार के मूल में है। ज्ञानियों एवं साधकों ने इस अहम् या अहन्ता के परिमार्जन का उपाय बताया है। इसका प्रारम्भिक सोपान '**आत्मधी**' है। अपने को अपने में रमा लेना ही आत्मधी है' यह आत्म चिंतन नहीं आत्मानुशासन की सीढ़ी है। 'धी' के विकास के बाद 'प्रज्ञाबुद्धि' का जन्म होता। 'प्रज्ञाबुद्धि' का अर्थ है, अपनी तथा अपने से बाहर स्थित संसार की वास्तविक समझ। इस प्रज्ञा के बाद 'आत्मबोध' की मनःदशा आती है, और फिर स्थायी विवेक की जागृति होती है। महात्माबुद्ध, तुलसीदास, कबीरदास जैसे सन्तों का इस विवेक की मनःदशा में कहा गया वचन ही 'विनय' है। लोकात्तक सत्ता में जो स्थिति 'अहंकार या अहन्ता' की है, परमार्थिक सत्ता में वही स्थान 'विनय' का है। अहंकार का विपर्यय विनय है तथा विनय का विपर्यय है अहम्भाव। मन, बुद्धि, चित्त तथा अहंकार वस्तु एवं दृश्य रूप हैं। ये मूलतः परमार्थिक ज्ञान के विषय नहीं हैं, ठीक उसके विपरीत बोध एवं विवेक से उत्पन्न विनय स्वयं दृष्टा का अंग बन जाता है। इस इस रूप में अहंकार या अहन्ता बुद्धि के अन्तर्गत देखा जाता हुआ यह असंसरणशील की भाँति संसरणशील संसार विवेक दशा में असंसरणशील एवं मिथ्या दीखने लगता है। 'विनय' साधक की इसी विवेकदशा की वाणी है। इस विनय की भूमिका

में न संसार है, न राग है, न द्वेष है, न तृष्णा है, न विकृति है, न अस्मिता है, न अहम् है, न स्व है, न पर है—साधक को एक संसक्ति विरहित तथा अद्भुत रूप 'केसव कहि न जाइ का कहिये' जैसा दृष्टिगत होने लगता है। इस प्रकार 'विनय' संसार के 'असंगज्ञान' की 'संहिता' है, अहंकार का सर्वथा विलोप विनय के अंकुरण का प्रारम्भ माना जाता है। इस प्रकार 'विनय' भारतीय मनीषा का सर्वोच्च भाव तथा तदानुगत आचरण है। विनय क्षीणतृष्ण का लोक के प्रति आचरण है।

बौद्धधर्म के अन्तर्गत 'विनय' की सर्वोपरि सत्ता स्वीकार की गई है। महाबोध के पश्चात् महात्मा बुद्ध का सम्यक् आचरण 'विनय' के नाम से पुकारा गया। बाद में, यह 'आत्मानुशासन' का पर्याय बना और इसी से 'विनय पिटक' जैसा संकलन तैयार किया गया। विनय लोक का एक शिष्टाचार मात्र नहीं है। विनय अध्यात्म की सर्वोच्च ऊँचाई है। इस प्रकार 'विनय' पत्रिका में 'विनय' नितान्त लोकात्मक न होकर आत्मानुशासन एवं आत्मज्ञान के पश्चात् उत्पन्न शून्यता की रिक्ति को भरने वाला प्रेम तथा श्रीराम के प्रति विवेक जन्य प्रणतिभावना का पर्याय है।

पत्रिका—मौखिक संदेश से भिन्न सामान्य जीवन में पत्र लेखन व्यक्तिगत सुख-दुःख, संकट, कुशल, क्षेम आदि से जुड़ा है। साहित्य शास्त्र में विरह-प्रकरण में दूत या दूती द्वारा गुप्त संदेश पत्र के माध्यम से प्रेषित करने की परिपाटी मिलती है। उज्ज्वलनीलमणि में रूप गोस्वामी इसी प्रकरण में '**कामलेख**' की चर्चा करते हैं—

स लेखः कामलेखः स्याद्यः स्वप्रेम प्रकाशकः।
युवत्या यूनि यूना च युवत्या संग्रहीयते॥

उनके अनुसार कामलेख दो प्रकार के हैं—निरक्षर तथा साक्षर। साक्षर कामलेख को परिभाषित करते हुए उन्होंने बताया है—

गाथामयी लिपिर्यत्र स्वहस्तक्लृप्त साक्षरः

इस लेख की निम्नलिखित विशेषताएँ होनी चाहिए—

(१) यह पत्रिका गाथामयी हो।

(२) अपनी हस्तलिपि में लेखक द्वारा लिखा गया हो क्योंकि यह नितान्त गोपनीय है। भागवत पुराण में गोपिकाओं के पास अपने दूत 'उद्धव' को श्रीकृष्ण 'पत्रिका' लिखकर देते हैं। भागवत पुराण का पत्रिका प्रकरण साहित्य में अनेकशः चर्चित है। सूरदास की 'पाती' प्रकरण इस पत्रलेखन की संदेश परम्परा से सम्बद्ध है। सूर ने विनय के पद के अन्तर्गत भगवान को 'पत्र लेखन' द्वारा आत्मकथ्य निवेदित करने की चर्चा करते हैं। डॉ० जगदीश गुप्त ने बातचीत प्रकरण में एक बार कहा था कि हो-न-हो 'विनय पत्रिका' लेखन में सूर का एतद् विषयक विनय का पद कहीं-न-कहीं तुलसीदास को अवश्य प्रभावित करता है।

'पत्रिका' तुलसीदास का आत्मलेख है। इस पत्रिका के माध्यम से वह अपनी निजी पीड़ा तथा आत्मकथ्य को अपने स्वामी श्रीराम तक पहुँचाना चाहते हैं। वे श्रीराम से प्रार्थना करते हैं कि पत्रिका को वह स्वयं ही बाँचें। पढ़ने के बाद यदि आवश्यकता पड़े तो पंचायतन के सदस्यों से सम्पुष्टि करा लें। वह भव सागर से संतप्त समग्र जीव समष्टि का अग्रलेख है। ईश्वर तथा जीव के नितान्त-गोपनीय, आत्मकथन तथा परस्पर अंशशि सम्बन्ध के होते हुए भी प्रपंचों तथा अहं भाव से विथकित तथा परस्पर अलगाव के बाद सम्मिलन की गाथा ही इस

पत्रिका का मन्तव्य है; अहन्ता तथा कर्म प्रपंचों से पीड़ित यह जीव अनेक जन्मों तथा अनेक योनियों से उस अपने अंशिन् से अलग हो चुका है। 'पत्रिका' इसीलिए लिखी गई है कि इस जीव की अकिंचनता ईश्वर की केवल कृपा कटाक्ष से, एक बार देख लेने मात्र से दूर हो जाएगी। जीव को वियोग, अपनी तुच्छता तथा अकिंचनता से मुक्त करके अपनाए जाने की कामना ही इस पत्रिका का उपसंहार है। जीव को उसका अंशिन् इस विनय पत्रिका के द्वारा ही देखें। उसके दृष्टिपात् मात्र से जीव का उद्धार निश्चित है। विनय भरी पत्रिका का मूल उद्देश्य अंश जीव के प्रति अंशिन् ब्रह्म का क्षणभर के लिए आत्मीयता भरा दृष्टिपात कराना है। ''केवल रघुनाथ हाथ सही है'' से कवि का यह मन्तव्य यहाँ पूरा हो जाता है।

विनय पत्रिका का अध्यात्म दर्शन

विनय पत्रिका अनुभव के स्तर पर एक जटिल कृति है। आत्मानुभव तथा अभिव्यक्ति के बीच द्वन्द्व भरी टकराहट विनय पत्रिका के विधान में सर्वत्र दर्शनीय है। विनय पत्रिका में केवल तुलसी का, आत्मबोध भरा विनय, उनकी याचना तथा मुक्ति की छटपटाहट ही दर्शनीय नहीं है, रचना के स्तर पर अर्थ बोध तथा अभिव्यंजना के गूढ़तम सन्दर्भों द्वारा सम्भवया गोस्वामी तुलसीदास इसे अपनी सबसे प्रौढ़-कृति के रूप में प्रस्तुत करना चाहते थे। इसलिए विनय पत्रिका में एक ओर आत्मानुभव के स्तर पर गम्भीरता दृष्टिगत होती है तो दूसरी ओर विशेष प्रकार की रचनात्मक प्रौढ़ता।

इस प्रकार विनय पत्रिका की समस्याओं के दो पक्ष स्पष्ट रूप से इंगित होते हैं—

(१) आत्मानुभव की उच्चता

(२) रचनात्मक प्रौढ़ता

गोस्वामी तुलसीदास कृत विनय पत्रिका में आत्मानुभव की श्रेष्ठता के सन्दर्भ में उससे सम्बन्धित विविध भूमियों का क्रम इस प्रकार है—

विनय पत्रिका का मूलाधार लोकार्थ तथा परमार्थ के अनुभवों के बीच स्थित भेद तथा दूरी का स्पष्ट बोध कराना है। लोकार्श का आधार अहं है और परमार्थ के अनुभव का आधार आत्मविवेक है। 'अहं' से आच्छादित सम्पूर्ण ज्ञान के बीच कर्त्ता के अस्तित्व की स्थिति अनिवार्य है। दूसरी ओर विवेक की जागृति के बाद 'कर्त्ता' अर्थात् 'अहं' का विलयन अनिवार्य है। यहाँ विवेक परमार्थ का प्रतीक है तथा अहंकार लोकार्थ का। लोकार्थ के पश्चात् अहन्ता बुद्धि स्वयं विनष्ट हो जाती है। विवेक साधक की एक विलक्षण दशा है—जिस भूमि में पहुँचकर विवेक को स्वयं सम्पूर्ण सृष्टि प्रपंच मिथ्यात्व से परिपूर्ण दृष्टिगोचर होने लगता है—

कबहुँक हौं यहिं रहनि रहौंगो।
श्री रघुनाथ कृपालु कृपा तें संत सुभाउ गहौंगो।

× × ×

परिहरि देह जनित चिंता दुख सुख समबुद्धि सहौंगो॥

विवेक जागृत हो जाने के बाद सम्पूर्णजगत असत्य की भाँति दिखाई पड़ने लगता है। संसार के मिथ्यात्व का विनय पत्रिका के कई पदों में सटीक चित्रण मिलता है।

विनय पत्रिका के आध्यात्मिक अनुभव का दूसरा प्रश्न श्रीराम, एकमात्र श्रीराम की सत्ता का निरूपण है। विनय पत्रिका के अन्तर्गत यह दूसरा मौलिक प्रश्न है। आत्मबोध तथा विवेक की जागृत अवस्था में सम्पूर्ण संसार की मिथ्या सृष्टि असत्य तथा सर्प रज्जु के सदृश प्रतीत होने लगती है। यह मिथ्यात्व क्षणभर के लिए प्रज्ञा को विस्मृत कर देता है आलम्बन-

विहीन, आश्रय विहीन मन आश्चर्य चकित केवल मिथ्यात्व के शून्य को देखता है। इस शून्य तथा रिक्ति को भरने के लिए कोई आश्रय आवश्यक है। विनय पत्रिका के आध्यात्मिक अनुभव की दूसरी समस्या है और इस विवेक जागृति के पश्चात् इस शून्य तथा रिक्ति को वे 'श्रीराम की कृपा' द्वारा भरते हैं—

रघुपति भगति वारि छालित चित बिनु प्रयास हो सूझै।
तुलसिदास यह चिद् विलास जग बूझत बूझत बूझै।

अहन्ता बुद्धि का यह प्रपंचात्मक जगत केवल चित्तबुद्धि का खेल है। समझते-समझते यह समझ में आता है—और समझ में आने के बाद यह मिथ्यात्व विवेक को भ्रमित करने की चेष्टा करता है। इस भ्रमित होने से बचने के लिए श्रीराम प्रज्ञायुक्त विवेक के लिए आधार बनता है। ज्ञान एवं वैराग्य में जो स्थिति आत्मरूप ब्रह्म की है, योग में ध्यान के केन्द्र के रूप में जो सत्ता निर्विकल्पक स्व की है, वही स्थिति माया से मुक्त चैतन्य में श्रीराम की। गोस्वामी तुलसीदास इसीलिए विनय पत्रिका में ज्ञान भक्ति योग की चर्चा करते हैं—

तू यहिं विधि सुख सयन सोइहैं जिय की जरनि भूरि भागिहैं।
राम प्रसाद दास तुलसी डर राम भगति जोग जागिहैं॥

श्रीराम के स्वरूप का ध्यानानन्द विनय पत्रिका के आध्यात्मिक अनुभव का दूसरा सन्दर्भ है।

एक ओर तुलसी जहाँ लोकार्थ तथा परमार्थ के बीच विभाजक रेखा खींचकर अलगाव करने की चर्चा करते हैं, वहीं उनके पारस्परिक द्वन्द्व को भी वे नितान्त भाव प्रवण ढंग से प्रस्तुत करते हैं। विनय पत्रिका में 'स्व विवेक' का एक बिन्दु अपने स्थान पर है, किन्तु उससे महत्त्वपूर्ण लोक विवेक का भी सन्दर्भ यहाँ दिखाई पड़ता है। लोक विवेक के ही सन्दर्भ में कवि 'मन' को सम्बोधित करके अपनी बात करता है। इस लोकार्थ तथा परमार्थ का विवेक तत्व विवेक है— किन्तु सामान्य साधना में नितान्त दुष्कर है। मन, बुद्धि, चित्त तथा अहंकार के प्रपंच से साधना के माध्यम से छूटना नितान्त जटिल कार्य है। साधना के क्षेत्र में यह जितना जटिल है, भक्ति के क्षेत्र में उतना आसान भी है। मायिक भ्रम की समाप्ति के पश्चात् व्यक्ति केवल याचक एवं अनाथ बनकर मात्र प्रभु को पुकारता है, क्योंकि, भ्रम का आवरण हट जाने पर 'जीव तथा ईश्वर' दो ही सत्ताएँ प्रतीत होती हैं और वे दोनों अशांशि भाव से जुड़ी हुई हैं। अतः जीव अंश के लिए अपने अंशिन् के अतिरिक्त और कोई अन्य आधार नहीं बचता। अतः विवेक की जागृति के लिए श्रीराम (ईश्वर) की शरणागति के अतिरिक्त और कुछ भी नहीं बचता। ज्ञान, योग, वैराग्य चिंतन, दर्शन आदि इसके साधन हो सकते हैं किन्तु तुलसी के अनुसार विवेक को जागृत करने का मूल साधन' सर्वात्म समर्पण है—

माधव मोह पास क्यों टूटै
बाहर कोटि उपाय करिय अभ्यंतर ग्रंथि न टूटै।
घृत पूरन कराह अन्तर्गत ससि प्रतिबिम्ब दिखावै।
ईंधन अनल लगाय कलप सत औटत नास न पावै।
अन्तर मलिन विषय मन अति तन पावन करिय पखारे।
मरइ न उरग अनेक जतन बलमीकि विविध विधि मारे।
ध्यान भक्ति साधन अनेक सब सत्य झूठ कछु नाही।
तुलसिदास यह कृपा मिटे भ्रम यह भरोस मन माँही॥

जैसे, बाबी (बिल) के ऊपर डंडे पीटने से सर्प नहीं मरता, पेड़ काटने से उसके कोटर में स्थित पक्षी नहीं प्रभावित होता, 'घी' के कड़ाहे में दिखाई पड़ने वाले चन्द्र बिम्ब को बार-बार औटाने से भी नष्ट नहीं किया जा सकता, उसी प्रकार ज्ञान, भक्ति, कर्मकांड, उपासना आदि सभी साधनों की स्थिति है। ये सम्पूर्ण साधन सत्य है—असत्य नहीं, किन्तु इनसे श्रीराम की भक्ति और उनकी कृपा के बिना कुछ भी सम्भव नहीं है। लोकार्थ तथा परमार्थ का द्वन्द्व मनुष्य को निरन्तर फँसाए रहता है और इन्द्रिय प्रत्ययों की सुलभता के कारण वह ढाल की तरफ बहने वाले जल की भाँति निरन्तर लोकार्थ की ओर भगता है। मन के लोकार्थ विषयों की निर्बीजता तक पहुँचने में इतनी कठिनाइयाँ तथा अन्तस्संघर्ष की स्थिति है कि ज्ञान, वैराग्य,कर्मकांड, तप, योग आदि से सम्पूर्ण वासनात्मक निर्बीजता सम्भव नहीं है, किन्तु जीव ईश्वर का अंश होने के कारण निरन्तर उसकी ओर उन्मुख होने के लिए संघर्षरत दिखाई पड़ता है, और उसका यही आन्तरिक संघर्ष लोकार्थ तथा परमार्थ का द्वन्द्व है और विनय पत्रिका के आध्यात्मिक चिंतन की यह तीसरी प्रवृत्ति है—

ग्यान विराग जोग जप तप मख जग मद मग नहिं थोरे।
राम प्रेम बिनु नेम जाय जैसे मृग जल जलधि हिलोरे।

श्री हरिकृपा के अतिरिक्ति अन्य मार्गों को तुलसी जीव तथा ईश्वर के सम्मिलन के लिए निरर्थक बताते हैं। विवेक के जागृत होने के पश्चात् एक क्षण के लिए मुक्ति के अन्य साधन जटिल तथा मिथ्या प्रतीत होने लगते हैं। वे विवेक प्रमाण को इस सन्दर्भ में सर्वोपरि साक्ष्य मानते हैं, शेष साक्ष्यों का उसकी तुलना में कोई महत्त्व नहीं है और वे प्राय: निरर्थक हैं। यह अनुभव विवेक पर आश्रित है। विवेक प्रमाण ही सर्वथा सर्वोत्कृष्ट साक्ष्य एवं माध्यम है—

(१) वेद प्रमाण की निरर्थकता—ईश्वर के साक्ष्य के लिए वेद एक प्रमाण है और इस प्रमाण की चर्चा प्राय: की गई है। स्वयं तुलसीदास श्रीरामचरितमानस जैसे ग्रन्थों में बराबर इसकी सार्थकता को चर्चा करते हैं, किन्तु विवेक जागृत होने पर केवल श्री हरि की कृपा ही मुक्ति का माध्यम बनता है—

जोग मख विवेक विरति वेद विदित करम।
करिबे कहुँ कटु कठोर सुनत मधुर नरम॥
तुलसी जनि जानि बूझि भूलहिं जनि भरमि।
ताहिं प्रभु की सरन होहिं जेहि सबकी सरन॥

(२) आगम प्रमाण की निरर्थकता—श्रुत परम्परा में भी मुक्ति के अनेक उपायों की चर्चा की गई है, किन्तु अहन्ता के त्याग अर्थात् विवेक के उत्पन्न हुए बिना मुक्ति सम्भव नहीं है—

बहु उपाय संसार तरन कहँ विमल गिरा स्रुति गावै।
तुलसीदास मै मोर गए बिनु जिउ सुख कबहुँ न पावै॥

(३) शास्त्र प्रमाण की निरर्थकता—विवेक के बिना शास्त्र ज्ञानादि की चर्चा मात्र से जीव न स्व स्वरूप की पहचान कर पाता है, न ईश्वर का स्वरूप उसकी समझ में आता है—और उससे मुक्ति तो सम्भव नहीं है—

वाक्य ग्यान अत्यंत निपुन भव पार न पावै कोई।
निसि गृह मध्य दीप की बातन्हि तम निवृत्त नहि होई।

(४) ज्ञान प्रमाण की निरर्थकता—केवल तर्क तथा ज्ञान से उस तत्त्व को नहीं समझा जा सकता क्योंकि ज्ञान अन्ततया अहन्ता से उपजता हैं और अहन्ता से आवृत रहता है, परिणाम स्वरूप उससे कोई निष्कर्ष नहीं निकलता—

कोउ कह सत्य झूठ कह कोऊ जुगल प्रबल करि मानै।
तुलसिदास परिहरै तीनि भ्रम सो आपन पहिचानै॥

बिना विवेक जागृति के वास्तविकता का बोध सम्भव नहीं है।

इस प्रकार, विनय पत्रिका में तुलसी समस्त प्रमाणों का खण्डन करके विवेक प्रमाण को ही स्थापित करते हैं। विनय पत्रिका का मन्तव्य आत्मबोध से जागृत विवेक प्रमाण की स्थापना है—

रघुपति भगति वारि छालित चित बिनु प्रयास ही सूझै।
तुलसीदास यह चिद्‌विलास जग बूझत-बूझत बूझै।

गोस्वामी तुलसीदास विनय पत्रिका में स्वविवेक का जागृत होना परमार्थ सोपान के लिए आवश्यक बताते हैं। इसी विवेक से जीव स्व स्वरूप की पहचान करता है। विवेक की जागृति बिना ईश्वर कृपा के सम्भव नहीं है। शास्त्र, योग आदि इस विवेक की जागृति में कोई मदद नहीं कर सकते। विनय पत्रिका में स्व विवेक का जागृत होना ईश्वर कृपा पर ही निर्भर करता है। सम्पूर्ण साधनों को सम्पादित करते-करते व्यक्ति सीझ जाता है, किन्तु वह उस स्व स्वरूप की लेशमात्र की पहचान नहीं कर पाता। ज्ञान-वैराग्यादि से अहन्ता से मुक्ति नहीं मिलती—

जोग जाग जप विराग तप सुतीरथ अटत।
बाँधिबे को भव गयन्दु रेनु की रज बटत।

इन साधनों से मुक्ति सम्भव नहीं है, क्योंकि विवेक की जाग्रति के लिए ईश्वर की कृपा ही एकमात्र हेतु है—

तुलसी सुनि जानि बूझि भूलहिं जनि भरम।
तेहिं प्रभु की सरन होंहि जेहिं सबकी सरम॥

श्रीराम की कृपा ही एकमात्र आलम्बन है, वही एक मात्र आधार है, वही सर्वथा काम्य है और ईश्वर की कृपा कटाक्ष से जीव की सद्यः मुक्ति सम्भव है। अतः प्रभु ही एक मात्र उपास्य तथा काम्य हैं। इस प्रकार मुक्ति के लिए आत्मबोध तथा आत्मबोध के लिए विवेक अनिवार्य है—और यह सब कुछ श्रीहरि कृपा के बिना सम्भव नहीं है। विनय पत्रिका में आत्मबोध, आत्मबोध से उत्पन्न होने वाला विवेक तथा इस विवेक से विश्रान्ति की प्राप्ति ये सब परस्पर एक दूसरे से जुड़े हुए सोपान हैं, किन्तु इनके लिए श्रीहरि की कृपा आवश्यक है।

विनय पत्रिका में सर्वत्र इस स्वानुभव तथा विवेक की जागृति के लिए छटपटाहट दिखाई पड़ती है। प्रारम्भिक स्तोत्र की रचना के पीछे यही अकुलाहट दृष्टिगत होती है। वह सभी से श्रीराम की भक्ति की निष्ठा के लिए याचना करता है। इस याचना में केवल याचक की भक्ति

विषयक सामान्य कामना ही निहित नहीं है। इसमें केवल भक्ति का उन्माद नहीं है—श्रीराम की भक्ति के लिए याचित इन पदों में दृष्टि विवेक की भूमिका है—

देहि कामारि श्रीराम पद पंकजे भक्ति अनवरत गतभेद माया।

श्रीराम की स्तुति करता हुआ कवि कहता है—

जयति वैराग्य विग्यान वारांनिधे
नमत नर्मद पाप ताप हर्त्ता।
दास तुलसी चरन संसय हरन देहि
अवलंब वैदेहि भर्त्ता।

कवि भक्ति की याचना करता है, किन्तु इस याचना के पीछे 'अहन्ता तथा अज्ञान' के निवारण का प्रश्न पहले है। शिव के प्रसंग में 'गतभेदमाया' भक्ति के पूर्व की स्थिति है। गंगा स्तुति में 'मोह महिष कालिका' से कवि निर्मल मति की ही याचना करता है। 'धी' के बाद का सोपान मति ही है। इसी मति के बाद 'आत्मबोध' उत्पन्न होता है। मूलत: अज्ञानी को मिली भक्ति का कोई मतलब नहीं है। श्रीरामचरितमानस तथा विनय पत्रिका में निरूपित भक्ति विषयक मान्यताओं का मौलिक अन्तर यही है। वहाँ 'भाव कुभाव, अनख, आलसहूँ'—किसी एक के द्वारा श्रीराम को रिझा देना ही भक्ति है, किन्तु विनय पत्रिका की भक्ति सर्व सामान्य से जुड़कर विशिष्ट हो जाती है। यहाँ ईश्वर एक बार भक्त को देख भर ले-चाहे प्रेम से, चाहे रोष से, चाहे लीला भाव से, चाहे उपेक्षाभाव से ही क्यों न? ईश्वर के द्वारा दृष्टिपात मात्र जीव को अपने अंशिन् रूप में समाविष्ट हो जाने के लिए पर्याप्त है—

कृपा कोप सतभायेहुँ तिरछेहुँ राम! तिहारेहिं हेरे।
जो चितवनि सौंधी लगै चितइयै सबेरे।

इसी कृपा कटाक्ष मात्र से विवेक, साथ ही, जीव के स्वस्वरूप की प्रतीति, प्रभु का ही एक मात्र आश्रय एवं सम्पूर्णभावेन शरणागति की प्राप्ति—सब कुछ एक साथ याचक को प्राप्त होता है। विनय पत्रिका की भक्ति की विशिष्टता यही है। इस विशिष्टता के अन्तर्गत जीव के स्व स्वरूप की प्रतीति एवं अपने अंशिन् रूप ईश्वर (ब्रह्म) में विलयन ही भक्ति है। विनय पत्रिका की भक्ति का यह स्वरूप किंचित् अद्वैत वेदान्तमूलक भक्ति की ओर उन्मुख है। अद्वैत वेदान्त के अन्तर्गत भक्ति की अपनी विशिष्ट परम्परा रही है। मधुसूदन सरस्वती कृत भगवद्भक्ति रसायन के अन्तर्गत भक्ति के इस स्वरूप को देखा जा सकता है। मधुसूदन सरस्वती तुलसी के समकालीन भक्त चिंतक तथा उनके मित्र रहे हैं और इस प्रकार की अद्वैतमूला भक्ति से प्रभावित होकर तथा अपने स्वानुभव तथा समझ के आधार पर उसके स्वरूप को परख करके उन्होंने श्रीरामचरितमानस से भिन्न भक्ति के स्वरूप की स्थापना विनय पत्रिका में की है।

श्री रामचरितमानस में स्व विवेक की जाग्रति का प्रकरण एकाध स्थल पर सामान्य-सा प्रतीत होता है। 'भुशुण्डि प्रसंग' में इसकी सामान्य अवधारणा इंगित है, किन्तु विनय पत्रिका में स्वानुभव एवं स्वविवेक की जाग्रति की छटपटाहट पदेन-पदेन मिलती है। गंगा की स्तुति करता हुआ कवि अपनी इसी पीड़ा को व्यंजित करता हैं—

तुलसी तव तीर तीर सुमिरत रघुवंस वीर।
विचरत मति देहि मोह-महिष कालिका।

विनय पत्रिका का सबसे महत्त्वपूर्ण पक्ष तुलसी का श्रीराम के प्रति सर्वात्म समर्पण है। यह सर्वात्म समर्पण केवलैक राम के प्रति है। यही राम उनके सर्वस्व हैं। वह ब्रह्म हैं, ईश्वर हैं, परात्पर हैं, अद्वैत एवं केवल अनुभवमात्र से गम्य हैं। इन श्रीराम के लिए उनका समर्पण स्वानुभव, विवेक एवं विनय की सीढ़ी से चढ़कर होता है। विनय पत्रिका में तुलसी का विनय समर्पण के पश्चात् उत्पन्न स्वविवेक की उच्चतर भूमिका है। विनय पत्रिका में विनय अनुनय के अर्थ में नहीं प्रयुक्त हुआ है। ईश्वर के प्रति सर्वात्म समर्पण के पश्चात् साधक के मन में उत्पन्न अकिंचनता का यह पर्यायवाची शब्द है—विनय भक्ति की अकिंचनता के भाव से परिपूर्ण है। अहम् तत्त्व अर्थात् अहन्ता के पूर्ण समापन के पश्चात् परमात्मा के समक्ष जीव की निरीहता का निवेदन ही विनय पत्रिका का मन्तव्य है और यह आत्मबोध पिता, पुत्र, लोकेषणा, वित्तेषणा, जन्म, मरण, आत्ममोह, यश, लिप्सा, भक्ति, ज्ञान, नैतिकता आदि-आदि के त्याग के बाद स्वयं उत्पन्न होता है। इस आत्मबोध की जाग्रति के पश्चात् जीव की आत्मग्लानि उसके विनय का महत्त्वपूर्ण साक्ष्य है—

यहै जानि चरननि चित लायौ।
नाहिन नाथ अकारन को हितु तुम समान पुरान श्रुति गायो।
जननि जनक सुत दार बंधुजन भये बहुत जहँ तहँ हौं जायो।
सब स्वारथ हित प्रीति कपट चित काहू नहिं हरि भगति सिखायो।
सुर मुनि मनुज दनुज अहि किन्नर मै तन धरि सिर काहि न नायो।
जरत फिरत त्रयताप पाप बस काहु न करि हरि कृपा जुड़ायो।
जतन अनेक किये सुख कारन हरिपद विमुख सदा दुख पायो।
अब थाकी जलहीन नाव ज्यों देखत विपति जाल जग छायो।
मो कहँ! नाथ बूझिये यह गति सुख निधान निजपति बिसरायो।
अब तजि रोष करहु करुना हरि! तुलसिदास सरनागति आयो।

यह 'शरणागति' परम्परित उपाय न होकर अनेक जन्म-जन्मान्तरों के पश्चात् उपाय विहीन, एवं असमर्थ आर्त्तजन द्वारा संसार को अच्छी तरह से समझ लेने के पश्चात् उसकी निःसारता से उत्पन्न वैराग्य, आत्मबोध तथा विवेक पर आश्रित अकिंचनता भरी विनय है। हर तरफ से निराश, हताश, आश्रयविहीन, जलविहीन थकी हुई नौका की भाँति हिल डुल सकने में असमर्थ जीव को ईश्वर द्वारा ग्रहण कर लेने का भाव ही विनय पत्रिका का विनय फल है। यह शरणागति शास्त्रीय भक्ति नहीं है। यह भागवत निष्ठा भी नहीं है। यह 'केवलैक राम' के प्रति विवेक तथा बोधयुक्त आर्त्तजन का समझ भरा समर्पण है। राम की सत्ता इस प्रकार संकल्प-विकल्प विहीन साधक की आत्यन्तिक समझ एवं समर्पण का आधार है। वही एकमात्र सत्य, सार्थक एवं उपास्य है। स्वयं तुलसीदासजी उस अवस्था पर पहुँचकर केवल राम (ब्रह्म और परात्पर ब्रह्म) के अस्तित्त्व का अनुभव करते हैं—

कृपासिन्धु सुजान रघुबर प्रनत आरति हरन।
दरस आस पियास तुलसीदास चाहत मरन॥

इस साधना लोक में पहुँचकर जीवन, जगत, जन्म-मरण, सुख-दुख, लोक सम्बन्ध की समस्त वासनाएँ सदा-सदा के लिए संस्कारतया निर्बीज हो जाती हैं। अद्वैत की कैवल्य साधना के समानान्तर ही गोस्वामी तुलसीदास ने समर्पण के पश्चात् विनय पत्रिका में केवलैक राम (परात्पर ब्रह्म) की सत्ता स्वीकार की है। इस सत्ता में पहुँच कर केवलैक राम का अनुभव साधक को विथकित कर देता है। लोक व्यवहार, धर्माचरण, परमार्थ व्यवहार, भक्ति, ज्ञान, वैराग्य सभी उससे जुड़कर सार्थक हो उठते हैं। इस भक्त के साक्षी स्वयं राम ही है—

सुकृत सुजस साहिब कृपा स्वारथ परमारथ
गतिभये गति विहीन की।
समय सँभारि सुधारिबी तुलसी मलीन की।
प्रीति रीति समुझाइये नतपाल
कृपालुहिं परिमिति पराधीन की।

अन्तिम पंक्ति में, तुलसी अपने जुड़ने का कितना सार्थक दृष्टान्त देते हैं। वे कहते हैं, हे हनुमान! हे शत्रुघ्न, हे लक्ष्मण! विनत जनों के पालक कृपालु श्रीराम को इस पराधीन की प्रीति की रीति समझा कर मेरी निश्चल आत्मीयता एवं कामना रहित समर्पण का भाव समझा दीजिएगा।

यहाँ '**पराधीन की प्रीति**' का सन्दर्भ बड़ा ही विलक्षण है। पराधीनता किस बात की? मूलत: सांसारिक प्रपंच में 'जीवात्मा' माया से विवश और उसके बन्धन में बँधकर विवश है—किन्तु वह है—ईश्वर का ही अंश। अपने मूल अंशिन् से मिलने के लिए वह आतुर हैं, उसकी कृपा कटाक्ष पाने के लिए वह विह्वल है, किन्तु है माया के बन्धन में।

तुलसी की यह व्यंजना यहाँ कितनी मार्मिक है। वह अपनी प्रीति की उपमा 'परकीया युवती' की भाँति निर्दिष्ट करते हैं जो अपने पति के पराधीन होकर भी अपने वरेण्य पुरुष की कृपाकांक्षा तथा दर्शन के लिए लालायित रहती है। मूलत: जीव का ईश्वर के प्रति प्रेम जार प्रेम की भाँति, परकीया प्रेम के सदृश है क्योंकि इस जगत में वह माया के बन्धनों में बँधा परवश है। माया के बन्धन में विवश तुलसी की आत्मा श्रीराम के लिए व्याकुल है—इस बात के साथी श्रीराम के साथी-सखा हैं। मर्यादावादी तुलसी यहाँ अपने (जीव) एवं परात्पर ब्रह्म के बीच स्थित आत्मीय प्रेम सम्बन्ध की मर्यादा रहस्यवादियों की भाँति स्वीकार करते हैं। इस भूमिका को देखकर इसे स्वीकार करने में कोई आपत्ति नहीं होनी चाहिए कि विनय पत्रिका गोस्वामी तुलसीदास के सर्वात्म समर्पण की निश्छल भावपूर्ण कृति है।

यह सत्य है कि अपनी इस आत्मीयता तथा प्रेम का साक्ष्य पंचायतन को देते हैं किन्तु जब उस पत्रिका को बाँचने का प्रश्न उठता है तो वह केवल श्रीराम से ही उसे पढ़ने की याचना करते हैं—

'विनय पत्रिका दीन की बापु! आपही बाँचो'

उनके समर्पण, प्रेम एवं आत्मरति का साक्ष्य वही है, अकेले वही, दूसरे तो केवल देखते भर हैं। 'जीव तथा ईश्वर' के बीच का साक्ष्य केवल वही है, अन्य नहीं। विनय पत्रिका जीव तथा ईश्वर के मूल सम्बन्ध को स्थापित करके परस्पर एकमेव हो जाने की गाथा है। जीव तथा ईश्वर का परस्पर एकमेव हो जाना ही मुक्ति है। मुक्ति का यह स्वरूप विलक्षण है। धर्म, कर्म,

वैराग्य, योग, यज्ञ, तप, भक्ति, जप, लोक, शास्त्र इसमें कहीं कुछ भी सहायक नहीं है। जन्म-जन्मान्तर की विविध योनियों के संकटों को झेलने से मुक्ति दिलाने में ये साधक नहीं हैं, साधक है, केवल प्रभु की कृपादृष्टि—केवल दृष्टिपात-भूल से, भ्रम से, क्रोध से, आवेग से, प्रेम से, सहानुभूति से जैसे भी हो, मात्र एक कटाक्ष—जीव को अपने में समेट लेने का हेतु है और यह तब तक नहीं सम्भव है, जब तक अहन्ताग्रस्त जीव उसका परित्याग करके अनाथभाव से एक मात्र हरिशरण को ही आलम्बन मानकर अत्यन्तिक रूप से 'शरणागति' न प्राप्त कर ले। विनय पत्रिका इस थके हुए आश्रयविहीन को अपने मूल आश्रय श्रीराम से जोड़ने वाली आस्था की कविता है।

❑❑❑

विनय पत्रिका का वस्तुविधान तंत्र

'विनय पत्रिका' गोस्वामी तुलसीदास की सर्वाधिक प्रौढ़ रचना है। श्रीरामचरितमानस में जहाँ वर्ण्य विषय की व्याप्ति, विविध चरित्रों तथा विविध भावों के विधान का कौशलपूर्ण वर्णन तंत्र है, वहीं विनय पत्रिका में एक ही, विषयवस्तु को आधार बनाकर भावना व्यापार के विविध रूपों, वर्णन विधान की विविध रूढ़ियों, अर्थ व्यंजना की विविध परिपाटियों द्वारा चित्त को चमत्कृत करने का सन्दर्भ वर्तमान है। विनय पत्रिका को आचार्यों ने श्रीरामचरित-मानस का साधना रूप स्वीकार किया है। डॉ० माताप्रसाद गुप्त इस सन्दर्भ में कहते हैं—''मानस यदि उनकी साधना का आदर्श रूप प्रस्तुत करता है तो विनय पत्रिका उन आदर्शों की अपने जीवन में साधना।'' उक्त लेखक के मन्तव्य से पूरी तरह सहमत हो पाना सम्भव नहीं है, क्योंकि विनय पत्रिका की आधार भूमि से मानस से प्रत्यक्षत: बहुत अधिक सम्बन्ध नहीं है, लेकिन इतना तो सत्य ही है कि कथा के व्यापक परिवेश में जहाँ तुलसी मानस में ब्रह्म के स्वभाव को स्थल-स्थल पर इंगित करके जीव से उसके सम्बन्ध का निर्देश करते हैं, वहीं विनय पत्रिका में कथन एवं अर्थ की उक्तियों तथा प्रौढ़ियों से स्वानुभव को जोड़कर कवि अंशिन् परात्पर ब्रह्म द्वारा जीव की याचना से अभिभूत होकर आत्मविलयन की भावमयी गाथा का काव्य प्रस्तुत करते हैं। स्वानुभव की प्रामाणिकता, उक्तियों एवं कथनों की प्रौढ़ता, परम्परा के साक्ष्यों से अपने सृजन को जोड़कर तुलसी विनय पत्रिका के जिस रचना रूप को प्रस्तुत करते हैं, वह उनकी समग्र कृतियों के बीच ही नहीं, वरन् हिन्दी साहित्य की श्रेष्ठ निधि सिद्ध होती है। तुलसी की कृतियों में इसकी तुलना एक सीमा तक श्रीरामचरितमानस से ही की जा सकती है।

विनय पत्रिका श्रीरामचरितमानस से सर्वथा विलक्षण कृति है। श्रीरामचरितमानस के सम्पूर्ण सन्दर्भों से किसी एक अङ्गिरूप भक्ति तत्त्व को निर्दिष्ट कर सकना सम्भव नहीं है। वहाँ सम्पूर्ण चिंता श्रीराम के रहस्य को जानने की है। चाहें याज्ञवल्क्य हों या चाहें पार्वती, भरद्वाज, विभीषण, या हनुमान हों सभी को श्रीराम के रहस्यमय स्वरूप को जानने की चिंता है। वे जो जानते हैं, या तमाम प्रयत्नों के बाद जान पाए हैं, उसी को सर्वतोत्कृष्ट समझते हैं। भरत-सुतीक्ष्ण जैसे पात्र भी हैं, जो भक्तिरस के सरोवर में सदैव आकंठ निमग्न रहते हैं। विनय पत्रिका इन सबसे थोड़ा हट करके है। जीव का ब्रह्म के विषय में अनुसन्धान और स्वयं को अंश रूप मान कर ईश्वर द्वारा अपने में समाहित करा लिया जाना, विनय पत्रिका की मूल समस्या है। तुलसी स्वयं जीव के रूप हैं, स्वयं जीव हैं, ब्रह्मराम का अनुसन्धान और उसकी कृपा कटाक्ष प्राप्त करने के लिए उपक्रम करना ताकि यह अंश रूप जीव अंशिन् ईश्वर द्वारा अंगीकृत हो सके, यही उनका लक्ष्य है। यहाँ जटिलता भक्ति की है—

रघुबर भगति करत कठिनाई
कहत सुगम करनी अपार जानै सोइ जेहिं बनि जाई।

यद्यपि श्रीरामचरितमानस में भी ऐसी ही उक्ति है—

निर्गुन रूप सुलभ अति सगुन जान नहिं कोइ।
कहत सुनत समुझत कठिन सुनि मुनि मन भ्रम होइ॥

किन्तु, इन दोनों के सन्दर्भ पूर्णतया भिन्न हैं—

प्रथम सन्दर्भ का सम्बन्ध मन के अनिर्लिप्त होने से है जो एक दुष्कर कार्य है किन्तु बिना वासना के संस्कार की निर्बीजता के भक्ति का सन्दर्भ ही नहीं उठता, किन्तु दूसरा प्रश्न भागवत लीला की रहस्यमयता से उत्पन्न भ्रमोत्पादकता का है। लीला स्वयं भक्तों को भ्रम में डालकर ईश्वर के यथार्थ स्वरूप को समझने में विघ्न पैदा करती है, अतः इन दोनों सन्दर्भों को एक नहीं समझना चाहिए। श्रीरामचरितमानस का जहाँ समापन होता है, वहीं विनय पत्रिका का प्रारम्भ। श्रीरामचरितमानस लिखकर कवि अपने स्वान्त:सुख को व्यंजित करता हुआ कहता है—

'पायो परम बिस्राम राम समान प्रभु नाहीं कहूँ।'

किन्तु, विनय पत्रिका का प्रारम्भ ठीक इसके विपरीत भाव से होता है—

'कबहुँक मन बिस्राम न पायो'

मानस में कृति पूर्ण कर लेने के बाद 'विश्राम' उसकी आत्मश्लाधा तथा अहं की तृप्ति है, विनय पत्रिका का प्रारम्भ अहं या अहन्ता के समाप्त हो जाने से होता है—अतः श्रीरामचरितमानस से भिन्न विनय पत्रिका अहन्ता तथा मोह में डूबे व्यक्ति की आत्मविर्गहणा तथा आत्मभर्त्सना से प्रारम्भ होती है। श्रीरामचरितमानस तथा विनय पत्रिका दो भिन्न भावभूमियों पर रची गई हैं, यह सत्य है कि रामचरितमानस में इतस्ततः 'विनय पत्रिका' जैसे कुछ विचार बिन्दु प्राप्त हा जाते हैं फिर भी दोनों की संरचनात्मक भावभूमियाँ भिन्न-भिन्न हैं—उन्हें परस्पर एक दूसरे के पूरक या विकास क्रम के रूप में देखना उचित नहीं है। इसीलिए डॉ० माताप्रसाद गुप्त एवं डॉ० रामकुमार वर्मा जैसे साहित्य चिंतक विनय पत्रिका को मानस का आदर्श पक्ष या सिद्धान्त पक्ष कहते हैं तो बात संगत नहीं लगती। विनय पत्रिका तथा रामचरितमानस दोनों दो भिन्न धरातलों तथा मन्तव्यों की रचनाएँ हैं। दोनों धरातलों के अलगाव को समझे बिना दोनों में एकाध स्थल पर आई उभयनिष्ठता का एक जैसा विवेचन कर देना उचित नहीं है। रामचरितमानस में कथाविधान है, विनय पत्रिका में कोई कथावस्तु नहीं है। इसमें जिस पत्रिका प्रकरण के वस्तु विधान की चर्चा की जाती है, वह पूर्णरूपेण स्पष्ट नहीं है। विनय पत्रिका में रचना का आधार लीला भाव नहीं है जबकि मानस की रचना का आधार लीलाभाव है। विनय पत्रिका में लीलाभाव के इतस्ततः जो भी निर्देश मिलते हैं वे भी प्रपत्ति एवं प्रणति के सन्दर्भ में, हाँ, इस प्रकरण में इतना अवश्य कहा जा सकता है कि पृथक रूप से विनय पत्रिका के दृष्टान्त से कहीं-कहीं श्रीरामचरितमानस तथा कहीं-कहीं श्रीरामचरित-मानस के दृष्टान्त से विनय पत्रिका की भक्ति तथा भावसम्पदा की साक्षी दी जा सकती है।

विनय पत्रिका की वस्तु योजना

नितान्त स्पष्ट तथ्य है, विनय पत्रिका की वस्तु योजना कथात्मक नहीं है। श्री वियोगी हरि तथा अन्यान्य विद्वानों ने पत्रिका लेखन के सन्दर्भ में कथा सन्धान के सूत्र की चर्चा की है। विनय पत्रिका में यदि इस प्रकार का कथा सन्धान सूत्र है तो वह खण्ड काव्य होगा—किन्तु विनय पत्रिका का कथात्मक सूत्र काव्य के अन्त में इंगित है, प्रारम्भ में उसकी कोई

परिकल्पना नहीं है। विद्वानों ने आत्मसंगति बनाकर कथा की एक सूत्रता बना ली है, किन्तु प्रारम्भ में वैसा कोई सूत्र नहीं मिलता। श्री वियोगी हरि ने पत्रिका के सन्दर्भ सूत्र की चर्चा की है। किन्तु यह सूत्र अन्त के तीन ही छन्दों में मिलते हैं। यह अवश्य है कि श्रीराम तक जुड़ने तथा उनके हृदय में स्थान पा लेने की छटपटाहट विनय पत्रिका में अवश्य देखी जाती है, किन्तु यह बहुत सोच विचार कर प्रस्तुत है। 'रामगीतावली' नामक कृति को संशोधित करके उसका 'विनय पत्रिका' के रूप में प्रस्तुत किया जाना, उनकी सोची समझी योजना का अंग है, अन्यथा सामान्य विनय भाव से ही उनका मन्तव्य पूर्ण हो रहा था। विनय पत्रिका का मूल मन्तव्य अपनी ओर श्रीराम का ध्यान आकर्षित कराना है—और ध्यान इसलिए आकर्षित कराना है ताकि उनकी कृपा दृष्टि पड़ते ही जीव का उद्धार हो जाए और वह अपने मूल स्वरूप (अंशिन् ब्रह्म) का अभिन्न अंग बनकर उसी में सम्मिलित हो जाए। विनय पत्रिका का सम्पूर्ण मन्तव्य इतना ही है और इसको देवी देवताओं की स्तुतियों द्वारा, विविध आश्रय विहीन भक्तों के दृष्टान्तों द्वारा श्रीराम के शील तथा स्वभाव द्वारा, अपनी आश्रयविहीनता द्वारा, जीव के आत्मबोध तथा विवेक द्वारा और अन्त में, पत्र द्वारा अपनी ओर ईश्वर की कृपा के लेशांश (जो दृष्टिपात या मानसी स्मृति के रूप में है) से जुड़ जाने की विकलता तथा छटपटाहट ही विनय पत्रिका की सृजनभूमि का आधार है। श्रीराम को प्रारम्भ से अन्त तक पत्र प्रेषण का उपक्रम बनाकर 'विनय पत्रिका' लिखने की बात कल्पित है। इसी प्रकार, गीतावली को समाप्त करते समय कवि ने श्रीराम के अभिषेक में उपस्थित होकर उनसे भक्ति का दान माँगा था तो क्या गीतावली की रचना इस दान माँगने के लिए की गई थी—

वेद पुरान विचारि सुभ लगन महाराज अभिषेक कियो।
तुलसिदास जिय जानि सुअवसर भगतिदान तब मागि लियो।

अन्त में, इसी प्रकार विनय पत्रिका के तीन छन्दों द्वारा सम्पूर्ण विनय पत्रिका के तंत्रविधान में परिवर्तन का भिन्न सूत्र खड़ा कर देना उचित नहीं होगा। पत्र सन्दर्भ में तुलसी की निजता तथा आत्मीयता ही विशेष विचारणीय विषय है।

वस्तु विन्यास तथा स्तोत्र के पद

विनय पत्रिका में प्रारम्भिक स्तर पर मंगलाचरण के साथ स्तोत्र के पद हैं। विनय से सम्बन्धित स्तोत्रों की लम्बी तालिका प्राप्त होती है। ये स्तोत्र शैव, वैष्णव तथा शक्ति साहित्य में सर्वत्र मिलते हैं। उनकी एक शैली है, उनमें याचना का एक स्थापित मानक रूप है। वैदिक साहित्य से लेकर आधुनिक युग तक स्तोत्र लिखे गए। स्तोत्र को परिभाषित करते हुए लिखा गया है—

'प्रतिगीतमंत्रसाध्यम् स्तोत्रम्'

छन्दोबद्ध रूप में देवता के स्वरूप का गुण कथन ही स्तोत्र है। शैव रचना परम्परा शिवमहिम् स्तोत्र, शक्ति परम्परा में दुर्गा सप्तशती आदि का विशिष्ट महत्त्व है। वरदराजस्तव, स्तोत्र कुसुमांजलि आदि रचनाएँ वैष्णव परम्परा में प्रसिद्ध हैं। तुलसीकृत विनय पत्रिका के स्तोत्र विविध देवताओं के गुण कथन पर आधारित हैं। वे उनके गुण कथन द्वारा उन्हें प्रसन्न करके अपने अभीष्ट की याचना करते हैं। किसी ने अनुमान लगाया है कि विनय पत्रिका की स्तुतियाँ पत्र लेखन के प्रारम्भ में देवता स्मरण जैसी हैं। इन स्तुतियों का एक-सा मन्तव्य नहीं है। किसी से श्रीराम की भक्ति माँगते हैं तो किसी से निर्मल मति। किसी से प्रसन्नता की

याचना करते हैं तो किसी से आत्मशुद्धि की याचना। किसी से विमल वाणी माँगते हैं तो किसी से कल्याण कामना की चर्चा करते हैं। इन आराधनात्मक स्तुतियों का कोई एक मन्तव्य नहीं है। सम्पूर्ण विनय पत्रिका को पढ़कर यह प्रतीत होता है कि स्तुतियाँ मात्र प्रासंगिक है। अपने मन्तव्य की उच्चतर भूमिका में पहुँचकर वे सम्पूर्ण देवी देवताओं का अनेक बार निषेध करते हैं—

संभु सेवक जान जग बहु बार दिये दस सीस।
करत राम निरोध सो सपनेहुँ न हट क्यों ईस।
और देवन की कहाँ कहौं स्वारथहिं के मीत।
कबहुँ काहि न राखि कियो कोउ सरन गयउ सभीत।

उन्होंने अन्यत्र भी कहा है—

'मेरे मन मान है न हर को न हरि को'

* * *

सेये न दिगीस न दिनेस न गनेस गौरी
हित कै न माने विधि हरिउ न हर।

उनकी निष्ठा जैसा कि वे स्वयं कहते हैं, न सूर्य में है, न गणेश में है, न गौरी में है, न ब्रह्मा में है, न विष्णु में है, न शिव में। उनकी एक मात्र निष्ठा श्रीराम में है, वह परात्पर एवं निरंजन ब्रह्म हैं—ऐसी स्थिति में इन स्तोत्रों का यह मूल्यांकन कि वे सभी से रामभक्ति की याचना के लिए प्रार्थनाबद्ध होकर स्तोत्र लिखते हैं, पूर्णतया संगत नहीं है। इनके स्तोत्र उदार वैष्णवी आस्था के प्रतीक हैं। स्मार्त वैष्णव होने के कारण सभी देवताओं को वे अपनी आस्था का विषय मानते हैं, लेकिन उनकी आत्यन्तिक निष्ठा श्रीराम के प्रति ही है। स्वयं श्रीराम, उनके सखा पार्षद तथा भाई, सीता इन सबके स्तोत्र उनके विश्वास के आत्मीय वातावरण के अंग हैं। गणेश कृतित्व के परम्परित देवता हैं। गंगा से उनका निकट का सम्बन्ध है, उन्होंने उसी के साथ अपना सम्पूर्ण जीवन व्यतीत कर दिया। सूर्य श्रीराम के वंश के पूर्व हेतु हैं, शिव पार्वती श्रीराम कथा भक्ति के मूलाधार हैं—आदि-आदि—इस प्रकार इन स्तोत्रों के मूल में श्रीराम के सन्निकट स्थित वातावरण में स्वयं की निजता के साथ जुड़े प्रकरण हैं। सबकी आत्मीयता तुलसी से है। आराधना, प्रार्थना तथा सिद्धि कामना के मूल में तुलसी की अपनी निजी भावात्मक केन्द्रीयता है, विनय पत्रिका में पत्र की भूमिका के लिए इनके स्मरण की चर्चा का कहीं कोई भी औचित्य इंगित नहीं है। इस स्तुतियों में उन अभीष्ट दैवी शक्तियों की शुभदायी प्रसन्नता की कामना की गई है। इस कामना का स्वरूप एक जैसा नहीं है। सर्वत्र रामभक्ति की ही याचना यहाँ नहीं मिलती। गंगा की स्तुति करता हुआ कवि पुलकित भाव से याचना करता है—

महिमा की अवधि करसि बहुविधि हरि हरनि।
तुलसी करु वारि विमल विमल वारि वरन।

परम्परित स्तोत्रों की भाँति यहाँ भी देवताओं के गुण कथन सामर्थ्य, प्रभाव, शक्ति, स्वभाव आदि का अतिरंजित रूप से वर्णन करता हुआ उनकी प्रसन्नता से आत्महितों की समग्र पूर्ति की चर्चा करता है। सर्वत्र रामभक्ति की याचना ही नहीं है। कई स्तोत्र ऐसे मिलते हैं—जिनमें

केवल वर्णन की चमत्कारमूलक भंगिमा के अतिरिक्त और कुछ भी नहीं है—

बावरो रावरो नाह भवानी।
दानि बड़ो दिन देत दये बिनु बेद बड़ाई भानी।

*　　*　　*

प्रेम प्रसंसा विनय व्यंग्ययुत सुनि विधि की वर वानी।
तुलसी मुदित महेस मनहि मन जगत मातु मुसुकानी॥

यमुना की स्तुति में भी इसी प्रकार के तथ्य सामने आते हैं—कवि कोई याचना नहीं करता, केवल माहात्म्य निरूपण मात्र करता है—

जमुना ज्यों-ज्यों लागी बाढ़न
त्यों त्यों सुकृत कपट कलि भूपहिं निदरि लगे बहि काढ़न

*　　*　　*

तुलसिदास जगदघ जवास ज्यों अनघ मेघ लगे डाढ़न।

अत: आलोचकों के द्वारा यह कहा जाना कि मात्र श्रीराम की भक्ति की सम्पुष्टि के लिए वह यहाँ स्तोत्र के प्रार्थना गीतों की रचना करते हैं, उचित नहीं है। उनमें अनेक भाव तथा अनेक याचनाएँ हैं, हाँ, यह सत्य अवश्य है कि उनमें श्रीराम भक्ति की सम्पुष्टि की याचना प्रमुख है।

विनय पत्रिका के गीत एवं उनका वस्तु विधान

विनय पत्रिका के स्तोत्रों से अधिक महत्त्वपूर्ण उनके वे गीत हैं, जो इसके रचनात्मक स्वभाव, मन्तव्य, आध्यात्मिक चिंतन के आधार कहे जा सकते हैं। विनय पत्रिका की सार्थकता इन्हीं गीतों से है।

विनय पत्रिका के वस्तु विन्यास में निरन्तर दुहरापन दिखाई पड़ता है। ठीक इन्हीं के समकालीन कवि सूर के विनय तथा दैन्य में यह भावों का दुहरापन नहीं दिखाई पड़ता। इस दुहरापन का अर्थ है—मात्र भक्त की ओर से ही समर्पण नहीं, आराध्य की ओर से आराधक के प्रति आत्मीयता का बोध तथा अपनाने का भाव। विनय पत्रिका के स्तोत्र से अतिरिक्त गीतों का ज्यों-ज्यों क्रम बढ़ता जाता है, आध्यात्मिक चिंतन की ऊँचाई तथा आराध्य के प्रति आत्यन्तिक उत्कटता बढ़ती जाती है। यह आत्यन्तिक उत्कटता इतनी अधिक तीव्र होती जाती है कि सांसारिक आस्था के सम्पूर्ण पक्ष ही नहीं टूटते जाते अपितु आध्यात्मिक चिंतन के समग्र सूत्र श्रीराम से जुड़ते जाते हैं। इस जुड़ने के क्रम में ब्रह्मा, विष्णु, शिव, सूर्य, इन्द्र, लोकपाल, दिकपाल, ज्ञान, आराधना, भक्ति, योग, जप, तप,वेद, शास्त्र, पुराण, कर्मकांड, धर्म सबके-सब का तिरोधान होने लगता है और एकमात्र काम्य वही श्रीराम 'परात्पर तथा निरंजन' ब्रह्म बन जाता है—यह उत्तरोत्तर चित्रित निष्ठा केवल कल्पना और कवि प्रतिभा का सांसारिक सृजन नहीं है। इसमें आध्यात्मिक अनुभव की दिव्यता है। इस आध्यात्मिक अनुभव की दिव्यता में उदात्त भरी भव्यता का जन्म तब हो उठता है जब रचना के दुहरेपन के कारण सम्बोधित किया जाने वाला दूसरा पक्ष उसी आत्मीयता, उसी सहृदयता, उसी प्रेम, उसी पुलक के साथ प्रगट होता है, जो प्रेम, तथा पुलक याचक में है। विनय पत्रिका के वस्तु विन्यास का यह दुहरापन कृतित्व के तन्त्र की विलक्षता है। विनय पत्रिका का यह वस्तु विधान सम्पूर्ण कृति को भव्यता

प्रदान करता है।

विनय पत्रिका के तंत्रविधान में 'कलि के द्वारा संत्रस्त' किए जाने के प्रकरण का उल्लेख भी आलोचकों ने किया है। बाबा वेणीमाधव दास गोसाईं चरित में यह चर्चा की गई है। आचार्य शुक्ल ने हिन्दी साहित्य के इतिहास में भी इसका उल्लेख किया है और यही नहीं विनय पत्रिका की हनुमान की स्तुति में भी इसका उल्लेख है तथा विनय पत्रिका के कई पदों में भी कलि से मुक्त कराए जाने की प्रार्थना की गई है—लेकिन यह प्रकरण कवि कल्पना को सार्थकता एवं विलक्षणता प्रदान करने के भाव से ही की गई संगत प्रतीत होती है। 'विनय पत्रिका' में इस प्रसंग से अधिक महत्त्वपूर्ण सन्दर्भ का दुहरापन है। इस दुहरेपन में 'प्रकरण वक्रता' जैसी सृष्टि का चमत्कार विधान उभरता है। विनय पत्रिका के वस्तु विन्यास में कलिभास से संत्रस्त कवि की विनय पत्रिका अवधारणा नहीं है। यह अवधारणा 'आत्मीयता पूर्वक अपना लिए जाने की स्वीकृति' से जुड़ती है। एक अवधारणा पत्र लेखन की है—इस पत्र में पत्र लिखने वाला तथा जिसे पत्र लिखा गया है—दोनों का एक दूसरे के सम्पर्क में आना है यदि किसी का लिखा हुआ पत्र अनुत्तरित रहता है, तो वह सन्दर्भ तथा सम्बन्धों का दुहरापन नहीं है—तुलसी इस एकपक्षीयता को तोड़कर इस पत्रिका में प्रसंग के दुहरेपन की सृष्टि करते हैं। पत्र जिसे लिखा गया, उसके द्वारा पढ़ा गया, समझा गया और वही आत्मीयता भी प्रतिक्रिया के रूप में प्राप्त हुई, जिसकी कामना पत्र लेखक को है, आराधक को है, भक्त को है, साधक को है। साधक की सिद्धि इसी सहमति में है। तुलसी अपने पत्र लेखन के दुहरेपन में सर्वथा नवीन, विलक्षण एवं वैष्णवी आध्यात्मिक अभिव्यंजना की सृष्टि करते हैं। यह पत्रिका एक प्रकार से जीव एवं ईश्वर के अनन्तकालीन विरह तथा वियोग के समापन की पत्रिका है। यह आराध्य एवं आराधक के सर्वथा आत्मीय सम्मिलन का दुहरापन है। जीव तथा ईश्वर के चिरकालीन मिलन की इस आकांक्षा को साक्ष्य हनुमान, शत्रुघ्न तथा लक्ष्मण को बनाकर कवि अपने प्रेम की छटपटाहट की ओर इशारा करता है—

प्रीति रीति समुझाइये नतवाल
कृपालुहिं परिमिति पराधीन की।

यह 'जीवात्मा' श्रीराम के लिए व्याकुल है। लोक बन्धन में फँसी यह जीवात्मा 'बद्ध जीव' है किन्तु उसकी संसक्ति 'श्रीराम ब्रह्म' में ही है। जीवात्मा की लौकिक बद्धता उसकी 'पराधीनता' है और यह पराधीनता उसी प्रकार की है—जैसे पराधीन अपने मूल से जुड़ने के लिए छटपटा रहा हो। उसे इस दुहरेपन में दूसरे पक्ष का भी खुलासापन चाहिए और कुल मिलाकर आत्मीय सम्बन्धों का द्विपक्षीय खुलासापन विनय पत्रिका के वस्तुविन्यास की आधारभूमि है।

विनय पत्रिका के वस्तु विन्यास में विशिष्टाद्वैत के प्रपत्तिवाद का संशोधित स्वरूप दृष्टिगत होता है। प्रपत्ति के अन्तर्गत जीव के प्रति ईश्वर की अहैतुकी कृपा उसकी मूल अवधारणा है। इस अहैतुकी कृपा के कई हेतु है। कर्मकांड, ज्ञान, उपासना, योग आदि के माध्यम से भक्त उस आराध्य की कृपा का पात्र बनता है। इन सबके मूल में भक्ति का होना आवश्यक है। विनय पत्रिका में कवि विशिष्टाद्वैत की इस स्थापना से सहमत है कि भक्त (जीव) पर ईश्वर की अहैतुकी कृपा होती है किन्तु वह इसके स्वरूप में क्रमिक परिवर्तन करता है। यह परिवर्तन उसकी अपनी विचारधारा का है। विनय पत्रिका का वस्तुविधान कथात्मक न होकर भावात्मक है, और यह भावात्मक क्रम संसार की अनित्यता तथा मित्थात्व

से प्रारम्भ होकर ईश्वर की अहैतुकी कृपा प्राप्ति तक समाप्त होता है। यह विनय पत्रिका के विधान तंत्र का दूसरा तत्त्व है और पत्र लेखन व्यवस्था से भिन्न तथा उससे महत्त्वपूर्ण है।

एक अविवेक ग्रस्त जीव अहन्ता से ग्रस्त धर्म, दर्शन, नीति, ज्ञान, कर्मकांड, शास्त्र, वेद, गुरु आदि से ज्ञान प्राप्त कर तात्त्विकता को समझना चाहता है किन्तु तत्त्वार्थ को समझाने में सभी असमर्थ हैं। वह प्रयास करते-करते थक जाता है और अन्त में, यही निष्कर्ष निकालता है कि श्रीहरि की कृपा के बिना इस लोकार्थ तथा परमार्थ दोनों की तात्त्विकता समझी नहीं जा सकती—

ज्ञान भक्ति साधन अनेक सब सत्य झूँठ कछु नांही।
तुलसिदास हरिकृपा मिटै भ्रम यह भरोस मनमांही॥

मूलतः लोकार्थ की समझ परमार्थ की समझ के लिए आवश्यक है और इस परमार्थ का ज्ञान ईश्वर की अहैतुकी कृपा से ही सम्भव है। इसी अहैतुकी कृपा से आत्मबोध तथा विवेक की जाग्रति होती है।

परमार्थ का बोध होने के पश्चात् दूसरे स्तर पर यह संसार भलीभाँति समझ में आ जाता है। यही समझ ही आराधक का दृढ़ निश्चय है। इस संसार के मिथ्यात्व को भलीभाँति समझ लेने के पश्चात् वह शरणागति तथा प्रपत्ति की ओर झुकता है। संसार के मिथ्यात्व का क्रम विनय पत्रिका में विस्तारपूर्वक वर्णित है। इस क्रम में वह अद्वैतवेदान्त में वर्णित माया के भ्रमात्मक स्वरूप का विविध दृष्टान्तों के साथ वर्णित करता है विनय पत्रिका के पदों का एक बहुत बड़ा हिस्सा वास्तविक किन्तु असत्य जैसे लगाने वाले इस संसार की असत्यता से चित्रित है—

जानत अर्थ अनर्थ रूप तम कूप परब यहिं लागे।
तदपि न तजत स्वान अज खर ज्यों फिरत विषय अनुरागे।

संसार की इस निःसारता की समझ तथा मुक्ति बिना ईश्वर की कृपा के सम्भव नहीं है—

जद्यपि मग्न मनोरथ विधिवस सुख इच्छित दुख पावै।
चित्रकार करहीन जथा स्वारथ बिनु चित्र बनावै।
हृषीकेस सुनि नाउँ जाउँ बलि अति भरोस जिय मोरे।
तुलसिदास इन्द्रिय सम्भव दुख हरेहिं बने प्रभु तेरे।

मन, बुद्धि, चित्त, अहंकार द्वारा कल्पित इस संसार तथा सांसारिक ज्ञान समुदय की वास्तविकता को समझने तथा उसे तोड़ने की एकमात्र हेतु ईश्वर की अहैतुकी अनुकम्पा ही है।

संसार की मिथ्या वासना से युक्त जीव वस्तुतः इस तथ्य से पूर्णतः परिचित हो जाता है कि अज्ञान युक्त कार्य ही संकट का कारण है और उस कार्य प्रपंच का परित्याग करके शीघ्रातिशीघ्र श्रीहरि के प्रति समर्पित भावना से ही जन्म-मृत्यु के बन्धनों से मुक्ति होगी। नाना प्रकार की योनियों में भटकना तथा जन्म-मृत्यु की असह्य पीड़ा से मुक्ति मिल जाएगी। श्रीहरि के प्रति सर्वात्म भाव से समर्पण की भावना ही इस तीसरे सोपान का मूल है। इस समर्पण सोपान में आराधक ईश्वर की अनन्य कृपा, अनन्य करुणा, अनन्त वात्सल्य, निरन्तर अहैतुकी प्रीति की कामनारत हो जाता है।

सांसारिक समझ से उसके प्रति उत्पन्न विरक्ति प्रभु के अनन्य समर्पण को देखकर कलियुग चौकन्ना होकर पीड़ित करता है। सूफ़ी धर्म के शैतान की भाँति तरह-तरह के प्रलोभनों, कष्टों, असत्य आश्वासनों से यह चित्त को भ्रमित करता है, लेकिन मुक्त ज्यों ही निष्ठा भाव से ईश्वर के प्रति समर्पित होता है, कलियुग स्वतः भयवश भाग जाता है।

यह विनय पत्रिका के वस्तु विधान का एक सूत्र है।

कलियुग के कष्टों से निवृत्त होकर साधक एकनिष्ट होकर श्रीराम प्रति समर्पित हो जाता है। इस समर्पण में अहैतुकी मुक्ति का आश्वासन न प्राप्त होने से उपालम्भ का भाव इसकी भूमिका के रूप में दिखाई पड़ता है। यह उपालम्भ का भाव विनय पत्रिका में अनेक पदों में वर्तमान है। वह 'श्रीराम के पुतले बाँधने' तक की धमकी विनय पत्रिका में दे देता है। विलम्ब तथा प्रतीक्षा भक्त की परीक्षा है और इस विलम्ब से यह लेशमात्र भी विचलित नहीं होता। समाज की घृणा, उपहास, व्यंग्य, घृणा, तिरस्कार आदि उसे बार-बार मिलते हैं किन्तु वह विचलित नहीं' वह प्रताड़ना, अपमान, निर्धनता को सहता हुआ श्रीराम की शरणागति से विचलित होने के लिए तैयार नहीं है क्योंकि उसे संसार की सत्यता समझ में आ चुकी है—

'निलज नीच निर्गुन निर्धन कहँ जग दूसरो न ठाकुर ठाऊँ।'

वह इस भानापमान की चिंता नहीं करता क्योंकि उसे संसार का यथार्थ भली-भाँति समझ में आ चुका है—

परुष बचन अति दुसह स्त्रवन सुनि तेहिं पावक न दहौंगो।
विगत मान सम सीतल मन पर गुन नहिं दोष कहौंगो।
परिहरि देह जनित चिंता दुख सुख समबुद्धि सहौंगो।
तुलसीदास प्रभु यहिं पथ रहि अविचल हरि भक्ति लहौंगो।

उन्हें सम्पूर्ण जगत अब उसी प्रकार लगने लगा है, जैसे बिना नमक के साग।

इस **अनन्य निष्ठा** के पश्चात् पाँचवीं भूमिका **अनन्य भावानात्मकता** या तीव्र **रागावेश** की है। इस सन्दर्भ में कवि एक प्रतीक का अन्वेषण करता है, वह प्रतीक है—'चातक' का। तुलसीदास की यह भावना आराध्य से तदाकार होने की है। आराध्य स्वीकारे या तिरस्कारे—उसे न इसके मानापमान का भय है, न साधनापथ के संकट की पीड़ा है। इस भूमिका पर उपालम्भ भी समाप्त हो जाता है—वह रात-दिन आराध्य की चिंता में डूबा है। चातकवृत्ति आराधक के उत्कट भावयोग की भूमिका है—

रटत रटत लट्यो जाति पाँति घट्यो
जूँठनि को लालची चह्यौ न दूध नह्यो है।
अनत चह्यो न भलो सुपथ सुचाल चल्यो
नीके जिय जानि इहाँ भल्यो अनभल्यो है।
तुलसी समुझि समुझायो मन बार-बार
अपनो सो नाथ सों कहि निर्बह्यो है।

आप तुलसी का निर्वाह करें या न करें किन्तु उसका तो यही दृढ़ विश्वास है कि उसका निर्वाह तो आपही के यहाँ होना है।

इसके पश्चात् तुलसीकृत विनय पत्रिका का अन्तिम सोपान प्रारम्भ होता है। यह स्तर नितान्त गूढ़, रहस्यपूर्ण, ब्रह्म, जीव, आत्मा तथा संसार के वास्तविक सम्बन्ध एवं स्वरूप के बीच कथित है। इस सन्दर्भ में तुलसी अर्थात् मुक्त जीव जो इस समय बद्ध रूप में है, उसका ईश्वर से जो इस जीव का अंशिन् है, उससे जुड़ने का क्रम है। वैष्णव भक्ति में यहीं रहस्यवाद जैसी अवधारणा इस भूमिका में दिखाई पड़ती है। इन पदों में अद्वैत मूलाभक्तिसाधना के कारण रहस्यमयता के अनेक विम्बार्थ तथा व्यंग्यार्थ सामने आते हैं। विनय पत्रिका का यही अंश तुलसी की गूढ़ आध्यात्मिक साधना एवं भक्ति की रहस्यमयी सृष्टि से ओतप्रोत है।

इन पदों की सम्पूर्ण अवधारणा कर्म के प्रपंच में फँसे जीव के जन्म-मरण के कारण पुनर्जन्म से उत्पन्न होने वाले अनेकानेक कष्टों से जुड़ी है। मन इस पुनर्जन्म के बन्धनों में जीव को फँसाने वाला एकमात्र हेतु है।

'ज्यों-ज्यों निकट भये चहौं कृपाल! त्यों-त्यों दूरि पर्‍यो हैं।'

'ज्यों-ज्यों यह जीव आपके समीप पहुँचता है, कर्म और पुनर्जन्म त्यों-त्यों उसे दूर कर देता है।' मन की अनिश्चयता एवं अहन्ता ग्रस्तता कर्म और अनेक योनियों में पुनर्जन्म का कारण है। अतः हे नाथ! मेरा जल्दी-से-जल्दी इस अंश रूप जीव को आत्मसात् कर लें 'अन्यथा' कर्म एवं पुनर्जन्म मुझे फिर फँसा लेंगे—

दिन-दिनहु देव विगरिहैं बलि जाँउ विलम्ब किए
अपनाइये सबेरे।

कुल मिलाकर, विनय पत्रिका का अन्तिम छन्द जीव तथा ब्रह्म की पारस्परिक प्रतीति के प्रश्न से जुड़ा हुआ है। यह प्रतीति इतनी प्रगाढ़, स्पष्ट तथा निश्च्छल है कि कहीं से उसमें दरार पड़ने का प्रश्न नहीं उठता—

साधत साधु लोक परलोकहिं मुनि गुनि जतन घनेरो।
तुलसी के अवलम्ब राम के एक गाँठि कइ फेरे॥

ब्रह्म तथा जीव का परस्पर सम्बन्ध **'एक गाँठ हैं किन्तु फेरे कई हैं'** का है। जीव के ब्रह्म विषय जन्म-जन्मान्तर के संस्कार अर्थात् जीव के अपने तथा ब्रह्म के प्राकृतिक एवं सहज सम्बन्ध का ज्ञान उसे धीरे-धीरे वास्तविकता का बोध कराता है। तुलसी की विनय पत्रिका जीव के इसी संस्कार बोध के जागरण की कथा है। तुलसी स्वयं इस अवस्था में पहुँचकर स्वयं रूप जीव के, जागरण के फलस्वरूप ईश्वर से आत्मसात् की निश्चयता की सम्पुष्टि विनय पत्रिका लिखकर करना चाहते हैं।

जैसा कि प्रारम्भ में कहा जा चुका है, जीव की निश्च्छल आत्म प्रतीति का स्वयं उसे एहसास तथा पत्रिका लेखन द्वारा आराध्य को इस सम्बन्ध में स्मरण कराना, तथा प्रेम के आत्मीय सम्बन्ध में हामी भरा लेना विनय पत्रिका का उद्देश्य है। विकार रहित जीव के प्रति अपनापन दिखाना, अपने अंश रूप जीव को स्व स्वरूप से जोड़ने का आश्वासन देना और उसके हृदय में अपनेपन की अमिट छाप छोड़ देना ब्रह्म तथा जीव के ऐक्य का प्रमाण है। जीव (तुलसी) का सबको देखते-देखते बाँह पकड़ लेना (आत्मसात् की स्वीकृति दे देना)— यही वैष्णवी प्रपत्तिमूलक भक्ति की अन्तिम निष्पत्ति है। इसी निष्पत्ति के बाद विनय पत्रिका का समापन हो जाता है—

कृपा रामनिवाज की देखत
गरीब की बाँह गही है—
विहँसि राम कह्यो सत्य है
सुधि मैं हूँ लही है।
मुदित माथ नावत बनी तुलसी अनाथ की
परी रघुनाथ हाथ सही है।

यह विनय पत्रिका का अन्तिम भाव सोपान है। वस्तु तंत्र की यह निष्पत्ति है। यही विनय पत्रिका का फलागम तथा तुलसी का काम्य है। तुलसी गदगद है। बद्धजीव मुक्त होने की आश्वत्तता में मग्न है। ग्राह्य एवं शरण्य द्वारा शरण के लिए जाने का आश्वसन प्राप्त कर लेना यही विनय पत्रिका के लेखक की नियति है। जीव ईश्वर के सन्मुख हो उठा—मात्र इतना ही कवि को यहाँ अभीष्ट है। यही कथा प्रसंग सम्पूर्ण रचना का सर्वाधिक रोचक प्रसंग है और यही प्रसंगगर्भिता भी है। यही कथा का मर्म भी है तथा यही तुलसी की नितान्त वैयक्तिकता के प्रति आराध्य की आत्मीयता एवं अनुराग भरी सहमति भी है।

❑❑❑

विनय पत्रिका : अर्थ रचना संधान की विविधताएँ

जैसा कि विनय पत्रिका के वस्तु विवेचन से स्पष्ट है, वह अनेक भावभूमियों तथा सोपानों पर रची हुई कृति है। सांसारिक असारता, जीवन सम्बन्धों की निष्फलता, शरणागति तथा प्रपत्ति की भावना, समर्पण की आत्यन्तिक कामना, जीव एवं ब्रह्म सन्दर्भ, कलि द्वारा दिए हुए संकटों से युक्त होने की कामना, जीव की निरीहता आदि-आदि अनेक भावभूमियों के प्रार्थना गीत यहाँ हमें प्राप्त होते हैं। इन सम्पूर्ण भावभूमियों का प्रयोजन जीव तथा ब्रह्म के सम्बन्धों की समीक्षा तथा उनके तादात्म्य से है। कवि इन सम्पूर्ण आध्यात्मिक अनुभूतियों को शब्दार्थ रचना द्वारा अनुगत कराना चाहता है। कुल मिलाकर विनय पत्रिका के प्रार्थना गीत कवि के आध्यात्मिक अनुभव व्यापार के संचयन हैं। इन अनुभवों को लोक में प्रचलित भाषा, उसके मुहावरे तथा संदर्भित अर्थ रचना प्रणालियों से वह सामान्य जन तक उन्हें सम्प्रेषित करना चाहता है। सामान्यतया जीवन के अनुभव व्यापार शब्दों द्वारा सम्प्रेषित होने में सर्वथा जटिलता का अनुभव कराते हैं और जब वह अनुभव व्यापार की आध्यात्मिक एवं वैयक्तिक साधना भूमि से गुजर कर आया हो, उस अनुभव विधान का सृजन शब्दार्थ के लिए चुनौती है। विनय पत्रिका में इस चुनौती को बार-बार इंगित करता है—

(१) 'कहे बिनु रहे न परत कहे राम रस न रहत'

* * *

(२) कह्यो न परत बिनु कहे न रह्यो परत

उस पारमार्थिक तथा आध्यात्मिक तात्त्विकता को लोकानुभव की भाषा में कहे बिना रहा नहीं जाता, क्योंकि यह मजबूरी है कि भाषा यही है, और कोई दूसरी नहीं और दूसरी ओर कहना भी मजबूरी ही है। इस लोकार्थ की भाषा द्वारा उस विलक्षण अनुभव को अलंकारविधानों, प्रतीकों, संकेतों लक्ष्यार्थों, अभिप्रायों, रूढ़ियों कथा प्रसंगों आदि द्वारा कहना चाहता है—इसीलिए विनय पत्रिका के प्रार्थना गीतों में अर्थानुसंधान की जटिलताएँ दिखाई पड़ती हैं। यह सत्य है कि विनय पत्रिका एक गीति काव्य है और विनय पत्रिका के गीतों में आत्मानुभव की द्रवता तथा दूसरी ओर आध्यात्मिक अनुभव की विशिष्ट अर्थ ग्रंथियाँ रचनात्मक व्यवस्था को जटिल बना देती हैं और इस जटिलता के कारण—**'कह्यो न परत बिनु कह्यो न रह्यो परत**—अर्थात् अनुभव तथा अभिव्यक्ति रचना का द्वन्द्व भरा संकट उठ खड़ा होता है।

संक्षेप में, अर्थ रचना के स्तर पर विनय पत्रिका में निम्नलिखित विशेषताएँ दिखाई पड़ती हैं—

(१) विनय पत्रिका में अर्थ रचना की प्रारम्भिक प्रकृति शब्दों के अर्थ संस्कार की है। परम्परित शब्दों से सर्वथा नए अनुभव अर्थात् अर्थ को गढ़ देना कवि की उसकी निजी विशेषता है। इस गढ़ने के साधन परम्परित हैं, किन्तु प्रारम्भिक स्तर पर ये विधान के परम्परित साधन अर्थ के वैशिष्ट्य को अपने नए रूप में व्यंजित करते हैं किन्तु किसी प्रकार का

रचनात्मक तनाव नहीं देखा जाता। शब्दों में व्यंग्यार्थ जैसे स्वयं प्रवेश कर जाते हैं—शब्द रबड़ की भाँति अर्थ संधान की स्थिति में तनता चला जाता है—

जो मोहिं राम नाम लागत नीके।
तौ नवरस षटरस अनरस हैं जाते सब सीठे।
वंचक विषय विविध तनुधरि अनुभवे सुने अरु दीठे।
यह जानत हौं हृदय आपने सपने न अघाइ उबीठे॥

इस पद में 'मीठा' शब्द प्रारम्भिक स्तर पर 'स्वादुकर' के अर्थ में है किन्तु दूसरे क्षण काव्य के नव रस शृंगार, करुण, रौद्रादि तथा भोग्य वस्तुओं के मधुर तिक्त काषाय का स्मरण आते ही एक सर्वथा नया अर्थ इस मीठे शब्द से संस्कारित होता है। यह अर्थ है परमार्थिक भूमिका पर ब्रह्मस्वाद का। तुलसी इस ब्रह्मस्वाद के लिए 'मीठे' एक शब्द गढ़कर लोक के सम्पूर्ण अनुभव एवं उनके आस्वादन को 'सीठे' शब्द से व्यंजित करते हैं। 'काव्यरस तथा स्वादुरस' सीठा है—और उसकी तुलना में आध्यात्मिक आनन्दानुभूति 'मीठी' है। मनुष्य ने अनेक योनियों में जन्म लेकर इस लोकानुभव रूप आस्वाद 'सीठा' का अनुभव किया है। ठीक इसके विपरीत जन्म-जन्मान्तर से भोगी जाती हुई लोक वासना के सुख के ठीक प्रतिकूल चिन्मय वेद्यान्तर स्पर्श शून्य, परमानन्द स्वरूप ब्रह्मास्वादन का अर्थबोध एक सामान्य 'मीठा' शब्द करा देता है।

विनय पत्रिका में इस प्रकार के संस्कारित शब्द सन्दर्भों की एक लम्बी तालिका बनाई जा सकती है। ये शब्द लोकानुभव के बीच सामान्य सन्दर्भ रखते हैं किन्तु कवि की प्रतिभा अपने मन्तव्य की सिद्धि के लिए नए अर्थ संस्कारों से साधती है और इसी सधने से ही उन शब्दों का लक्ष्यार्थ तथा व्यंग्यार्थ कवि के मन्तव्य को आध्यात्मिक अनुभव तक पहुँचाता है—

मोको भलो रामनाम सुरतरु सो रामकृपाल कृपाहें।
तुलसी सुखी निसोच राज ज्यों बालक माय बबाके।

'माय बबा' शब्द 'माता-पितामह' के वाचक है। तुलसी सुखी हैं, शोक मुक्त है, जैसे बालक माता-पितामह के राज्य में होता है। आत्मबोध के पश्चात् इस जीव का इस संसार में कोई नहीं बचता। वह ईश्वर इस जीव के लिए 'माँ-पितामह' दोनों बनता है। भागवत अनुग्रह से जुड़कर 'सुखी' तथा 'निसोच' शब्द माया या अहन्ता मुक्ति के प्रतीक बन जाते हैं और 'माय-बबा' शब्द ईश्वर के परम अनुग्रह के पर्यायवाची हैं।

कवि स्थल पर एक पदावली इस प्रंकार रखता है—

गरैगी जीह जो कहौं और को हैं।

इस 'और को हैं' का मूल अर्थ जीवात्मा का परमात्मा का अंश होने के प्रति इंगित है। इसी प्रकार का एक अन्य प्रयोग दृष्टव्य है—

'डासत ही गई बीति निसा सब कबहु न नाथ नीद भरि सोयो'

यहाँ डासना? मात्र विछाने के अर्थ में नहीं है। 'निसा बीतना' केवल प्रात: अवतरित होने का पर्यायवाची नहीं है। 'कबहुँ' मात्र विश्रामकाल का सूचक नहीं है—'नींद भरि सोयो' ठाट से घोड़े बेचकर सोने का अर्थ नहीं देता। इन सामान्य शब्दों का अर्थ संधान की दृष्टि से संस्करित करके वृहत्तर तथा व्यापक आध्यात्मिक अनुभव की व्यंजना कराना यहाँ कवि का मन्तव्य है। तुलसीकृत विनय पत्रिका में इस व्यापक अर्थ परिवेश को सृजित करना तथा शब्द

रचना कला से उसे जोड़ देना, एक महत्त्वपूर्ण विशेषता है।

श्रीरामचरितमानस की भाँति विनय पत्रिका में भी साहित्यिक अभिप्राय के रूप में धार्मिक रूढ़ियों का प्रयोग अर्थ-सामर्थ्य बढ़ाने का एक महत्त्वपूर्ण उपादान है। धार्मिक रूढ़ियाँ वैष्णव भक्ति काव्य की परम्परित धरोहर है और कवि जन बराबर इनका प्रयोग अपने विशिष्ट अभिप्राय के रूप में करते रहे हैं। इनके अन्तर्गत निम्नलिखित प्रकार के प्रयोग उल्लेखनीय हैं—

(१) वर्णक

(२) मिथक

(३) कवि समय

(४) पुरा कथाएँ

(१) वर्णक—'वर्णक' का अर्थ है, पूर्वनिर्धारित तथा स्वीकृत काव्य मानकों का अनिवार्यता के साथ प्रयोग। यदि कवि परिपाटी ने निर्दिष्ट कर दिया है कि 'मुख' का वर्णन चन्द्र के रूप में ही होगा तो 'वर्णक' के स्तर पर यह प्रयोग अनिवार्य समझा जाएगा। 'वर्णक' अपेक्षा करता है कि कवि पूर्व निधारित वर्णन परिपाटी की 'चूल-से-चूल' मिलाकर चले। गणेश का लम्बोदर, एकदन्त, मोदक प्रिय होना वर्णक है। सूर्य के स्तवन में उनके सारथी को 'पंगु' बताना यह वर्णक है। सूर्य का दिव्य रथ गामी उनका वर्णक है। शिव के सन्दर्भ में सर्पमाला, चन्द्रचूड़, कालकूट चिह्न, अर्धांग में पार्वती का स्थित होना आदि आदि धार्मिक परम्परा एवं वर्णक हैं। कवि के लिए इन वर्णनों में परम्पराजनित निर्देशों की उपेक्षा करना सम्भव नहीं है। ये सब कवि की आस्था के अभिन्न अंग हैं और विनय पत्रिका जैसे ग्रंथ के स्तोत्र भाग की अनिवार्यता भी। उन्होंने इन वर्णकों का प्रयोग अधिकांशतया अभिधेय स्तर पर ही किया है। कहीं-कहीं स्तोत्र परम्परा की व्यंग्य शैली के अनुक्रम में इन वर्णकों के माध्यम से चमत्कार सृजन का कार्य किया है। शिव की औढर दानशीलता शीर्षक वर्णक के आधार पर विनय पत्रिका का चमत्कार उत्पन्न करने वाला एक पद इस प्रकार से है—

बावरो रावरो नाँह भवानी।
दानि बड़ो दिन देत दयो विन बेद बड़ाई भानी।
निज घर की बरबात बिलोकहु हेरे तुम परम सयानी।
शिव की दई सम्पदा देखत श्री सारदा सिहानी।

* * *

प्रेम प्रसंसा विनय व्यंग्ययुत सुनि विधि की बर बानी।
तुलसी मुदित महेस मनहिं मन जगतमातु मुसुकानी

अत्यन्त तिरस्कृत वाच्यध्वनि और प्रकारान्तर भाव से व्यंग्योक्ति (निदाभाव से स्तुति) में प्रेम, प्रशंसा, विनय तथा व्यंग्य और आत्मीयता सब कुछ है। विनय पत्रिका का स्तोत्र सम्बन्धी प्रार्थना गीत-प्रकरण कवि वर्णक सम्बन्धी धार्मिक रूढ़ियों से भरा पड़ा है। भक्ति के अनिवार्य उपादान रूप इन वर्णकों को छोड़ पाना कवि के लिए सम्भव नहीं है। उदाहरण के लिए 'संसार' की निःसारता का वर्णन' इस वर्णन में मृग मरीचिका, सर्प रज्जु, कदली स्तम्भ की निःसारता आदि परम्परित वर्णक हैं। इनके बिना संसार का वर्णन पूरा नहीं होता। जब तुलसी

संसार का वर्णन करते हैं तो ये वर्णक आड़े हाथ आते हैं—

मैं जोहिं जान्यो अब संसार।
देखत ही कमनीय कहूँ नाहिन पुनि किये विचार।
ज्यों कदली तरु मध्य निहारत कबहूँ न निकसत सार।
महामोह मृग जलसरिता मँह बोरयो हौं बारहिं बार।
सो परि डरै मरै रज्जु अहि तू बूझे नहिं व्यवहार।

वर्णक का सम्बन्ध सामान्य वर्णन परम्परा से है। सामान्यतया ये अभिधेय रूप में ही वर्णित हैं, किन्तु तुलसी जैसे समर्थ कवि इन वर्णकों का रमणीक व्यंग्यार्थ के लिए करते हैं।

मिथक—गोस्वामी तुलसीदास ने अर्थ व्यापार को तीक्ष्ण बनाने के लिए विनय पत्रिका में धार्मिक तथा परम्परित मिथकों का बराबर प्रयोग करते हैं। अहल्या का शिला हो जाना, विष्णु का गरुण गामी होना, पाप का श्याम वर्ण होना, ब्रह्मास्त्र का अक्षय प्रभाव, अगस्त्य का विन्ध्यपर्वत रोकना, सिन्धु पी जाना, शेष के फण पर पृथ्वी का धारण होना तथा अनेकानेक पुराकथाएँ उपमेय के स्तर पर प्रयुक्त होकर मिथक का कार्य करती हैं। इसके लिए एक उदाहरण मात्र पर्याप्त होगा—

लोभ ग्राह दनुजेश क्रोध कुराराज बंधु खलमार

गजेन्द्र रूपी मुझ अनाथ के लिए लोभ ग्राह बना हुआ है। मुझ निराश्रित विभीषण के लिए क्रोध रावण बना हुआ है और मुझ अनाथ पाण्डव बन्धुओं के लिए कामदेव दुर्योधन एवं उसके भाई बने हैं।

रूपक अलंकार के सन्दर्भ में विविध कथा रूढ़ियों को मिथक बनाकर प्रयुक्त करना अर्थ रचना को सघन बना देना है।

कवि समय—भक्ति काव्य में कवि समयों की एक निश्चित तथा निर्धारित अर्थ सीमा है। ये कवि समय ललित साहित्य से आकर तुलसी साहित्य में अवतरित हुए हैं। यद्यपि विनय पत्रिका में प्रयुक्त कवि समयों के प्रयोग में कमी दिखाई पड़ती है, फिर भी जो है, उनसे अर्थ संवेदन को प्रगाढ़ बनाने की चेष्टा की गई है। सूर्य को देखकर कमल का प्रसन्न होना, मछली तथा जल का प्रेम, चातक की स्वाति जल आकांक्षा, कल्पतरु द्वारा सब कुछ दिया जाना, चिंतामणि द्वारा चिंताओं को दूर किया जाना, चन्द्रमा का अमृत युक्त होना, सूर्य द्वारा पृथ्वी का समस्त रस सोखना, समुद्र का निरन्तर स्थिर रहना, ब्रह्मा का चतुरानन एवं विष्णु का चार हाथों से युक्त होना, निशिचरों का रात्रि में विचरण, बाँस का पुष्पहीन होना, मृत्यु के बाद यम यातना आदि-आदि अनेक पौराणिक तथा ललित काव्य परम्परा के कवि समयों का प्रयोग कवि व्यंजकता के स्तर पर करता है। तुलसी इनका प्रयोग अभिधेय रूप में कम लाक्षणिक तथा व्यंजक अर्थ में अधिक करते हैं—

करुणानिधान वरदान तुलसी चहत
सीतापति भक्ति सुरसरि नीर मीनता।

'जल-मत्स्य' का कवि समय यहाँ व्यंजना का आधार है।

पुराकथाएँ—मिथकों से भिन्न भक्ति काव्य के अन्तर्गत कतिपय निश्चित तथा निर्धारित पुराकथाएँ अर्थ रचना के लिए प्रयुक्त मिलती है। इन कथाओं का मूल उद्देश्य है—अपने वर्णित

भाव विशेष की सम्पुष्टि के लिए दृष्टान्त के रूप में प्रयोग करना। इनसे कवि अपने भाव विशेष के लिए एक वातावरण तैयार करता है। पुरागाथाएँ भक्तिकाल की धरोहर हैं और इनमें भक्ति तथा भक्ति काव्य दोनों की पारम्परिक रूढ़ियाँ वर्तमान हैं। अम्बरीष, अगस्त्य, अजामिल, जटायु, अहल्या, कालनेमि, कुबरी, गजेन्द्र, द्रौपदी, ध्रुव, तृग, पांडव, पिंगला, भीष्म, पूतना, प्रहलाद, बलि, राहु, केतु, वामन, वाल्मीकि, विदुर, शबरी, सुदामा, इन्द्र आदि-आदि से सम्बन्धित पुरागाथाओं के दृष्टान्तों द्वारा भक्तिकालीन कवि अपनी आस्था, साधना एवं संसक्ति का प्रामाणिक आधार तैयार करते हैं और समाज को भी इस भक्ति एवं उसके प्रभावों की प्रामाणिकता का साक्ष्य देते हैं। ये पुराकथाएँ भक्तिकालीन चेतना के लिए आधार हैं। तुलसीदास ने विनय पत्रिका में भक्तिभाव का पोषण इन कथाओं के माध्यम से किया है। इन पुराकथाओं के लाक्षणिक तथा व्यंजनागर्भित प्रयोग अर्थचारुता की सृष्टि करके भाव सम्प्रेषण में सहायक होते हैं।

कवि द्वारा प्रयुक्त धार्मिक रूढ़ियों, अभिप्रायों, कवि समयों एवं कथाओं के उपयोग का मूल अभिप्राय उसकी आध्यात्मिक रचनाशक्ति तथा सामर्थ्य को आवेग युक्त बनाना है। भक्तिकाव्यधारा अपने निर्धारित एवं निश्चित मानकों के बीच ही अर्थ रचना तथा भाव सम्प्रेषण के प्रभावी रूपों को बिम्बित करने के लिए विवश है, अन्यथा कथ्य निष्प्रभावी तथा व्यर्थ होगा। साहित्य की ललित परम्परा से इन वर्णकों, कवि समयों, मिथकों आदि की तुलना व्यर्थ है क्योंकि दोनों के प्रभाव क्षेत्र भिन्न हैं। दोनों दो भिन्न-भिन्न प्रकार के वातावरण तथा प्रभाव के निर्माण के लिए कटिबद्ध दिखाई पड़ते हैं। यह सत्य है कि इन रूढ़ियों तथा कवि समयों आदि का प्रयोग साहित्यिक कृतियों में भावों को सम्प्रेष्य बनाने के लिए किया जाता है—अतः यह कहना कि तुलसी की विनय पत्रिका साहित्यिक परम्परा से भिन्न एक धार्मिक कृति है—असंगत है क्योंकि अर्थ रचना व्यापार के उपादानों का प्रयोग तुलसी ललित परम्परा की भाँति कर रहे हैं। यह सत्य है कि रूढ़ियों तथा अभिप्रायों में प्रायः अर्थ की जटिलताएँ नहीं हैं लेकिन कवि के आध्यात्मिक अनुभव को विवेचित करने वाली एतद् विषयक अर्थ ग्रंथियाँ ललित साहित्य की तुलना में अपेक्षाकृत जटिल तथा साहित्य के पाठक को दिग्भ्रमित करने वाली हैं, कारण कि इनके द्वारा कवि धार्मिक आस्था तथा अनास्थागत दृष्टिकोण, मन्तव्य वैचारिकता आदि सन्दर्भों को स्पष्ट करने की दिशा में सचेष्ट दिखाई पड़ता है और ये सारे-के-सारे सन्दर्भ उसके अपने विश्वास, अनुभव तथा विवेक से जुड़े हैं—

श्री रघुवीर की यह बानि।
नीचहूँ से करत नेह सुप्रीति मन अनुमानि।
परम अधम निषाद पाँवर कौन ताकी कानि।
लियौ सो उर लाइ सुत ज्यों प्रेम की पहचानि।
गीध कौन दयालु जो विधि रच्यो हिंसा सानि।
जनक ज्यों रघुनाथ ताकँह दियो जल निज पानि।

इन सम्पूर्ण प्रकरणों में कथा रूढ़ियाँ ही हैं। पामर निषाद को पुत्र की भाँति गले लगाना, हिंसक गिद्ध का पिता की भाँति अपने हाथों से तर्पण करना, सम्पूर्ण अघ एवं अवगुणों की खानि और प्रकृति से ही मलिन शबरी के फल को प्रीतिपूर्वक खाना, विभीषण को भाई की भाँति भेटना ये सम्पूर्ण कार्य श्रीराम ही कर सकते हैं—

राम सहज कृपाल कोमल दीन हित दिन दानि।
भजहिं ऐसेहिं प्रभुहिं तुलसी कुटिल कपट न ठानि।।

इन पुरा कथाओं के प्रयोग का मन्तव्य स्पष्ट है—भाविक अर्थ रचना के स्तर पर दो विषमताओं के बीच एक ऐसी अर्थ संगति तैयार करना है—जो ग्राह्यता का वातावरण तैयार कर सके। दृष्टान्त एवं उदाहरण अलंकार की इन सम्बद्ध व्यंजनाएँ आगे चलकर अर्थ को गहराई की ओर ले जाती हैं—

कोल कुटिल कपि भालु पालिबो
कौन कृपालहिं सो है।

सम्पूर्ण प्रसंग कथा रूढ़ियों का है। यहाँ 'लक्षणा' के प्रयोग के माध्यम से कवि उसी सद्‌भावना को व्यंजित करता है, जो दृष्टान्त उदाहरण तथा निदर्शना अलंकारों के इन प्रचलित प्रयोगों में है। इन कथा रूढ़ियों को व्यंजना के स्तर पर ले जाकर वह अर्थ रचना को और अधिक सघन बनाता है—

तब तुम मोहूँ से सठनि को हठिगति देते।
पाप खानि जिय जानि अजामिल जमगन तमकि तये ताको भेते।
लिए छुड़ाइ चले कर मीजत पीसत दाँत गए रिस रेते।

अजामिल को पापी समझकर यमगणों ने तमक कर पकड़ लिया और उसे नर्क ले चले किन्तु विष्णु के दूतों ने उसे जबर्दस्ती छुड़ा लिया। परिणामस्वरूप वे रिस भरे दाँत पीसते लौट गाए—यह सम्पूर्ण कथागर्भित प्रसंग रामभक्तों के लिए जिस सद्‌भावना का वातावरण तैयार करता है उससे उन्हें मन्तव्य को स्थापित करने में बल मिलता है। एक मन्तव्य को सम्पुष्ट करने के लिए एक कल्पित वातावरण को गढ़ लेना उससे प्रभाव की सृष्टि करना रचना के अर्थसृष्टि की प्रभावपूर्ण प्रणाली है।

कथा रूढ़ियों के प्रयोग को कवि आगे चलकर अर्थ विधान की दृष्टि से और भी जटिल बनाता है। यह प्रयोग रूपकातिशयोक्ति जैसा है। विनय पत्रिका में इन पुराकथाओं तथा रूढ़ियों को सघनतम अर्थ रचना की ओर उद्यत करने के लिए कवि निरन्तर सचेष्ट है—

पाहन पसु पतंग कोल भील निसचर।
कांच ते कृपानिधान किए सुबरन।

यहाँ पाहन अहल्या का वाचक है, पशु बन्दर-रीछ के लिए है, पतंग जटायु के लिए प्रयुक्त है, कोल निषाद तथा भील शबरी का व्यंजक है, निसाचर विभीषण के लिए कथित है—इन सबको आपने काँच से सोना बना दिया (और एक आपका अनन्य निष्ठावान् **मनुष्य दास** अभी तक गिड़गिड़ा ही रहा है)। इनसे सम्बद्ध प्रतिक्रिया मूलतः तुलसी की ओर जाती है—जो अपेक्षया रूढ़ियों के लाक्षणिक प्रयोगों से अधिक चमत्कारमूलक है।

इन धार्मिक कथाओं, रूढ़ियों, कवि समयों एवं मिथकों आदि का वह प्रयोग अर्थ सघनता की सृष्टि के लिए करता है।

इस प्रकार अर्थ सघनता के लिए कवि रूढ़ियों, कवि समयों, मिथकों एवं पुराकथाओं का प्रयोग उदाहरण, दृष्टान्त, निदर्शना, उपमा, रूपक, रूपकातिशयोक्ति लक्षणा, व्यंजना एवं अर्थ को सघन बनाने वाली अन्य विधाओं के रूप में करता है।

अर्थ रचना के सन्दर्भ में विनय पत्रिका की तीसरी प्रवृति 'शब्द मिति' की है। यह शब्द मिति कुशल तथा सिद्ध कवि की पहचान है और इसके माध्यम से अर्थ के फैलाव द्वारा अनुभव संवेदना के व्यापक वातावरण की सृष्टि करना कवि का उद्देश्य है। श्रीरामचरितमानस के अयोध्याकांड में इस विशेषता की ओर कवि ने सर्वप्रथम ध्यान आकर्षित किया है—

अमित अरथ आखर अति थोरे

अर्थात, थोड़े शब्दों (शब्द मिति) से अमितार्थ को व्यंजित करने का कौशल और पत्र लेखन की तो यह अनिवार्यता ही है—'लिखना कम समझना अधिक' विनय पत्रिका में कवि की यह शैली बराबर देखने को मिलती है। उसने विनय पत्रिका के एक पद के द्वारा इस शैली रचना की ओर इंगित किया है—

जातरूप मति जुगुति रुचिर मनि रचि-रचि हार बनावहिं।
सरन सुखद रवि कुल सरोज रवि राम नृपहिं पहिरावहिं।

एक अन्य स्थल पर कवि इसी तरह की बात कहता है—

आखर अरथ मंजु मृदु मोदक राम प्रेम पगि पागि हैं।
ऐसे गुन गाह रिझाइ राम सो पाइहैं जो मुँह माँगिहैं।

यहाँ अर्थ सघनता के स्थान पर भावप्रवणता की सृष्टि की चर्चा कवि करता है।

निर्मल विवेक से परिपूर्ण काव्यमति स्वर्ण की भाँति है, युक्तियाँ कथन की कौतुक से परिपूर्ण रचना विधान की कथन भंगिमाएँ मणि हैं—कविप्रतिभा माला बनाने वाली मालिन अनेकानेक विधानों तथा प्रणालियों से काव्यपंक्ति रूप मालाओं को रच-रचकर काव्य का हार अपने आराध्य श्रीराम को पहनाएगी। विनय पत्रिका में कवि की प्रतिभा ने काव्यपंक्ति के जिन निर्मल वागर्थ रूप मुक्ता फलों को गुम्फित करके श्रीराम के उदार वक्षस्थल पर विभूषित कर दिया है, वे हिन्दी साहित्य की काव्य रचना की अमूल्य धरोहर है। सुन्दर वर्णों (सुवर्णों) से परिपूर्ण रमणीक उक्तियाँ अर्थ मिति के साथ विनय पत्रिका में अर्थगत लाक्षणिकता के विधान के लिए प्रयुक्त हैं और यह सम्पूर्ण विधान श्रीराम की यशकथा को मण्डित करने के निमित्त है।

अर्थ रचना की यह प्रवृत्ति कई रूपों में दिखाई पड़ती है। यदि परम्परित विधानों की दृष्टि से इन्हें शीर्षकबद्ध किया जाए तो आलंकारिक तथा व्यंजक परम्परा कोटि के अन्तर्गत ये अर्थ आते हैं। मूलतः अर्थ रचना का यह नाम विधान तो केवल समझाने के लिए है। अनुभव की संश्लिष्टता तथा कला के शीर्ष विन्यासों के कारण यह कवि की सिद्धि है, और वह अनेक रूपों में अनुभव के तीक्ष्ण तथा प्रभावकारी अर्थ विकासों की सिद्धि करता है। विनय पत्रिका में रस विधान की प्रखरता को देखते हुए ही यह कहा जाता है कि यह तुलसी की प्रौढ़ कृति है। यह रचना प्रवृत्ति विनय पत्रिका के उत्तरांश में अधिक दिखाई पड़ती है। वह इस अर्थ रचना की ऊँचाई पर पहुँचकर सचेष्ट लक्षणा तथा अलंकार विधान का परित्याग करके मुहावरों एवं कहावतों से अर्थ को निष्पन्न कराने की चेष्टा करता है। ऐसा प्रतीत होता है, रचना के स्तर तक पहुँचकर तुलसी अलंकार एवं लक्षणाविधान की निरर्थकता से भली-भाँति परिचित हो जाते हैं। उसे इस बात की इस स्तर तक पूरी समझ आ चुकी थी कि लोकोक्तियों तथा मुहावरों के सरलतम अर्थों के प्रभाव, विस्तार तथा गहराई दोनों दृष्टियों से मार्मिक हैं। वह पद या मुहावरा निष्कर्ष या अर्थफल के रूप में जुड़ा हुआ है। उनके जुड़ने से अर्थ का

सहज ही चमत्कारपूर्ण हो उठना स्वाभाविक बात है। कहीं-कहीं एक ही पद में अनेक मुहावरे एक साथ प्रयुक्त हैं।

प्रारम्भिक स्तर पर कवि को तीन अलंकार प्रिय हैं—उदाहरण, दृष्टान्त तथा निदर्शना। ये तीनों अलंकार भक्तिकालीन विनय तथा दैन्य के पदों की रचना परिपाटी से जुड़े हैं। कवि इन अलंकारों का प्रयोग परिपाटी सम्मत ही करता है—

जो गति जोग विराग जतन करि नहिं पावत मुनि ग्यानी।
सो गति व्याप्य गीध सबरी कहँ प्रभु न बहुत जिय जानी॥
जो सम्पति दससीस अरपि रावन सिव पहिं लीन्हीं।
सो सम्पदा विभीषन कहँ अति सकुच सहित हरि दीन्ही॥

रामचरितमानस में कवि का प्रसिद्ध अलंकार साङ्गरूपक है। शास्त्रज्ञ एवं चिंतन प्रधान कवियों में साङ्गरूपक की प्रमुखता उनकी प्रवृत्तिगत विशेषता बताई गई है—किन्तु विनय पत्रिका में अर्थविधान की यह जटिलता कम दिखाई पड़ती है। भावोद्वेग के कारण शायद रूपक कम हैं, किन्तु जहाँ प्रकरण आता है, वह साङ्गरूपक भरे अर्थ संश्लेष के निर्माण का कौशल दिखाने में नहीं चूकता—

राम कहत चलु राम कहत चलु राम कहत चलु भाई रे।
नाहिं त भव बेगार मँह पड़िहौ अधिक अधिक अधिकाई रे
बाँस पुरान बाज सब अटखट सरल तिकोन खटोला रे
हमहिं दिहेल कलि कुटिल करम चंद मंदबोल बिनु डोला रे
विषम कहार मार मद माते चलउँ न पाँउ बटोला रे
मंद विलंद अभेरा दलकनि पाइय दुख झककोरा रे
प्रारग अगम संग नहिं संबल नाउँ गाउँ सूला रे
तुलसीदास भवत्रास हरहु अब होहु राम अनुकूला रे।

जायसी तथा कबीर दोनों में इस प्रकार की रूपकातिशयोक्ति के उदाहरण मिलते हैं, किन्तु अर्थ रचना के स्तर पर यह संश्लिष्ट विधान गहन चिंतन की ओर ले जाकर आध्यात्मिक अनुभव के वैशिष्ट्य को नए सन्दर्भों में व्यक्त करने में सक्षम है। आध्यात्मिक अनुभव के ताजेपन को व्यक्त करने के लिए लोक की एक भाषा चाहिए और वह अनुभव का अद्वैत जब भाषा में कहा जाएगा, तब भाषा पंगु जैसी प्रतीत होने लगती है। सादृश्यविधान, परम्परा, प्रयोग सब-के-सब ऐसे स्थलों पर बौने हो उठते हैं, और सबका स्थान ले लेती है—विधान की पृथक् रचना सृष्टि। संसार की विचित्रता का अनुभव करता हुआ—जिस प्रणाली से, जिस भाषा में कवि उसे व्यक्त करना चाहता है, वह उल्टवाँसी जैसे है—

सून्य भीति पर चित्र रंग नहिं तनु बिनु लिखा चितेरे।
धोये मिटइ न मरइ मीति दुख पाइय महिं तन हेरे।
रवि कर नीर बसै अति दारुन मकर रूप तेहिं माँही।
बदनहीन सो ग्रसै चराचर पान करन जे जाँही॥

इन भाषिक सन्दर्भों का तात्पर्य अर्थगत जटिलता उत्पन्न करने से है और तुलसी विनय पत्रिका में सप्रयास इस प्रकार का कार्य बहुत कम करते हैं। वैसे, आध्यात्मिक अनुभव के सत्यापन की यह भाषा लोक अनुभव की भाषा से भिन्न है। अर्थगत यह जटिलता जानबूझकर नहीं उत्पन्न की गई है। इन प्रसंगों की सार्थकता विषय के अनुभूत तत्त्व को समझने में है। सम्पूर्ण जगत की नश्वरता तथा विलक्षणता को अनेक रूपों में एक साथ व्यंजित करती है।

लाक्षणिक तथा आलंकारिक अर्थ विधान विनय पत्रिका में प्रस्तुत की अर्थ सम्भावनाओं को स्पष्ट रूप से इंगित करने तथा अर्थ की भूमिका तैयार करने के लिए है—

सकल कामना देत नाम तेरे कामतरु
सुमिरत होत कलिमल छल छीनता।
करुनानिधान बरदान तुलसी चहत,
सीतापति भक्ति सुरसरि नीर मीनता॥

श्रीराम का नाम 'कामतरु' है—अनेक मनोरथों को पूर्ण करने वाला और ये मनोरथ केवल तुलसीदास के ही नहीं हैं—धर्मार्थ काममोक्ष यथास्थिति जो भी इसके सन्दर्भ में आता है, आप्तकाम एवं पूर्ण मनोरथ की स्थिति में पहुँचता है। तुलसी तो अपने लिए केवल यही वरदान माँगते हैं कि उन्हें श्रीराम की भक्ति भागीरथी की मीनता (मत्स्य भाव) प्राप्त हो। यहाँ दो पदों का संयोग रूपक जैसा है किन्तु उसकी लाक्षणिक व्यवस्था रूपक तंत्र को तोड़कर आगे बढ़ जाती है। एक ओर भक्ति भागीरथी का जल है—दूसरी ओर (जल) मीन का नैसर्गिक जीवन धर्म। श्रीराम की भक्ति रूपी पवित्र गंगा की भाँति है, वह साधारण जल नहीं है और वह जल निरन्तर मुक्तिदायी है, उस निरन्तर मुक्तिदायी श्रीराम की संगति के साथ ही जीवन-मरण का निर्वाह सब कुछ जुड़ा रहे और जीवन की समस्त सार्थकता—मृत्यु तथा यापन श्रीराम से जुड़ने से सम्बद्ध है। तुलसी के जीवन निर्वाह का यह स्वरूप तथा अनुभव की धार्मिकता मात्र अलंकार विधान की सीमा से बहुत व्यापक एवं तीव्र है।

सांसारिक जीव की एक उपमा तुलसी पुनः देते हैं—

दूर कीजे द्वार ते लबार लालची प्रपंच।
सुधा सो सलिल सूकरी ज्यों गहडोरिहौं॥

यहाँ **लालची, लबार, प्रपंची**—शब्दों का माया मोहित 'जीव' के लिए कथित हैं। **सुधा सो सलिल**—जीव का युक्त स्वरूप जो जन्म के समय प्राप्त हुआ—**सूकरी ज्यों गहडोरिहौं** अपने अनेक प्रपंचपूर्ण कुकर्मों द्वारा अहन्ता के दुर्वध्वाश में फँसकर दिन-रात कर्दमित होता जाता है।

अपने अनेक लौकिक कर्मों तथा प्रपंचपूर्ण कुकर्मों द्वारा माया के कर्दम में लथपथ हो जाना—और इस प्रकार सम्पूर्ण अर्थ की संगति बनती है—जीव नाना प्रकार के कर्म विपाकों में फँसकर आजीवन माया में लथपथ रहता है—जीव का शुद्ध स्वरूप निरन्तर मलाक्रान्त हो उठता है। इस आध्यात्मिक अनुभव को व्यंजित करने के लिए उत्प्रेक्षा विधान यहाँ छोटा लग रहा है। अन्तर्मन में तुलसी कितनी व्यथा, कितनी पीड़ा व्यंजित करते हैं—यह मर्म उनके अनुभव का है—भाषा तो मात्र हल्की-सी व्यंजना ही देती है।

गोस्वामी तुलसीदास कृत अर्थ की तीखी मार और गहरी प्रभविष्णुता उनके मुहावरे एवं लोकोक्ति युक्त प्रयोगों में दिखाई पड़ती है। ये मुहावरे श्रीराम द्वारा विलम्ब किए जाने से उत्पन्न उनकी खीझ, अपनी तुच्छता, श्रीराम की करुणा तथा अपनी छटपटाहट आदि-आदि सन्दर्भों

में कथित है। कितनी जल्दी, कितनी शीघ्रता से मेरी बात श्रीराम समझकर अपना लें, इसके लिए वे इन मुहावरों तथा लोकोक्तियों द्वारा कथन को प्रभावशाली बनाते हैं। अनेक मुहावरे—यथा, हिय हेरि, बाँह बोलि दै बुलायो, परी मुँह छार, घी का मक्खी होना, मुँह फेरना, रेखा-खींचना, ग्लानि में गलना, आकाश निचोड़ना आदि-आदि तुलसी इनके द्वारा अर्थ व्यंजकता की गम्भीर पृष्ठभूमि तैयार करते हैं।

सामान्यतया भौतिक जगत से टूटी हुई निष्ठा के बाद भगवदाकार होने की लालसा के कारण दीनता भरी पीड़ा तथा करुणा एवं अहन्ता से उपजी विकृतियों को स्पष्ट करने के लिए तुलसी ने शब्दमिति शैली का प्रयोग किया है।

गोस्वामी तुलसीदास कृत विनय पत्रिका की अर्थ रचना सम्बन्धी चौथी विशेषता विषंगति, परस्पर विरोध आदि के असामंजस्य एवं असन्तुलन की परिस्थिति से अर्थदीप्ति को उभारने की चेष्टा है। तुलसी विनय पत्रिका के अन्तिम अंश में वस्तु तथा आत्म के विषय में परस्पर विसंगति भरी स्थितियों की परिकल्पना कर अपने अर्थ तथा भाव को प्रवणशील बनाते हैं—

कौन तिन्हकी कहै जिन्ह के सुकृत अरु अघ दोउ।
पूरन पातक रूप तुलसी सरन राख्यो सोउ॥

एक ओर पाप-पुण्य दोनों से युक्त व्यक्ति है—उन्हें कम-से-कम उद्धार प्राप्त करने का अधिकार है, किन्तु उनके लिए क्या कहें जो साक्षात् तुलसी सरीखे 'पापस्वरूप' हैं। अन्ततया 'करुणा' एवं निरीहता के वातावरण की सृष्टि कवि ऐसे प्रयोगों द्वारा करता है।

एक अन्य स्थल पर तुलसी कहते हैं—

कृपासिंधु सुजान रघुबर प्रनत आरति हरन।
दरस आस पियास तुलसीदास चाहत मरन॥

एक ओर 'कृपासिंधु' और दूसरी ओर 'प्यास से मरणासन्न' दोनों की पारस्परिक विसंगति से अर्थ सन्दर्भ में प्रणविष्णुता उत्पन्न होती है। इन विरोधों तथा विसंगतियों को एक सार्थक व्यंग्यार्थ से पूरा करके तुलसी चमत्कारपूर्ण अर्थ द्वारा मन्तव्य को प्रभावशाली बनाते हैं—

उलटे पलटे नाम महातम गुंजनि जितो ललामो।

सीधे से हो, भूले हो, उपेक्षा से हो, गलत या सही तरीके से हो—यदि नाम की आर्त्तभरी पुकार हो गई तो उसका माहात्म्य अनन्त है—छोटी तुच्छ मूल्यहीन घुँघचियों (कोल, भिल्ल, निषाद, पशु-पक्षी आदि) ने जवाहारात और मणियों (देवताओं तथा ऋषियों) को पीछे छोड़ दिया। व्यंग्य ही, यहाँ चमत्कार सृष्टि का कारण है।

एक स्थल पर वे कहते हैं—

खीझिबे लायक करतब कोटि कोटि कटु
रीझिबे लायक तुलसी की निरलजई।

खीझने के लायक अहन्ताग्रस्त जीव के अनेकों आचरण हैं और इतने मेरे कटु आचरण के बाद आपकी कृपा पात्रता के लिए मेरी धृष्टता भरी निर्लज्जता अर्थात दो विरोधी परिस्थितियों के बीच वह श्रीराम को आश्वस्त करता है कि आप मेरे आचरणों से कितना भी खीझें किन्तु मैं सम्पूर्ण लोक मर्यादा को तोड़कर आपके ही प्रति समर्पित हूँ—रीझिबे लायक तुलसी की

निरलजई' कितना सार्थक प्रयोग है। यह न केवल भाव को स्पन्दशील बनाता है, अपितु अर्थ को भी ऊर्जा प्रदान कर रहा है।

विनय पत्रिका के अर्थ विधान की पाँचवीं और अन्तिम विशेषता है—एक विशिष्ट मानसिक रचना धरातल पर पहुँचकर वह भाषा में प्रभावपूर्ण भाषिक सरलता को उत्पन्न करता है। यहाँ न अलंकरण है, न अर्थ संश्लेष, न विषम परिस्थितियों की पारस्परिक तनावभरी सृष्टि और न साहित्यिक अभिप्रायों के ही प्रयोग है। नितान्त सरल, भाव प्रवण अर्थ जो मर्म का स्पर्श करते हैं। विनय पत्रिका के ये अंश अर्थ विधान की धरातल पर सर्वोच्च है। ऐसा लगता है कि अर्थ रचना के धरातल की सर्वोच्च सत्ता पर पहुँचकर भाषा भी सादृश्य विधान के सम्पूर्ण छल छद्मों का परित्याग कर देती है किन्तु ऐसे स्थलों पर अर्थ रचना की सर्वोच्च ऊँचाई दिखाई पड़ती है।

कहैगी बनैगी कै कहाये वलि जाऊँ राम
तुलसी तू मेरो हारि हिये न हहरु

"हे श्रीराम! आप स्वयं कह दें या बस थोड़ा, किसी से कहलवा भर दें कि तुलसी तू मेरा है—हृदय में न हार मानो न डरो।"

वह श्रीराम द्वारा स्वीकृत होने का 'संशय विहीन विश्वास' का आधार देता है—और यह आधार उसकी निश्च्छलता एवं विश्वसनीयता का दर्द भरा प्रभाव है। यह कथन, अन्य किसी लाक्षणिक विधान या शैली की आकांक्षा नहीं करता। कवि सम्पूर्ण परम्परित वैसाखियों को छोड़कर कैसे अर्थ विधान करता है, यह द्रष्टव्य है। यह स्थल पर वह कहता है—

'विरुदावली विलोकिये तिन्ह में कोउ हौं हौं'

हे नाथ! आत्त भक्तों की विरुदावली आप देख लें—उन्हीं में क्या कहीं मैं भी शायद कोई हो जाऊँ और न हूँ तो मेरे आचरण देखकर जोड़ लें या आपको अपनी विरुदावली का स्मरण आते ही, मुझे भी आप उनमें जोड़ लें—ऐसे निखालिस कथन निश्चित रूप से प्रभविष्णु हैं। एक अन्य स्थल पर कवि कहता है—

अपराधी तऊ आपनो तुलसी न बिसरिये।
टूटियो बाँह गरे परे फूटिहूँ विलोचन पीर होत हित करिये।

मैं अपराधी हूँ, पापी हूँ—किन्तु आपको समर्पित हूँ और आपका हो चुका हूँ, इसलिए मेरा परित्याग आप उसी तरह न करिये जैसे यदि किसी व्यक्ति का हाथ टूट जाए या आँख फूट जाए तो उन्हें अपने शरीर से निकाल नहीं देता वरन् इसके बावजूद भी दोनों की हिफाजत करता है। यहाँ इस अर्थ विधान का उद्देश्य चमत्कार सृजन नहीं, कथन को प्रभावी बनाना है।

इस प्रकार अर्थ विधान के इन पाँचों स्वरूपों से तुलसी प्रौढ़, प्रभावकारी, सम्प्रेषण सक्षम अर्थसंगति तथा अर्थसामर्थ्य द्वारा विनय पत्रिका को अपनी शेष अन्य कृतियों से बहुत ऊँचाई पर ले जाते हैं। गीति परम्परा के अन्तर्गत हैं तो उनकी गीतावली तथा कृष्ण गीतावली भी किन्तु जीवन के रागरंग से ऊबे तथा श्रीराम के प्रति समर्पित विगतराग मन का जो स्पन्दन विनय पत्रिका में मिलता है, वह सम्पूर्ण हिन्दी साहित्य में दुर्लभ है।

□□□

विनय पत्रिका : मन्तव्य तथा आस्वादन

विनय पत्रिका का भावविधान श्रीरामचरितमानस से भिन्न कोटि का है। दोनों दो भावविधानों तथा दृष्टिकोणों से रचित हैं। श्रीरामचरितमानस में लीला या चरित तथा आध्यात्मिक अभिव्यंजना का द्वन्द्व आदि से अन्त तक देखा जाता है। वहाँ श्रीराम के परात्पर तथा निरंजन स्वरूप का उनकी लीला के द्वारा निरूपण है। वह लोक रस को माध्यम बनाकर उसके माध्यम से ब्रह्म के चमत्कारी व्यक्तित्व का सृजन कर उसमें परादैवी तत्त्वों (Cosmic elements) का रामावेश कराता है और इसीलिए पग-पग पर उसमें विस्मय, चमत्कार, कौतूहल, भय, आतंक, उत्साह आदि के वातावरण का सृजन होता है। रस व्यापार की दृष्टि से वहाँ भी आराध्य एवं अनन्त आराधकों की भीड़ उस अकेले श्रीराम को परादैवी तत्त्व के प्रभामण्डल के इर्द-गिर्द मँडराती रहती है—किन्तु विनय पत्रिका की स्थिति इस सन्दर्भ से नितान्त भिन्न है। यहाँ दास्य तथा करुणाभाव का आवरण सम्पूर्ण कृति को आवेष्टित किए हुए है। अहन्ताग्रस्त जीव बोध की स्थिति में अपनी वास्तविकता को समझकर छटपटाता है। वह ईश्वर का अंश था, सर्वप्रथम इसी रूप में वह माँ की कुक्षि में आया—और कोख में उत्पन्न होते तक उसे अपने अंश रूप तथा ईश्वर की अहैतुकी कृपा का ज्ञान था। उसका विवेक अहन्ताग्रस्त नहीं था किन्तु इस जगत में पदार्पण करते ही अहन्ता ने घेर कर विवेक शून्य बना दिया और कर्मविपाक में फँसकर अनेकों बार जन्म-मरण के असह्य संकटों को झेला। संस्कारवशात् ईश्वर की अहैतुकी कृपा हुई और तब वह सम्पूर्ण यथार्थ को समझा। सारी बातें उसकी समझ में आईं—और तब वह अपने उस अंशिन् श्रीराम को ही एकमात्र सत्य तथा विकल्पविहीन मानकर उनके प्रति समर्पित हुआ। जीव एवं परात्पर ब्रह्म के इस सनातन समस्या का समाधान है, विनय पत्रिका। अहैतुकी कृपा से जीव का बोध स्वरूप हो जाना और अपने पूर्व किए हुए के लिए प्रायश्चित तथा अपने मूल से जुड़ने की याचना भरी लालसा विनय पत्रिका का मन्तव्य है।

यह सत्य है कि 'श्रीराम' दोनों रचनाओं के केन्द्र बिन्दु में हैं किन्तु यहाँ कवि का, जीव के रूप में याचना भरा आग्रह तथा करुणा भरी पुकार सम्पूर्ण कृति को भावात्मक सघनता से आच्छादित किए हुए है। रामचरितमानस में आदि से अन्त तक लोक तथा अध्यात्म का द्वन्द्व दिखाई पड़ता है किन्तु विनय पत्रिका में अजस्र, करुणा, गहन दैन्य, आवेगपूर्ण समर्पण तथा शरणागति के प्रति प्रतिबद्धता के भाव सर्वत्र दिखाई पड़ते हैं। विनय पत्रिका में आध्यात्मिक आस्वादन की जो परिस्थिति चित्रित है वह ऐकान्तिक होते हुए भी रचना के स्तर पर सार्वजनीन है। कवि उसकी ओर निर्देश करता हुआ कहता है—

आखर अरथ मंजु मृदु मोदक राम प्रेम पगि पागि हैं।
ऐसे गुनगाइ रिझाइ स्वामि सों पाइय जो मुँह माँगिहैं।
तू यहिं विधि सुख सयन सोइहैं जिय की जरनि भूरि भगिहैं।
राम प्रसाद दास तुलसी राम भगति जोग जागिहैं।

श्रीराम का प्रेम चाशनी भी है और ऊष्मा भी—उस ऊष्मा तथा चाशनी में मंजु अर्थ और अक्षर पगे हुए हैं—इसे सुनकर या इनके की गई उपसाना से स्वामि श्रीराम प्रसन्न होंगे, यदि सांसारिक जीव सेवन करेंगे तो उन्हें परम विश्रान्ति मिलेगी और मुझमें तो '**श्रीराम भक्तियोग**' जागृत होगा। इस श्रीराम भक्तियोग की तन्मयावस्था का वातावरण सृजन विनय पत्रिका का लक्ष्य है। सीता की स्तुति करता हुआ कवि उनसे जो याचना करता है—उसके मूल में 'विनय पत्रिका' का मन्तव्य संचित है—

जानकी जग जननि जनकी किए वचन सहाइ।
तरै तुलसीदास भव तव नाथ के गुन गाइ॥

तुलसी सीतापति श्रीराम के गुणानुवाद गाकर अहन्ता को तोड़कर इस मायिक प्रपंच से मुक्त होना चाहता है, तुम अपनी वाणी द्वारा अपने पति जगत्पिता श्रीराम को स्मरण कराकर मेरी सर्वत्र इस पत्रिका लेखन के प्रकरण में सहायता करना। विनय पत्रिका इस प्रकार श्रीराम के प्रति पूर्ण आस्था तथा धरातल के प्रति प्रस्तुत कृति है—यहाँ श्रीराम के व्यक्तित्व के प्रति पार्वती तथा गरुण की भाँति सन्देह नहीं है—यहाँ बिना किसी आवरण के कवि सीधे-सीधे जुड़ता है।

इस प्रकार, विनय पत्रिका का भावात्मक वातावरण श्रीरामचरितमानस से भिन्न तथा परिष्कृत है।

विनय पत्रिका में जिस भावात्मक परिवेश की सृष्टि की गई है, उसका स्वरूप सांसारिक नश्वरता, मायिक तथा भ्रमपूर्ण जगत द्वारा उत्पन्न की गई मिथ्यामूलक मोह वृत्ति तथा सांसारिक असारता है। यह संसार प्रत्येक भाँति असत्य एवं तत्त्वहीन है। इस संसार में आकर अहन्ता का वशीभूत होकर जीव निरीह, करुणा का पात्र तथा व्यथित है। असार संसार रूपी दीवाल अहन्ता के समाप्त होते ही भरभरा कर गिर पड़ती है, और तब यह जीव निरीह कातर आगे-पीछे शरण पाने के लिए चिंतातुर भयभीत देखता है—उसे ईश्वर के अतिरिक्त कोई नहीं दिखाई पड़ता—और हार कर, सबको मिथ्या आभासरूप समझकर एकमात्र ईश्वर की शरण में आ गिरता है—

अस्थि पुरान छुधित स्वान अति ज्यों भरि मुख पकरै।
निज तालूगत रुधिर पान करि मन सन्तोष धरै।
परम कठिन भव काल ग्रसित हौं त्रसित भयो भयभारी।
चाहत अभय भेंक सरनागत खगपति नाथ बिसारी।

सांसारिक पीड़ा का अनुभव करके अकेलेपन में छटपटाते क्लान्त व्यक्ति द्वारा उत्पन्न किया जाता हुआ शोक विनय पत्रिका में सर्वत्र मिलेगा। विनय पत्रिका का प्रारम्भ ही मायिक तृष्णा के वास्तविक ज्ञान से उत्पन्न शोक, सांसारिक छटपटाहट एवं आश्रय विहीनता से प्रारम्भ होता है। वास्तविकता के ज्ञान से उत्पन्न जीव के संसार के प्रति मोहभंग और उससे उत्पन्न आश्रय विहीनता की पीड़ा विनय पत्रिका का प्रस्थान बिन्दु है। इस बिन्दु पर पहुँचकर अपने को जीव, कर्म तथा माया के बन्धन में फँसकर जन्म-जन्मान्तर से हो रहे क्लेश समुदाय से मुक्ति पाने के लिए आश्रय की तलाश दूसरा बिन्दु है। इस आश्रय की तलाश में उसे आशा की किरण दिखाई पड़ती है और इस झलक में नए जीवन को भोगने की आकांक्षा है। जगत के मिथ्यात के कारण पूर्व कर्मों एवं संचित वासनाओं के पश्चाताप से इस नए जीवन की शुरुआत होती है

और यही जीवन जाग्रत जीवन है। इसी का आनन्द ही आराधक को पूर्णतया काम्य है। विनय पत्रिका का भाव संसार मिथ्यात्व तथा असत्यता से उत्पन्न मोहभंग है। ज्ञानचक्षु खुल जाने के बाद जन्म-जन्मान्तर के किए गए मिथ्या तथा प्रपंचमूलक कार्यों की आत्म समीक्षा से उत्पन्न छटपटाहट, आश्रय विहीनता तथा पीड़ा इसके प्रथम पक्ष का भावरूप है। हारा-थका हुआ निराश व्यक्ति अन्त में शरणागति को ही एकमात्र आलम्बन तथा आश्रय के रूप में स्वीकार करता है—

थके नयन पद पानि सुमति बल संग संकल बिछुर्‌यो।
अब रघुनाथ सरन आयो जन भवभय विकल डर्‌यो॥

नई आशा तथा अखण्ड विश्वास के साथ जीव की शरणागति में पूर्व कृत्य के प्रति पश्चाताप तथा भविष्य के प्रति श्रीराम की कृपा की आशा है। श्रीराम नाम का आलम्बन, आर्तों को उद्धार करने वाली उनकी विरुदावली परम्परा के अनेक पापियों का उद्धार कथाएँ, उनका कोमल तथा निश्च्छल स्वभाव, समर्पण और अर्पित के प्रति उनकी सर्वथा आत्मीयता तथा अधोगति से युक्ति का विश्वास भराभाव विनय पत्रिका की भाव-योजना का द्वितीय चरण है। एक सधे हुए जीवन का प्रारम्भ और उस समर्पित के प्रति अगाध विश्वास की भावसंस्थिति विनय पत्रिका में सर्वत्र है—

विषयहीन दुख मिले विपति अति सुख सपनेहुँ नहिं पायो।
उभय प्रकार प्रेत पावक ज्यों धन दुख प्रद स्त्रुति गायो।
छिन छिन छीन होत जीवन दुरलभ तनु वृथा गँवायो।
तुलसिदास हरिभजहिं आस तजि काल उरग जग खायो।

विनय पत्रिका की तीसरी भावात्मक भूमिका अनन्य शरणागति की है। [illegible] भूमिका में संसार स्वत: छूट जाता है। वह अप्रने अंशिन् परात्पर ब्रह्म श्रीराम से तादात्म्य करने की चेष्टा में तत्पर रहता है। शरणागति भाव में उसे प्रपत्ति की नित्य आशा बनी रहती है। शरणागति एवं प्रपत्ति भाव की कल्पना ही यहाँ आत्मतोष तथा आनन्द का कारण है। भक्त की आकांक्षा, गति, मति, धृति, आवेग सभी के सभी श्रीराम के सन्निकट होने के लिए लालायित हो उठते हैं—

तुलसी सहज सनेह राम बस और सबै जल की चिकनाई

तुलसी प्रपत्ति के गहन भाव धरातल की रचना आत्मबोध तथा विवेक के सन्दर्भों से करते हैं। सूर तथा कबीर में भी विनय तथा दैन्य की भूमिकाएँ हैं वहाँ भी प्रपत्ति की दशा है, किन्तु विनय पत्रिका जैसी अजस्र करुणा से मण्डित तथा आत्म विवेक के धरातल पर उत्पन्न हुई जगत की पीड़ा के संत्रास का अनुभव एवं उसके साथ प्रपत्ति भाव का व्यवस्थित स्वरूप वहाँ नहीं मिलता। पूर्व कृत्य के प्रति पीड़ा, कर्मों के पाप से बँधे जन्म-जन्मान्तर के भव संकट की प्रतीति तथा अन्त में, श्री हरि के चरणों में सर्वात्म समर्पण का सजीव चित्रण विनय पत्रिका की भावयोजना का अभिन्न अंग है—

राम नाम के प्रताप नीके जानियत आप।
मोको गति दूसरी न बिधि निरमई।
खीझिबे लायक करतब कोटि-कोटि कटु।
रीझिबे लायक तुलसी की निरलजई।

विनय पत्रिका के भाव सोपान का अन्तिम बिन्दु है, ईश्वर की कृपा दृष्टि से जीव मात्र का कृतकृत्य होना। यह एक ऐसी भावदशा है—जहाँ समस्त जीव तथा तुलसी एकाकार हो उठते हैं। आत्मराग के रोग से ग्रस्त समग्र विश्व तुलसी के मानस से यहाँ सहज ही जुड़ जाता है। तुलसी विनय पत्रिका में जींव की इस दशा का वर्णन करते हैं। मुक्त जीव ईश्वरार्पित होकर उनकी अनन्य करुणा, अनन्य अनुग्रह, अनन्य कृपा तथा अनन्य वात्सल्य का पात्र हो उठता है। यह मुक्त जीव के स्वरूपाकार होने की दशा है। इस बिन्दु पर पहुँचकर कवि जीव के आत्मतोष, हर्ष, तथा पूर्ण तृप्ति का वर्णन करता है। प्रकारान्तर भाव से यह सम्पूर्ण मनः संस्थिति तुलसी की अपनी हैं—

मुदित माथ नावत बनी तुलसी अनाथ की।

यहाँ 'बनी तुलसी अनाथ' शब्द मात्र तुलसी के लिए नहीं है। भाव पीड़ा से क्लान्त उनके लिए भी, जिन्हें भागवत आलम्बन मिल चुका है। यह मायासक्त जीव का विश्रान्तिभाव है—जो यह समझ चुका है कि ईश्वर के अतिरिक्त इस जीव के लिए, उसके स्वयं के लिए अन्य कोई न वास्तविकता है और न आश्रय। ईश्वर का यह आलम्बन अनाश्रित चराचर के लिए आनन्द का हेतु है। यहाँ पुलकित तथा रोमांचित भाव से उस परम भागवत अनुग्रह के लेश स्वीकरण को अपनी अनन्य सद्गति का साक्ष्य मान लेना—भक्तिभाव की पराकष्ठा है। इस बिन्दु पर पहुँचकर विनय पत्रिका तुलसी की वैयक्तिक रचना होते हुए भी अखिल जगत के जीव मात्र के समर्पण का साक्ष्य बन जाती है। विनय पत्रिका का रचना संसार व्यक्ति से लोक में संक्रमित होता है। स्व केन्द्रित सुख-दुख सम्पूर्ण लोक की भौतिक पीड़ा तथा छटपटाहट का साक्ष्य बन जाता है। विनय पत्रिका का भाव जगत तुलसी के स्व से सम्पूर्ण लोक को जोड़े हुए है और इस प्रकार, एक जीव की पीड़ा तथा एक जीव की मुक्ति सम्पूर्ण जीव की मुक्ति से जुड़ती है। सिद्धान्ततः सम्पूर्ण जीव सत्ता एक है। यही जीव सत्ता आत्मस्वरूप की पहचान के बाद ब्रह्मसत्ता से जुड़ने के लिए तत्पर होती है। विनय पत्रिका सम्पूर्ण जीव की ब्रह्मसत्ता से तादात्म्यीकरण की अनन्य निष्ठा भरी गाथा है।

जहाँ तक रसात्मक पृष्ठभूमि का प्रश्न है, लोकेषणा की समाप्ति के पश्चात् तृष्णाक्षय सुख एवं वीतरागभाव के कारण निष्पन्न आत्मराग की वासना विनय पत्रिका में आदि से अन्त तक व्याप्त है। यह आत्मराग न मुक्ति का आनन्द है, न भक्तिजन्य आनन्द विह्वलता है, न योग की विमुक्तावस्था का आनन्द है और न कैवल्यसुख है, वरन यह विश्रान्ति सुख है। प्रभु द्वारा स्वीकार कर लिए जाने का सन्तोष तथा समर्पित के अंगीकृत कर लिए जाने की तृप्ति है और तृप्ति के इस बिन्दु पर पहुँचकर अधम जीव अपनी सर्वोच्च सार्थकता प्राप्त कर लेता है। विश्रान्ति की मनः दशा में पहुँचकर तृष्णाक्षय सुख की स्थापना ही विनय पत्रिका का मन्तव्य है।

❑❑❑

विनय पत्रिका का पाठ तथा अर्थ

श्रीसीतारामाभ्यां नमः

विनय पत्रिका

श्रीगणेश स्तुति

[१]

गाइये गनपति जगबंदन। संकर सुवन भवानी नंदन॥ १॥
सिद्धि सदन गज बदन बिनायक। कृपा सिंधु सुन्दर सब लायक॥ २॥
मोदक प्रिय मुद मंगल दाता। बिद्या बारिधि बुद्धि बिधाता॥ ३॥
माँगत तुलसिदास कर जोरे। बसहिं रामसिय मानस मोरे॥ ४॥

सन्दर्भ—गणेश स्तवन निर्विघ्न ग्रंथ समाप्ति एवं मंगल कामना के लिए है। यहाँ कवि गणेश के विविध सन्दर्भों का स्मरण करता हुआ 'राम सीता' की आत्यन्तिक सन्निकटता की प्राप्ति की याचना उनसे करता है।

अर्थ—शिव पुत्र पार्वती के आनन्ददाता (आत्मज) विश्व के लिए वन्दनीय गणेश का गान किया जाए। हस्ति मुख वाले, सिद्धि के आगार गणों के श्रेष्ठ नायक (श्री गणेश) आप, कृपा के समुद्र, सुन्दर तथा सर्वथा समर्थ हैं। मोदक प्रिय (गणेश) आनन्द एवं शुभ दोनों को देने वाले विद्या के अगाध आधार, बुद्धि के विनियोजक हैं॥ १+३॥

इन शुभ गुणों से युक्त गणेश से कवि तुलसीदास हाथ जोड़कर याचना करता है कि वे (ऐसा आशीर्वाद दें) जिससे 'राम सीता' युगल रूप से मेरे हृदय में निरन्तर निवास करें अर्थात् मेरे मन, कर्म, वचन सभी निरन्तर उन कार्यों में संसक्त रहें, जिनसे 'राम सीता' निरन्तर मेरे हृदय में निवास करते रहें—'राम सीता' के अतिरिक्त मन, कर्म, वाणी की गति अन्यत्र न हो॥ ४॥

विशेष—गणेश वन्दना का सन्दर्भ तुलसीदास की अन्य कृतियों यथा—रामचरितमानस, बरवै, रामललानहछू, जानकी मंगल आदि में मिलता है। अन्य स्थलों पर कवि अधिकांशतया इनसे 'मंगल' की याचना करता है। निर्विघ्न ग्रंथ समाप्ति 'मंगल' का एक प्रकरण है, ग्रंथ की सम्पूर्णता अनिष्टकारी न हो—यह भी मंगल से सन्दर्भित है, 'लोकमंगल' का भी प्रकरण कृति के प्रतिफल एवं पाठकों के आत्यान्तिक हित से जुड़ा है। वक्ता-श्रोता का भी मंगल इसी गणेश वन्दना से है—मानस में कवि कहता हैं—

वर्णानां अर्थ संघानां रसानां छन्दसामपि।
मङ्गलानां च कर्तारौ वन्दे वाणी विनायकौ।

किन्तु, विनय पत्रिका में गणेश की वन्दना कवि 'मंगल' के लिए न करके अपनी बुद्धि की विमलता के लिए करता हैं ताकि 'राम सीता' के प्रति उसकी संसक्ति अकुंठ भाव से बनी रहे।

सूर्य-स्तुति

[२]

दीन दयालु दिवाकर देवा। कर मुनि मनुज सुरासुर सेवा॥ १॥
हिम तम करि केहरि करमाली। दहन दोष दुख दुरित रुजाली॥ २॥
कोक कोकनद लोक प्रकासी। तेज प्रताप रूप रस रासी॥ ३॥
सारथि पंगु दिब्य रथ गामी। हरि संकर बिधि मूरति स्वामी॥ ४॥
बेद पुरान प्रगट जस जागै। तुलसी राम भगति बर माँगै॥ ५॥

सन्दर्भ—सूर्य की वन्दना का सन्दर्भ भी यही है। वे राम के पूर्व पुरुष एवं उनके कुलाधार हैं। उनकी भी वन्दना का मुख्य उद्देश्य रामभक्ति याचना ही है।

अर्थ—हे दीनों के दयाल सूर्य देवता! आपकी निरन्तर सेवा मुनि गण, मनुष्य गण एवं देव तथा असुर गण करते हैं॥ १॥

किरणों की माला धारण करने वाले हे सूर्य देवता! तुषार तथा अंधकार रूपी हाथी को विदीर्ण करने वाले आप सिंह हैं। पाप, दु:ख को दग्ध करने वाले हे सूर्य देवता! आप रोगादि समूहों के समूल नाशकर्ता हैं॥ २॥

चक्रवाक एवं कमल समूह को आनन्दित करने वाले आप तेज, पराक्रम, रूप एवं रस की राशि हैं॥ ३॥

पंगुल सारथी से दिव्य रथ पर गमनशील हे सूर्य देवता! आप विष्णु, शिव एवं ब्रह्मा के सदृश (के रूप में) विश्व के स्वामी हैं॥ ४॥

वेद तथा पुराण प्रकट भाव से जिसके यश का गान करता रहता है, (उस सूर्य देवता से) कवि तुलसीदास 'रामभक्ति' की याचना करता है॥ ५॥

विशेष—'सूर्य' की स्तुति का प्रकरण प्राय: कवि की 'पंचदेवोपासना' से जोड़कर 'स्मार्त वैष्णव' की ओर इंगित किया जाता है। सूर्य ग्रहों का अधिनायक एवं भगवान राम के इक्ष्वाकु वंश का अधिपति है। अत: कवि सम्पूर्ण आस्था के साथ गणेश के ठीक बाद सूर्य की स्तुति करता है। इस स्तुति का मन्तव्य भी निर्विघ्न 'रामभक्ति' की याचना ही है।

[३]

को जाँचिये संभु तजि आन।
दीनदयालु भगत आरति हर सब प्रकार समरथ भगवान॥ १॥
कालकूट जुर जरत सुरासुर निज पन लागि किये विष पान।
दारुन दनुज जगत दुखदायक मारेउ त्रिपुर एक ही बान॥ २॥

जो गति अगम महामुनि दुर्लभ कहत संत श्रुति सकल पुरान।
सो गति मरन काल अपने पुर देत सदासिव सबहिं समान॥ ३॥
सेवत सुलभ उदार कलपतरु पारबती पति परम सुजान।
देहु काम रिपु राम चरन रति तुलसिदास कहँ कृपानिधान॥ ४॥

सन्दर्भ—गणेश एवं सूर्य वन्दना के पश्चात् कवि शिव की स्तुति श्रीराम चरणों में पूर्ण संसक्ति की प्राप्ति के लिए करता है।

अर्थ—शिव को छोड़कर अन्य किससे माँगा जाए क्योंकि दीनों के हितैषी, भक्तों के संताप को दूर करने वाले तथा सब प्रकार से समर्थ परमेश्वर हैं (यह वही शिव हैं) जिन्होंने कालकूट नामक विषम विष ज्वर से जलते हुए देवताओं तथा असुरों की रक्षा स्वप्रण (सृष्टि की रक्षा) के कारण की।

सृष्टि के लिए दुखदायी दुर्धर्ष दैत्य का वध एक ही वाण द्वारा किया॥ १ : २॥

सम्पूर्ण पुराण, श्रुतियाँ तथा संतजन जिस मुक्ति को मुनियों के लिए भी अत्यधिक दुर्लभ बताते हैं, उस मुक्ति को हे निरन्तर कल्याणकर शिव! आप अपनी पुरी (काशी) में निवास करने वाले सभी प्राणियों को समान रूप से प्रदान करते हैं॥ ३॥

परम सहृदय पार्वती पति (शिव) कल्पवृक्ष के सदृश उदार एवं सेवा से सदा सुलभ हैं। हे कृपा निधान काम देवता के शत्रु शिवजी इस तुलसीदास को आप रामचरणों में भक्ति दें॥ ४॥

विशेष—शिव स्तुति का मुख्य मन्तव्य रामभक्ति याचना है। शिव स्तुति का आधार उनका सहस्र आषुतोष होना है। जो गति अगम................ पंक्तियों में विषय द्वारा सहजता का समर्थन है। अकारण सहज कृपा सर्वथा सभी के लिए समान है।

[४]

दानी कहुँ संकर सम नाहीं।
दीन दयालु दिबोई भावै जाचक सदा सोहाहीं॥ १॥
मारिकै मार थप्यौ जगमें जाकी प्रथम रेख भट माहीं।
ता ठाकुर कौ रीझि निवाजिबौ कह्यौ क्यों परत मों पाहीं॥ २॥
जोग कोटि करि जो गति हरिसों मुनि माँगत सकुचाहीं।
बेद बिदित तेहि पद पुरारि पुर कीट पतंग समाहीं॥ ३॥
ईस उदार उमापति परिहरि अनत जे जाचन जाहीं।
तुलसिदास ते मूढ़ माँगने कबहुँ न पेट अघाहीं॥ ४॥

संन्दर्भ—शिव की सहज दानशीलता तथा अहैतुकी कृपा का कवि इस पद में वर्णन करता है, शिव स्तुति का प्रकारान्तर लक्ष्य उनके माहात्म्य का गान है।

भावार्थ—याचक को निरन्तर प्रिय तथा दानकाल में प्रीतिकर दानदाता दीनदयाल शिव सदृश कहीं नहीं है॥ १॥

ऐसे दाता शिव ने कामदेव का वध करके भी (प्रसन्न भाव से) उसे स्थापित कर दिया और योद्धाओं में वह प्रथम पंक्ति में है। उस स्वामी शिव का प्रसन्न होकर अनुग्रह मुझसे कैसे

वर्णित किया जा सकता है?॥ २॥

कोटि-कोटि योग साधना के बाद विष्णु से जो मुक्ति मुनिगण माँगने में संकोच का अनुभव करते हैं। वेदों से ज्ञात है कि कीट-पतिंगे सदृश को (शिव कृपा से) वह शिवपुर पद प्राप्त हो जाता है॥ ३॥

समस्त सृष्टि को नियंत्रित करने वाले उदार स्वभाव वाले, पार्वती पति शिव को छोड़कर जो अन्यत्र याचना के लिए जाते हैं, वे मतिमन्द स्वभावत: मँगने हैं, उनका तो पेट कभी भरता ही नहीं॥ ४॥

विशेष—शिव की सहज दानशीलता का चित्रण है, इस चित्रण का मुख्य मन्तव्य शिव को छोड़कर अन्यत्र कहीं नहीं, यही जीवन का लक्ष्य होना चाहिए। 'माँगने' शब्द में परिरांकुर अलंकार है, जिसका मुख्य मन्तव्य उन भिखमंगे स्वभाव वाले व्यक्तियों को इंगित करना है, 'भीख' जिनका पेशा है।

[५]

बावरो रावरो नाह भवानी।
दानि बड़ो दिन देत दये बिनु बेद बड़ाई भानी॥ १॥
निज घरकी बरबात बिलोकहु हौ तुम परम सयानी।
सिवकी दई संपदा देखत श्री सारदा सिहानी॥ २॥
जिनके भाल लिखी लिपि मेरी सुखकी नहीं निसानी।
तिन रंकनकौ नाक सँवारत हौं आयो नकबानी॥ ३॥
दुख दीनता दुखी इनके दुख जाचकता अकुलानी।
यह अधिकार सौंपिये औरहिं भीख भली मैं जानी॥ ४॥
प्रेम प्रसंसा विनय व्यंग्यजुत सुनि विधि की बरबानी।
तुलसी मुदित महेस मनहिं मन जगत मातु मुसुकानी॥ ५॥

सन्दर्भ—व्यंग्योक्ति माध्यम है। शिव की सहज दानशीलता के परिणामस्वरूप उत्पन्न विसंगतियों के माध्यम से उनका यशोगान करना यहाँ कवि का मन्तव्य है।

अर्थ—ब्रह्मा पार्वती को समझाते हुए बताते हैं कि हे पार्वती! तुम्हारे पति शिव स्वभाव से विषम हैं। वे बड़े दानी एवं अदाता को भी दिन-दिन दान देते रहते हैं, ऐसा वेदों में उनका दान माहात्म्य वर्णित है॥ १॥

हे पार्वती! तुम तो चतुर गृहिणी हो, जरा अपने गृह की स्थिति पर तो विचार करो। शिव के द्वारा दी गई सम्पत्ति को देखकर ब्रह्माणी सरस्वती तथा विष्णु पत्नी लक्ष्मी ईर्ष्या से भर उठती हैं॥ २॥

हे पार्वती! जिनके ललाट पर मुझ ब्रह्मा द्वारा सुख की कोई रेखा नहीं बनाई गई है, उन रंकों का स्वर्ग सुख सम्भालते-सम्भालते मैं आज़िज आ चुका हूँ॥ ३॥

दु:ख तथा दैन्य शिव के इस आचरण से निरन्तर दु:खी तथा 'याचकता' व्याकुल हो चुकी है। भाग्यानुसार प्राप्य देने का मेरा यह अधिकार आप अब किसी और को सौंप दें, मैं समझ गया इस अधिकार से अच्छा तो भिक्षा यापन है॥ ४॥

प्रेम, प्रशंसा विनय तथा व्यंग्य से युक्त ब्रह्मा की इस वचन चातुरी रचना को सुनकर शिव मन-ही-मन प्रसन्न हुए तथा जगतमाता पार्वती मुस्करा उठीं॥ ५॥

विशेष—निन्दा के माध्यम से स्तुति होने के कारण व्याग्र अलंकार है। इस अलंकार का मुख्य मन्तव्य हासभाव से सम्पुष्ट दैन्ययुक्त प्रीतिभरी भक्ति है। प्रकारान्तर भाव से व्यंग्य तथा हास्य के द्वारा शिव की 'सहज दानशीलता' का चित्रण किया गया है।

[६]

जाँचिये गिरिजापति कासी। जासु भवन अनिमादिक दासी॥ १॥
औढर दानि द्रवत पुनि थोरें। सकत न देखि दीन करजोरें॥ २॥
सुख संपति मति सुगति सुहाई। सकल सुलभ संकर सेवकाई॥ ३॥
गये सरन आरति कै लीन्हे। निरखि निहाल निमिष महँ कीन्हे॥ ४॥
तुलसिदास जाचक जस गावै। बिमल भगति रघुपति की पावै॥ ५॥

प्रसंग—शिव सामर्थ्य की ओर इंगित करना कवि का मन्तव्य है। इस स्तुति का मूल मन्तव्य श्रीराम की निर्मल भक्ति की याचना है। शिव स्तुति माध्यम है, साध्य है, उसके द्वारा प्राप्त रामभक्ति।

अर्थ—जिसके गृह में अणिमादिक सभी सिद्धियाँ दासी भाव से निवास करती हैं; एक तो थोड़ी-सी याचना भाव से ही पुलकित और दूसरे बिना सोचे समझे सहज दानशील स्वभाव वाले, साथ ही, दुखियों को याचना के निमित्त जो हाथ जोड़े नहीं देख सकते—काशी के उस पार्वती पति से ही माँगा जाना चाहिए॥ १ : २॥

सद्बुद्धि, मुक्ति, सुख तथा सम्पत्ति आदि समस्त प्राप्य शिव सेवा से ही सुलभ हैं॥ ३॥

आर्त्त के शरण जाते ही वे अपना लेते हैं तथा पलनिमेष में ही अवलोकन मात्र से उसे आनन्द विह्वल कर देते हैं॥ ४॥

याचक तुलसीदास शिव के इस मर्म को सर्वथा समझकर उनके यश का गान कर रहा है ताकि वह अपनी इस याचना से श्रीराम की विमल भक्ति (शिव कृपा से सहज ही) प्राप्त कर सके॥ ५॥

विशेष—शिव कृपा रामभक्ति का हेतु है और काशी में निवास करते हुए तुलसीदास अपनी इस आस्था को इस पद के माध्यम से सम्पुष्ट करते हैं। काशीवासी शिव भक्तों पर आशु कृपालु होते हैं—तुलसी उनसे विमल मति (विवेक) की याचना करते हैं ताकि इस संसार तथा परमार्थ तत्त्व की वास्तविकता का उन्हें बोध हो जाए।

[७]

कस न दीनपर द्रवहु उमाबर। दारुन बिपति हरन करुनाकर॥ १॥
बेद पुरान कहत उदार हर। हमरि बेर कस भयेहु कृपिनतर॥ २॥
कवनि भगति कीन्ही गुननिधि द्विज। होइ प्रसन्न दीन्हेहु सिव पद निज॥ ३॥
जो गति अगम महामुनि गावहिं। तव पुर कीट पतंगहु पावहिं॥ ४॥
देहु काम-रिपु राम-चरन-रति। तुलसिदास प्रभु हरहु भेद मति॥ ५॥

सन्दर्भ—आर्त्त स्वर से भरा तुलसी का यह विनय स्तवन है। इस स्तुति के द्वारा राम के प्रति अपनी गहन आस्था की सम्पुष्टि के लिए शिव से वह याचना करते हैं। श्रीराम के स्वरूप को समझने के लिए द्वैतजनित भेद बुद्धि बाधक है, इसीलिए उसकी समाप्ति की यहाँ तुलसी प्रार्थना कर रहे हैं।

अर्थ—दुस्सह विपत्तियों के नष्टकर्त्ता, हे करुणाकर, उमापति शिव इस दीन याचक (तुलसी) के ऊपर क्यों नहीं द्रवित होते?॥ १ ॥

हे शिव! वेद तथा पुराण आपको सहज उदार स्वभावयुक्त कहते हैं, मुझ पर उदार होने के अवसर पर आप क्यों 'कृपणतर' हो उठे?॥ २ ॥

गुणनिधि नामक द्विज ने आपकी कौन-सी भक्ति की थी, जिस पर प्रसन्न होकर आपने शिवलोक प्रदान कर दिया॥ ३ ॥

जिस अप्राप्य मुक्ति का गुणानुवाद महामुनिगण किया करते हैं, वह मुक्ति तुम्हारी कृपा से कीट-पतिंगे भी प्राप्त करते रहते हैं॥ ४ ॥

तुलसी याचक की भेदबुद्धि का हरण करते हुए हे कामरिपु स्वामी शिव! श्रीराम के चरणों में रति प्रदान करें॥ ५ ॥

विशेष—कवि 'समत्व' के द्वारा अर्जित परमासक्ति रूपी रामभक्ति की याचना इस स्तुति के माध्यम से करता है! भक्त का सामान्य उपालम्भ भाव यहाँ द्रष्टव्य है। आराध्य शिव हैं। द्वैतजनित भेद बुद्धि जो सम्पूर्ण मायिक संकटों एवं कष्टों का हेतु है, उसे दूर करने की यहाँ प्रार्थना करते हैं।

[८]

देव बड़े दाता बड़े संकट बड़े मोरे।
किए दूर दुखनि के जिन्ह जिन्ह कर जोरे॥ १॥
सेवा सुमिरन पूजिबो पात आखत थोरे।
दियो जगत जहँ लगि सबै सुख गज रथ घोरे॥ २॥
गाँव बसत बामदेव मैं कबहूँ न निहोरे।
अधिभौतिक बाधा भई ते किंकर तोरे॥ ३॥
बेगि बोलि बलि बरजिये करतूति कठोरे।
तुलसी दलि रूँध्यो चहैं सब साखि सिहोरे॥ ४॥

सन्दर्भ—गोस्वामी तुलसीदास शिव के इस स्तोत्र में कलियुग द्वारा उत्पन्न आधिभौतिक बाधा से मुक्ति की कामना करते हैं। इस प्रकार के कई सन्दर्भ कवितावली में प्राप्त हैं। वे कलियुग को मना करने के लिए भगवान से प्रार्थना करते हैं ताकि उनके कार्य में किसी भी प्रकार का विघ्न उत्पन्न हो सके।

अर्थ—हे शिव, आप देवाधिदेव हैं, बड़े दानी एवं बड़े सहज हैं और जिन-जिन व्यक्तियों ने आपके सम्मुख हाथ जोड़ा उनके दुखों को आपने तत्काल दूर किया॥ १ ॥

हे शिव! आपका पूजन, सेवा-स्मरण मात्र थोड़े से चावल एवं बेलपत्र मात्र से चल जाता है (अधिक आडम्बर की आवश्यकता नहीं पड़ती) और उस सामान्य सेवा के बदले आपने सभी को भौतिक सुख, हाथी-घोड़े, सम्पत्ति दे दी॥ २ ॥

हे बामदेव शिव! मैं निरन्तर आपकी नगरी काशी में रह रहा हूँ, किन्तु आज तक आपसे अहसानमन्द नहीं हुआ (आपसे कोई याचना नहीं की) वही अयाची दास तुलसी आधिभौतिक पीड़ा से ग्रस्त है॥ ३॥

हे शिव! शीघ्र ही (इस आधिभौतिक पीड़ा को उत्पन्न करने वाले कलिकाल को) आप रोकें, यह दुष्ट कलिकाल तुलसी रूपी तुलसी वृक्ष को दलमल कर सेंहुड़ के वृक्षों से उसे रूँधना चाहता है॥ ४॥

विशेष—विनय पत्रिका की रचना में कलिमुक्ति की प्रार्थना विशेष संदर्भ रखती है और इस सन्दर्भ में 'तुलसी' शब्द के साभिप्राय प्रयोग का मन्तव्य स्पृहणीय है। 'तुलसी' शब्द पवित्रता, पावनता एवं समस्त वैष्णवी आस्था का प्रतीक है। 'श्लेष तथा रूपक' दोनों आलंकारिक योजनाएँ एक साथ संश्लिष्ट होकर उपादान लक्षणा को व्यंजित कर रही हैं।

(१) तुलसीदलि ....सिहोरे, वाक्य में दृष्टान्त गर्भित रूपक अलंकार है।

[९]

सिव सिव होइ प्रसन्न करु दाया।
करुनामय उदार कीरति बलि जाऊँ हरहु निज माया॥ १॥
जलज नयन गुन अयन मयन रिपु महिमा जान न कोई।
बिनु तव कृपा राम पद पंकज सपनेहुँ भगति न होई॥ २॥
रिषय सिद्ध मुनि मनुज दनुज सुर अपर जीव जग माहीं।
तव पद बिमुख न पार पाव कोउ कलप कोटि चलि जाहीं॥ ३॥
अहिभूषन दूषन रिपु सेवक देव देव त्रिपुरारी।
मोह निहार दिवाकर संकर सरन सोक भयहारी॥ ४॥
गिरिजा मन मानस मराल कासीस मसान निवासी।
तुलसिदास हरि चरन कमल बर देहु भगति अबिनासी॥ ५॥

सन्दर्भ—शिव के माहात्म्य का स्मरण करता हुआ इस स्तुति के माध्यम से कवि विष्णु रूप राम की आसक्ति की याचना करता है।

अर्थ—हे शिव, हे शिव! मेरी आर्त्त याचना से प्रसन्न होकर दया करें। हे करुणा-स्वरूप, उदार कीर्ति वाले शिव! आप पर मैं बलिहारी जा रहा हूँ, आप अपनी माया से मुक्त कर दें। हे कमल नेत्र! हे गुणाकार, हे काम रिपु शिव! आपकी महिमा को समझ पाना कठिन है। बिना आपकी कृपा के राम के चरण कमलों की स्वप्न में भी भक्ति सम्भव नहीं है॥ १-२॥

ऋषिगण, सिद्ध, मनुष्य, मुनि, दैत्य, देवता तथा सृष्टि के अन्य अपर जीव कोटि कल्प पर्यन्त आपके चरणों से विमुख रहकर इस भवसागर का पार नहीं प्राप्त सकता॥ ३॥

हे दूषण नामक राक्षस के शत्रु राम के सेवक, अहिभूषण, देवाधिदेव, त्रिपुर विनाशक शिव! आप अज्ञान-मोह रूपी तुषार के लिए सूर्यवत् हैं, आप समस्त शरणागतों के शोक तथा भय के नष्टकर्त्ता हैं॥ ४॥

हे शिव! आप पार्वती के मन-रूपी मानस में विलासित होने वाले हंस, काशीपति तथा श्मशानवासी हैं। तुलसी की आपसे यही प्रार्थना है कि उसे श्रहरि (राम) के चरणों की अक्षय

भक्ति प्रदान करें॥५॥

विशेष—शैली स्तोत्र की है। शिव वन्दना है। शिव वन्दना का उद्देश्य श्रीराम चरणों की संसक्ति याचना है। स्तोत्र की शैली आलंकारिक तथा श्लिष्ट पद योजना की ओर उन्मुख है—अहिभूषण, दूषन रिपु सेवक, मोह-निहार-दिवाकर आदि पदावलियाँ अलंकृत तथा संश्लिष्ट अर्थ भाव से परिपूर्ण हैं।

[१०]

मोह तम तरनि हर रुद्र संकट सरन हरन मम सोक लोकाभिराभं।
बाल ससिभाल सुविसाल लोचन कमल काम सतकोटि लावण्यधामं॥ १॥
कम्बु कुन्देन्दु कर्पूर विग्रह रुचिर तरुन रवि कोटि तनु तेज भ्राजै।
भस्म सर्वांग अर्धांग सैलात्मजा व्यालन्तकपाल माला विराजै॥ २॥
मौलि संकुल जटा मुकुट विद्युच्छटा तरिनि वर वारि हरि चरन पूतं।
स्त्रवन कुंडल गरल कंठ करुनाकन्द सच्चिदानन्द बन्देऽवधूतं॥ ३॥
सूल सायक पिनाकासि कर सत्रु वन दहन इव धूमध्वज वृषभजानं।
ब्याघ्र गज कर्म परिधान विज्ञान घन सिद्ध सुर मुनि मनुज सेव्यमानं॥ ४॥
तांडवित नृत्य पर डमरु डिंडिभि प्रवर असुभ इव भाति कल्याणरासी।
महाकल्पांत ब्रह्मांड मंडल दवन भवन कैलास आसीन काशी॥ ५॥
तज्ञ सर्वज्ञ यज्ञेश अच्युत विभो विश्व भवदंशसंभव पुरारी।
ब्रह्मेंद्र चन्द्रार्क वरुणाग्नि वसु मरुत यम अर्चि भवदंघ्रि सर्वाधिकारी॥ ६॥
अकल निरुपाधि निर्गुण निरंजन ब्रह्म कर्म-पथमेकमज निर्विकारं।
अखिलविग्रह उग्ररूप शिव भूपसुर सर्वगत शर्व सर्वोपकारं॥ ७॥
ज्ञान वैराग्य धन धर्म कैवल्य सुख सुभग सौभाग्य शिव! सानुकूलं।
तदपि नर मूढ आरूढ संसार पथ भ्रमत भव विमुख तव पादमूलं॥ ८॥
नष्टमति दुष्ट अति कष्ट रत खेद गत दास तुलसी शंभु शरण आया।
देहि कामारि श्रीराम पद पंकजे भक्ति अनवरत गत भेद माया॥ ९॥

सन्दर्भ—शिव सम्बन्धी यह स्तोत्र त्रोटक शैली के अन्तर्गत संस्कृत साहित्य की स्तोत्र शैली परम्परा से सम्बन्धित है। इसमें शिव की स्तुति श्रीराम की शरणागति प्राप्ति के लिए की गई है।

अर्थ—मेरे शोक के हरण करने वाले सम्पूर्ण लोकों के लिए सुन्दर (आनन्ददायक) शिव! रुद्र! शंकर आप मोह रूपी अंधकार के विनाशकारी सूर्य हैं। आपके मस्तक पर द्वितीया चन्द्र है। अत्यधिक विशाल कमल सदृश नेत्रयुक्त, सतकोटि काम सदृश्य सौन्दर्य के अधिष्ठान हैं॥ १॥

आपके शरीर का सौन्दर्य शंख, बेला पुष्प एवं कर्पूर की भाँति आनन्ददायी तथा उसका तेज कोटि-कोटि प्रचण्ड सूर्यों के सदृश है। आपका सम्पूर्ण अंग भस्मावेष्ठित है, पार्वती अर्धांग में हैं, ग्रीवा सर्प और मानव मुण्डों की माला से जिलसित है॥ २॥

हे शिव! आपके मस्तक का शिरोभाग जटा के संकुलित मुकुट तथा विष्णु के पवित्र चरण से निकली गंगा की धवलधारा की विद्युतच्छटा से शोभित है। कानों में कुण्डल हैं, कंठ में गरल रेखा है। हे अवधूत, सच्चिदानन्द, करुणाकन्द मैं आपकी वन्दना कर रहा हूँ॥ ३॥

जिसके हाथों में त्रिशूल, पिनाकि नामक धनुष एवं खड्ग हैं, शत्रु रूपी वन को दग्ध करने के लिए अग्नि की भाँति हे वृषवाहन शिव! व्याघ्र एवं हाथी के चर्म का धारण करने वाले विज्ञान के बादल, सिद्ध:देव, मुनि एवं मनुष्यों से निरन्तर सेव्यमान हैं॥ ४॥

अशुभ रूप में प्रतीत होने वाले शुभ राशि, ताण्डव नृत्य पर डिंडिभ की ध्वनि से युक्त डमरू बजाने में कुशल, महाकल्पान्त काल में समस्त ब्रह्माण्ड मण्डल को दमित करने वाले हे शिव! कैलास आपका भवन है और काशी में आप आसनस्थ हैं॥ ५॥

तत्त्वज्ञ, सर्वज्ञाता, यज्ञेश्वर, अच्युत, विभु हे शिव! आपके अंश से विश्व उद्‌भूत हुआ है। ब्रह्मा, इन्द्र, सूर्य, वरुण, अग्नि, वसुदेवता, वायु, यम आपके चरण (अंध्रि) की अर्चना करके सर्वाधिकारी बने हैं॥ ६॥

हे शिव! आप कलानिर्मुक्त, उपाधिभेद रहित, निर्गुण, निरंजन, कर्मपथ में एकाकी तथा निर्विकार हैं। सृष्टि का समस्त विग्रह ही आपका स्वरूप है, भीमरूप, देवताओं के स्वामी, कल्याणकारी, सभी में व्याप्त, सर्वस्वरूप तथा सर्वोपकारी हैं॥ ७॥

हे शिव आपके अनुकूल रहने पर ज्ञान, वैराग्य, धन, धर्म, कैवल्य सुख एवं सुन्दर सौभाग्य प्राप्त होते हैं किन्तु अल्पज्ञानी, मूढ़, सांसारिक मायाजाल में सन्नद्ध मनुष्य आपके चरण मूल से विमुख होकर कष्ट भोगते रहते हैं॥ ८॥

नष्ट बुद्धिवाला, अति दूषित स्वभावयुक्त, अनेकानेक कष्टमय मार्गों में संसक्त आपकी शरण में आया हुआ है, इसलिए माया जनित भेद बुद्धि को विनष्ट करते हुए हे कामारि शिव! श्रीराम के चरण-कमलों में उसे अविरल भाव वाली भक्ति प्रदान करें॥ ९॥

विशेष—शिव के महत्त्व को सर्वोपरि भाव से अंकित किया गया है और प्रारम्भिक स्थिति में प्रतीत होता है कि शिव भाव ही मूल प्रतिपाद्य है, किन्तु अन्त तक आते-आते शिव भाव रामभक्ति के लिए साधन भाव बन जाता है।

[११]

देव

भीषणाकार भैरव भयंकर भूत प्रेत प्रमथाधिपति विपति-हर्ता।
मोह मूषक मार्जार संसार भय हरण तारण तरण अभय कर्त्ता॥ १॥
अतुल बल विपुल विस्तार विग्रह गौर अमल अति धवल धरणीधराभं।
शिरसि संकुलित कल जूट पिंगलजटा पटल शत कोटि विद्युच्छटाभं॥ २॥
भ्राज विबुधापगा आप पावन परम मौलि मालेव शोभा विचित्रं।
ललित लल्लाटपर राज रजनीशकल कलाधर नैमि हर धनद मत्रं॥ ३॥
इंदु पावक भानु नयन मर्दन मयन गुण अयन ज्ञान विज्ञान रूपं।
रमण गिरिजा भवन भूधराधिप सदा श्रवण कुंडल वदनछवि अनूपं॥ ४॥
चर्म असि शूल धर डमरु शर चाप कर यान वृषभेश करुणा निधानं।
जरत सुरं असुर नरलोक शोकाकुलं मृदुल चित अजित कृत गरलपानं॥ ५॥

भस्म तनु भूषणं व्याघ्र चर्माम्बरं उरग नर मौलि उर मालधारी।
डाकिनी शाकिनी खेचरं भूचरं यंत्र मंत्र भंजन प्रबल कल्मषारी॥ ६॥
काल अतिकाल कलिकाल व्यालादि खग त्रिपुर मर्दन भीम कर्म भारी।
सकल लोकान्त कल्पान्त शूलाग्र कृत दिग्गजाव्यक्त गुण नृत्यकारी॥ ७॥
पाप संताप घनघोर संसृति दीन भ्रमत जग योनि नहिं कोपि त्राता।
पाहि भैरव रूप राम रूपी रुद्र बंधु गुरु जनक जननी विधाता॥ ८॥
यस्य गुण गण गणति विमल मति शारदा निगम नारद प्रमुख ब्रह्मचारी।
शेष सर्वेश आसीन आनंदवन दास तुलसी प्रणत त्रासहारी॥ ९॥

सन्दर्भ—भगवान भूतभावन का प्रलयंकारी रूप शिव रूप से भिन्न है और समस्त विघ्नों के विनाश के लिए यह भैरव रूप शिव विग्रह आराध्य माना जाता है। यहाँ कवि भी शिव के इस भैरव रूप का स्मरण करता हुआ संत्रास से मुक्ति की याचना करता है।

अर्थ—हे शिव! भीषण आकृति वाले, भयंकर, भैरव, भूत, प्रेत, प्रमथादि (पिशाचादि) के स्वामी, सम्पूर्ण विपत्तियों के विनाशकर्त्ता आप मोह रूपी मूषक को विनष्ट करने वाले विलाव (मार्जार) के सदृश, सांसारिक आपदाओं कें विनाशक, मानवों के उद्धारक मुक्त रूप (तरणरूप) अभयदाता हैं॥ १॥

अतुलनीय बलशाली, निखिल विस्तार रूप, पर्वत के शिखर सदृश निर्मल आभा की भाँति गौर विग्रहयुक्त तथा सुन्दर पीतवर्ण के जटामुकुट से संकुलित शिरोभाग शतकोटि विद्युत छटा पंक्ति सदृश हैं॥ २॥

अत्यन्त परम पावन गंगा मौलि माला की भाँति विचित्र शोभा से परिपूर्ण है। ललित भालस्थलि पर चन्द्रकला शोभित है—ऐसे कुबेर मित्र हे शिव! मैं आपको प्रणाम करता हूँ॥ ३॥

चन्द्र, अग्नि एवं सूर्य आपके नेत्र हैं, आप काम के हन्ता हैं तथा समस्त गुणों के भण्डार आप विज्ञानस्वरूप हैं। गिरिजा के पति, हिमालय जिसका सर्वदा भवन है, श्रवण कुंडलों से सेव्यमान जिसका मुख अतुलनीय छवियुक्त हैं॥ ४॥

ढाल, खड्ग एवं त्रिशूल धारण करने वाले, डमरू, धनुष-वाण हाथ में धारण करने वाले, वृषभेश नन्दी जिसके वाहन हैं, ऐसे करुणा निधान देव, असुर, नरलोक को जलते हुए शोक विह्वल (देखकर) हे कोमल स्वभाव वाले शिव! (अचित) आपने विषपान कर डाला॥ ५॥

हृदय पर सर्प और मुण्ड माला से विभूषित हे शिव! भस्म ही आपके शरीर का आभूषण है, व्याघ्र चर्म ही वस्त्र हैं। हे पापनाशक! डाकिनी, शाकिनी, आकाश एवं पृथ्वी पर चलने वाली दुष्टात्माएँ, प्रवल यंत्र-मंत्र के आप नाशकर्ता हैं॥ ६॥

हे भैरव रूप शिव! आप काल के भी महाकाल, कलिकाल रूप सर्प के भक्षक गरुण तथा अत्यधिक प्रचण्ड (व्याधिरूप) कर्मों के विनाशक एवं त्रिपुर विध्वंसक हैं। महाप्रलय काल में समस्त लोकों के विनाश के क्षण अपने त्रिशूल की नोक से दिग्गजों को छेदकर अव्यक्त गुणों में लीन ताण्डव नृत्य करते हैं॥ ७॥

सृष्टि के घनघोर पाप के सन्ताप से दुखी दीन जगत को नाना योनियों में भ्रमण करते हुए मुझ तुलसीदास का कोई रक्षक नहीं है। हे भैरव रूप राम रूप रुद्र मैं शरणागत हूँ—आप ही

मेरे पिता, माता, भाई, गुरु एवं विधाता हैं ॥ ८ ॥

निर्मल मति से सरस्वती, वेदादि, प्रमुख ब्रह्मचर्य व्रती नारदादि, शेषनाग जिसके गुण का गान करते रहते हैं, ऐसे आनन्दवन (काशी) में निवास करने वाले हे संत्रासनाशक भैरव रूप सर्वेश शिव! यह तुलसीदास आपको प्रणाम करता है ॥ ९ ॥

विशेष—स्तोत्र शैली में लिखी गयी संश्लिष्ट पद योजना की स्तुति है। इस स्तुति में काशी स्थित संत्रास विनाशक भैरव रूप शिव की वन्दना विशेष श्लाध्य है।

[१२]

शंकरं शंप्रदं सज्जनानंददं शैल कन्या वरं परमरम्यं।
काम मद मोचनं तामरस लोचनं वामदेवं भजे भावागम्यं॥ १ ॥
कंबु कुंदेंदु कर्पूर गौरं शिवं सुंदरं सच्चिदानंदकंदं।
सिद्ध सनकादि योगींद्र वृंदारका विष्णु विधि वन्द्य चरणारविंदं॥ २ ॥
ब्रह्म कुल वल्लभं सुलभ मति दुर्लभं विकट वेषं विभुं वेदपारं।
नौमि करुणाकरं गरल गंगाधरं निर्मलं निर्गुणं निर्विकारं॥ ३ ॥
लोकनाथं शोक शूल निर्मूलिनं शूलिनं मोह तम भूरि भानुं।
कालकालं कलातीतमजरं हरं कठिन कलिकाल कानन कृशानुं॥ ४ ॥
तज्ञमज्ञान पाथोधि घटसंभवं सर्वगं सर्वसौभाग्यमूलं।
प्रचुर भव भंजनं प्रणत जन रंजनं दास तुलसी शरण सानुकूलं॥ ५ ॥

सन्दर्भ—शिव की स्तुति है। शैली स्तोत्र की है। इस स्तोत्र का मन्तव्य शिव का गुणानुवाद एवं उनकी कृपा से उनकी अनुकूलता प्राप्त करना है।

अर्थ—हे शिव! शान्तिदाता, सहृदयों के आनन्ददायक, पार्वती के पति, अनंग के गर्वभाव के विनाशक, अत्यन्त सुन्दर, कमल लोचन, भावगम्य! मैं आपको सदैव भजता हूँ ॥ १ ॥

शंख, बेलापुष्प, चन्द्र एवं कर्पूर की भाँति गौर वर्ण युक्त, शिव, सुन्दर, सत् चित्, आनन्द स्वरूप हे शिव! सिद्ध, सनकादिक, योगिश्रेष्ठ, देवतागण (वृन्दारक), ब्रह्मा एवं विष्णु आपके चरण कमलों की वन्दना करते रहते हैं ॥ २ ॥

ब्रह्मवेत्ताओं के प्राणप्रिय दुर्लभ रूप शिव जो योगिजनों के लिए सदैव सुलभ हैं, भयंकर वेशयुक्त, सर्वव्याप्त, वेदादि ज्ञान से परे, ऐसे निर्विकार, निर्गुण, निर्मल, करुण राशि गरलयुक्त शिव (गंगाधर) को भी प्रमाण करता हूँ ॥ ३ ॥

अज्ञानांधकार के लिए कोटि सूर्यवत् एवं शोक रूपी शूल (कंटक) से निर्मूल कर देने वाले हे लोकनाथ, हे शूलिन (शिव)! आप काल के भी काल, कलातीत, अजर तथा कठिन कलिकाल रूपी वन के लिए कृशानु तथा सन्तापहर्ता हैं ॥ ४ ॥

अज्ञान रूपी समुद्र को पी जाने वाले अगस्त्य रूप शिव आप तत्वज्ञ, सर्वव्याप्त एवं समस्त सौभाग्य के मूलाधार हैं। समस्त भवबाधाओं के विनाशक, भक्तों को आनन्दित करने वाले शिव यह सेवक तुलसीदास आपकी शरण में है, आप निरन्तर उसके अनुकूल रहें ॥ ५ ॥

विशेष—कवि शिव की अनुकूलता चाहता है और इस अनुकूलता में उसकी अपनी आत्मिक संसक्ति सन्निहित है। शैली स्तोत्रमूलक है। पदावली स्तोत्रानुगामी किन्तु संश्लिष्ट हैं।

[१३]

सेवहु सिव चरन सरोज रेनु। कल्यान अखिल प्रद कामधेनु॥ १॥
कर्पूर गौर करुना उदार। संसार सार भुजगेन्द्र हार॥ २॥
सुख जन्मभूमि महिमा अपार। निर्गुन गुननायक निराकार॥ ३॥
त्रयनयन मयन मर्दन महेस। अहँकार निहार उदित दिनेस॥ ४॥
बर बाल निसाकर मौलि भ्राज। त्रैलोक सोकहर प्रमथराज॥ ५॥
जिन्ह कहँ बिधि सुगति न लिखी भाल। तिन्ह की गति कासीपति कृपाल॥ ६॥
उपकारी कोऽपर हर समान। सुर असुर जरत कृत गरल पान॥ ७॥
बहु कल्प उपायन करि अनेक। बिनु संभु कृपा नहिं भव बिबेक॥ ८॥
बिग्यान भवन गिरिसुता रमन। कह तुलसिदास मम त्रास समन॥ ९॥

सन्दर्भ—कवि अपने संताप विनाशक शिव की आर्त्त भाव से इस पद में स्तुति कर रहा है और इस स्तुति का लक्ष्य भाव त्रास से शान्ति प्राप्त करना है।

अर्थ—कामधेनु की भाँति निखिल कल्याणदायिनी शिव चरण-कमलों की रेणुका (धूलि) का सेवन करें। सृष्टि के तत्त्वस्वरूप, सर्पमालाधारी, कर्पूर की भाँति गौर वर्ण युक्त अत्यन्त उदार तथा करुणामय॥ १-२॥

आनन्द के मूलाधिष्ठान, अपार महिमायुक्त दिव्य गुणों से संयुक्त गुणातीत तथा निराकार, त्रिनेत्र, कामहन्ता, महेश्वर, अहंकार (अज्ञादि) रूपी वाले के लिए अभिनव सूर्यवत्॥ ३-४॥

सुन्दर बालचन्द्र से विलसित भालयुक्त, प्रमथादिगणों के स्वामी, समस्त लोकों के शोक विनाशक, जिनके भाग्य में विधाता ने मुक्ति नहीं लिखी है, काशीपति कृपालु शिव उन्हें भी सद्गति देते हैं॥ ५-६॥

कौन अन्य देव शिव सदृश्य जीवों के लिए उपकारी है—जिसने विष ज्वाला से जलते हुए सुरासुर की रक्षा के लिए विषपान किया है। अनेक कल्पों तक अनेक उपायों के बाद भी किन्तु शिव कृपा के बिना मायिक प्रपंचों की समझ नहीं होती॥ ७-८॥

हे विज्ञान धाम, पार्वती पति शिव! तुलसीदास आर्त्तभाव से निवेदन करता है कि उसके भवजन्य संत्रास को दूर करें॥ ९॥

विशेष—यहाँ भवजन्य संतापों की मुक्ति के लिए शिव की स्तुति की गई है। अलंकरण-विहीन स्तोत्रशैली में आराधना भाव की प्रभुखता है।

[१४]

देखो देखा बन बन्यो आजु उमाकांत। मानों देखन तुमहिं आई रितु बसंत॥ १॥
जनु तनुदुति चंपक कुसुम माल। वर वसन नील नूतन तमाल॥ २॥
कल कदलि जंघ पद कमल लाल। सूचत कटि केहरि गति मराल॥ ३॥

भूषन प्रसून बहु विविध रंग। नूपुर किंकिनि कलरव विहंग॥ ४॥
कर नवल बकुल पल्लव रसाल। श्रीफल कुच कंचुकि लता जाल॥ ५॥
आनन सरोज कच मधुप गुंज। लोचन विसाल नव नील कंज॥ ६॥
पिक बचन चरित बर वरहिं कीर। सित सुमन हास लीला समीर॥ ७॥
कह तुलसिदास सुनु सिव सुजान। उर बसि प्रपंच रचे पंच बान॥ ८॥
करि कृपा हरिय भ्रम फंद काम। जेहिं हृदय बसहिं सुखराशि राम॥ ९॥

सन्दर्भ—वन शिव का प्रतीक है और उसी प्रतीक के उल्लास के माध्यम से कवि शिव का प्रकृति के सादृश्य के साथ वर्णन करता है। उनके अर्धांग में विराजमान पार्वती वसन्त रूप में उन्हें देखने के लिए आतुर हैं।

अर्थ—देखिए-देखिए आज तो वन उमाकान्त का रूप धारण किए हुए हैं और काम अपनी सहचरी रति के साथ इस प्रकार मानो वसन्तु ऋतु बन कर तुम्हें देखने आई हैं॥ १॥

नूतन तमाल पत्र मानो नीला वसन हो, चंपक कुसुम की माला मानो शरीर की कान्ति हो॥ २॥

रक्त कमल मानो पद हैं, सुन्दर कदली स्तम्भ जंघ की भाँति हैं, केहरि कटि जैसे प्रतीत हो रहा है मराल की गति ही गति है॥ ३॥

विविध रंगों के पुष्प मानो अलंकरण हों, पक्षियों का सुमधुर कलरव नूपुर तथा किंकिणी की सुमधुर ध्वनि हो॥ ४॥

आम तथा वकुल के नव पल्लव हथेली की भाँति हैं, बेल स्तन की भाँति तथा लता जाल कंचुकि हैं॥ ५॥

कमल मुख की भाँति तथा भ्रमर समूह केश राशि की भाँति हैं नव नील कमल ही मानो विशाल नेत्र हैं॥ ६॥

कोकिल वाणी है मयूर (वरहि) तथा तोते (कीर) मानो उच्चरित चरित्र हैं। श्वेत पुष्प हँसी है और नन्द समीर लीलाभाव है॥ ७॥

तुलसीदास कहते हैं कि हे सहृदय शिव जी! सुनें, कामदेव हृदय में निवास करके अनेक प्रपंचों की रचना कर रहा है॥ ८॥

अत: कृपा करके काम देवता के इस भ्रम एवं मोह संकुलित बंधन काट दें—जिससे कि मेरे हृदय में आनन्दराशि श्रीराम निवास करें (कामदेव के स्थान पर)॥ ९॥

विशेष—इस वर्णन के प्रसंग में साङ्गरूपक की स्थिति प्रतीत होती है और यह अन्ततया उत्प्रेक्षा तथा उपमा दोनों से संश्लिष्ट है। 'वन एवं वसन्त' दोनों एकमेव हैं। श्री वियोगी हरि जी ने इसे पार्वती मुद्रा के रूप में चित्रित किया है, किन्तु इसकी संगति लगती नहीं। रति विभिन्न लास्य मुद्रा में अपने सहचर काम के प्रभाव को व्यंजित कर रहा है और समग्र रूप वर्णन रति का प्रतीत होता है। व्यंजना की दृष्टि से शब्दार्थ मूलक आर्थी व्यंजना है, जहाँ प्रस्तुत तथा अप्रस्तुत में से किसी एक पक्ष द्वारा अर्थ का ज्ञापन कराया जा सकता है।

देवी-स्तुति

[१५]

दुसह दोष-दुख दलनि करु देवि दाया।
विश्व मूलाऽसि जन सानुकूलाऽसि कर शूलधारिणि महामूलमाया॥ १॥
तडित गर्भाङ्ग सर्वाङ्ग सुन्दर लसत दिव्य पट भव्य भूषण विराजै।
बालमृग मंजु खंजन विलोचनि चन्द्रवदनि लखि कोटि रतिमार लाजै॥ २॥
रूप सुख शील सीमाऽसि भीमाऽसि रामाऽसि वामाऽसि बर बुद्धिबानी।
छमुख हेरंब अंबासि जगदंबिके शंभु जायासि जय जय भवानी॥ ३॥
चंड भुजदंड खंडनि बिहंडनि महिष मुंड मद भंग कर अंग तोरे।
शुंभ निःशुंभ कुम्भीश रण केशरिणि क्रोध वारीश अरि वृन्द बोरे॥ ४॥
निगम आगम अगम गुर्वि तव गुन कथन उर्विधर करत जेहि सहस जीहा।
देहि मा मोहि पन प्रेम यह नेम निज राम घनश्याम तुलसी पपीहा॥ ५॥

सन्दर्भ—कवि दुर्गा की स्तुति करता हुआ उससे अक्षय एवं अनन्य राम प्रेम की याचना करता है।

अर्थ—दुसह दुख एवं पापों को जड़ से नष्ट करने वाली हे देवी! दया करो। सम्पूर्ण प्राणियों के लिए अनुकूल भाव से स्थित महामूलमाया स्वरूपिणी शूलधारिणी दुर्गे! तुम विश्व की मूल अधिष्ठान हो॥ १॥

हे तड़ितगर्भा अङ्गवाली, माँ दुर्गे! तुम्हारे सुन्दर अङ्गों पर भव्यभूषण एवं दिव्य वस्त्र शोभित हो रहे हैं। मंजुल बालमृग एवं खंचन सदृश नेत्रों से युक्त तुम्हारे चन्द्रमुख को देखकर कोटि-कोटि कामदेव तथा रति लज्जित हैं॥ २॥

हे श्रेष्ठ बुद्धि एवं वाक्शक्ति युक्ते! तुम रूप, सुख, शील की सीमा हो, तुम रौद्र रूपा (पार्वती) हो, लक्ष्मी रूपा हो, सरस्वती रूपा हो। तुम कार्तिकेय एवं गणपति की माँ पार्वती हो, जगदम्बिका हो, शिवप्रिया हो—हे भवानी रूपे दुर्गे तुम्हारी जय हो, जय हो॥ ३॥

चण्ड दैत्य के भुजदण्डों को खण्डित करने वाली, महिषासुर को विखण्डित करने वाली तथा मुंड असुर के शक्ति मद को रौंदकर उसके अंग प्रत्यंगों को विमर्दित करने वाली—शुंभ, निःशुम्भ रूपी हस्तियों की कुम्भस्थली को रण में सिंह की भाँति विदीर्ण करने वाली हे माँ दुर्गे! तुमने समस्त शत्रुओं को क्रोध रूपी समुद्र में डुबो-डुबो कर नष्ट कर डाला है॥ ४॥

हे माँ दुर्गे! पृथ्वीधारण करने वाले शेषनाग अपनी सहस्र जिह्वाओं से निरन्तर तुम्हारा गुणगान करते रहते हैं, किन्तु आपकी गाथा निगमों तथा आगमों के लिए भी अगम्य तथा गम्भीर है। तुलसीदासजी अन्ततया दुर्गा की स्तुति करते हुए कहते हैं कि हे माँ! मुझ तुलसीदास को नील वपु राम के प्रति वही प्रण दीजिए, वही प्रेम दीजिए, वही आचरण दीजिए जैसा पपीहा का श्यामल मेघ के प्रति है॥ ५॥

विशेष—कवि आर्त्तभाव से दुर्गा के प्रचण्ड स्वरूप तथा शक्ति का स्मरण करता हुआ उनसे राम के प्रति अनन्य निष्ठा की याचना करता है। 'राम घनश्याम तुलसी पपीहा' में परम्परित रूपक है।

[१६]

जय जय जग जननि देवि सुर नर मुनि असुर सेवि।
भक्ति मुक्ति दायिनि भय हरणि कालिका।
मंगल मुद सिद्धि सदनि पर्व सर्वरीश वदनि।
ताप तिमिर तरुण तरणि किरण मालिका॥ १॥
वर्म चर्म कर कृपाण सूल सेल धनुष बाण।
धरणि दलनि दानव दल रण करालिका।
पूतना पिसाच प्रेत डाकिनि साकिनि समेत।
भूत ग्रह बेताल खग मृगालि जालिका॥ २॥
जय महेश भामिनी अनेक रूप नामिनी
समस्त लोक स्वामिनी हिमशैल बालिका।
रघुपति पद परम प्रेम तुलसी यह अचल नेम
देहु ह्वै प्रसन्न पाहि प्रणत पालिका॥ ३॥

सन्दर्भ—इस स्तुति में कवि माँ दुर्गा का स्मरण करता हुआ रामभक्ति की समुष्टि की उनसे याचना करता है।

अर्थ—हे जगत जननी देवि पार्वती! आप देवता मनुष्य तथा दैत्यों से सेवित हैं। हे कालिका देवि! आप भय निवासिनी तथा भक्ति एवं मुक्ति की समवत् दात्री हो। आनन्द, मंगल तथा सिद्धि की तुम अधिष्ठात्री देवी हो, पूर्णचन्द्रमा की भाँति तुम्हारा मुख है, सन्ताप रूपी अंधकार के लिए तुम तरुण सूर्य की किरण माला हो॥ १॥

तुम्हारे शरीर पर ढाल, तलवार, त्रिशूल एवं सेंल तथा धनुष-वाण है, युद्धभूमि के भयंकर रूप धारण करने वाली युद्ध में दानव समूह का दलन करती हो। पूतना, पिशाच, प्रेत, डाकिनी, शाकिनीयुक्त भूत, ग्रह, बेताल रूपी पशु-पक्षी समूहों को आबद्ध करने वाली तुम जाल की भाँति हो॥ २॥

अनेकानेक रूपों से जानी जाने वाली, समस्त लोकों की स्वामिनी, हिमालय पुत्री, हे शिवपत्नी! तुम्हारी जय हो। हे भक्तों की रक्षा करने वाली दुर्गे! तुलसी को श्रीराम के चरणों में परम प्रेम एवं अचल निष्ठा प्रदान करो॥ ३॥

गङ्गा-स्तुति

राग रामकली

[१७]

जय जय भगीरथनन्दिनि मुनि चय चकोर चन्दिनि
नर नाग बिबुध बन्दिनि जय जहनु बालिका।
बिस्नु पद सरोजजासि ईस सीसपर बिभासि
त्रिपथगासि पुन्यरासि पाप छालिका॥ १॥

बिमल बिपुल बहसि बारि सीतल त्रयताप हारि
भँवर बर बिभंगतर तरंग मालिका।
पुरजन पूजोपहार सोभित ससि धवलधार
भंजन भव भार भक्ति कल्पथालिका॥ २॥
निज तटबासी बिहंग जल थल चर पसु पतंग
कीट जटिल तापस सब सरिस पालिका।
तुलसी तव तीर तीर सुमिरत रघुबंस बीर
बिचरत मति देहि मोह महिष कालिका॥ ३॥

सन्दर्भ—इन पंक्तियों में कवि गंगा की स्तुति करता है। कवि गंगा से आत्मिक सन्दर्भ जोड़ते हुए उस सम्बन्ध को श्रीरामाभिमुख कर रहा है। स्तुति में मूल याचना श्रीराम के प्रति संसक्ति ही है।

अर्थ—मुनि समूह रूपी चकोर के चन्द्रिकावत्, मानव-नाग एवं देवताओं वन्दित हे जह्नपत्नी तुम्हारी जय हो, हे भगीरथ नन्दिनी तुम्हारी जय हो। विष्णु के चरण कमल से निकली शिव के शीश पर शोभित हो। तुम त्रिपथगा हो, पुण्यराशि हो, पापनाशिनी हो॥ १॥

त्रय तापों को विनष्ट करने वाली प्रचुर शीतल जलधारा लेकर प्रवाहित होती हो, सुन्दर भँवरों एवं चंचल तरंग मालाओं से युक्त नगर जनों के पूजोपहार से चन्द्र की भाँति निर्मल धवल धारा से पूजित, भक्ति रूप कल्पवृक्ष के थाल्हे की भाँति हे गंगे! आप भव भार को विनष्ट करने में समर्थ हो॥ २॥

अपने तटवासी विहंगों, जलचरों, थलचर पशु पतिंगो, कीटों एवं जटाधारी तपस्वियों का एक समान पालन करती हो। हे मोह रूपी महिषासुर के लिए प्रचंड दुर्गा स्वरूपिणी गङ्गे! ऐसी बुद्धि प्रदान करें ताकि आपके तट-तट पर श्रीराम का नाम स्मरण करते हुए आजीवन विचरण करता रहूँ॥ ३॥

विशेष—गोस्वामी तुलसीदास, आजीवन नदियों के तट पर रहे। पयस्विनी, सरयू, यमुना तथा गंगा—ये प्रमुख नदियाँ उनके जीवन के साथ जुड़ी रहीं। कवि यहाँ तट विश्राम एवं रामभक्ति इन प्रसंगों को एक साथ जोड़ता है। गंगा की यह स्तुति उनके विशिष्ट पर्यायवाची नामों से जुड़ कर बनती है।

[१८]

जयति ज़य सुरसरी जगदखिलपावनी
विष्णु पद कंज मकरंद इव अम्बुबर बहसि
दुख दहसि अघवृन्द विद्राविनी॥ १॥
मिलित जलपात्र अजजुक्त हरिचरनरज
विरजवर बारि त्रिपुरारि सिर धामिनी।
जन्हु कन्या धन्य पुन्यकृत सगर सुत
मूधर द्रोनि बिछरनि बहुनामिनी॥ २॥
जच्छ गंधर्व मुनि किन्नरोरग दनुज
मनुज मज्जहिं सुकृत पुंज जुत कामिनी।

स्वर्ग सोपान विज्ञान ज्ञानप्रदे
मोह मद मदन पाथोज हिम जामिनी॥ ३॥
हरित गंभीर वानीर दुहुँ तीर वर
मध्यधारा विसद विस्व अभिरामिनी।
नील परंजक कृत सयन सर्वेस जनु
सहस सीसावली स्त्रोत सुर स्वामिनी॥ ४॥
अमित महिमा अमित रूप भूपावली
मुकुटमनि वंध त्रैलोक पथगामिनी।
देहि रघुवीर पद प्रीति निरभर मातु
दास तुलसी त्रासहरनि भव-भामिनी॥ ५॥

सन्दर्भ—कवि गंगा की स्तुति करता है, निर्भर रामभक्ति के लिए। परम्परित शैली के अन्तर्गत इस स्तुति का भी सन्दर्भ भव संत्रास मुक्ति एवं राम भक्ति की याचना ही है।

अर्थ—निखिल सृष्टि में पवित्रतम गंगे! तुम्हारी जय हो, जय हो, तुम विष्णु चरण-कमल से निरन्तर मकरन्द सदृश प्रवहशीला हो, हे पाप समूहों को विनष्ट करने वाली गंगे! सम्पूर्ण दुःखों का विनाश करती हो॥ १॥

विष्णु चरण रज से मिला हुआ जल निरन्तर ब्रह्मा के कमण्डल में वर्तमान है, साथ ही, श्रेष्ठ जलधारा से परिपूर्ण शिव के शीश पर विराजमान (विरज) हो। हे पर्वत की कन्दराओं को विदीर्ण कर देने वाली, हे सहस्र नामों वाली सगर के पुत्रों का उद्धार करने वाली जह्नुपुत्री! तुम धन्य हो॥ २॥

यक्ष, गन्धर्व, मुनि, किन्नर, सर्प, दैत्य, मनुष्य अपनी पत्नियों के साथ स्नान करके वे पुण्यपुजों के भागी होते हैं। मोह-मद तथा काम भाव रूप कमल को विनष्ट करने वाली हिमयामिनी सदृश हे गंगे! तुम स्वर्ग के लिए सीढ़ी तथा विज्ञान-ज्ञान दात्री हो॥ ३॥

हे विश्व के लिए आनन्ददायिनी गंगे! तुम्हारी विशाल, जलधारा के दोनों सुन्दर कूलों पर अत्यन्त गहन हरित वेंत वृक्षावलियाँ हैं। हे देवस्वामिनी! इसे देखकर ऐसा प्रतीत होता है मानो नील पर्यंक पर मानो सहस्र फणों के साथ शेषनाग सो रहे हों॥ ४॥

तुम अमित महिमाशील तथा अनन्त रूप युक्त हो। अनेकानेक राज समूहों के मुकुट मणियों से वन्द्य हे त्रिपथगे! त्रासविनासिनी, शिवप्रिये!! माँ गंगे!!! सेवक तुलसीदास को श्रीराम चरणों में अनन्य प्रेम प्रदान करो॥ ५॥

विशेष—यह स्तुति उत्प्रेक्षालंकार के संयोग से रमणीकार्थ व्यंजक बनकर बिम्बात्मक चित्र प्रस्तुत करती है। वेंत झाड़ियों के बीच सहस्त्रधारा गंगा को नील पर्यंक पर विश्राम करते हुए शेष से उपमित करना रमणीक विम्ब है।

[१९]

हरनि पाप त्रिबिध ताप सुमिरत सुरसरित।
बिलसति महि कल्प बेलि मुद मनोरथ फरित॥ १॥

सोहत ससि धवल धार सुधा सलिल भरित।
बिमलतर तरंग लसत रघुबर के से चरित॥ २॥
तो बिनु जगदंब गंग कलिजुग का कारित
घोर भव अपारसिंधु तुलसी किमि तरित॥ ३॥

सन्दर्भ—कवि इन पंक्तियों में गंगा की स्तुति करता है। इसमें वह माँ गंगा की उद्धार-सामर्थ्य का चित्रण कर रहा है।

अर्थ—हे देवसरिता गंगे! स्मरण करते ही त्रिविध पापों का हरण करने वाली तथा पृथ्वी पर विलास करती हुई तुम आनन्दमयी मनोरथ फली हुई कल्पलता की भाँति पृथ्वी पर विलसित हो॥ १॥

अमृतमय जल से संयुक्त चन्द्र सदृश धवलधारा शोभित है और उसमें राम चरित्र की भाँति निर्मल लहरें लहर रही हैं॥ २॥

यदि आपका आश्रय न मिलता तो जगदम्बिके गंगे मैं कलियुग में क्या करता! (तो कलियुग क्या क्या नहीं करता)। हे माँ गंगे! यदि तू न होती तो इस अपार भवसागर को मैं तुलसीदास किस प्रकार तरता॥ ३॥

टिप्पणी—'करित'? पद के आगे प्रतियों के पाठों में प्रश्न चिह्न लगा है। यह अवधी के उत्तम पुरुष एक वचन की क्रिया है, अन्य पुरुष की नहीं—शायद इसीलिए (कलियुग क्या क्या नहीं करता) इस प्रकार के अर्थ बताए गए हैं, तुलसी के सन्दर्भ में उत्तम पुरुष, एक वचन की क्रिया मान लेने पर प्रश्न चिह्न लगाने की आवश्यकता नहीं रहती।

विशेष—सामान्य लघु रूपकों द्वारा स्तोत्र शैली की सम्पुष्टि करता हुआ कवि दास्य भक्ति के सन्दर्भ को व्यंजित कर रहा है।

[२०]

ईस सीस बससि त्रिपथ लससि नभ पताल धरनि।
सुर नर मुनि नाग सिद्ध सुजन मंगल करनि॥ १॥
देखत दुख दोष दुरित दाह दारिद दरनि।
सगर सुवन साँसति समनि जलनिधि जल भरनि॥ २॥
महिमा की अवधि करसि बहु बिधि हरि हरनि।
तुलसी करु बानि बिमल बिमल बारि बरनि॥ ३॥

सन्दर्भ—तुलसी अपनी काव्यवाणी की निर्मलता के लिए गंगा स्तुति कर रहा है।

अर्थ—देवता, मनुष्य, मुनिगण, नाग, सिद्ध, साधु जनों का मंगल करने वाली, आकाश, पताल लोक एवं धरा पर त्रिपथारूप प्रवहमान, शिव के मस्तक पर निवास करने वाली माँ गंगे। तुम्हें देखते ही समस्त दु:ख, पाप तथा दारिद्रय का सन्ताप शीघ्र ही नष्ट हो जाता है॥ सगर पुत्रों की यातना से मुक्ति दिलाने वाली तुम अपने जल से समुद्र को निरन्तर भरती रहती हो॥ १-२॥

अनेक प्रकार से ब्रह्मा, शिव एवं विष्णु की महिमा की अवधि की वृद्धि करने वाली हे विमल जल युक्त माँ गंगे! तुलसी की काव्यवाणी निर्मल कर दो॥ ३॥

[२१]

जमुना ज्यों ज्यों लागी बाढ़न।
त्यों त्यों सुकृत सुभट कलि भूपहिं निदरि लगे बहु काढ़न॥ १॥
ज्यों ज्यों जल मलीन त्यों त्यों जमगन मुख मलीन लहै आढ़न।
तुलसिदास जग दघ जवास ज्यों अनघमेघ लगे डाढ़न॥ २॥

सन्दर्भ—इन पंक्तियों में लाक्षणिक रूप से यमुना की स्तुति कर रहा है। यमुना के नील जल को आधार बना कर व्यंजना भाव से कवि उनके मुक्तिदायिनी स्वरूप का चित्रण कर रहा है।

अर्थ—वर्षाकाल में ज्यों-ज्यों यमुना बढ़ने लगीं त्यों-त्यों पुण्य योद्धओं की भाँति कलि रूपी राजा का निरादर करते हुए पाप से डूबते जनों को निकाल-निकाल कर बाहर करने लगे॥ १॥

यमुना का जल वर्षा वेग के कारण ज्यों-ज्यों मलिन होता गया यम गणों के मुखों की मलीनता उतनी ही बढ़ने लगी—अर्थात् अत्यधिक पापियों के पापों को धोकर और अधिक मटमैली जैसी प्रतीत होने लगीं। तुलसीदास कहते हैं यमुना तट पर स्थित पाप रूपी जवास को पुण्य के बादल दग्ध करने लगे॥ २॥

विशेष—साङ्गरूपक अलंकार है। यमुना की बाढ़ एवं उनकी श्यामलता को आधार बनाकर कवि उनके मुक्तिदायिनी स्वरूप का चित्रण कर रहा है।

काशी-स्तुति

[२२]

सेइअ सहित सनेह देह भरि कामधेनु कलि कासी।
समनि सोक संताप पाप रुज सकल सुमंगल रासी॥ १॥
मरजादा चहुँओर चरनबर सेवत सुरपुर बासी।
तीरथ सब सुभ अंग रोम सिवलिंग अमित अबिनासी॥ २॥
अंतरऐन ऐन भल थनं फल बच्छ बेद बिस्वासी।
गलकंबल बरुना बिभाति जनु लूम लसति सरिताऽसी॥ ३॥
दंडपानि भैरव बिषान मलरुचि खलगन भयदा सी।
लोलदिनेस त्रिलोचन लोचन करनघंट घंटा सी॥ ४॥
मनिकर्निका बदन ससि सुंदर सुरसरि सुख सुखमा सी।
स्वारथ परमारथ परिपूरन पंचकोसि महिमा सी॥ ५॥
बिस्वनाथ पालक कृपालुचित लालति नित गिरिजा सी।
सिद्धि सची सारद पूजहिं मन जोगवति रहति रमा सी॥ ६॥
पंचाच्छरी प्रान मुद माधव गब्य सुपंचनदा सी।
ब्रह्म जीव सम रामनाम जुग आखर बिस्व बिकासी॥ ७॥

चारितु चरति करम कुकरम करि मरत जीवगन घासी।
लहत परमपद पय पावन जेहि चहत प्रपंच उदासी॥ ८॥
कहत पुरान रची केसव निज कर करतूति कला सी।
तुलसी बसि हर पुरी राम जपु जो भयो चहै सुपासी॥ ९॥

सन्दर्भ—जीवन की अन्तिम अवस्था काशी में व्यतीत करके तुलसी इसके मोक्षदायी महात्म्य का चित्रण करते हैं। उनके अनुसार काशी निवास का मूल फल श्रीराम का सामीप्य लाभ है।

अर्थ—अत्यन्त स्नेहपूर्वक आजीवन कलि की कामधेनु रूपी काशी का सेवन करें। यह काशी शोक, संताप, पाप, व्याधि को शमित करने वाली तथा सम्पूर्ण मंगल की राशि है॥ १॥

चतुर्दिक फैली हुई इसकी मर्यादा ही इस कलि कामधेनु के चारों चरण हैं—जिसका सेवन सम्पूर्ण स्वर्गवासी करते हैं। काशी के सम्पूर्ण तीर्थ उसके शुभस्थान हैं, तथा सम्पूर्ण रोएँ अनिष्टधर्मा शिवलिंग हैं॥ २॥

काशी का सम्पूर्ण अन्तर्भाग ही कामधेनु की शाला है, सम्पूर्ण काशी सेवन का फल स्तन है, वेद आस्थालु विद्वज्जन ही बछड़े हैं, गाय के गले की झूलती हुई गलकंबल वरुणा नदी की भाँति शोभित हैं और उसकी पूँछ असी नदी की भाँति है॥ ३॥

पापवृत्ति के खलों को लिए भय उत्पन्न करने वाली कामधेनु की सींग हाथ में कालदण्ड धारण किए भैरवजी हैं। लोलार्क एवं त्रिलोचन देवता नेत्र हैं, कामदेव के गले लटकता हुई घंटा कर्णघंटजी हैं॥ ४॥

मणिकर्णिका घाट ही उसका सुन्दर, चन्द्रमुख है, आनन्ददायिनी गंगा ही उसकी सुन्दरता है। स्वार्थ एवं परमार्थ से परिपूर्ण काशी की पंचक्रोशी स्थली ही इसकी महिमा है॥ ५॥

कृपालु चित भगवान शिव ही इस गाय के पालने वाले हैं और यह माँ पार्वती द्वारा निरन्तर लाड़-प्यार से दुलराई जाती है। लक्ष्मी इस कामधेनु काशी का रुख देखती रहती हैं तथा सम्पूर्ण सिद्धियाँ, इन्द्राणी, ब्रह्मपत्नी सरस्वती इसका पूजा करती रहती हैं॥ ६॥

'ॐ: नमः शिवाय' यह पंचाक्षरी मंत्र ही इस कामधेनु काशी के पंच प्राण हैं, इसका आनन्द बिन्दुमाधव स्वयं हैं, पंचनद तीर्थ इसके पंचगव्य के सदृश हैं। सम्पूर्ण विश्व को विकसित करने वाले इसके जीव एवं ब्रह्म 'र' तथा 'म' वर्ण से संयुक्त 'राम' शब्द है॥ ७॥

यहाँ नाना प्रकार के मरने वाले जीवों के कर्म-कुकर्म रूपी घासों को यह चरा करती है। सांसारिक प्रपंचों से मुक्त जन इससे पवित्र दूध रूपी मुक्ति प्राप्त करते हैं॥ ८॥

पुराणों का कथन है कि स्वयं भगवान विष्णु (विन्दुमाधवजी) ने स्थापत्य कला की सम्पूर्ण चतुरता से अपने हाथों इसकी रचना की थी। तुलसीदासजी कहते हैं कि यदि आनन्द की कामना रखना है, तो इस शिवनगरी काशी में निवास करते हुए राम का स्मरण करें॥ ९॥

विशेष—स्तुति साङ्गरूपक अलंकार के माध्यम से प्रस्तुत की गयी है। प्रस्तुत पक्ष काशी तथा अप्रस्तुत कामधेनु है। कामधेनु स्वयं काशी के अनेक प्रस्तुतगत सन्दर्भों का निगीर्णन करके अन्ततया उसके माहात्म्य का साधन बन जाती है।

चित्रकूट-स्तुति

[२३]

सब सोच बिमोचन चित्रकूट। कलिहरन करन कल्यान बूट॥ १॥
सुचि अवनि सुहावनि आलबाल। कानन बिचित्र बारी बिसाल॥ २॥
मंदाकिनि मालिनि सदा सींच। बर बारि बिषम नर नारि नीच॥ ३॥
साखा सुसृंग भूरुह सुपात। निरझर मधुबर मृदु मलय बात॥ ४॥
सुक पिक मधुकर मुनिबर बिहारु। साधन प्रसून फल चारि चारु॥ ५॥
भव घोरघाम हर सुखद छाँह। थप्यो थिर प्रभाव जानकी नाह॥ ६॥
साधक सुपथिक बड़े भाग पाइ। पावत अनेक अभिमत अघाइ॥ ७॥
रस एक रहित गुन करम काल। सिय राम लखन पालक कृपाल॥ ८॥
तुलसी जो राम पद चहिय प्रेम। सेइय गिरि करि निरुपाधि नेम॥ ९॥

सन्दर्भ—काशी के पश्चात् कवि अपने आराध्य स्थल चित्रकूट का वर्णन करता है। जैसी आस्था तथा प्रेम उसके मन में काशी के प्रति है, वैसा ही अगाध प्रेम तथा संसक्ति चित्रकूट के प्रति भी है।

अर्थ—कलि से उत्पन्न (थकावट) दोषों को समाप्त करने वाले आनन्दकारी वृक्ष की भाँति सम्पूर्ण शोक से मुक्ति दिलाने वाला यह चित्रकूट है॥ १॥

इस कल्याणकारी वृक्ष के थाल्हे के रूप में यहाँ की पवित्र भूमि है, विचित्रमयी वाटिका ही इसके वन हैं॥ २॥

इस चित्रकूट नामक वाटिका को सदा सींचने वाली मालिन स्वयं मंदाकिनी ही हैं यही कारण है कि पतित स्वभाव के नर-नारियों के स्नान के बाद भी उसकी जल की पवित्रता पर कोई प्रभाव नहीं पड़ता॥ ३॥

इस चित्रकूट रूपी कल्याणकारी वृक्ष शाखाएँ पर्वत चोटियाँ हैं, वृक्ष सुन्दर पत्ते हैं, झरने ही मधु मकरन्द हैं, गंध पूर्ण वायु ही इसकी मृदुता है॥ ४॥

सुखपूर्वक विचरण करते हुए—मुनि श्रेष्ठ ही शुक, पिक एवं भ्रमरादि हैं। सुन्दर फल ही पुरुषार्थ चतुष्ट्य (धर्मार्थकाममोक्ष) हैं तथा साधनादि ही पुष्प हैं॥ ५॥

चित्रकूट रूपी यह कल्याणकारी वृक्ष भाव ताप से सन्तप्त प्राणियों के ताप को नष्ट करने वाली सुखद छाया है। श्रीराम ने विश्राम करके इस छाया को स्वामी बना दिया है॥ ६॥

सुपथिक रूप साधक बड़े भाग्य से परिपूर्ण भावेन मनोवांछित फल प्राप्त करता है॥ ७॥

गुणातीत तथा काल एवं कर्म के बन्धन से विरहित निरन्तर एक निष्ठ (एकास) भाव से इसके साधक हैं—क्यों न हों कारण कि सीता-राम लक्ष्मण ही इस भूमि के रक्षक हैं॥ ८॥

गोस्वामी तुलसीदासजी कहते हैं कि यदि श्रीराम के चरणों में प्रेम की वासना रखते हो तो क्यों न उपाधि रहित (कामना हीन) होकर इस चित्रकूट की सेवा करो॥ ९॥

विशेष—सम्पूर्ण पद में साङ्गरूपक अलंकार है। प्रस्तुत एवं अभीष्ट पक्ष चित्रकूट है। उसके विविध धर्मों का अध्यवसान 'शीतल वृक्ष' में किया गया है और इस प्रकार संसार भ्रम से थकित जीव के लिए चित्रकूट विश्रमणीय स्थली के रूप में स्वीकार किया गया है।

[२४]

अब चित चेति चित्रकूटहिं चलु।
कोपित कलि लोपित मंगल मगु विलसत बढ़त मोह माया भलु॥ १॥
भूमि बिलोकि राम पद अंकित बन विलोकु रघुबर विहार बलु।
सैल श्रृंग भव भंग हेतु लखु दलनु कपट पाखंड दंभु दलु॥ २॥
जहँ जनमे जग जनक जगति पति विधि हरि हर परिहरि प्रपंच छलु।
सकृत प्रवेस करत जेहिं आश्रम विगत विषाद भए पारथ नलु॥ ३॥
न करु विलम्ब विचारु चारुमति बरष पाछिले सम अगिलेपलु।
मंत्र सो जाइ जपहि जो जपि भे अजर अमर हर अचइ हलाहलु॥ ४॥
रामनाम जप जाग करत नित मज्जत पय पावन पीवत जलु।
करिहैं राम भावतौ मनकौ सुख साधन अनयास महाफलु॥ ५॥
कामदमनि कामता कलपतरु सो जुग जुग जागत जगतीतलु।
तुलसी तोहि बिसेषि बूझिये एक प्रतीति प्रीति एकै बलु॥ ६॥

सन्दर्भ—भक्तों की विश्राम स्थली चित्रकूट के विश्राम के लिए कवि कामना करता है। इस विश्राम की कामना के पीछे उसके साथ जुड़े न केवल आध्यात्मिक सन्दर्भ प्रयोज्य हैं, अपितु कवि का 'स्व-भाव' भी उससे जुड़ा हुआ है।

अर्थ—हे चित्त, अब भी चेत लो और चित्रकूट चलो, क्योंकि अब वह समय आ गया है कि कलियुग कोपभाव से अपना प्रभाव बनाए हुए है, इस कलि के कोप से कल्याणकारी मूल्यों का लोप होता जा रहा है॥ १॥

हे चित्त! चित्रकूट चलकर श्रीराम के चरणों से अंकित भूमि एवं उनकी विहार स्थली का अवलोकन कर, भक्तिपूर्वक आनन्दित हो। भवबाधाओं को नष्ट करने में समर्थ शैल श्रृंगों का अवलोकन करो ताकि तुम्हारे कपट, पाखण्ड, दम्भ आदि का विनाश हो सके॥ २॥

यह वह स्थली है, जहाँ (अनुसुइया के पुत्र के रूप में) ब्रह्मा, विष्णु एवं महेश ने सम्पूर्ण प्रपंच और कपट का त्याग करके जन्म लिया था। यह वह भूमिस्थली है, जहाँ के आश्रमों में एक बार प्रवेश करते ही अर्जुन एवं नल जैसे योद्धा नरेश कष्ट मुक्त हो गए॥ ३॥

हे चित्त, तू जल्दी कर क्योंकि जो दिन अब तक व्यतीत हो चुके हैं, उन्हें जाने दो, अब अगले पल विचार करो। तू चित्रकूट चलकर उस मंत्र का जाप कर जिसे जपने के कारण शिव कालकूट विष पीकर भी अजर-अमर हो गए॥ ४॥

राम नाम के जप रूपी यज्ञ का निरन्तर अनुष्ठान करते हुए और पयस्विनी नदी के पवित्र निर्मल जल में स्नान तथा पान करते हुए जीवन व्यतीत करो—श्रीराम प्रसन्न होकर तुम्हारे मन की कामना पूर्ण करेंगे तथा सुख-साधनों एवं पुरुषार्थ चतुष्टय (धर्मार्थ काम मोक्ष) की निरन्तर प्राप्ति होगी॥ ५॥

कामतानाथ पर्वत वह स्वर्ग के लिए चिन्तमणि एवं कल्पवृक्ष स्वरूप है, वह (कामदगिरि) पृथ्वी पर युगों युगों तक जगमगाता रहता है। तुलसीदासजी कहते हैं कि हे चित्त! तुम्हें यह भली भाँति समझ लेना चाहिए कि यह चित्रकूट तुम्हारे एक मात्र, बल, भरोसा तथा प्रीति की विश्वासमयी साक्षी है॥ ६॥

विशेष—गोस्वामी तुलसीदास के जीवन का एक महत्त्वपूर्ण भाग चित्रकूट में व्यतीत हुआ था और श्रीराम के दर्शन भी इन्हें यहीं हनुमानजी की कृपा से हुई थी। 'एक प्रतीति, प्रीति एकै बल' पद के माध्यम से कवि अपनी आत्मिक सन्निकटता इस क्षेत्र के प्रति व्यक्त करता है।

हनुमत-स्तुति

[२५]

जयत्यंजनी गर्भ अंभोधि संभूत विधु विबुध कुल कैरवानंदकारी।
केसरी चारु लोचन चकोरक सुखद लोकगन शोक संतापहारी॥ १॥
जयति जय बालकपि केलि कौतुक उदित चंडकर मंडल ग्रासकर्त्ता।
राहु रवि शक्र पवि गर्व खर्वीकरण शरण भंयहरण जय भुवन भर्त्ता॥ २॥
जयति रणधीर रघुवीरहित देवमणि रुद्र अवतार संसार पाता।
विप्र सुर सिद्ध मुनि आशिषाकारवपुष विमलगुण बुद्धि वारिधि विधाता॥ ३॥
जयति सुग्रीव ऋक्षादि रक्षण निपुण बालि बलशालि बध मुख्यहेतू।
जलधि लंघन सिंह सिंहिका मद मथन रजनिचर नगर उत्पात केतू॥ ४॥
जयति भूनन्दिनी शोच मोचन विपिन दलन घननादवश विगतशंका।
लूमलीलाऽनल ज्वालमालाकुलित होलिकाकरण लंकेश लंका॥ ५॥
जयति सौमित्रि रघुनंदनानंदकर ऋक्ष कपि कटक संघट विधायी।
बद्ध वारिधि सेतु अमर मंगल हेतु भानुकुलकेतु रण विजयदायी॥ ६॥
जयति जय वज्रतनु दशन नख मुख विकट चंड भुजदंड तरु शैल पानी।
समर तैलिक यंत्र तिल तमीचर निकर पेरि डारे सुभट घालि घानी॥ ७॥
जयति दशकंठ घटकर्ण वारिद नाद कदन कारन कालनेमि हंता।
अघटघटना सुघट सुघट विघटन विकट भूमि पाताल जल गगन गंता॥ ८॥
जयति विश्व विख्यात बानैत विरुदावली विदुष बरनत वेद विमल बानी।
दास तुलसी त्रास शमन सीतारमण संग शोभित राम राजधानी॥ ९॥

सन्दर्भ—कवि पूर्व परम्परा में ही हनुमान की स्तुति करता है। यह स्तुति स्तोत्र परम्परा के अन्तर्गत है।

अर्थ—विद्वत् समाज रूपी कुमोदनी समूह के लिए अंजनी के गर्भ रूपी समुद्र से उत्पन्न चन्द्र की भाँति हे हनुमानजी! सम्पूर्ण लोकों के शोक तथा सन्ताप को विनष्ट करने वाले केसरी कपि के सुन्दर नेत्रों के लिए चकोर की भाँति प्रिय! तुम्हारी जय हो॥ १॥

वाल्यावस्था ने कपि स्वभाव के कारण खेल-खेल में कौतुक वश निकलते हुए सूर्य का ग्रास करने वाले राहू, सूर्य, इन्द्र के वज्र के गर्व को चूर-चूर करने वाले, सम्पूर्ण भुवनों के स्वामी, शरणागत के भय को विनष्ट करने वाले हे हनुमानजी! आपकी जय हो॥ २॥

युद्धभूमि में धैर्य धारण करने वाले, श्रीराम के हित साधन में सदा तत्पर देवताओं में मणिस्वरूप, रुद्र के एकादश अवतार, संसार के रक्षक, ब्राह्मण, देवता, सिंहगण मुनि समूह के

आशीर्वाद की ठीक प्रतिपूर्ति निर्मल बुद्धि तथा गुणों के विधाता हे हनुमानजी! आपकी जय हो॥ ३॥

सुग्रीव, जामवन्तादि की रक्षा में अत्यधिक, निपुण बलशाली बालि के बध के मुख्य कारण, राक्षसों की नगरी लंका के उत्पाद के लिए केतु स्वरूप, समुद्र लंघन के समय सिंहिका के मर्दन के लिए सिंह स्वरूप हे हनुमानजी! आपकी जय हो॥ ४॥

पृथ्वी पुत्री सीता को शोकमुक्त करने वाले, रावण की वाटिका को उजाड़ने वाले तथा मेघनाद के वश में भी होकर लेशमात्र न भयभीत होने वाले, खेल-खेल में पूँछ में लगी अग्नि की ज्वाल माला से युक्त रावण की लंका को होली जैसे दग्ध करने वाले हे हनुमानजी! आपकी जय हो॥ ५॥

श्रीराम तथा लक्ष्मण के लिए आनन्द देने वाले, वानरों तथा भालुओं की सेना एकत्रित करके समुद्र का पुल बाँधने वाले तथा देवताओं का कल्याण करने वाले सूर्य कुल केतु श्रीराम को विजय दिलाने वाले हे हनुमानजी! आपकी जय हो॥ ६॥

शरीर, दाँत, नख, विकराल मुख वज्रवत है तथा प्रचंड भुज दण्ड वाले, पर्वतों तथा वृक्षों को हाथ से उठा लेने वाले। संग्राम रूपी कोल्हू में राक्षसों के समूह और बड़े-बड़े योद्धा रूपी तिलों को घानी में पेर डालने वाले हे हनुमानजी! आपकी जय हो॥ ७॥

रावण, कुंभकर्ण एवं मेघनाद का विनाश करने वाले, कालनेमि के हन्ता, असम्भव को सम्भव एवं सम्भव को असम्भव करने में समर्थ, भूमि, पाताल एवं आकाश में समान रूप से गमन करने वाले हे हनुमानजी! आपकी जय हो॥ ८॥

विश्व विख्यात वीरों का बाना धारण करने वाले, वेद तथा विद्वत्‌जन आपका विशुद्ध वाणी में गुणानुवाद करते हैं, भक्त तुलसीदास के त्रास को नष्ट करने वाले निरन्तर राम के साथ अयोध्या में निवास करने वाले हे हनुमानजी! आपकी जय हो॥ ९॥

[२६]

जयति मर्कटाधीश मृगराज विक्रम महादेव मुद मंगलालय कपाली।
मोह मद क्रोध कामादि खल संकुला घोर संसार निशि किरणमाली॥ १॥
जयति लसदंजनाऽदितिज कपि केसरी कश्यप प्रभव जगदार्त्तिहर्त्ता।
लोक लोकप कोक कोकनद शोकहर हंस हनुमान कल्याणकर्ता॥ २॥
जयति सुविशाल विकराल विग्रह वज्रसार सर्वांग भुजदण्ड भारी।
कुलिशनख दशनवर लसत बालधि बृहद वैरि शस्त्रास्त्रधर कुधरधारी॥ ३॥
जयति जानकी शोच संताप मोचन रामलक्ष्मणानंद वारिज विकासी।
कीश कौतुक केलि लूम लंका दहन दलन कानन तरुण तेजरासी॥ ४॥
जयति पाथोधि पाषाण जलयानकर यातुधान प्रचुर हर्ष हाता।
दुष्ट रावण कुंभकर्ण पाकारिजित मर्मभित् कर्म परिपाक दाता॥ ५॥
जयति भवनैकभूषण विभीषणवरद विहित कृत राम संग्राम साका।
पुष्पकारूढ़ सौमित्रि सीता सहित भानु कुलभानु कीरति पताका॥ ६॥

जयति पर यंत्रमंत्राभिचार ग्रसन कारमन कूट कृत्यादि हंता।
शाकिनी डाकिनी पूतना प्रेत वेताल भूत प्रमथ यूथ यंता॥ ७॥
जयति वेदान्तविद विविध विद्या विशद वेद वेदांगविद ब्रह्मवादी।
ज्ञान विज्ञान वैराग्य भाजन विभो विमल गुण गनति शुकनारदादी॥ ८॥
जयति काल गुण कर्म माया मथन निश्चलज्ञान व्रत सत्यरत धर्मचारी।
सिद्ध सुरवृंद योगींद्र सेवित सदा दास तुलसी प्रणत भय तमारी॥ ९॥

सन्दर्भ—इस पद में भी स्तोत्र शैली के माध्यम से हनुमांन की कृपाकांक्षा के लिए कवि स्तुति करता है।

अर्थ—वानरों के स्वामी सिंह के समान पराक्रमी, महादेव स्वरूप, आनन्द और मंगल के अधिष्ठान शिव के अवतार, मोह मद क्रोध कामादि खलों से संकुलित घोर संसार रूपी रात्रि के लिए सूर्य की भाँति हे हनुमानजी! आपकी जय हो॥ १॥

अंजना रूपी अदिति एवं कवि केशरी रूपी कश्यप से उत्पन्न संसार के क्लेशों को दूर करने वाले लोकों के लोकपाल रूपी चक्रवाक एवं कमाल के शोक को दूर करने वाले सूर्यवत् हे कल्याणकर्ता हे हनुमानजी! आपकी जय हो॥ २॥

विशाल तथा विकराल विग्रह युक्त, वज्रवत् सम्पूर्ण शरीर को धारण करने वाले विशाल भुजदण्डों से युक्त आपके दाँत तथा नख वज्र की भाँति शोभित हैं, वृहत् पूँछ वाले तथा बैरियों के अस्त्र-शस्त्रादि को विनष्ट करने वाले हे हनुमानजी! आपकी जय हो॥ ३॥

सीता के शोक एवं सन्ताप को विनष्ट करने वाले, राम तथा लक्ष्मण के आनन्द-रूपी कमल को विकसित करने वाले, वानर कौतुक वश खेल-खेल में पूँछ से लंका को जलाने वाले, लंकाविध्वंस करने वाले सूर्य की भाँति तेजोमय हे हनुमानजी! तुम्हारी जय हो॥ ४॥

समुद्र पर पत्थरों को जलयान बना देने वाले, राक्षसों के हर्षातिरेक के विध्वंसक इन्द्र के शत्रु रावण, कुंभकर्णादि के मर्मस्थल को विद्ध करने वाले और उनके कुकर्मों का फल देने वाले हे हनुमानजी! तुम्हारी जय हो॥ ५॥

भुवनों में एकमात्र अलंकरण स्वरूप, विभीषण के लिए वरदान स्वरूप, श्रीराम के साथ युद्ध में श्रेष्ठ कर्म करने वाले, लक्ष्मण तथा श्रीराम के साथ पुष्पक विमान पर विराजमान सूर्यवंश के सूर्य की श्रीराम की कीर्ति रूपी ध्वज के रूप में स्थित हे हनुमानजी! तुम्हारी जय हो॥ ६॥

शत्रुओं द्वारा किए गए यंत्र, मंत्र, तंत्रादि प्रयोगों को नष्ट करने वाले, कृत्यादि देवियों के विनाशक एवं मारण प्रयोगों को ध्वस्त करने वाले, शाकिनी, डाकिनी पूतना, प्रेत, पिशाच, वेताल, भूत एवं प्रमथ गणों की सेनाओं के शासक (जंता) हे हनुमानजी! तुम्हारी जय हो॥ ७॥

वेदान्त ज्ञाता, विशद विद्याओं के ज्ञाता, ब्रह्मवादी तथा वेद एवं वेदांगों के ज्ञाता, ज्ञान, विज्ञान एवं वैराग्य के सक्षात्र, सर्वज्ञ, विमल गुणों के स्वामी, नारदादि ऋषियों एवं देवताओं के द्वारा गुणगान किए जाने वाले हे हनुमानजी! तुम्हारी जय हो॥ ८॥

काल, गुण एवं कर्म की माया को नष्ट करने वाले, निश्चल ज्ञान के व्रती, सत्यनिष्ठ, धर्माचरण करने वाले, निरन्तर सिद्धों, देव समूहों तथा श्रेष्ठ योगियों द्वारा सेवित, भक्त

तुलसीदास के भवभय रूपी अधंकार को सूर्य की भाँति करने वाले एवं उनसे प्रणत हे हनुमानजी! तुम्हारी जय हो॥ ९॥

[२७]

जयति मंगलागार संसारभारापहर वानराकारविग्रह पुरारी।
राम रोषानल ज्वालमाला मिष ध्वांतचर सलभ संहारकारी॥ १॥
जयति मरुदंजनामोद मंदिर नतग्रीव सुग्रीव दुःखैकबंधो।
यातुधानोद्धत कुद्ध कालग्निहर सिद्ध सुर सज्जनानंद सिंधो॥ २॥
जयति रुद्राग्रणी विश्व वंद्याग्रणी विश्वविख्यात भट चक्रवर्ती।
सामगाताग्रणी कामजेताग्रणी रामहित रामभक्तानुवर्ती॥ ३॥
जयति संग्रामजय रामसंदेसहर कौशला कुशल कल्याणभाषी।
राम विरहार्क संतप्त भरतादि नरनारि शीतलकरण कल्पशाषी॥ ४॥
जयति सिंहासनासीन सीतारमण निरखि निर्भरहरष नृत्यकारी।
राम संभ्राज शोभा सहित सर्वदा तुलसिमानस रामपुर विहारी॥ ५॥

अर्थ—संसार के भार को हरण करने वाले, मंगल के केन्द्र, हे वानराकार शिव के विग्रह रूप, राम की क्रोधाग्नि की ज्वाल माला के बहाने निशाचर रूपी शलभ समूहों के संहारकर्त्ता हे हनुमान! तुम्हारी जय हो॥ १॥

वायुदेवता तथा अंजना के आनन्द धाम, निराश (नत-ग्रीव) तथा दुखी सुग्रीव के एक मात्र साथी, उद्धत स्वभाव वाले राक्षसों की क्रोध कालाग्नि का हरण करने वाले, सिद्ध, देवताओं, सज्जनों के आनन्द सिन्धु हे हनुमान! तुम्हारी जय हो॥ २॥

समस्त रुद्रगणों में अग्रगण्य, विश्व भर के विद्वानों में अग्रगण्य, विश्व भर में विख्यात योद्धाओं के चक्रवर्ती सम्राट साम गायकों में अग्रगण्य, काम देवता पर विजय प्राप्त करने वालों में अग्रगण्य, श्रीराम के हितकारी तथा रामभक्तों के रक्षक तुम्हारी जय हो॥ ३॥

श्रीराम के संदेश के प्रतिपालक, संग्राम विजयी, कल्याणकारी अयोध्या के कुशल क्षेत्र के सूचक, श्रीराम के विरह ताप से संतप्त भरत तथा अयोध्या के नरनारी आदि को शीतल करने वाले कल्पवृक्ष की छाया की भाँति हे हनुमान! तुम्हारी जय हो॥ ४॥

राज्य सिंहासनासीन श्रीराम को देखकर आनन्द की पूरित निरन्तर आनंद विह्वल, गोस्वामी तुलसीदास के रामपुर में विहार करने वाले, निरन्तर राम के साथ शोभा सहित विराजमान हे हनुमान! तुम्हारी जय हो॥ ५॥

[२८]

जयति बाल संजात विख्यात विक्रम वृहद्बाहु बल बिपुल बालधि विसाला।
जयति रूपाचलाकार विग्रह लसत लोभ विधुल्लता ज्वालमाला॥ १॥
जयति बार्लाक वर बदन पिंगल नयन कपिस कर्कस जटाजूटधारी।
विकट भृकुटी बज्र दसन नख बैरि मदमत्त कुंजर पुंज कुंजरारी॥ २॥
जयति भीमार्जुन व्यालसूदन गर्वहर धनंजय रथ त्राण केतू।
भीष्म द्रोणादि कर्णादि पालित कालहृक सुजोधन चमू निधन हेतू॥ ३॥

जयति गतराजदातार हंतार संसार संकट दनुज दर्पहारी।
जयति अतिभीति ग्रहप्रेत चौरानल व्याधि बाधा शमन घोर मारी॥ ४॥
जयति निगमागम व्याकरन करनलिपि काव्य कौतुक कला कोटि संधो।
साम गायक भक्त काम दायक वामदेव श्रीराम प्रिय प्रेम बन्धो॥ ५॥
जयति धर्मांसु संदग्ध संपाति तव पच्छ लोचन दिव्य देहदाता।
काल कलि पाप संताप संकुल सदा प्रनत तुलसीदास तात माता॥ ६॥

अर्थ—वाल्यावस्था में ही विख्यात पराक्रम, वृहत् वाहु, विपुल बल तथा विशाल पूँछ से युक्त हे हनुमान! तुम्हारी जय हो॥ पर्वताकार स्वरूप तथा विग्रहों एवं विद्युत लता तथा ज्वालमाला की भाँति स्वर्णिम रोयों से शोभित हे हनुमान! तुम्हारी जय हो॥ १॥

उचित होते हुए सूर्य सदृश मुखवाले, पिंगल नयन, भूरे रंग की घूसरित कठोर जटा समूह धारी, टेढ़ी भौंहों वाले, मदमत्त शत्रुओं को ब्रजवत् नख तथा दाँतों से विनष्ट करने वाले शत्रु रूपी हस्ति समूहों के लिए सिंहवत् हे हनुमान! तुम्हारी जय हो॥ २॥

भीम, अर्जुन तथा गरुण के गर्व को नष्ट करने वाले, अर्जुन के रथ की पताका पर स्थित उनके रक्षक, भीष्म, द्रोणाचार्य, कर्णादि से रक्षित दुर्योधन की सेना के विनाश के हेतु हे हनुमान! तुम्हारी जय हो॥ ३॥

सुग्रीव के छिने हुए राज्य को दिलाने वाले, राक्षसों के दर्प को चूर्ण करके संसार के संकटों को दूर करने वाले, हे हनुमान! तुम्हारी जय हो। ईति, भीति, ग्रहादि, प्रेतादि, चौर के लिए अग्नि सदृश तथा व्याधि रूपी बाधाओं एवं महामारियों को शान्त करने वाले हे हनुमान! तुम्हारी जय हो॥ ४॥

निगम आगम एवं व्याकरण विद्या के लिपिबद्ध कर्त्ता, काव्य की समग्र विशिष्टिताओं एवं कलाओं के विपुल समुद्र, सामवेद के गायक, भक्तों की कामनाओं के पूरक, शिवरूप, श्रीराम के प्रिय प्रेम बन्धु हे हनुमान! तुम्हारी जय हो॥ ५॥

दाहक सूर्य की किरणों से दग्ध सम्पाति नामक गिद्ध को नवीन पंख, नेत्र तथा दिव्य शरीर दिलाने वाले, कलि के संतापों से परिपूर्ण तथा तुलसीदास द्वारा निरन्तर प्रणत उनके माता-पिता स्वरूप हे हनुमान! तुम्हारी जय हो॥ ६॥

[२९]

जयति निर्भरानंद संदोह कपिकेसरी केसरी सुवन भुवनैकभर्त्ता।
दिव्यभूम्यंजना मंजुलाकर मणे भक्त संताप चिंतापहर्त्ता॥ १॥
जयति धर्मार्थ कामापवर्गद विभो ब्रह्मलोकादि वैभव विरागी।
बचन मानस कर्म सत्य धर्मव्रती जानकीनाथ चरणानुरागी॥ २॥
जयति बिहगेश बलबुद्धि बेगाति मद मथन मनमथ मथन ऊर्ध्वरेता।
महानाटक निपुन कोटि कविकुल तिलक गानगुण गर्व गंधर्व जेता॥ ३॥
जयति मंदोदरी केश कर्षण विद्यमान दशकंठ भट मुकुट मानी।
भूमिजा दुःख संजात रोषांतकृत जातनाजंतु कृत जातुधानी॥ ४॥

जयति रामायण श्रवण संजात रोमांच लोचन सजल शिथिल वाणी।
रामपदपद्म मकरंद मधुकर पाहि दास तुलसी शरण शूलपाणी॥ ५॥

अर्थ—पूर्ण आनन्दराशि, केशरी-पुत्र एवं कपियों सिंह सदृश, सम्पूर्ण भुवनों के स्वामी, अंजना रूपी दिव्य भूमि से निःसृत मंजुलमणि स्वरूप, भक्तों के संताप तथा उनकी चिन्ताओं को हरण करने वाले हे हनुमान! तुम्हारी जय हो॥ १॥

धर्म, अर्थ, काम, मोक्ष के दाता, ब्रह्मलोक के भी वैभव से विरक्त, मनसा, वाचा कर्मवाणा सत्य व्रत के पालन करने वाले, श्रीराम के चरणों में अनुरक्त हे हनुमान! तुम्हारी जय हो॥ २॥

गरुण की बुद्धि, उनके बल तथा अति वेग के गर्व को चूर्ण करने वाले, कामदेवता के विनाशक तथा उर्ध्वरेता ब्रह्मचारी, कोटि-कोटि कवि समूहों के तिलक स्वरूप महानाटक नामक काव्यग्रंथ के प्रणयिता तथा गीति विद्या के ज्ञान से गर्वित गन्धर्वों को विजित करने वाले हे हनुमान! तुम्हारी जय हो॥ ३॥

अत्यन्त अभिमानी, योद्धाओं में श्रेष्ठ (मुकुट की भाँति) रावण की उपस्थिति में उसकी पत्नी मंदोदरी के केश को पकड़कर घसीटने वाले, सीता के दुःख को देखकर उत्पन्न क्रोध के वशीभूत होकर यम द्वारा जीवों को दी जाने वाली कारुणिक यातनाओं सदृश राक्षसियों को पीड़ित करने वाले हे हनुमान! तुम्हारी जय हो॥ ४॥

रामायण के श्रवण से उत्पन्न रोमांच से अक्षुपूरित नेत्र एवं शिथिल वाणी वाले, निरन्तर श्रीराम के चरण कमल के पराग पान करने वाले भ्रमर सदृश, त्रिशूलपाणि शिव रूप तुम्हारी शरण में भक्त तुलसी रक्षा करो रक्षा करो—स्मरण करता रहता है, हे हनुमान! तुम्हागी जय हो॥ ५॥

[३०]

जाके गति है हनुमान की।
ताकी पैज पूजि आई यह रेखा कुलिस पषानकी॥ १॥
अघटित घटन सुघट बिघटन ऐसी बिरुदावलि नहिं आनकी।
सुमिरत संकट सोच बिमोचन मूरति मोद निधानकी॥ २॥
तापर सानुकूल गिरिजा हर लषन राम अरु जानकी।
तुलसी कपिकी कृपा बिलोकनि खानि सकल कल्यान की॥ ३॥

अर्थ—हनुमान के प्रति जिसकी एकमात्र शरणागति है, उसकी सम्पूर्ण प्रतिज्ञाएँ (याचनाएँ, मनौतियाँ) पूर्ण हो जाती हैं—यह पाषाण पर वज्ररेखा की भाँति अमिट एवं अचल सत्य है॥ १॥

संकट तथा चिन्ता को नष्ट करने वाले आनन्दधाम की मूर्ति हनुमान का स्मरण करते ही, न होने वाले कार्य पूर्ण हो जाते हैं और उनके रुष्ट होने से भली भाँति पूर्ण कार्य विनष्ट हो जाते हैं—ऐसा! और किसी का नहीं है॥ २॥

उस व्यक्ति पर पार्वती, शिव, श्रीराम, जानकी तथा लक्ष्मण निरन्तर कृपा दृष्टि रखते हैं जिस पर सम्पूर्ण कल्याण की राशि कार्य श्रेष्ठ हनुमान की कृपा ही है॥ ३॥

राग गौरी

[३१]

ताकिहै तमकि ताकी ओर को।
जाको है सब भाँति भरोसो कपि केसरी किसोर को॥ १॥
जन रंजन अरिगन गंजन मुख भंजन खल बरजोर को।
बेद पुरान प्रगट पुरुषारथ सकल सुभट सिरमोर को॥ २॥
उथपे थपन थपे उथपन पन बिबुधबृंद बँदिछोर को।
जलधि लाँघि दहि लंक प्रबल बल दलन निसाचर घोर को॥ ३॥
जाको बालबिनोद समुझि जिय डरत दिवाकर भोर को।
जाकी चिबुक चोट चूरन किय रद मद कुलिस कठोर को॥ ४॥
लोकपाल अनुकूल बिलोकिबो चहत बिलोचन कोर को।
सदा अभय जय मुद मंगलमय जो सेवक रनजोर को॥ ५॥
भक्त कामतरु नाम राम परिपूरन चन्द चकोर को।
तुलसी फल चारों कर तल जग गावत गई बहोर को॥ ६॥

अर्थ—जिस व्यक्ति को केशरी नन्दन कपिश्रेष्ठ हनुमान का प्रत्येक रूप से भरोसा है, उसकी ओर क्रोध भरी कुदृष्टि से और कौन देख सकता है॥ १॥

धृष्ट खलों के मुख को चूर्ण करने वाले, शत्रुगणों को विनष्ट करने वाले तथा भक्तों के लिए आनन्ददायक, जिसका पुरुषार्थ वेद तथा पुराणों में अभिव्यक्त है और जो सम्पूर्ण योद्धओं में अग्रगण्य है॥ २॥

सन्तुष्ट हो जाने पर अस्थापित को स्थापित करने वाला तथा असन्तुष्ट हो जाने पर स्थापित को विस्थापित करने वाला अनेकानेक देवताओं को बन्दीगृह से छुड़ाने वाले तथा समुद्र लाँघ करके, लंका का दहन करके जिसने अत्यन्त बलशाली एवं भयंकर राक्षसों का दमन किया है॥ ३॥

जिसके बाल विनोद का स्मरण करके प्रात:कालीन सूर्य भयभीत हो उठते हैं। जिसकी ठोढी की चोट ने इन्द्र के कठोर वज्र के दाँतों को खट्टे कर दिए॥ ४॥

लोकपाल भी जिस वीर हनुमान की स्वानुकूल कृपा कटाक्ष की आकांक्षा चाहता है उस राम के सेवक की सेवा करने वाला सदा अभय है, उसकी सदैव विजय है और सदैव उसके लिए आनन्द-ही-आनन्द है॥ ५॥

श्रीराम के मुख रूपी पूर्ण चन्द्र के चकोर श्री हनुमानजी का नाम भक्तों के लिए कल्पतरु की भाँति है। तुलसीदासजी कहते हैं कि विस्थापित को पुन: स्थापित करने वाले हनुमानजी के यश का जो गान करता है, उसकी हथेली पर (हाथों में) अर्थ, धर्म, काम, मोक्ष रूपी चारों फल वर्तमान रहते हैं॥ ६॥

राम बिलावल

[३२]

ऐसी तोहि न बूझिये हनुमान हठीले।
साहेब कहूँ न रामसे तोसे न उसीले॥ १॥
तेरे देखत सिंहके सिसु मेंढक लीले।
जानत हौं कलि तेरेऊ मन गुनगन कीले॥ २॥
हाँक सुनत दसकंधके भये बंधन ढीले।
सो बल गयो किधौं भये अब गरब गहीले॥ ३॥
सेवक को परदा फटे तू समरथ सीले।
अधिक आपुते आपुनो सुनि मान सही ले॥ ४॥
साँसति तुलसीदासकी सुनि सुजस तुही ले।
तिहुँकाल तिनको भलौ जे राम रँगीले॥ ५॥

अर्थ—हे हठीले हनुमान तुझे ऐसा तो नहीं करना चाहिए था। न तो सम्पूर्ण लोकों में श्रीराम सदृश कोई स्वामी है और न तुम्हारे समान कोई सेवक॥ १॥

यह कैसा समय आ गया है कि तुम्हारे देखते हुए भी आप जैसे सिंह के शिशु (तुलसीदास) को कलिकाल रूपी मेढ़क निगल रहा है। ऐसा जान पड़ता है, उस कलिकाल ने मानो तुम्हारे मन और गुणों को मंत्रों से कीलित कर दिया है॥ २॥

जिसकी हाँक सुनते ही रावण जैसे योद्धा के भय से अंग-प्रत्यंग ढीले हो जाते थे, वह बल अब कहाँ गया, लगता है, गर्व से गर्वित होने के कारण (अहंभाव से पीड़ित होने के कारण) अब वह बल स्खलित हो गया है॥ ३॥

हे सामर्थ्यवान हनुमान इस सेवक की मर्यादा का पर्दा फट गया है, तू उसे पुनः सिल दे, तुम्हारा यह स्वभाव था कि अपने से अधिक सेवक की सुनता, मानता तथा सहता था। ४॥

तुलसीदास की यातना को सुनकर तुम्हीं सेवक के स्वामी होने का सुयश (अपयश) प्राप्त कर ले—अर्थात् उसे शीघ्र दूर कर अन्यथा अपयश होगा, क्योंकि यह स्वीकार किया गया है कि तीनों कालों में उन्हीं का कल्याण हुआ है जो राम के भक्त रहे हैं॥ ५॥

[३३]

समरथ सुअन समीर के रघुबीर पियारे।
मोपर कीबी तोहि जो करि लेहि भियारे॥ १॥
तेरी महिमा ते चलै चिंचिनी चिया रे।
अँधियारो मेरी बार क्यों त्रिभुवन उजियारे॥ २॥
केहिं करनी जन जानिकै सनमानि किया रे।
केहिं अघ औगुन अपनो कर डारि दिया रे॥ ३॥
खाई खोंची माँगि मै तेरो नाम लिया रे।
तेरे बल बलि आजु त्लौं जग जाति जिया रे॥ ४॥

जो तोसों होतो फिरौं मेरे हेतु हिया रे।
तौं क्यों बदन देखावतो कहि बचन इया रे॥ ५॥
तोसों ग्यान निधान को सर्वग्य बिया रे।
हौं समुझत साईं द्रोह की गति छार छिया रे॥ ६॥
तेरे स्वामी राम से स्वामिनी सिया रे।
तहँ तुलसी के कौन को काको तकिया रे॥ ७॥

अर्थ—हे समर्थवान वायु पुत्र! हे श्रीराम प्रिय हनुमान!! मुझ पर जो भी कृपाभाव प्रकट करना है, हे भाई! तू कर ले॥ १॥

सुना है तुम्हारे प्रताप से इमली के चियाँ (बीज) भी सिक्के की भाँति चलते हैं, हे त्रिलोक को दीप्त करने वाले हनुमानजी मेरे असमय आने पर अब अँधेरा क्यों है॥ २॥

आपने पहले मेरे जिन कर्मों के कारण सम्मान किया था अब किन पाप कर्मों एवं अवगुणों के कारण मुझे एक बार अपना कर दूर कर दिया है॥ ३॥

तेरे नाम लेकर मैंने भिक्षा (खोंची) माँग कर पेट पाला। मैं तुझ पर बलि जाता हूँ, तुम्हारी शक्ति के ही भरोसे इस संसार में मैं जीवन जी रहा हूँ॥ ४॥

यदि मैं तुझसे विमुख होता तो मेरा हृदय उसका हेतु (साक्षी) बनता तो मैं इस प्रकार (इया) के वचनों को कहकर क्यों तुम्हारे समक्ष मुख दिखाता॥ ५॥

तुम्हारे अतिरिक्त (बिया) और कौन सर्वज्ञ तथा ज्ञान भंडार है और मैं भली भाँति समझता हूँ कि स्वामी द्रोह की गति तिरस्कार (छिया—छीः छीः) और विनाश (छारः ध्वंस) की होती है॥ ६॥

तुम्हारे स्वामी श्रीराम एवं स्वामिनी सीता हैं, उनके पास तक पहुँचाने के लिए हे हनुमान! तुलसी के पास तुम्हारे अतिरिक्त और कौन अवलम्ब (तकिया) है॥ ७॥

[३४]

अति आरत अति स्वारथी अति दीन दुखारी।
इनको बिलगु न मानिये बोलहिं न बिचारी॥ १॥
लोक रीति देखी सुनी व्याकुल नर नारी।
अति बरषे अनबरषेहूँ देहिं दैवहिं गारी॥ २॥
नाकहि आये नाथसों साँसति भय भारी।
कहि आयो कीबी छमा निज ओर निहारी॥ ३॥
समै साँकरे सुमिरिये समरथ हितकारी।
सो सब बिधि ऊबर करै अपराध बिसारी॥ ४॥
बिगरी सेवक की सदा साहेबहिं सुधारी।
तुलसीपर तेरी कृपा निरुपाधि निरारी॥ ५॥

अर्थ—आर्त्तजन, अत्यन्त स्वारथी प्राणी एवं अत्यन्त दीन-दुखी व्यक्ति की बातों को अन्यथा (विलग) नहीं मानना चाहिए क्योंकि ये सोच-विचारकर नहीं बात किया करते॥ १॥

लोक रीति को भली-भाँति देखा-सुना है—अतिवृष्टि एवं अनावृष्टि से व्याकुल लोकजन अत्यन्त वर्षा एवं अवर्षा दोनों स्थितियों में दैव को दुर्वचन कहा करते हैं॥ २॥

नाक में आई हुई नाथ (बैल आदि की नाक में नाथी जाने वाली पतली डोरी) सदृश इस कलिकाल द्वारा पूर्णत: विवश कर दिए जाने पर मेरी बड़ी फज़ीहत हो रही है। अब मेरी ओर देखकर जो कह आया उसके लिए क्षमा करके कृपा करें॥ ३॥

संकट के समय सदैव समर्थवान हितैषी का स्मरण करना चाहिए जो पुराने सम्पूर्ण अपराधों को भुलाकर हर तरह से विपत्ति से छुटकारा (ऊबर करै) करा दे॥ ४॥

अपने दास की भूल सदैव स्वामी द्वारा ही सुधारी जाती है, क्योंकि तुलसीदास पर आपकी कृपा सदैव अहैतुकी एवं विलक्षण भाव की रही है॥ ५॥

[३५]

कटु कहिये गाढ परे सुनि समुझि गोसाई।
करहिं अनभलेहुँ को भलो आपनी भलाई॥ १॥
समरथ सुभ जो पाइये वीर पीर पराई।
ताहि तकैं सब ज्यों नदी बारिधि न बुलाई॥ २॥
अपने अपने को भलो चहैं लोग लुगाई।
भावै जौ जिहि तिहि भजै सुभ असुभ सगाई॥ ३॥
बाह बोलि दै थापिये जो निज बरिआई।
बिन सेवा सों पालिये सेवक की नाई॥ ४॥
चूक चपलता मेरियै तू बड़ो बड़ाई।
होत आदरै ढीठ है अति नीच निचाई॥ ५॥
बंदिछोर विरुदावली निगमागम गाई।
नीको तुलसीदास को तेरिये निकाई॥ ६॥

अर्थ—संकट पड़ने पर कटु वाणी बोल दी जाती है, किन्तु स्वामी उसमें अपना ही भला समझकर तथा सुनकर अनभले के स्थान पर सेवक का भला ही करते हैं॥ १॥

सवर्था समर्थवान, कल्याणदायक, पराक्रमी तथा दूसरे की पीड़ा समझने वाले स्वामी को सभी आशा भरी निगाहों से उसी प्रकार देखते (तकैं) जैसे बिना बुलाए नदियाँ समुद्र की ओर दृष्टि रखती हैं॥ २॥

सभी स्त्री-पुरुष अपनी भलाई चाहते हैं और इसीलिए अपने शुभ-अशुभ सम्बन्धों के आधार पर जिसे जो अच्छा लगता है, उसी देवता का भजन करता है॥ ३॥

अपनी जबरदस्ती जिसे घोषित करके (बाँह बोलि दै) स्थापित (थापियै) कर दिया है—उस सेवक का पालन यदि उसके द्वारा सेवा न की जा सके तो भी, सेवक की भाँति करनी चाहिए॥ ४॥

मैं सेवक हूँ और सारी गलती एवं चंचलता मेरी ही है—और आप स्वामी हैं, और यही आपका बड़प्पन है—अत्यन्त तुच्छ सेवक के तुच्छ कर्म उसकी घृष्टता इसलिए भी बढ़ जाती है कि स्वामी उसकी तुच्छता का ध्यान न करके आदर देता है॥ ५॥

निगमं तथा आगमों द्वारा आपकी विरुदावली सदैव यही गाई गई है कि आप बन्दियों को छुड़ाने वाले हैं, आपकी विरुदावली में गाई जाती हुई आपकी यह अच्छाई तुलसीदास के लिए स्वत: अच्छी है क्योंकि आप स्वभावत: मेरे बन्धनों को छुड़ाने के लिए अपनी विरुदावली के अनुसार आचरण करेंगे॥ ६॥

[३६]

मंगल मूरति मारुत नंदन। सकल अमंगल मूल निकंदन॥ १॥
पवनतनय संतन हितकारी। हृदय बिराजत अवध बिहारी॥ २॥
मातु पिता गुरु गनपति सारद। सिवा समेत संभु सुक नारद॥ ३॥
चरन बंदि बिनवौं सब काहू। देहु रामपद नेह निबाहू॥ ४॥
बंदौं राम लखन बैदेही। जे तुलसी के परम सनेही॥ ५॥

अर्थ—सम्पूर्ण अशुभों को समूल नष्ट कर देने वाले हे वायु पुत्र हनुमान! आप सम्पूर्ण कल्याण की मूर्ति हैं॥ १॥

जिसके हृदय में श्रीराम का निवास है, हे वायु पुत्र हनुमान! आप महात्माओं के हितैषी हैं॥ २॥

माता-पिता, गुरु, गणेश, सरस्वती, पार्वती सहित शिव, शुकदेव, नारद मैं आप सबके चरणों की वन्दना करता हूँ—आप श्रीराम के चरणों में स्नेह निर्वाह का आशीर्वाद दें॥ ३-४॥

तुलसीदास कहते हैं कि अन्तत: मैं उन श्रीराम लखन सीता की वन्दना करता हूँ जो मेरे परम प्रिय एवं सर्वस्व हैं॥ ५॥

लक्ष्मण स्तुति

[३७]

लाल लाड़िले लखन हित हौ जनके।
सुमिरे संकटहारी सकल सुमंगलकारी
पालक कृपालु अपने पनके॥ १॥
धरनी धरनहार भंजन भुवनभार
अवतार साहसी सहस फन के।
सत्य संघ सत्यव्रत परम धरम रत
निरमल करम बचन अरु मन के॥ २॥
रूप के निधान धनुबान पानि तून कोटि।
महावीर विदित जितैया बड़े रन के।
सेवक सुखदायक सबल सब लायक
गायक जानकीनाथ गुन गन के॥ ३॥
भावते भरत के सुमित्रा सीता के दुलारे
चातक चतुर रामस्याम धन के।
वल्लभ उर्मिला के सुलभ सनेहबस
धनीधन तुलसी से निरधन के॥ ४॥

अर्थ—हे प्यारे लखन लाल! श्रीराम भक्तों के आप हितैषी हैं। स्मरण करते ही उनके सम्पूर्ण संकटों को दूर करके सम्पूर्णतः कल्याणकारी कर देते हैं। हे कृपालु लक्ष्मणजी! आप अपनी प्रतिज्ञा के पालनकर्त्ता हैं॥ १॥

पृथ्वी को धारण करने वाले एवं ब्रह्माण्ड के भार को नष्ट करने वाले आप महान पराक्रमी शेष के अवतार हैं। आप सत्यसंघ, सत्यव्रती एवं परमधर्म में संलग्न रहते हैं, यही नहीं, आप मन, वाणी एवं कर्म तीनों से नितान्त निर्मल हैं॥ २॥

सौन्दर्य की राशि, हाथ में धनुष-वाण, कटि प्रदेश में तरकस धारण किए हे महावीर लक्ष्मण! तुम भयंकर युद्धों के विजेता हो। सर्वथा सभी प्रकार से समर्थ भक्तों को सुख देने वाले आप श्रीराम के गुणों के गायक हैं॥ ३॥

सुमित्रा सीता के नितान्त प्रिय, भरत के लिए काम्य, श्रीराम रूपी घनश्याम के लिए चतुर तृषित चातकवत्, उर्मिला के पति एवं भक्तों के लिए उनकी सहज स्नेहकांक्षा पर सुलभ तुलसीदास जैसे अकिंचन भक्तों के सर्वस्व सम्पत्ति हो॥ ४॥

[३८]

जयति
लक्ष्मणानंत भगवंत भूधर भुजग
राज भुवनेश भूभारहारी।
प्रलय पावक महाज्वालमाला वमन
शमन संताप लीलावतारी॥ १॥
जयति दाशरथि समर समरथ सुमित्रा
सुवन शत्रुसूदन राम भरत बंधो।
चारु चंपक वरन वसन भूषन धरन
दिव्यतर भव्य लावण्य सिंधो॥ २॥
जयति गाधेय गौतम जनक सुख जनक
विश्व कंटक कुटिल कोटि हंता।
वचन चय चातुरी परशुधर गरबहर
सर्वदा रामभद्रानुगंता॥ ३॥
जयति सीतेश सेवासरस बिषयरस
निरस निरुपाधि धुरधर्मधारी।
विपुलबलमूल शार्दूलविक्रम जलद
नाद मर्दन महावीर भारी॥ ४॥
जयति संग्राम सागर भयंकर तरन
रामहित करण वरबाहु सेतू।
उर्मिला रवन कल्याण मंगल भवन
दासतुलसी दोष दवन हेतू॥ ५॥

अर्थ—भुवनों के स्वामी तथा अनन्त पर्वतों एवं ऐश्वर्यों को धारण करने वाली पृथ्वी के भार को दूर करने वाले शेषनाग रूप, प्रलयंकारी, अग्नि की महाज्वाल मालाओं का वमन करने वाले, भक्तों के कष्टों के निवारक हे लीलावतारी लक्ष्मणजी! आपकी जय हो॥ १॥

युद्धभूमि में सर्वथा समर्थवान, सुमित्रा पुत्र, शत्रु हन्ता, श्रीराम तथा भरत के प्रिय बन्धु, चंपक की भाँति सुन्दर वर्ण से युक्त, वसन भूषणादि धारण करने वाले दिव्य श्रेष्ठ, भव्य सौन्दर्य समुद्र हे दशरथ पुत्र लक्ष्मण! तुम्हारी जय हो॥ २॥

मुनि विश्वामित्र, गौतम ऋषि एवं जनक को आनन्द देने वाले विश्व जनों के लिए आसन्न कोटि तीक्ष्ण कष्ट-कंटकों के लिए निवारक अपने वचन की चातुरी द्वारा परशुराम के गर्व को नष्ट करने वाले, और सदैव श्रीरामचन्द्र के अनन्य अनुगामी हे लक्ष्मण! आपकी जय हो॥ ३॥

श्रीराम की सेवा में निरन्तर अनुरक्त, विषय वासनाओं से विरक्त उपाधि रहित, धर्म की धुरी धारण करने वाले, अनन्त शक्ति के स्रोत सिंहवत् पराक्रमी, मेघनाद का मर्दन करने वाले, अत्यन्त शक्ति सम्पन्न हे लक्ष्मणजी! आपकी जय हो॥ ४॥

भयंकर युद्ध रूपी समुद्र को पार कर जाने वाले, श्रीराम के हितों के लिए जिसकी पराक्रमी भुजाएँ सेतु हैं, उर्मिला के पति, कल्याण तथा शुभ के हेतु, तुलसीदास की सम्पूर्ण पापराशि के दमनकर्त्ता हे लक्ष्मणजी! आपकी जय हो॥ ५॥

भरत-स्तुति

[३९]

जयति भूमिजा रमन पद कंज मकरंद रस
रसिक मधुकर भरत भूरिभागी।
भुवन भूषन भानुवंस भूषन भूमिपाल
-मनि रामचन्द्रानुरागी॥ १॥
जयति बिबुधेस धनादादि दुर्लभ महा
राज संम्राज सुखपद्र विरागी।
खड्गधाराव्रती प्रथमरेखा प्रगट
सुद्धमति जुवति पति प्रेम पागी॥ २॥
जयति निरुपाधि भक्तिभाव जंत्रित हृदय
बन्धुहित चित्रकूटादि चारी।
पादुका नृप सचिव पुहुमि पालक परम
धरमधुरधीर बर बीर मारी॥ ३॥
जयति संजीवनी समय संकट हनुमान
धनुवान महिमा बखानी।
बाहुबल विपुल परिमिति पराक्रम अतुल
गूढगति जानकी जानि जानी॥ ४॥

जयति रन अजिर गंधर्व गन गर्वहर
फिर किए रामगुन गाता।
मांडवी चित्त चातक नवाम्बुद बरन
सरन तुलसीदास अभय दाता॥ ५॥

अर्थ—श्रीराम के पद कमल के पराग रस के रसिक मधुकर तथा अत्यन्त भाग्यशाली भुवनों में भूषण एवं भानुकुल भूषण महिपतियों में मणिस्वरूप श्रीरामचन्द्र में अनुरक्त भरत की जय हो॥ १॥

देवराज इन्द्र एवं कुबेर के लिए भी दुर्लभ सुख प्रद साम्राज्य के भोगों के प्रति विरक्त खड्ंगधारा सदृश तीक्ष्ण व्रत धारण करने वाले व्रतियों की प्रथम पंक्ति में आने वाले श्रीराम रूपी पति के प्रेम में पगी निर्मल युवती रूप जिसकी मति है, हे भरत! तुम्हारी जय हो॥ २॥

निरुपाधि भक्तिभाव से जिसका हृदय यंत्रित है, और जिसने मातृत्व प्रेम से प्रेरित होकर चित्रकूट पर्वत का विचरण किया, श्रीराम की चरणपादुका का मंत्री बनकर पृथ्वी का परिपालन करने वाले, श्रेष्ठ धर्मानुयायी, धैर्यशाली, अत्यन्त पराक्रमी हे भरत! आपकी जय हो॥ ३॥

संजीवनी बूटी लाते समय संकटग्रस्त हनुमान ने भी जिसके धनुष पर स्थित बाण की महिमा का गान किया है, ऐसे अत्यन्त शक्ति सम्पन्न बाहुबलशील, अनुपम पराक्रम शील, जिसके गूढ़ प्रेम को केवल सीतारमण श्रीराम ने ही समझा ऐसे, भरत! तुम्हारी जय हो॥ ४॥

रणभूमि रूपी प्रांगण में गन्धर्वगणों के गर्व को हरण करने वाले और उन्हें पुन श्रीराम की गुण गाथा का गायक बनाने वाले, माण्डवी के चित्त रूपी चातक के लिए सद्य: नवीन मेघ वर्ण वाले तथा शरण में आगत तुलसीदास को अभयदान देने वाले हे भरत! तुम्हारी जय हो॥ ५॥

शत्रुघ्न-स्तुति

[४०]

जयति जय शत्रु करि केसरी शत्रुघ्न
शत्रुतम तुहिनहर किरणकेतू।
देव महिदेव महि धेनु सेवक सुजन
सिद्ध मुनि सकल कल्याण हेतू॥ १॥
जयति सर्वांगसुंदर सुमित्रा सुवन
भुवन विख्यात भरतानुगामी।
वर्मचर्मासि धनु बाण तूणीर धर
शत्रु संकट समय यत्प्रणामी॥ २॥
जयति लवणाम्बुनिधि कुंभसंभव महा
दनुज दुर्जनदवन दुरितहारी।
लक्ष्मणानुज भरत राम सीता चरण
रेनु भूषित भाल तिलकधारी॥ ३॥

जयति श्रुतिकीर्ति वल्लभ सुदुर्लभ सुलभ
नमत नर्मद भुक्तिमुक्तिदाता।
दासतुलसी चरण शरण सीदत विभो
पाहि दीनार्त्त संताप हाता॥ ४॥

अर्थ—शत्रु रूपी हस्ती के मस्तक को विदीर्ण करने वाले सिंह, प्रबल शत्रु रूपी तुहिनान्धकार को नष्ट करने वाले सूर्य, देवता, ब्राह्मण, पृथ्वी एवं गौ के रक्षक, महात्मा, सिद्ध-मुनि समाज के कल्याणकारी शत्रुघ्न! आपकी जय हो॥ १॥

सर्वांग सुन्दर सुमित्रा पुत्र पृथ्वी पर भरत के अनुगामी के रूप में विख्यात, चर्म के कठोर कवच, धनुष, वाण एवं तरकस धारण करने वाले, शत्रु संकट के समय जिसको बार-बार नमन करते हैं, ऐसे शत्रुघ्न! तुम्हारी जय हो॥ २॥

लवणासुर रूपी समुद्र का पान करने वाले, बड़े-बड़े दुष्ट दैत्यों के संहारक, पापों के नाशक, लक्ष्मण के अनुज, भरत, राम एवं सीता की चरण रज से जिस तिलकधारी का ललाट पटल शोभित है, ऐसे शत्रुघ्न! तुम्हारी जय हो॥ २॥

श्रुति कीर्ति के प्राणप्रिय, दुर्लभ को सुलभ बनाने वाले, भक्तों के सुख्र तथा भक्ति एवं मुक्ति प्रदान करने वाले क्लेश कम्पित दीनार्त स्वर में 'रक्षा करो रक्षा करो'--कहते हुए आपके चरणों में आगत तुलसीदास के क्लेश के मुक्तिदाता हे शत्रुघ्न! आपकी जय हो॥ ४॥

[४१]

कबहुँक अंब अवसर पाइ।
मेरिऔ सुधि द्याइबी कछु करुन कथा चलाइ॥ १॥
दीन सब अँगहीन छीन मलीन अघी अघाइ।
नाम लै भरै उदर एक प्रभु दासी दास कहाइ॥ २॥
बूझिहैं सो है कौन कहिबी नाम दसा जनाइ।
सुनत राम कृपालुके मेरी बिगरिऔ बनि जाइ॥ ३॥
जानकी जगजननि जनकी किये बचन सहाइ।
तरै तुलसिदास भव तव नाथ गुन गन गाइ॥ ४॥

अर्थ—हे माँ! कभी अवसर मिले तो किसी करुण कथा का प्रसंग चलाकर प्रकारान्तर से मेरी अपनी याद श्रीराम को दिला दीजिएगा॥ १॥

उस प्रकरण में बताइएगा कि अत्यन्त दीन-हीन, सम्पूर्ण साधनों से विरहित, नितान्त क्षीण, मलिन मन तथा पापियों में अत्यधिक पाप परायण—आपका निरन्तर नाम स्मरण करता हुआ पेट पाला करता है॥ २॥

यदि प्रभु पूछते हैं कि वह कौन है! तब मेरा नाम लेकर मेरी दशा की जानकारी करा दें—और मुझे पूर्ण विश्वास है कि आपके मुख से मेरे नाम और मेरी दशा का कृपावत्सल श्रीराम के द्वारा श्रवण करते ही मेरी सारी बिगड़ी बातें बन जाएँगी॥ ३॥

हे जगत्माता जानकी जी! यदि इस दास की वचनों द्वारा (सिफ़ारिस) सहायता कर दी तो निश्चित समझिए कि यह अधम तुलसीदास आपके स्वामी श्रीराम का गुणानुवाद करता हुआ भवसागर पार कर जाएगा॥ ४॥

स्पष्टीकरण—सीता को राम पंचायतन से कवि ने भिन्न तथा स्वतंत्र रखा है। यहाँ इनका प्रयोग ऐकान्तिकता के सन्दर्भ में कवि करता है। वह प्रार्थना करता है कि कभी एकान्त में प्रसंगवश मुझ पर दया करके मेरी चर्चा चला देना—वह अपनी भक्ति की सम्पुष्टि के लिए सबसे महत्त्वपूर्ण आधार सीता को ही मानता है।

[४२]

कबहुँ समय सुधि द्याइबी मेरी मातु जानकी।
जन कहाइ नाम लेते हौं किए पन चातक ज्यों प्यास प्रेम पानकी॥ १॥
सरल प्रकृति आपु जानिए करुना निधान की।
निजगुन अरिकृत अनहितौ दास दोष सुरति चित रहत न किए दानकी॥ २॥
बानि बिसारनसील है मानद अमान की।
तुलसी न विसारिए मन करम बचन जाके सपनेहु गति न आन की॥३॥

अर्थ—हे माता जानकी! कभी अवसर पाकर श्रीरामजी को मेरी याद दिला दीजिएगा। मैं उन्हीं का दास कहाया जाकर उन्हीं का नाम लेता बैठा हूँ। चातक पक्षी की भाँति श्रीराम घनश्याम के एकमात्र प्रेम रसपान का प्यासा हूँ॥ १॥

आप तो जानती ही हैं कि करुणा निधान श्रीराम नितान्त सरल स्वभाव के हैं। उन्हें अपने गुण, शत्रु द्वारा किए गए अपकार, दास भक्तों द्वारा किए गए अपराधों एवं स्वयं द्वारा दिए गए दान का स्मरण नहीं रहता॥ २॥

उनका स्वभाव भूल जाने का है—और उन अमान्यों (असम्मानितों) को जिनका कभी भी सम्मान नहीं हुआ है, उन्हें भी वे सम्मानित करते हैं। ऐसे विस्मृत स्वभाव वाले श्रीराम को आप मेरी याद दिलाती रहें ताकि वे इस सेवक तुलसीदास को कभी भी न विस्मृत कर सकें क्योंकि उसके मन, वाणी तथा कर्म की स्वप्न में भी उनके अतिरिक्त अन्यत्र कहीं गति नहीं है॥ ३॥

स्पष्टीकरण—कवि यहाँ भी पूर्वपदवत् माता सीता से महाप्रभु श्रीराम से एकान्त पाकर स्मरण कराने की प्रार्थना करता है। वह उनके माध्यम से यह भी कहलवाना चाहता है कि तुलसी की निष्ठा स्वप्न में भी अन्य के प्रति नहीं है। तुलसी इस पद में प्रकारान्तर से श्रीराम के प्रति अपनी निष्ठा के स्वरूप का वर्णन करते हैं।

श्रीराम-स्तुति

[४३]

जयति सच्चिदव्यापकानंद परब्रह्म पद विग्रह व्यक्त लीलावतारी।
विकल ब्रह्मादि सुर सिद्ध संकोचवश विमल गुण गेह नर देह धारी॥ १॥
जयति कोशलाधीश कल्याण कोशलसुता कुशल कैवल्य फल चारु चारी।
वेद बोधित करम धरम धरनीधेनु विप्र सेवक साधु मोदकारी॥ २॥
जयति ऋषि मखपाल शमन सज्जन साल शापवश मुनिवधू पापहारी।
भंजि भवचाप दलि दाप भूपावली सहित भृगनाथ नतमाथ भारी॥ ३॥

जयति धारमिक धुर धीर रघुवीर गुत मातु पितु बंधु वचनानुसारी।
चित्रकूटाद्रि विन्ध्याद्रि दंडकविपिन धन्यकृत पुन्यकानन बिहारी॥ ४॥
जयति पाकारिसुत काक करतूति फलदानि खनि गर्त्त गोपित विराधा।
दिव्य देवी वेश देखि लखि निशिचरी जनु विडंबित करी विश्वबाधा॥ ५॥
जयति खर त्रिशिर दूषण चतुर्दश सहस सुभट मारीच संहारकर्ता।
गृध्र शबरी भक्ति विवश करुणासिंधु चरित निरुपाधि त्रिविधार्तिहर्त्ता॥ ६॥
जयति मद अंध कुकबंध बधि बालि बलशालि बधि करन सुग्रीव राजा।
सुभट मर्कट भालु कटक संघट सजत नमत पद रावणानुज निवाजा॥ ७॥
जयति पाथोधि कृत सेतु कौतुक हेतु काल मन अगम लई ललकि लंका।
सकुल सानुज सदल दलित दशकंठ रण लोक लोकप किये रहित शंका॥ ८॥
जयति सौमित्रि सीता सचिव सहित चले पुष्पकारूढ़ निज राजधानी।
दासतुलसी मुदित अवधवासी सकल राम भे भूप वैदेहि रानी॥ ९॥

अर्थ—सत्, चित् तथा व्यापक आनन्दमूर्ति, परम ब्रह्म स्वरूप, लीलावतरण के लिए अपने सम्पूर्ण सगुण विग्रहों को व्यक्त करने वाले, व्याकुल ब्रह्मादिक देवताओं, सिद्धों को देखकर संकोचवश निर्मल गुणों से युक्त मनुष्य का शरीर धारण करने वाले हे श्रीराम! आपकी जय हो॥ १॥

कोसलपति दशरथ तथा उनकी पत्नी कौसल्या के कल्याण के निमित्त कैवल्य के फल चतुष्ट्य (राम, लक्ष्मण, भरत, शत्रुघ्न) के रूप में अवतरित होकर वेद विहित कर्म एवं धर्म पृथ्वी, गौ, ब्राह्मण, सेवक, साथुजनों के लिए आनन्द देने वाले हे श्रीराम! आपकी जय हो॥ २॥

ऋषि विश्वामित्र के यज्ञ के रक्षक तथा सज्जनों को पीड़ा पहुँचाने वाले राक्षसों का वध करके, शापग्रस्त मुनि पत्नी अहल्या के पाप को विनष्ट करने वाले, अनेक राजाओं के गर्व को धनुष तोड़कर नष्ट करने वाले तथा प्रतिष्ठा प्राप्त परशुराम के सिर को झुका देने वाले हे श्रीराम! आपकी जय हो॥ ३॥

गुरु, माता, पिता, भाई के वचन के अनुसरण करके रघुवंश श्रेष्ठ योद्धा के रूप में धैर्य पूर्वक धर्म की मर्यादा स्थापित करते हुए चित्रकूट, विन्ध्य दण्डकारण्य आदि वनों को पवित्र करते हुए हे कानन विहारी श्रीराम! आपकी जय हो॥ ४॥

इन्द्र के पुत्र की कुटिल काक करतूति का फल देने वाले, विराध गन्धर्व को पृथ्वी खोदकर गाड़ने वाले, दिव्य देवी वेष में सुन्दरी के रूप में राक्षसी सूर्पणखा को देखकर सम्पूर्ण विश्व को कष्ट देने वाले रावण का सूर्पणखा की नाक तथा कान को काटकर तिरस्कृत करने वाले हे श्रीराम! आपकी जय हो॥ ५॥

त्रिसिर, खर-दूषण सहित चौदह हजार राक्षसों तथा मारीच का वध करने वाले, शबरी तथा गृद्ध की प्रेम भक्ति में विवश करुणासिन्धु, निरुपाधि चरित्र वाले, त्रिविध विपत्तियों को नष्ट करने वाले हे श्रीराम! आपकी जय हो॥ ६॥

दुर्मति कबन्ध तथा बलशाली बालि का वध करके, सुग्रीव को राजा बनाकर भालु तथा बन्दर के योद्धओं की सेना सजाने वाले तथा नमन करते हुए विभीषण पर दया करने वाले हे

श्रीराम! आपकी जय हो॥ ७॥

खेल-खेल में समुद्र पर सेतु बनाने वाले, भालु के मन के लिए भी दुर्जेय लंका को उमंग में ही जीत लेने (लई ललकि) वाले हे श्रीराम! आपकी जय हो॥ ८॥

लक्ष्मण, सीता एवं मंत्री सुग्रीव के साथ पुष्पक विमान पर चढ़कर अपनी राजधानी की ओर चलकर आने वाले, राज्याभिषेक में रानी के रूप में प्रतिष्ठित सीता के साथ राजा के रूप में प्रतिष्ठित होकर सम्पूर्ण अयोध्या वासियों को आनन्द देने वाले हे श्रीराम! आपकी जय हो॥ ९॥

[४४]

जयति राज राजेन्द्र राजीव लोचन
राम नाम कलि काम तरु साम साली।
अनय अंबोधि कुम्भज निसाचर निकर
तिमिर घन घोर खर किरनमाली॥ १॥
जयति मुनिदेव नरदेव दशरथ के
देव मुनि वध किय अवधवासी।
लोकनायक कोक शोक संकट शमन
भानुकुल कमल कानन विकासी॥ २॥
जयति श्रृंगार सर तामरस दामदुति
देह गुणगेह विश्वोपकारी।
सकल सौभाग्य सौंदर्य सुषमारूप
मनोभव कोटि गर्वापहारी॥ ३॥
(जयति) सुभग सारंग सुनिखंग सायक शक्ति
चारु चर्मासि वर वर्मधारी।
धर्मधुरधीर रघुवीर भुजबल अतुल
हेलया दलित भूभार भारी॥ ४॥
जयति कलधौत मणि-मुकुट कुंडल तिलक
झलक भलि भाल विधु वदन शोभा।
दिव्य भूषन बसन पीत उपवीत
किय ध्यान कल्यान भाजन न को भा॥ ५॥
(जयति) भरत सौमित्रि शत्रुघ्न सेवित सुमुख
सचिव सेवक सुखद सर्वदाता।
अधम आरत दीन पतित पातक पीन
सकृत नतमात्र कहि 'पाहि' पाता॥ ६॥
जयति जय भुवन दसचारि जस जगमगत
पुन्यमय धन्य जय रामराजा।

चरित सुरसरित कवि मुख्य गिरि निःसरित
पिबत मज्जत मुदित सँत समाजा ॥ ७ ॥
जयति वर्णाश्रमाचारपर नारि नर
सत्य शम दम दया दानशीला।
विगत दुख-दोष संतोष सुख सर्वदा
सुनत गावत राम राजलीला ॥ ८ ॥
जयति वैराग्य विज्ञान वारांनिधे
नमत नर्मद पाप ताप हर्त्ता।
दास तुलसी चरण शरण संशय-हरण
देहि अवलंब वैदेहि भर्त्ता ॥ ९ ॥

अर्थ—राजराजेश्वरों में इन्द्र के समान कमलनेत्र, कलि में कल्पवृक्ष सदृश नाम वाले, शरणागत भक्तों को सान्त्वना देने वाले, अन्याय रूपी समुद्र को सोख लेने वाले अगस्त्य के सदृश, भयंकर राक्षस रूपी अंधकार के लिए सूर्यवत् हे श्रीराम! आपकी जय हो ॥ १ ॥

मनुष्यों में देवस्वरूप, मुनियों एवं देवताओं सदृश दशरथ के पुत्र तथा अयोध्यावासियों को देवताओं एवं मुनियों द्वारा आराध्य बनाने वाले, लोकपाल रूपी चक्रवाकों के सन्ताप को विनष्ट करने वाले तथा सूर्यकुल रूपी कमल-वन को विकसित करने वाले हे श्रीराम! आपकी जय हो ॥ २ ॥

शृंगार रस सरोवर में कमल माला की भाँति शरीर वाले, गुणागार, सम्पूर्ण विश्व का उपकार करने वाले, सम्पूर्ण सौन्दर्य तथा सौभाग्य के सौन्दर्य के प्रतिरूप, कोटि-कोटि कामदेव के गर्व को चूर करने वाले हे श्रीराम! आपकी जय हो ॥ ३ ॥

सुन्दर धनुष, वाण, तलवार, शक्ति तथा श्रेष्ठ चर्म कवच धारण करने वाले, धर्म की धुरी को धैर्य पूर्वक धारण करने वाले, भुजाओं में अतुलनीय शक्ति युक्त और खेल-खेल में पृथ्वी के गम्भीर भार को धारण करने वाले हे श्रीराम! आपकी जय हो ॥ ४ ॥

मस्तक पर मणि जटित स्वर्ण मुकुट धारण करने वाले, सुन्दर मस्तक पर तिलक से शोभित चन्द्रमुख, दिव्य आभूषण पीताम्बर, यज्ञोपवीत, ध्यान करने वाले समस्त प्राणियों को कल्याण भाजन बनाने वाले हे श्रीराम आपकी जय हो ॥ ५ ॥

भरत, लक्ष्मण, शत्रुघ्न भाइयों द्वारा सेवित, सुमुख तथा सुमंत्र मंत्रियों को सुख देने वाले, सेवकों को आनन्दित करने वाले, सर्वस्व दान करने वाले, अधम, आर्त, दीन, पतित पुण्यक्षयी, बार-बार मस्तक झुकाकर 'रक्षा करो- रक्षा करो' वाक्यों से पुकारे जाने वाले हे श्रीराम! आपकी जय हो ॥ ६ ॥

चौदहों भुवनों में जिसका यश जगमगा रहा हो, ऐसे पुण्यात्मा श्रीराम राजा की जय हो। वाल्मीकि रूपी हिमालय पर्वत से निकलकर जिसकी चरित गंगा का पान तथा स्नान सन्त समाज के लिए आंनन्द का विषय है, ऐसे श्रीराम! की जय हो ॥ ७ ॥

वर्णाश्रम आचार परायण सत्य, समता, दम, दया, दान दुःख दोषों से विगत तथा सर्वदा सुखी एवं सन्तुष्ट जिस श्रीराम के राज्य के नर-नारी उसके (राज्य के) गुण का गायन तथा श्रवण करते है—उन श्रीराम! की जय हो ॥ ८ ॥

ज्ञान तथा वैराग्य के समुद्र, पाप के सन्ताप को नष्ट करने वाले, नमन मात्र से ही आनन्द देने वाले, सीता के पति तथा तुलसीदास का संदेह हरण करने के निमित्त चरणों का आलम्बन देने वाले हे श्रीराम! आपकी जय हो॥ ९॥

[४५]

श्रीराम चन्द्र कृपालु भजुमन हरन भवभय दारुनं।
नव कंज लोचन कंजमुख करकंज पद कंजारुनं॥ १॥
कदंर्प अगणित अमित छवि नवनील नीरज सुन्दरं।
पटपीत मानहु तड़ित रुचि सुचि नौमि जनक सुतावरं॥ २॥
भजु दीन बंधु दिनेस दानव दैत्य वंस निकन्दनं।
रघुनंद आनंदकंद कोसलचंद दशरथ नन्दनं॥ ३॥
सिर मुकुट कुंडल तिलक चारु उदारु अंग विभूषनं।
आजानु भुज सर चाप धर संग्राम जित खर दूषनं॥ ४॥
इति बदति तुलसीदास संकर सेष मुनि मन रंजनं।
मम हृदय कंज निवास कुरु कामादि खल दल गंजनं॥ ५॥

मूल संवेदना—श्रीराम का परम्परित स्तवन है—जिसमें उनके विविध विग्रहों का वर्णन करके कवि उसकी आकर्षक झाँकी अपने मन में अंकित करना चाह रहा है। यह छवि अंकन ध्यान-समाधि का एक अंग है।

अर्थ—संसार जनित दारुण भवभय को विनष्ट करने वाले श्रीराम का रे मन! तू भजन कर। इन श्रीराम के नेत्र नील कमल तथा मुख, हाथ, पद अरुण कमल सदृश हैं॥ १॥

नवीन श्यामल कमल सदृश सुन्दर देह वाले श्रीराम अगणित कामदेव की कोटि-कोटि सौन्दर्यराशि सदृश सुन्दर हैं। स्थित पीताम्बर श्यामल मेघ पर विद्युत लेखा की भाँति सुन्दर तथा रमणीक शरीरयुक्त सीता पति श्रीराम को प्रणाम करता हूँ॥ २॥

रे मन! दीनबन्धु, सूर्य सदृश तेजस्वी, दानव तथा दैत्य वंशों के हन्ता रघुकुल के आनन्ददाता, कोशलाधीश दशरथ के पुत्र श्रीराम का गुणगान करो॥ ३॥

मुकुट राजित शीश, चित्ताकर्षक कुंडल तथा तिलक युक्त और श्रेष्ठ अंग-प्रत्यंग विविधाभूषणों से अलंकृत हैं, जिसकी भुजाएँ आजानु व्याप्त हैं, धनुष-बाण धारण किए, संग्राम में खरदूषण राक्षसों के हन्ता हैं, रे मन! उन श्रीराम का गुणगान करो॥ ४॥

शिव, शेष तथा मुनि समुदायों के मन को आनन्दित करने वाले तथा काम क्रोधादि विकार रूप दुष्टों का दलन करने वाले ऐसे श्रीराम, तुलसीदास कहते है कि, मेरे हृदय में निवास करें॥ ५॥

[४६]

सदा
राम जपु राम जपु राम जपु राम जपु राम जपु मूढ़ मन बार बारं।
सकल सौभाग्य सुख खानि जिय जानि शठ मानि विश्वास वद वेदसारं॥ १॥

कोशलेन्द्र नव नीलकंजार्भतनु मदन रिपु कंजहृदि चंचरीकं।
जानकीरवन सुखभवन भवनैकप्रभु समर भंजन परम कारुनीकं॥ २॥
दनुज वन धूमधुज पीन आजानुभुज दंड कोदंडवर चंड बानं।
अरुनकर चरण मुख नयन राजीव गुन अयन बहु मयन शोभा निधानं॥ ३॥
वासनावृंद कैरव दिवाकर काम क्रोध मद कंज कानन तुषारं।
लोभ अति मत्त नागेंद्र पंचाननं भक्तहित हरण संसार भारं॥ ४॥
केशवं क्लेशहं केश वंदित पद द्वंद्व मंदाकिनी मूलभूतं।
सर्वदानंद संदोह मोहापहं घोर संसार पाथोधि पोतं॥ ५॥
शोक संदेह पाथोदपटलानिलं पाप पर्वत कठिन कुलिशरूपं।
संतजन कामधुक धेनु विश्रामप्रद नाम कलि कलुष भंजन अनूपं॥ ६॥
धर्म कल्पद्रुमाराम हरिधाम पथि संबलं मूलमिदमेव एकं।
भक्ति वैराग्य विज्ञान शम दान दम नाम आधीन साधन अनेकं॥ ७॥
तेन तप्तं हुतं दत्तमेवाखिलं तेन सर्वं कृतं कर्मजालं।
येन श्रीरामनामामृतं पानकृतमनिशमनवद्यमवलोक्य कालं॥ ८॥
सुपच खल भिल्ल यवनादि हरिलोकगत नामबल विपुल मति मलिनपरसी।
त्यागि सब आस संत्रास भवपास असि निसित हरिनाम जपु दासतुलसी॥ ९॥

अर्थ—हृदय से सम्पूर्ण सौभाग्य तथा सुख की राशि समझकर हे शठ मन! उन्हें वेद का सार तत्त्व कहकर तथा सम्पूर्णतः विश्वास रखते हुए सदैव बारम्बार श्रीराम नाम का जप करो॥ १॥

कोसलेन्द्र श्रीराम नील कमल के अग्रभाग की भाँति देह वाले, कामरिपु शिव के हृदय के भ्रमर, जानकी के पति, आनन्दनिधान, सम्पूर्ण भुवनों के एकमात्र स्वामी तथा परम करुणाकर श्रीराम का बारम्बार जप करो॥ २॥

दैत्य वन के लिए अग्नि (धूमधुज-धूमध्वज) प्रचंड धनुषबाण से समलंकृत सम्पुष्ट घुटने तक फैले भुजदण्ड वाले, चरण, मुख, हाथ एवं नेत्र सभी-के-सभी कमलवत् तथा अनेकानेक कामदेव के सौन्दर्य की राशि भूत गुणागार (श्रीराम का बारम्बार जप करो)॥ ३॥

विविध लोकेषणाओं की समुदाय रूपी कमलिनी के लिए सूर्यवत (विनष्ट कर्त्ता), काम, क्रोध एवं मदादिक स्वरूप कमल समूह के तुषार रूप (नष्ट कर्त्ता), मदोन्मत्तं लोभादिक वासना रूपी हस्ती के लिए सिंह, तथा भक्तों के हित के लिए संसार भर को नष्ट करने वाले (श्रीराम का रे शठ मन! बारम्बार जप करो)॥ ४॥

केशव, क्लेशादिक के विनष्ट कर्त्ता, गंगा के उद्गम द्वार वाले, जिनके युगल चरण-आनन्द के समूह, अविद्या के विनाशक एवं प्रबल संसार-सागर के लिए जहाज सदृश हैं, (रे शठ मन! उन श्रीराम का बार-बार जप करो)॥ ५॥

शोक संदेह रूपी मेघ समूह के विनष्ट कर्त्ता वायु सदृश, दुस्तर पाप समूह रूपी पर्वत के लिए वज्र सदृश, सन्त के लिए कामधेनु के सदृश विश्रान्तिदायक, कलियुग के पाप (कलुष) को विनष्ट करने वाले विलक्षण गुण युक्त 'नाम' वाले श्रीराम का रे शठ मन! तू बारम्बार जप करो॥ ६॥

धर्म रूपी कल्पवृक्ष की वाटिका (आराम) सदृश, विष्णु लोक के मार्ग के हित एकमात्र सम्बल सदृश, सम्पूर्ण जगत के एकमात्र मूलाधार स्वरूप, जिसके नाम के अधीन व्यक्ति, वैराग्य, ज्ञान, सम, दान, दम आदि अनेक मुक्ति के साधन हैं— रे शठ मन! तू उन श्रीराम का बारम्बार जप करो॥ ७॥

कलिकाल को देखकर उनके प्रति अर्पित होकर जिस व्यक्ति ने तप किया, हवन किया, सर्वस्व दान किया और उसी ने सम्पूर्ण कर्मकाण्ड किया वही व्यक्ति सम्पूर्णत: श्रीराम नामामृत का अर्हिनिशि तथा निरन्तर पान करने वाला समझा जाएगा (इसे समझ कर रे शठ मन! तू उन श्रीराम का बार-बार जप करो)॥ ८॥

बड़े-बड़े पाप कर्मों में अनुरक्त चांडाल, खल, भील यवन आदि जिनके नाम के प्रभाव से हरि लोक गामी बने, तुलसीदास कहते हैं कि अन्य आलम्बनों का त्याग करके भव बन्धन के भयंकर संत्रास से मुक्ति दिलाने वाली तीक्ष्ण तलवार धार सदृश इस राम नाम का रे शठ मन! बारम्बार जप करो॥ ९॥

[४७]

ऐसी आरती राम रघुबीरकी करहि मन।
हरन दुखदुंद गोबिंद आनन्दघन॥ १॥
अचरचर रूप हरि सरबगत सरबदा बसत इति बासना धूप दीजै।
दीप निजबोधगत कोह मद मोह तम प्रौढ़ अभिमान चितबृत्ति छीजै॥ २॥
भाव अतिशय विशद प्रवर नैवेद्य शुभ श्रीरमण परम संतोषकारी।
प्रेम तांबूल गत शूल संशय सकल विपुल भव बासना बीजहारी॥ ३॥
अशुभ शुभकर्म घृतपूर्ण दश वर्तिका त्याग पावक सतोगुण प्रकासं।
भक्ति वैराग्य विज्ञान दीपावली अर्पि नीराजनं जगनिवासं॥ ४॥
बिमल हृदि भवन कृत शांति पर्यंक शुभ शयन विश्राम श्रीरामराया।
क्षमा करुणा प्रमुख तत्र परिचारिका यत्र हरि तत्र नहिं भेद माया॥ ५॥
एहि आरती निरत सनकादि श्रुति शेष शिव देवरिषि अखिलमुनि तत्त्व दरसी।
करै सोइ तरै परिहरै कामादि मल वदति इति अमलमति दास तुलसी॥ ६॥

अर्थ—दुख-द्वन्दों के विनष्टकर्त्ता, गोविन्द, आनन्दधाम श्रीराम की हे मन! इस प्रकार से आरती उतारो॥ १॥

अचर-चर रूप श्रीराम सम्पूर्ण प्राणियों में निरन्तर निवास करते हैं—इस वासना (संस्कार) की उन्हें धूप दें। स्वबोध दीपक हो, क्रोध, मद, मोह, अभिमान की प्रबलता से युक्त चित्तवृत्तियों का विनाश ही अंधकार विनाश बने॥ २॥

अतिशय प्रबल एवं विस्तृत प्रेम शुभमय नैवेद्य बने जो लक्ष्मी विहारी विष्णु रूप श्रीराम के लिए सर्वथा सन्तोषदायक हो। सम्पूर्ण पीड़ा एवं संशयों का नाश करने वाला एवं सम्पूर्ण लोक वासना के बीज रूपी तत्त्वों का विनाशक भागवत् प्रेम ही अर्पित ताम्बूल हो॥ ३॥

अशुभ एवं शुभ घृत में डूबीं दसों दस इन्द्रियाँ ही दस वर्तिकाएँ हों, त्याग अग्नि हो और उन वर्तिकाओं से जलने के पश्चात् सात्त्विक प्रकाश मन को आलोकित कर दे। भक्ति, वैराग्य, विज्ञानादि दीपावलियाँ हों। हे मन! ऐसी आरती को जगन्निवास श्रीराम के प्रति अर्पित करो॥ ४॥

इस प्रकार की सायंकालीन आरती के पश्चात् निर्मल हृदय रूपी भवन में विभ्रान्ति की शुभ पलँग पर श्रीराम राय के लिए परमानन्द ही शयन बने—क्षमा, करुणा आदि सेविकाएँ हों क्योंकि जहाँ स्वयं भगवान हरि हैं—वहाँ न भेद बुद्धि है और न माया का विग्रह ॥ ५ ॥

इस आरती में निरन्तर सनकादि श्रुतियाँ, शेषनाग, शिव, देवता, ऋषि एवं तत्त्वदर्शी ऋषिगण संलग्न रहते हैं। इस आरती को जो सम्पादित करता है, वही भव सागर पार करता है, वही काम-क्रोधादि मानस मलों से मुक्त होता है, वही निर्मलमति है, इस प्रकार तुलसी कहते हैं ॥ ६ ॥

[४८]

हरति सब आरती आरती राम की।
दहन दुख दोष निर्मूलिनी काम की ॥ १ ॥
सुभग सौरभ धूप दीपवर मालिका।
उड़त अघ विहंग सुनि ताल करतालिका ॥ २ ॥
भक्त हृदि भवन अग्यान तम हारिनी।
विमल विग्यानमय तेज विस्तारिनी ॥ ३ ॥
मोह मद कोह कलि कंज हिम जामिनी।
मुक्ति की दूतिका देह दुति दामिनी ॥ ४ ॥
प्रनत जन कुमुद बन इन्दुकर जालिका।
तुलसी अभिमान महिषेसबहु कालिका ॥ ५ ॥

अर्थ—श्रीराम की आरती सम्पूर्ण भव क्लेशों का निवारण करती है। यह आरती सम्पूर्ण दुःखों, दोषों को दग्ध तथा काम वासना को निर्मूल नष्ट करती है ॥ १ ॥

सुरभित पवित्र धूप एवं श्रेष्ठ दीप मालाओं से मंडित आरती काल में हाथ की तालियों दी गई ताल को सुनकर पाप पक्षी स्वतः उड़कर पलायित हो जाते हैं ॥ २ ॥

भक्तों हृदय रूपी भवन के अज्ञानान्धकार को नष्ट करके विमल विज्ञान रूपी ज्योति का विस्तार करती है ॥ ३ ॥

आरती का यह प्रकाश मोह, मद, काम-क्रोध रूपी कलि-कमल समूहों के लिए तुषारमंडित रात्रि की भाँति है ॥ ४ ॥

शरणागत (प्रणत) भक्तों के कुमुद वन के लिए यह आरती चन्द्रकिरणों की माला की भाँति आनन्ददायिनी है। तुलसीदास कहते हैं कि यही आरती निश्चय ही अभिमान रूपी महिषासुर के वध (बहु) के निमित्त प्रचंड भगवती दुर्गा है ॥ ५ ॥

[४९]

देव—

दनुज बन दहन गुन गहन गोविंद नंदादि आनंद दाताऽविनाशी।
शंभु शिव रुद्र शंकर भयंकर भीम घोर तेजायतन क्रोध राशी ॥ १ ॥
अनँत भगवंत जगदंत अंतक त्रास शमन श्रीरमन भुवनाभिरामं।
भूधराधीश जगदीश ईसान विग्यानघन ज्ञान कल्यान धामं ॥ २ ॥

वामनावान्त पावन परावर विभो प्रगट परमात्मा प्रकृति स्वामी।
चन्द्र सेखर सूलपानि हर अनघ अज अमित अविच्छिन्न वृषभेस गामी॥ ३॥
नील जलदाभतनु स्याम बहुकाम छवि राम राजीव लोचन कृपाला।
अंबु कर्पूर बपुधवल निर्मल मौलि जटा सुरतरिनी सित सुमन माला॥ ४॥
बसन किंजलकधर चक्र सारंगदर कंज कौमोदनी अति विशाला।
मार करि मल मृगराज त्रैनत हर नौभि अपहरन संसार जाला॥ ५॥
कृष्ण करुनाभवन दवन कालीय खल विपुल केसादि निर्वंसकारी।
त्रिपुर मद भंगकर मत्तगजचर्महरि अंधकारोरग ग्रसन पन्नगारी॥ ६॥
ब्रह्म व्यापक अकल सकल पर परम हित ग्यान गोतीत गुनवृहिता।
सिंधु सुत गर्व गिद्धि वज्र गौरीश भव दक्ष मख अरिबल विध्वंस कर्त्ता॥ ७॥
भक्तिप्रिय भक्तजन कामधुक धेनु हरि हरन दुर्धट विकट विपति भारी।
सुखद नर्मद वरद विरज अनवद्यऽखिल विपिन आनन्द वीथिन विहारी॥ ८॥
रुचिर हरिसंकरी नाम मंत्रावली द्वन्द्वदुख हरनि आनन्दखानी।
विष्णु सिव लोक सोपान सम सर्वदा बदति तुलसीदास विसद बानी॥ ९॥

सन्दर्भ तथा मूल संवेदना—कवि द्वारा कृत हरि शंकरी पदों में शिव तथा विष्णु की एक साथ स्तुति की गई है। मध्यकालीन वैष्णव भक्ति का मूल भाव समन्वयात्मक है। क्रमशः विष्णु तथा शिव के विविध विग्रहों तथा विशेषणों द्वारा ऐसे पदों की रचना हुई है। सूर सागर में भी इस प्रकार के पद प्राप्त होते हैं।

अर्थ—विष्णु का पक्ष—हे देव, आप राक्षस रूपी वन के दग्धकर्त्ता, सर्वगुण सम्पन्न, गोविन्द, नन्द एवं उनके बन्धु बान्धबों के आनन्ददाता तथा अविनाशी हैं।

शिव का पक्ष—हे देव! आप शिव, रुद्र, शंकर, भयंकर भीम स्वरूप, प्रचण्ड तेजस्वी तथा क्रोध की राशि हैं॥ १॥

विष्णु पक्ष—सृष्टि के अन्तवर्ती संत्रास को शान्त करने वाले, लक्ष्मीपति तथा सम्पूर्ण भुवनों में सुन्दर हैं।

शिव पक्ष—हे देव! आप कैलास पर्वत के स्वामी, जगत के स्वामी, ईशान स्वरूप, विज्ञान घन तथा कल्याण धाम हैं॥ २॥

विष्णु पक्ष—हे देव! आप वामन रूप, अव्यक्त, पवित्र सम्पूर्ण लोकों के स्वामी, विभु, परमात्मा रूप में प्रकट शक्ति के स्वामी हैं।

शिव पक्ष—हे देव! आप चन्द्रमौलि, त्रिशूलपाणि, हर, अनघ, अजन्मा, असीम, अखण्ड तथा अपने गुण नन्दी वृषभ पर आसीन हैं॥ ३॥

विष्णु पक्ष—हे देव! आप नील मेघ की आभा सदृश देह, अनेक कामदेव की-सी शोभा से युक्त, कमल सदृश सुन्दर नेत्रों वाले, अत्यन्त कृपालु हैं।

शिव पक्ष—हे देव! आप शंख तथा कपूर सदृश धवल, मस्तक पर जटाजूट और गंगा को धारण करने वाले, श्वेत पुष्पों की माला से शोभित हैं॥ ४॥

विष्णु पक्ष—हे देव! आप केसर सदृश पीताम्बर युक्त, शंख, चक्र, विशाल गदा तथा पक्ष धारण किए हुए हैं।

शिव पक्ष—हे देव! आप त्रिपुर के मद को भंग करने वाले, मतवाले हाथी का चर्म धारण करने वाले अज्ञानान्धकार को दूर करने वाले गरुण सदृश हैं॥ ५॥

विष्णु पक्ष—हे देव! आप करुणासागर कृष्ण, कालिय नाग के मद को चूर्ण करने वाले, कंसादि अनेकानेक असुरों को निवीर्य करने वाले हैं॥ ६॥

शिव पक्ष—हे देव! आप जलंधर के गर्व-गिरि को चूर्ण करने वाले वज्र, गौरी पति, शिव रूप दक्ष के सम्पूर्ण यज्ञ के विध्वंसकर्त्ता हैं॥ ७॥

विष्णु पक्ष—हे देव! आप भक्तिप्रिय, भक्तजनों की कामनाओं को पूर्ण करने वाले कामधेनु, गम्भीर एवं भयंकर वित्त के हरण करने वाले हरि हैं।

शिव पक्ष—हे देव! आप—सुखद, आनन्ददायी, वर देने वाले, अनवद्य, अखिल तथा आनन्दवीथिका में विहार करने वाले हैं॥ ८॥

तुलसीदास अन्त में इस हरिशंकरी पद का निष्कर्ष बताते हुए कहते हैं—यह रुचिर तथा हरिशंकरी नाम की यह मंत्रावली दुख द्वन्द्व को विनष्ट करने वाली आनन्द की राशि है—तुलसीदास कहते हैं कि यह सदैव विष्णु तथा शिवलोक पहुँचाने के लिए सीढ़ियों की भाँति है॥ ९॥

[५०]

देव—

भानुकुल कमल रवि कोटि कंदर्प छवि काल कलि व्यालमिव वैनतेयं।
प्रबल भुजदंड परचंड कोदंड धर तूणवर विशिख बलमप्रेयं॥ १॥
अरुण राजीवदल नयन सुषमा अयन श्याम तन कांति वर वारिदाभं।
तप्त कांचन वस्त्र शस्त्र विद्या निपुण सिद्ध सुर सेव्य पाथोजनाभं॥ २॥
अखिल लावण्य गृह विश्व विग्रह परम प्रौढ़ गुणगूढ़ महिमा उदारं।
दुर्धर्ष दुस्तर दुर्ग स्वर्ग अपवर्ग पति भग्न संसार पादप कुठारं॥ ३॥
शापवश मुनिवधू मुक्तकृत विप्रहित यज्ञ रक्षण दक्ष पक्षकर्ता।
जनक नृप सदसि शिवचाप भंजन उग्र भार्गवागर्व गरिमापहर्ता॥ ४॥
गुरु गिरा गौरवामर सुदुस्त्यज राज्य त्यक्त श्रीसहित सौमित्रि भ्राता।
संग जनकात्मजा मनुजमनुसृत्य अज दुष्ट वध निरत त्रैलोक्यत्राता॥ ५॥
दंडकारण्य कृतपुण्य पावन चरण हरण मारीच मायाकुरंगं।
बालि बलमत्त गजराज इव केसरी सुहृद सुग्रीव दुख राशि भंगं॥ ६॥
ऋक्ष मर्कट विकट सुभट उद्भट समर शैल संकाश रिपु त्रासकारी।
बन्द्धपाथोधि सुर निकर मोचन सकुल दलन दससीस भुजबीस भारी॥ ७॥

दुष्ट बिबुधारि संघात अपहरण महि भार अवतार कारण अनूपं।
अमल अनवद्य अद्वैत निर्गुण सगुण ब्रह्म सुमिरामि नरभूप रूपं॥ ८॥
शेष श्रुति शारदा शंभु नारद सनक गनत गुन अंत नहिं तव चरित्रं।
सोइ राम कामारि प्रिय अवधपति सर्वदा दासतुलसी त्रास निधि बहित्रं॥ ९॥

अर्थ—हे देव! आप सूर्यवंश रूपी कमल के सूर्य, कोटि कामदेव की छवि से परिपूर्ण, कलियुग रूपी सर्प के विनाशक गरुण, प्रबल भुजदण्ड युक्त, प्रचण्ड धनुष, बाण तथा तरकस धारण करते हैं तथा आपके बाणों की अपरिमेय शक्ति है॥ १॥

हे देव! आपके नेत्र अरुणवर्ण के कमलदल की भाँति, सौन्दर्य के केन्द्र हैं, आपके श्यामल शरीर के वर्ण की कान्ति नवीन मेघ छवि सदृश है तपे हुए पीताभ स्वर्ण की भाँति पीताम्बर है, आप शस्त्र विद्या में पारंगत, निरन्तर सिद्धों तथा देवताओं के द्वारा सेवित तथा आपकी ही नाभि से कमल उत्पन्न हुआ था॥ २॥

आप सम्पूर्ण सौन्दर्य के धाम, इतने विशाल कि सम्पूर्ण विश्व ही आपके विराट आकार का विग्रह है। रहस्यमय गुणों के आधार हे देव! आपकी गरिमा की कोई सीमा नहीं है। आप मर्दित न किए जा सकने वाले नितान्त के दुरुह तथा अजेय हैं। आप स्वर्ग तथा मुक्ति (अपवर्ग) के स्वामी एवं माया जाल रूपी संसार के वृक्ष को जड़ से काटकर गिरा देने वाले कुठार (कुल्हाड़ा) हैं॥ ३॥

हे देव! आपने शापग्रस्त मुनि गौतम की पत्नी अहल्या को पाप मुक्त किया, विश्वामित्र ऋषि के यज्ञ की रक्षा में अत्यधिक निपुण और भक्तों का पक्ष लेने वाले, जनक के भय को शिव-चाप खण्डित करके दूर करने वाले, क्रोध के विवशीभूत भार्गवेय परशुराम के गर्व को चूर्ण करने वाले हैं॥ ४॥

हे देव! पिता की गौरवपूर्ण वाणी के (रक्षार्थ देवताओं के लिए भी कठिनता से अत्याज्य-राज्य को त्यागकर भ्राता लक्ष्मण तथा जनकपुत्री सीता के साथ अजन्मा तथा पूर्ण ब्रह्म होकर भी लीला के निमित्त त्रैलोक्य को संकट से मुक्ति दिलाने के लिए राक्षसों के वध में आप तत्पर हुए॥ ५॥

हे देव! दण्डकारण्य में अपने चरणों से आपने पवित्र माया मृग रूप मारीच की माया नष्ट की। बलशाली मत्त गजराज सदृश बालि के लिए सिंहवत् हे देव! आपने परम सखा सुग्रीव के दुख समूहों को विनष्ट कर दिया॥ ६॥

हे देव! आपने भालु एवं वानरों के भयंकर एवं पराक्रमी योद्धाओं के साथ शत्रु राक्षसराज रावण को संत्रस्त करने वाले पर्वत समूहों से युक्त सेतु बाँधा तथा देव समूहों के कष्टों को दूर करके कुल सहित दस मुखों तथा बीस भुजाओं वाले रावण को भी नष्ट कर डाला॥ ७॥

हे देव! दुष्ट राक्षसों का विनाश करके तथा पृथ्वी के भार को दूर करके आप अपूर्व रामावतार के हेतु बने। मैं निर्मल, अनवद्य, अद्वैत, निर्गुण, सगुण, नर भूप रूप ब्रह्म श्रीराम का स्मरण करता हूँ॥ ८॥

शेषनाग, वेद, सरस्वती, शिव, नारद, सनकादि जिसके गुणों की गणना करते रहते हैं और जिसके चरित्र का अन्त नहीं है, उसी अयोध्यापति-शिव प्रिय श्रीराम की वन्दना करता हूँ जो तुलसी को मायिक संत्रास रूपी समुद्र से मुक्ति दिलाने वाली नौका सदृश हैं॥ ९॥

[५१]

देव—

जानकीनाथ रघुनाथ रागादि तम तरणि तारुण्यतनु तेजधामं।
सच्चिदानंद आनंदकंदाकरं विश्व विश्राम रामाभिरामं॥ १॥
नीलनव वारिधर सुभग सुभकांति कटि पीत कौशेय वर बसनधारी।
रत्न हाटक जटित मुकुट मंडित मौलि भानु शत सदृश उद्योतकारी॥ २॥
श्रवण कुंडल भाल तिलक भ्रूरुचिर अति अरुण अंभोज लोचन विशालं।
वक्र अवलोक त्रैलोक शोकापहं मार रिपु हृदय मानस मरालं॥ ३॥
नासिका चारु सुकपोल द्विज वज्रदुति अधर बिंबोपमा मधुरहासं।
कंठ दर चिबुक वर वचन गंभीरतर सत्य संकल्प सुरत्रास नासं॥ ४॥
सुमन सुविचित्र नव तुलसिकादल युतं मृदुल वनमाल उर भ्राजमानं।
भ्रमत आमोदवस मत्त मधुकर निकर मधुरतर मुखर कुर्वन्ति गानं॥ ५॥
सुभग श्रीवत्स केयूर कंकण हार किंकिणी रटनि कटि तट रसालं।
वाम दिसि जनकजासीन सिंहासनं कनक मृदुवल्लिवत तरु तमालं॥ ६॥
आजानु भुजदंड कोदंड मंडित वाम बाहु दक्षिण पाणि बाणमेकं।
अखिल मुनि निकर सुर सिद्ध गन्धर्व वर नमत नर नाग अवनिप अनेकं॥ ७॥
अनघ अविछिन्न सर्वज्ञ सर्वेश खलु सर्वतोभद्र दाताऽसमाकं।
प्रणतजन खेद विच्छेद विद्या निपुण नौमि श्रीराम सौमित्रिसाकं॥ ८॥
युगल पदपद्म सुखसद्म पद्मालयं चिन्ह कुलिशादि शोभाति भारी।
हनुमंत हृदि विमल कृत परममंदिर सदा दासतुलसी शरण शोकहारी॥ ९॥

अर्थ—हे देव! आप सीतापति, रघुवंश के स्वामी मोह तथा रात्रादि रूपी अधंकार के सूर्य, तरुण शरीर तथा तेजोमय हैं। आप सत्, चित् तथा आनन्दरूप, आनन्द के स्रोत के आधार, सम्पूर्ण विश्व के लिए विश्राम स्वरूप आनन्ददायी श्रीराम हैं॥ १॥

हे देव! आपके शरीर की क़ान्ति नवीन श्यामल मेघ की भाँति है, आप कटिपर पीत रेशमी वस्त्र (पीताम्बर) धारण करने वाले हैं। आपका शीश रत्न जटित स्वर्णिम मुकुट से सुशोभित है और आप सैकड़ों सूर्य सदृश प्रकाश से आलोकित हैं॥ २॥

आपके श्रवणों में सुन्दर कुंडल, मस्तक पर तिलक, सुन्दर भौंहों एवं लाल कमल सदृश विशाल नेत्र युक्त अपने विलास्यपूर्ण दृष्टिपात से त्रैलोक के शोक को विनष्ट करने वाले तथा शिव के हृदय के सुन्दर हंस हैं॥ ३॥

हे देव! आपकी नासिका सुन्दर, कपोल प्रदेश कोमल, दाँतों की चमक हीरे की भाँति बिम्बोपम अरुण अधर एवं मधुर हास है। आपके कंठ शंख की भाँति, ठोढ़ी रमणीक, गम्भीर वाणी, सत्य संकल्पशील देवताओं के भय को दूर करने वाला है॥ ४॥

हे देव! नवतुलसी दलों से संयुक्त तथा मनोहारी पुष्पों से संकुलित सुन्दर वनमाला हृदय पर शोभित है और आनन्द वश उन्मत्त मधुकर-मधुरतम ध्वनियों के साथ उस पर गुंजरित हैं॥ ५॥

हे देव! सुन्दर भीवत्स, केयूर, कंकण, हार तथा किंकिणी से आपकी कटि का तटवर्ती भाग निरंतर झंकृत होता रहता है। तमाल वृक्ष को आच्छादित करने वाली कोमल कनकलता सदृश आपके साथ सिंहासन पर जनकतनया जानकी बायीं ओर विराजमान हैं॥ ६॥

हे देव! घुटने तक व्याप्त आपके प्रचण्ड बाएँ हाथ में धनुष और दक्षिण बाहु में एक बाण है। इस स्वरूप के समक्ष सम्पूर्ण मुनि समूह, देवता, सिद्ध, गन्धर्व तथा अनेकानेक नरपति एवं नागपति नमन करते हैं॥ ७॥

हे निष्पाप, हे अखण्डित, सर्वज्ञ, सर्वेश, हमारे सम्पूर्ण कल्याण समूहों के कर्त्ता, भक्तों के क्लेश को दूर करने वाली विद्याओं में अत्यधिक निपुण लक्ष्मण सहित श्रीराम! मैं आपको नमन करता हूँ॥ ८॥

वज्रादि युक्त चिह्नों से शोभित, लक्ष्मी के निवासस्वरूप आनन्द राशि श्री हनुमान ने जिन युगल चरणों को अपने हृदय मंदिर में स्थापित कर रखा है ऐसे शोक विनाशक श्रीराम के युगल चरणों की शरण में सेवक तुलसी निरन्तर रह रहा है॥ ९॥

[५२]

देव—

कोसलाधीश जगदीश जगदेकहित अमितगुण विपुल विस्तार लीला।
गायंति तव चरित सुपवित्र श्रुति शेष शुक शंभु सनकादि मुनि मननशीला॥ १॥
वारिचर वपुष धरि भक्त निस्तारपर धरणिकृत नाव महिमातिगुर्वी।
सकल यज्ञांशमय उग्र विग्रह क्रोड़ मर्दि दनुजेश उद्धरण उर्वी॥ २॥
कमठ अति विकट तनु कठिन पृष्ठोपरी भ्रमत मंदर कंडु सुख मुरारी।
प्रकटकृत अमृत गो इंदिरा इंदु वृंदारकावृंद आनंदकारी॥ ३॥
मनुज मुनि सिद्ध सुर नाग त्रासक दुष्ट दनुज द्विज धर्म मरजाद हर्त्ता।
अतुल मृगराज वपुधरित विद्दरित अरि भक्त प्रहलाद अहलाद कर्त्ता॥ ४॥
छलन बलि कपट वटुरूप वामन ब्रह्म भुवन पर्यंत पद तीन करणं।
चरण नख नीर त्रैलोक पावन परम विबुध जननी दुसह शोक हरणं॥ ५॥
क्षत्रियाधीश करिनिकर नव केसरी परशुधर विप्र सस जलदरूपं।
बीस भुजदंड दससीस खंडन चंड वेग सायक नौमि राम भूपं॥ ६॥
भूमिभर भार हर प्रकट परमातमा ब्रह्म नररूपधर भक्तहेतू।
वृष्णि कुल कुमुद राकेश राधारमण कंस बंसाटवी धूमकेतू॥ ७॥
प्रबल पाखंड महि मंडलाकुल देखि निंद्यकृत अखिल मख कर्म जालं।
शुद्ध बोधैकघन ज्ञान गुणधाम अज बौद्ध अवतार वंदे कृपालं॥ ८॥
कालकलिजनित मल मलिनमन सर्व नर मोह निशि निबिड़जवनांधकारं।
विष्णुयश पुत्र कलकी दिवाकर उदित दासतुलसी हरण विपतिभारं॥ ९॥

अर्थ—हे देव! आप कोसलाधीश, जगदीश, संसार के एकमात्र हितैषी अमित गुण युक्त एवं आपकी लीला अत्यधिक व्यापक है। आपके अत्यधिक पवित्र गुणों का गायन श्रुति, शेषनाग, शुकदेव, शिव, सनकादि मननशील मुनि गण किया करते हैं॥ १॥

हे देव! भक्तों के निस्तारण में तत्पर मत्स्य रूप धारण करके अपार महिमा वाले आप ने पृथ्वी की नौका बनाई अन्यथा पृथ्वी विनष्ट हो जाती। सम्पूर्ण यज्ञों के अंश रूप आपने अपने भयंकर रूप में दैत्यराज हिरण्याक्ष का पृथ्वी की रक्षा के लिए वाराह रूप में गर्दन किया॥ २॥

हे देव! अत्यन्त भयंकर कच्छप के शरीर धारण करके अपनी पीठ पर मदराचल को धारण करके खुजलाहट का सुख प्राप्त किया और मंदन द्वारा अमृत, कामधेनु, लक्ष्मी, चन्द्रमा को प्रगट करके देव समूहों को आनन्द प्रदान किया॥ ३॥

हे देव! मनुष्य, मुनि, सिद्ध देवता, मात्र के कष्टदाता तथा ब्राह्मण धर्म की मर्यादा के विनाशकारी दैत्य हिरण्याकश्यपु को अतुलनीय नृसिंह का स्वरूप धारण करके आपने विदीर्ण किया और भक्त प्रह्लाद को आनन्दित किया॥ ४॥

हे देव! बालि को छलने के निमित्त वामन वटु रूप धारण करके सम्पूर्ण भुवनों को तीन डगों में करने वाले आपके चरण नख प्रच्छालित जल से निःसृत परम त्रैलोक्यपावनी गंगा जो सम्पूर्ण जगत के असह्य दुख भार को कष्ट करने वाली हैं, उत्पन्न हुई॥ ५॥

देव! आप क्षत्रिय नरेशों हस्ति समूहों को नष्ट करने वाले सिंहवत् परशुराम रूप ब्राह्मण रूपी कृषि के लिए बादल की भाँति अवतरित हुए तथा रावण की बीस भुजाओं तथा दस मुखों को प्रचण्ड वेगवान बाणों से खण्डित करने वाले राम बने, ऐसे राजा श्रीराम का मैं नमन करता हूँ॥ ६॥

हे देव! कंस के वश रूपी वन के लिए अग्निवत् तथा वृष्णि कुल कुमुद के लिए साक्षात् चन्द्र की भाँति राधाप्रिय कृष्ण आप पृथ्वी के सम्पूर्ण भार को विनष्ट करने के लिए परमात्मा की भाँति प्रकट हुए तथा भक्तों के निमित्त ब्रह्म होकर भी नर रूप धारण किया॥ ७॥

हे देव! पृथ्वी को प्रबल पाखण्ड से आच्छादित देखकर आपने अखिल यज्ञ कर्म के सम्पूर्ण पाखण्ड को निन्दा बताया तथा शुद्ध बोधि (ज्ञान) स्वरूप ज्ञान तथा गुणों के केन्द्र हे बौद्धावतारूप ब्रह्म में आपकी वन्दना करता हूँ॥ ८॥

हे देव! कलि जनित कल्मष से विश्व के सम्पूर्ण प्राणियों के मलिन मन जो मोहान्धकार की गहन रात्रि में डूबे हुए थे, उनको दूर करने के निमित्त विष्णयश के पुत्र कल्कि के रूप में सूर्य की भाँति आप उत्पन्न हुए और तुलसीदास कहते हैं कि सम्पूर्ण प्राणियों की विपत्ति भार दूर हुआ॥ ९॥

[५३]

देव

सकल सौभाग्यप्रद सर्वतोभद्र निधि सर्व सर्वेश सर्वाभिरामं।
शर्व हृदि कंज मकरंद मधुकर रुचिर रूप भूपालमणि नौमि रामं॥ १॥
सर्वसुख धाम गुणग्राम विश्रामपद नाम सर्वसंपदमति पुनीतं।
निर्मलं शांत सुविशुद्ध बोधायतन क्रोध मद हरण करुणा निकेतं॥ २॥
अजित निरुपाधि गोतीतमव्यक्त विभुमेकमनवद्यमजमद्वितीयं।
प्राकृतं प्रकट परमातमा परमहित प्रेरकानंत वंदे तुरीयं॥ ३॥
भूधरं सुन्दरं श्रीवरं मदन मद मथन सौन्दर्य सीमातिरम्यं।
दुष्प्राप्य दुष्प्रेक्ष्य दुस्तर्क्य दुष्पार संसारहर सुलभ मृदुभाव गम्यं॥ ४॥

सत्यकृत सत्यरत सत्यव्रत सर्वदा पुष्ट संतुष्ट संकष्टहारी।
धर्मवर्मनि ब्रह्मकर्मबोधैक विप्रपूज्य ब्रह्मण्यजनप्रिय मुरारी॥ ५॥
नित्य निर्मम नित्यमुक्त निर्मान हरि ज्ञानघन सच्चिदानंद मूलं।
सर्वरक्षक सर्वभक्षकाध्यक्ष कूटस्थ गूढार्चि भक्तानुकूलं॥ ६॥
सिद्ध साधक साध्य वाच्य वाचकरूप मंत्र जापक जाप्य सृष्टि स्त्रष्टा।
परम कारण कञ्जनाभ जलदाभतनु सगुण निर्गुण सकल दृश्य द्रष्टा॥ ७॥
व्योम व्यापक विरज ब्रह्म वरदेश वैकुंठ वामन विमल ब्रह्मचारी।
सिद्ध वृंदारकावृंदवंदित सदा खंडि पाखंड निर्मूलकारी॥ ८॥
पूरनानंदसंदोह अपहरन संमोह अज्ञान गुण सन्निपातं।
बचन मन कर्म गत शरण तुलसीदास त्रास पाथोधि इव कुंभजातं॥ ९॥

अर्थ—हे देव! आप सम्पूर्ण सौभाग्य प्रदान करने वाले, सब प्रकार से कल्याणकारी, निधि स्वरूप, सर्वव्याप्त, सर्वेश, सबको आनन्द देने वाले, विश्व के हृदय कमल का पान करने वाले मधुकर की भाँति आनन्द रूप, भूपाल भूपालमणि राम मैं आपको प्रणाम करता हूँ॥ १॥

हे देव! सम्पूर्ण सुखों के केन्द्र, सम्पूर्ण गुण समूहों के आधार, विशान्ति रूप आपका नाम सम्पूर्ण तत्वों की प्राप्ति करने वाला एवं पुनीत है। आप निर्मल, शान्त, विशुद्ध ज्ञानस्वरूप, क्रोध एवं मदों के हरणकर्त्ता तथा करुणा के निकेत हैं॥ २॥

हे देव! आप अजेय उपाधि रहित, इन्द्रिय विषयों से परे, अव्यक्त सर्वथा सर्व समर्थ, केवल दोषरहित, अजन्मा तथा अद्वैत हैं। आप प्राकृत न होकर भी प्राकृत (प्रकृत मनुष्य रूप) हैं, अवतरित परमात्मा, परम हितैषी, सर्वप्रेरक, अनन्त स्वरूप तथा निर्गुण हैं, मैं आपकी वन्दना करता हूँ॥ ३॥

हे देव! आप पृथ्वी को धारण करने वाले, सुन्दर, लक्ष्मी के पति, कामदेव का सौन्दर्यजन्य अहंकार दूर करने वाले, लावण्य की सीमा तथा अत्यन्त रमणीक हैं। आपकी प्राप्ति दुर्लभ है, आप कठिनता से साक्षात्कृत होते हैं, तर्कातीत हैं, अत्यन्त दुर्गम एवं सांसारिक संसक्ति के हरणकर्त्ता एवं भक्तों की कोमल भावनाओं से प्राप्य तथा सुलभ है॥ ४॥

हे देव! आप सत्य के उत्पादक, सत्य में अनुरक्त, सत्यसन्ध, दिव्य सम्पुष्ट, सन्तुष्ट तथा सम्पूर्ण संकटों को दूर करने वाले हैं। धर्म रूपी कवच को धारण करने वाले, आप ज्ञान एवं विद्या में अद्वितीय, विप्रों के लिए पूज्य, ब्रह्मज्ञानियों के लिए प्रिय तथा मुरा नाम दैत्य के वधकर्त्ता हैं॥ ५॥

हे देव! आप नित्य, ममता रहित, सर्वथा मुक्त स्वरूप, निर्वाणरूप, हरि, ज्ञानघन, सत्-चित् एवं आनन्द के अधिष्ठान हैं। आप सर्व रक्षक एवं सबके लयकारक, यम के स्वामी हैं। आप निर्विकार, अत्यन्त तेनयुक्त तथा भक्तों पर निरन्तर कृपालु हैं॥ ६॥

हे देव! आप सिद्ध हैं, आप साधक एवं साध्य दोनों हैं, आप वाच्य-वाचक रूप, मंत्र जापक तथा जाप्य तथा सम्पूर्ण सृष्टि के सृष्टा हैं। आप सृष्टि के मूल कारण, आपकी ही नाभि से कमल निःसृत हुआ है, मेघ की आभायुक्त शरीर से युक्त आप सगुण-निर्गुण तथा सम्पूर्ण दृश्यों के द्रष्टा एकमात्र स्वामी हैं॥ ७॥

हे देव! आप आकाश की भाँति व्यापक, त्रिगुणातीत ब्रह्म तथा आपके नाम वैकुंठ, वामन तथा विशुद्ध ब्रह्मचारी हैं। पाखण्ड का निर्मूल खण्डन करने वाले हे देव! आप सदा सिद्धों एवं देव समूहों से वन्दित हैं॥ ८॥

हे देव! आप अखण्ड आनन्द की राशि हैं, गुण-सन्निपात से ग्रस्त व्यक्ति को स्वस्थ करने वाले तथा अज्ञान एवं सम्मोह के विनाशक हैं। हे सांसारिक संत्रास रूपी समुद्र को सोख लेने वाले अगस्त्य रूप श्रीराम? यह भक्त तुलसीदास मन, कर्म एवं वाणी से तुम्हारी शरण में है॥ ९॥

[५४]

देव—

विश्व विख्यात विश्वेश विश्वायतन विश्वमरजाद व्यालारिगामी।
ब्रह्म वरदेश वागीश व्यापक विमल विपुल बलवान निर्वानस्वामी॥ १॥
प्रकृति महतत्व शब्दादि गुण देवता व्योम मरुदग्नि अमलांबु उर्वी।
बुद्धि मन इंद्रिय प्राण चित्तातमा काल परमाणु चिच्छक्ति गुर्वी॥ २॥
सर्वमेवात्र त्वद्रूप भूपालमणि! व्यक्तमव्यक्त गतभेद विष्णो।
भुवन भवदंग कामारि वंदित पदद्वंद्व मंदाकिनी जनक जिष्णो॥ ३॥
आदिमध्यांत भगवंत! त्वं सर्वगतमीश पश्यन्ति ये ब्रह्मवादी।
यथा पट तंतु घट मृत्तिका सर्प स्त्रग दारु करि कनक कटकांगदादी॥ ४॥
गूढ़ गंभीर गर्वघ्न गूढ़ार्थवित गुप्त गोतीत गुरु ग्यान ग्याता।
ग्येय ग्यानप्रिय प्रचुर गरिमागार घोर संसार पर पार दाता॥ ५॥
सत्यसंकल्प अतिकल्प कल्पांतकृत कल्पनातीत अहि तल्पवासी।
वनज लोचन वनज नाभ वनदाभ वपु वनचरध्वज कोटि लावण्यरासी॥ ६॥
सुकर दुःकर दुराराध्य दुर्व्यसनहर दुर्ग दुर्द्धर्ष दुर्गार्त्तिहर्त्ता।
वेदगर्भार्भकादर्भ गुनगर्व अर्वागपर गर्व निर्वाप कर्त्ता॥ ७॥
भक्त अनुकूल भवशूल निर्मूलकर तूल अघ नाम पावक समानं।
तरलतृष्णा तमी तरणि धरणीधरण शरण भयहरण करुणानिधानं॥ ८॥
बहुल वृंदारकावृंद वंदारु पद द्वंद्व मंदार मालोर धारी।
पाहि मामीश संताप संकुल सदा दास तुलसी प्रणत रावणारी॥ ९॥

अर्थ—हे देव! आप विश्व विख्यात, विश्व के स्वामी, विश्व व्याप्त, विश्व की मर्यादा के रक्षक तथा गरुण पर आरूढ़ हैं। आप ही ब्रह्म, वर देने वालों के स्वामी, वागीश, व्यापक, विपुल, शक्तिमान एवं निर्वाण के स्वामी हैं॥ १॥

हे देव! सांख्य दर्शन के अन्तर्गत वर्णित प्रकृति, महत् तत्त्व, शब्दादि गुण, देवता, आकाश, वायु, अग्नि, निर्मल जल, पृथ्वी, बुद्धि, मन, इन्द्रिय, प्राण, चित्तात्मा, काल परिमाणु एवं गम्भीर चिद् शक्ति हैं॥ २॥

हे भूपाल मणि! सम्पूर्ण सृष्टि आपका स्वरूप ही है, आप व्यक्त-अव्यक्त भेदादि रहित, विष्णु रूप हैं। सम्पूर्ण भुवन आपके अंग हैं, आप शिव द्वारा वंदित, आपके उभय चरणों से गंगा

का जन्म हुआ है तथा आप ही एक मात्र विजेता (जिष्णु) हैं॥ ३॥

हे भगवन! ब्रह्मवादी आप को ही सबसे व्याप्त ईश कहते हैं तथा आप ही सबके आदि, मध्य तथा अन्त हैं। जैसे वस्त्र में तंतु (सूत) घड़े में मिट्टी, साँप में माला, काष्ठ के बने हाथी में काष्ट, कटक एवं बाजूबन्द में स्वर्ण सर्वथा वर्तमान है, हे नाथ! सम्पूर्ण सृष्टि में आप ही व्याप्त हैं॥ ४॥

हे देव! आप गूढ़, गम्भीर, गर्व विनाशक, गूढ़ार्थ ज्ञाता, सर्वथा गुप्त रूप, इन्द्रिय जन्य ज्ञान से परे, गुरु, ज्ञान तथा ज्ञाता स्वरूप हैं। आपही एकमात्र ज्ञेय, ज्ञानप्रिय, गरिमा तथा समृद्धि के आगार एवं गहन संसार सागर से पार करने वाले हैं॥ ५॥

हे देव! आप सत्य संकल्प, आप ही महाकल्प तथा आप ही कल्पान्त के हेतु हैं। आप स्वयं कल्पनातीत तथा शेषशायी हैं। आपके नेत्र कमलवत् हैं तथा आपकी ही नाभि से कमल उत्पन्न हुआ है, आप श्यामल वर्ण की आभा युक्त नील मेघ और आप करोड़ों कामदेव सदृश लावण्य की राशि हैं॥ ६॥

हे देव! आप सुकर तथा दुष्कर दोनों, दुराराध्य एवं दुर्व्यसनों के नष्ट कर्त्ता हैं। आप दुर्गम, युद्ध में अपराजित एवं शोक रूपी दुर्गों के विध्वंसक हैं। अपनी परा तथा अपरा विद्या के गर्व से ओतप्रोत ब्रह्मा के पुत्र सनकादि के गर्व हर्त्ता आप ही हैं॥ ७॥

हे देव! आप निरन्तर भक्तों के अनुकूल, भाव पीड़ा को निर्मूल करने वाले आपका नाम पाप रूपी रूई के लिए अग्निवत् है। तरल तृष्णा रूपी रात्रि को नष्ट करने वाले आप सूर्य हैं, पृथ्वी को धारण करने वाले, शरणागतों का दुख दूर करने वाले करुणानिधान हैं॥ ८॥

हे देव! आपके युगल चरण अनेकानेक देव समूहों द्वारा वन्दित तथा आप हृदय पर मन्दार पुष्प की माला धारण करते हैं। हे श्रीराम! यह भक्त तुलसी पापों को पीड़ा से संकुलित निरन्तर शरणागत है, उसकी रक्षा करें॥ ९॥

[५५]

देव--

संत संतापहर विश्व विश्रामकर राम कामारि अभिरामकारी।
शुद्ध बोधायतन सच्चिदानंदघन सज्जनानंद वर्धन खरारी॥ १॥
शील समता भवन विषमता मति शमन राम रमारमन रावनारी।
खड्ग कर चर्मवर वर्मधर रुचिर कटि तूण शर शक्ति सारंगधारी॥ २॥
सत्यसंधान निर्वानप्रद सर्वहित सर्वगुण ज्ञान विज्ञानशाली।
सघन तम घोर संसार भर शर्वरी नाम दिवसेश खर किरणमाली॥ ३॥
तपन तीच्छन तरुन तीव्र तापघ्न तपरूप तनभूप तमपर तपस्वी।
मान मद मदन मत्सर मनोरथ मथन मोह अंभोधि मंदर मनस्वी॥ ४॥
वेद विख्यात वरदेश वामन विरज विमल वागीश वैकुंठस्वामी।
काम क्रोधादिमर्दन विवर्धन छमा शांति विग्रह विहगराज गामी॥ ५॥
परम पावन पाप पुंज मुंजाटवी अनल इव निमिष निर्मूलकर्त्ता।
भुवन भूषण दूषणारि भुवनेश भूनाथ श्रुतिमाथ जय भुवनभर्त्ता॥ ६॥

अमल अविचल अकल सकल संतप्त कलि विकलता भंजनानंदरासी।
उरगनायक शयन तरुणपंकज नयन छीरसागर अयन सर्ववासी॥ ७॥
सिद्ध कवि कोविदानंद दायक पदद्वंद्व मंदात्ममनुजैर्दुरापं।
यत्र संभूत अतिपूत जल सुरसरी दर्शनादेव अपहरति पापं॥ ८॥
नित्य निर्मुक्त संयुक्तगुण निर्गुणानंद भगवंत न्यामक नियंता।
विश्व पोषण भरण विश्व कारण करण शरण तुलसीदास त्रास हंता॥ ९॥

हे देव! आप सन्तों के सन्ताप को दूर करने वाले, विश्व के लिए विश्रान्तिदायक तथा शिव को आनन्द प्रदान करने वाले, शुद्ध विज्ञान स्वरूप, सत्,चित्, आनन्दस्वरूप, सज्जनों के आनन्द की वृद्धि करने वाले खर नामक राक्षण के हन्ता हैं॥ १॥

हे देव! आप शील एवं समता के भवन, विषम बुद्धि को शान्त करने वाले, लक्ष्मी के पति एवं रावण हन्ता, व्याघ्र चर्म का कवच धारण करने वाले, हाथ में तलवार से युक्त सुन्दर कटि में तरकस, शक्तियुक्त बाण एवं धनुष धारण करने वाले श्रीराम हैं॥ २॥

हे देव! आप सत्य का सन्धान तथा मोक्ष प्रदान करने वाले, सबके समान हितैषी सम्पूर्ण गुणों, ज्ञान तथा विज्ञान से संयुक्त हैं। संसार में व्याप्त कल्मष रूपी अंधकारमयी रात्रि के विनाश के लिए आपका नाम प्रचण्ड किरणों युक्त सूर्य की भाँति प्रखर है॥ ३॥

हे देव! आपका तेज तीक्ष्ण है, आप संसार के तीव्र ताप के नष्टकर्त्ता हैं, आप तप स्वरूप हैं तथा दशरथ भूप के पुत्र के रूप में अवतरित हुए थे, आप अज्ञान से परे तथा तपस्वी हैं। आप मान, मद, काम, मात्सर्य एवं मनोरथ रूपी विकारों के विनष्टकर्त्ता तथा हे मनस्वी! आप मोह रूपी समुद्र को मथित करने वाले मंदराचल पर्वत हैं॥ ४॥

हे देव! आप वेदों में वरदायक के रूप में विख्यात, वामनरूप रजादि गुणों से विमुक्त, निर्मल, वाक्पटु तथा वैकुंठ लोक के स्वामी हैं। आप काम क्रोधादि विकारों के नष्टकर्त्ता, क्षमा बढ़ाने वाले, शान्ति के शरीर रूप (विग्रह) तथा गरुण पर आरूढ़ हैं॥ ५॥

हे देव! आप परम पवित्र; पाप पुंज रूपी मुंज के वन के लिए पल में उसे जलाकर निर्मल कर देने वाले अग्नि हैं। भुवनों के लिए आप अलंकार स्वरूप, दूषण नामक राक्षस के शत्रु, भुवनों के स्वामी वेदादि ही आपके मस्तक हैं, ऐसे भुवनों के स्वामी आपकी जय हो॥ ६॥

हे देव! आप निर्मल, स्थिर, कला रहित एवं सम्पूर्ण कलाओं से परिपूर्ण, कलियुग के संताप से विकल प्राणियों के लिए आनन्दराशि हैं। आप शेषशायी, नवकमल सदृश नेत्र युक्त, क्षीरसागर निवासी, तथा सभी प्राणियों में निवास करने वाले हैं॥ ७॥

हे देव! आप सिद्ध कवियों तथा विद्वानों के लिए आनन्ददायी, आपके चरण युगल पापियों के लिए दुर्लभ हैं, केवल दर्शन मात्र से ही सम्पूर्ण पापों को विनष्ट करने वाली देवनदी गंगा आपसे ही निःसृत हुई है॥ ८॥

हे देव! आप नित्य स्वरूप, बन्धन रहित सम्पूर्ण गुणों से युक्त तथा निर्गुण आनन्दस्वरूप, भगवान, साथ-ही सम्पूर्ण सृष्टि के नियामक तथा नियन्ता हैं। आप ही, सम्पूर्ण सृष्टि का भरण-पोषण करने वाले, विश्व का पालन एवं पोषण करने वाले एवं संत्रास के नष्टकर्त्ता हैं। यह भक्त तुलसीदास आपकी शरण में हैं॥ ९॥

[५६]

देव—

दनुजसूदन दयासिंधु दंभापहन दहन दुर्दोष दर्पापहर्त्ता।
दुष्टतादमन दमभवन दुःखौघहर दुर्ग दुर्वासना नाश कर्त्ता॥ १॥
भूरिभूषण भानुमंत भगवंत भवभंजनाभयद भुवनेश भारी।
भावनातीत भववंद्य भवभक्तहित भूमि उद्धरण भूधरण धारी॥ २॥
वरद वनदाभ वागीश विश्वातमा विरज वैकुण्ठ मन्दिर विहारी।
व्यापक व्योम वंदारु वामन विभो ब्रह्मविद ब्रह्म चिंतापहारी॥ ३॥
सहज सुन्दर सुमुख सुमन सुभ सर्वदा सुद्ध सर्वज्ञ स्वछन्दचारी।
सर्वकृत सर्वभृत सर्वजित सर्वहित सत्य संकल्प कल्पांतकारी॥ ४॥
नित्य निर्मोह निर्गुण निरंजन निजानंद निर्वाण निर्वाणदाता।
निर्भरानंद निःकंप निःसीम निर्मुक्त निरुपाधि निर्मम विधाता॥ ५॥
महामंगलमूल मोद महिमायतन मुग्ध मधु मथन मानद अमानी।
मदनमर्दन मदातीत मायारहित मंजु मानाथ पाथोजपानी॥ ६॥
कमल लोचन कलाकोश कोदंडधर कोशलाधीश कल्याणराशी।
यातुधान प्रचुर मत्तकरि केसरी भक्तमन पुण्य आरण्यवासी॥ ७॥
अनघ अद्वैत अनवद्य अव्यक्त अज अमित अविकार आनंदसिंधो।
अचल अनिकेत अविरल अनामय अनारंभ अंभोदनादहन बंधो॥ ८॥
दासतुलसी खेदखिन्न आपन्न इह शोकसंपन्न अतिशय सभीतं।
प्रणतपालक राम परम करुणाधाम पाहि मामुर्विपति दुर्विनीतं॥ ९॥

हे देव! आप मधु नामक दैत्य के हन्ता, दयासिन्धु, दम्भ का विनाश करने वाले, भयंकर पापों के दग्धकर्त्ता एवं दर्पों को दूर करने वाले हैं। आप दुष्टता के दमनकर्त्ता, संगम के आधार, पाप वासना एवं दुःखों के विनाशक एवं दुर्वासना रूप दुर्ग के विध्वंसक हैं॥ १॥

हे देव! आप अनेकानेक अलंकारों से विभूषित, प्रकाशवान, भगवान स्वरूप, भवजन्य पापों के विनष्टकर्त्ता, अभयदाता तथा भुवनों के स्वामी हैं। आप भावातीत शिव द्वारा वंदनीय, भक्तों के एकमात्र हितैषी एवं पर्वत (गोवर्धन) को धारण करने वाले हैं॥ २॥

हे देव! आप वरदान देने में समर्थ, श्यामल आभायुक्त, वागीश, विश्वात्मा, गुणरहित, तथा वैकुण्ठ रूपी मंदिर में निरन्तर विहार करने वाले हैं। आप आकाश सदृश व्यापक, वन्दनीय (वंदारु), वामन रूप, विभु, ब्रह्मविद् तथा स्वयं ब्रह्म एवं सम्पूर्ण चिन्ता एवं दुखों के विनाशक हैं॥ ३॥

हे देव! आप नैसर्गिक रूप से सुन्दर, सुन्दर मुखयुक्त, सहृदय, निरन्तर शुभ रूप, पवित्र, सर्वज्ञाता एवं स्वेच्छानुसार विचरण करने वाले हैं। सब कुछ करने वाले सर्वभूत सर्वजित, सभी के हितैषी, कल्पों को हैं। सब कुछ करने वाले आप सर्वभूत, सर्वजित सभी के हितैषी, कल्पों को समाप्त करने वाले तथा सत्य संकल्पशील हैं॥ ४॥

आप नित्य, मायामुक्त, निर्गुण, निरंजन, स्वयं आनन्दस्वरूप, निर्वाण स्वरूप तथा निर्वाणदाता हैं। आप स्वयं आत्मानन्द अडिग (निष्कंप), निस्सीम, निर्मुक्त, निरुपाधि, ममता-विहीन एवं जगत स्रष्टा हैं॥ ५॥

आप सर्वोत्तम कल्याणों के स्वामी, आनन्द और श्रेष्ठता के स्थान (आयतन), अज्ञानी मधु दैत्य का वध करने वाले, सुसम्मान देने वाले एवं मानाभिमान रहित हैं। आप कामदेव के विनाशक, मद रहित, मायामुक्त, सुन्दर लक्ष्मी (माँ) के स्वामी एवं कमलपाणि हैं॥ ६॥

आप कमल नेत्र, कलाओं के भण्डार, धनुर्धर कोसलाधीश एवं कल्याण की राशि हैं। अनेकानेक राक्षस समूह रूपी मदमत्त हस्तियों को विदीर्ण करने वाले आप सिंहवत् एवं भक्तजनों के मन को पवित्र करने वाले वनवासी भी हैं॥ ७॥

आप निःपाप, अद्वैत, निर्दोष, अजन्मा, व्यापक, अविकारी तथा आनन्द के समुद्र हैं। आप अचल, अनिकेत, अविरल, दोषरहित (अनामय)आदि रहित एवं मेघनाद के हन्ता लक्ष्मण के अग्रज हैं॥ ८॥

हे प्रणतपालक, भूपाल करुणाधाम राम! सांसारिक दुखों से दुखित, आपत्तिग्रस्त, शोकसन्तप्त, अतिशय सभीत, दुर्विनीत भक्त तुलसी की आप रक्षा करें॥ ९॥

[५७]

देव—

देहि सतसंग निज अंग श्रीरंग! भवभंग कारण शरण शोकहारी।
ये तु भवदंघ्रिपल्लव समाश्रित सदा भक्तिरत विगतसंशय मुरारी॥ १॥
असुर सुर नाग नर यक्ष गंधर्व खग रजनिचर सिद्ध ये चापि अन्ने।
संत संसर्ग त्रैवर्गपर परमपद प्राप्य निःप्राप्यगति त्वयि प्रसन्ने॥ २॥
वृत्र बलि बाण प्रहलाद मय व्याध गज गृध्र द्विजबन्धु निजधर्मत्यागी।
साधुपद सलिल निर्धूत कल्मष सकल श्वपच यवनादि कैवल्य भागी॥ ३॥
शांत निरपेक्ष निर्मम निरामय अगुण शब्दब्रह्मैकपर ब्रह्मज्ञानी।
दक्ष समदृक स्वदृक विगत अति स्वपरमति परमरतिविरति तव चक्रपानी॥ ४॥
विश्व उपकारहित व्यग्रचित सर्वदा त्यक्तमदमन्यु कृत पुण्यरासी।
यत्र तिष्ठन्ति तत्रैव अज शर्व हरि सहित गच्छन्ति क्षीराब्धिवासी॥ ५॥
वेद पयसिंधु सुविचार मंदरमहा अखिल मुनिवृंद निमर्थनकर्ता।
सार सतसंगमुद्धृत्य इति निश्चितं वदति श्रीकृष्ण वैदर्भिभर्ता॥ ६॥
शोक संदेह भय हर्ष तम तर्षगण साधु सद्युक्ति विच्छेदकारी।
यथा रघुनाथ सायक निशाचर चमू निचय निर्दलन पटु वेग भारी॥ ७॥
यत्र कुत्रापि मम जन्म निजकर्मवश भ्रमत जगजोनि संकट अनेकं।
तत्र त्वद्भक्ति सज्जन समागम सदा भवतु मे राम विश्राममेकं॥ ८॥
प्रबल भव जनित त्रैव्याधि भैषज भगति भक्त भैषज्यमद्वैतदरसी।
संत भगवंत अंतर निरंतर नहीं किमपि मति मलिन कह दासतुलसी॥ ९॥

हे देव श्रीरंग! मुझे संतों को संग दीजिए क्योंकि यही सतसंग ही भवबाधाओं को दूर करने का कारण तथा सम्पूर्ण शोक प्रपंचों का विनाशक है क्योंकि संत जन निरन्तर आपके चरण-पल्लवों के आश्रित भक्तिरस में लीन तथा विगत संशय रहते हैं ॥ १ ॥

असुर, देवता, नाग, नर, यक्ष, गन्धर्व, पक्षी, राक्षस, सिद्ध तथा अन्य जो भी हैं, तुम्हारे प्रसन्न होते ही, सन्तों के प्रभाव से अर्थ, धर्म, काम से भी श्रेष्ठ न प्राप्त होने योग्य पद को प्राप्त कर लेते हैं ॥ २ ॥

वृत्रासुर, बाणासुर, प्रह्लाद, मयदानव, व्याध, गजराज, गिद्ध (जटायू), ब्राह्मण अजामिल जो अपना धर्म त्याग कर चुका था, साथ ही चाण्डाल यवन आदि सत संगति के प्रभाव रूपी जल में अपने समस्त पापों को धोकर कैवल्य पद के भागी हुए ॥ ३ ॥

जो शान्त हैं, सम्बन्ध विरहित हैं, मायारहित हैं, जो गुणों के बन्धन से रहित हैं, मोह ममता रहित हैं, शब्द ब्रह्म के ज्ञानियों में प्रमुख तथा ब्रह्मज्ञानी हैं। जो कुशल,समदर्शी, जो स्व तथा पर बुद्धि के अतिरेक से मुक्त हैं, हे चक्रपाणि श्रीराम! वे जो आपमें पूर्णतया संसक्त हैं ॥ ४ ॥

जो संसार के उपकार के निमित्त सर्वदा व्यग्र रहते हैं, जिन्होंने अहंकार तथा क्रोध को त्याग करके पुण्य अर्जित किया है, ऐसे पुण्यात्मा जहाँ निवास करते हैं, वहाँ स्वत: ही ब्रह्म तथा शिव को साथ लेकर विष्णु स्वयं गमन करते हैं ॥ ५ ॥

वेद क्षीर सागर है, सात्विक विचार मंदराचल है, सम्पूर्ण मुनि समूह उसके मथने वालों ने सम्पूर्ण सार तत्त्व सतसंगति को निकाला, यही सत्य है, ऐसा रुक्मिणी वल्लभ (वैदर्भिभर्ता) श्री कृष्ण ने बताया है ॥ ६ ॥

सन्त जनों की सदूक्ति शोक, सन्देह, भय, हर्ष, अविद्या तथा वासनाओं (तर्ष) को इस प्रकार नष्ट कर देते हैं, जैसे अपने प्रचंड वेग से रघुनाथजी के वाण राक्षस समूहों को दलमल देते हैं ॥ ७ ॥

हे श्रीराम! जहाँ कहीं मेरा जन्म हो, निज कर्मवशात् संसार भी अनेक योनियों में नाना प्रकार के संकटों को भोगते दुख भी मुझे आपकी भक्ति एवं सज्जनों का समागम सदा प्राप्त हो ॥ ८ ॥

संसार की त्रिविध (दैहिक, दैविक, भौतिक) व्याधि के लिए ईश्वर भक्ति ही एकमात्र औषधि है, अद्वैत द्रष्टा भक्त ही वैद्य है, मलिन बुद्धि वाले तुलसीदास का ही कहना है कि सन्त तथा परमात्मा में लेशमात्र भी कहीं भी अन्तर नहीं है ॥ ९ ॥

[५८]

देव—

देहि अवलंब कर कमल कमलारमन दमन दुख शमन संताप भारी।
अज्ञान राकेस ग्रासन विधुंतुद गर्व काम करिमत्त हरि दूषणारी॥ १॥
वपुष ब्रह्माण्ड सुप्रवृत्ति लंका दुर्ग रचित मन दनुज मय रूपधारी।
विविध कोशौघ अति रुचिर मंदिर निकर सत्वगुण प्रमुख त्रैकटककारी॥ २॥
कुणप अभिमान सागर भयंकर घोर विपुल अवगाह दुस्तर अपारं।
नक्र रागादि संकुल मनोरथ सकल संग संकल्प वीची विकारं॥ ३॥

मोह दशमौलि तद्भ्रात अहँकार पाकारिजित काम विश्रामहारी।
लोभ अतिकाय मत्सर महोदर दुष्ट क्रोध पापिष्ठ बिबुधांतकारी॥ ४॥
द्वेष दुर्मुख दंभ खर अकंपन कपट दर्प मनुजाद मद शूलपानी।
अमितबल परम दुर्जय निशाचर निकर सहित षडवर्ग गो यातुधानी॥ ५॥
जीव भवदंघ्रि सेवक विभीषण बसत मध्य दुष्टाटवी ग्रसितचिंता।
नियम यम सकल सुरलोक लोकेश लंकेश वश नाथ! अत्यंत भीता॥ ६॥
ज्ञान अवधेश गृह गेहिनी भक्ति शुभ तत्र अवतार भूभार हर्ता।
भक्त संकष्ट अवलोकि पितु वाक्य कृत गमन किय गहन वैदेहि भर्ता॥ ७॥
कैवल्य साधन अखिल भालु मर्कट विपुल ज्ञान सुग्रीवकृत जलधिसेतू।
प्रबल वैराग्य दारुण प्रभंजन तनय विषय वन भवनमिव धूमकेतू॥ ८॥
दुष्ट दनुजेश निर्वंशकृत दासहित विश्वदुख हरण बोधैकरासी।
अनुज निज जानकी सहित हरि सर्वदा दासतुलसी हृदय कमलवासी॥ ९॥

हे देव! हे लक्ष्मीपति, हे दुःखों के नाशकर्त्ता, हे सम्पूर्ण सन्तापों के शमनकर्त्ता, आप कमलवत् हाथों का सहारा दें। हे दूषणहन्ता श्रीराम! आप अज्ञान रूपी चंद्र का ग्रास करने के लिए राहु सदृश, गर्व तथा कामवासना रूपी मत्त हस्ती को नष्ट करने वाले सिंहवत् हैं॥ १॥

शरीर ब्रह्माण्ड है, सुप्रवृत्तियाँ ही लंका दुर्ग हैं, मन रूपी मायावी मयदानव द्वारा यह निर्मित है, मन के विविध कोश समूह (अन्नमय, प्राणमय, मनोमय, विज्ञानमय, आनन्दमय) ही इसके अत्यन्त आकर्षक भवन हैं, त्रिगुण ही इसके तीन भयंकर सेनापति हैं॥ २॥

अभिमान ही भयंकर घोर समुद्र है, यह अभिमान स्वरूप घोर भयंकर समुद्र विस्तृत, अथाह, दुर्गम एवं विशाल है। सम्पूर्ण मनोरथों से युग रागादि के समुदाय ही मकर हैं, संगति तथा संकल्प ही इस महासमुद्र की भयंकर लहरें हैं॥ ३॥

महामोह ही रावण हैं, अहंकार ही उसका भाई कुम्भकर्ण है,काम इन्द्र को जीत कर आनन्दित होने वाला मेघनाद है, लोभ ही अतिकाय सेनापति है, मत्सर महोदर है, क्रोध ही देवहन्ता पापी अंतकारी है॥ ४॥

द्वेष ही दुर्मुख है, दंभ ही खर है, कपट ही अकम्पन है, दर्प-मनुजाद एवं मद शूलपाणि नामक राक्षस अत्यन्त बलशाली तथा दुर्जेय हैं। इन समस्त निशाचर के साथ छः इन्द्रिय रूपी षड् राक्षस स्त्रियाँ भी हैं॥ ५॥

आपके चरणों का सेवक जीव ही विभीषण है जो दुष्टों के वन के मध्य चिन्ताग्रस्त निवास कर रहा है। यम-नियम रूपी दसों दिकपाल और इन्द्र इस रावण के वश में होकर हे नाथ! अत्यन्त भयभीत हैं॥ ६॥

ज्ञान रूपी दशरथ के गृह में भक्ति रूपी कौसल्या के गर्भ से जैसे पृथ्वी के भार को हरण करने के लिए अवतार ग्रहण किया था और भक्तों के संकट को देखकर अपने पिता के वचनों को पूर्ण करने के निमित्त भाई तथा पत्नी सीता के साथ हे श्रीराम! आपने वन में गमन किया था॥ ७॥

हे नाथ! कैवल्य पद के सम्पूर्ण साधनों की भालु-बन्दर सेना बनाकर, ज्ञान रूपी सुग्रीव को साथ लेकर सत्कर्म रूपी सेतु से समुद्र बाँध कर, विषय-वासना रूपी भवन के अग्निदाह

निमित्त प्रबल वैराग्य को अजेय हनुमान बनाएँ॥ ८॥

भक्तों की रक्षा के निमित्त मोह रूपी रावण को परिवार सहित नष्ट करके हे अखण्ड ज्ञान रूप श्रीराम! भक्त तुलसी के हृदय कमल में सदा लक्ष्मण तथा जानकी सहित निवास करें॥ ९॥

[५९]

देव—

दीन उद्धरन रघुवर्य करुना भवन समन संताप पापौघहारी।
विमल विग्यान विग्रह अनुग्रहरूप भूपवर बिबुध नर्मद खरारी॥ १॥
संसार कांतार अतिघोर गम्भीर घन गहन तरुकर्म संकुल मुरारी।
वासना बल्लि खर कंटकाकुल विपुल निंबिड़ विटपाटवी कठिन भारी॥ २॥
विविध चितवृत्ति खग निकर सेनोलूक काम बक गृध्र आमिषहारी।
अखिलखल निपुनछल छिद्र निरखत सदा जीवजनपथिक मन खेदकारी॥ ३॥
क्रोध करि मत्त मृगराज कंदर्प मद दर्प वृक भालु अति उग्रकर्मा।
महिष मत्सर क्रूर लोभ सूकररूप फेरु छल दंभ मार्जारधर्मा॥ ४॥
कपट मर्कट विकट व्याघ्र पाखण्डमुख दुखद मृगव्रात उत्पातकर्त्ता।
हृदय अवलोकि यह सोक सरनागतं पांहि मां पाहि भो विस्वभर्त्ता॥ ५॥
प्रबल अहँकार दुरघट महीघर महामोह गिरि गुहा निबिडांधकारं।
चित्त बेताल मनुजाद मन प्रेतगन रोग भोगौघ वृश्चिक विकारं॥ ६॥
विषय सुख लालसा दंस मसकादि खल झिल्लि रूपादि सब सर्प स्वामी।
तत्र आच्छिप्त तव विषय माया नाथ अंध मैं मद व्यालादगामी॥ ७॥
घोर अवगाह भव आपगा पापजलपूर दुष्प्रेक्ष्य दुस्तर अपारा।
मकर षड्वर्ण गोनक्र चक्राकुला कूल सुभ असुभ दुखं तीव्र धारा॥ ८॥
सकल संघट पोच सोचबस सर्वदा दासतुलसी विषय गहन ग्रस्तं।
त्राहि रघुबंसभूषन कृपाकर कठिन काल विकराल कलित्रास त्रस्तं॥ ९॥

अर्थ—हे देव! आप दीनजनों के उद्धारक; रघुकुल में श्रेष्ठ, करुणा के आलय, सन्ताप के नाशक (पाप-समूह के हरनेवाले) हैं। आप शुद्ध निर्विकार, विज्ञानस्वरूप कृपामूर्ति, राजाओं के शिरोमणि, देवताओं को सुख देने वाले और खर नामक दैत्य के शत्रु हैं॥ १॥

हे मुरारे! संसार यह बड़ा ही भयानक और सघन वन है। यहाँ कर्मरूपी वृक्ष बड़े ही सघन हैं। वासनाओं की लताएँ लिपट रही हैं, और व्याकुलता के अनेक पैने काँटे बिछ रहे हैं। ओह! कैसा सघन वृक्षों का महाघोर वन है यह॥ २॥

इस वन में चित्त की अनेक प्रकार की वृत्तियाँ ही मांसाहारी बाज, उल्लू, कौए बगुले, गीध आदि पक्षियों के समूह हैं। ये बड़े ही दुष्ट और कपट करने में चतुर हैं। दोष देखते ही ये जीवनरूपी पथिकों के मन को दुःख दिया करते हैं॥ ३॥

यहाँ क्रोधरूपी मतवाले हाथी हैं, कामरूपी सिंह हैं, मदरूपी भेड़ियों और गर्वरूपी रीछ हैं। ये बड़े ही निर्दयी हैं। यही नहीं, यहाँ मत्सररूपी निर्दय भैंसा, लोभरूपी शूकर, छलरूपी

सियार और दम्भ रूपी बिलाव भी हैं॥ ४॥

कपटरूपी यहाँ विकट बन्दर हैं, पाखण्ड-रूप बाघ हैं, जो सन्तरूपी मृग-समूह को सदा दुःख दिया करते और उपद्रव मचाया करते हैं। हे विश्वम्भर! अन्तर में यह (असह्य) कष्ट देखकर मैं आपकी शरण में आया हूँ। हे प्रभो! मेरी रक्षा कीजिए, रक्षा कीजिए॥ ५॥

इस वन में (जैसे-तैसे जीव-जन्तुओं से भी बच गया, तो आगे और भी विपत्तियाँ हैं) विशाल अहंकाररूपी पर्वत सामने खड़ा हैं। इसका लाँघ जाना अत्यन्त दुरूह है। इस पर्वत में महामोहरूपी गुफा है, जिसके भीतर घोर अंधकार है। यहाँ चित्तरूपी बेताल, मनरूपी मनुष्य-भक्षक, राक्षस, रोगरूपी भूत-प्रेतों के समूह और भोग-विलासरूपी बिच्छुओं का (तीक्ष्ण) विष फैला हुआ है॥ ६॥

यहाँ पर विषय-सुख की लालसाएँ ही मक्खियाँ व मच्छर हैं, दुष्टजन ही झिल्ली हैं। हे स्वामी! यहाँ रूप, रस, गंध, स्पर्श आदि विषय ही सर्प हैं। हे नाथ। आपकी त्रिगुणात्मिका माया ने मुझ मुन्दबुद्धि को लाकर इस घोर वन में छोड़ दिया है। हे गरुड़गामी! मैं अन्धा हूँ, (ज्ञान-नेत्र नहीं है) आत्मप्रकाश-हीन हूँ, (अतः पार पाना कठिन है)॥ ७॥

इतना ही नहीं, यहाँ प्रकृति-रूपी नदी बड़ी ही भीषण और अगाध है। इसमें पाप-रूपी जल भरा है। इसकी ओर देखना भी सरल नहीं, फिर पार कर जाना तो अत्यन्त ही कठिन है। इसका कहीं ओर-छोर ही नहीं दीख रहा है। इसमें काम, क्रोध, लोभ, मोह, मद और मत्सररूपी मगर रहते हैं। जहाँ-तहाँ इन्द्रियरूपी घड़ियाल और जलावर्त भरे पड़े हैं। शुभ और अशुभ कर्म ही इसके दोनों तट हैं। इसकी दुःखरूपी धारा कैसी बह रही है?॥ ८॥

हे रघुवंश-विभूषण! इन सब नीचों के दल ने मुझे इस वन में पकड़ रखा है। यह दास, तुलसी, सदा ही चिन्ता के मारे घुटा करता है। कृपाकर इस कराल कलिकाल के भय से डरे हुए मुझे आप बचा लीजिए॥ ९॥

[६०]

देव—

नौमि नारायणं नरं करुणायनं ध्यान पारायणं ज्ञान मूलं।
अखिल संसार उपकार कारण सदयहृदयतपनिरत प्रणतानुकूलं॥ १॥
श्याम नव तामरस दामद्युति वपुष छवि कोटि मदनार्क अगणित प्रकाशं।
तरुण रमणीय राजीव लोचन ललित वदन राकेश कर निकर हासं॥ २॥
सकल सौंदर्य निधि विपुल गुणधाम विधि वेद बुध शंभु सेवित अमानं।
अरुण पदकंज मकरंद मंदाकिनी मधुप मुनिवृंद कुर्वन्ति पानं॥ ३॥
शक्र प्रेरित घोर मदन मद भंगकृत क्रोधगत बोधरत ब्रह्मचारी।
मार्कण्डेय मुनिवर्यहित कौतुकी बिनहि कल्पांत प्रभु प्रलयकारी॥ ४॥
पुण्य वन शैलसरि बद्रिकाश्रम सदासीन पद्मासनं एक रूपं।
सिद्ध योगींद्र वृंदारकानंदप्रद भद्रदायक दरस अति अनूपं॥ ५॥
मान मनभंग चितभंग मद क्रोध लोभादि पर्वतदुर्ग भुवन भर्त्ता।
द्वेष मत्सर राग प्रबल प्रत्यूह प्रति भूरि निर्दय क्रूर कर्म कर्त्ता॥ ६॥

विकटतर वक्र क्षुरधार प्रमदा तीव्र दर्प कंदर्प खर खड्गधारा।
धीर गंभीर मन पीर कारक तत्र के वराका वयं विगतसारा॥ ७॥
परम दुर्घट पथं खल असंगत साथ नाथ! नहिं हाथ वर विरति यष्टी।
दर्शनारत दास त्रसित माया पाश त्राहि हरि त्राहि हरि दास कष्टी॥ ८॥
दासतुलसी दीन धर्म संबलहीन श्रमित अतिखेद मति मोह नाशी।
देहि अवलंब न विलंब अंभोज कर चक्रधर तेजबल शर्मराशी॥ ९॥

अर्थ—हे देव! ज्ञान के मूलाधार, ध्यान के विषय, करुणागार, नर-नारायण को नमन करता हूँ, जो सम्पूर्ण सृष्टि के उपकार कर्त्ता, दयानिधान, तप में लगे भक्तों द्वारा प्रणत होने पर अनुकूल होते हैं॥ १॥

आपका शरीर नव श्यामल कमल माला सदृश द्युतिमान है तथा उसकी छवि करोड़ों कामदेव रूपी सूर्य के सदृश प्रकाशमान है। आपके नेत्र तरुण कमल की भाँति रमणीक तथा ललित हैं और मुख चन्द्र सदृश तथा हास चन्द्र किरण राशि सदृश निर्मल है॥ २॥

आप सम्पूर्ण सौन्दर्य की निधि एवं अनन्त गुणों के धाम हैं, आप निरन्तर ब्रह्मा, वेद, ज्ञानियों एवं शिव द्वारा सेवित हैं तथा मान रहित हैं। आपके अरुण कमल सदृश चरणों से पराग सदृश गंगा निःसृत हैं जिसका पान मुनिवृन्द सदृश भ्रमर समूह निरन्तर किया करते हैं॥ ३॥

इन्द्र द्वारा प्रेरित प्रचंड कामदेव के मद को भंग करने वाले, क्रोधरहित, ज्ञानलीन, ब्रह्मचारी मार्कण्डेय ऋषि को अपने सामर्थ्य से बिना कल्पान्त के ही मात्र लीलाभाव से प्रलयकाल की रचना की॥ ४॥

जो निरन्तर वन, पर्वत तथा नदियों से युक्त पूर्ण प्रसिद्ध बदरिकाश्रम में पद्मासन में निरन्तर स्थित रहते हैं और उनका अत्यन्त अनुपम दर्शन सिद्ध योगीन्द्र और देवताओं के लिए आनन्द का कारण स्वरूप है॥ ५॥

हे लोकपालक! बदरिकाश्रम में मानभंग पर्वत ही मान भावना है, चित्त की शान्ति को भंग करने वाला चित्तभंग पर्वत श्रेणी है, क्रोध लोभादि रूपी दुर्गम पर्वत हैं, आप तक पहुँचने में द्वेष, मात्सर्यभाव, रागवासनाएँ भयंकर बाधाएँ हैं, और ये बड़े ही निर्दय तथा क्रूरकर्मा हैं, अतः आपका दर्शन सामान्य के लिए दुर्लभ है॥ ६॥

बदरिकाश्रम तक पहुँचने में आपके दर्शन के मार्ग में विलासिनी युवतियाँ (प्रमदा) विकट, तिरछी छुरी की धार सदृश बाधा हैं। कामदेव का तीव्र सन्ताप तलवार की धार की भाँति बाधक है। इनसे धीर एवं गम्भीर मन भी संतप्त हो उठते हैं। उनके समक्ष विरक्त जन भी अकिंचन दिखाई पड़ने लगते हैं॥ ७॥

हे नाथ! आपका पथ दुर्गम है, दुष्टों का साथ है, और न हाथ में श्रेष्ठ संन्यास रूपी छड़ी ही है। यह भक्त आपके दर्शनार्थ आतुर है किन्तु मायापाश में त्रस्त है, यह दास कष्ट में डूबा हुआ है, हे नाथ! रक्षा करें—रक्षा करें॥ ८॥

हे देव! यह भक्त तुलसी, दीन, धर्म सम्बल हीन, सांसारिक प्रताड़नाओं से थका हुआ है तथा मोह ने उसकी मति नष्ट कर दी है। कमल हाथों वाले, कल्याण राशि, चक्रधर तेज तथा बल से संयुक्त हे श्रीराम! अविलम्ब आश्रय प्रदान करें, विलम्ब न करें॥ ९॥

[६१]

देव

सकल सुखकंद आनंदवन पुण्यकृत बिंदुमाधव द्वंद्व विपतिहारी।
यस्यांध्रिपाथोज अज शंभु सनकादि शुक शेष मुनिवृंद अलि निलयकारी॥ १॥
अमल मरकत श्याम काम शतकोटि छवि पीतपट तड़ित इव जलदनीलं।
अरुण शतपत्र लोचन विलोकनि चारु प्रणतजन सुखद करुणार्द्रशीलं॥ २॥
काल गजराज मृगराज दनुजेश वन दहन पावक मोह निशि दिनेशं।
चारिभुज चक्र कौमोदकी जलज दर सरसिजोपरि यथा राजहंसं॥ ३॥
मुकुट कुंडल तिलक अलक अलिव्रात इव भृकुटि द्विज अधरवर चारुनासा।
रुचित सुकपोल दर ग्रीव सुखसीव हरि इंदुकर कुंदमिव मधुरहासा॥ ४॥
उरसि वनमाल सुविशाल नवमंजरी भ्राज श्रीवत्स लांछन उदारं।
परम बह्मन्य अतिधन्य गतमन्यु अज अमितबल विपुल महिमा अपारं॥ ५॥
हार केयूर कर कनक कंकन रतन जटित मणि मेखला कटिप्रदेशं।
युगल पद नूपुरामुखर कलहंसवत सुभग सर्वांग सौंदर्य वेशं॥ ६॥
सकल सौभाग्य संयुक्त त्रैलोक्य श्री दक्षि दिशि रुचिर वारीश कन्या।
बसत विबुधापगा निकट तट सदनवर नयन निरखंति नर तेऽति धन्या॥ ७॥
अखिल मंगल भवन निबिड़ संशय शमन दमन वृजिनाटवी कष्टहर्त्ता।
विश्वधृत विश्वहित अजित गोतीत शिव विश्वपालन हरण विश्वकर्त्ता॥ ८॥
ज्ञान विज्ञान वैराग्य ऐश्वर्य निधि सिद्धि अणिमादि दे भूरिदानं।
ग्रसित भव व्याल अतित्रास तुलसीदास त्राहि श्रीराम उरगारि यानं॥ ९॥

अर्थ—हे विन्दुमाधव देव! सम्पूर्ण सुखों के आधार, आपने आनन्द वन (काशी स्थित विन्दु माधवजी का स्थान) को पवित्र कर (पुण्यकृत) दिया है, आप सम्पूर्ण मायिक द्वन्द्वों तथा क्लेशों के नष्टकर्त्ता हैं। आपके चरण (अन्घ्रि) कमल ब्रह्मा, शम्भु, शनकादि, शुकदेव, शेषनाग एवं अनेक मुनि समुदाय रूप भ्रमरों की स्थली है॥ १॥

आप निर्मल नीलमणि सदृश श्यामल, कोटि काम देवों की छवि संयुक्त नीलाभ कमल नेत्र, सुष्ठु दृष्टिपात से युक्त अत्यन्त करुणाशील भक्तजनों के आनन्ददाता हैं॥ २॥

कान रूपी हस्ती के लिए आप सिंह हैं, राक्षस रूपी वन को विदग्ध कर देने वाले अग्नि हैं, मोहान्धकार के लिए आप साक्षात् सूर्य हैं। चारों भुजाओं में चक्र गदा (कौमोदपिकी), कमल एवं शंख (दर) युक्त इस प्रकार विराजमान हैं, जैसे कमल के ऊपर राजहंस॥ ३॥

मुकुट, कुण्डल, तिलक युक्त आपके बाल भ्रमर समूह (अलिव्रात) की भाँति हैं, भौंहें, दन्तपंक्तियाँ, सुन्दर ओष्ठ, आकर्षक नासिका, रुचिर कपोलप्रान्त, शंख सदृश ग्रीवा चन्द्रकिरण एवं बेला सदृश श्वेत मधुर हास्य सभी के सभी आनन्द को उसकी पराकाष्ठा तक पहुँचा देते हैं॥ ४॥

आपके हृदय पर नवीन मंजरियों से युक्त वनमाला शोभित है। श्रीवत्स शोभा पा रहा है तथा लांछन स्वरूप स्पष्ट चरण चिह्न भी है। हे मान रहित(मन्यु), हे अज! हे अतिधन्य

परमब्रह्म विन्दु माधवजी आप अमित बलयुक्त हैं तथा आपकी महिमा अनन्त है ॥ ५ ॥

हार, केयूर हाथ में रत्न जटित कंकण, कटि प्रदेश में मणिमयी मेखला सुन्दर हंसों की भाँति युगल चरणों में नूपुर मुखरित हो रहे हैं और आपका सर्वांग सुन्दर वेश से अलंकृत है ॥ ६ ॥

सम्पूर्ण सौभाग्य से संयुक्त हे विन्दु माधवजी! आपकी दक्षिण दिशा में सागर पुत्री लक्ष्मी विराजमान हैं। आपका श्रेष्ठ मन्दिर गंगा तट पर स्थित है, जो एक बार आपको नेत्रों से देख लेते हैं, वे धन्य हो उठते हैं ॥ ७ ॥

हे विन्दु माधवजी! आप सम्पूर्ण मंगल के भवन, गहन सन्देहों के विनाशक, पाप (वृजि) रूपी वन के दहनकर्त्ता, कष्टों के निवारक, विश्व को धारण करने वाले, सृष्टि के हितैषी, अजेय, इन्द्रियमातीत, कल्याण रूप सम्पूर्ण सृष्टि के सृजनकर्त्ता, पालनकर्त्ता एवं विनाशकर्त्ता हैं ॥ ८ ॥

आप सम्पूर्ण ज्ञान, विज्ञान, वैराग्य एवं ऐश्वर्य की निधि एवं सम्पूर्ण सिद्धियों के महान दानी हैं। तुलसीदास कहते हैं कि वह भव-व्याल के संत्रास से अत्यधिक ग्रस्त है, अतः हे गरुणगामी श्रीराम उसकी रक्षा करें ॥ ९ ॥

[६२]

इहै परम फलु परम बड़ाई।
नखसिख रुचिर बिंदुमाधव छबि निरखहिं नयन अघाई ॥ १ ॥
बिसद किसोर पीन सुंदर बपु श्याम सुरुचि अधिकाई।
नीलकंज बारिद तमाल मनि इन्ह तनुते दुति पाई ॥ २ ॥
मृदुल चरन शुभ चिन्ह पदज नख अति अभूत उपमाई।
अरुन नील पाथोज प्रसव जनु मनिजुत दल समुदाई ॥ ३ ॥
जातरूप मनि जटित मनोहर नूपुर जन सुखदाई।
जनु हर उर हरि बिबिध रूप धरि रहे बर भवन बनाई ॥ ४ ॥
कटितट रटति चारु किंकिनि रव अनुपम बरनि न जाई।
हेम जलज कल कलित मध्य जनु मधुकर मुखर सुहाई ॥ ५ ॥
उर बिसाल भृगुचरन चारु अति सूचन कोमलताई।
कंकन चारु बिबिध भूषन बिधि रचि जिन कर मन लाई ॥ ६ ॥
गज मनिमाल बीच भ्राजत कहि जात! न पदहि निकाई।
जनु उडुगन मंडल वारिद पर नवग्रह रची अथाई ॥ ७ ॥
भुजगभोग भुजदंड कंज दर चक्र गदा बनि आई।
सोभासींव ग्रीव चिबुकाधर बदन अमित छवि छाई ॥ ८ ॥
कुलिस कुंद कुडमल दामिनि दुति दसनन देखि लजाई।
नासा नयन कपोल ललित स्त्रुति कुंडल भ्रू मोहिं माई ॥ ९ ॥
कुंचित कच सिर मुकुट भाल पर तिलक कहौ समुझाई।
अल्प तड़ित जुग रेख इन्दु महँ रहि तजि चंचलताई ॥ १० ॥

निर्मल पीत दुकूल अनूपम उपमा हिय न समाई।
बहु मनिजुत गिरिनील सिखर पर कनक बसन रुचिराई॥ ११॥
दच्छभाग अनुराग सहित इंदिरा अधिक ललिताई।
हेमलता जनु तरु तमाल ढिग नील निचोल ओढ़ाई॥ १२॥
सत सारदा सेस स्रुति मिलिकै सोभा कहि न सिराई।
तुलसिदास मति मंद द्वन्दरत करैं कौन विधि गाई॥ १३॥

अर्थ—जीवन का यही सर्वोच्च फल है और यही उसकी सार्थकता है कि नख-शिख तक आनन्ददायी विन्दु माधवजी की छवि को आँखें भर कर देखो॥ १॥

उनका अत्यधिक निर्मल, किशोर सम्पुष्ट सुन्दर श्यामल शरीर मन में गहरी प्रीति उत्पन्न करता है। नील कमल, बादल, तमाल तथा श्याममणि ने इसी शरीर की श्यामलता से द्युति प्राप्त कर रखा है॥ २॥

शुभ चिह्नों से अंकित ऊँगलियाँ तथा नख की उपमा अद्‌भुत है—यह सब इस प्रकार प्रतीत हो रहे हैं मानो लाल एवं नील वर्ण के कमल दलों ने स्वजातीय मणियों से युक्त पंखुरी समूह को उत्पन्न किया हो॥ ३॥

स्वर्णमणियों से जड़े हुए अद्‌भुत नूपुर अत्यन्त आनन्दित करते हैं, मानो शिव के हृदय में अनेक रूप धारण करके विष्णु सुन्दर भवन बनाकर निवास कर रहे हों॥ ४॥

कटि प्रदेश सुन्दर किंकिणी की ध्वनि इस प्रकार बज रही है, मानो स्वर्ण कमल की ललित कलियों के बीच भ्रमरों का गुंजरण आनन्दित करता हो॥ ५॥

श्री बिन्दुमाधवजी के विशाल वक्ष पर भृगु चरण चिह्न उसकी कोमलता सूचित कर रहा है। वे चारु कंकण तथा विविध आभूषणों से अलंकृत इस प्रकार शोभित हो रहे हैं, मानो मन लगाकर उन्हें विधाता ने स्वयं रचा हो॥ ६॥

गजमणि माला के बीच चौकियों का वर्णन नहीं किया जा सकता मानो मेघ पर ताराओं की मण्डली के मध्य नवग्रहों ने अपने बैठने के निमित्त स्थान रचा हो॥ ७॥

सर्प के शरीर (भोग) जैसे भुजदण्ड, साथ ही कमल, शंख, चक्र, गदा शोभित है, ग्रीवा मानो सौन्दर्य की सीमा है, चिबुक अधर तथा मुख अत्यधिक शोभित है॥ ८॥

विन्दु माधवजी की दन्त पंक्तियों को देखकर हीरा, बेलापुष्प की कलियाँ तथा बिजली की द्युति लज्जित है। नासिका, नेत्र, कपोल प्रदेश, सुन्दर कुण्डल युक्त कर्ण प्रदेश एवं भौंहें मुझे अच्छी लगती हैं॥ ९॥

घुघराले बाल तथा उन पर मुकुट है, माथे पर तिलक की शोभा अद्‌भुत है मानो चन्द्रमा के बीच दो बिजली की दो छोटी-छोटी रेखाएँ अपनी चंचलता छोड़कर स्थित हों॥ १०॥

उनके शरीर पर स्थित पीताम्बर की शोभा कहते नहीं बनती मानो नील पर्वत शिखर पर सुन्दर स्वर्ग वस्त्र नाना मणियों से खचित शोभायमान हो॥ ११॥

विन्दु माधवजी के दक्षिण भाग में अत्यन्त प्रेम पूर्वक स्थित लक्ष्मी अत्यधिक शोभित हैं। ऐसा प्रतीत होता है, मानो तमाल वृक्ष के समीप नीले वस्त्र को ओढ़े स्वर्ण लता हो॥ १२॥

सैकड़ों सरस्वती, शेषनाग, श्रुतियाँ सभी मिलकर जिसके शोभा का वर्णन पूरा नहीं कर पातीं, तुलसीदास कहते हैं कि मन्द बुद्धि माया द्वन्द्वों में संसक्त मैं किस प्रकार उनका

गुणानुवाद कर सकता हूँ॥ १३॥

टिप्पणी—सूर से प्रभावित कवि उसी शैली में उत्प्रेक्षा अलंकार के अनेक काल्पनिक उपमानों से विन्दु माधवजी के अंग-प्रत्यंग का आलंकारिक वर्णन कर रहा है।

[६३]

मन इतनोई या तनुको परम फलु।
सब अंग सुभग बिंदुमाधव्र छबि तजि सुभाव अवलोकु एक पलु॥ १॥
तरुन अरुन अंभोज चरन मृदु नख दुति हृदय तिमिर हारी।
कुलिस केतु जव जलज रेख बर अंकुस मन गज बसकारी॥ २॥
कनक जटित मनि नूपुर मेखल कटि तट रटति मधुर बानी।
त्रिबली उदर गँभीर नाभि सर जहँ उपजे बिरंचि ग्यानी॥ ३॥
उर बनमाल पदिक अति सोभित बिप्र चरन चित कहँ करषै।
स्याम तामरस दाम बरन बपु पीत बसन सोभा बरषै॥ ४॥
कर कंकन केयूर मनोहर देति मोद मुद्रिका न्यारी।
गदा कंज दर चारु चक्रधर नाग सुंड सम भुज चारी॥ ५॥
कंबुग्रीव छबिसीव चिबुक द्विज अधर अरुन उन्नत नासा।
नव राजीव नयन ससि आनन सेवक सुखद बिसद हासा॥ ६॥
रुचिर कपोल श्रवन कुंडल सिर मुकुट सुतिलक भाल भ्राजै।
ललित भृकुटि सुंदर चितवनि कच निरखि मधुप अवली लाजै॥ ७॥
रूप सील गुन खानि दच्छ दिसि सिंधु सुता रत पद सेवा।
जाकी कृपा कटाच्छ चहत सिव बिधि मुनि मनुज दनुज देवा॥ ८॥
तुलसिदास भव त्रास मिटै तब जब मति येहि सरूप अटकै।
नाहिंत दीन मलीन हीनसुख कोटि जनम भ्रमि भ्रमि भटकै॥ ९॥

अर्थ—हे मन! इस शरीर का यही पर्याप्त फल है। तू अपने चंचल स्वभाव को छोड़कर सम्पूर्ण अंग-प्रत्यंग से सुन्दर विन्दु माधवजी की छवि को एक पल के लिए ध्यानपूर्वक देखकर तृप्त हो लो॥ १॥

लाल वर्ण के कमल जैसे कोमल चरण के नखों का प्रकाश सम्पूर्ण हृदय के अज्ञानान्धकार को हरण करता है, वज्र, केतु, यव, कमल की श्रेष्ठ चरण तालुओं की रेखाएँ मन रूपी मदमस्त हाथी को वश में करने के निमित्त अंकुश जैसे हैं॥ २॥

कनक मणियों से जटित नूपुर एवं कटि में मेखला है जो कटि प्रदेश में मधुर स्वर करती रहती है, त्रिवली स्पष्ट है, नाभि सरोवर सदृश है, इसी में ब्रह्मा जैसे ज्ञानी उत्पन्न हुए हैं॥ ३॥

हृदय पर वनमाला एवं उसके मध्य चौकी शोभित है और भृगु विप्र के चरण चिह्न हृदयक को आकर्षित कर रहा है। नीलकमल की माला के सदृश शरीर है और उस पर पीताम्बर शोभित हो रहा है॥ ४॥

हाथ में मनोहारी केयूर तथा कंकण है और ऊँगलियों में मुद्रिका और विलक्षण आनन्द दे रही है। हे पद्म, गदा, शंख एवं चक्रधारी विन्दु माधवजी आपकी चारों भुजाएँ हाथी के सूँड की भाँति शोभित हो रही हैं॥ ५॥

अतुलनीय छवियुक्त आपकी ग्रीवा शंखवत् है, चिबुक, दन्त पंक्तियाँ, अरुण ओष्ठ, उन्नत नासिका, नवीन कमलवत् नेत्र, चन्द्रवत् मुख एवं आकर्षण हास्य भक्तों के लिए आनन्दकारी है॥ ६॥

कपोल प्रदेश आकर्षक, कानों में कुण्डल, सिर पर मुकुट एवं मस्तक पर सुन्दर तिलक शोभित है। आपकी भृकुटि आनन्दमयी, दृष्टिपात् आकर्षक एवं केशराशि को देखकर भ्रमर लज्जित हो रहे हैं॥ ७॥

रूप, शील एवं गुण की समुच्चय लक्ष्मीजी दक्षिण दिशा में आपके चरणों की सेवा में रत् हैं। इन लक्ष्मी जी की कृपा कटाक्ष की कामना शिव, ब्रह्मा, मुनिगण, मनुष्य, दैत्य तथा देवता सदैव करते रहते हैं॥ ८॥

गोस्वामी तुलसीदासजी कहते हैं कि मनुष्य भव संत्रास से सभी मुक्त हो सकता है, जब विन्दु माधवजी के इस स्वरूप में उसका मन संसक्त हो अन्यथा वह कोटि-कोटि जन्मों में अत्यधिक दुखी, मलिन मन, आनन्दहीन भ्रमित हो होकर भटकता रहेगा॥ ९॥

[६४]

बंदौ रघुपति करुना निधान। जाते छूटै भव भेद ग्यान॥ १॥
रघुबंस कुमुद सुखप्रद निसेस। सेवत पद पंकज अज महेस॥ २॥
निज भक्त हृदय पाथोज भृंग। लावन्य बपुष अगनित अनंग॥ ३॥
अति प्रबल मोह तम मारतंड। अग्यान गहन पावक प्रचंड॥ ४॥
अभिमान सिंधु कुंभज उदार। सुररंजन भंजन भूमिभार॥ ५॥
रागादि सर्पगन पन्नगारि। कंदर्प नाग मृगपति मुरारि॥ ६॥
भव जलधि पोत चरनारबिंद। जानकी रवन आनंद कंद॥ ७॥
हनुमंत प्रेम बापी मराल। निष्काम कामधुक गो दयाल॥ ८॥
त्रैलोक तिलक गुनगहन राम। कह तुलसिदास बिश्राम धाम॥ ९॥

अर्थ—जिसके स्मरण से सांसारिक प्रपंचों का भेद मूलक ज्ञान छूट जाता है, ऐसे करुणानिधान श्रीराम की वन्दना करता हूँ॥ १॥

रघुकुल के कुमुद रूपी अपने वंश के लिए चन्द्रवत् हैं। उनके चरण कमलों की सेवा ब्रह्मा तथा शिव करते रहते हैं॥ २॥

अपने भक्तों के हृदय कमल में भ्रमरवत् निवास करते हैं, उनके शरीर का सौन्दर्य अनन्त कामदेव सदृश हैं॥ ३॥

अत्यन्त प्रबल मोहान्धकार के लिए सूर्यवत् हैं, अज्ञान को नष्ट करने के लिए प्रचंड अग्नि की भाँति हैं॥ ४॥

अभिमान रूपी समुद्र को सोख लेने वाले अगस्त्य ऋषि की भाँति हैं, देवताओं के लिए आनन्दकारी तथा पृथ्वी के भार को मुक्त करने वाले हैं॥ ५॥

काम-क्रोधादि राग रूपी सर्प के लिए आप गरुण हैं। हे श्रीराम! काम रूपी हस्ती के लिए आप सिंह हैं॥ ६॥

हे जानकी रमण! आनन्द के मूल अधिष्ठान श्रीरामजी! आपका चरण कमल भवसागर रूपी समुद्र के लिए नौका सदृश है॥ ७॥

हे निष्काम! भक्तों के लिए कामधेनु सदृश श्रीराम! आप हनुमत् प्रेम रूपी वापिका के राजहंस हैं॥ ८॥

गुणों के पुंजस्वरूप, सम्पूर्ण लोकों के लिए तिलकवत् श्रीराम! तुलसीदास जी कहते हैं कि आप भक्तों के लिए विश्रान्ति भवन हैं॥ ९॥

[६५]

राम राम रमु राम राम रटु राम राम जपु जीहा।
रामनाम नवनेह मेहको मन हठि होहि पपीहा॥ १॥
सब साधन फल कूप सरित सर सागर सलिल निरासा।
रामनाम रति स्वाति सुधा सुभ सीकर प्रेमपियासा॥ २॥
गरजि तरजि पाषान बरषि पवि प्रीति परखि जिय जानै।
अधिक अधिक अनुराग उमँग उर पर परमिति पहिचानै॥ ३॥
राम नाम गति राम नाम मति राम नाम अनुरागी।
है गये है जे होंहिगे त्रिभुवन तेइ गनियत बड़भागी॥ ४॥
एक अंग मग अगमु गवन कर बिलम न छिन छिन छाँहैं।
तुलसी हित अपनो अपनो दिसि निरवधि के निवाहै॥ ५॥

केन्द्रीय भाव—चातक वृत्ति के प्रतीक द्वारा तुलसी इस पद के माध्यम से श्रीराम के प्रति अपनी आस्था तथा निष्ठा का अन्तिम प्रमाण देते हैं। चातक की संसक्ति, रट एवं हठ जिस प्रकार स्वाति जल के लिए है, उसी प्रकार उनकी भी संसक्ति, हठ तथा रट एकमात्र श्रीराम के प्रति है। वे कहते हैं—

अर्थ—हे मन! तू श्रीराम में ही रमो, श्रीराम राम के ही नाम का रटन कर और अपनी जिह्वा से श्रीराम नाम का ही जाप करते हुए श्रीराम नाम रूपी स्वाति मेघ के लिए अपनी दृढ़तापूर्वक संसक्ति के साथ चातक बन जा॥ १॥

चातक के लिए जिस प्रकार कूप, नदी सरोवर एवं सागर की जल राशि केवल नैराश्य रूप हैं उसी प्रकार हे मन! श्रीराम नाम को छोड़कर अन्य कर्म ज्ञानादि के साथ फल तुम्हारे लिए निरर्थक बनें—और जिस प्रकार स्वाति के जल के प्रेम के लिए तड़पते पिपासित चातक के लिए स्वाति नक्षत्र की कुछ बूँदें ही शुभ एवं अमृत तुल्य हैं, उसी प्रकार श्रीराम नाम की संसक्ति भी तुम्हारे लिए अमृत तुल्य एवं अन्तिम रूप से शुभमय हों॥ २॥

स्वाति नक्षत्र में बादल गरज करके, तरज करके, उपलवृष्टि करके तथा तड़ितपात् करके उसी प्रीति की परीक्षा करता है, किन्तु इस परीक्षा को उसका हृदय ही जानता है। इन कष्टकारी विपत्तियों में भी हृदय में अत्यधिक अनुरागपूर्वक उमंगित होकर अपने प्रेम की

परिधि को विश्वसनीय तथा पूर्ण प्रतीतियुक्त बनाए रखता है, वैसे ही हे मन! तू भी अपने को बना॥ ३॥

इस संकट में भी जिस प्रकार चातक की मति, गति एवं अनुराग स्वाति जल के प्रति अकुंठित भाव से स्थिर रहती है, हे मन! तुम्हारी भी गति एक मात्र श्रीराम में, मति एकमात्र श्रीराम में एवं अनुराग एकमात्र श्रीराम में हो और जो इस प्रकार की श्रीराम में अचल निष्ठा वाले हो गये हैं, तथा होंगे, वहीं तीनों लोकों में चातक की भाँति श्रीराम के भक्त के रूप में श्लाध्य रहेंगे॥ ४-५॥

स्पष्टीकरण—तुलसी की भक्ति का प्रतीक चातक है और अनेक स्थलों पर उसकी स्वाति जल निष्ठा रूपक द्वारा उसने श्रीराम को अपने सांसारिक जनों तथा सभी के लिए काम्य बताया है। 'चातक स्वातिजल प्रेम' कवि समय तथा लोक विश्वास दोनों है। इस 'समय तथा विश्वास' के अभिप्राय के विविध प्रसंगों को कवि ने अपने से जोड़ा है, उसकी पिपासा तृष्णा, उसके संकट, उसकी अनन्यता तथा अटल विश्वास, निष्ठा एवं आस्था आदि सब कुछ तुलसी ने श्रीराम में केन्द्रित करके उसे अपने जीवन, अपनी साधना, अपनी आस्था तथा अगाध विश्वास में उतार लिया है। कवि का चातक के साथ प्रतीकबद्ध स्वरूप साधना से पूरी तरह जुड़ जाता है।

[६६]

राम जपु राम जपु राम जपु बावरे।
घोर भवनीर निधि नाम निज नाव रे॥ १॥
एक ही साधन सब रिद्धि सिद्धि साधि रे।
ग्रसे कलि रोग जोग संजम समाधि रे॥२॥
भलो जो है पोच जो है दाहिनो जो बाम रे।
राम नाम ही सों अंत सब ही को काम रे॥ ३॥
जग नभ बाटिका रही है फलि फूलि रे।
धुवाँ कैसे धौरहर देखि तू न भूलि रे॥ ४॥
राम नाम छाड़ि जो भरोसो करै और रे।
तुलसी परोसो त्यागि माँगै कर कौर रे॥ ५॥

केन्द्रीय भाव—तुलसी इस पद के माध्यम से श्रीराम के प्रति एक मात्र निष्ठा तथा आस्था रखते हुए उनके प्रति अनन्य समर्पण की प्रेरणा दे रहे हैं। उनके अनुसार मायिक संसक्ति तुच्छ, छलवा तथा केवल देखने मात्र के लिए तत्त्वहीन वस्तु है, अतः श्रीराम के प्रति समर्पित हो, उसी से मुक्ति मिलेगी।

अर्थ—रे पगले मन! श्रीराम के नाम का जपकर, जपकर क्योंकि इस अथाह भवसागर से पार होने के लिए अमूल्य सम्पत्ति रूपी यही श्रीराम का नाम ही तुम्हारे लिए नौका है॥ १॥

इसी श्रीराम नाम रूपी एक मात्र साधन से तू अपनी समस्त ऋद्धियों तथा सिद्धियों को फलवान बना ले—अन्य साधन योग, संयम तथा समाधि आदि कलियुग रूपी रोग से ग्रस्त हैं, अतः उनकी उपासना व्यर्थ है॥ २॥

जो भले हैं, जो बुरे हैं, जो अनुकूल हैं और जो प्रतिकूल हैं—जब अन्त समय में राम नाम से काम पड़ेगा, तो अभी से उसे अपने का अभ्यास तू क्यों नहीं करता?॥ ३ ॥

सम्पूर्ण जगत आकाश की वाटिका (असत्य) की भाँति मिथ्या रूप में फूलती-फलती केवल प्रतीति मात्र के लिए है (वास्तविकता कुछ भी नहीं है) और धूम्र जैसे धवल प्रासाद खण्डों के असत्य आभासिक तथा मिथ्या माया रूप को देखकर तू उसी में मिथ्या संसक्त आत्म विस्मृत न हो॥ ३-४ ॥

श्रीराम नाम का विश्वास तथा सम्बल छोड़कर जो अन्य किसी आधार के भरोसे रहता है, वह सामने खाने के लिए परोसे हुए सुस्वादु व्यंजन को त्यागकर विषाक्त कौरे के लिए जैसे याचना करता हो॥ ५ ॥

स्पष्टीकरण—कवि श्रीराम की एक मात्र निष्ठा का प्रतिपादन करता है। वह व्यक्तियों को सांसारिकता में रमा हुआ देखकर उसकी असत्यता का प्रतिपादन करता हुआ उसे व्यर्थ त्याज्य एवं सारहीन बताता है। जैसे निःसार वस्तु की उपासना निरर्थक है, उसी प्रकार इस मिथ्या धन, सम्पत्ति ऐश्वर्य के पीछे जीवन नष्ट करना।

(१) जगत के मिथ्यात्व के लिए दिये गये दृष्टान्त परम्परित हैं—'आकाश कुसुम' एवं 'धूम्र महल' यों मिथ्यात्व के लिए परम्परागत दृष्टान्त हैं। सांसारिक वैभव की निरर्थकता वह इनके माध्यम से इंगित करता है।

(२) 'तुलसी परोसो त्यागि माँगै कूर कौर हैं' दृष्टान्त अलंकार है और इसके द्वारा कवि सांसारिक सुखों की निःसारता एवं श्रीराम जाप से भिन्न साधनों के आश्रय की निरर्थता सिद्ध करता है।

[६७]

राम नाम जपु जिय सदा सानुराग रे।
कलि न विराग जोग जाग तप त्याग [illegible]॥ १ ॥
सब सुमिरन सब विधि ही को राज रे।
राम को बिसारिबो निषेध सिरताज को॥ २ ॥
राम नाम महामनि फनि जग जाल रे।
मनि लिए फनि जियै व्याकुल विहाल रे॥ ३ ॥
राम नाम कामतरु देत फलचारि रे।
कहत पुरान वेद पंडित पुरारि रे॥ ४ ॥
राम नाम प्रेम परमारथ को सार रे।
राम नाम तुलसी को जीवन अधार रे॥ ५ ॥

केन्द्रीय भाव—कवि इस पद में यज्ञ, जप, योग आदि साधनों की निरर्थकता सिद्ध करते हुए केवल श्रीराम नाम के जप की सार्थकता पर बल दे रहा है। उसके अनुसार श्रीराम नाम के जप के अतिरिक्त अन्य साधन मात्र भ्रम एवं मोह को उत्पन्न करते हैं, सन्मार्ग नहीं।

अर्थ—रे जीव! तू निरन्तर हृदयानुराग पूर्वक श्रीराम के नाम का जाप कर। कलियुग में वैराग्य, योग, यज्ञ, तप, त्याग आदि निरर्थक हैं॥ १ ॥

श्रीराम नाम का स्मरण ही मेरी दृष्टि में सम्पूर्ण विहित शास्त्र सम्मत आचरणों (विधि) में श्रेष्ठ है और श्रीराम नाम को भुला देना ही सम्पूर्ण निषेध (शास्त्रवर्जित) का गर्हिततम (निषेध का शिरोमणि) रूप है ॥ २ ॥

श्रीराम नाम का स्मरण महामणि की भाँति हैं और अन्य मात्र सर्प के जाल के सदृश हैं और यदि श्रीराम नाम रूपी मणि को तूने ग्रहण कर लिया तो सम्पूर्ण संसार स्वयं निस्तेज तथा निर्जीव हो जाएगा ॥ ३ ॥

श्रीराम का नाम कल्पवृक्ष की भाँति है और वह धर्मार्थ चतुर्थ पुरुषार्थों का दाता है। इस सम्बन्ध में इस प्रकार की चर्चा पुराणादि, वेद, ज्ञानीजन एवं स्वयं शिव करते हैं ॥ ४ ॥

श्रीराम का नाम ही परमार्थ एवं प्रेम का सार तत्त्व है और तुलसीदास कहते हैं कि यह श्रीराम नाम मंत्र सम्पूर्ण प्राणियों के लिए जीवनाधार है ॥ ५ ॥

स्पष्टीकरण—तुलसीदास इस पद के अन्तर्गत श्रीराम नाम के महात्म्य का चित्रण करते हैं। उनके अनुसार समस्त मानव जाति के लिए यही एकमात्र उपादेय तथा काम्य है।

[६८]

राम राम राम जीह जौलौं तू न जपिहै।
तौलौं तू कहूँ जाय तिहूँ ताप तपिहै ॥ १ ॥
सुरसरि तीर बिनु नीर दुख पाइहै।
सुरतरु तरे तोहि दारिद सताइहै ॥ २ ॥
जागत बागत सपने न सुख सोइहै।
जनम जनम जुग जुग जग रोइहै ॥ ३ ॥
छूटिबेके जतन बिसेष बाँधो जायगो।
रह्वै बिष भोजन जो सुधा सानि खायगो ॥ ४ ॥
तुलसी तिलोक तिहुँ काल तोसे दीनको।
रामनाम ही की गति जैसे जल मीनको ॥ ५ ॥

केन्द्रीय भाव—कवि सम्पूर्ण मनुष्य जाति के लिए श्रीराम नाम का जाप आवश्यक बताता है। यदि श्रीराम नाम का जाप नहीं करता है, तो इस जीवन में अनेक प्रकार के संकटों को भोगता हुआ अनेक जन्म-जन्मान्तरों तक वह कष्टपूर्ण जीवन का यापन करता है।

अर्थ—हे जिह्वा! जब तक तू श्रीराम नाम का बार-बार निरन्तर जप नहीं करेगी, कहीं भी किसी की भी शरण में जाओ, तू त्रिगुणात्मक संतापों के कष्ट भोगती रहेगी ॥ १ ॥

श्रीराम नाम तुम्हारे समक्ष गंगाजल के सदृश वर्तमान है और तुम बिना जल के संकट से ग्रस्त हो। तुम श्रीराम नाम कल्पतरु के नीचे निवास करती हो फिर भी, संकट तुझे पीड़ित कर रहे हैं ॥ २ ॥

श्रीराम नाम के बिना जगते हुए, स्वप्न में बागते हुए (बड़बड़ाते हुए) व्यक्ति की भाँति स्वप्न में भी सुखपूर्वक विश्राम नहीं कर सकती और तू अनेक योनियों में बार-बार जन्म प्राप्त करके रोती रहेगी ॥ ३ ॥

श्रीराम नाम के बिना मुक्ति के अन्य विशेष उपायों को करती हुई भी माया के बन्धन में ही बँधी रहेगी और यदि श्रीराम नाम के बिना अमृत से संसक्त भी भोजन करेगी तू उसे विष ही समझो ॥ ४ ॥

तुलसीदास कहते हैं कि इस त्रैलोक्य में तीनों कालों में मुझसे बड़ा निराश्रित कौन व्यक्ति है किन्तु जैसे मछली के लिए जल का सहारा है, वैसे ही मेरे लिए श्रीराम का ॥ ५ ॥

स्पष्टीकरण—भौतिक वासनाओं से पीड़ित मानव समुदाय के समक्ष विविध दृष्टान्तों को रखकर कवि उन्हें राम नाम एकमात्र काम्य तथा उपास्य बताता है। जिह्वा मानव के प्रतीक के रूप में है और चूँकि जिह्वा का कार्य है, शब्दोच्चारण अत: मानव की जिह्वा श्रीराम के नामोच्चारण में ही सार्थकता प्राप्त कर सकती है। कवि लक्षणा शब्द शक्ति का प्रयोग अर्थ निष्पत्ति के लिए सर्वत्र करता है।

[६९]

सुमिरु सनेहसों तू नाम रामरायको।
संबर निसंबरको सखा असहायको॥ १॥
भाग है अभागेहूको गुन गुनहीनको।
गाहक गरीबको दयालु दानि दीनको॥ २॥
कुल अकुलीनको सुन्यो है बेद साखि है।
पाँगुरेको हाथ पाँय आँधरेको आँखि है॥ ३॥
माय बाप भूखेको अधार निराधारको।
सेतु भव सागरको हेतु सुखसारको॥ ४॥
पतितपावन राम नाम सो न दूसरो।
सुमिरि सुभूमि भयो तुलसी सो ऊसरो॥ ५॥

केन्द्रीय भाव—गोस्वामी तुलसीदास इस पद के माध्यम से श्रीराम नाम के माहात्म्य का विविध दृष्टान्तों के द्वारा चित्रण करते हैं। वे इस सन्दर्भ में आत्म प्रसंग को भी जोड़ने से नहीं चूकते। उनके अनुसार श्रीराम ही इस असार संसार में एकमात्र महत्त्वपूर्ण हैं।

अर्थ—हे मन! तू श्रीराम राम के नाम का स्नेहपूर्वक स्मरण करो क्योंकि श्रीराम का नाम ही भूखों के लिए कलेवा है। असहाय के लिए एकमात्र सहायक है ॥ १ ॥

यह श्रीराम नाम भाग्यहीनों के लिए भाग्य स्वरूप है, गुणहीनों का एकमात्र गुण है, गरीबों का एकमात्र रक्षक है तथा दीनों के लिए एकमात्र दयालु दाता है ॥ २ ॥

अकुलीन व्यक्तियों के लिए एकमात्र कुल तथा शील है, ऐसा सुना है और वेद इसके साक्षी हैं। यह पंगुल व्यक्तियों के लिए उनका हाँथ-पाँव है तथा अंधे के लिए आँख है ॥ ३ ॥

भूखे व्यक्ति के लिए वात्सल्यपूर्वक भोजन कराने वाले माँ-बाप की भाँति यह श्रीराम का नाम है और निराश्रित के लिए आश्रय है। इस संसार सागर से पार होने के लिए यह एक नौका की भाँति आनन्द का मूल तत्त्व है ॥ ४॥

श्रीराम नाम से बढ़कर अन्य कोई पतितों तथा दलितों का उद्धारक नहीं है जिसकी राम नाम का निरन्तर स्मरण करते हुए तुलसी सदृश ऊसर भी अत्यन्त ऊर्वर भूमि हो गए॥ ५॥

विशेष—कवि विविध तर्कों तथा दृष्टान्तों द्वारा श्रीराम नाम के महात्म्य का निरूपण करता है। श्रीराम नाम के माहात्म्य निरूपण में आत्म साक्ष्य का सन्दर्भ देकर वह उसे नितान्त विश्वसनीय तथा प्रामाणिक बना रहा है॥

[७०]

भलो भलीभाँति है जो मेरे कहे लागिहैं।
मन राम नाम सों सुभाय अनुरागि है॥ १॥
राम नाम को प्रभाउ जानि जूड़ी आगि है।
सहित सहाय कलिकाल भीरु भागि है॥ २॥
राम नाम सो विराग जोग जप जागि है।
बाम बिधि भलहू न कर्म दाग दागि है॥ ३॥
राम नाम मोदक सनेह सुधा पागिहै।
पाइ परितोष तू न द्वार द्वार बागिहै॥ ४॥
राम नाम काम तरु जोइ जोइ माँगिहै।
तुलसीदास स्वारथ परमारथ न खाँगिहै॥ ५॥

केन्द्रीय भाव—गोस्वामी तुलसीदास इस पद के माध्यम से श्रीराम के महात्म्य का निरूपण करते हुए उसे एन्मात्र काम्य तथा उपास्य बताते हैं। उनके अनुसार श्रीराम का नाम कल्पतरु है और इस कल्पतरु को प्राप्त करके भौतिक साधनों एवं अन्य विकल्पों की ओर भटकना व्यक्ति की अज्ञता के अतिरिक्त और कुछ भी नहीं है।

अर्थ—यदि मेरे कहने से अनुरक्त होओगे तो श्रीराम नाम को प्रत्येक प्रकार से हितकर मानो और अपने मन को श्रीराम नाम में सहज रूप से अनुरक्त कर लो॥ १॥

श्रीराम नाम के प्रभाव को सांसारिकता के जाड़े को देकर उत्पन्न होने वाले बुखार के ताप की भाँति उसका विनाशकर मानो और कायर कलिकाल इस नाम का स्मरण करते ही काम-क्रोध-लोभादि अपने सहायकों के साथ तत्काल भाग निकलेगा॥ २॥

वैराग्य, योग, जप, यज्ञ आदि को छोड़कर श्रीराम नाम में ही अनुरक्त बनो और इस श्रीराम नाम के प्रभाव के कारण प्रतिकूल विधाता के द्वारा लिखे गये भाग्य में प्रतिकूल कर्मफल का दुष्फल से लांछित तथा पीड़ित नहीं होंगे॥ ३॥

अपने स्नेह रूपी अमृत में पगाकर श्रीराम नाम के मोदक का सेवन करो और उससे आनन्द प्राप्त करने के बाद व्यर्थ भौतिक सुखों की खोज के लिए दरवाजे-दरवाजे नहीं भटकना पड़ेगा॥ ४॥

श्रीराम का नाम कल्पवृक्ष के सदृश है, जो भी कामना हो, उससे माँग ले और तुलसीदास कहते हैं कि (उनका दृढ़ विश्वास है कि) स्वार्थ तथा परमार्थ दोनों प्रकार की कामनाओं की पूर्ति में किसी भी प्रकार की कोई कमी नहीं होगी॥ ५॥

स्पष्टीकरण—कवि विविध दृष्टान्तों द्वारा श्रीराम नाम के माहात्म्य का निरूपण करता है। वह केवल पारमार्थिक लाभ के लिए ही नहीं, भौतिक सुख की कामनाओं की पूर्ति के लिए श्रीराम नाम को ही एकमात्र आधार बताता है। इस प्रकार श्रीराम नाम अपने में सर्वथा परिपूर्ण लाभार्थ एवं परमार्थ दोनों हितों का रक्षक होने के कारण सर्वसाधारण के लिए अभीष्ट है। श्रीराम नाम के माहात्म्य का यह अपना पृथक् तर्क है। वह परमार्थ का दाता ही नहीं लोक कामनाओं की भी पूर्ति करता है।

[७१]

ऐसेहू साहबकी सेवा सों होत चोरु रे।
आपनी न बूझ न कहै को राँडरोरु रे॥ १॥
मुनि मन अगम सुगम माइ बापु सों।
कृपासिंधु सहज सखा सनेही आपु सों॥ २॥
लोक बेद बिदित बड़ो न रघुनाथ सों।
सब दिन सब देस सबहिके साथ सो॥ ३॥
स्वामी सरबग्य सों चलै न चोरी चारकी।
प्रीति पहिचानि यह रीति दरबारकी॥ ४॥
काय न कलेस लेस लेत मान मनकी।
सुमिरे सकुचि रुचि जोगवत जनकी॥ ५॥
रीझे बस होत खीझे देत निज धाम रे।
फलत सकल फल कामतरु नाम रे॥ ६॥
बेंचे खोटो दाम न मिलै न राखे काम रे।
सोऊ तुलसी निवाज्यो ऐसो राजाराम रे॥ ७॥

केन्द्रीय भाव—तुलसी इस पद में अत्यन्त उदार, भक्तों एवं अनाथों के सहज हितैषी सर्व समर्थवान श्रीराम की शरणागति में जाने के लिए सभी से प्रार्थना करते हैं। उनकी कृपालुता, सहज दया, अकारण अनाथों पर स्नेह आदि कई गुण हैं, जो केवल उन्हीं में हैं और फिर ऐसे दयालु,अकारण अनाथों को शरण देने वाले श्रीराम के अतिरिक्त अन्यत्र भटकना व्यर्थ है।

अर्थ—ऐसे स्वामी श्रीराम की सेवा से क्यों तू जी चुरा रहा है, तू अपनी नहीं समझता कि तुम्हारी वास्तविकता क्या है? फिर भी, अपनी रँडरोवन (विधवा प्रलाप) किससे-किससे नहीं की॥ १॥

श्रीराम तो मुनियों तथा ज्ञानियों के चित्त के लिए भी अगम्य हैं, किन्तु अनाथों के लिए माँ-बाप बनकर उन्हें सर्वथा सुलभ हैं। कृपा सिन्धु श्रीराम स्वयं ही स्नेही जनों के लिए सहजभाव से सखा (प्रियवर साथी) हैं॥ २॥

लोक तथा वेद दोनों कहते हैं कि श्रीराम से बड़ा और कोई नहीं है किन्तु वह श्रीराम सर्वत्र तथा निरन्तर सभी प्राणियों के साथ तथा साक्षी है॥ ३॥

उस सर्वथा सर्वज्ञ श्रीराम से (चाकर) की चोरी नहीं चल सकती (छिपी रह सकती) और यह श्रीराम के दरबार की यह परिपाटी है कि निष्कपट भाव से उनकी प्रीति ही उनकी जान पहचान का कारण है॥ ४॥

वह भक्त के शरीर से साधनादि का क्लेश पाकर प्रसन्न नहीं होते, वह तो केवल मन के मान (प्रेम) मात्र से प्रसन्न होते हैं और भक्त द्वारा स्मरण किए जाते ही उनसे मन की कामना की पूर्ति करते हुए अत्यन्त संकुचित होते रहते हैं (कि इस भक्त ने कितनी सामान्य याचना की है या इस भक्त को और क्या-क्या दे दूँ)॥ ५॥

श्रीराम का यह स्वभाव है कि अपने जन पर रीझते ही उनके वशवर्ती हो जाते हैं और अपने भक्त से रुष्ट होते ही उसे वैकुंठ लोक (श्रीधाम) दे देते हैं और उनका नाम रूपी कल्पवृक्ष निरन्तर सम्पूर्ण कामनाओं से फलवान दिखाई पड़ता है॥ ६॥

ऐसी तुच्छ वस्तु (यह मानव शरीर आदि) जिसका क्रय करने पर खोटा सिक्का भी नहीं मिलने वाला है और जिसको स्थित रखना भी व्यर्थ है—तुलसीदासजी कहते हैं कि उसके हितैषी रक्षक श्रीरामचन्द्रजी हैं॥ ७॥

स्पष्टीकरण—कवि इस पद में श्रीराम के स्वभाव, शील तथा दीनजनों पर अकारण कृपाभाव करने वाले उनके स्वभाव का चित्रण करते हुए उन्हें एकमात्र काम्य बताता है। वे अपने गुण के कारण विलक्षण किन्तु स्वभाव तथा शील के कारण सहज प्रतीत होते हैं। प्रकारान्तर भाव से कवि यहाँ श्रीराम ब्रह्म की अगम्य, सर्वथा दुर्लभ स्थिति को इंगित करता हुआ भक्त जनों के लिए सर्वथा सहज प्राप्य बताता है। वह अपने विलक्षण स्वभाव के कारण ही सदा-सर्वदा भक्तों के लिए काम्य रहा है। कवि अपनी वैचारिक निष्पत्तियों के लिए विविध विरोधी कथनों तथा विसंगत विचारों के बीच तालमेल स्थापित करता है। यह शैली प्राय: सभी भक्त कवियों की मिलती है।

[७२]

मेरो भलो कियो राम आपनी भलाई।
हौं तो साईं द्रोह पै सेवक हित साईं॥ १॥
राम सो बड़ो है कौन मोसो कौन छोटो।
राम सो खरो कौन है मोसो कौन खोटो॥ २॥
लोक कहै राम को गुलाम हौं कहावौं।
एतो बड़ो अपराध भौ न मन बावौं॥ ३॥
पाथ माथे चढ़े तृन तुलसी ज्यों नीचो।
बोरत न बारि ताहि जानि आपु सींचो॥ ४॥

केन्द्रीय भाव—इस पद में कवि श्रीराम की परम उदारता तथा सहृदयता का उल्लेख करते हुए उनके द्वारा किए गए बार-बार उपकार के प्रति कृतज्ञता अर्पित करता है। उसका विचार है कि जो एक बार श्रीराम द्वारा अंगीकार कर लिया गया, कैसा भी हो—वह उनके द्वारा उपेक्षित नहीं हो सकता। जीव को ईश्वर ने किसी भी भाव से यदि कभी भी अंगीकार कर लिया तो वह अपने अंशिन् परमात्मा से कभी भी वियुक्त तथा पृथक् नहीं हो सकता है।

अर्थ—हे राम! आपका स्वभाव भला है और इसी भलेपन के निर्वाह के निमित्त आपने मेरा भला किया है, मैं तो अपने स्वामी आपका द्रोही हूँ किन्तु आप करुणामय हैं और आपका स्वभाव तथा शील सेवक का हित करना है ॥ १ ॥

मुझसे भला कौन छोटा अधम होगा और श्रीराम से बड़ा कौन, मुझसे खोटा (अधम) और कौन होगा और स्वामी श्रीराम से श्रेष्ठ निष्कलंक और कौन होगा ॥ २ ॥

संसार मुझे श्रीराम का गुलाम कहता है—और मैं भी अपने को यही कहाता भी हूँ। लोक और अहन्ता से वशीभूत होकर अनेक बड़े अपराधों को मैंने कर डाला है किन्तु आपका मन मुझसे कभी विमुख नहीं हुआ ॥ ३ ॥

तुलसीदास कहते हैं कि जैसे जल की सतह (माथ) पर तुच्छ तृण चढ़ जाता है (अशिष्टता करता है) किन्तु जल अपने द्वारा सींचा (पोषित) समझकर उसे डुबाता नहीं ॥ ४ ॥

ठीक इसी प्रकार हे प्रभु! मेरी धृष्टता के बाद भी आपके द्वारा मैं कभी तिरस्कृत तथा उपेक्षित नहीं हुआ।

[७३]

जागु जागु जीव जड़! जोहै जग जामिनी।
देह गेह नेह जानि जैसे घन दामिनी ॥ १ ॥
सोवत सपनेहुँ सहै संसृति संताप रे।
बूड्यो मृग बारि खायो जेवरीको साँप रे ॥ २ ॥
कहैं बेद बुध तू तो बूझि मनमाहिं रे।
दोष दुख सपनेके जागे ही पै जाहिं रे ॥ ३ ॥
तुलसी जागे ते जाय ताप तिहूँ ताय रे।
राम नाम सुचि रुचि सहज सुभाय रे ॥ ४ ॥

केन्द्रीय भाव—प्रस्तुत पद का सन्दर्भ आत्मबोध से है, भ्रमात्मक सृष्टि से जुड़ा जीव उसी को अन्तिम सत्य मानकर संसक्त है, उसके इस मिथ्याचरण से छुटकारा दिलाना, इस पद का मूल अभिप्राय है।

अर्थ—संसार रूपी रात्रि को देखो, शरीर, गृहस्थी एवं कौटुम्बिक स्नेह को बादलों के बीच क्षणिक विद्युत लेखा समझो—और इन सबको वास्तविकता समझकर हे अज्ञान भरे जीव! जागो ॥ १ ॥

हे जड़ जीव! तू सोता हुआ (अज्ञान सागर में निमग्र) सृष्टि के नाना प्रकार के अवास्तविक संकटों को वास्तविक मानकर तू झेल रहा है, तू मृग-मरीचिका में डूबा हुआ है तथा रस्सी के सांप द्वारा डसा हुआ है ॥ २ ॥

यही वेद और विद्वान जन कहते हैं जिसे तू मन में अच्छी तरह समझो कि स्वप्न के दु:ख एवं दोष जागने पर ही नष्ट होते हैं ॥ ३ ॥

तुलसीदासजी अन्त में, निष्कर्ष निकालते हुए कहते हैं कि तीनों प्रकार के ताप (दैहिक, दैविक एवं भौतिक) जागने पर ही समाप्त होते हैं। पवित्र राम नाम में प्रेम जीव के सहज स्वभाव को समझने का एकमात्र कारण है, तू उसी में अनुरक्त हो ॥ ४ ॥

स्पष्टीकरण—संसार को यामिनी, विलास को विद्युत दामिनी, मृग मरीचिका, सर्प रज्जु आदि के दृष्टान्तों द्वारा आत्मबोध को परम्परा में स्पष्ट किया जाता रहा है। कवि इन्हीं परम्परित दृष्टातों का यहाँ भी प्रयोग कर रहा है।

[७४]

जानकीश की कृपा जगावती सुजान जीव
जागि त्यागि मूढ़ताऽनुराग श्री हरे।
करि विचार तजि विकार भजु उदार रामचन्द्र
भद्र सिन्धु दीन बन्धु बेद बदत रे॥ १॥
मोहमय कुहुनिसा विसाल काल बिपुल सोयो
खोयो सो अनूप रूप स्वप्न जो परे।
अब प्रभात प्रगट ग्यान भानु के प्रकास वासना
सराग मोह द्वेष निविड़ तम टरे॥ २॥
भागे मद मान चोर मोर जानि जातुधान
काम कोह लोभ छोभ निकर अपडरै॥
देखत रघुबर प्रताप बीते संताप पाप
त्राप त्रिविध प्रेम आप दूर ही करे॥ ३॥
स्त्रवन सुनि गिरा गंभीर जागे अति धीर वीर
वर विराग तोष सकल संत आदरे।
तुलसिदास प्रभु कृपालु निरखि जीव जनु विहालु
भंज्यो भव जाल परम मंगलाचरे॥ ४॥

केन्द्रीय भाव—प्रभाती के सन्दर्भ में जागरण का यह गीत मोहान्धकार में स्वप्न ग्रसित सोए जीव के उद्‌बोधन की प्रेरणा से सम्बद्ध है। प्रभात तथा जागरण दोनों सन्दर्भ आत्म ज्ञान से सम्बन्धित जीव के स्फुरण का प्रतीक है। इसी प्रतीक की सार्थकता में कवि कहता है—

अर्थ—सीतापति श्रीराम की अनन्त कृपा, हे चतुर जीव! तुझे जगा रही है मूढ़ता का त्याग करके जागो और श्री विष्णु में अनुराग करो। भली-भाँति सोच विचार करके, अनेनानेक विकारों का परित्याग करके, उदार श्रीराम का गुणानुवाद करो। वेद बताते हैं कि दीनबन्धु श्रीराम कल्याण के समुद्र हैं॥ १॥

अनेकानेक प्रपंचपूर्ण स्वप्नों में विजड़ित मोहमयी गहन अंधकारमयी रात्रि में तू अनन्त काल से पड़ा हुआ सो रहा है और उनमें दिखाई पड़ने वाले विलक्षण प्रकार के स्वप्नों में तू संसक्त है। प्रभात होते ही सूर्य के प्रकाश के कारण राग-द्वेष, वासना, मोह द्वेष के गहन अन्धकार भाग गए॥ २॥

मद तथा मान रूपी चोर सबेरा समझ कर भाग निकले तथा काम, क्रोध, लोभ क्षोभ रूपी निशाचर भी भयभीत होकर जा छिपे। श्रीराम के प्रताप को देखते हुए पापों से उत्पन्न कष्ट स्वतः समाप्त हो गए तथा प्रेम रूपी जल ने त्रिविध सन्तापों की दाहकता समाप्त कर दी॥ ३॥

इस जानकीश की कृपा (जगावती) प्रभाती गीत की गम्भीर वाणी सुनकर अत्यन्त धैर्यशाली जन मोहान्धकार से जाग उठे। श्रेष्ठ वैराग्य रूपी आनन्द का समस्त समाज ने आदर किया। गोस्वामी तुलसीदासजी कहते हैं, अत्यन्त कृपालु स्वामी श्रीरामचन्द्रजी ने जीवों को अत्यन्त व्याकुल तथा विह्वल देखकर परम मंगलमयी माया जाल को नष्ट कर दिया॥ ४॥

स्पष्टीकरण—प्रभाती गीत का सन्दर्भ उद्‌बोधन का है, और कवि इस उद्‌बोधन को जीव जागरण से जोड़कर उसे प्रतीकात्मक बना देता है। प्रभाती गीत आत्मबोध एवं विवेक के पश्चात् का है और इस दृढ़ निश्चय के बाद कि ईश्वर के अतिरिक्त जीव की अन्य शरणागति नहीं है कवि निश्चिन्त भाव से सुजान जीव को मूढ़ता तथा मोह का परित्याग करके जागने के लिए उद्‌बोधित किया जा रहा है। प्रभातीगीत की अपनी परम्परा रही है। सूर का प्रसिद्ध गीत है—

"जागिए गोपाल लाल भोर भए प्यारे।"
अब प्रभात प्रगट ग्यान..............वासना।

आत्मबोध के पश्चात् विवेक जागृत होते ही जगत की असत्यता एवं ब्रह्म की सत्यता का मूलबोध जीव को हो जाता है और उस स्थिति में—राग, मोह, द्वेष आदि वासनाओं का मायिक तिमिर जाल विवेक रूपी प्रकाश के उत्पन्न होते ही ध्वस्त हो उठता है। लोकार्थ तथा परमार्थ के बीच में परस्पर अध्यवसान द्वारा साङ्गरूपक कल्पित है। श्रीराम की कृपा माता है और पुत्र जीव है। माता पुत्र जीव के जागरण के लिए रोली गा रही है।

[७५]

खोटो खरो रावरो हौं रावरी सौं रावरेसों झूठ क्यों कहौंगो
जानो सब ही के मनकी।
करम बचन हिये कहौं न कपट किये ऐसी हठ जैसी गाँठि
पानी परे सनकी॥ १॥
दूसरो भरोसो नाहिं बासना उपासनाकी बासव बिरंचि
सुर नर मुनिगन की।
स्वारथके साथी मेरे हाथी स्वान लेवा देई काहू तो न पीर
रघुबीर! दीन जनकी॥ २॥
साँप सभा साबर लबार भये देव दिब्य दुसह साँसति कीजै
आगे ही या तनकी।
साँचे परौं पाऊँ पान पंचमें पन प्रमान तुलसी चातक आस
राम स्यामघनकी॥ ३॥

केन्द्रीय भाव—भक्त तुलसी श्रीराम को सम्बोधित करते हुए इस पद में अपनी अनन्य निष्ठा विविध सन्दर्भों के माध्यम से प्रमाणित करते हैं। वे कहते हैं—

अर्थ—हे श्रीराम आपकी सौगन्ध है, खोटा-खरा मैं जो कुछ भी हूँ वह आपका ही हूँ—मैं आपसे असत्य क्यों कहूँगा, आप तो सबके मन की बातें जानते ही हैं॥ कर्म से, वाणी से, हृदय से, मैं सम्पूर्णतः सच-सच कह रहा हूँ, मेरे मन में लेशमात्र भी कपट नहीं है—मैं सम्पूर्णतः आपका हूँ, मेरी गाँठ आपके स्नेह में इतनी जटिल हो गई है कि जैसे पानी पड़ने से

सन की गाँठ और भी जटिल तथा अनिर्मुक्त हो जाती है, वैसे ही संकट तथा आपदाओं में यह प्रीति और भी बढ़ती जा रही है॥ १॥

मुझे अन्य उपासनाओं की कोई कामना (वासना) नहीं है और न इन्द्र, ब्रह्म, देवगण मुनि तथा दूसरे मनुष्य गणों की कोई आस्था है। ये सभी मतलब के मित्र हैं। ये सेवा हाथी की भाँति कराते हैं किन्तु फल देते (देई) हैं कुत्ते की भाँति और किसी में भी श्रीराम की भाँति अपने स्वजनों की पीड़ा के प्रति सहानुभूति है॥ २॥

सम्पूर्ण देवता सर्पों की सभा में झूठे साबर (सर्पमंत्रों के झाड़-फूँक वाले) बने हुए नाना प्रकार के असहनीय संकटों को शरीर से सभी के सामने झेलते हैं। यदि मैं इन लाबारों एवं प्रपंचियों से भिन्न आपकी भक्ति में एकनिष्ठ एवं सत्य पाया जाऊँ तो पंचों में प्रमाण स्वरूप आपके हाथ से पान का बीड़ा (सत्यता का प्रमाण पत्र) प्राप्त करूँ। तुलसीदास कहते हैं कि हे श्रीराम! उसका सम्पूर्ण जीवन एकमात्र आपके प्रेम एवं आपकी ही आशा में उसी प्रकार व्यतीत हो गया जैसे—चातक का सम्पूर्ण जीवन स्वाति नक्षत्र के मेघ एवं उसकी जलवृष्टि की आशा में व्यतीत हो जाता है॥ ३॥

स्पष्टीकरण—'ऐसी हठ जैसी गाँठि पानी परे सन की' निदर्शना अलंकार है। हाथी-स्वान लेखा-देई, हाथी-कुत्ते की भाँति लेना-देना—प्रतीकात्मक वाक्य हैं—अन्य देव हाथी की भाँति हैं, किन्तु फल कुत्ते की भाँति देते हैं। इनके सबको को लबार गारुणी से उपमित करना—असमर्थता तथा अज्ञान को इंगित करता है। **'तुलसी चातक आस राम स्याम घन की'** वाक्य में परम्परित रूपकालंकार है॥

'हठ जैसी गाँठि पानी परे सनकी'—पानी पड़ने से सन के जेवरी की गाँठ अत्यन्त जटिल होकर खोलने से भी नहीं खुलती—उसी प्रकार मेरा हठ धीरे-धीरे दृढ़ होता जा रहा है।

'साँप सभा साँबर लबार भए देव दिव्य'—देवादि सर्पदंश से काटने वालों की सभा में दंश से मुक्ति दिलाने के लिए झूठे तथा लबार मंत्र झाड़ने वालों की भाँति है, ठीक उसी प्रकार माया रूपी सर्प से दंशित व्यक्तियों को मुक्ति दिलाने वाले एकमात्र श्रीराम हैं, शेष तो आडम्बर के लिए हैं।

[७६]

राम को गुलाम नाम रामबोला राख्यो राम
काम यहै नाम द्वै हौं कबहूँ कहत हौं॥
रोटी लूगा नीके राखे आगेहू की वेद भारवै
भलो है हौं तेरो तात आनन्द लहत हौं॥ १॥
बाँध्यो हौ करम जड़ करम निगड़ मूढ़
सुनत दुसह हौं तौं साँसति सहत हौं॥
आरत अनाथ नाथ कोसलपाल कृपाल
लीन्हों छीन दीन देख्यो दुरित दहत हौं॥ २॥
बूझ्यो ज्योंहि कह्यो मेरी है हो रावरे जू
मेरो कोऊ कहूँ नाहिं चरन गहत हौं।

मीजे गुरु पीठ अपनाइ गहि बाँह बोलि
सेवक सुखद सदा बिरद बहत हौं॥ ३॥
लोग कहै पोच सो न सोच न सकोच मेरे
ब्याह न बरेखी जगति पाँति न चहत हौं॥
तुलसी अकाज काज राम ही के रीझे खीझे
प्रीति की प्रतीति मन मुदित रहत हौं॥ ४॥

केन्द्रीय भाव—गोस्वामी तुलसीदास इस पद के माध्यम से श्रीराम के प्रति अपनी अनन्य शरणागति की चर्चा करते हैं। मध्यकाल में खरीदे या पाले हुए गुलाम (दास) की भाँति उनकी एकमात्र आत्मीयता तथा आस्था स्वामी श्रीराम के प्रति समर्पित है। वे कहते हैं—

अर्थ—मैं श्रीराम का गुलाम हूँ और मेरे स्वामी श्रीराम ने मेरा नाम राम बोला रख छोड़ा है। रोटी और कपड़ा (लूगा) देकर भली-भाँति मुझे रखा है तथा वेदादि कहते हैं कि श्रीराम के दास का अगला जन्म मंगलमय होगा—इसी आनन्द में आनन्दित रहता हूँ॥ १॥

खरीदे जाने के पूर्व मैं कर्म की जड़ता से उत्पन्न गर्व के गूढ़ बन्धन में बँधा था और उस दुस्सह बन्धन में बँधा अनेक संकटों को झेल रहा था। कृपालु, आर्तरक्षक, अनाथों के नाथ कृपाल कोसलाधीश श्रीराम ने कष्टों में सन्तप्त एवं दीनता से परिपूर्ण मुझे देखकर खरीद लिया (लीन्हो)॥ २॥

खरीदते समय जब मुझसे मेरा परिचय पूछा गया तो मैंने प्रसन्नतापूर्वक कहा कि मैं आपका दास बनूँगा, मैं आपका ही चरण पकड़ कर विनय कर रहा हूँ कि आप मुझे अपना लें क्योंकि मेरा अन्य कोई आत्मीयजन नहीं है और मेरे गुरु (स्वामी ने) मेरी पीठ ठोंककर मुक्त किया और आपने मेरी बाँह पकड़ कर मुझे अपना लिया और आप बोले—तुम सुखद सेवक हो और तबसे मैं आपको ही स्वामी मानकर आपका ही बाना धारण किए हुए हूँ॥ ३॥

लोग मुझ क्रीतदास को नीचादि कहकर पुकारते हैं मुझे उसका लेशमात्र भी संकोच (कष्ट) नहीं है। न मुझे ब्याह करना है और न सगाई और न किसी जाति-पाँति में रखे जाने या निष्कासित किये जाने का भय है। तुलसीदासजी कहते हैं कि श्रीराम के कार्यों की हानि से उनके नाराज होने तथा कार्यों की पूर्ति के पश्चात् उनके प्रसन्न होने में ही मेरा मन लगा रहता है और उन्हीं के प्रेम के भरोसे से मैं सदा आनन्दित रहता हूँ॥ ४॥

स्पष्टीकरण—यह पद पूर्णतया क्रीतदास प्रथा से सन्दर्भित है। सूर तथा कबीर में 'सेवक-सेव्य' की सम्पुष्टि के निमित्त इस प्रकार के क्रीतदासों के सन्दर्भ आये हैं। मध्यकालीन सामन्तवादी परम्परा में दास खरीदकर स्वामियों की सेवा के निमित्त रखे जाते थे और इस दास के पास अपने स्वामी के अतिरिक्त और कोई प्रश्रय नहीं होता था। इस सन्दर्भ को भक्ति के साथ जोड़ देने पर 'सेवक-सेव्य' का मन्तव्य नितान्त स्पष्ट हो उठता है।

मीजे गुरु पीठ अपनाई.............मध्यकाल में गुरु शिष्य को वरण करने पूर्व इस प्रकार की चेष्टा करता था। 'पीठ' दबा कर तत्पश्चात् बाँह ग्रहण करके शिष्य को अपनाता था। उसी प्रकार मेरे स्वामी ने मुझ क्रीतदास की पीठ ठोंककर और बाँह पकड़कर अपना लिया।

ब्याह न बरेखी.......................लोकार्थ में भी ब्याह, सगाई, जाति-पाँति क्रीतदास की नहीं होती और परमार्थ में भी जीव लिए केवल ईश्वर हैं जीव की न जाति है, न पंक्ति है, न सगाई है और न ब्याह, वह तो केवल ईश्वर की चिन्मय अंश है।

[७७]

जानकी जीवन जग जीवन जगत हित
जगदीस रघुनाथ राजीवलोचन राम।
सरद बिधु बदन सुखसील श्रीसदन
सहज सुंदर तनु सोभा अगनित काम॥ १॥
जग सुपिता सुमातु सुगुरु सुहित सुमीत
सबको दाहिनो दीनबन्धु काहूको न बाम।
आरतिहरन सरनद अतुलित दानि
प्रनतपालु कृपालु पतित पावन नाम॥ २॥
सकल बिस्व बंदित सकल सुर सेवित
आगम निगम कहैं रावरेई गुनग्राम।
इहै जानि तुलसी तिहारो जन भयो
न्यारो कै गनिबो जहाँ गने गरीब गुलाम॥ ३॥

केन्द्रीय भाव—यह प्रकरण भी दास क्रम से सम्बद्ध है। बाजार में आकर हे श्रीराम! मैंने आपका जो यश सुना उसने मुझे नितान्त प्रभावित किया और इसलिए अन्य स्वामियों की अपेक्षा मात्र आपके द्वारा क्रीत (वरण) किए जाने को मैंने स्वयं चुना। वे इसे स्पष्ट करते हुए कहते हैं—

अर्थ—हे जानकी प्राण! संसार के स्वामी, संसार के हितैषी एवं स्वामी, हे कमलनयन रघुवंश के स्वामी श्रीराम! आपका मुख शरद चन्द्र की भाँति आनन्दकर, सुख एवं सम्पत्ति के केन्द्र, सहज सुन्दर शरीर सम्पन्न आप अगणित कामदेव की छवि से परिपूर्ण हैं॥ १॥

आप सम्पूर्ण विश्व के आदरणीय पिता, माता, गुरु, हितैषी मित्र सभी के लिए दक्षिण भाव (हितैषी) युक्त, दीन बन्धु तथा किसी के लिए भी अहितकर नहीं है। आप दुःखों को विनष्ट करने वाले, शरणगति देने वाले, अतुलनीय दानी, भक्तरक्षक, कृपालु एवं पतितपावन नाम से अलंकृत हैं॥ २॥

आप सम्पूर्ण विश्व द्वारा वन्दित, सम्पूर्ण देवताओं द्वारा सेवित हैं। वैदिक स्तुतियों एवं आगम ग्रंथ आपके ही गुण समूह का गान करते रहते हैं। आपको वरण करने से पूर्व इन्हीं बातों को सुनकर तथा समझकर ही दास के रूप में मैंने स्वामी के रूप में आपको स्वीकार किया। इसीलिए जहाँ अन्य गरीब दास (गुलाम) की गणना बिक्री के लिए होने वाली थी, वहाँ मैंने उन सबसे पृथक् कर लिया॥ ३॥

विशेष—अपने स्वामी के आचरण, समृद्धि, स्वभाव, शील, सौन्दर्य, सुविधा आदि को देखकर दास स्वयं अन्य दास समूहों के साथ न बिककर एक स्वामी विशेष को ही चयन कर

लिया करते थे। हे श्रीराम! आपके विषय में सुनकर वही कार्य मैंने भी किया। प्रकारान्तर भाव से सम्पूर्ण लाक्षणिकता के साथ कवि अपने को श्रीराम का स्वरुचि के अनुकूल वरण करने के मन्तव्य को इंगित करके 'सेवक-सेव्य' भक्ति की सम्पुष्टि कर रहा है।

[७८]

देव!
दीन को दयालु दानि दूसरो न कोऊ।
जासो दीनता कहौं हौं देखौ दीन सोऊ॥ १॥
सुर नर मुनि असुर नाग साहब तौ घनेरे।
(पै) तौलौं जौलौं रावरे न नेकु नयन फेरे॥ २॥
त्रिभुवन तिहुँकाल विदित वेद वदति चारी।
आदि अन्त मध्य राम साहिबी तिहारी॥ ३॥
तोहिं मांगि मांगनो न मांगनो कहायो।
सुनि सुभाउ सील सुजसु जाचन जन आयो॥ ४॥
पाहन पसु विटप विहंग अपने करि लीन्हे।
महाराज दसरथ के रंक राय कीन्हे॥ ५॥
तू गरीब को निवाज हौ गरीब तेरो।
बारक कहिये कृपालु! तुलसीदास मेरो॥ ६॥

अर्थ—हे देव! आपके सदृश (दीनों के लिए) और कौन दयालु है और न दूसरा कोई दानदाता है। आपके अतिरिक्त अन्य वे जिनसे मैंने अपनी दीनता सुनाई उन्हें मैंने दीन ही देखा॥ १॥

देवता, असुर, नागजन, मुनिगण आदि अनेकानेक स्वामी हैं, लेकिन ये तभी तक के लिए हैं जब तक कि आपकी नेत्र भंगिमा नहीं टेढ़ी होती अर्थात् आपकी टेढ़ी भंगिमा से इनका स्वामित्व पद समाप्त हो जाता है या ये अकृपालु हो उठते हैं॥ २॥

तीनों लोकों में, तीनों कालों में यही चारों वेद बताते हैं कि हे श्रीराम! आपकी ही आदि, मध्य तक अन्त तक साहिबी (स्वामित्व) वर्तमान है॥ ३॥

हे स्वामी! आपसे एक बार याचक बनकर माँग लेने पर याचक पुनः याचक नहीं रह पाता और आपके इसी स्वभाव, इसी मर्यादा, इसी यश सुनकर यह भक्त तुलसी आपके पास याचक बनकर आया है॥ ४॥

हे महाराज दशरथ के पुत्र श्रीराम आपने पत्थर (अहल्या), पशु (वानरादि), वृक्ष (यमलार्जुन), पक्षिगण (जटायू आदि) को अपनाकर अपना दास बना लिया है और न जाने कितने अकिंचनों को स्वामी बना दिया है॥ ५॥

हे परम कृपालु! आप अकिंचनों के रक्षक हैं और मैं आपका ही एक अकिंचन सेवक हूँ। अब एक बार तो आप कह दें कि तुलसीदास मेरा है या मेरा दास है॥ ६॥

विशेष—आत्मबोध की स्थिति में कवि श्रीराम के वास्तविक स्वरूप का लाक्षणिक भाव से परिचय कराता है। ब्रह्म श्रीहरि की तुलना में अन्य देवताओं का न अस्तित्व है और न उनका विशेष सापेक्षिक महत्व। सभी के सभी ईश्वर की कृपाकांक्षा के याचक अति तथा दीन की भाँति उनके सम्मुख स्थित दिखाई पड़ते हैं—और यह जीव तो उनके समक्ष अकिंचन है और चूँकि जीव उसी परमात्मा का अंश है, इसलिए इसके पास अपने अंशिभाव ईश्वर के अतिरिक्त और कोई आधार नहीं है।

'आदि मध्य अन्त की साहिबी'—से तात्पर्य भूतकालिक कर्म समुदाय, वर्तमान काल तथा मृत्यु या मुक्ति के उपरान्त इस जीव पर आपका ही आधिपत्य है और आप ही उसके स्वामी हैं।

'तू गरीब को निवाज हौं गरीब तेरो'—लोकार्थ की दृष्टि से भी अकिंचनतावश मैं आपका ही आश्रित हूँ क्योंकि निर्धन के धन आप ही हैं। आध्यात्मिक दृष्टि भगवत् कृपा के बिना जीव मलासक्त एवं अकिंचन है, और उसको मल से मुक्त करके 'स्व' में विलय वही कर सकता है।

प्रस्तुत पद में लोकार्थ के तल में ब्रह्म तथा जीव के सन्दर्भ से एक अन्य अर्थ भी व्यंजित हो रहा है, अन्यथा सामान्य लोकार्थ दीन भक्त की आराध्य के प्रति आत्यन्तिक निष्ठा का वाचक है।

[७९]

देव—
तू दयालु दीन हौं तू दानि हौं भिखारी।
हौं प्रसिद्ध पातकी तू पाप पुंज हारी॥ १॥
नाथ तू अनाथको अनाथ कौन मोसो।
मो समान आरत नहिं आरतिहर तोसो॥ २॥
ब्रह्म तू हौं जीव तू है ठाकुर हौं चेरो।
तात मात गुरु सखा तू सब बिधि हितु मेरो॥ ३॥
तोहिं मोहिं नाते अनेक मानियै जो भावै।
ज्यों त्यों तुलसी कृपालु! चरन सरन पावै॥ ४॥

केन्द्रीय भाव—गोस्वामी तुलसीदास ईश्वर की आत्यन्तिक शरणागति के अन्तर्गत अपने तथा आराध्य के बीच स्थित सम्बन्ध को विविध लोकधर्मों द्वारा सम्पुष्ट करके निकटस्थ भाव की आत्मीयता व्यक्त करते हैं। इस पद में ईश्वर एवं जीव के आत्यन्तिक सम्बन्धों के साथ-साथ लोकात्मक सम्बन्धों के द्वारा भी निष्ठा तथा आत्मीयता व्यक्त की गई है। तुलसीदास कहते हैं—

अर्थ—हे स्वामी! तू दीनों पर दया करने वाला है और मुझ सदृश कोई दीन नहीं है, तू अकिंचनों के कष्टों को दूर करने वाले परम दानी हो और मुझ सदृश अन्य कोई दरिद्र भिखारी नहीं है॥ १॥

यह कहा जाता है कि आप अनाथों को शरणागति देने वाले हैं और मुझ सदृश कोई अनाथ नहीं है। आपके सदृश सांसारिक पीड़ाओं से मुक्ति दिलाने वाला अन्य कोई नहीं है और मेरे सदृश सांसारिक यातनाओं से ग्रस्त कोई प्राणी नहीं है॥ २॥

हे स्वामी! आप यदि ब्रह्म हैं तो मैं आपसे ही अनन्य जीव हूँ, यदि आप स्वामी हैं तो मैं आपका अनन्य निष्ठा से परिपूर्ण दास हूँ। आप मेरे माता, पिता, गुरु, सखा तथा सभी प्रकार से मेरे हितों की कामना वाले हितैषी हैं॥ ३॥

हे नाथ! मेरे और आपके मध्य अनेकानेक रिश्ते हैं और उनमें आपको जो भी अच्छा लगे उसे स्वीकार करें जिससे कि तुलसीदास की एक मात्र एक ही कामना है कि वह येन केन प्रकारेण आपके चरणों की शरण प्राप्त कर सके॥ ४॥

विशेष—मध्यकालीन भक्ति के अनेक रूप हैं—दास्य, सख्य, वात्सल्य, कान्तासक्ति तथा ब्रह्म एवं जीव के बीच शरणागति के अनेक माध्यम भी हैं। यहाँ कवि स्वयं उनका चुनाव न करके अपने आराध्य के ऊपर ही इसका विकल्प छोड़ देता है कि वे इस दास तुलसी को जिस भाव से चाहें, उसी से अंगीकार करें। यह प्रपत्तिमूलक शरणागति का अनन्य उदाहरण है। सामान्य प्रपत्ति के साथ-साथ इस सन्दर्भ में जीव तथा ब्रह्म विषयक पारस्परिक सम्बन्ध की व्यंजना सन्निहित है।

तात-मात गुरु सखा—मूलतः लीलावतरण के सन्दर्भ में लीला विषयक व्यापार वात्सल्य, प्रेयस, सख्य से सम्बद्ध है और लोकार्थ की दृष्टि से ईश्वर में ही सम्पूर्ण लोकभाव का अर्पण शरणागति तथा प्रपत्ति की सर्वोत्कृष्टता का सूचक है।

'मोहिं तोहिं नातो अनेक' आध्यात्मिक व्यंजना की दृष्टि से जीव तथा ब्रह्म के बीच में जितने प्रकार के सम्बन्ध हो सकते हैं सबकी व्यंजना तथा लोकार्थ की दृष्टि से लोक सम्बन्धों का समग्रतः परस्पर सापेक्षिक विधान उसी से सम्बद्ध है।

कुल मिलाकर लोकार्थ तथा परमार्थ मूलक अर्थ विधान की समेवत् व्यंजना एक समान स्तर पर कराई गई है।

[८०]

देव—

और काहि माँगिये को माँगिबो निवारै।
अभिमतदातार कौन दुख दरिद्र दारै॥ १॥
धरमधाम राम काम कोटि रूप रूरो।
साहब सब बिधि सुजान दान खडग सूरो॥ २॥
सुसमय दिन द्वै निसान सबके द्वार बाजै।
कुसमय दसरथ के दानि तैं गरीब निवाजै॥ ३॥
सेवा बिनु गुन विहीन दीनता सुनाये।
जे जे तैं निहाल किये फूले फिरत पाये॥ ४॥
तुलसिदास जाचक रुचि जानि दान दीजै।
रामचन्द्र चन्द्र तू चकोर मोंहि कीजै॥ ५॥

केन्द्रीय भाव—हे स्वामी! आपके अतिरिक्त और किससे माँगा जाए ताकि वह 'मंगनपना' हमेशा के लिए दूर कर दे। दुख दरिद्रों को विदीर्ण (नष्ट) करने वाला वांछित मनोकामनाओं को आपके अतिरिक्त और कौन पूर्ण करने वाला है॥ १॥

हे धर्म के धाम स्वामी श्रीराम! आपका लावण्य कोटि कामदेव से भी सुन्दर है। दान रूपी तलवार चलाने में आप सर्वथा कुशल तथा प्रत्येक प्रकार से समझदार हैं॥ २॥

भले समय में तो सभी के दरवाजे पर नगाड़े बजते हैं, सभी आनन्दित तथा उल्लसित होते हैं किन्तु हे दशरथ पुत्र! संकट के समय आप अपने दान से गरीबों को निहाल कर देते हैं॥ ३॥

बिना सेवा के, बिना किसी सद्गुण के मात्र अपनी दीनता सुना-सुना कर जिन-जिन को आपने निहाल कर दिया है, वे गर्व से फूले नहीं समाते पाये गये हैं॥ ४॥

तुलसीदास कहते हैं कि इस याचक की मनोवांक्षा को समझकर आप दान देकर हे रामचन्द्र! अपने चन्द्रमुख के लिए इस भक्त तुलसी को चकोर जैसी निष्ठा प्रदान कीजिए अर्थात, वह निरन्तर आपकी भक्ति में उन्मुक्त भाव से डूबा रहे॥ ५॥

टिप्पणी—तुलसी अपनी याचक की ही मुद्रा में श्रीराम से उनकी अहैतुकी कृपा प्राप्त करने के लिए याचना करते हैं। यह याचना उनकी आत्यन्तिक शरणागति के प्रतीक के रूप में है। यहाँ भी इस लोकार्थ के साथ पारमार्थिक अर्थ की व्यंजना एक ही धरातल पर की जा रही है।

'और काहि माँगिवै जो माँगिवै निवारै'—अन्य और कौन देवता है, जो इस जीव की मुक्ति विषयक याचकता दूर कर सकता है और इस दृष्टि से सम्पूर्ण जगत, सम्पूर्ण देवगण, सचराचर याचक है, और आप ही सबकी याचकता को दूर करने वाले समर्थ दाता हैं।

सेवा बिन गुन विहीन दीनता सुनाए—अन्य देवता तो सेवा तथा गुणानुवाद से प्रसन्न होते हैं आपने गणिका, गृद्ध, निषाद आदि जिन गरीबों का उद्धार कर दिया था, न उन्होंने आपकी कभी सेवा की थी और न गुणानुवाद किया था, निश्छल हृदय से उन्होंने मात्र आपका स्मरण ही किया था।

प्रस्तुत पद में भी लोकार्थ तथा परमार्थ की एक ही स्तर पर व्यंजना मिलती है। आराध्य श्रीराम के प्रति भक्त का एवं आर्त्त जीव का ईश्वर के प्रति सर्वोत्तम समर्पण ही इस पद का अभीष्ट है।

'रामचन्द्र तू चकोर.. मोहि कीजे', परम्परित रूपक है।

[८१]

दीनबंधु सुखसिंधु कृपाकर कारुनीक रघुराई।
सुनहु नाथ मन जरत त्रिबिध जुर करत फिर बौराई॥ १॥
कबहुं जोगरत भोग निरत सठ हठ बियोग बस होई।
कबहुँ मोहबस द्रोह करत बहु कबहुं दया अति सोई॥ २॥
कबहुँ दीन मतिहीन रंकतर कबहुं भूप अभिमानी।
कबहुँ मूढ़ पंडित बिडंबरत कबहुं धर्मरत ग्यानी॥ ३॥

कबहुँ देव जग धनमय रिपुमय कबहुँ नारिमय भासै।
संसृति संनिपात दारुन दुख बिनु हरि कृपा न नासै॥ ४॥
संजम जप तप नेम धरम ब्रत बहु भेषज समुदाई।
तुलसिदास भव रोग रामपद प्रेम हीन नहिं जाई॥ ५॥

केन्द्रीय भाव—प्रस्तुत पद का सन्दर्भ नाना प्रकार के मायिक प्रपंचों में संसक्त मानव समुदाय द्वारा परमार्थ तत्त्व की उपेक्षा से है। यह उपेक्षा उसकी संसक्ति का अभिन्न अंग है और इसी कारण उसे संसार की वास्तविकता नहीं समझ में आती। इस आत्मविस्मृत संसक्त मनुष्य की स्थिति सन्निपात ज्वर ग्रस्त की भाँति है—जो मिथ्या रूप से बहक कर आत्मबोध से दूर हो जाता है। कवि कहता है—

अर्थ—हे दीन बन्धु, हे आनन्द सागर, हे कृपाल, हे करुणाकर श्रीराम! सुनें, यह मेरा मन वात, पित्त, कफ इन त्रिविधात्मक ज्वरों से ग्रस्त होकर पागलपन करता घूम रहा है॥ १॥

यह शठ मन कभी योग रत हो जाता है और कभी भोग में लीन दिखाई पड़ता है और कभी-कभी हठवश वियोग में संसक्त होता है तो कभी मोहग्रस्त हो उठता है और कभी द्रोह में लीन दिखाई पड़ता है, साथ ही, कभी-कभी दया में तल्लीन दिखाई देता है॥ २॥

यह कभी-कभी दरिद्र, कभी महामूर्ख, कभी रंक से भी बढ़ कर रंक और कभी अभिमानी नरेश की भाँति आचरण करता है। कभी वह अज्ञानी, कभी ज्ञानी, कभी पाखण्डी, कभी धर्म के प्रति निष्ठावान, कभी ज्ञानी की तरह आचरण करता है॥ ३॥

हे देव! यह संसार कभी धनमय प्रतीत होता है, कभी रिपुमय तो कभी स्त्री रूप में प्रतीत होने लगता है। सृष्टि में माया रूपी दुस्सह सन्निपात बिना ईश्वर की कृपा के नष्ट नही हो सकता॥ ४॥

यद्यपि संयम, यम, तप, नियम, धर्म, व्रत आदि इसके लिए अनेक भैषज समूहों की चर्चा की गई है, किन्तु तुलसीदास कहते हैं कि मेरा अपना विश्वास है कि यह मायिक संसक्ति रूपी सन्निपात ज्वर श्रीराम के चरणों में प्रेम न रहने से समाप्त नहीं हो सकता। अत: उसके शमन के निमित्त श्रीराम के चरणों में संसक्ति के अतिरिक्त अन्य कोई उपाय नहीं है॥ ५॥

विशेष—यहाँ सृष्टि के सन्निपात ज्वर की लाक्षणिकता के माध्यम से सांसारिक प्रपंचों के मिथ्यात्व को इंगित करता हुआ कवि मानव के लिए वास्तविक सुख तथा शान्ति के उपायों की चर्चा करता है। उसकी दृष्टि से इसका सरल उपाय श्रीराम की भक्ति है। 'मन' सम्पूर्ण अविद्या, माया संसक्ति एवं वासनाओं से पीड़ित सम्पूर्ण जीवन को कदर्मित कर देता है और श्रीहरि की कृपा बिना सन्निपात स्वरूप वासना जाल समाप्त नहीं होता। सम्पूर्ण सृष्टि ही इस मायिक सन्निपात ज्वर में पीड़ित है।

[८२]

मोह जनित मल लाग विविध विधि कोटिहु जतन न जाई।
जनम जनम अभ्यास निरत चित अधिक अधिक लपटाई॥ १॥

नैन मलिन परनारि निरखि मन मलिन विषय संग लागै।
हृदय मलिन वासना मान मद जीव सहज सुख त्यागै॥ २॥
परनिंदा सुनि स्त्रवन मलिन ये बचन दोष पर गाये।
सब प्रकार मलभार लाग निज नाथ चरन बिसराये॥ ३॥
तुलसिदास व्रतदान ग्यान तप सुद्धि हेतु स्त्रुति गावै।
रामचरन अनुराग नीर बिनु मल अति नास न पावै॥ ४॥

केन्द्रीय भाव—गोस्वामी तुलसीदास ने भौतिक संसक्ति जनित मल से आक्रान्त मानव की मानस शुद्धि के लिए श्रीराम चरणों में अनुरक्ति को आवश्यक बताया है। 'मल-शुद्धि के लिए जल की अनिवार्यता' के प्रतीक के माध्यम से कलि कलुष से मुक्ति के उपाय का निर्देश करते हुए कहते हैं—

अर्थ—मोह से उत्पन्न संसक्ति रूप मल से मनुष्य जाति आक्रान्त है और वह मल अनेक यत्नों से भी नहीं नष्ट हो पा रहा है। चित्त अनेक जन्मों से पाप कर्मों के संचय रूपी अभ्यास में संसक्त अधिकाधिक प्रतिदिन उसी में और लिपटता चला जा रहा है॥ १॥

नेत्र पर स्त्री को देखकर मलिन है तो मन विषय वासनाओं में भोग में लगा विकार ग्रस्त है। मान मद की वासना में चूर हृदय मलिन है अत: जीव अपने सहज स्वरूप तथा सुख को त्याग बैठा है॥ २॥

दूसरे की निन्दा का श्रवण करके कान मलिन है और वाणी दूसरों की निन्दा-करके गायन से दूषित है। नाना प्रकार के विकार भारों से ग्रस्त मन अपने स्वामी श्रीराम को भूल बैठा है॥ ३॥

तुलसीदास कहते हैं कि वेदशास्त्र एवं श्रुतियाँ व्रत, दान, ज्ञान तपादि की चर्चा विकार दोष की शुद्धि के लिए करती हैं, किन्तु तुलसीदास कहते हैं कि मेरा निश्चल मत है कि श्रीराम के चरण प्रेम रूपी निर्मल जल के बिना आत्यन्तिक रूप से इन विकृतियों का समूल नष्ट होना सम्भव नहीं है॥ ४॥

विशेष—विकार ग्रस्त मानव समुदाय की आत्यन्तिक शुद्धि बिना श्रीराम भक्ति के सम्भव नहीं है। 'मोह जनित वासना' ही जीव की विकृति एवं भ्रम का परिणाम है। जीव की यह विकृति तथा परिणाम निरन्तर जटिल होते जाते हैं। जन्म जन्मान्तर की ग्रंथियाँ पंचेन्द्रियों के माध्यम से मोह जाल में जकड़ लेती हैं और यह मुक्ति व्रत, तप, दान, ग्यान से जटिल हैं, इस बन्धन से मुक्ति का जटिलतम मार्ग श्रीराम चरणों में अनुराग है।

अनेक दृष्टान्तों के माध्यस से कवि संसक्ति को सम्पुष्ट करता है। इन दृष्टान्त अलंकारों का उपयोग बन्धन की जटिलता के दृढ़ीकरण के लिए है—'राम चरन अनुराग नीर' निरंग रूपक सम्पूर्ण जटिलता को ध्वस्त करने का माध्यम है।

[८३]

कछु ह्वै न आई गयो जनम जाय।
अति दुरलभ तनु पाइ कपट तजि भजे न राम मन बचन काय॥ १॥

लरिकाईं बीती अचेत चित चंचलता चौगुने चाय।
जोबन जुर जुबती कुपथ्य करि भयो त्रिदोष भरि मदन बाय॥ २॥
मध्य बयस धन हेतु गँवाई कृषी बनिज नाना उपाय।
राम बिमुख सुख लह्यो न सपनेहुँ निसिबासर तयौ तिहूँ ताय॥ ३॥
सेये नहिं सीतापति सेवक साधु सुमति भलि भगति भाय।
सुने न पुलकि तनु कहे न मुदित मन किये जे चरित रघुबंसराय॥ ४॥
अब सोचत मनि बिनु भुअंग ज्यों बिकल अंग दले जरा धाय।
सिर धुनि धुनि पछितात मींजि कर कोउ न मीत हित दुसह दाय॥ ५॥
जिन्ह लगि निज परलोक बिगार्‌यौ ते लजात होत ठाढ़े ठाँय।
तुलसी अजहुँ सुमिरि रघुनाथहिं तर्‌यौ गयँद जाके एक नाँय॥ ६॥

केन्द्रीय भाव—दिन व्यतीत होता जा रहा है, वृद्धावस्था आती जा रही है। जिन आसक्तियों के सहारे अमूल्य जीवन नष्ट कर दिया, वे मिथ्या निकलीं, तुलसी अपने इस मन्तव्य को नश्वरता एवं भंगुरता के माध्यम से स्पष्ट करते हुए बताते हैं—

अर्थ—कुछ करते नहीं बना, जन्म व्यर्थ बीत गया। अत्यन्त दुर्लभ मनुष्य शरीर पाकर कपट छोड़कर श्रीराम का मन, वाणी और शरीर से भजन नहीं किया॥ १॥

चौगुनी चपलता तथा भाव से नासमझी-नासमझी से वाल्यावस्था व्यतीत हो गई। युवावस्था में यौवन रूपी ज्वर एवं युवती रूपी कुपथ्य के कारण काम वासना रूपी वातरोग से संयुक्त सन्निपात उत्पन्न हो गया॥ २॥

उम्र का मध्यभाग धनार्जन के लिए नष्ट किया, कृषि की, वाणिज्य किया और अन्य नाना प्रकार के धनार्जन के उपायों को साधा। अन्त में, श्रीराम से विमुख होकर स्वप्न में भी सुख नहीं प्राप्त किया और रात दिन त्रिविध तापों में जलता रहा॥ ३॥

श्रीराम ने भक्तों कीं न तो कभी दत्तचित होकर सेवा की और न भक्तिभाव से साधुजनों से सुमति प्राप्त की। साथ ही, श्रीरामचन्द्रजी के उन चरित्रों को पुलकित भाव से न सुना और न आनन्दित होकर कहा—जिनका आचरण उन्होंनें किया था किया॥ ४॥

अब इस अन्तिम अवस्था में मणिहीन भुजंग की भाँति, जबकि वृद्धावस्था ने भली-भाँति सम्पूर्ण अंग-प्रत्यंगों को दल मल दिया है—इसकी चिन्ता करना व्यर्थ है। सिर धुन-धुन कर अब इस अवस्था में पछताने से क्या लाभ क्योंकि इस दु:सह दावाग्नि में जलते को शीतल करने वाला कोई भी मित्र शेष नहीं है॥ ५॥

जिन-जिन व्यक्तियों के कार्यों को पूर्व करने के निमित्त तूने अपना परमार्थ नष्ट किया अब वे तुम्हारे पास खड़े होने मात्र से लज्जा का अनुभव करते हैं। तुलसीदास कहते हैं कि अब भी श्रीराम का स्मरण कर ले जिनके एक बार मात्र नामोच्चारण से गजेन्द्र मुक्त हो गया था—तू भी मुक्त हो जायेगा॥ ६॥

टिप्पणी—अत्यन्त असाध्य के लिए भी साध्य श्रीराम नाम का आधार यहाँ मूल सम्बल के रूप में कथित है। दृष्टान्त गजेन्द्र का है। श्रीराम का नाम मानव मुक्ति का आत्यन्तिक और

एकमात्र आधार है। बाल्यावस्था तथा प्रौढ़ावस्था समाप्त हो चुके हैं अब शेष वृद्धावस्था के अन्तिम दिन हैं—और अब भी निच्छल भाव से ईश्वर के प्रति असंशय शरणागति तुझे मुक्ति दिला सकती है। मनुष्य एवं उसके कर्दमित जीव के मुक्त होने का अब भी समय शेष है। दृष्टान्त अलंकार भाव सम्पुष्टि के लिए प्रयुक्त हुए हैं।

[८४]

तौ तू पछितैहै मन मींजि हाथ।
भयो है सुगम तोको अमर अगम तन समुझिधौ कत खोवत अकाथ॥ १॥
सुख साधन हरि विमुख वृथा जैसे स्त्रमफलघृत हित मथै पाथ।
यह विचारि तजि कुपथ कुसंगति चलि सुपंथ मिलि भये साथ॥ २॥
देखु राम सेवक सुनि कीरति रहहिं नाम करि गान गाथ।
हृदय आनु धनुवान वानि प्रभु लसे मुनि पट कटि कसे माथ॥ ३॥
तुलसिदास परिहरि प्रपंच सब नाउ राम पद कमल माथ।
जनि डरपहिं तोसे अनेक खल अपनाये जानकी नाथ॥ ४॥

केन्द्रीय भाव—इस पद में कवि ने श्रीराम की भक्ति को एक मात्र आश्रय के रूप में ग्रहण करने के निमित्त मन को चेतावनी दी है। मन के सम्बोधन के माध्यम से वह चेतावनी देता हुआ कहता है—

अर्थ—हे मन! तू तो हाथ मल-मल कर पश्चाताप करेगा। तुमको देव सदृश शरीर सुलभ हुआ है, इसकी सार्थकता को समझो और अकारथ (निरर्थक) ही इसे नष्ट न कर॥ १॥

घी के लिए पानी मथने जैसे व्यर्थ श्रमफल श्रीराम की कृपा से विमुख होकर सुख साधनों की प्राप्ति की आकांक्षा मिथ्या है। ऐसा विचार करके कुमार्ग एवं असाधु की संगति का परित्याग करके तथा सन्तों के साथ मिल कर चलो॥ २॥

श्रीराम के भक्तों का दर्शन करो, श्रीराम की कीर्ति का श्रवण करो और श्रीराम का गुणानुवाद करते हुए जीवन यापन करो। हृदय में धनुषबाण धारण किए मुनियों के वस्त्र धारण किए तथा कमर में तरकस कसे प्रभु का ध्यान करो॥ ३॥

गोस्वामी तुलसीदास कहते हैं कि सम्पूर्ण मायिक प्रपंचों का स्मरण करते हुए श्रीराम के चरण कमल का नमन करो। डरो मत, तुम जैसे अनेक खलों को जानकी नाथ श्रीराम ने सदैव अपनाया है, अतः चिन्ताविहीन होकर उनकी शरणागति प्राप्त करो और सम्पूर्ण ज्ञानेन्द्रियों, मन, बुद्धि आदि के बीच उन्हें प्रतिष्ठित करो॥ ४॥

विशेष—मायासक्त मानव (जीव) के लिए कवि मुक्ति के कुछ उपायों को इस पद में निर्दिष्ट करता है—कुपंथ तथा कुसंगति का परित्याग तथा सुपंथ का अनुसरण, राम सेवकों के दर्शन, ईश्वर की कीर्ति का श्रवण उनके नाम कीर्तन का गान और लीला विग्रहों के साथ श्रीराम के प्रतिबिम्ब का हृदय में धारण, व्यक्ति (जीव) की मुक्ति के हेतु हैं।

[८५]

मन! माधवको नेकु निहारहि।
सुनु सठ सदा रंक के धन ज्यों छिन छिन प्रभुहिं सँभारहि॥ १॥
सोभा सील ग्यान गुन मंदिर सुंदर परम उदारहि।
रंजन संत अखिल अघ गंजन भंजन बिषय बिकारहि॥ २॥
जो बिनु जोग जग्य ब्रत संयम गयो चहै भव पारहि।
तौ जनि तुलसिदास निसि बासर हरि पद कमल बिसारहि॥ ३॥

केन्द्रीय भाव—सांसारिक प्रपंचों का परित्याग करके लेशमात्र के लिए श्रीराम की ओर उन्मुख होने के लिए मन को कवि प्रबोधित कर रहा है। श्रीराम ही अन्तिम शरणागति है—उनको विस्मृत कर तू कभी सुखी एवं स्थिर नहीं रह सकता।

अर्थ—हे मन! माधव का क्षण भर के लिए दर्शन कर ले। हे सठ मायासक्त मन! तुझे तो रंक के पास धन के सदृश सदैव श्रीराम को सम्हाले रखना चाहिए॥ १॥

श्रीराम सौन्दर्य, शील, ज्ञान, गुण के अधिष्ठान तथा परम उदार चित्त हैं। संतों को प्रमुदित करने में निरन्तर रत, सम्पूर्ण पापों के विनाशक तथा अनेकानेक प्रकार की विषय-वासनाओं को समूल नष्ट करने वाले हैं॥ २॥

तुलसीदास कहते हैं जो व्यक्ति बिना योग, यज्ञ, व्रत, संयम के इस भवसागर से पार होने की कामना रखता है तो स्वप्न में भी उसे अर्हिनिसि श्रीराम के चरण कमलों के प्रति संसक्ति की विस्मृति नहीं होनी चाहिए॥ ३॥

विशेष—श्रीहरि के रूप विग्रह, उनके सौन्दर्य, शील, आचरण, स्वभाव का स्मरण तथा निरन्तर श्रीहरि के चरण कमलों में भ्रमरवत् चित्त का निवास यही मानव (जीव) की मुक्ति का हेतु है 'हरिपद कमल' के इस निरंग रूपक की रचना 'मन भ्रमर' की संसक्ति के लिए की गई है।

[८६]

इहै कह्यो सुत वेद नित चहूँ।
श्री रघुबीर चरन चिंतन तजि नाहिन ठौर कहूँ॥ १॥
जाके चरन बिरंचि सेइ सिधि पाई संकर हूँ।
सुक सनकादि मुक्त विचरत तेउ भजन करत अजहूँ॥ २॥
जद्यपि परम चपल श्री संतत थिर न रहत कतहूँ।
हरि पद पंकज पाइ अचल भइ कर्म वचन मनहूँ॥ ३॥
करुनासिंधु भगत चिंतामनि सोभा सेवत हूँ।
और सकल सुर असुर ईस सब खाये उरग छहूँ॥ ४॥
सुरुचि कह्यो सोई सेव्य तात! अति परुष बचन जबहूँ।
तुलसिदास रघुनाथ विमुख नहिं मिटति विपत्ति कबहूँ॥ ५॥

केन्द्रीय भाव—प्रस्तुत सन्दर्भ में सुनीति (भक्त ध्रुव की माता) उसे समझाती हुई संकट से मुक्ति का एक ही मार्ग बताती है, वह है कि श्रीराम की भक्ति। इसके बिना कोई भी व्यक्ति इस संसार के आधिदैविक एवं भौतिक संकटों से मुक्ति नहीं प्राप्त कर सकता। वह अपने पुत्र ध्रुव को समझाती हुई कहती है—

अर्थ—हे पुत्र! यही चारों वेदों ने निरन्तर बताया है कि श्रीराम के चरणों की ध्यानस्थ होकर उपासना करने के अतिरिक्त और कोई अन्य उपाय नहीं है॥ १॥

जिसके चरणों की सेवा करके ही ब्रह्मा तथा शिव ने सिद्धियाँ प्राप्त कर रखी हैं और आज भी (अमर भाव से) शुक, सनकादि महर्षिगण भी उन्हीं के भजन के प्रभाव से मुक्त विचरण कर रहें हैं॥ २॥

यद्यपि लक्ष्मी देवी नितान्त चंचला हैं और निरन्तर किसी भी एक स्थान पर कभी स्थिर नहीं रहतीं, किन्तु श्रीराम के चरणारविन्दों का आश्रय पाकर अपने स्वभाव का परित्याग करके मन, कर्म, वाणी से वे भी उन्हीं के पास स्थिर भाव से वर्तमान हो गईं॥ ३॥

करुणा के सागर तथा भक्तों के लिए चिन्तामणि स्वरूप श्रीराम की सेवा में ही शोभा (श्रेयष्कर) है। अन्य समस्त देवता, दैत्य एवं ईशादि काम-क्रोध, मद, मोह, लोभ तथा मत्सर आदि छः सर्पों से दंशित हैं॥ ४॥

हे पुत्र! तुम्हारी विमाता सुरुचि ने जो कुछ कहा है, यद्यपि वह परम कठोर है किन्तु वही उपास्य है। तुलसीदासजी अन्ततया निष्कर्ष निकालते हुए कहते हैं कि श्रीराम से विमुख होने पर कभी भी किसी की विपत्ति दूर नहीं हो सकती॥ ५॥

विशेष—सुनीति-ध्रुव का प्रसंग यहाँ साध्य नहीं, माध्यम है। कवि ध्रुव की भक्ति का वर्णन न करके प्रकारान्तर भाव से दैविक तथा भौतिक संकटों से मुक्ति के लिए श्रीराम के नाम स्मरण तथा भक्ति को ही एतदर्थ साध्य बताते हैं। तुलसी ने भक्ति के सन्दर्भ को समझाने के लिए इस प्रसंग को दृष्टान्त के रूप में ग्रहण किया है।

[८७]

सुनु मन मूढ़ सिखावन मेरो।
हरि पद बिमुख लह्यो न काहु सुख सठ! यह समुझि सबेरो॥ १॥
बिछुरे ससि रबि मन नैननि तें पावत दुख बहुतेरो।
भ्रमत श्रमित निसि दिवस गगन महँ तहँ रिपु राहु बड़ेरो॥ २॥
जद्यपि अति पुनीत सुरसरिता तिहुँ पुर सुजस घनेरो।
तजे चरन अजहूँ न मिटत नित बहिबो ताहू केरो॥ ३॥
छुटै न बिपति भजे बिनु रघुपति श्रुति संदेहु निबेरो।
तुलसिदास सब आस छाँड़ि करि होहु रामको चेरो॥ ४॥

केन्द्रीय भाव—गोस्वामी तुलसीदास मन को सम्बोधित करते हुए कहते हैं कि श्रीराम की सत्संगति का निर्वाह आजीवन करना चाहिए क्योंकि जिन-जिन ने अपना निर्वाह क्रम तोड़ा उन्हें अपनी भावी जीवन में अनेक संकटों को झेलना पड़ा। कवि कहता है—

अर्थ—हे मूढ़ मन! मेरी शिक्षा सुनो। श्रीराम के चरणों से विमुख होकर किसी ने कभी भी सुख नहीं प्राप्त किया—हे शठ! अभी शुरुआत (सबेरा) ही है, अन्यथा आगे कष्ट भोगना पड़ेगा॥ १॥

चन्द्रमा उस विराट पुरुष (ब्रह्म-श्रीराम) के हृदय से तथा सूर्य नेत्र से विमुख होकर अनेक कष्टों को झेल रहे हैं। वे दोनों आकाश में रात्रि-दिन घूमते-घूमते श्रमित हैं तथा वहाँ उनके राहु तथा केतु जैसे भयंकर शत्रु भी हैं॥ २॥

यद्यपि गंगा अत्यन्त पुनीत है और उनका प्रभूत यश चतुर्दिक फैला हुआ है फिर श्रीराम के चरणों से विमुख होने के कारण आज तक वे निरन्तर बहती हुई सन्ताप भोग रही हैं और आज भी यह उनका बहना बना हुआ है॥ ३॥

श्रुतियों ने इस सन्देह का निराकरण कर रखा है कि श्रीराम के भजन के बिना विपत्ति से छुटकारा नहीं मिल सकता। तुलसीदास इसीलिए निष्कर्ष के रूप में बताते हैं कि अन्य सबकी आशा का परित्याग करके श्रीराम के दास बनो॥ ४॥

विशेष—सूर्य-चन्द्र एवं गंगा के दृष्टान्त के माध्यम से कवि यह समझाने का प्रयास कर रहा है कि श्रीराम से विमुख होकर कभी किसी को सुख नहीं मिलता। वेद के 'पुरुष सूक्त' में सूर्य को उसका नेत्र एवं चन्द्रमा को 'मनस्' बताया गया है। यहाँ उनके आकाश में स्थित होने को 'विमुखता' के रूप में परिकल्पित करके कथन को चमत्कारपूर्ण बनाया गया है। 'गंगा' के निरन्तर प्रवहमान होने को इसी प्रकार श्रीराम (श्रीहरि) की विमुखता से जोड़ा गया है। निष्कर्ष यह कि चाहे श्रीराम के अभिन्न अंग ही क्यों न हों यदि उनसे विमुख तथा भिन्न हुए कि जन्म मरण भव संत्रास सहना प्रारम्भ किया। जीव के लिए भी यही दृष्टान्त है। जन्म-मरण के पातक परिपूर्ण बन्धनों एवं अनेकानेक योनियों एवं गर्भाशय के कष्टदायी संकटों को झेलना उसकी बाध्यता बन जाती है।

इस प्रकार सम्पूर्ण लोकवासना का परित्याग करके मन का श्रीराम की शरणागति वरण ही जीवमुक्ति का कारण है।

[८८]

कबहूँ मन बिश्राम न मान्यो।
निसिदिन भ्रमत बिसारि सहज सुख जहँ तहँ इंद्रिन तान्यो॥ १॥
जदपि बिषय सँग सह्यो दुसह दुख बिषम जाल अरुझान्यो।
तदपि न तजत मूढ़ ममताबस जानतहूँ नहिं जान्यो॥ २॥
जनम अनेक किये नाना बिधि करम कीच चित सान्यो।
होइ न बिमल बिबेक नीर बिनु बेद पुरान बखान्यो॥ ३॥
निज हित नाथ पिता गुरु हरिसों हरषि हृदै नहि आन्यो।
तुलसिदास कब तृषा जाय सर खनतहि जनम सिरान्यो॥ ४॥

केन्द्रीय भाव—कर्म के बन्धनों से प्रेरित होकर जीव अनेक योनियों में भटकता रहा और उसे कभी भी तृप्ति नहीं मिली। उसका समग्र जीवन भौतिकता एवं ऐहिकता के उधेड़ बुन में व्यतीत हो गया और उसे कभी भी शान्ति नहीं मिली। कवि कहता है—

अर्थ—रे मन! कभी भी तूने विश्रान्तिदायक शान्ति नहीं प्राप्त की। जहाँ-तहाँ इन्द्रियों की बलवत्ता से प्रेरित जीव के सहज सुख का तिरस्कार करके रात्रि दिन भटकता रहा॥ १॥

यद्यपि विषयों की संसक्ति के कारण अनेक दुस्सह दुखों को सहा तथा इन्द्रियों के विषम जाल में उलझा रहा फिर भी, हे मूढ़! ममता से प्रेरित होकर तब भी तुमने विषम वासनाओं का परित्याग नहीं किया और जानते हुए भी तुम अनजान की भाँति बने रहे॥ २॥

अनेकानेक जन्मों से नाना प्रकार के कुत्सित कर्म किया। उन्हीं कर्मों के कीचड़ में तू निरन्तर सना रहा, यद्यपि वेद-पुराण इस प्रकार निरन्तर समझाते हैं कि कर्माकर्म के विवेक रूपी जल से प्रच्छालित हुए बिना निर्मल नहीं हो सकते॥ ३॥

नितान्त हितैषी स्वामी, गुरु तथा पिता सदृश श्रीराम को अपने हृदय में कभी भी नहीं रखा। गोस्वामी तुलसीदासजी कहते हैं कि सम्पूर्ण जीवन तो सरोवर खोदते-खोदते व्यतीत हो गया, अर्थात लेशमात्र भी जल नहीं दिखाई पड़ता तब तुम्हारी प्यास कब समाप्त होगी, कहा नहीं जा सकता॥ ४॥

विशेष—भौतिक सुखों की खोज में सम्पूर्ण जीवन व्यतीत हो गया—आत्यन्तिक शान्ति की जीवन में कोई आशा नहीं है।

[८९]

मेरो मन हरिजू हठ न तजै।
निसिदिन नाथ देउँ सिख बहु बिधि करत सुभाउ निजै॥ १॥
ज्यों जुवती अनुभवति प्रसव अति दारुन दुख उपजै।
ह्वै अनुकूल बिसारि सूल सठ पुनि खल पतिहिं भजै॥ २॥
लोलुप भ्रमत गृहपसु ज्यों जहँ तहँ सिर पदत्रान बजै।
तदपि अधम विचरत तेहिं मारग कबहुँ न मूढ़ लजै॥ ३॥
हौं हार्‌यो करि जतन विविध विधि अतिसय प्रबल अजै।
तुलसिदास बस होइ तबहिं जब प्रेरक प्रभु बरजै॥ ४॥

केन्द्रीय भाव—मन के लिए सत्कर्म आवश्यक है किन्तु मन मानता नहीं। नियंत्रण-विहीन होकर वह नाना प्रकार की संसक्तियों को त्यागता नहीं। कवि कहता है कि बिना आपकी प्रेरणा के उसकी प्रवृत्ति नहीं बदल सकती—अतः बिना आपकी कृपा के यह मन आपके प्रति उन्मुख नहीं हो सकता!

अर्थ—हे हरिजू! मेरा मन भौतिक संसक्तियों की लोलुपता के हठ का परित्याग नहीं करता। रात दिन उसके लिए तरह-तरह की शिक्षा देता रहता हूँ, किन्तु वह अपने स्वभावानुसार वासनाओं की ही ओर उन्मुख होता रहता है॥ १॥

जिस प्रकार युवती प्रसव काल में अत्यन्त भयंकर पीड़ा का अनुभव करती है किन्तु वह प्रसव के भयंकर कष्ट को विस्मृत होकर पुनः अपने पति का सेवन करती है॥ २॥

यह मन गृहपशु (कुत्ता आदि) की भाँति तृष्णा से लोलुप होकर जहाँ-तहाँ भटकता हुआ जूते खाता रहता है तथापि वह अधम उसी पूर्व मार्ग पर ही विचरण करता रहता है, उस जड़ को जरा भी लज्जा नहीं आती॥ यही स्थिति मन की है॥ ३॥

हे ईश्वर मैंने अपनी ओर से इस अतिशय प्रबल एवं अजेय मन को नियंत्रित करने के लिए नाना प्रकार के यत्नों का अलम्बन ग्रहण किया, अन्ततः मैं सफल नहीं हो पाया। तुलसीदास कहते हैं कि हे श्रीराम! आपसे प्रार्थना है कि जब आप स्वयं प्रेरक होकर इस मन को वर्जित करेंगे तभी यह नियंत्रित हा पाएगा, अन्यथा असम्भव है॥ ४॥

विशेष—विशिष्ट उदाहरणों तथा दृष्टान्तों के माध्यम से कवि उस प्रेरणाशक्ति की याचना करता है जिसके फलस्वरूप मन की प्रवृत्ति भौतिक संसक्तियों से विमुक्त होती है। इस भावना के पद सूर साहित्य में भी मिलते हैं। माया की ओर बार-बार प्रवृत्त होने का मानस संस्कार उसके (जीव के) पतन का कारण है और श्रीहरि की कृपा के अभाव में मुक्ति सम्भव नहीं है। कर्म के प्रेरक भी प्रभु हैं और वर्जक भी वही हैं माया तो 'प्रभु के इशारे से नाचने वाली नर्तकी' मात्र है। जीव की आत्यन्तिक शरणागति को देखकर माया स्वतः जीव का परित्याग कर देती है।

[९०]

ऐसी मूढ़ता या मनकी।
परिहरि राम भगति सुरसरिता आस करत ओसकन की॥ १॥
धूम समूह निरखि चातक ज्यों तृषित जानि मति घन की।
नहिं तहँ सीतलता न बारि पुनि हानि होति लोचन की॥ २॥
ज्यों गच काँच बिलोकि सेन जड़ छाँह आपने तन की।
टूटत अति आतुर अहार बस छति बिसारि आनन की॥ ३॥
कहँ लौं कहौं कुचाल कृपानिधि! जानत हौ गति जन की।
तुलसिदास प्रभु हरहु दुसह दुख करहु लाज निज पन की॥ ४॥

केन्द्रीय भाव—कवि मानव मन की उस मूढ़ता का यहाँ वर्णन करता है जो अविवेक ग्रस्त होकर असत्य को सत्य मानकर उसकी उपासना में व्याकुल रहता है। धूम्र समूह में बादल का भ्रम, काँच में स्वशरीर का भ्रम, ये दृष्टान्त हैं और इन्हीं दृष्टान्तों के माध्यम से भ्रमात्मक असत्य में मानव मन की मिथ्या प्रतीति का वह वर्णन कर रहा है। कवि कहता है—

अर्थ—इस मन की जड़ता ही कुछ ऐसी है कि श्रीराम की भक्ति रूपी देवनदी गंगा का परित्याग करके अपनी तृषाशान्ति के लिए अस्थिर ओस बिन्दुओं की आशा लिए बैठा है॥ १॥

धूम्र समूह को देखकर चातक जिस प्रकार भ्रमवश बादल समझ लेता है किन्तु वहाँ न शीतलता है, न जल है और अन्ततया उल्टे उसके नेत्रों की भी हानि हो जाती है॥ २॥

जिस प्रकार मूढ़ मति का बाज पक्षी भूमि के शीशे में अपने बिम्ब को देखकर अत्यन्त आतुर भाव से आहार की प्राप्ति के लिए उस पर टूट पड़ता है और उसे अपने मुख (चंचु) की क्षति का ज्ञान नहीं रहता॥ ३॥

हे कृपानिधि! मैं अपने भ्रमात्मक दुष्कर्मों का वर्णन कहाँ तक करूँ, आप इस दास के विषय में भली-भाँति जानते हैं। हे नाथ! अपने प्रण की लज्जा रखें, और इस तुलसीदास भक्त के माया मोह जनित दुस्सह दुखों को दूर करें॥ ४॥

विशेष—अद्वैत वेदान्त में भ्रमात्मक अस्तित्व की सत्ता के प्रमाण के लिए कई साक्ष्य दिए जाते हैं जिनमें 'पृथ्वी काँच' तथा 'धूम्र में बादल का भ्रम' भी है। संसार के मिथ्यात्व के इन दृष्टान्तों द्वारा कवि अपने मन्तव्य को सम्पुष्ट कर रहा है। उदाहरण अलंकार का सन्दर्भ इनमें दृष्टव्य है।

[९१]

नाचत ही निसि दिवस मर्‌यो।
तब ही ते भयो हरि थिर जबतें जिव नाम धर्‌यो॥ १॥
बहु बासना बिबिध कंचुकि भूषन लोभादि भर्‌यो।
चर अरु अचर गगन जल थलमें कौन न स्वाँग कर्‌यो॥ २॥
देव दनुज मुनि नाग मनुज नहिं जाँचत कोउ उबर्‌यो।
मेरो दुसह दरिद्र दोष दुख काहू तौ न हर्‌यो॥ ३॥
थके नयन पद पानि सुमति बल संग सकल बिछुर्‌यो।
अब रघुनाथ सरन आयो जन भव भय बिकल डर्‌यो॥ ४॥

केन्द्रीय भाव—कर्मपाश में बँधा सारे जीवन भर भटकता घूमता रहा और जब भटकते-भटकते पूरी तरह से थक उठा तब वास्तविकता समझ में आई और अन्त में, विवश होकर ईश्वर की शरण में आना पड़ा। कवि कहता है—

अर्थ—रात दिन नाचते-नाचते बेहाल हो उठा। जब से मैंने जीव की संज्ञा प्राप्त की, तभी से मेरा नर्तन शुरू हुआ॥ १॥

अनेक वासनाओं, नाना प्रकार के वस्त्राभूषणों के लोभ से भरा हुआ मैंने चल, अचल, आकाश, जल, स्थल सम्पूर्ण स्थानों पर और सभी के समक्ष विविध कर्म योनियों का कौन-सा स्वाँग भर कर नहीं नाचा॥ २॥

देवता, असुर, मुनि, नाग, मनुष्य आदि में ऐसा कोई नहीं बचा जिनसे नृत्य पुरस्कार की याचना न की हो और उनसे याचना करते हुए भी नहीं उबर पाया। इस जीव के रूप में मेरा दुस्सह दारिद्र्य दोष तथा दारिद्र्य किसी से भी मेटे नहीं जा सके॥ ३॥

नाचते-नाचते मेरे नेत्र, पद, हाथ, बुद्धि, बल और मेरे सम्पूर्ण नृत्यासखा, सभी-के-सभी वियुक्त हो गये तब सांसारिक बाधाओं से डरा हुआ मैं एक दास के रूप में रघुनाथजी की शरण में आया हूँ—इस विश्वास से कि कर्म तथा पुनर्जन्म के बन्धनों से मुझे मुक्ति मिल सके॥ ४॥

स्पष्टीकरण—कर्मबन्धन में फँसकर ईश्वर वियुक्त जीव संसारी बना और जब से संसारी बना कर्म तथा फल के विपाक में त्रस्त जन्म जन्मान्तर तक उसे रात-दिन नाचना पड़ा। अनेक जन्मों, अनेक योनियों, अनेक रूपों में बार-बार जन्म लेते-लेते शिथिल हो चुका है तथा अब बोध के पश्चात् समझ में आया है कि बिना ईश्वर की शरण में आये मुक्ति सम्भव नहीं है। जीव की विवशता तथा उससे उत्पन्न मुक्ति की कामना एवं अनन्य भाव से ईश्वर के प्रति समर्पण ही इस पद का मन्तव्य है।

[९२]

माधौ जू मो सम मंद न कोऊ।
जद्यपि मीन पतंग हीन मति मोह नहिं पूजै ओऊ॥ १॥
रुचिर रूप आहार वस्य उन्ह पावक लोह न जान्यो।
देखत बिपति विषय न तजत हौं तातें अधिक अजान्यो॥ २॥
महामोह सरिता अपार महँ संतत फिरत बह्यो।
श्री हरिचरन कमल नौका तजि फिरि फेन गह्यो॥ ३॥
अस्थि पुरातन छुधित स्वान अति ज्यों भरि मुख पकरै।
निज तालूगत रुधिर पान करि मन सन्तोष धरै॥ ४॥
परम कठिन भव व्याल ग्रसित हौं त्रसित भयो अतिभारी।
चाहत अभय भेंक सरनागत खगपति नाथ बिसारी॥ ५॥
जलचर वृन्द जाल अन्तरगत होत सिमिटि इक पासा।
एक खात लालचबस नहिं देखत निज आसा॥ ६॥
मेरे अघ सारद अनेक जुग गनत पार नहिं पावै।
तुलसीदास पतित पावन प्रभु यह भरोस जिय आवै॥ ७॥

अर्थ—हे माधव! मेरे सदृश मतिमन्द अन्य कोई नहीं है। यद्यपि मछली तथा पतिंगा को सबसे मतिमन्द कहा गया है, लेकिन मैं उन तक भी नहीं पहुँच सकता॥ १॥

उनकी नासमझी यह है कि भूख से विवश होकर मछली को लोहे (बंशी, कटिया) तथा पंतिगे को अग्नि (दीपक की लौ) की बात नहीं समझ में आई और वे अन्ततया समाप्त हो गए, किन्तु मैं उनसे भी अधिक अज्ञान हूँ कि जानते हुए भी यह विषय प्रपंच विनष्ट कर देगा, तब भी उसका परित्याग नहीं कर पा रहा हूँ॥ २॥

महामोह की अथाह सरिता में निरन्तर बहता फिर रहा हूँ और सामने ही श्रीहरि चरण रूपी नौका को छोड़कर डूबने से बचने के लिए सांसारिकता के फेन को बार-बार पकड़ना चाहता हूँ॥ ३॥

जैसे कोई कुत्ता अत्यन्त भूखा पुरानी हड्डी को मुख भर पकड़ ले और बार-बार उसे चूसे। उस चूसने में वह अपने तालू से निःसृत रक्त का पान करके यह सन्तोष धारण करे कि रुधिर अस्थि से ही निकल रहा है, यही स्थिति इस जीव की है। वह अपने ही शरीर को विनष्ट कर उसी को शौर्य, पराक्रम, आनन्द आदि का भ्रमवश स्वरूप मानता है॥ ४॥

अत्यन्त कठिन माया रूपी सर्प से ग्रसित होकर मैं गरुणस्वामी श्रीहरि को छोड़कर मेढक की शरण में जाना चाहता हूँ जो और भी कठिन है॥ ५॥

जलचर समूह जाल के अन्तर्गत बद्ध एक साथ होकर लालचवश एक दूसरे का भक्षण करते हैं और अपने भविष्य की आशा नहीं दिखाई पड़ती कि मछुआरा शीघ्र ही सभी को काल कवलित करेगा॥ ६॥

मेरे अनेक-अनेक योनियों के अनन्त पाप समूह जिनकी गणना सरस्वती अनेक-अनेक युगों तक करके पूर्ण नहीं कर सकतीं, फिर भी तुलसीदास कहते हैं कि मेरे मन में यही भरोसा है कि श्रीराम पतित पावन हैं—और मेरे पापों को देखकर, समझ कर वे अवश्य उद्धार करेंगे॥ ७॥

स्पष्टीकरण—कर्मासक्त जड़ जीव की सहज तथा नैसर्गिक अज्ञता का कवि वर्णन कर रहा है। इन्द्रियों ने विषय वासनाओं में लिप्त करके उसे इतना गूढ़ बना रखा है कि शरणागति तथा प्रवृत्ति के अतिरिक्त अन्य कोई मार्ग उसके लिए अब अवशिष्ट नहीं है।

विशेष—अज्ञों के दृष्टान्त में यहाँ 'पतिंगा तथा मत्स्यभाव' आधार हैं और उन्हीं के आधार पर मानव की अज्ञता निर्दिष्ट है। श्रीहरि चरण कमल नौका...........तथा परम कठिन भवकाल ग्रसित.........पदों में निरङ्ग रूपक अलंकार है। निज तालूगत..........वाक्य में दृष्टान्त रूप निर्दशना अलंकार है और मिथ्यात्व का एक परम्परित उदाहरण बताया गया है।

[९३]

कृपा सो धौं कहाँ बिसारी राम।
जेहि करुना सुनि श्रवन दीन दुख धावत हौ तजि धाम॥ १॥
नागराज निज बल बिचारि हिय हारि चरन चित दीन्हों।
आरत गिरा सुनत खगपति तजि चलत बिलंब न कीन्हों॥ २॥
दितिसुत त्रास त्रसित निसिदिन प्रहलाद प्रतिग्या राखी।
अतुलित बल मृगराज मनुज तनु दनुज हत्यो श्रुति साखी॥ ३॥
भूप सदसि सब नृप बिलोकि प्रभु राखु कह्यो नर नारी।
बसन पूरि अरि दरप दूरि करि भूरि कृपा दनुजारी॥ ४॥
एक एक रिपुते त्रासित जन तुम राखे रघुबीर।
अब मोहिं देत दुसह दुख बहु रिपु कस न हरहु भव पीर॥ ५॥
लोभ ग्राह दनुजेस क्रोध कुरुराज बंधु खल मार।
तुलसिदास प्रभु यह दारुन दुख भंजहु राम उदार॥ ६॥

केन्द्रीय भाव—विभिन्न परम्परित उदाहरणों के माध्यम से कवि आशु द्रवित होने वाले तथा दीनों की कातर पुकार सुनकर तुरन्त रक्षार्थ दौड़ पड़ने वाले श्रीराम को इस स्वभाव का स्मरण करा रहा है।

अर्थ—जिस करुणाशील स्वभाव से प्रेरित होकर दीनों का दुःख कानों से श्रवण करते ही अपना विष्णु लोक छोड़कर रक्षार्थ दौड़ पड़ते थे, हे श्रीराम! उस कृपाशीलता को आपने कहाँ भुला दिया॥ १॥

गजेन्द्र ने अपने बल के मद को त्यागकर पूरी तरह से अपने को असहाय समझकर चित्त में आपका स्मरण किया। उनके आर्त वचनों को सुनकर गरुड़ को छोड़कर रक्षार्थ प्रस्थान करने में आपने लेशमात्र भी विलम्ब नहीं किया॥ २॥

दैत्य पुत्र के भयंकर त्रास से रात-दिन सन्तप्त प्रहलाद की रक्षा करने की अपनी प्रतिज्ञा को पूर्ण करने के निमित्त अतुलनीय बलराशि से संयुक्त नृसिंह का स्वरूप धारण करके उसे हिरण्यकशिपु दैत्य का आपने वध किया, श्रुतियाँ इस तथ्य की साक्षिणी हैं॥ ३॥

नृप (दुर्योधन) की सभा में (सदसि) सभी राजाओं को असहाय देखकर नर (अर्जुन) की पत्नी द्रौपदी ने कहा कि हे प्रभु! रक्षा करें! आपने तत्काल ही, नंगी की जाती हुई द्रौपदी के वस्त्रों को पूरा करके, शत्रु दुःशासन के दर्प को चूर करके, हे दैत्यारि! आपने उस पर महती कृपा की॥ ४॥

एक ही शत्रु से संत्रस्त भक्तों की आपने तो बराबर रक्षा की किन्तु काम, क्रोध, लोभादि अनेक शत्रु अनेक रूपों में असहनीय दुःख दे रहे हैं, मेरे सांसारिक संकटों को आप क्यों नहीं दूर करते॥ ५॥

लोभ ही मकर है और मैं गजेन्द्र रूप इससे पीड़ित हूँ, क्रोध ही दैत्यादि हिरण्यकशिपु है, दुष्ट कामदेव रूपी दुर्योधन का भाई दुःशासन है। ये सभी एक साथ मुझे नष्ट किए दे रहे हैं। इनके द्वारा उत्पन्न किए जा रहे समवेत् दुखों का अन्त करें॥ ६॥

स्पष्टीकरण—मध्यकाल के विविध दृष्टान्तों द्वारा कवि यह स्पष्ट करने की चेष्टा कर रहा है कि लोभ, क्रोध तथा काम वासनाएँ यदि शमित हो जाएँ तो मनुष्य स्वस्वरूप की सहज ही प्राप्ति कर सकता है, किन्तु यह ईश्वर की कृपा के बिना सम्भव नहीं है। मध्यकालीन दृष्टान्तों के प्रतीकीकरण का दृष्टान्त यहाँ विशेष दृष्टव्य है—

(१) गजेन्द्र को पीड़ित करने वाला मगर मेरे लिए लोभ है और मुझे या जीव को निरन्तर अपनी ओर खींचे जा रहा है।

(२) दनुजेश हिरण्याकशिपु यहाँ क्रोध है जो जीव रूपी प्रहलाद को निरन्तर वासना से आवेशित किए हुए है।

(३) द्रौपदी का चीर हरण करने वाला दुर्योधन का अनुज दुःशासन काम वासना है। मुझ जीव को निरन्तर काम वासना से नंगा किए जा रहा है।

इन तीनों खलों का दलन बिना आपके सम्भव नहीं है।

[९४]

काहे ते हरि! मोहि बिसारो।
जानत निज महिमा मेरे अघ तदपि न नाथ सँभारो॥ १॥
पतित पुनीत दीन हित असरन सरन कहत स्त्रुति चारो।
हौ नहिं अधम सभीत दीन किध्यौं वेदन मृषा पुकारो॥ २॥
खग गनिका गज व्याध पाँति जहँ तहँ हौंहूँ बैठारो।
अब केहिं लाज कृपा निधान परसत पनवारो फारो॥ ३॥
जो कलिकाल प्रबल अति होतो तुव निदेस तें न्यारो।
तौ हरि रोष भरोस दोष गुन तेहिं भजते तजि गारो॥ ४॥

मसक विरंचि विरंचि मसक सम करहुँ प्रभाउ तुम्हारो।
यह सामरथ अछत मोहिं त्यागहु नाथ तहाँ कछु चारो॥ ५॥

केन्द्रीय भाव—कवि इन पंक्तियों में प्रभु के सामर्थ्य का विवेचन करता हुआ कहता है कि आपने अनेक पापियों का उद्धार किया और कलि पर भी आपका पूर्ण नियंत्रण है।

अर्थ—हे हरि! आपने मुझे विस्मृत क्यों कर दिया? आप मेरे पापों को भी भली-भाँति जानते हैं और अपनी महिमा भी समझते हैं—फिर भी आपने मुझे नहीं सम्भाला॥ १॥

चारों वेद यही बताते हैं कि आप अशरण शरण हैं, दीनों के हितैषी हैं, और पापियों को पवित्र करने वाले उनके उद्धारकर्ता हैं और फिर मैं क्या दीन नहीं हूँ, अधम नहीं हूँ, भयाक्रान्त नहीं हूँ, या वेदों ने यह मिथ्या कहा है कि आप अशरण शरण नहीं हैं॥ २॥

जिस पंक्ति में जटायु, गणिका, गजेन्द्र, व्याध आदि को आपने बैठाया था, उसी में मुझे भी आप बैठाएँ और उस पंक्ति में मुझ जैसे पतित के बैठ जाने पर परसी जाती हुई मेरे सामने की पत्तल क्यों फाड़ रहे हैं॥ ३॥

यदि कलियुग अत्यन्त प्रबल है और आपके अनुशासन (निर्देश) से पृथक् आचरण करता है तब हे हरि! मैं मलाल (गारो) और शेष गुण-दोषों को छोड़कर आपसे रोष करके उसी का भजन करता॥ ४॥

यह आपका प्रभाव है कि आप मसक ब्रह्मा सदृश और ब्रह्मा को मसक सदृश बना सकते हैं। इस सामर्थ्य के होते हुए हे नाथ! आप मुझे त्याग रहे हैं, इसमें मेरा कोई वश नहीं है॥ ५॥

स्पष्टीकरण—जीव अपनी असमर्थता एवं मुक्ति के लिए ईश्वर की सर्वथा सामर्थ्य की ओर संकेत करता है। ईश्वर की सामर्थ्य को वह विविध दृष्टान्तों द्वारा इंगित करता है। मसक से विरंचि एवं विरंचि से मसक बनाने वाले हे श्रीहरि! इस जीव को आप ही मुक्त कर सकते हैं क्योंकि आप ही समर्थ हैं, और यह आपके स्वभाव का ही अंग है।

[९५]

तऊ न मेरे अघ अवगुन गनिहैं।
जौ जमराज काज सब परिहरि इहै ख्याल उर अनिहैं॥ १॥
चलिहैं छूटि पुंज पापिनके असमंजस जिय जनिहैं।
देखि खलल अधिकार प्रभूसों (मेरी) भूरि भलाई भनिहैं॥ २॥
हँसि करिहैं परतीति भगतकी भगत सिरोमनि मनिहैं।
ज्यों त्यों तुलसिदास कोसलपति अपनायेहि पर बनिहैं॥ ३॥

केन्द्रीय भाव—यमराज के प्रसंग की परिकल्पना द्वारा अपने को महापापी स्वीकार करते हुए भी वचन-चातुरी द्वारा कवि श्रीराम की भक्ति और सन्निकटता का दावा कर रहा है। इस दावे में वचन विदग्धता ही मुख्य आधार है।

अर्थ—यदि यमराज सम्पूर्ण अन्य कार्यों को छोड़कर एक मात्र मेरे पापों की गणना करने लगेंगे तो भी मेरे अवगुणों तथा पापों की गणना करने में समर्थ नहीं होंगे॥ १॥

मेरी गणना में व्यस्तता के कारण अनेक पापियों के पाप समूह उन्हें विस्मृत हो जायेंगे तथा उनके हृदय में असमंजस उत्पन्न होगा। अपने अधिकार में बाधा पड़ती देखकर वह भी प्रभु से मेरी बार-बार प्रशंसा करेंगे॥ २॥

हे प्रभु! आप यमराज की सिफारिश सुनकर इस भक्त को भक्त शिरोमणि स्वीकार कर लेंगे और इस प्रकार कोसलाधीश श्रीराम द्वारा मुझे स्वीकार करते ही बनेगा॥ ३॥

स्पष्टीकरण—विश्वास है कि यमराज जीवों के कर्म का लेखा जोखा रखते और उसके अनुसार फल निर्धारण करते हैं। इस अभिप्राय को अपने पक्ष में वाक्य चातुरी द्वारा कैसे परिणत करा लेता है, यह कवि की वाक्पटुता का अंग है।

[९६]

जौ पै जिय धरिहौ अवगुन जनके।
तौ क्यों कटत सुकृत नखते मो पै बिपुल बृंद अघ बनके॥ १॥
कहिहै कौन कलुष मेरे कृत करम बचन अरु मनके।
हारहिं अमित सेष सारद श्रुति गिनत एक एक छनके॥ २॥
जो चित चढ़ै नाम महिमा निज गुनगन पावन पनके।
तो तुलसिहिं तारिहौ बिप्र ज्यों दसन तोरि जमगनके॥ ३॥

केन्द्रीय भाव—इस पद का मूल मन्तव्य येन-केन प्रकारेण श्रीहरि का जीव की ओर अभिमुख होने का उपक्रम है। श्रीराम के लेशमात्र अभिमुख हो जाने पर सम्पूर्ण भौतिक बन्धन क्षण भर में विनष्ट होंगे, यह कवि का दृढ़ विश्वास है।

अर्थ—हे श्रीराम! यदि इस दास के अवगुणों को ध्यान में रखेंगे तो उनके द्वारा मेरा उद्धार सम्भव नहीं हो पाएगा क्योंकि मुझसे अपने पुण्य रूपी नख द्वारा अनेकानेक पाप समूहों की वनराजि कैसे कट पाएगी॥ १॥

मैंने जितने भी पापों को कर्म, वाणी तथा मन से किया है, उनका वर्णन कौन व्यक्ति कर सकता है। अनन्त शेषनाग, सरस्वती एवं श्रुतियाँ एक-एक क्षण के पाप की गणना करके हार मान लेंगी॥ २॥

यदि आपके चित्त में अपने नाम की महिमा तथा प्रतिज्ञा के रूप में पवित्र गुणों का स्मरण हो जायेगा तो तुलसीदासजी कहते हैं कि मेरा उद्धार यमगणों के दाँतों को तोड़कर अजामिल ब्राह्मण की भाँति कर देंगे॥ ३॥

स्पष्टीकरण—सम्पूर्ण तत्कर्मों को वह 'नख' से अघ पर्वत को काटने जैसा कहता है। श्रीराम की कृपा की कोई तुलना नहीं है। इस अतुलनीय श्रीराम की कृपा के अभाव में मुक्ति के लिए सत्कर्म आदि उपाय नख से पर्वत समूह को काटने जैसा होगा।

'हारहिं अमित शेष सारद श्रुति गिनत एक एक छनके'

सामान्यतया इस वाक्य में अतिशयोक्ति दिखाई पड़ती है, किन्तु यहाँ वह नहीं है। 'जीव' के अनेकानेक योनियों में जन्म ग्रहण करने के कारण कर्म एवं उसके वासनाग्रस्त अनन्त पापों की गणना एक यथार्थ तथ्य है।

[९७]

जौ पै हरि जनके औगुन गहते।
तौ सुरपति कुरुराज़ बालिसों कत हठि बैर बिसहते॥ १॥
जौ जप जाग जोग ब्रत बरजित केवल प्रेम न चहते।
तौ कत सुर मुनिबर बिहाय ब्रज गोप गेह बसि रहते॥ २॥
जौ जहँ तहँ प्रन राखि भगतको भजन प्रभाउ न कहते।
तौ कलि कठिन करम मारग जड़ हम केहि भाँति निबहते॥ ३॥
जौ सुतहित लिए नाम अजामिलके अघ अमित न दहते।
तौ जमभट साँसति हर हमसे बृषभ खोजि खोजि नहते॥ ४॥
जौ जगबिदित पतितपावन अति बाँकुर बिरद न बहते।
तौ बहुकलप कुटिल तुलसीसे सपनेहुँ सुगति न लहते॥ ५॥

केन्द्रीय भाव—विविध दृष्टान्तों के माध्यम से यहाँ कवि आत्मबोध तथा विवेक की जागृति का स्वप्न देखता है। अनेक दृष्टान्तों से कवि प्रेरित करता है कि श्रीराम के चरणों में शरणागति के बिना इस संसार से मुक्ति सम्भव नहीं है।

अर्थ—हे हरि! यदि आप अपने भक्तों के अवगुणों को मन में ले आते तो क्योंकर इन्द्र, दुर्योधन तथा बालि से हठपूर्वक बैर मोल लेते॥ १॥

यदि आप जप, यज्ञ, योग व्रत को त्यागकर केवल प्रेम का आश्रय क्योंकर ग्रहण करते, फिर देव एवं मुनिजनों का परित्याग करके आप व्रज में ग्वालों के घर में क्यों निवास करते॥ २॥

यदि स्थान-स्थान पर भक्तों के प्रण की रक्षा करके भजन के प्रभाव का कथन न करते तो कलिकाल में कठिन कर्मकांड मार्ग का निर्वाह हम साधारण जन कैसे करते॥ ३॥

यदि अजामिल का जिसने अपने पुत्र के बहाने से आपका नाम स्मरण किया था, उद्धार न करते तो यमदूत नाना प्रकार की यातनाएँ देते हुए खोज-खोज कर बैल की तरह नाँधते (नहते)॥ ४॥

यदि आपने संसार में प्रसिद्ध पापियों के उद्धारक का विलक्षण बाना न धारण किया होता तो अनेक कल्पों तक तुलसीदास कहते हैं, मुझ जैसे पापी सद्गति न प्राप्त करते॥ ५॥

स्पष्टीकरण—ईश्वर अपने भक्तों के निमित्त वैरपूर्वक, हठपूर्वक, छलपूर्वक, प्रेम एवं रति द्वारा कल्याण करने में भी लेशमात्र संकोच नहीं करता। उसके लिए साधक के हृदय की निर्मलता ही सब कुछ है और उस निर्मलता को देखकर ईश्वर प्रत्येक प्रकार से भक्त का हित करने के लिए तत्पर रहता है।

[९८]

ऐसी हरि करत दास पर प्रीति।
निज प्रभुता बिसारि जन के बस होत सदा यह रीति॥ १॥

जिन्ह बाँधे सुर असुर नाग नर प्रबल करम की डोरी।
सोइ अविच्छिन्न ब्रह्म जसुमति हठि बाँध्यों सकत न छोरी॥ २॥
जाके माया बस बिरंचि सिव नाचत पार न पायो।
करतल ताल बजाय ग्वाल जुवतिन्ह सोइ नाच नचायो॥ ३॥
विस्वंभर श्रीपति त्रिभुवनपति वेद विदित यह लीख।
बलि सों कछु न चली प्रभुता बरु है द्विज मांगी भीख॥ ४॥
जाको नाम लिए छूटत भव जन्म मरत दुख भार।
अंबरीष हित लागि कृपानिधि सोइ जनमें दस बार॥ ५॥
जोग बिराग ग्यान जप तप करि जेहिं खोजत मुनि ग्यानी।
बानर भालु चपल पसु पामर नाथ तहाँ रतिमानी॥ ६॥
लोकपाल जम काल पवन रवि ससि सब आग्याकारी।
तुलसीदास प्रभु उग्रसेन के द्वार बेंत कर धारी॥ ७॥

केन्द्रीय भाव—इस पद के माध्यम से तुलसीदास यह समझाने की चेष्टा कर रहे हैं कि श्रीराम अपने भक्तों के लिए मानापमान त्याग कर सामान्य-से-सामान्य कार्य कर सकने और उसके द्वारा उनके हित साधने में किसी संकोच का अनुभव नहीं करते।

अर्थ—श्रीराम भक्तों पर इस प्रकार की प्रीति करते हैं। उनकी सदा यही रीति रही है कि भक्तों के हितार्थ अपनी प्रभुता का परित्याग करके अपने भक्तों के वश में हो जाया करते हैं॥ १॥

जिन श्रीराम ने देवता, दैत्य, नाग, मनुष्य आदि को प्रबल कर्म की रस्सी में बाँध रखा है—उसी अद्वैत ब्रह्म को यशोदा ने हठपूर्वक बाँधा जो उनके छुड़ाये न छूटी॥ २॥

जिसकी माया के वशवर्ती होकर ब्रह्मा एवं शिव निरन्तर परेशान रहते हैं—और वे भी उसे सामर्थ्य का अनुमान नहीं लगा सके, उसी को ताली बजा-बजा कर ग्वाल युवतियाँ नाच नचा रही हैं॥ ३॥

यह ब्रह्म की वेद विदित मर्यादा है कि वह विश्वम्भर, लक्ष्मीपति, त्रिभुवन स्वामी हैं कि बलि से उसकी कोई प्रभुता न चल सकी और उन्हें ब्राह्मण बनकर भिक्षा माँगनी पड़ी॥ ४॥

जिसका नाम स्मरण करते ही संसार के जन्म मरण का भयंकर कष्ट छूट जाता है, वही श्रीराम अम्बरीष भक्त के लिए दस बार जन्म लिए॥ ५॥

योग, वैराग्य, ध्यान, जप, तपादि के माध्यम से जिसे ज्ञानी जन बराबर खोजते रहते हैं, भालु और बन्दर जैसे चंचल एवं तुच्छ प्राणियों के साथ आनन्दपूर्वक रहे॥ ६॥

समस्त लोकपाल, यम, काल, वायु, सूर्य-चन्द्र सभी जिसकी आज्ञा के समक्ष विवश हैं, वही श्रीहरि उग्रसेन के द्वार पर बेंत लिए पहरा दे रहे हैं॥ ७॥

स्पष्टीकरण—भक्तों के वश में होकर अपने ब्रह्मत्व एवं सामर्थ्य का परित्याग प्रत्येक प्रकार से उन्हें आनन्दित करने के लिए प्रयत्नशील होना ही प्रभु की विशेषता है। वह भक्तों के

निमित्त अपनी प्रभुता, श्रेष्ठता, बड़प्पन एवं सर्वसामर्थ्यवान स्वभाव का परित्याग करके उनको आनन्द देता है। इस पद में प्रभु की अहैतुकी कृपा का वर्णन कवि विविध विरोधों एवं विषमता से परिपूर्ण दृष्टान्तों के माध्यम से करता है।

[९९]

बिरद गरीब निवाज रामको।
गावत बेद पुरान संभु सुक प्रगट प्रभाउ नामको॥ १॥
ध्रुव प्रहलाद बिभीषन कपिपति जड़ पतंग पांडव सुदामको।
लोक सुजस परलोक सुगति इन्हमें को है राम कामको॥ २॥
गनिका कोल किरात आदि कबि इन्हते अधिक बाम को।
बाजिमेध कब कियो अजामिल गज गायो कब सामको॥ ३॥
छली मलीन हीन सब ही अँग तुलसी सो छीन छामको।
नाम नरेस प्रताप प्रबल जग जुग जुग चालत चामको॥ ४॥

अर्थ—श्रीराम का बाना गरीबों को निहाल कर देना है। उनके नाम का प्रभाव इसीलिए वेद-पुराण, शिव, शुक प्रगट रूप से गान किया करते हैं॥ १॥

ध्रुव, प्रहलाद, विभीषण, सुग्रीव, जड़ (अहल्या), जटायु (पतंग) पांडवगण तथा सुदामा को इस लोक में सुयश तथा परलोक के लिए सद्गति दी, भला इनमें से कोई भी नहीं, सच पूछिये तो, श्रीराम के काम लायक था॥ २॥

गणिका पिंगला, कोल (गुह), किरात (निषाद), वाल्मीकि से अधिक कुमार्गी कौन थे! अजामिल ने कौन सा अश्वमेध यज्ञ किया था और गजेन्द्र ने कब सामवेद का गायन किया था॥ ३॥

तुलसीदास के सदृश प्रपंची, मलिन मति, समस्त अंगों से हीन और क्षीण तथा निर्बल कौन होगा, किन्तु श्रीराम नामरूपी राजा के प्रबल प्रताप से युग-युग से चमड़े का सिक्का चलता आ रहा है॥ ४॥

स्पष्टीकरण—कवि इस पद के अन्तर्गत ईश्वर की अनन्त सामर्थ्य का चित्रण करता है। मुक्ति के लिए हृदय की शुद्धि आवश्यक है और इसी शुद्धि से ईश्वर स्वयं भक्त पर कृपा करता है।

विशेष—'राम नरेश प्रताप प्रबल जग जुग जुग चालत चाम को' जीव का आवरण शरीर (चर्मयुक्त) सिक्का है, जो युगों युगों (जन्म-जन्म) तक चलता रहता है।

[१००]

सुनि सीतापति-सील-सुभाउ।
मोद न मन तन पुलक नयन जल सो नर खेहर खाउ॥ १॥
सिसुपनतें पितु मातु बंधु गुरु सेवक सचिव सखाउ।
कहत राम बिधु बदन रिसोहैं सपनेहुँ लख्यो न काउ॥ २॥

खेलत संग अनुज बालक नित जुगवत अनट अपाउ।
जीति हारि चुचकारि दुलारत देत दिवावत दाउ॥ ३॥
सिला साप संताप विगत भई परसत पावन पाउ।
दई सुगति सो न हेरि हरष हिय चरन छुए को पछताउ॥ ४॥
भव धनु भंजि निदरि भूपति भृगुनाथ खाइ गए ताउ।
छमि अपराध छमाइ पाँच परि इतौ न अनत समाउ॥ ५॥
कह्यो राज वन दियो नारिवस गरि गलानि गयो राउ।
ता कुमातु को मन जुगवत ज्यों निज तन करम कुघाउ॥ ६॥
कपि सेवा बस भए कनौड़े कह्यो पवनसुत आउ।
देवे को न कछू रिनियां हैं धनिक जु पत्र लिखाउ॥ ७॥
अपनाए सुग्रीव विभीषन तिन न तज्यो छल छाउ।
भरत सभा सनमानि सराहत होत न हृदय अघाउ॥ ८॥
निज करुना करतूति भगत पर चपल चलत चरचाउ।
सकृत प्रनाम प्रनत जस बरनत सुनत कहत फिरिगाउ॥ ९॥
समुझि समुझि गुनग्राम राम के उर अनुराग बढाउ।
तुलसिदास अनयास रामपद पइहै प्रेम पसाउ॥ १०॥

केन्द्रीय भाव—श्रीराम के भक्तों के प्रति नितान्त सरल तथा निश्छल आचरण को देखकर कौन नहीं आकर्षित होगा? उनके इस स्वभाव तथा आचरण से सम्बन्धित विविध दृष्टान्तों के द्वारा उनकी सराहना करता हुआ, उनकी ओर आकर्षित करने का प्रयास कर रहा है—

अर्थ—श्रीराम के शील स्वभाव को सुनकर जिसके मन में आनन्द नहीं उत्पन्न हुआ, तन पुलकित न हुआ उस मनुष्य का धूल फाँकना भला॥ १॥

पिता, माता, भाई, गुरु, सेवक, मंत्री तथा मित्र सभी कहते हैं कि वाल्यावस्था से ही स्वप्न में भी श्रीराम का मुख क्रोधित नहीं दिखा॥ २॥

उनके साथ भाई तथा सखागण खेलते हुए हार की अनीति के उपाय (कारण) के अन्तर्गत जीते हुए खेल को भी हार मानकर प्रेमपूर्वक पुचकार कर श्रीराम दुलारते हुए दाँव देते तथा दिलाते थे॥ ३॥

पवित्र चरण का स्पर्श पाकर शिला के रूप में स्थित अहल्या अपने पाप संकट से मुक्त हुई। उसे मोक्ष देने का उन्हें लेशमात्र भी हर्ष नहीं हुआ, उल्टे चरण से स्पर्शित हो जाने का कष्ट हुआ॥ ४॥

राजाओं को निरादृत करते हुए शिव के धनुष का भंजन किया और तत्पश्चात् भृगुनाथ परशुराम आकर क्रोधाभिभूत हो उठे। उनका अपराध क्षमा करके तथा लक्ष्मण से क्षमा मँगवाकर उनके चरणों में झुक गए। इतनी सामर्थ्य (सहनशीलता) किस व्यक्ति में है॥ ५॥

राज्य देने के लिए कहकर भी पत्नी के कहने से दशरथ ने वनवास दिया और इसी लज्जा के कारण वे दिवंगत हो गए। श्रीराम उस कुमाता के मान की रक्षा उस प्रकार भाँव संजोए करते रहे, जैसे अपने शरीर पर स्थित घाव की॥ ६॥

हनुमानजी की सेवा के अधीन उपकृत होकर उनसे कहा—तुम्हें देने के लिए मेरे पास कुछ नहीं है, मैं कर्ज लेने वाला हूँ और आप कर्ज देने वाले धनी हैं—चाहें तो ऋणपत्र लिखवा लें॥ ७॥

यद्यपि सुग्रीव तथा विभीषण दोनों ने अपने कपट भाव का परित्याग नहीं किया था, फिर भी, श्रीराम ने उन्हें त्यागा नहीं। भरी सभा में उन्होंने भरत के समक्ष इनको सम्मानित करते हुए सराहा और सराहना करते हुए इन्हें कभी तृप्ति नहीं हुई॥ ८॥

अपने भक्तों पर आपकी जो करुणा दृष्टि थी, उसकी चर्चा आते ही, आपका मन संकोच से दब जाता है। आपको जिसने एक बार भी प्रणाम किया उसकी महिमा का आपने सदैव वर्णन किया। उसका यश आपने भी सुना और दूसरों को भी सुनाया॥ ९॥

श्रीराम के इन बहुतेरे गुणों की चर्चा सुनकर हृदय स्वतः संसक्ति तथा प्रेम बढ़ाता जाता है। हे तुलसीदास! तू श्रीराम के प्रेम प्रसाद को अनायास ही प्राप्त कर सकेगा क्योंकि तू सदैव उनके प्रति समर्पित है॥ १०॥

[१०१]

जाउँ कहाँ तजि चरन तुम्हार।
काको नाम पतित पावन जग केहि अति दीन पियारे॥ १॥
कौने देव बराइ बिरद हित हठि हठि अधम उधारे।
खग मृग ब्याध पषान बिटप जड़ जवन कवन सुर तारे॥ २॥
देव दनुज मुनि नाग मनुज सब माया बिबस बिचारे।
तिनके हाथ दासतुलसी प्रभु कहा अपनपौ हारे॥ ३॥

केन्द्रीय भाव—गोस्वामी तुलसीदास इस पद में प्रभु की अनन्य सामर्थ्य का चित्रण करते हुए उनकी शरणागति का तार्किक आधार प्रस्तुत करते हैं। वह कहते हैं—

अर्थ—संसार में किस अन्य का पतित पावन नाम है और किसे संसार में दीन-दुखी प्रिय हैं, अतः आपके नाम को छोड़कर मैं कहाँ जाऊँ?॥ १॥

आपके अतिरिक्त किस देवता ने अपनी विरुदावली को बचाते हुए अत्यन्त हठपूर्वक पापियों का उद्धार किया। आपके अतिरिक्त किसने जटायु पक्षी, रीछ, वानर, (मृग), व्याध (वाल्मीकि), शिला रूपिणी अहल्या, जड़ वृक्ष यमालार्जुन और यवनों का तरण तारण किया॥ २॥

देवता, दैत्य, नाग, मुनिगण, मनुष्यगण सभी के सभी आपकी माया से विवश हैं। तुलसीदास कहते हैं कि आपकी माया से विवश इन सबके समक्ष आत्मसमर्पण कैसा!॥ ३॥

स्पष्टीकरण—जिन पतितों को अकारण श्रीहरि ने संसार सागर से मुक्त किया है क्या अन्य किसी देव की सामर्थ्य की बात है। मनुष्य की तो बात क्या है, पक्षी, पशु, व्याध,

पाषाण, विटप का उद्धार करना उस ईश्वर के लिए सम्भव है। पक्षी (गृद्ध), पशु (वानर), ब्याध (वाल्मीकि) आदि शब्द लाक्षणिक हैं और अलंकार के अन्तर्गत रूपकातिशयोक्ति विधान के अंग हैं।

[१०२]

हरि तुम बहुत अनुग्रह कीन्हों।
साधन धाम बिबुध दुरलभ तनु मोहि कृपा करि दीन्हों॥ १॥
कोटिहुँ मुख कहि जात न प्रभुके एक एक उपकार।
तदपि नाथ कछु और माँगिहौं दीजै परम उदार॥ २॥
बिषय बारि मन मीन भिन्न नहिं होत कबहुँ पल एक।
ताते सहौं बिपति अति दारुन जनमत जोनि अनेक॥ ३॥
कृपा डोरि बंसी पद अंकुस परमप्रेम मृदु चारो।
एहिं विधि बेगि हरहु मेरो दुख कौतुक राम तिहारो॥ ४॥
हैं स्त्रुति विदित उपाय सकल सुर केहिं केहिं दीन निहोरै।
तुलसीदास यहि जीव मोह रजु जोइ बाँध्यो सोइ छोरै॥ ५॥

केन्द्रीय भाव—शरीर देकर ईश्वर ने बड़ा उपकार किया है, किन्तु उसी तन के साथ एक मन भी दे दिया, जो अनिष्टकारी है। वह इस मन पर अंकुश लगाने की कामना करता है।

अर्थ—हे हरि आपने मुझ पर बड़ा ही अनुग्रह किया। आपने सम्पूर्ण साधनों के धाम स्वरूप तथा देवताओं के लिए दुर्लभ शरीर देकर बहुत बड़ी कृपा की॥ १॥

हे प्रभु! आपके एक-एक उपकार का वर्णन कोटि-कोटि मुखों से वर्णन करते नहीं बनता, फिर भी हे नाथ! आपसे अभी और कुछ माँगूगा; हे परम उदार श्रीराम! उसे भी आप मुझे प्रदान करें॥ २॥

मेरा मन रूपी मत्स्य विषय-वासना रूपी जल से एक क्षण के लिए भी पृथक् नहीं होता, इससे अनेक योनियों में जन्म लेते हुए अत्यन्त दारुण कष्ट सहता रहता हूँ॥ ३॥

आप अपनी कृपा रूपी डोरी में अपने चरण के अंकुश के चिह्न को कटिया (वंशी) बनाकर अपने परम प्रेम का चारा लगा लें और खेल-खेल में ही इस प्रकार अपने प्रेम में विवशीभूत मुझ तुच्छ के संकट को शीघ्र ही दूर कर दें॥ ४॥

वैसे वेदों में अनेक उपाय भरे पड़े हैं, देवता भी अनेक हैं और यह दास तुलसी किसका-किसका निहोरा लेता फिरे, हे तुलसीदास! विश्वास करो, जिसने इस जीव को मोह रूपी रस्सी में बाँध रखा है, वही इसको बंधनमुक्त भी कर सकता है॥ ५॥

स्पष्टीकरण—इस पद में जीव को मोह रज्जु में बाँधने तथा छोड़ने वाला कारण ईश्वर बताया गया है अत: इस नाते जीव के कारण और कार्य रूप उस ईश्वर के प्रति मन को अनन्य निष्ठापूर्वक अर्पित होने के लिए निर्दिष्ट किया गया है ताकि उसकी आत्मीयता जीव विशेष को प्राप्त हो सके।

[१०३]

यह विनती रघुवीर गोसाईं।
और आस विश्वास भरोसो हरौ जीव जड़ताई॥ १॥
चहौ न सुगति सुमति संपति कछु रिधि सिधि बिपुल बड़ाई।
हेतु रहित अनुराग रामपद बढ़ै अनुदिन अधिकाई॥ २॥
कुटिल करम लै लाइ मोहि जहँ जहँ अपनी बरिआई।
तहँ तहँ जनि छिन छोहि छाँड़िये कमठ अंड की नाईं॥ ३॥
या जग में जहँ लगि या तनु की प्रीति प्रतीति सगाई।
ते सब तुलसिदास प्रभु ही सों होहिं सिमटि इकठाई॥ ४॥

केन्द्रीय भाव—इस पद के अन्तर्गत कवि 'हेतु रहित अनुराग रामपद' की याचना इस लिए करता है, कि ईश्वर के अतिरिक्त मनुष्य या जीव की और कोई गति नहीं है, अतः हेतु रहित भक्ति ही 'ईश्वर जीव' के ऐक्य का मूल कारण है। वह कहता है—

अर्थ—हे गोस्वामी श्रीरामजी! मेरी आपसे यही प्रार्थना है कि अन्य देवताओं के प्रति उत्पन्न आशा, विश्वास एवं सम्बल जैसी इस जीव की जड़ता को आप समाप्त करें॥ १॥

मुझे न सुबुद्धि चाहिए और न सद्गति, न कुछ सम्पत्ति, न ऋद्धि-सिद्धि तथा न विपुल यश मेरी एकमात्र यही निष्ठा है कि हे श्रीराम! आपके चरणों में कामना रहित अनुराग दिनों-दिन बढ़ता जाए॥ २॥

कुटिल कर्म मुझे जिस-जिस योनि में अपनी प्रबलता के कारण हठात् ले जाए, वहाँ-वहाँ एक क्षण के लिए आप इस दास पर से अपनी कृपा उसी प्रकार न छोड़ना जैसे कछुआ अपने अंडे का पल भर भी परित्याग नहीं करता॥ ३॥

इस संसार में जहाँ तक इस शरीर का प्रेम, प्रीति एवं स्वजनभाव है, तुलसीदास कहते हैं कि हे प्रभु! सभी एक स्थान पर सिमट करके आपके ही प्रति सन्निहित हो जाएँ॥ ४॥

स्पष्टीकरण—यहाँ कवि आत्मस्वरूप जीव के लिए यह प्रार्थना करता है कि उसे न सुगति चाहिए, न सुमति चाहिए, न सम्पत्ति चाहिए, उसे न ऋद्धि चाहिए, न सिद्धि चाहिए, न बड़ाई चाहिए वरन् उसे श्रीराम के चरणों में हेतु रहित अनुराग की आकांक्षा है ताकि जितनी भी भौतिक निष्पत्तियाँ हैं प्रभु के अंगीकार करते ही वे सब राशिभूत होकर मुझमें समाहित हो उठें क्योंकि वे तो प्रभु से ही जुड़ी हैं।

[१०४]

जानकी जीवनकी बलि जैहौं।
चित कहै रामसीय पद परिहरि अब न कहूँ चलि जैहौं॥ १॥
उपजी उर प्रतीति सपनेहुँ सुख प्रभु पद बिमुख न पैहौं।
मन समेत या तनके बासिन्ह इहै सिखावन दैहौं॥ २॥

श्रवननि और कथा नहिं सुनिहौं रसना और न गैहौं।
रोकिहौं नयन बिलोकत औरहिं सीस ईस ही नैहौं॥ ३॥
नातो नेह नाथसों करि सब नातो नेह बहैहौं।
यह छर भार ताहि तुलसी जग जाको दास कहैहौं॥ ४॥

केन्द्रीय भाव—आत्मबोध के पश्चात् विवेक की जागृति और उसके पश्चात् ईश्वर में एकमात्र निष्ठा का उदय होना, इस पद में चित्रित किया गया है। इसको स्पष्ट करता हुआ कवि कहता है—

अर्थ—जानकी प्राण वल्लभ श्रीराम की बलि जाता हूँ। चित्त बार-बार यही कहता है कि श्रीराम तथा सीताजी के चरणों का अब परित्याग न करके अन्यत्र कहीं न जाऊँगा॥ १॥

हृदय में कुछ इस प्रकार की प्रतीति उत्पन्न हो उठी है कि श्रीराम के चरणों से विमुख होकर अन्यत्र कहीं भी सुख-सन्तोष न प्राप्त कर सकूँगा॥ मन के साथ-साथ सम्पूर्ण ज्ञानेन्द्रियों (तन के वासिन्ह) को बराबर यही शिक्षा देता रहूँगा॥ २॥

श्रवणों से श्रीराम कथा श्रवण के अतिरिक्त और कुछ नहीं सुनूँगा, जिह्वा से श्रीराम के अतिरिक्त और किसी का गुणगान नहीं करूँगा। नेत्रों को श्रीराम के अतिरिक्त अन्य देवता दर्शन करने से रोकूँगा, और सिर सदैव-सदैव श्रीराम के प्रति ही झुका रहेगा॥ ३॥

संसार के अन्य स्नेह सम्बन्धों का परित्याग करके एकमात्र अपने स्वामी श्रीराम से ही सम्बन्ध रखूँगा। तुलसीदास जी कहते हैं कि संसार में मैं जिसका दास कहा जाऊँगा—उसी के ऊपर अपना सम्पूर्ण श्रेयस्-प्रेयस् (छरभार) सौंप दूँगा॥ ४॥

स्पष्टीकरण—तुलसी उस विवेक की अवस्था का चित्रण करते हैं, जहाँ जीव को पूर्णतया यह विश्वास हो जाता है कि उसकी अन्तिम गति ईश्वर ही है और फिर विवेक के बाद सम्पूर्ण लोकेषणा श्रीराम में समाहित हो उठती है। इसी मनः स्थिति में तुलसी यहाँ कहते हैं—

'नातो नेह नाथसों करि सब नातो-नेह बहैहौ॥

[१०५]

अबलौं नसानी अब न नसैहौं।
राम कृपा भव निसा सिरानी जागे फिरि न डसैहौं॥ १॥
पाएउँ नाम चारु चिंतामनि उर कर तें न खसैहौं।
स्यामरूप सुचि रुचिर कसौटी चित कंचनहिं कसैहौं॥ २॥
परबस जानि हँस्यो इन इंद्रिन निज बस ह्वै न हँसैहौं।
मन मधुकर पनकै तुलसी रघुपति पद कमल बसैहौं॥ ३॥

केन्द्रीय भाव—जीव का जागरण या बोध इस पद का मन्तव्य है। उसे अब समझ में आ चुका है कि इस शरीर की अन्तिम सार्थकता क्या है। राम की कृपा से माया की गहन निशा तिरोभूत हो गई और फिर श्रीराम के चरणों में सम्पूर्णभावेन समर्पित होने का समय आ गया।

कवि कहता है—

अर्थ—अब तक जो भी जीवन नष्ट हो चुका, हो चुका, अब बात समझ आ चुकी है, अब नष्ट नहीं होने दूँगा। श्रीराम की कृपा से सांसारिक माया रूपी रात्रि व्यतीत हो चुकी है, अब जग चुका हूँ, वास्तविकता समझ चुका हूँ। अब पुनः सोने के लिए फिर से बिछौने न लगाऊँगा॥ १॥

मैंने श्रीराम की नाम रूपी चिन्तामणि प्राप्त कर ली है, उसे हृदय-रूपी हाथों से पुनः गिरने नहीं दूँगा। श्रीराम का श्यामल वर्ण कसौटी है और अब अपने चित्त रूपी स्वर्ण को उसी पर कस-कस उसकी श्रेष्ठता समझने की कोशिश करूँगा॥ २॥

इन इन्द्रियों ने मेरे चित्त को दूसरे के वश में समझकर उपहास किया है—अब अपने को उनके वश में करके उपहास नहीं कराऊँगा। मन रूपी मधुकर पूर्ण निष्ठा के साथ, तुलसीदास कहते हैं कि, श्रीराम के चरण कमलों में सदैव-सदैव के लिए बसा दूँगा॥ ३॥

स्पष्टीकरण—विवेक के पश्चात् चित्तवृत्ति का स्वरूप बदल जाता है। अब तक मुझे अपने वश में दास की भाँति भटकते देखकर इन्द्रियाँ हँसती रही हैं, अब आत्मबोध के बाद इन पर हँसने का समय आ गया है। स्याम रूप रुचि..........रूपक अलंकार है तथा मन मधुकर पनकै तुलसी.........परम्परित रूपक है। इन रूपकों द्वारा कवि आत्मबोध और उसके द्वारा सत्य की प्रतीति के भाव को सम्पुष्ट कर रहा है।

[१०६]

महाराज समादर्‌यो धन्य सोई।
गरुअ गुनरासि सर्वज्ञ सुकृति सूर
सील निधि साधु तेहि सम न कोई॥ १॥
उपल केवट कीस भालु निसिचर
सबरि गीध सम दम दया दान हीने॥
नाम लिए राम किय पावन सकल।
नर तरत तिनके गुन गान कीन्हें॥ २॥
व्याध अपराध की साध राखी कहा
पिंगलै कौन मति भगति भेई॥
कौन धौं सोमयाजी अजामिल अधम
कौन गजराज धौं वाजपेयी॥ ३॥
पांडुसुत गोपिका विदुर कुबरी
सबहिं सुद्ध कियो सुद्धता लेस केसो।
प्रेम लखि कृष्ण किये आपने तिनहुँ को
सुजस संसार हरिहर को जैसो॥ ४॥

कोल खस भील जवनादि खल रामकहि
नीच ह्वै ऊँच पद को न पायो॥
दीन दुख दमन श्री रमन करुना भवन
पतित पावन विरद वेद गायो॥ ५॥
मंदमति कुटिल खल तिलक तुलसी सरिस
भो न तिहुँ लोक तिहुँकाल कोऊ।
नाम की कानि पहिचानि जन आपनो,
ग्रसित कलिकाल राख्यो सरन सोऊ॥ ६॥

केन्द्रीय भाव—कलिकाल से ग्रस्त जीव का रक्षक एक मात्र ईश्वर ही है। उसी ने विविध रूपों में प्रेम की निश्च्छलता के कारण अनेक जनों का उद्धार करके उन्हें समादृत बना दिया। कलिकाल ग्रस्त यह तुलसी भी उन्हीं की कृपा चाहता है। कवि कहता है—

अर्थ—महाराज श्रीराम ने जिसको आदर दिया, वह धन्य हो गया। उस व्यक्ति के सदृश प्रभावशाली, गुणराशि, सर्वज्ञ, पुण्यवान, योद्धा, शीलनिधि, साधु अन्य कोई व्यक्ति नहीं हुआ॥ १॥

शिला अहल्या, केवट, बन्दर, भालु, राक्षस, शबरी तथा गिद्ध जटायु ये सभी सम, दम, दया तथा दानहीन थे। नाम लेते ही इन सभी को श्रीराम ने परम पवित्र कर दिया कि इनके गुणगाान करने से मनुष्य संसार सागर तर जाते हैं॥ २॥

व्याध वाल्मीकि ने किस अपराध की साध अपने मन में नहीं रखी अर्थात् सम्पूर्ण आपराधिक कुकृत्यों को किया। पिंगला वेश्या ने अपनी मति को भक्तिरस से सिंचित किया था, अधम अजामिल ने कौन सा सोमयज्ञ किया था और गजेन्द्र ने किस वाजपेय यज्ञ का सम्पादन किया था॥ ३॥

पाँच पाण्डवों, गोपिकाओं, शबरी तथा विदुर जिनमें लेशमात्र भी शुद्धता नहीं थी, आपने सबको शुद्ध किया था। इन सबका प्रेम देखकर श्रीकृष्ण ने उन्हें स्वीकार किया और उनका सुयश इस प्रकार का है—जैसे विष्णु तथा शिव का॥ ४॥

कोल, खस, भील यवनादि वर्ग के जन सामान्य होते हुए भी श्रीराम का नाम लेकर उच्च पद के भागी हुए। दीनों के दुख को विनष्ट करने वाले हे लक्ष्मीपति! हे करुणाधाम! पतित पावन के आपके विरद का गायन वेद करते हैं॥ ५॥

तुलसीदास सदृश मंदमति, कुटिल तथा खल शिरोमणि अन्य कोई दूसरा तीनों लोकों तथा तीनों कालों में अन्य कोई दूसरा नहीं हुआ। अपने दास के रूप में पहचान कर अपने नाम के विरद (पतित पावन) का स्मरण करके तथा कलिकाल रूपी सर्प से ग्रसित देखकर उन्होंने (श्रीराम ने) उसे अपनी शरण में रखा॥ ६॥

स्पष्टीकरण—पूर्व प्रसंग का यह भी छन्द है। ईश्वर ने अनेक अधमों को शुद्ध किया। शुद्ध का अर्थ है, जीव को माया लिप्तता के मल से निकाल कर आत्मीय बना लेना। तुलसी भी उसी के बहाने, उसी के दृष्टान्त से आत्ममुक्ति चाहते हैं।

[१०७]

है नीको मेरो देवता कोसलपति राम।
सुभग सरोरुह लोचन सुठि सुंदर स्याम॥ १॥
सिय समेत सोहत सदा छबि अमित अनंग।
भुज बिसाल सर धनु धरे कटि चारु निषंग॥ २॥
बलिपूजा चाहत नहीं चाहत एक प्रीति।
सुमिरत ही मानै भलो पावन सब रीति॥ ३॥
देहि सकल सुख दुख दहै आरत जन बंधु।
गुन गहि अघ औगुन हरै अस करुनासिंधु॥ ४॥
देस काल पूरन सदा बद बेद पुरान।
सबको प्रभु सबमें बसै सबकी गति जान॥ ५॥
को करि कोटिक कामना पूजै बहु देव।
तुलसिदास तेहि सेइये संकर जेहि सेव॥ ६॥

केन्द्रीय भाव—सीता सहित श्रीराम के विग्रह का चित्रण करता हुआ उनके स्वभाव की ओर कवि इंगित कर रहा है। अनेक देवों के पूजन, अनेकानेक धार्मिक विधान, बलि एवं पूजन आदि की श्रीराम की भक्ति के लिए आवश्यकता नहीं है। वह तो मात्र निश्छल प्रीति से ही प्रसन्न होते हैं। वह कहता है—

अर्थ—मेरे देवता कोसलपति श्रीराम बहुत अच्छे हैं। उनका सुन्दर एवं सुष्ठुवयुक्त श्याम वर्ण है तथा सुन्दर कमलवत् उनके नेत्र हैं॥ १॥

अनन्त कामदेव के सौन्दर्य से युक्त सीता के साथ शोभित हैं, उनकी भुजाएँ विशाल धनुषबाण युक्त हैं तथा कटि प्रदेश में सुन्दर तरकस है॥ २॥

वे न बलि चाहते हैं और न पूजा, मात्र निश्छल प्रीति ही चाहते हैं, स्मरण करते ही भक्त का भला चाहने लगते हैं और सभी प्रकारों से (रीतियों से) वे अपने भक्तों को पवित्र करते हैं॥ ३॥

वे आर्त्तजनों के बन्धु सभी सुखों को तत्काल उपलब्ध करा देते हैं और दुःखों को नष्ट कर देते हैं। वे ऐसे करुणा सागर हैं जो भक्तों के पाप एवं अवगुणों का हरण करके गुणों को ग्रहण करते हैं॥ ४॥

सभी देशों तथा सभी कालों में वे परिपूर्ण रहते हैं तथा वेद पुराण बताते हैं कि वे सभी के स्वामी, सभी के हृदय में निवास करने वाले तथा सभी के अन्तःकरण के ज्ञाता हैं॥ ५॥

अनेक कोटि कामनाएँ करके कौन अनेक देवताओं का पूजन करने जाये। तुलसीदास कहते हैं कि उसी की अर्चना करो जिसकी सेवा शिव निरन्तर किया करते हैं॥ ६॥

स्पष्टीकरण—अनेक देवी-देवताओं के पूजन, बलि, उपासना, कर्मकाण्ड की आवश्यकता श्रीराम को सन्तुष्ट करने के लिए नहीं होती। कृपा सिन्धु श्रीराम भक्त को माया मोह में संसक्त देखकर दुखी होकर उसे मुक्त करने की चेष्टा करते हैं, सम्पूर्ण कामनाएँ, सम्पूर्ण देव पूजन उन्हीं में समाविष्ट होते हैं, अतः अन्य की तुलना का प्रश्न ही नहीं उठता, वही एक मात्र सेव्य तथा वही एक मात्र काम्य हैं।

'गुण गहि अघ औगुन हरैं'—अघ अवगुणों का विनाश करना एवं भक्तों की गुणग्राहिता ही उनका स्वभाव है।

'तुलसीदास तेहिं सेइये संकर जेहिं सेव'—जिस श्रीराम की शिव आराधना करते हैं, उनको आराध्य के रूप में वरण करने में न कोई विकल्प है, न कोई संशय और इसके निमित्त यह मानक भी है।

प्रकारान्तर भाव से यह ध्वनि भी निकलती है कि शिवस्तर के देवताओं के सेवन से क्या लाभ, वे तो स्वयं श्रीराम की कृपा कटाक्ष के लिए लालायित हैं, फिर उन्हीं की ही सेवा क्यों न की जाए।

[१०८]

बीर कहा अवराधिये साधे सिधि होय।
सकल काम पूरन करै जानै सब कोय॥ १॥
बेगि विलंब न कीजिए लीजै उपदेस।
बीज मंत्र जपिए सोई सो जपत महेस॥ २॥
प्रेम वारि तर्पन भलो घृत सहज सनेहु।
संसय समिध अगिन छमा ममता बलि देहु॥ ३॥
अघ उचाट मन बस करै मारै मद मार।
आकरषै सुख संपदा संतोष विचार॥ ४॥
तिन्ह यहिं भाँति भजन कियो मिले रघुपति ताहि।
तुलसिदास प्रभु चढ़यो जौ लेहु निवाहि॥ ५॥

केन्द्रीय भाव—तुलसीदासजी इस पद में बताते हैं कि काम, मद, मोह आदि से मन को उच्चाटित करके निर्दिष्ट व्यवस्था के अनुसार श्रीराम की साधना में मैं लग गया हूँ, श्रीराम मेरा निर्वाह करें और मेरी साधना पूरी करें। वह कहता है—

अर्थ—श्रीराम सदृश वीर की आराधना करें जिन्हें साधने से सब कुछ सिद्ध हो जाता है। यह सभी जानते हैं कि वे शीघ्र ही सभी कामनाओं को पूर्ण कर देते हैं॥ १॥

देर मत करिए किसी गुरु से शीघ्र ही उसका उपदेश लेकर उस बीज मंत्र का जाप करें जिसे सदैव शिव जप करते हैं॥ २॥

प्रेम रूपी जल से भली भाँति तर्पण करके, सहज स्नेह को घृत बनाकर, संशय को समिधा बनाकर, क्षमा को अग्नि बनाकर सांसारिक ममता की बलि दे दो॥ ३॥

पापों का उच्चाटन, मन का वशीकरण, मद तथा काम वासना का मारण मंत्र तथा सन्तोष तथा ज्ञान सुख रूपी सम्पत्ति का आकर्षण करना चाहिए॥ ४॥

जिन्होंने इस विधि से श्रीराम का भजन किया है, उसे श्रीराम अवश्य प्राप्त हुए हैं। तुलसीदास कहते हैं कि मैं इस साधना पथ पर आरूढ़ हो गया हूँ, जैसे भी हो उसका निर्वाह करा दें॥ ५॥

स्पष्टीकरण—मध्यकालीन 'मंत्रसिद्ध' करने की प्रणाली का यहाँ मुद्रा भाव से संकेत है। उच्चाटन (उचार), बस (वशीकरण), मारै (मारण) को सिद्ध करके देव को अपनी ओर

'आकर्षण' इस साधना का मुख्य मन्तव्य है। 'वीर' शब्द सामिप्राय है—श्रीराम के सन्दर्भ में महापराक्रमी एवं वीर देवादि जिन्हें सिद्ध किया जाता था। उनकी सिद्धि के लिए—'बीजमंत्र' का जप—जल से तर्पण, घृत की अग्नियुक्त कुंड में घृत लकड़ी से अग्नि को प्रज्वलित करके बलि रूप में आहुति देने पर उक्त सिद्धि सम्भव है। परम्पति इस सिद्धि को कवि श्रीराम से जोड़कर उसे भी भजन का एक प्रकार बताता है।

सम्पूर्ण पद में साङ्गरूपक अलंकार है, जिसका उद्देश्य वीरसिद्धि के माध्यमों से श्रीराम की सिद्धि प्राप्त करने के उपायों को इंगित करना है।

[१०९]

कस न करहु करुना हरे दुखहरन मुरारि
त्रिबिधताप संदेह सोक संसय भय हारि॥ १॥
इक कलिकाल जनित मल मतिमंद मलिन मन।
तेहिपर प्रभु नहिं कर सँभार केहि भाँति जियै जन॥ २॥
सब प्रकार समरथ प्रभो मैं सब बिधि दीन।
यह जिय जानि द्रवौ नहीं मैं करम बिहीन॥ ३।
भ्रमत अनेक जोनि रघुपति पति आन न मोरे।
दुख सुख सहौं रहौं सदा सरनागत तोरे॥ ४॥
तो सम देव न कोउ कृपालु समुझौं मनमाहीं।
तुलसिदास हरि तोषिये सो साधन नाहीं॥ ५॥

केन्द्रीय भाव—ईश्वर की कृपालुता को इंगित करते हुए कवि अपने प्रति दयाभाव अपनाने की प्रार्थना करता है। उसकी दया भात्र से ही भक्तों के समस्त क्लेश दूर हो जाएँगे। कवि कहता है—

अर्थ—हे दुखों को दूर करने वाले मुरारि! हे हरि! मेरे ऊपर आप करुणा क्यों नहीं कर रहे हैं। आप त्रिबिध संताप, संदेह, शोक संशय, भय के हरने वाले हैं आप मेरे कष्टों का हरण क्यों नहीं करते॥ १॥

एक तो कलिकाल जनित मल के प्रभाव से मेरी मति वैसे ही मंद तथा मलिन हो गई है, उस पर भी आप मेरी देखभाल नहीं कर रहे हैं—सो यह आपका दास किस प्रकार जीवित रह सकता है॥ २॥

हे प्रभु! आप सब तरह से समर्थ हैं और मैं सब प्रकार से दीन-हीन हूँ, मैं भाग्यहीन हूँ, क्या यह जानकर आप कृपा नहीं करते॥ ३।

अनेक योनियों में भ्रमित होता हुआ भी आपके अतिरिक्त और कोई स्वामी मुझे नहीं प्राप्त हो सका। इसलिए अब निश्चय करके दु:ख-सुख भोगता हुआ आपकी शरणागति में पड़ा रहूँगा॥ ४॥

मैं अपने मन में पक्की तरह समझ चुका हूँ कि तुम्हारे सदृश कोई कृपालु देवता नहीं हैं किन्तु मेरे पास वह साधन नहीं है जिससे आप सन्तुष्ट हों अर्थात मैं पूर्णत: साधनहीन हूँ और आप इस साधनहीन पर उसके समर्पणभाव से ही सन्तुष्ट हों॥ ५॥

स्पष्टीकरण—श्रीराम के सदृश कृपालु देवता चूँकि उसकी समझ में अन्य कोई नहीं आ रहा है, इसलिए वह उनकी शरणागति की अनेक बार कामना करता है तथा अन्य को भी उसी के निमित्त प्रेरित करता है।

[११०]

कहु केहि कहिये कृपा निधान भव जनित विपति अति।
इन्द्रिय सकल विकल सदा निज निज सुभाउ रति॥ १॥
जे सुख संपति सरग नरक संतत संग लागी।
हरि परिहरि सोइ जतन मन मोर अभागी॥ २॥
मैं अति दीन दयाल देव सुनि मन अनुरागे।
जो न द्रवहु रघुवीर धीर दुख काहे न लागे॥ ३॥
यद्यपि मैं अपराध भवन दुख समन मुरारे।
तुलसिदास कहँ आस यहै बहु पतित उधारे॥ ४॥

केन्द्रीय भाव—पतित पावन विरद को ध्यान में रखकर कवि अपने को पतित की श्रेणी में ही रखकर उद्धार की कामना करता है। चूँकि अनेक पतितों का आप उद्धार कर चुके हैं, इसलिए मुझे भी यह आशा है कि मेरा भी उद्धार होगा।

अर्थ—हे कृपानिधान! भव जनित यह अपनी विपत्ति कहो किससे कहा जाए! सम्पूर्ण इन्द्रियाँ स्व-स्व स्वभावानुसार संसक्त होकर निरन्तर व्याकुल हैं॥ १॥

ये इन्द्रियाँ सुख, सम्पत्ति, स्वर्ग, नरक में निरन्तर संसक्त रहती हैं, हे हरि! आपको छोड़कर मेरा अभागा मन भी इन्हीं इन्द्रियों के साथ उन्हीं को पाने का यत्न करता है॥ २॥

हे देव! मैं अत्यधिक दीन हूँ और आपको दयालु समझकर मेरे मन में आपके प्रति विशेष अनुराग उत्पन्न हुआ। हे धीर रघुवीर! यदि आप द्रवित नहीं होते तो मुझे क्यों नहीं दुख लगेगा॥ ३॥

यद्यपि मैं अपराधों का समुच्चय हूँ और हे मुरारे! आप दुःखों के शान्तिकर्ता हैं, अतः तुलसीदास को भी आशा है आपने अनेक पापियों का उद्धार किया है, मेरा भी कर देंगे॥ ४॥

स्पष्टीकरण—कवि पाप को श्रेणीबद्ध करता है—दैहिक, दैविक तथा भौतिक संताप के साथ-साथ संदेह, शोक, संशय एवं भयग्रस्तता, कलि जनित अनेकानेक माया मल—जिनके कारण जीव न केवल कर्दमित हो उठा है, अपितु उसका ज्ञान तथा विवेक भी सम्पूर्णतः नष्ट हो चुका है। ऐसी स्थिति में सम्पूर्ण मलों से मुक्ति के लिए आपकी कृपा अपेक्षित है।

[१११]

केसव! कहि न जाइ का कहिये।
देखत तव रचना बिचित्र हरि समुझि मनहिं मन रहिये॥ १॥
सून्य भीति पर चित्र रंग नहिं तनु बिनु लिखा चितेरे।
धोये मिटइ न मरइ भीति दुख पाइय ऐहि तनु हेरे॥ २॥
रबिकर नीर बसै अति दारुन मकर रूप तेहि माहीं।
बदन हीन सो ग्रसै चराचर पान करन जे जाहीं॥ ३॥

कोउ कह सत्य झूठ कह कोऊ जुगल प्रबल कोउ मानै।
तुलसिदास परिहरै तीन भ्रम सो आपन पहिचानै॥ ४॥

केन्द्रीय भाव—इस पद में संसार के मिथ्यात्व का कूटात्मक चित्रण है। कबीर आदि के कूट पदों की शैली में प्रस्तुत कवि शांकर अद्वैत की न्याय प्रणाली से भ्रमात्मक बुद्धि द्वारा सृष्टि को कल्पित मानकर उसके मिथ्यात्व जनित वैचित्र्य का चित्रण कर रहा है। वह कहता है—

अर्थ—हे केशव! कहा नहीं जाता (कहने में असमर्थ हूँ) इसलिए समझ में नहीं आता, क्या कहूँ? हे हरि! तुम्हारी अत्यन्त विचित्र लीलामयी सृष्टि रचना देखकर कुछ कहते नहीं बनता॥ १॥

तुम्हारी सृष्टि रचना इस प्रकार की विलक्षण है कि सम्पूर्ण जगत आधार रहित भित्तिफलक पर चित्र की भाँति है, इस चित्र में कोई रंग नहीं है और इस चित्र का रचनाकार बिना शरीर का है। ये चित्र धोने से मिटते नहीं, इसे मृत्यु का निरन्तर भय व्याप्त रहता है। इनकी ओर (एहिं तन) देखने (हेरे) से कष्ट उत्पन्न होता रहता है॥ २॥

सूर्य किरणों के जल की मरीचिका में एक भयंकर मगर निवास करता है। वह मकर मुख हीन है किन्तु सचराचर जो उस मृगमरीचिका का पान करने जाता है, उसका भक्षण करता है (ग्रसई)॥ ३॥

आपकी इस सृष्टि रचना को कोई सत्य कहता है, कोई असत्य कहता है और किसी-किसी के मत से यह दोनों से युक्त है। तुलसीदासजी कहते हैं कि इन तीनों प्रकार के भ्रमों का परित्याग कर देने के बाद वास्तविक रूप की प्रतीति होगी॥ ४॥

स्पष्टीकरण—यह संसार विचित्र रचना इसलिए है कि यदि इसे एक चित्र मान लिया जाए तो यह चित्र बिना आधार फलक के निराधार शून्य में निर्मित है। सम्पूर्ण सृष्टि शून्याधारित है, यह इसकी प्रथम विचित्रता है। सृष्टि की सम्पूर्ण रचना के विविध रंग मनुष्य की वासनाओं के परिणाम हैं। लाल, पीला, नीला वर्ण भेद मात्र काल्पनिक सूर्य किरणों के प्रभाव से भासित हो रहा है, अन्यथा सभी वनस्पतियाँ, पर्वत, मनुष्य, पशु के सम्पूर्ण रंग काल्पनिक एवं वासनात्मक हैं। इसकी तीसरी विशेषता है, इसमें चित्रकार का अभाव है। नैसर्गिक कार्यकारण से सभी चित्र आते रहते हैं—नाना रूपों एवं नाना वर्णों में। इसकी चौथी विशेषता है, ये चित्र हमारी वासना तथा संसक्ति के अभिन्न अंग हैं, अत: अनष्टधर्मा वासना के साथ ही ये भी अनष्ट धर्मा है। पाँचवीं विशेषता यह क्षणभंगुर है और पुत्र-कलत्र आदि से युक्त इसकी क्षणभंगुरता को देखकर महान पीड़ा होती है। रात्रि दिन सम्पूर्ण प्राणी इसमें विलीन होते हैं और उत्पन्न होते हैं, इससे बड़ी पीड़ा और क्या हो सकती है! सम्पूर्ण सृष्टि रचना मिथ्यात्मक एवं असत्य है तथा इस आभासात्मक सत्य (असत्य) में काल रूपी मगर निवास करता है और सचराचर उस काल का भोजन है। मृत्यु संसक्ति वासना का ही परिणाम है।

इस मिथ्यात्व का आभासिक स्वरूप जो ऐन्द्रिक संसक्ति तथा संवेदनाओं की प्रतीति का विषय है, सत्य की ही तरह भासित होता है।

जो व्यक्ति इस मिथ्यात्व के आभासिक सत्य को भली-भाँति समझ चुका हैं और मुक्त की भाँति आचरण करते हैं, उन्हें यह संसार मिथ्या की तरह प्रतीत होता है।

तीसरे प्रकार के वे पारमार्थिक पुरुष हैं जो संसक्तिरहित हैं, किन्तु कर्तव्यबोध के लिए ऐहिक जीवन व्यतीत कर रहे हैं, उन्हें संसार उभयात्मक है।

तुलसीदासजी कहते हैं कि संसक्ति की उपजी एवं अपारमार्मिक सत्य के रूप में जानी जाने वाली सृष्टि न सत्य, न असत्य न सत्यासत्य है—अपितु यह तो तीन दृष्टिकोणों का प्रतिफल है। गृहस्थ, संन्यासी एवं संन्यासी गृहस्थ मोहवश इसे नहीं जान सकते। इनसे मुक्त होकर ही इस द्वैताद्वैत विलक्षण सृष्टि को समझा जा सकता है।

[११२]

केसव कारन कवन गुसाईं।
जेहिं अपराध असाधु जानि मोहिं तजेउ अग्य की नाईं॥ १॥
परम पुनीत संत कोमल चित तिनहिं तुमहिं बनि आई।
तौ कत बिप्र ब्याध गनिकाहू तारेहु कछु रही सगाई॥ २॥
काल करम गति अगति जीव की सब हरि हाथ तुम्हारे।
सोई कछु करहु हरहु ममता मम फिरहु न तुमहिं बिसारे॥ ३॥
जौ तुम तजहु भजौ न आन प्रभु यह प्रमान पन मोरे।
मन बच करम नरक सुरपुर जहँ तहँ रघुबीर निहोरे॥ ४॥
जद्यपि नाथ उचित न होत अस प्रभु सों करौं ढिठाई।
तुलसिदास सीदति निसिदिन देखत तुम्हारि निठुराई॥ ५॥

केन्द्रीय भाव—श्रीराम के प्रति कवि उपालम्भ देता है। वह उसकी निष्ठुरता से परेशान हो चुका है और खीझते हुए मुक्ति के लिए उसे उपालम्भ देता है। इस उपालम्भ में भी उसकी आत्मीयता छिपी है। वह खीझने पर भी अन्य देवों की शरण में जाने के लिए तत्पर नहीं वह कहता है—

अर्थ—हे केशव! वह कौन सा कारण है किस अपराध के प्रकाश में मुझे आपने असाधु समझकर अनजान की तरह त्याग दिया है॥ १॥

यदि आपके लिए यह तर्क है कि अत्यन्त पवित्र कोमल स्वभाव के सन्तों से ही आपकी संगति खाती है तो मैं जानना चाहता हूँ कि अजामिल ब्राह्मण, वाल्मीकि तथा गणिका का आपने क्यों उद्धार किया, क्या इनसे आपके कोई रिश्ते थे॥ २॥

हे हरि! जीव से सम्बन्धित काल, कर्म अच्छी दशा एवं दुर्दशा सभी तुम्हारे नियंत्रण में है। इसलिए आप ऐसा कर दें कि मेरी सम्पूर्ण भौतिक संसक्ति समाप्त हो जाए और तुम्हें विस्मृत करके घूमता न फिरूँ॥ ३॥

हे प्रभु! मेरा यह पक्का प्रण है कि यदि आप मेरा परित्याग करते हैं तो मैं किसी दूसरे स्वामी का भजन नहीं करूँगा मन, वाणी, कर्म से स्वर्ग या नरक आज जहाँ भी भेज देंगे, वहीं मैं आपका ही अहसान (निहोरा) मानता रहूँगा। आपकी इच्छा मेरे लिए सर्वोपरि है, नरक या स्वर्ग नहीं॥ ४॥

हे नाथ! यद्यपि प्रभु श्रीराम से धृष्टता करना उचित नहीं है, लेकिन क्या करूँ, तुलसीदास मायिक पीड़ा के अन्तर्गत संकट झेल रहा है। केवल आपकी निष्ठुरता देखकर अन्यथा धृष्ठ की भाँति शिकायत क्यों करता॥ ५॥

स्पष्टीकरण—उपालम्भ मध्यकालीन भक्तों की एक उपासना शैली है। आग्रह और मुक्ति में विलम्ब देखकर बार-बार आग्रह के प्रति भक्त आराध्य को बराबर उपालम्भ देते रहे हैं। इस उपालम्भ में आत्मीयता का गहन भाव है। इस उपालम्भ में आराध्य से अपनी आत्मीयता सम्पुष्ट करता हुआ कवि कहता है—

जौ तुम तजहु भजौं न ग्यान प्रभु यह प्रमान पन मोरे।

[११३]

माधव अब न द्रवहु केहि लेखे।
प्रनतपाल पन तोर मोर पन जिअहुँ कमलपद देखे॥ १॥
जब लगि मैं न दीन दयालु तैं मैं न दास तैं स्वामी।
तब लगि जो दुख सहेउँ कहेउँ नहिं जद्यपि अंतरजामी॥ २॥
तैं उदार मैं कृपन पतित मैं तैं पुनीत श्रुति गावै।
बहुत नात रघुनाथ! तोहि मोहि अब न तजे बनि आवै॥ ३॥
जनक जननि गुरु बंधु सुहृद पति सब प्रकार हितकारी।
द्वैतरूप तम कूप परौं नहिं अस कछु जतन बिचारी॥ ४॥
सुनु अदभ्र करुना बारिजलोचन मोचन भय भारी।
तुलसिदास प्रभु तव प्रकास बिनु संसय टरै न टारी॥ ५॥

केन्द्रीय भाव—हे प्रभु! अभी तक मैं द्वैत-कूप में पड़ा हुआ अहन्ता से प्रेरित मात्र अपने को ही कारक तथा कार्य मानता रहा, किन्तु ज्ञान हो जाने पर स्वयं को हेतु रूप समझकर अपने उद्धार के निमित्त आपसे निवेदन कर रहा हूँ कि आप ही मेरा उद्धार कर सकते हैं क्योंकि मैं आपसे हेतु रूप में अनन्य भाव से जुड़ा हूँ—कवि कहता है—

अर्थ—हे माधव! आप किस कारण से अब भी कृपा नहीं करते। आपका प्रण है, समर्पितभक्त (प्रणत) का पालन (पाल) करना और मेरा प्रण है, केवल आपके चरण कमलों को देखकर जीवित रहना॥ १॥

यद्यपि आप अन्तर्यामी हैं, और आप भली-भाँति जानते हैं कि जब तक मैं दीन और आप इस दीन के लिए दयालु, मैं दास और आप इसे दास के स्वामी नहीं थे, तब तक मैंने जिन संकटों को झेला, उसे किसी से कहा नहीं॥ २॥

श्रुतियाँ कहती हैं कि ब्रह्म के रूप में आप उदार हैं और जीव के रूप में मैं सर्वथा संसक्त होने के कारण अतिशय कृपण, आप परम पवित्र और जीव के रूप में मलाक्रान्त होने के कारण मैं पतित हूँ—हे श्रीराम! मेरे और आपके बीच ब्रह्म एवं जीवत्व वैशिष्ट्यों के कारण अनेक सम्बन्ध है, अतः अब आपके लिए मेरा परित्याग उचित नहीं है॥ ३॥

आप हमारे, पिता, माता, गुरु, सखा, सुहृद पति और हर तरह से हितैषी हैं। हे नाथ! आप कुछ ऐसा उपाय मेरे लिए सोचें, ताकि मैं द्वैत रूप ब्रह्म जीव माया भेदात्मक मिथ्यात्व रूप अंधे कुएँ में न गिरूँ॥ ४॥

हे भय एवं संकटों से मुक्त करने वाले निर्मल कमल नयन श्रीराम! आपके द्वारा प्रदत्त ज्ञानालोक के अभाव में यह सांसारिक मिथ्यात्व का संशय किसी भी तरह से भी टलने से टल नहीं सकता॥ ५॥

स्पष्टीकरण—मैं ही सम्पूर्ण कार्यों का कर्त्ता हूँ, इस प्रकार का अज्ञान समाप्त हो जाने पर हे प्रभु! आप और मुझमें अनेक प्रकार के सम्बन्ध स्थापित हो उठते हैं—जैसे जनक-जननि-पुत्र भाव, गुरु-बंधु, कृपाभाव, सुहृद—प्रेमभाव, पति-पत्नी भाव आदि सम्बन्ध ब्रह्म तथा जीव के बीच हैं। मेरी अहन्ता नष्ट हो चुकी है और आपको कारक रूप में स्वीकार करके मैं सर्वतोभावेन आपके प्रति समर्पित हूँ।

(१) 'जब लगि मैं न दीन दयालु तौं मैं न दास तैं स्वामी'—जब तक अहन्ता का भाव तिरोहित नहीं होता, अद्वैत की स्थिति नहीं आती। यहाँ कवि अहन्ता के समापन की ओर संकेत करता हुआ 'जीव' तथा ब्रह्म में दीन एवं दीन-दयालु, दास एवं स्वामी के सम्बन्ध के उदय होने की चर्चा कर रहा है।

(२) 'तुलसिदास प्रभु तव प्रकास बिनु संसय टरत न टारे'—हे प्रभु! आपके द्वारा दिए गए ज्ञान के बिना द्वैत का संशय अनेकों भाँति से हटाने पर भी नहीं हटता। जीव कर्म के संस्कार शेष रह जाने के बाद ही प्रभु की कृपा प्राप्त करता है और यही कृपा उसके द्वारा प्रदत्त ज्ञान का आलोक है। इसी से अज्ञान का विनाश होता है तथा आत्मबोध तथा विवेक की जागृति होती है। ईश्वर के द्वारा प्रकाश का दिया जाना जीव के लिए एक अद्‌भुत घटना है और यह जीव एक विशेष साधना के पश्चात् ही प्राप्त करता है।

[११४]

माधव मो समान जग माहीं।
सबविधि हीन मलीन दीन अति लीन विषय कोउ नाहीं॥ १॥
तुम सभ हेतु रहित कृपालु आरत हित ईस न त्यागी।
मैं दुख सोक विकल कृपालु केहिं कारन दया न लागी॥ २॥
नाहिन कछु औगुन तुम्हार अपराध मोर मैं माना।
ग्यान भवन तन दियेहु नाथ सोउ पाय न प्रभु मैं जाना॥ ३॥
बेनु करील श्रीखण्ड बसन्तहिं दूषन मृषा लगावै।
सार रहित हतभाग्य सुरभि पल्लव सो कहु किमि पावै॥ ४॥
सब प्रकार मै कठिन मृदुल हरि दृढ़ विचार जिय मोरे।
तुलसिदास प्रभु मोह शृंखला छूटहिं तुम्हारे छोरे॥ ५॥

केन्द्रीय भाव—इस पद में तुलसी श्रीराम को ही मोह शृंखला को ताड़ने वाला कारण बताते हैं। ज्ञान के लिए मोह तथा संशय का विनाश अनिवार्य है, किन्तु जीव बिना ईश्वर की करुणा तथा कृपा के ममता तथा माया की कर्मनिर्मित जंजीर तोड़ने में असमर्थ है। कवि कहता है—

अर्थ—हे माधव! मेरे सदृश संसार में सब प्रकार से साधनहीन, पातकी, निर्धन एवं काम-क्रोधादि विकारों में संसक्त और कोई व्यक्ति नहीं है॥ १॥

हे स्वामी आपके सदृश अकारण कृपालु, दुखियों के हितार्थ त्याग करने वाला अन्य कोई नहीं है। हे कृपासागर! मैं सांसारिक दु:खों तथा शोक से व्याकुल हूँ। किस कारण आपकी दया मुझ पर नहीं हो रही है!॥ २॥

मैं मानता हूँ कि इसमें आपका लेशमात्र भी दोष नहीं है, और समस्त अपराध मेरा ही है। हे नाथ! आपने ज्ञान के भंडार रूप यह जो शरीर दिया है—उसे प्राप्त करके भी मैं प्रभु! आपको नहीं समझ सका॥ ३॥

बाँस चन्दन को एवं करील वसन्त को व्यर्थ ही दोष लगाते हैं। वे हतभाग्य अर्थात बाँस खोखला होने के कारण तथा करील पल्लवविहीन होने के कारण क्रमशः चन्दन तथा वसन्त का सान्निध्य कैसे प्राप्त कर सकते हैं॥ ४॥

मेरा यह दृढ़ मत है कि हे स्वामी! मैं प्रत्येक प्रकार से कठिन और हर तरह से कोमल हूँ। अत: केवल सान्निध्य से ही मेरी मुक्ति सम्भव नहीं है। तुलसीदास कहते हैं कि मैं जिस प्रकार मोह की जटिल शृंखला में बँधा हुआ हूँ, वह आपके सचेष्ट भाव से छोड़ने पर ही छूट सकती है, अन्य उपायों से नहीं॥ ५॥

स्पष्टीकरण—ब्रह्म ही जीव की मुक्ति का हेतुक कारण भी है, और मूल कारण भी। मोह, माया, ममता आदि कलिमलों का विनाश यह जीव के विवेक बोध एवं विवेक के हेतुक कारण हैं, इस हेतुक कारण का परिणाम मूल कारण अर्थात् ब्रह्म से जीव का सान्निध्य है। इस पद में तुलसी बताते हैं कि ब्रह्म एवं जीव के अभेद सान्निध्य भाव तो अभी बहुत दूर हैं, सर्वप्रथम हेतुक कारणों की सिद्धि के लिए ही ईश्वर की कृपा अनिवार्य है।

(१) ग्यान भवन तनु......................मृषा लगावै—मानव शरीर ही अखण्ड ज्ञान का मूल है, किन्तु अज्ञान वश उसे न समझकर व्यर्थ ही दोषारोपण करता रहा—और इस तथ्य से अपरिचित रहा कि असत्कर्मों के परिपूर्ण यह शरीर ज्ञान का मूलाधार कैसे हो सकता है? इस अज्ञान को सम्पुष्ट करने के लिए 'वेणु करील' श्रीखण्ड एवं वसंत को अपने प्रभाव से ओत-प्रोत करने के निमित्त व्यर्थ ही दोष देते हैं। उनका दोष देना अज्ञान का प्रतीक है। पहले जीव अपनी देह रूपी वेणुता एवं करीलता का त्याग करे फिर श्रीखण्ड एवं वसन्त अवश्य ही प्रभाव डालेंगे।

(२) **'तुलसीदास प्रभु मोह शृंखला छूटहिं तुम्हरे छोरे'**—ईश्वर जीव की मुक्ति का हेतुक कारक भी है और बिना उसकी कृपा के विषय विकारों का परित्याग सम्भव नहीं है।

[११५]

माधव! मोह फाँस क्यों टूटै।
बाहिर कोटि उपाय करिय अभ्यंतर ग्रन्थि न छूटै॥ १॥
घृतपूरन कराह अंतरगत ससि प्रतिबिंब दिखावै।
ईंधन अनल लगाय कलपसत औटत नास न पावै॥ २॥
तरु कोटर महँ बस बिहंग तरु काटे मरै न जैसे।
साधन करिय बिचार हीन मन सुद्ध होइ नहिं तैसे॥ ३॥
अंतर मलिन बिषय मन अति तन पावन करिय पखारे।
मरइ न उरग अनेक जतन बलमीकि बिबिध बिधि मारे॥ ४॥
तुलसिदास हरि गुरु करुना बिनु बिमल बिबेक न होई।
बिनु बिबेक संसार घोर निधि पार न पावै कोई॥ ५॥

केन्द्रीय भाव—कवि इसमें साधकों को उद्‌बोधित करके 'मोहग्रंथि' को छुड़ाने के लिए प्रेरित कर रहा है। अज्ञान के विनाश से ही मोह ग्रंथि छूटती है। अनेक प्रकार के धार्मिक अनुष्ठान, जप, तप, पूजा आदि से अज्ञान और अविवेक का विनाश नहीं होता।

अर्थ—हे माधव! मेरे मोह की यह जटिल ग्रंथि कैसे छूटेगी? बाहर से (कर्मकाण्ड आदि के) अनेकों उपायों के साधने से भीतर संस्कार में स्थित माया की गाँठ कैसे छूट सकती है?॥ १॥

घी से परिपूर्ण कड़ाहे के अन्तर्गत चन्द्रमा का जो भी प्रतिबिम्ब दिखाई देता है (वह अभ्यंतर संस्कार की भाँति है) ईंधन लगाकर अग्नि को सुलगा कर उस कड़ाहे के घृत को औटने से वह चन्द्र बिम्ब सैकड़ों कल्पों में भी नष्ट नहीं हो सकता अर्थात् बाह्य कर्मकाण्ड अभ्यंतर माया ग्रंथियों को हजारों-हजारों वर्षों में भी समाप्त नहीं कर सकते॥ २॥

तरु कोटर में स्थित पक्षी को मारने के लिए वृक्ष का काटना उसकी मृत्यु का हेतु नहीं बन सकता। उसी प्रकार विवेकहीन होकर अनेक साधनों को सम्पन्न करने से मन शुद्ध नहीं हो सकता॥ ३॥

शरीर को नहला-नहला (प्रच्छालित)करके कितना भी पवित्र करें यह वासनाग्रस्त मन निर्मल नहीं हो सकता जैसे बाँबी (बिल) पर अनेक प्रकार से प्रहार करने पर भी उसके भीतर रहने वाला साँप नहीं मरता॥ ४॥

तुलसीदासजी कहते हैं कि बिना श्रीराम और गुरु की करुणा के अभ्यन्तर में विमल विवेक की उत्पत्ति सम्भव नहीं है और बिना इस विमल विवेक के उत्पन्न हुए मायाग्रस्त संसार रूपी अथाह समुद्र से किसी का भी उद्धार सम्भव नहीं है॥ ५॥

स्पष्टीकरण—'श्रीहरि' तथा 'गुरु' दोनों की कृपादृष्टि से ही अन्तरतम में 'विमल विवेक' की जागृति होती है और तभी अनेकानेक जन्म-जन्मान्तरों के कर्म विपाकों की अत्यधिक उलझी हुई अक्षय संस्कार रूपी ग्रंथियाँ खुलती हैं। बिना ग्रंथियों के उधड़े सम्पूर्ण साधनाएँ निष्फल हैं और इस निष्फलता के लिए वह अनेक उपहासात्मक साक्ष्यों का उल्लेख करता है।

कराह में चन्द्र प्रतिबिम्ब को औटना (ध्यानमार्ग), तरु कोटर में निवास करने वाले पक्षी को मारने के लिए वृक्ष को ही काट डालना (योगमार्ग), सर्प की बाबी पर अनेकानेक प्रहार करने पर भी साँप का न मारा जाना (कर्मकांड) अर्थात् ध्यानमार्ग, योगमार्ग एवं कर्मकांड से जीव विवेक की प्राप्ति नहीं कर सकता। उसकी प्राप्ति तो 'श्रीहरि' एवं 'गुरु' कृपा से ही सम्भव है।

[११६]

माधव! असि तुम्हारि यह माया।
करि उपाय पचि मरिय तरिय नहिं जब लगि करहु न दाया॥ १॥
सुनिय गुनिय समुझिय समुझाइय सदा हृदय नहिं आवै।
जेहिं अनुभव बिनु मोहजनित भव दारुन विपति सतावै॥ २॥
ब्रह्म पियूष मधुर सीतल जो पै मन सो रस पावै।
तौ कत मृगजल रूप विषयकारन निसिवासर धावै॥ ३॥

जेहिं के भवन विमल चिंतामनि सो कत कांच बटोरै।
सपने परबस परै जागि देखत केहिं जाइ निहोरै॥ ४॥
ग्यान भक्ति साधन अनेक सब सत्य झूठ कछु नाहीं।
तुलसिदास हरिकृपा मिटै भ्रम यह भरोस मन माँही॥ ५॥

केन्द्रीय भाव—तुलसीदास इस पद में भक्ति तथा ज्ञान के अनेक साधनों के बावजूद भी बिना हरिकृपा के विवेक जाग्रत नहीं होता, इस बिन्दु पर विशेष बल दे रहे हैं। वस्तुत: विवेक के मूल हेतु की जानकारी अनेकानेक साधनों से सम्भव नहीं है। हरि कृपा ही उसके लिए मूल है—

अर्थ—अनेकानेक उपाय करके मर खप जाओ, मुक्ति सम्भव नहीं है जब तक तुम्हारी करुणादृष्टि न हो जाए। हे माधव! ऐसी दुस्तर तुम्हारी माया है॥ १॥

सुनता हूँ, मनन करता हूँ, स्वयं समझता हूँ और सभी को समझाता हूँ पर यह निरन्तर समझ से परे है। जब तक इसका यथार्थ बोध नहीं होता, इस मायामोह से ग्रस्त संसार दारुण दुख देकर सन्तप्त किए रहता है॥ २॥

ब्रह्मानुभव रूपी अमृत मधुर शीतल रस का मन ने यदि पान कर लिया है तो विषय-वासनाओं के कारणभूत मृग मरीचिका रूप मिथ्या जल के पीछे पागल होकर क्यों दौड़ेगा॥ ३॥

जिसके घर में श्रीराम भक्ति रूपी निर्मल चिन्तामणि वर्तमान है, वह कांच रूपी मायिक वस्तुओं को क्यों संग्रहीत करेगा। स्वप्न में यदि व्यक्ति दूसरे के नियंत्रण में है, किन्तु जग कर वह वास्तविकता को समझता है—इसमें किसका निहोरा है॥ ४॥

मायामुक्ति के लिए ज्ञान, भक्ति आदि अनेक साधन हैं, ये सभी साधन सही हैं, असत्य नहीं किन्तु तुलसीदास कहते हैं कि बिना हरिकृपा के यह भ्रम नहीं मिट सकता, मेरे मन में इस बात का पक्का भरोसा है॥ ५॥

स्पष्टीकरण—तुलसी ज्ञान तथा भक्ति के अनेकानेक साधनों को विवेक की जागृति के लिए निर्देशित करते हैं तथा उनकी सत्यता पर भी असंशय नहीं करते, क्योंकि संशय करने से ज्ञान तथा भक्ति साधनों की मर्यादा समाप्त हो जाएगी। 'विनय पत्रिका' में जीव के उद्‌बोधन का प्रश्न है और कवि के अनुसार 'बिना हरि कृपा' के यह सम्भव नहीं है।

विवेक की जागृति के पश्चात् की दशाओं का कवि वर्णन करता है—

जेहिं के भवन विमल चिन्तामणि सो कत कांच बटौरै।
ब्रह्म पियूष मधुर सीतल जोपै मन सो रस पावै॥

[११७]

हे हरि! कवन दोष तोहिं दीजै।
जेहि उपाय सपनेहुँ दुरलभ गति सोइ निसि बासर कीजै॥ १॥
जानत अर्थ अनर्थ रूप तमकूप परब यहि लागे।
तदपि न तजत स्वान अज खर ज्यों फिरत बिषय अनुरागे॥ २॥
भूत द्रोह कृत मोह बस्य हित आपन मैं न बिचारो।
मद मत्सर अभिमान ग्यान रिपु इन महँ रहनि अपारो॥ ३॥

बेद पुरान सुनत समुझत रघुनाथ सकल जगब्यापी।
बेधत नहिं श्रीखंड बेनु इव सारहीन मन पापी॥ ४॥
मैं अपराध सिंधु करुनाकर जानत अंतरजामी।
तुलसिदास भवव्याल ग्रसित तव सरन उरगरिपुगामी॥ ५॥

केन्द्रीय भाव—इस पद में जीव बार-बार अपने को अपने अज्ञान से परिपूर्ण कार्यों के लिए धिक्कारता है और अज्ञान के लिए स्वयं को ही अपराधी मानता है। वह कहता है—

अर्थ—हे हरि! इस बात के लिए आप को क्यों दोषी ठहराएँ! मैं रात-दिन उन्हीं कार्यों को किया करता हूँ जिनसे स्वप्न में भी वह दुर्लभ गति (मुक्ति) सम्भव नहीं है॥ १॥

यह जानते हुए भी मेरे द्वारा किए जाने वाले सम्पूर्ण कार्य अनर्थकारी हैं, और इन कार्यों से तमसावृत्त पाप के कुएँ में ही गिरना होगा, फिर भी कुत्ते, बकरी तथा गधे आदि निकृष्ट पशुओं की भाँति विषय में अनुरक्त होकर उनका त्याग न करके घूमता फिर रहा है॥ २॥

मोहवशात् प्राणियों के प्रति द्रोह दृष्टि रखकर मैंने अपना हित चिन्तन स्वयं नहीं किया। मद, मात्सर्य तथा अभिमान भाव विवेक तथा ज्ञान के शत्रु हैं और इन्हीं में मैं अनेक रूपों में जीवन व्यतीत कर रहा हूँ॥ ३॥

वेद तथा पुराणों में यह सुनता आया हूँ कि श्रीराम सचराचर में व्याप्त हैं। खोखले बाँस में जैसे जन के प्रभाव का बेध नहीं होता, उसी प्रकार यह निःसार पापी मन पर इन धार्मिक चर्चाओं का कोई प्रभाव नहीं है॥ ४॥

हे करुणाकर! मैं पाप तथा अपराध का समुद्र हूँ और आप इसे भली-भाँति जानते भी हैं। तुलसीदास सांसारिक वासना रूपी सर्प से पीड़ित, हे गरुणवाहन श्रीराम! आपकी शरण में आया हुआ है॥ ५॥

स्पष्टीकरण—जीव मोहग्रस्त होकर सन्मार्ग के अनेकों प्रयास करता है, लेकिन तत्त्वार्थ को नहीं समझना चाहता। फलस्वरूप उसके मन को तत्त्वार्थ बेध नहीं पाता, ऐसी स्थिति में वह सत्कर्म करता हुआ भी माया के मलों में संसक्त रहता है। **'बेधत नहिं श्रीखण्ड बेनु इव'** आदि सादृश्य विधान इसी मन्तव्य को अभिपुष्ट करते हैं।

[११८]

हे हरि! कवन जतन सुख मानहु।
ज्यों गज दसन तथा मम करनी सब प्रकार तुम्ह जानहु॥ १॥
जो कछु कहिय करिय भवसागर तरिय वत्स पद जैसे।
रहनि आन बिधि कहिय आन हरिपद पाइय सुख कैसे॥ २॥
देखत चारु मयूर बयन सुभ बोल सुधा इव सानी।
सबिस उरग आहार निठुर अस यह करनी यह बानी॥ ३॥
अखिल जीव वत्सल निरमत्सर चरन कमल अनुरागी।
ते तव प्रिय रघुवीर धीर मति अतिसय निज पर त्यागी॥ ४॥
यद्यपि मम औगुन अपार संसार जोग्य रघुराया।
तुलसिदास निज गुन विचारि करुना निधान करु माया॥ ५॥

केन्द्रीय भाव—इस पद में अपनी अज्ञता और ममता से, माया की निरन्तर संसक्ति से मुक्ति पाने की अकुलाहट है। संसार के माया सागर में डूबते हुए निरीह प्राणी की भाँति अपने आडम्बरपूर्ण कार्यों के प्रति क्षमाभाव व्यक्त करता हुआ कवि ईश्वर से कृपा हेतु प्रार्थना करता है। वह कहता है—

अर्थ—हे हरि! मैं किस यत्न से सुख प्राप्त करूँगा क्योंकि मेरा आचरण केवल दिखावे के निमित्त हाथी के दाँतों की भाँति है और आप मेरे इस आचरण को भली-भाँति जानते हैं॥ १॥

जो कुछ कहता हूँ, यदि वैसा आचरण भी करूँ तो संसार रूपी भवसागर को गाय के बछड़े के खुर के चिह्न में स्थित जल की भाँति पार कर जाऊँ, किन्तु मेरी कथनी और करनी में अन्तर है, फिर श्रीहरि के चरणारविन्द का आस्वादन करके कैसे आनन्दित हो सकता हूँ॥ २॥

देखने में मयूर का सुन्दर शरीर और वाणी शुभ अमृत सनी हुई है, किन्तु उसका आहार विषयुक्त सर्प। एक ओर उसकी करनी में इतनी निष्ठुरता है, दूसरी ओर उसकी वाणी में मधुरता है। ठीक मयूर जैसा आचरण मेरा भी है॥ ३॥

हे श्रीराम! आपको वे समस्त जीव प्रिय हैं—जो सम्पूर्ण प्राणियों में प्रेमभाव रखते हैं, ईर्ष्या द्वेष रहित हैं, आपके चरणों में निरन्तर अनुरक्त रहते हैं, धैर्यवान हैं और अपने और पराये के भेद-भाव का परित्याग कर चुके हैं॥ ४॥

हे श्रीराम! यद्यपि मुझे अनेकानेक अवगुण भरे पड़े हैं और मैं पूरी तरह मायामण्डित संसार के लिए ही अपने को समझ रहा हूँ। तुलसीदास कहते हैं कि आप अपने (भक्तवत्सल एवं पतित पावन बाने पर) गुण पर विचार करते हुए हे भक्तवत्सल! मेरे ऊपर दया करें अर्थात् मेरा उद्धार कर दें॥ ५॥

स्पष्टीकरण—जीव की करनी को हाँथी के दाँत की भाँति मात्र दिखावे के लिए मानता है। 'कथनी' का भेद 'करनी' से भिन्न है और ऐसी स्थिति में मेरा उद्धार तो आपकी कृपा से ही सम्भव है। 'यह करनी यह बानी' व्यंजना व्यांपार है जिसका दृष्टान्त है, सविस उरग आहार। मयूर सर्प खाता है किन्तु वाणी मीठी होती है तथैव जीव का आचरण है।

[११९]

हे हरि! कवन जतन भ्रम भागै।
देखत सुनत बिचारत यह मन निज सुभाउ नहिं त्यागै॥ १॥
भगति ग्यान बैराग्य सकल साधन यहि लागि उपाई।
कोउ भल कहउ देउ कछु असि बासना न उरते जाई॥ २॥
जेहि निसि सकल जीव सूतहिं तव कृपापात्र जन जागै।
निज करनी बिपरीत देखि गोहिं समुझि महा भय लागै॥ ३॥
जद्यपि भग्न मनोरथ बिधिबस सुख इच्छत दुख पावै।
चित्रकार करहीन जथा स्वारथ बिनु चित्र बनावै॥ ४॥
हृषीकेश सुनि नाउँ जाउँ बलि अति भरोस जिय मोरे।
तुलसिदास इंद्रिय संभव दुख हरे बनिहिं प्रभु तोरे॥ ५॥

केन्द्रीय भाव—इन पंक्तियों में कवि मन की विवशता भरे स्वभाव को जीव की मुक्ति के लिए सबसे बड़ी बाधा मानता है। मन माया में बार-बार संसक्त होने का अपना सहज स्वभाव तभी त्याग सकता है, जब ईश्वर की कृपा हो। बिना प्रभु की कृपा के इन्द्रिय सम्भव दुखों से मुक्ति सम्भव नहीं है।

अर्थ—हे श्रीहरि! किस उपाय से समस्त मायाजनित भ्रम दूर हो! मम देखता है, सुनता है, विचार भी करता है, किन्तु यह अपना ऐन्द्रिक संसक्ति के संस्कार से मुक्त नहीं होता॥ १॥

इस मन को ऐन्द्रिक संसक्तियों से विमुक्त करने के निमित्त भक्ति, ज्ञान एवं वैराग्य के समस्त साधन उत्पन्न किए गये हैं किन्तु इस मन के लिए ये सभी निष्फल हैं। कोई 'मुझे अच्छा कहे' और 'कोई मुझे कुछ दे' यह वासना (संस्कार) अनेक यत्न करने पर भी हृदय से नहीं समाप्त होती॥ २॥

जिस सम्पूर्ण अज्ञानान्धकार में सम्पूर्ण जीव समुदाय सो रहे हैं, उसमें आपके कृपापात्र ही कतिपय भक्त जाग रहे हैं, किन्तु अपने आचरण को विपरीत देखकर (अर्थात् अज्ञानान्धकार में सो रहा हूँ) उसका परिणाम समझकर मुझे अतिशय भय प्रतीत हो रहा है॥ ३॥

यद्यपि विधिवश (दैव योगवश) मैं भग्न मनोरथ हूँ (अर्थात् मेरी सम्पूर्ण आकांक्षाएँ विनष्ट होकर जीवन भर अपूर्ण ही रही हैं) और सुख की आकांक्षा करते हुए दुख भोग रहा हूँ। मेरी स्थिति उस चित्रकार की भाँति है जिसके हाथ नहीं है किन्तु चित्र बनाकर अपने स्वार्थों को सिद्ध करना चाहता है, वह कैसे सम्भव है॥ ४॥

आपका नाम 'हृषिकेश' अर्थात् इन्द्रियों का स्वामी तथा नियन्ता है, यह सुनकर मैं आपकी बलि जाता हूँ, तुलसीदासजी कहते हैं कि मेरे मन को अत्यन्त बल मिल रहा है कि मेरे समस्त इन्द्रियों से उत्पन्न होने वाले दुःखों को आप से ही हरण करते बनेगा अर्थात् आप ही दूर करने में सक्षम हैं और आप ही दूर करेंगे॥ ५॥

स्पष्टीकरण—'अहन्ता' का लोभ मायासक्ति का मूल कारण है। 'अहंकार के कारण परम्परा के ज्ञान, वैराग्य, भक्ति के सम्पूर्ण साधन जीव के विवेक से नहीं जुड़ते, परिणामस्वरूप जीव माया-कर्म के संस्कारों से निर्मुक्त नहीं होता।

[१२०]

हे हरि कस न हरहु भ्रम भारी।
यद्यपि मृषा सत्य भासै जब लगि नहिं कृपा तुम्हारी॥ १॥
अर्थ अविद्यमान जानिय संसृति नहिं जाइ गुसाईं।
बिन बाँधे निज हठ सठ परबस परयो करि की नाईं॥ २॥
सपने व्याधि विविध बाधा जनु मृत्यु उपस्थित आई।
बैद अनेक उपाय करै जागे बिनु पीर न जाई॥ ३॥
स्त्रुति गुरु साधु स्मृति संगत यह दृश्य सदा दुखकारी।
तेहिं बिनु तजे भजे बिनु रघुपति बिपति सकै को टारी॥ ४॥
यह उपाय संसार तरन कहँ बिमल गिरा स्त्रुति गावै।
तुलसिदास मै मोर गये बिनु जिउ सुख कबहुँ न पावै॥ ५॥

केन्द्रीय भाव—विविध अज्ञान हेतुओं से मुक्ति का कारण कवि ज्ञान न मानकर भगवत् कृपा मानता है और भगवत्कृपा से ही 'मैं' और 'मेरा' स्वरूप अहन्ता का अज्ञान नष्ट होकर जीव में विवेक उत्पन्न करता है। इसको निर्दिष्ट करता हुआ कवि कहता है—

अर्थ—हे हरि! मेरे इस भारी भ्रम को क्यों नहीं दूर करते! जब तक आपकी कृपा नहीं होगी तब तक यह असत् भ्रमात्मक संसार सत्य की ही भाँति प्रतीत होता रहेगा॥ १॥

हे स्वामी! बिना आपकी कृपा के सृष्टि भ्रमात्मक एवं असत् होते हुए असत् एवं भ्रमात्मक है, नहीं जानी जा सकता। बिना किसी अन्य के बाँधे हुए भी मैं शठ अपने हठ के कारण अज्ञान वश तोते की भाँति दूसरे के नियंत्रण में फँसा हुआ हूँ॥ २॥

जैसे स्वप्न में नाना प्रकार की व्याधियों की पीड़ा से मृत्यु सन्निकट समझते हुए (उसी स्वप्न में ही) वैद्य द्वारा अनेक उपायों के किए जाने पर भी बिना जगे पीड़ा समाप्त नहीं होती। मायाग्रस्त अवास्तविक को वास्तविक समझकर अनेक उपाय मुक्ति के किए जाते हैं, किन्तु आत्मज्ञान के बिना सभी निरर्थक हैं॥ ३॥

वेदादि, गुरु, सन्तजन सदा कहते आये हैं कि यह दृश्यमान प्रपंच असत् एवं दुःख का कारण है, किन्तु केवल कहने मात्र से न इसकी वास्तविकता का आभास होता है और न यह समाप्त हो सकता है। बिना इस दृश्यमान अनर्थकारी संसार को छोड़े और बिना श्रीरामचन्द्रजी का भजन किए हे श्रीराम! इस मायाजनिक संसार से उत्पन्न दुखों से कौन मुक्ति दिला सकता है॥ ४॥

वेद निर्मल वाणी में यह गान करते रहते हैं कि इस संसार सागर के संस्तरण के निमित्त अनेक उपाय हैं किन्तु तुलसीदासजी कहते हैं कि 'मैं और मेरा' अर्थात् अहन्ता और ममता को दूर किए बिना यह जीव कभी भी आनन्द नहीं प्राप्त कर सकता॥ ५॥

स्पष्टीकरण—अद्वैत वेदान्त में मृषा सत्य के बीच अज्ञान को ध्वस्त करने का मूल कारण ज्ञान बताया गया है। मध्यकालीन भक्ति समर्थक अद्वैत वेदान्तियों में मधुसूदन सरस्वती आदि अज्ञान को भी मुक्ति का कारण बताते हैं किन्तु, भगवत्कृपा के बिना वह सम्भव नहीं है और इसके द्वारा आत्मबोध होते ही 'मैं' और 'मेरा' का अहंकार बोध समाप्त हो जाता है। बोध तथा विवेक से ही जीव का अज्ञान समाप्त होता है।

[१२१]

हे हरि! यह भ्रम की अधिकाई।
देखत सुनत कहत समुझत संसय संदेह न जाई॥ १॥
जो जग मृषा ताप त्रय अनुभव होइ कहहु केहिं लेखे।
कहि न जाइ मृगवारि सत्य भ्रम ते दुख होइ विसेखे॥ २॥
सुभग सेज सोवत सपने बारिधि बूड़त भय लागै।
कोटिहुँ नाँव न पार पाव सो जब लगि आपु न जागै॥ ३॥
अब विचार रमनीय सदा संसार भयंकर भारी।
सम सन्तोष दया विवेक तें व्यवहारी सुखकारी॥ ४॥
तुलसिदास सब विधि प्रपंच जग जदपि झूठ स्रुति गावै।
रघुपति भक्ति संत संगति बिनु को भवत्रास नसावै॥ ५॥

केन्द्रीय भाव—संसार का अर्थ कवि मिथ्या तथा असत्य से लगाता है। यह पूर्णतया भ्रमास्पद तथा मायासक्ति से परिपूर्ण भोग के समय ही सुखद है और बिना तत्त्वत: समझे रमणीक प्रतीत होता है। यह न सुखप्रद है और न रमणीक है। यह अत्यन्त त्रासदायी एवं कष्टकारी है। ईश्वर की कृपा के बिना न इसका यथार्थ समझ में आता है, और न इससे उत्पन्न कष्ट दूर होते हैं।

अर्थ—'हे श्रीहरि' जीव के द्वारा देखते हुए, सुनते हुए, कहते हुए, समझते हुए भी संशय और संदेह नहीं समाप्त होते, यह भ्रम की अधिकता नहीं तो और क्या है?॥ १॥

यदि यह संसार असत् है तो बताइये दैहिक, दैविक एवं भौतिक संतापों (असत् रूप) का यथार्थ की भाँति अनुभव क्यों है? मृग मरीचिका को सत् नहीं कहा जा सकता, किन्तु उस असत् भ्रमात्मक तत्त्व से विशेष दुख क्यों है॥ २॥

सुन्दर शैया पर सोते हुए स्वप्न में अपने को समुद्र में डूबता हुआ समझकर भय उत्पन्न होता है। अनेक नौकाओं के होते हुए भी जब तक स्वयं जग नहीं जाता, उस दुख से मुक्ति नहीं प्राप्त करता॥ ३॥

अत्यन्त भयंकर रूप से संतापकारी यह संसार तभी तक रमणीक प्रतीत होता है, जब तक अज्ञान (अनविचार) है। दूसरी ओर सन्तोष, समत्व भाव, दया तथा विवेक को आचरण में उतारने वाले व्यक्ति सुखी रहते हैं॥ ४॥

तुलसीदासजी कहते हैं कि यद्यपि श्रुतियाँ गान करती हैं कि संसार प्रत्येक भाँति प्रपंचपूर्ण एवं असत् है। श्रीराम की भक्ति एवं सत संगति के बिना संसार के संत्रास से कोई मुक्ति नहीं प्राप्त कर सकता क्योंकि यही दोनों इस संत्रास के विनाश के कारण हैं॥ ५॥

स्पष्टीकरण—अज्ञानी के लिए संसार रमणीक एवं आनन्ददायी हैं। 'सुभग सेज सोवत सपने वारिधि बूड़त भय लागे' मूलत: इस संसार में संसक्त जीव की यही दशा है 'श्रीराम की भक्ति' तथा सत्संगति ही इस अविद्या को विनष्ट करने के मूल हेतु हैं।

[१२२]

हे हरि साधन करइ न जानी।
जस आमय भेषज न कीन्ह तस दोष कहा दिरमानी॥ १॥
सपने नृप कहँ घटै बिप्र बध बिकल फिरै अघ लागे।
बाजमेध सतकोटि करै नहिं सुद्ध होइ बिनु जागे॥ २॥
स्त्रग मँह सर्प बिपुल भयदायक प्रगट होई अबिचारे।
बहु आयुध धरि बल अनेक करि हारहि मरहि न मारे॥ ३॥
निज भ्रम ते रविकर संभव सागर अति भय उपजावै।
अवगाहत बोहित नौका चढ़ि कबहूँ पार न पावै॥ ४॥
तुलसीदास जग आपु सहित जब लगि निर्मूल न जाई।
तब लगि कोटि कलप उपाय करि मरिय तरिय नहिं भाई॥ ५॥

केन्द्रीय भाव—अद्वैत वेदान्त मूलक विविध तर्कों के माध्यम से कवि इस पद में संसार के मिथ्यात्व का चित्रण करता हुआ बताता है कि जब तक आत्मज्ञान एवं विवेक नहीं उत्पन्न

होता अनेक धार्मिक अनुष्ठानों एवं अन्य उपायों से मुक्ति की आशा करना व्यर्थ है। वह कहता है—

अर्थ—हे. हरि! मुझसे साधन करते नहीं समझ में आया। जैसी रोग व्याधि उसी प्रकार की दवा नहीं की, उसमें उपचार (दिरमानी) का क्या दोष॥ १॥

जैसे स्वप्न में राजा को वध घटित (घटै) हो जाए और वह पाप ग्रस्त व्याकुल घूमता फिरे। सैकड़ों करोड़ अश्वमेघ यज्ञ भले ही कर ले, किन्तु बिना जगे, उस हत्या भय से मुक्त नहीं होगा। २॥

बिना समझे माला में सर्प का अत्यधिक भयंकर भ्रमास्पद भय व्याप्त हो सकता है। अनेक आयुधों को धारण करके अनेक प्रकार के बलों का प्रयोग करके हार मान लेता है, किन्तु वह भ्रमात्मक सर्प मरता नहीं॥ ३॥

इस मिथ्यात्व रूप भ्रम के कारण सूर्य की किरणों से आभास रूप उत्पन्न (सम्भव) समुद्र अत्यधिक भय उत्पन्न करता है उसमें डूबते हुए नौका पर आरूढ़ होने पर भी उस संत्रास से मुक्ति नहीं प्राप्त कर सकता॥ ४॥

तुलसीदासजी कहते हैं कि अहम् भावना समेत जब तक अज्ञान का निर्मूलन नहीं होगा तब तक अनेक उपायों के साधने पर भी यहाँ तक कि मर जाने के बाद भी हे भाई! संसार सागर से तर नहीं सकोगे॥ ५॥

स्पष्टीकरण—माया के मिथ्यात्व के सन्दर्भ में अद्वैत वेदान्त तथा [illegible] अनेक दृष्टान्त दिए गए हैं। यहाँ कवि उन दृष्टान्तों का उल्लेख करता हुआ कहता है कि मनुष्य के सांसारिक मन को ये विकृत किए हुए हैं और बिना बोध के आत्मज्ञान एवं बिना आत्मज्ञान के ईश्वर के यथार्थ स्वरूप की पहचान सम्भव नहीं है। दृष्टान्त निम्नलिखित है—

(क) स्वप्न में विप्रवध एवं उनसे मुक्ति के उपायों की चेष्टा।

(ख) मृग मरीचिका एवं तत्वविषयक मिथ्यात्व

(ग) स्वप्न में समुद्र में डूबना तथा उसकी पीड़ा।

(१) **'तुलसीदास जग आपु सहित जब लगि निर्मूल न जाई'**—यहाँ 'आपु' अहन्ता या अहंकार के लिए कथित है। जब तक मनुष्य के पास मन, बुद्धि, चित्त एवं अहंकार की ग्रस्तता है, तब तक माया जड़ सहित विनष्ट नहीं हो सकती।

[१२३]

अस कछु समुझि परत रघुराया!
बिनु तव कृपा दयालु! दास हित! मोह न छूटै माया॥ १॥
वाक्य ग्यान अत्यंत निपुन भव पार न पावै कोई।
निसि गृहमध्य दीप की बातन्ह तम निबृत्त नहिं होई॥ २॥
जैसे कोइ इक दीन दुखित अति असन हीन दुख पावै।
चित्र कलपतरु कामधेनु गृह लिखे न बिपति नसावै॥ ३॥

षटरस बहुप्रकार भोजन कोउ दिन अरु रैनि बखानै।
बिनु बोले संतोष जनित सुख खाइ सोइ पै जानै॥ ४॥
जबलगि नहिं निज हृदि प्रकास अरु बिषय आस मनमाहीं।
तुलसिदास तब लगि जग जोनि भ्रमत सपनेहुँ सुख नाहीं॥ ५।

केन्द्रीय भाव—कवि इस पद में बताता है कि ईश्वर की कृपा के बिना माया नहीं छूटती। ईश्वर की कृपा के अतिरिक्त ज्ञान, भक्ति, कर्म, उपासना आदि के समस्त माध्यम वाक्य ज्ञान की भाँति हैं—जिनका विवेक से कोई सम्बन्ध नहीं है। यह विवेक ईश्वर की कृपा से ही सम्भव है। वह कहता है—

अर्थ—हे श्रीराम! हे दयालु!! हे भक्तों के हितैषी!!! कुछ ऐसा समझ पड़ता है कि बिना आपकी कृपा के न मोह नष्ट होगा, न माया नष्ट होगी॥ १॥

वाक्य ज्ञान (शास्त्रादि के पठन, मनन, श्रवण तथा कथन) में अत्यन्त निपुण होने पर भी कोई पण्डित् भवसागर पार नहीं कर सकता। यह उसी प्रकार है, जैसे रात्रि में गृह के अन्तर्गत दीपक की बात करने से अंधकार की समाप्ति नहीं होती॥ २॥

जैसे कोई एक दीन दुखी व्यक्ति खाद्य सामग्री के अभाव में दुःख झेल रहा है। चित्र में बने कल्पतरु एवं घर की दीवार पर बने कामधेनु उसके क्षुधा-संकट को दूर नहीं कर सकते॥ ३॥

जैसे कोई षट्रस युक्त अनेकानेक प्रकार के भोजन का वर्णन रात-दिन करता रहे किन्तु उस षट्रस का आनन्द बिना बोले सन्तोषपूर्वक जो खाता है, वही सुख प्राप्त करता है, वर्णन करने वाला नहीं॥ ४॥

जब तक अपने हृदय में स्वयं बोध नहीं हुआ है और मन में विषय की आशा वर्तमान है तब तक तुलसीदासजी कहते हैं कि व्यक्ति संसार में नाना योनियों में भटकता रहता है और स्वप्न में भी उसे सुख नहीं प्राप्त होता॥ ५॥

स्पष्टीकरण—'वाक्य ज्ञान' तथा 'अनुभव प्रमाण' ये दो भिन्न एवं विरोधी तथ्य हैं। शास्त्र, उपदेश, दार्शनिक वाद-विवाद आदि वाक्य ज्ञान हैं 'अनुभव प्रमाण' के बिना वाक्य ज्ञान के कोई मतलब नहीं है। वाक्य ज्ञान के निम्नलिखित दृष्टान्त यहाँ पर दिये गये हैं—

(क) रात्रि को दीपक की बात करने से घर का अँधेरा दूर नहीं होता।

(ख) चित्र में 'कामधेनु' तथा 'कल्पतरु' बनाकर घर में रखने से घर की दरिद्रता नहीं जाती।

(ग) तिक्त मधुर कषाय आदि षट्रसों का वर्णन करने वाला स्वादानुभव से वंचित रह जाता है।

(१) जब लगि नहिं निज हृदि प्रकास अरु विषय आस मन माँही।
तुलसिदास तब लगि जग जोनि भ्रमत सपनेहु सुख नाँही॥

हृदय में ज्ञान का उदय होना अर्थात् विवेक की जागृति और उस जागृति से विषयों के परिणाम से प्रभावित होने का स्वभाव इनसे दूर हटकर पूर्णतः अपने को न संयमित करना **कर्म, फल** और **जन्म** का कारण है। जब तक कर्म, कर्मफल एवं जन्म हैं, जीव का उद्धार सम्भव नहीं है।

[१२४]

जौ निजमन परिहरै विकारा।
तौ कत द्वैत जनित संसृति दुख संसय सोक अपारा॥ १॥
सत्रु मित्र मध्यस्थ तीनि ये मन कीन्हें बरिआईं।
त्यागन गहन उपेच्छनीय अहि हाटक तृन की नाईं॥ २॥
असन बसन पसु बस्तु बिबिध बिधि सब मनि महँ रह जैसे।
सरग नरक चर अचर लोक बहु बसत मध्य मन तैसे॥ ३॥
बिटप मध्य पुतरिका सूत महँ कंचुकि बिनहि बनाये।
मन मँह तथा लीन नाना तनु प्रगटत अवसर पाये॥ ४॥
रघुपति भगति बारि छालित चित बिनु प्रयास ही सूझै।
तुलसिदास यह चिद विलास जग बूझत बूझत बूझै॥ ५॥

केन्द्रीय भाव—सम्पूर्ण जगत मन का विकार है। मन ने विषयों के साथ रहकर इस संसार में अपने लिए अनेक प्रपंचों की रचना कर ली है। ये वास्तविक नहीं, केवल चिद् (मन) के विलास का परिणाम है। चिद विलास का यह संसार न एकाएक समझ में आता है, न एकाएक छूटता है। वह धीरे-धीरे समझ में भी आता है, और उसी तरह छूटता भी है।

अर्थ—यह मन अपने स्वरूप से विकार का परित्याग कर दे तो द्वैतमूलक इस संसार के अपार दुःख, संशय एवं शोक उसे क्यों व्याप्त हों और वह क्यों कष्ट भोगे॥ १॥

मन ने अपने स्वभाव से हठात् शत्रु, मित्र तथा मध्यस्थ इन तीन प्रकार के सम्बन्धों को बना रखा है। मन ही के द्वारा इन तीनों के सर्प सदृश त्याज्य, स्वर्ण सदृश्य गृहणीय (प्राप्त करने योग्य) तथा तृण की भाँति उपेक्षणीय सम्बन्ध भी कल्पित ही बनाये गये हैं॥ २॥

खाद्य सामग्री, वस्त्रादि, पशु तथा अनेकानेक प्रकार की उपयोगी वस्तुएँ जैसे मणि के अन्तर्गत अर्घ्य रूप में वर्तमान हैं, वैसे ही स्वर्ग, नरक अनेक सचराचर तथा अनेक लोक जैसे मन की वासना में वर्तमान हैं॥ ३॥

जैसे वृक्ष में कठपुलती तथा सूत में अनेकानेक वस्त्र बिना बनाए हुए अन्तर्निहित हैं, उसी प्रकार मन में अनेकानेक प्रकार के तन रूप (शरीर रूप) निहित हैं और अवसर पाकर प्रगट होते हैं॥ ४॥

रघुपति भक्ति से प्रच्छालित निर्मल चित्त में बिना प्रयास ही सम्पूर्ण विवेक-अविवेक सबका बोध हो जाता है। तुलसीदास जी कहते हैं कि यह सम्पूर्ण जगत चित्त मात्र की विलासमयी क्रीड़ा है और इसका यथार्थ समझते-समझते समझ में आता है॥ ५॥

स्पष्टीकरण—गोस्वामी तुलसीदास यहाँ बौद्धों की भाँति (धर्मकीर्ति के सिद्धान्त के अनुसार) सम्पूर्ण जगत प्रपंच की रचना का कारण मन को मानते हैं। मन ने अपने अनुसार सम्बन्धों के नीड़ बना लिए हैं और जीव को उसी में फँसाकर विमुग्ध एवं विक्षुब्ध कर रखा है। शत्रु-मित्र एवं मध्यस्थ मन की कल्पना है—वैसे मूलतः ये अवास्तविक हैं। इसके लिए कवि निम्नलिखित दृष्टान्त देता है—

(१) वृक्ष की लकड़ी में अनेक पुतलियाँ स्वतः बना ली जाती हैं।

(२) सूत में अनेक वस्त्रों की सम्भावनाएँ छिपी हैं।

इन दृष्टान्तों के माध्यम से वह कहता है—

'मन महँ लीन तथा नाना तनु बिनु प्रयास ही सूझै'

मन की वासना में ही नाना योनियों में नाना रूपों में जन्मने तथा स्वरूप धारण करने की सम्भावना निहित है।

तुलसी के अनुसार श्रीराम की भक्ति रूपी जल से मन को धोकर साफ कर लेना ही इस 'चिद् विलास' को समझने का एक पर्याप्त कारण है, और वही करणीय भी है।

[१२५]

मैं केहि कहौं बिपति अति भारी। श्रीरघुबीर धीर हितकारी॥ १॥
मम हृदय भवन प्रभु तोरा। तहँ बसे आइ बहु चोरा॥ २॥
अति कठिन करहिं बरजोरा। मानहिं नहिं बिनय निहोरा॥ ३॥
तम मोह लोभ अहँकारा। मद क्रोध बोध-रिपु मारा॥ ४॥
अति करहिं उपद्रव नाथा। मरदहिं मोहि जानि अनाथा॥ ५॥
मैं एक अमित बटपारा। कोउ सुनै न मोर पुकारा॥ ६॥
भागेहु नहिं नाथ उबारा। रघुनायक करहुँ सँभारा॥ ७॥
कह तुलसिदास सुनु रामा। लूटहिं तसकर तव धामा॥ ८॥
चिंता यह मोहिं अपारा। अपजस नहिं होइ तुम्हारा॥ ९॥

केन्द्रीय भाव—तुलसीदास कहते हैं कि हे प्रभु जिस हृदय में आपका निवास होना चाहिए था उसमें काम, क्रोध, लोभ, मोह, चोर निवास कर रहे हैं और ये तस्कर मुझे लूटे ले रहे हैं, बिना आपकी कृपा के ये भाग नहीं सकते। वे कहते हैं—

अर्थ—हे धैर्यशाली, भक्तों के हितैषी श्रीराम! मैं अपनी इस बड़ी विपत्ति को किससे कहूँ॥ १॥

हे प्रभु! मेरा हृदय आपका निवास स्थल है, अब उसमें आकर अनेक चोरों (काम, क्रोधादि) ने अपना स्थान बना लिया है॥ २॥

ये काम क्रोधादि चोर अत्यन्त धृष्ठ निरन्तर जोर-जबर्दस्ती करते रहते हैं। ये न किसी का अनुग्रह मानते हैं और न दबाव॥ ३॥

अज्ञान, मोह, लोभ, अहंकार, मद, क्रोध तथा ज्ञान के शत्रु काम वासना मिलकर हे नाथ! अनेकानेक उपद्रव करते हैं और मुझे अनाथ एवं निःसहाय जानकर मेरा मर्दन करते जा रहे हैं॥ ४-५॥

मैं एक मात्र अकेला और बटमार अनेक हैं, अन्य कोई दूसरा पुकारने पर मेरी सहायता की पुकार नहीं सुनता॥ ६॥

हे श्री रघुनाथजी! मेरी मदद करें, क्योंकि प्राण बचाकर भागने पर भी सुझाई नहीं पड़ता, कहाँ जाऊँ क्योंकि भागने पर भी रक्षा सम्भव नहीं है॥ ७॥

तुलसीदासजी कहते हैं कि हे श्रीराम! सुनें! ये सारे तस्कर आपका घर लूटते जा रहे हैं॥ ८॥

मुझे इस बात की निरन्तर चिन्ता बनी हुई है कि आपका कहीं अपयश न हो॥ ९॥

स्पष्टीकरण—अहंकार की स्थिति में जीव को काम, लोभ, मोह, मद, क्रोधादि आवेष्टित किए रहते हैं। मूलतः ये बोध अर्थात् आत्मज्ञान के शत्रु हैं। कवि इन्हें तस्कर के रूप में प्रतीकबद्ध कर रहा है। इन तस्करों से मुक्ति के लिए आपकी कृपा अनिवार्य है।

[१२६]

मन मेरे मानहिं सिख मेरी। जो निज भगति चहै हरि केरी॥ १॥
उर आनहि प्रभुकृत हित जेते। सेवहिं तजे अपनपौ चेते॥ २॥
दुख सुख अरु अपमान बड़ाई। सब सम लेखहिं बिपति बिहाई॥ ३॥
सुनु सठ काल ग्रसित यह देही। जनि तेहिं लाग बिदूषहिं केही॥ ४॥
तुलसिदास बिनु असि मति आये। मिलहिं न राम कपट लौ लाये॥ ५॥

केन्द्रीय भाव—श्रीराम की संसक्ति के लिए अनासक्ति योग का आना आवश्यक है और इस अनासक्ति के क्षण में इस शरीर का मानापमान आदि को समान समझकर अनासक्त भाव से ईश्वर का स्मरण करो, तभी श्रीराम के मूल स्वरूप का ज्ञान होगा।

अर्थ—हे मेरे मन! यदि तू श्रीहरि की भक्ति प्राप्त करना चाहता है तो मेरी सीख मान ले॥ १॥

हृदय से प्रभु के किए हुए उपकारों को तू मान और अपना-पराया (ममत्व तथा अहन्ता) छोड़कर उनकी सेवा करो॥ २॥

सुख-दुख और मानापमान को समान समझकर प्रभु की सेवा करो। इस भाव की सेवा से अपनी विपत्ति दूर करो॥ ३॥

हे शठ! सुनो, यह शरीर काल ग्रस्त एवं नष्टधर्मा है। इसके लिए किसी की निन्दा मत करो॥ ४॥

तुलसीदासजी कहते हैं कि श्रीराम के दर्शन इस प्रकार की समत्व बुद्धि लाने से प्राप्त होते हैं क्योंकि कपटपूर्ण संसक्ति से उनके दर्शन सम्भव नहीं हैं॥ ५॥

[१२७]

मैं जानी हरिपद-रति नाहीं। सपनेहुँ नहिं बिराग मन माहीं॥ १॥
जे रघुबीर चरन अनुरागे। तिन्ह सब भोग रोगसम त्यागे॥ २॥
काम-भुजंग डसत जब जाही। बिषय नींब कटु लगत न ताही॥ ३॥
असमंजस अस हृदय बिचारी। बढ़त सोच नित नूतन भारी॥ ४॥
जब कब राम कृपा दुख जाई। तुलसिदास नहिं आन उपाई॥ ५॥

केन्द्रीय भाव—श्रीराम के चरणों में संसक्त रहने वाले व्यक्ति को विरक्त होना चाहिए और विरक्त भोग, काम, विषयादि आदि का त्याग करके श्रीराम के प्रति समर्पित रहता है और उन्हीं की कृपा से उसके सम्पूर्ण सांसारिक क्लेश दूर होते हैं। बिना विराग के श्रीराम की भक्ति असम्भव है।

अर्थ—स्वप्न में भी मेरे मन में वैराग्यभाव नहीं प्रगट होता, अतः मैं समझ गया कि मुझमें श्रीराम की भक्ति लेशमात्र भी नहीं है॥ १॥

जो श्रीराम के चरणों में अनुरक्त हैं, उनका लक्षण ही यही है कि उन्होंने सम्पूर्ण भोगों को रोगों की भाँति त्याग दिया है॥ २॥

काम रूपी सर्प जिस व्यक्ति को डस लेता है उसे विषय रूपी नीम की पत्ती कड़वी नहीं लगती॥ ३॥

हृदय में निरन्तर इस प्रकार के असमंजस से ग्रस्त होकर कि श्रीराम की भक्ति करूँ कि न करूँ, सारी उम्र बीत गई और हृदय में नित्य गहरी चिन्ता निरन्तर व्यापती रहती है॥ ४॥

तुलसीदासजी कहते हैं कि जब कभी श्रीराम की कृपा होगी तो यह दु:ख स्वत: समाप्त हो उठेगा। इसके अतिरिक्त और अन्य कोई उपाय नहीं है॥ ५॥

[१२८]

सुमिरु सनेह-सहित सीतापति। रामचरन तजि नहिंन आनि गति॥ १॥
जप तप तीरथ जोग समाधी। कलिमति बिकल न कछु निरुपाधी॥ २॥
करतहुँ सुकृत न पाप सिराहीं। रकतबीज जिमि बाढ़त जाहीं॥ ३॥
हरति एक अघ असुर जालिका। तुलसिदास प्रभु कृपा कालिका॥ ४॥

केन्द्रीय भाव—श्रीराम भक्ति के अतिरिक्त मुक्ति का अन्य कोई माध्यम नहीं है। जप, तप, तीर्थ, योग, समाधि कलियुग में व्यर्थ हो गए हैं और कितना भी पुण्य किया जाए पाप नष्ट नहीं होते। पापों के विनाश के लिए प्रभु की कृपा अपरिहार्य है।

अर्थ—हे मन! तू स्नेहपूर्वक सीतापति श्रीराम का स्मरण कर। मनुष्यों के लिए श्रीराम के चरणों को छोड़कर अन्य गति नहीं है॥ १॥

जप, तप, तीर्थ, योग, समाधि आदि अनेक साधन हैं, किन्तु कलियुग के कारण व्यक्ति विकलमति (अस्थिर बुंद्धि) के हो गए हैं और कोई कार्य विघ्न रहित नहीं रहा॥ २॥

पुण्य करते करते पाप क्षीण नहीं होते, अपितु रक्तबीज राक्षस की भाँति इन पापों की निरन्तर वृद्धि होती जाती है॥ ३॥

कलियुग में पाप रूपी असुर समूहों को नष्ट करने वाली केवल एक ही वस्तु है, तुलसीदासजी कहते हैं, वह श्रीराम प्रभु की कृपा रूपी कालिका माँ॥ ४॥

[१२९]

रुचिर रसना तू राम राम राम क्यों न रटत।
सुमिरत सुख सुकृत बढ़त अघ अमंगल घटत॥ १॥
बिनु श्रम कलि कलुषजाल कटु कराल कटत।
दिनकरके उदय जैसे तिमिर तोम फटत॥ २॥
जोग जाग जप बिराग तप सुतीरथ अटत।
बाँधिबे को भव गयंद रेनुकी रजु बटत॥ ३॥
परिहरि सुर मनि सुनाम गुंजा लखि लटत।
लालच लघु तेरो लखि तुलसि तोहिं हटत॥ ४॥

केन्द्रीय भाव—अपनी रसना (जिह्वा) को सम्बोधित करता हुआ कवि प्रकारान्तर भाव से मनुष्य जाति को उद्‌बोधन दे रहा है कि श्रीराम का नाम अमूल्य है और उसी का बार-बार रटन करो, अन्यथा धर्म, मुक्ति आदि के अन्य सम्पूर्ण प्रयास निष्फल जाएँगे।

अर्थ—रे सुन्दर जीभ! तू राम, राम, राम क्यों नहीं रटती! श्रीराम का स्मरण करने से सुख और पुण्य दोनों बढ़ते हैं तथा पाप एवं अशुभ विनष्ट होते जाते हैं॥ १॥

इस श्रीराम-नाम के स्मरण से बिना परिश्रम के ही कलियुग के कष्टकारी तथा कठिन पाप समूह उसी प्रकार विनष्ट हो जाते हैं जैसे सूर्य के उदित होने पर अन्धकार-समूह नष्ट हो जाता है॥ २॥

योग, यज्ञ, जप, वैराग्य, तप एवं तीर्थों पर व्यर्थ घूमता फिरता है। ये सब उसी प्रकार ईश्वर सान्निध्य के लिए निष्फल हैं—जैसे हाथी को बाँधने के निमित्त धूल की रस्सी का बटना॥ ३॥

श्रीराम के सुन्दर नाम रूपी चिन्तामणि (देवमणि) के स्थान पर घुँघुचियों को देखकर संसक्त होता है। तुम्हारी इस छोटी बात के लिए लालच देखकर तुलसीदास तुझे रोकते हैं॥ ४॥

विशेष—सम्पूर्ण धार्मिक उपायों, ज्ञान योगादि को भवगयन्द बाँधने के निमित्त बालू की रस्सी बटने से कवि उपमित करता है। भव-गयन्द को बाँधने के लिए श्रीराम नाम रूपी लौह उगलियाँ ही सक्षम हैं, अत: वही उपास्य हैं। निरंग रूपक अलंकार।

[१३०]

राम राम राम राम राम राम जपत।
मंगल मुद उदित होत कलि मल छल छपत॥ १॥
कहु के लहे फल रसाल बबुर बीज बपत।
हारहि जनि जनम जाय गालगूल गपत॥ २॥
काल करम गुन सुभाउ सबके सीस तपत।
राम नाम महिमा की चरचा चले चपत॥ ३॥
साधन बिन सिद्धि सकल बिकल लोग लपत।
कलिजुग बर बनिज बिपुल नाम नगर खपत॥ ४॥
नाम सों प्रतीति प्रीति हृदय सुथिर थपत।
पावन किये रावन रिपु तुलसिहुँ से अपत॥ ५॥

अर्थ—श्रीराम, राम, राम राम, राम राम जपने से मंगल एवं आनन्द का उदय होता है तथा कलियुग के पाप तथा पाखण्ड छिप जाते हैं॥ १॥

तुम्हीं बताओ, बबूल का बीज बोने से कौन आम्र फल का स्वाद चख सकता है? अनर्गल (गालगूल) प्रलाप करके इस प्राप्त किए हुए जन्म को नष्ट मत करो॥ २॥

काल, कर्म, गुण एवं स्वभाव सभी को प्रबल भाव से प्रभावित करते हैं, किन्तु श्रीराम नाम की चर्चा सुनते ही सभी उसके नीचे दब (चपत) जाते हैं॥ ३॥

बिना साधन के सिद्धि पाने के लिए सभी लोग व्याकुल दौड़े फिर रहे हैं। कलियुग का समस्त वाणिज्य व्यापार श्रीराम नाम के नगर में बिक खप जाता है अर्थात् श्रीराम का नाम

कलियुग के समस्त पापों को नष्ट कर देता है ॥ ४ ॥

श्रीराम के नाम एवं उनके नाम में प्रतीति तथा प्रीति से हृदय सुस्थिर होकर अचंचल तथा शान्त हो उठता है। श्रीराम नाम ने तुलसीदास जैसे पातकियों को भी पवित्र कर दिया है ॥ ५ ॥

स्पष्टीकरण—सम्पूर्ण जीव काल, कर्म गुण तथा स्वभाव से प्रेरित तथा उसी से सम्बन्धित फलों का भोग करता है और इनके कारण वह निरन्तर माया के बन्धन में बँधता जाता है। केवल नाम ही है, जिसके प्रभाव से मुक्त जीव ईश्वर से जुड़ता है।

[१३१]

पावन प्रेम राम चरन कमल जनम लाहु परम।
रामनाम लेत होत सुलभ सकल धरम॥ १ ॥
जोग मख बिबेक बिरत बेद बिदित करम।
करिबे कहँ कटु कठोर सुनत मधुर नरम॥ २ ॥
तुलसी सुनि जानि बूझि भूलहि जनि भरम।
तेहि प्रभुको होहि जाहि सब ही की सरम॥ ३ ॥

केन्द्रीय भाव—मानव मात्र को उद्‌बोधित करता हुआ कवि श्रीराम की शरण को एकमात्र वरेण्य बताता है। उसके अनुसार योग, यज्ञ, वैराग्य आदि से कुछ भी नहीं होने वाला है।

अर्थ—श्रीराम के चरण कमलों में पवित्र प्रेम ही, जन्म लेने का परम लाभ है। श्रीराम का नाम लेते ही सम्पूर्ण धर्म फलवान हो उठते हैं ॥ १ ॥

योग, यज्ञ, विवेक, वैराग्य एवं वेद समर्थित कर्म सभी सुनने में मीठे एवं करने में कटु तथा कठोर प्रतीत होते हैं ॥ २ ॥

तुलसीदास कहते हैं कि सुनों, जानबूझ करके भ्रम में न पड़ो और उस प्रभु की शरण में जाओ, वही सबकी लज्जा (शरम) हैं ॥ ३ ॥

[१३२]

राम से प्रीतमकी प्रीति रहित जीव जाय जियत।
जेहि सुख सुख मानि लेत सुख सो समुझ कियत॥ १ ॥
जहँ जहँ जेहि जोनि जनम महि पताल बियत।
तहँ तहँ तू बिषय सुखहिं चहत लहत नियत॥ २ ॥
कत बिमोह लट्यो फट्यो गगन मगन सियत।
तुलसी प्रभु सुजस गाइ क्यों न सुधा पियत॥ ३ ॥

केन्द्रीय भाव—विमुग्ध मानव मन असत्य एवं नष्टधर्मा को सत्य और अक्षय मानकर उसके पालन के लिए व्याकुल रहता है किन्तु कवि इसके विपरीत इसी आचरण को जन्म-मरण तथा सम्पूर्ण संकटों का हेतु मानकर श्रीराम के यश गान को आवश्यक बताता है, ताकि उनसे मुक्ति प्राप्त हो सके।

अर्थ—श्रीराम सदृश प्रियतम की प्रीति से रहित होकर जीव नष्ट हो जाए वह क्यों जीवित है। जिसे तूने सुख मान लिया है उसे तू समझो कि कितना सुख है॥ १॥

जिस-जिस योनि में मैं जन्म पाकर पृथ्वी तथा पाताल में पैदा होऊँ, वहाँ-वहाँ तू नियत विषय सुखों को प्राप्त करना चाहता है॥ २॥

क्यों व्यामोह (अज्ञान) में लीन तू फटे हुए आकाश को सिलने में मग्न है अर्थात् असत्य को सत्य मानकर मिथ्या आकांक्षाओं की पूर्ति में जीवन व्यतीत किए जा रहे हो। तुलसीदासजी कहते हैं कि श्रीराम के सुयश का गान करके क्यों भक्तिरसामृत का पान नहीं करते॥ ३॥

स्पष्टीकरण—(१) 'कत विमोह लट्यो, फट्यो गगन चहत सियत'

भौतिक कर्मों से शान्ति एवं सुख की प्राप्ति की आकांक्षा करना उसी प्रकार है—जैसे फटे हुए आकाश को सिलना। आकाश का फटना एक असंभव कार्य है, और उसका सिलना उससे भी दुष्कर। कर्म एवं विषय वासनाओं से सुख की प्राप्ति करना पूर्णतया दुष्कर कार्य है।

[१३३]

तोसो हौं फिरि फिरि हित प्रिय पुनीत सत्य बचन कहत।
सुनि मन गुनि समुझि क्यों न सुगम सुगम गहत॥ १॥
छोटो बड़ो खोटो खरो जग जो जँह रहत।
अपने अपने को भलो कहु को न चहत॥ २॥
विधि लगि लघु कीट अवधि सुख सुखी दुख दहत।
पसु तौं पसुपाल ईस बाँधत छोरत नहत॥ ३॥
विषय मुद निहार भार सिर काँधे ज्यो बहत।
यों ही जिय जानि मानि सठ तू साँसति सहत॥ ४॥
पायो केहिं घृत विचारु हरिन बारि मथत।
तुलसी तकि ताहि सरन जाते सब लहत॥ ५॥

केन्द्रीय भाव—कवि यहाँ जीव के परम हितैषी मन को भली-भाँति समझाते हुए उसे सांसारिक प्रपंचों से मुक्ति के लिए कहता है। यज्ञ, सत्कर्म आदि से विषय के बोझ से थोड़ी राहत तो मिल सकती है, आत्यन्तिक नहीं। आत्यन्तिक राहत के लिए श्रीराम की शरणागति ही एकमात्र आवश्यक है।

अर्थ—हे मन! तुझसे मैं पुनः-पुनः तुम्हारे लिए प्रिय, पवित्र, हितयुक्त सत्य बातें कर रहा हूँ, उसे तुम सुनो, मन में उसका मनन करो। क्यों नहीं, समझकर सुगम मार्ग का ग्रहण करते॥ १॥

संसार में जो जहाँ रहते हैं वहीं छोटे-बड़े, खरे-खोटे हैं और उनमें कौन ऐसा है, जो अपने-अपने का भला नहीं चाहता॥ २॥

ब्रह्मा से लेकर छोटे-छोटे कीट पतिंगे तक सुख की अवधि में सुखी हैं और दुख की अवधि में जलते हैं। पशुपालक कृषक की भाँति ईश्वर जीव रूपी अपने पशु को बाँधता, छोड़ता तथा नाँधता (नहतः हल से जोतना) रहता है॥ ३॥

विषयों के सुख को देखो, वे तुम्हारे सिर के बोझ स्वरूप हैं, उनको थोड़ी देर के लिए कंधे पर रखकर भले ही विश्राम समझो, किन्तु यह विश्राम नहीं है। उसी तरह से हे शठ मन! अविश्राम को विश्राम मानकर नाना प्रकार के कष्टों को झेलता रहता है॥ ४॥

तू विचार कर, किसने मृग मरीचिका को मथकर घृत प्राप्त किया है। तुलसीदासजी कहते हैं विषय वासनाओं को त्याग करके श्रीराम के शरण में जाओ, जहाँ सभी प्रकार का सुख प्राप्त होगा॥ ५॥

स्पष्टीकरण—कवि ने जीव को पशु एवं ईश्वर को पशुपाल (ग्वाला, किसान) बताया है। ईश्वर को जीव की निरन्तर चिन्ता रहती है वह पशु को पालता है, उसे तरह-तरह से विश्राम देता है और उसे अन्त में उसके गले में जुए डालकर हल जोतता है। जीव के पालन-पोषण के समय वह विषय तथा इन्द्रियों के प्रभावपूर्ण बोझ के दबाव से दब जाता है। उसे ईश्वर का स्मरण करते हुए इस बोझ से मुक्ति पाने की चेष्टा करनी चाहिए। इन सुखों में विश्राम नहीं है ये तो भारवाही हैं यद्यपि धर्मादि साधनों से थोड़ी राहत अवश्य मिलती है, किन्तु आत्यन्तिक नहीं।

[१३४]

ताते हौं बार बार देव! द्वार परि पुकार करत।
आरति नति दीनता कहें प्रभु संकट हरत॥ १॥
लोकपाल सोक बिकल रावन डर डरत।
का सुनी सकुचे कृपालु नर सरीर धरत॥ २॥
कौसिक मुनि तीय जनक सोच अनल जरत।
साधन केहि सीतल भये सो न समुझि परत॥ ३॥
केवट खग सबरि सहज चरनकमल न रत।
सनमुख तोहिं होत नाथ! कुतरु सुफरु फरत॥ ४॥
बंधु बैर कपि बिभीषन गुरु गलानि गरत।
सेवा केहि रीझि राम किये सरिस भरत॥ ५॥
सेवक भयो पवनपूत साहिब अनुहरत।
ताको लिये नाम राम सबको सुढर ढरत॥ ६॥
जाने बिनु राम रीति पचि पचि जग मरत।
परिहरि छल सरल गए तुलसिहुँ से तरत॥ ७॥

केन्द्रीय भाव—'राम' का अमित माहात्म्य है। यही राम पीड़ा, संकट, कष्ट, विकलता सभी का निवारण करते हैं। रावण के भय से भयभीत लोकपालों की पीड़ा राम ने दूर की। अहल्या की जड़ता, जनक के शोक, गिद्ध, शबरी को स्नेह, विभीषण को आत्मीयता, हनुमान को आत्म तेज सेवा के कारण ही श्रीराम ने दी। कवि श्रीराम की सेवा के लिए सम्पूर्ण जीव को प्रेरित कर रहा है—

अर्थ—हे देव! आपके द्वार पर इसलिए मैं पड़ा हुआ बार-बार पुकार करता हूँ कि आर्त्तभाव, प्रणतिभाव एवं दैन्य कहने से हे प्रभु! आप भक्तजनों के संकट दूर करते हैं॥ १॥

रावण के डर से समस्त लोकपाल शोक से व्याकुल भयभीत थे कौन सी बात सुनकर (अर्थात् आर्त्तभाव प्रणित एवं दीन भरे शब्दों को ही तो सुनकर) कृपालु श्रीहरि ने अत्यन्त संकोच भाव से मनुष्य का शरीर धारण किया था॥ २॥

विश्वामित्र, अहल्या तथा जनक ये तीनों शोक की अग्नि में जले जा रहे थे—उनके द्वारा कौन से ऐसे कार्य किए गए थे (अर्थात् उनके आर्त तथा दैन्य भरे शब्द ही थे) जिनसे प्रसन्न होकर प्रभु का हृदय शीतल हो उठा॥ ३॥

केवट, जटायु, शबरी ये सभी के सभी श्रीहरि के चरण कमलों में सहजभाव से रत थे—आपके प्रसन्न होते ही हे नाथ! उनकी आकांक्षा रूपी वृक्ष सुन्दर फल फलने लगे अर्थात् उनकी मनोकामनाएँ पूर्ण हुईं॥ ४॥

अपने भाई बालि के भय से सुग्रीव तथा रावण के भय से विभीषण भयंकर ग्लानि में गलते जा रहे थे। उनकी किस सेवा से (अर्थात् उनके दैन्य, नत तथा आर्त्तभाव से ही) रीझ कर उन्हें अपने भाई भरत के सदृश अंगीकार किया॥ ५॥

हनुमान भी राम के सेवक बने और सेवा करते-करते उन्हीं के अनुसार (अनुहरत) स्वयं हो गये और नाम लेते ही सब पर भली-भाँति प्रसन्न हो जाते हैं॥ ६॥

हे राम! आपकी रीति समझे बिना सम्पूर्ण संसार गल-गल (पच-पच) कर मरता जा रहा है। निष्कपट भाव से तुलसी जैसे जीव भी तुम्हारी शरण में जाने पर संसार-सागर से तर जाते हैं॥ ७॥

स्पष्टीकरण—विविध उदाहरणों द्वारा कवि यह समझाने की कोशिश कर रहा है कि निष्कपट भाव से ईश्वर के प्रति समर्पण ही जीव मुक्ति का हेतु है। बिना इस समर्पण के ज्ञान का उत्पन्न होना असम्भव है।

[१३५]

राम सनेही सों तैं न सनेह कियो।
अगम जो अमरनि हूँ सो तन तोहिं दियो॥
दियो सुकुल जनम सरीर सुंदर हेतु जो फल चारिको।
जो पाइ पंडित परमपद पावत पुरारि मुरारिको॥
यह भरतखंड समीप सुरसरि थल भलो संगति भली।
तेरी कुमति कायर कलप बल्ली चहति है बिष फल फली॥ १॥

* * *

अजहूँ समुझि चित दै सुनु परमारथ।
है हितु सो जगहूँ जाहिते स्वारथ॥
स्वारथहि प्रिय स्वारथ सो का ते कौन बेद बखानई।
देखु खल अहि खेल परिहरि सो प्रभुहि पहिचानई॥
पितु मातु गुरु स्वामी अपनपौ तिय तनय सेवक सखा।
प्रिय लगत जाके प्रेमसों बिनु हेतु हित तैं नहिं लखा॥ २॥

* * *

दूरि न सो हितू हेरि हिये ही है।
छलहि छाँड़ि सुमिरे छोहु किये ही है॥
किये छोहु छाया कमल करकी भगतपर भजतहि भजै।
जगदीश जीवन जीवको जो साज सब सबको सजै॥
हरिहि हरिता बिधिहि बिधिता सिवहि सिवता जो दई।
सोइ जानकी पति मधुर मूरति मोदमय मंगल मई॥ ३॥

*　　　　*　　　　*

ठाकुर अतिहि बड़ो सील सरल सुठि।
ध्यान अगम सिवहूँ भेंट्यो केवट उठि॥
भरि अंक भेंट्यो सजल नयन सनेह सिथिल सरीर सो।
सुर सिद्ध मुनि कबि कहत कोउ न प्रेम प्रिय रघुबीर सो॥
खग सबरि निसिचर भालु कपि किये आपु ते बंदित बड़े।
तापर तिन्ह की सेवा सुमिरि जिय जातु जनु सकुचनि गड़े॥ ४॥

*　　　　*　　　　*

स्वामी को सुभाव कह्यो सो जब उर आनि है।
सोच सकल मिटिहैं राम भलो मन मानिहैं॥
भलो भानिहैं रघुनाथ जोरि जो हाथ माथो नाइहैं।
तत्काल तुलसीदास जीवन जनम को फल पाइहैं॥
जपि नाम करहिं प्रनाम कहि गुन ग्राम रामहिं धरि हिये।
बिचरहिं अवनि अवनीस चरन सरोज मन मधुकर किये॥ ५॥

अर्थ—देवताओं के लिए भी जो शरीर दुर्लभ है,उसे श्रीराम ने तुझे दिया है और उन्हीं की कृपा से मानव शरीर प्राप्त करके तू राम भक्त से तू स्नेह नहीं करता। उन्होंने सुन्दर कुल में तुम्हारा जन्म दिया, सुन्दर शरीर दिया जो धर्म, अर्थ, काम, मोक्ष का साधन है। इसी शरीर को प्राप्त करके ज्ञानी जन शिव एवं विष्णु के परम पद (लोक) को प्राप्त करते हैं। फिर यह देश भारतवर्ष जहाँ समीप में ही गंगा हैं, बड़ा ही रमणीक स्थान है, भले सन्तों का साथ है किन्तु हे कायर! तेरी दुर्बुद्धि रूपी कल्पलता यहाँ विषैले फल फलना चाहती है॥ १॥

अभी भी समय है, सोच समझ ले, मन लगाकर परमार्थ का श्रवण कर। यही बात इस संसार में श्रेयस्कर है और उसी से स्वार्थ सिद्ध होता है और यदि तुझे स्वार्थ ही श्रेयस्कर लगता है तो वे कौन वस्तुएँ हैं, जिनसे स्वार्थ सिद्ध होते हैं और वेद उनका निरूपण करते हैं। हे दुष्ट अधम! इस सर्प-क्रीड़ा का परित्याग कर दो और उन श्रीराम को पहचानो। उसी स्वामी के प्रेम के कारण पिता, माता, गुरु, स्वामी, स्वयं रूप आत्मा, पुत्र, दास, मित्र सभी प्रिय लगते हैं और वह स्वामी निष्काम भाव से तुम्हारा हितैषी है—तूने उसे कभी भी नहीं देखा॥ २॥

वह स्वामी तुमसे दूर नहीं है, उसे खोजो, वह तुम्हारे हृदय में ही है। छल-कपट का परित्याग करके प्रेमपूर्वक स्मरण तो करो, वह तुझ पर कृपालु होगा। वह कृपापूर्वक अपने कर कमल की छाया भक्त पर किए रहता है और निरन्तर उसकी रक्षा किए रहता है, जो उसे

भक्तिपूर्वक भजता है, वह उसे भजता (अनुग्रह करता) है। वह सम्पूर्ण जीव जगत का स्वामी है और वह सबके लिए भला साज सजता है अर्थात् सभी को सुख सामग्री प्रदान करता है। उसी ने विष्णु को विष्णुत्व, ब्रह्मा को ब्रह्मत्व तथा शिव को शिवत्व प्रदान किया है। इन सबको परिपूर्णता प्रदान करने वाली जानकी वल्लभ श्रीराम की परम कल्याणकारिणी मूर्ति है॥ ३॥

अत्यन्त शीलवान, सुन्दर, सरल स्वभाव के स्वामी श्रीराम बहुत बड़े हैं तथा शिव के लिए भी ध्यान से गम्य नहीं हैं, फिर भी (सहज इतने हैं कि) उन्होंने प्रेम से उठकर स्वयं केवट को भेंटा। यह सामान्य अंक मिलन नहीं था वरन् स्नेह से अत्यन्त शिथिल शरीर होकर, अश्रु से नेत्रों को भरकर उन्होंने केवट को अंक लगाया था और जिसे देखकर देवता, सिद्ध मुनि कविगण कहते हैं कि श्रीराम सदृश प्रेम का पुजारी अन्य कोई देवता नहीं है। जटायु जैसे पंक्षी, शबरी, राक्षस विभीषण, जामवन्त जैसे भालू तथा हनुमान जैसे कपि को कृपापूर्वक अपने से अधिक वन्दनीय बना दिया और उनके द्वारा की जाती हुई सेवा को समझकर वे संकोच से गड़ जाते हैं॥ ४॥

स्वामी श्रीराम के जिस स्वभाव का वर्णन किया है, यदि तू उसे हृदय में ले आएगा तो तुम्हारे सम्पूर्ण संकट मिट जायेंगे तथा श्रीराम उसे अच्छा समझकर प्रसन्न होंगे। जब तू हाथ जोड़कर, मस्तक झुकाकर उन्हें प्रणाम करेगा तो वे श्रीराम उसे अच्छा मानेंगे और उनके अच्छा मानने के ही क्षण तुलसीदास कहते हैं कि, तुझे जीवन और मानव योनि में जन्म लेने की सार्थकता का फल प्राप्त हो जायेगा।

श्रीराम को हृदय में धारण करके, उनके गुण समूहों का स्मरण करते हुए प्रणाम करके जो उनके नाम का जप करते हैं, वे भक्तगण पृथ्वी पर श्रीराम के चरणकमल के मधु का पान करके भ्रमर की भाँति आनन्दित होकर विचरण करते हैं॥ ५॥

[१३६]

(१)

जिय जबतें हरितें बिलगान्यो। तबते देह गेह निज जान्यो।
माया बस स्वरूप बिसरायो। तेहिं भ्रम ते दारुन दुख पायो॥
पायो जो दारुन दुसह दुख सुख लेस सपनेहुँ नहिं मिल्यो।
भव-सूल सोक अनेक जेहि तेहि पंथ तू हठि हठि चल्यो॥
बहु जोनि जनम जरा बिपति मतिमंद! हरि जान्यो नहीं।
श्रीराम बिनु बिश्राम मूढ़! बिचारु लखि पायो कहीं॥

(२)

आनँद-सिंधु-मध्य तव बासा। बिनु जाने कस मरसि पियासा॥
मृग-भ्रम-बारि सत्य जिय जानी। तहँ तू मगन भयो सुख मानी॥
तहँ मगन मज्जसि पान करि त्रयकाल जल नाहीं जहाँ।
निज सहज अनुभव रूप तव खल! भूलि अब आयो तहाँ॥

निरमल निरंजन निरबिकार उदार सुख तैं परिहर्यो।
निःकाज राज बिहाय नृप इव सपन कारागृह पर्यो॥

(३)

तैं निज करम डोरि दृढ़ कीन्हीं। अपने करनि गाँठि गहि दीन्हीं॥
ताते परबस पर्यो अभागे। ता फल गरभ बास दुख आगे॥
आगे अनेक समूह संसृत उदरगत जान्यो सोऊ।
सिर हेठ ऊपर चरन संकट बात नहिं पूछै कोऊ॥
सोनित पुरीष जो मूत्र मल कृमि कर्दमावृत सोवई।
कोमल सरीर गँभीर बेदन सीस धुनि धुनि रोवई॥

(४)

तू निज करम जाल जहँ घेरो। श्रीहरि संग तज्यो नहिं तेरो॥
बहुबिधि प्रतिपालन प्रभु कीन्हों। परम कृपालु ग्यान तोहि दीन्हों॥
तोहि दियो ग्यान बिबेक जनम अनेककी तब सुधि भई।
तेहि ईसकी हौं सरन जाकी बिषम माया गुनमई॥
जेहि किये जीव निकाय बस रसहीन दिन-दिन अति नई।
सो करौ बेगि सँभारि श्रीपति बिपति महँ जेहि मति दई॥

अर्थ—हे जीव! तू जबसे श्रीहरि (ईश्वर अंशिन्) से वियुक्त हुआ तभी से तूने इस शरीर को ही अपना आश्रयस्थल मान लिया। माया से विवशीभूत तू अपने-अपने स्वरूप (परमाला का अंश रूप जीवभाव) को विस्मृत कर गया और उस अहन्ताजन्य भ्रम के कारण दुःख प्राप्त करने लगा। तूने इतना अधिक कष्टकारी दुःख प्राप्त किया और तुझे स्वप्न में भी सुख नहीं मिला। जिन-जिन मार्गों पर तू हठपूर्वक चला उसी-उसी पर तुझे अनेकानेक सांसारिक कष्ट एवं शोक प्राप्त हुए। अनेक योनियों में उसी के कारण तू जन्मा, मृत्युजन्य पीड़ा झेली फिर भी उन श्रीराम को तू नहीं समझा। हे मूढ़! तू देखो, पुनः विचार करो, इस संसार में क्या तूने श्रीराम के बिना किसी भी प्रकार की क्या शान्ति प्राप्त की॥ १॥

हे जीव! तुम्हारा निवास आनन्दधाम श्रीराम के मध्य में निवास है। उसे समझो और नासमझी के कारण क्यों प्यासे मर रहे हो। तूने भ्रमोत्पादक मृग-मरीचिका को सत्य समझा और उसी को सुख मानकर उसी में आत्यन्तिक रूप से मग्न हो गया, रम गया। तीनों कालों में जो जल शून्य है, वहाँ तू आनन्दित होकर स्नान कर रहे हो, जल का पान कर रहे हो और इस प्रकार तू उस निरंजन, निर्विकार, निर्मल एवं उदार परात्पर ब्रह्म के आनन्द सरोवर से तू वंचित है। तू व्यर्थ ही राज करते हुए राजा की भाँति उसे छोड़कर स्वप्न रूप मिथ्या माया रूप कारागार में बन्दी बन कर पड़े हो॥ २॥

मैंने (जीव के रूप में) अपनी कर्म रूपी डोरी से अपना बन्धन स्वयं दृढ़ (जटिल) कर लिया और अपनी ही करनी से उस कर्म डोरी को पकड़कर गाठें डाल दीं परिणाम मैं अभागा स्वयं अपने कर्मों के कार्यों द्वारा परवश हो उठा और उसका परिणाम अनेक योनियों में जन्म

लेने के लिए गर्भ में धारण किए जाने का दुख भोग भोग। आगे अनेक दुःख समूह हैं, जो माता के पेट में हैं, वही उसका दुःख जानता है। माता की पेट में सिर नीचे हैं, पैर ऊपर है और उस संकट में कोई कुशल क्षेम लेने वाला नहीं है। रक्त, मूत्र मल के कीचड़ में कीड़े की भाँति सोते हुए कोमल शिशु शरीर में प्रसव पीड़ा की वेदना से क्लान्त तू सिर पीट-पीट कर रोता है॥ ३॥

तू जहाँ भी कर्मजाल में फँसा, ईश्वर ने तेरा साथ नहीं त्यागा। ईश्वर ने तुझे अनेक प्रकार से पाला पोसा तथा उस परम कृपालू ने सर्वथा दुर्लभ वस्तु 'ज्ञान' तत्त्व तुझे प्रदान किया। तुझे जब बोध एवं विवेक प्रदान किया तो तुझे अनेक योनियों में जन्म लेने का स्मरण हुआ और तूने निश्चय किया कि उस त्रिगुणात्मक विषय माया के स्वामी परात्पर ब्रह्म की मैं शरण में हूँ। जिसकी माया ने जगत में सम्पूर्ण जीव समूह को अपने वश में कर रखा है और जिसकी माया ने इस जीव को परतंत्र बनाकर उसके सम्पूर्ण जीवन को नीरस बना दिया है और जो प्रतिदिन नित्य नूतन रूप में प्रकट होती है—वही मायारमण लक्ष्मीपति श्रीराम जिसने इस जीव को उस गर्भवास की विपत्ति में भी विवेक प्रदान किया है, वही, शीघ्र ही, मेरी रक्षा करें॥ ४॥

(५)

पुनि बहुबिधि गलानि जिय मानी। अब जग जाइ भजौं चक्रपानी॥
ऐसेहि करि बिचार चुप साधी। प्रसव पवन प्रेरेउ अपराधी॥
प्रेर्‌यो जो परम प्रचंड मारुत कष्ट नाना तैं सह्यो।
सो ग्यान ध्यान बिराग अनुभव जातना-पावक दह्यो॥
अति खेद ब्याकुल अलप बल छिन एक बोलि न आवई।
तव तीब्र कष्ट न जान कोउ सब लोग हरषित गावई॥

(६)

बाल दसा जेते दुख पाये। अति असीम नहिं जाहिं गनाये॥
छुधा ब्याधि बाधा भई भारी। बेदन नहिं जानै महतारी॥
जननी न जानै पीर सो केहि हेतु सिसु रोदन करै।
सोई करै बिबिध उपाय जातें अधिक तुव छाती जरै॥
कौमार सैसव अरु किसोर अपार अघ को कहि सकै।
ब्यतिरेक तोहि निरदय! महाखल! आन कहु को सहि सकै।

(७)

जोबन जुवती सँग रँग रात्यो। तब तू महा मोह मद मात्यो॥
ताते तजी धरम मरजादा। बिसरे तब सब प्रथम बिषादा॥
बिसरे बिषाद निकाय संकट समुझि नहिं फाटत हियो।
फिरि गर्भगत आवर्त संसृतिचक्र जेहि होइ सोइ कियो॥
कृमि भस्म बिट परिनाम तनु तेहि लागि जग बैरी भयो।
परदार परधन द्रोहपर संसार बाढ़ै नित नयो॥

(८)

देखत ही आई बिरुधाई। जो तैं सपनेहुँ नाहिं बुलाई॥
ताके गुन कछु कहे न जाहीं। सो अब प्रगट देखु तनु माहीं॥
सो प्रगट तन जरजर जराबस व्याधि सूल सतावई।
सिरकंप इन्द्रिय सक्ति प्रतिहत बचन काहु न भावई॥
गृहपालहूँ ते अति निरादर खान पान न पावई।
ऐसिहुँ दसा न विराग तहँ तृष्णा तरंग बढ़ावई॥

फिर मन में अनेक प्रकार की ग्लानि उत्पन्न हुई और तूने (जीव ने) उस गर्भवास में ही संकल्प लिया कि अब संसार में जाकर उस चक्रपाणि श्रीहरि का भजन करूँगा। ऐसा कह करके तूने ज्यों ही चुप्पी साधी तुझ अपराधी को गर्भवास के प्रसवकाल में वायु ने प्रेरित किया। उस प्रचंड वायु के प्रेरित किए जाने पर तूने नाना प्रकार के असह्य संकटों को झेला और वह ज्ञान, ध्यान, वैराग्य का समस्त अनुभव जो तूने ईश्वर द्वारा प्राप्त किया था, उस यातना रूप अग्नि में भस्मसात् हो उठा। अत्यन्त कष्ट के कारण व्याकुल अल्पशक्ति होने के कारण उसके मुँह से एक शब्द भी नहीं निकल रहा था। इस तुम्हारी भयंकर कष्टकारी पीड़ा को कोई समझ नहीं पा रहा था और सभी लोग पुत्रोत्सव के कारण हर्षित गा रहे थे॥ ५॥

फिर वाल्यावस्था में तूने अनेक कष्ट झेले, वे अन्यन्त अनिष्टकारी (अनीस) या अनाथ (अनीस) जैसे लोगों को मिलते हैं—उनकी गणना नहीं की जा सकती। भूख, कष्ट आदि भारी बाधाएँ उत्पन्न हुईं, किन्तु तुम्हारी अन्तरंग पीड़ा को तुम्हारी माता नहीं समझ सकी। माता उस पीड़ा को नहीं समझ पा रही है कि किस बात से दुखी वह शिशु रोदन कर रहा है और उस पीड़ा से मुक्ति दिलाने के लिए वह जिन-जिन उपायों को करती है, उनसे तुम्हारी पीड़ा और भी बढ़ती गई। कौमार्यावस्था, शैशवास्था तथा किशोरावस्था में इतने अनन्त पाप हुए कि उनका वर्णन नहीं किया जा सकता। हे महानिर्दय! हे महादुष्ट!! तुझे छोड़कर (व्यतिरेक) या तुम्हारे अतिरिक्त उस वेदना का वर्णन कौन कर सकता है॥ ६॥

युवतियों के साथ यौवनावस्था विलास-आसक्ति में लगी बीत गई और उससे तू अत्यन्त मोह में संसक्त हो उठा। उससे तूने धर्म की मर्यादा का परित्याग कर दिया और तू अपने पूर्व संकटों को भूल गया। वे सम्पूर्ण पूर्व संकट समूह विस्मृत हो उठे, उसे सोचकर क्यों नहीं तेरा हृदय विदीर्ण हो उठा। पुनः पुनः गर्भ के निवास रूपी चक्रवात में फँसकर पुनर्जन्म के सृष्टि चक्र में व्यक्ति फँसता है, उन्हीं कार्यों को तूने पुनः किया जो शरीर कीड़े, राख, विष्टा (मल), आदि का परिणाम है, उसी के निमित्त तू संसार भर का वैरी बना और तुम्हारे मन में दूसरे की स्त्री, दूसरे की सम्पत्ति और दूसरे से द्रोह भाव नित्यशः नवीन रूप में बढ़ते गये॥ ७॥

देखते-देखते वह वृद्धावस्था आ गई, जिसे तूने स्वप्न में भी नहीं बुलाया था। उसके गुणों का कुछ वर्णन करते नहीं बनता, वे गुण अब स्पष्ट रूप से तुम्हारे शरीर में दिखाई पड़ने लगे हैं। उसके प्रकट होते ही जरा (वृद्धावस्थाजन्य विकार) के कारण शरीर को अनेक व्याधियाँ कष्ट उत्पन्न करने लगीं, सिर कँपने लगा, इन्द्रियों की शक्ति नष्ट हो गई और तुम्हारा बोलना किसी को अच्छा नहीं लगता। घर में पाले गये (कुत्ते तथा बिल्लियों) से अधिक निरादर तुम्हारा होने लगा और भोजन तथा जल भी नहीं प्राप्त करने लगे। ऐसी स्थिति में तुम्हारे मन में वैराग्य उत्पन्न नहीं होता वरन् मायाजन्य तृष्णाएँ तुम्हारे मन की तरंगों को बढ़ाती रहीं॥ ८॥

(९)

कहि को सकै महाभव तेरे। जनम एक ते कछुक गनेरे।
जारि खानि संतत अवगाहीं। अजहुँ न कर विचारु मन माँही।
अजहुँ विचारु विकार तजि भजु राम जन सुखदायकं।
भवसिन्धु दुस्तर जलरथं भजु चक्रधर सुरनायकं।
बिनु हेतु करुनाकर उदार अपार माया तारनं।
कैवल्य पति जगपति रमापति प्रानपति गति कारनं।

(१०)

रघुपति भगति सुलभ सुखकारी। सो त्रयताप सोक भयहारी।
बिनु सतसंग भगति नहिं होई। ते तब मिलैं द्रवै जब सोई।
जब द्रवै दीन दयालु राघव साधु संगति पाइयै।
जेहिं दरस परस समागमादिक पाप रासि नसाइयै॥
जिनके मिले दुख सुख समान अमानतादिक गुन भये।
मद लोभ मोद विषाद क्रोध सुबोध ते सहजहिं गये॥

(११)

सेवत साधु द्वैत भय भागे। श्री रघुबीर चरन लय लागै।
देह जनित विकार सब त्यागै। तब फिर निज स्वरूप अनुरागै।
अनुराग सो निज रूप जो जग ते विलच्छन देखिये।
संतोष सम सीतल सदा दम देहवंत न लेखिये।
निरमल निरामय एकरस तेहिं हर्ष सोक न व्यापई।
त्रैलोक पावन सो सदा जाकी दसा ऐसी भई।

तेरे महाभवसागर के अनेक जन्मों के कष्टों का वर्णन कौन कर सकता है। यह तो एक ही जन्म के कतिपय कष्टों का विवरण बताया। सदाचार खाने (रूपों) में स्वेदज, अंडज, पिंडज, उष्मज बना डूबना-उतराना पड़ेगा और हे मूर्ख! तू अब भी विचार कर ले। आज भी विचार करके भक्तों के सुखदायी श्रीराम का गुणानुवाद विकारों का परित्याग करके करो। अत्यन्त दुस्तर भवसागर से पार होने के लिए देवताओं के स्वामी चक्रधारी ईश्वर रूपी जलयान का भजन करो। सम्पूर्ण ज्ञान के मूल, प्राणों के स्वामी, लक्ष्मीनारायण, सम्पूर्ण सृष्टि के स्वामी, मुक्ति के स्वामी, अत्यन्त उदार तथा करुणाशील अनन्तमाया से मुक्ति दिलाने वाले वे श्रीराम बिना कारण (अकारण) ही तुझ पर कृपा करेंगे॥ ९॥

श्रीराम को सुख देने वाली भक्ति सभी के लिए समान रूप से सुलभ है। वह तीनों (दैहिक, दैविक तथा भौतिक) संतापों को नष्ट करने वाली एवं शोक तथा भय की विनाशिनी है। बिना सत्संगति के यह भक्ति नहीं उपजती। वह सत्संगति तभी मिलती है, जब वह ईश्वर स्वयं भक्त पर द्रवित होता है जब वह दीन-दयालु राघवेन्द्र द्रवित होते हैं, तभी साधु जनों की संगति प्राप्त होती है और उन सन्तों के दर्शन, स्पर्श तथा समागम से पाप समूहों को विनष्ट

करो। जिनके मिलने से दुख-सुख सम्मान और अपमान (अमानतादिक) आदि गुण स्वरूप हो जाते हैं और उनकी सत्संति से उत्पन्न होने वाले सुबोध द्वारा मद, मोह, काम, क्रोध आदि विकार स्वत: विनष्ट हो जाते हैं॥ १०॥

साधु सेवन से द्वैतजनित मोह तुरन्त विनष्ट हो जाते हैं और श्रीराम के चरणों में आसक्ति बढ़ती है। जब मनुष्य देह जनित विकार का परित्याग कर देता है तो वह 'स्वस्वरूप' में अनुरक्त हो उठता है। इस स्वस्वरूप अनुराग के कारण संसार का समस्त बाह्य प्रपंच उसे विलक्षण प्रतीत होने लगता है। सन्तोष, समत्व, दम उसे शान्त किये रहते हैं और वह विदेह (देहवन्त न) जैसी दशा प्राप्त हो जाती है। वह निरन्तर निर्मल, निरामय एवं एकरस रहता है और उसे हर्ष तथा शोक विकार कभी नहीं व्यापते। श्रीराम की कृपा से प्राप्त साधु संगति के परिणाम स्वरूप जिसकी यह दशा हो चुकी है, वह तीनों लोकों में अत्यधिक पवित्र माना जाता है॥ ११॥

(१२)

जो तेहि पंथ चलै मन लाई। तौ हरि काहे न होहिं सहाई।
जो मारग श्रुति साधु दिखावै। तेहि पथ चलत सबै सुख पावै॥
पावै सदा सुख हरि कृपा संसार आसा तजि रहै।
सपनेहुँ नहीं सुख द्वैत दरसन बात कोटिक को कहै॥
द्विज देव गुरु हरि संत बिनु संसार पार न पाइये।
यह जानि तुलसीदास त्रासहरन रमापति गाइये॥

जो इस मार्ग पर दत्तचित्त होकर चलता है श्रीहरि उसकी सहायता क्यों नहीं करेंगे! जिस मार्ग का निर्देश श्रुतियाँ तथा साधुजन करते हैं उस मार्ग पर चलते हुए सभी को सुख प्राप्त होता है। श्रीहरि की कृपा से इस मार्ग के पथिकों को सदा आनन्द मिलता है तथा वे संसार की आशा का परित्याग कर देते हैं। उन्हें स्वप्न में भी द्वैतभाव नहीं दिखता, वे निरन्तर आनन्दित रहते हैं तथा उन्हें अन्यान्य प्रकार के करोड़ों-करोड़ों लाभ हैं—जिनका वर्णन कौन कर सकता है! ब्राह्मण, देवता, गुरु, श्रीहरि एवं साधु संगति के बिना इस संसार से पार होना कठिन है, इसीलिए तुलसीदास कहते हैं कि भक्तजन त्रासों को नष्ट करने वाले लक्ष्मीपति श्रीहरि का गुणानुवाद करें॥ १२॥

[१३७]

जो पै कृपा रघुपति कृपालुकी बैर औरके कहा सरै।
होइ न बाँको बार भगतको जो कोउ कोटि उपाय करै॥ १॥
तकै नीचु जो मीचु साधुकी सो पामर तेहि मीचु मरै।
बेद बिदित प्रहलाद कथा सुनि को न भगति पथ पाउँ धरै?॥ २॥
गज उधारि हरि थप्यो बिभीषन ध्रुव अबिचल कबहुँ न टरै।
अंबरीष की साप सुरति करि अजहुँ महामुनि ग्लानि गरै॥ ३॥
सों धौं कहा जु न कियो सुजोधन अबुध आपने मान जरै।
प्रभु प्रसाद सौभाग्य बिजय जस पांडवनै बरिआइ बरै॥ ४॥

जोइ जोइ कूप खनैगो परकहँ सो सठ फिरि तेहि कूप परै।
सपनेहुँ सुख न संतद्रोहीकहँ सुरतरु सोउ बिष फरनि फरै॥ ५॥
हैं काके द्वै सीस ईसके जो हठि जनकी सीवँ चरै।
तुलसिदास रघुबीर बाहुबल सदा अभय काहू न डरै॥ ६॥

केन्द्रीय भाव—कवि भक्तों तथा अनाथों पर श्रीराम की अकारण कृपा भाव का निरूपण करता हुआ उन्हें ही एकमात्र शरण्य मानता है। ईश्वर के एकमात्र शरण्य को वह अभयदान प्रदान करता है और प्रहरी की भाँति निरन्तर उसकी रक्षा करता है। इस प्रकार का दीन दयालु अशरण शरण एवं निर्बलों का रक्षा किसे स्वीकार्य नहीं होगा।

अर्थ—यदि कृपालु श्रीराम की कृपा है तो अन्यों के बैरभाव क्या कर पाएँगे। यदि प्रबल शत्रु आदि अनेक उपायों को अहित करने के लिए करता है तो भी भक्तों का बाल बाँका नहीं हो सकता॥ १॥

जो दुष्ट व्यक्ति साधु की मृत्यु की चेष्टा करता है, वह नीच अपनी ही मौत मर जाता है। वेद विदित प्रहलाद की कथा कौन प्रत्साहित होकर भक्ति पथ का अनुगमन नहीं करेगा। श्रीहरि ने गजेन्द्र का उद्धार किया, विभीषण को स्थापित किया, ध्रुव को अविचल कर दिया जो कभी विचलित नहीं होते। अम्बरीष के शाप का स्मरण करके महर्षि दुर्वासा अभी भी ग्लानि से जलते रहते हैं॥ २-३॥

वह कौन सा कुकृत्य है, जिसे सुयोधन ने नहीं किया, फलतः वह मूर्ख अपने ही आप नष्ट हो गया। प्रभु की कृपा से विजय के यश ने पाण्डवों का हठपूर्वक वरण किया॥ ४॥

जो-जो शठ दूसरे के लिए कष्टकारी कुएँ खोदेंगे वे शठ पुनः उसी कुएँ में गिरेंगे। साधु द्रोही के लिए स्वप्न में भी सुख नहीं मिलेगा, यदि वह कल्पवृक्ष की भाँति भी होगा तो वह साधुद्रोही कल्पवृक्ष विषैला फल फलेगा॥ ५॥

[१३८]

कबहुँ सो कर सरोज रघुनायक धरिहौ नाथ सीस मेरे।
जेहि कर अभय किये जन आरत बारक बिबस नाम टेरे॥ १॥
जेहि कर कमल कठोर संभुधनु भंजि जनक संसय मेट्यो।
जेहि कर कमल उठाइ बंधु ज्यों परम प्रीती केवट भेंट्यो॥ २॥
जेहि कर कमल कृपालु गीधकहँ पिंड देइ निजधाम दियो।
जेहि कर बालि बिदारि दास हित कपिकुल पति सुग्रीव कियो॥ ३॥
आयो सरन सभीत बिभीषन जेहि कर कमल तिलक कीन्हों।
जेहि कर गहि सर चाप असुर हति अभयदान देवन्ह दीन्हों॥ ४॥
सीतल सुखद छाँह जेहि करकी मेटति पाप ताप माया।
निसि बासर तेहि कर सरोजकी चाहत तुलसिदास छाया॥ ५॥

केन्द्रीय भाव—इस पद में कवि श्रीराम के रक्षक, अभय कर देने वाले, असुरों तथा राक्षसों के विनाशक एवं भक्तों, साथ ही दीन दुखियों के उद्धारक कर कमलों का स्तवन करता है। इन कर कमलों के स्तवन के आधार रूप अनेक दृष्टान्त हैं। कवि मानव जाति को सान्त्वना देता हुआ निरन्तर उस कर-कमल की छाया में विश्रान्ति की कामना करता है—

अर्थ—हे रघुकुल नायक श्रीराम! हे स्वामी!! अपने उन अभयकर कर कमलों को मेरे सिर पर कब रखेंगे—जिन कर कमलों ने विवशीभूत होकर आर्त्तभाव से एक बार नाम की गुहार लगाते ही दुखी-पीड़ित जन को अभय दान दे दिया॥ १॥

जिन कर कमल ने शिव के कठोर धनुष का भंजन करके जनक के सन्देह को नष्ट कर दिया था और जिन कर कमल ने उठाकर सगे भाई की भाँति अत्यधिक प्रीतिपूर्वक केवट को अंक से लगाया था (उन कर कमलों को हे नाथ! मेरे सिर पर कब रखेंगे)॥ २॥

हे कृपालु! जिन कर कमलों द्वारा गिद्धराज जटायु को पिंडदान क्रिया देकर स्वधाम प्रदान किया था तथा जिन कर कमलों से भक्त की रक्षा के निमित्त बालि के हृदय को विदीर्ण करके सुग्रीव को वानर जाति (समूह) का स्वामी बनाया था (उन कर कमलों को हे नाथ!, मेरे शीश पर कब रखेंगे)॥ ३॥

हे नाथ! आपकी शरण में सभीत आए विभीषण को जिन कर कमलों ने राजतिलक से अभिषिक्त किया और जिन कर कमलों में धनुष-बाण धारण करके असुरों के वध से देवताओं को अभय प्रदान किया था (हे नाथ! उन कर कमलों को आप मेरे शीश पर कब रखेंगे)॥ ४॥

जिन कर कमलों की आनन्ददायिनी छाया सम्पूर्ण कर्मजन्य पापों, दैहिक, दैविक, भौतिक संतापों तथा माया जनित भ्रममूलक क्लेशों का निवारण करती है, यह अनाथ सन्तप्त तुलसीदास सदैव-सदैव उन कर कमलों की छाया की कामना कर रहा है॥ ५॥

स्पष्टीकरण—'कर-कमल' विधायक हेतु है, कारक है और कार्य है, उसकी भक्ति वाच्य रूप से, प्रतीक रूप से, लक्षणा भाव से कवि कर कमल के रूपक से विविध प्रीतिकर अर्थों का संधान करता है। अर्थ संधान उसकी प्रपत्ति, शरणागति तथा प्रकारान्तर भाव से प्रभु की अनन्य कृपा का व्यंजक है। विविध उदाहरण साक्ष्य बनकर अर्थ की चारुता को चारुतर बनाते हैं।

[१३९]

दीन दयालु दुरित दारिद दुख दुनी दुसह दुख ताप तई है।
देव दुआर पुकारत आरत सबकी सब सुखहानि भई है॥ १॥
प्रभु के बचन बेद बुध सम्मत मम मूरति महिदेवमयी है।
तिन्हकी मति रिस राग मोह मद लोभ लालची लीलि लई है॥ २॥
राज समाज कुसाज कोटि कटु कल्पत कलुष कुचाल नई है।
नीति प्रतीति प्रीति परमिति पति हेतुवाद हठि हेरि हई है॥ ३॥
आश्रम बरन धरम बिरहित जग लोकवेद मरजाद गई है।
प्रजा पतित पाखण्ड पाप रत अपने अपने रंग रई है॥ ४॥
सांति सत्य सुभ रीति गई घटि बढ़ी कुरीति कपट कलई है।
सीदत साधु साधुता सोचति खल बिलसत उलसति खलई है॥ ५॥

परमारथ स्वारथ साधन भये अफल सकल नहिं सिद्धि सई है।
कामधेनु धरनी कलि गोमर विवस विकल जामति न बई है॥ ६॥
कलि करनी बरनिये कहा लौं करत फिरत बिनु टहल टई है।
तापर दाँत पीसि कर मींजत को जानै चित कहा ठई है॥ ७॥
त्यों त्यों नीच चढ़त सर ऊपर ज्यों ज्यों सील बस ढील दई है।
सरुषि बरजि तरजिये तरजनी कुम्हिलैहै कुम्हड़े की जई है॥ ८॥
दीजै दादि देखि नातै बलि मही मोद मंगल रितई है।
भरे भाग अनुराग लोग कहैं राम अवध चितवनि चितई है॥ ९॥
बिनती सुनि सानन्द हेरि हँसि करुना बारि भूमि भिजई है।
रामराज भयो काज सगुन सुभ राजाराम जगत विजई है॥ १०॥
समरथ बड़ो सुजान सुसाहिब सुकृत सेन हारत जितई है।
सुजन सुभाउ सराहत सादर अनायास साँसति बितई है॥ ११॥
उथपे थपन उजार बसावन गई बहोरि बिरद सदई है।
तुलसी प्रभु आरत आरति हर अभय बाँह केहि केहि न दई है॥ १२॥

अर्थ—हे दीन दयालु! पाप, दारुण दुख से सम्पूर्ण सृष्टि संताप परिपूर्ण जली जा रही है। सभी लोगों के सुखों की सम्पूर्ण हानि देखकर अत्यन्त आर्त होकर हे देव! आपके दरवाजे पर करुणा भरी आवाज म पुकार रहा हूँ॥ १॥

वेद तथा विद्वतजन कहते हैं तथा यही आपका भी कहना है कि ब्राह्मण आपकी प्रतिमूर्ति हैं। उनकी मति को भी क्रोध, राग, मोह, मद तथा लालची लोभ ने निगल अर्थात् समूल नष्ट कर दिया है॥ २॥

राजन्य वर्ग (क्षत्रिय) अनेक प्रकार के कष्टकारी कार्यों में संसक्त हैं तथा नए नए कलुषित कुकृत्य दिखाई पड़-रहे हैं। नीति, प्रतीति, तथा मर्यादा सीमित हो गई है तथा नास्तिकता ने ढूँढ़-ढूँढ़कर सत् मूल्यों को नष्ट कर दे रही है॥ ३॥

सम्पूर्ण संसार वर्णाश्रम धर्मों से च्युत हो चुका है—लोक तथा वेद दोनों की मर्यादाओं का विनाश हो चुका है। सम्पूर्ण प्रजा पाप तथा पाखण्ड में रत एवं अपने अपने रंगों में रंगी हैं॥ ४॥

शान्ति, सत्य एवं अन्य मांगलिक मर्यादाएँ नष्ट हो गई हैं, कुरीति बढ़ गई है और सभी के आचरण पर कपटपूर्ण मुलम्मा लगा हुआ है। भयवश साधुजन कम्पित हैं एवं साधुता शोकग्रस्त है, दुष्ट जन आनन्द कर रहे हैं और उनकी दुष्टता भी विलास कर रही है॥ ५॥

परमार्थ स्वार्थ में परिणत हो चुका है, सम्पूर्ण धर्मकर्मादि के साधन निष्फल हो चुके हैं, सिद्धियाँ भी निष्फल तथा असत्य हो चुकी हैं। कलियुग रूपी कसाई के हाथ कामधेनु रूपी पृथ्वी विवश तथा व्याकुल है और बोने से धान्य भी नहीं जम रहा है॥ ६॥

कलियुग की करतूतों का कहाँ तक वर्णन किया जाए, वह अकारण अनिष्टकारी कर्मों को करता फिर रहा है। इसीलिए वह दाँत पीस तथा हथेली मीज रहा है। न जाने इसके मन में और क्या-क्या है॥ ७॥

जितनी ही उसे आप शील-संकोचवश ढील दे रखी हैं, वह उतना ही नीच की भाँति सिर पर चढ़ता जा रहा है। तर्जनी से वर्जित करते हुए कठोर मुद्रा तथा वाणी में रोकिये तो वह कुम्हड़े की बतिये की भाँति मुरझा जाएगा॥ ८॥

इस स्थिति को देखकर न्याय (दादि) करें, मैं आपकी बलि जाता हूँ, अन्यथा पृथ्वी का सम्पूर्ण आनन्द और शुभ विनष्ट हो जाएगा। आपके इन कार्यों को देखकर आनन्दपूर्वक सभी लोग कहें कि अयोध्या के राजा श्रीराम ने सभी के ऊपर कृपा दृष्टि की है॥ ९॥

मेरी विनती सुनकर आनन्दपूर्वक मेरी ओर देखकर हँस पड़े और सम्पूर्ण पृथ्वी उनकी करुणा दृष्टि से भीग गई। रामराज्य होने से सम्पूर्ण कार्य सिद्ध हो गये, शुभ शकुन होने लगे कि जगत विजयी श्रीराम राजा हैं॥ १०॥

चतुर स्वामी श्रीराम अत्यधिक समर्थ हैं क्योंकि पुण्य की हारती सेना को उन्होंने विजयी बना दिया। सहृदय जन उनके स्वभाव को आदरपूर्वक सराहना करते हैं कि उन्होंने अनायास ही सब संकट नष्ट कर दिया॥ ११॥

विस्थापितों को स्थापित करना, उजड़े हुए को बसाना यह आपका सदैव विरद रहा है। हे दुखियों के दुखों को दूर करने वाले भगवान श्रीराम! किसकी-किसकी आपने रक्षा नहीं की है॥ १२॥

[१४०]

ते नर नरकरूप जीवत जग भव भंजन पद बिमुख अभागी।
निसिबासर रुचिपाप असुचिमन खलमति मलिन निगमपथ त्यागी॥ १॥
नहिं सतसंग भजन नहिं हरिको स्त्रवन न राम कथा अनुरागी।
सुत बित दार भवन ममता निसि सोवत अति न कबहुँ मति जागी॥ २॥
तुलसिदास हरिनाम सुधा तजि सठ हठि पियत बिषय बिष माँगी।
सूकर स्वान सृगाल सरिस जन जनमत जगत जननि दुख लागी॥ ३॥

केन्द्रीय भाव—तुलसीदास इस पद में उनको धिक्कारते हैं जो श्रीरामनामामृत का परित्याग करके विषय वासना रूपी विष का हठपूर्वक पान करना चाहते हैं। ऐसी व्यक्तियों की उपमा कवि शूकर, श्वान तथा श्रृगाल से देता हुआ विषयभोग से मुक्ति तथा श्रीराम से भक्ति के लिए चेतावनी देता है।

अर्थ—सांसारिक मायाजनित बाधाओं को दूर करने वाले श्रीराम के चरणों से विमुख भाग्यहीन व्यक्ति का इस संसार में जीवित रहना नरक में जीवित रहने के समान है। ऐसे अपवित्र मन वाले व्यक्ति की रात-दिन रुचि निरन्तर पाप की ओर रहती है, तथा ऐसे दुर्बुद्ध, मलिन वैदिक मर्यादाओं का त्याग करने वाले हैं॥ १॥

ऐसे व्यक्तियों का अनुराग न तो सत्संगति में रहता है, न वे हरि के भजन में तत्पर रहते हैं और कानों से राम-कथा के श्रवण के प्रति अनुराग नहीं रखते। वे व्यक्ति पुत्र, धन, पत्नी-पुत्र, गृह की ममता रूपी रात्रि में भयंकर निद्रा से वशीभूत होकर सोते रहते हैं, उनकी निर्मल मति उस गहन मायान्धकार से कभी जगी नहीं॥ २॥

तुलसीदासजी कहते हैं कि ऐसे शठ श्रीराम नाम रूपी अमृत का परित्याग करके स्वयं विष माँग करके हठपूर्वक उसका पान करते हैं। ऐसे व्यक्ति शूकर, कुत्ते, श्रृगाल के सदृश हैं तथा प्रसव के समय माँ के लिए केवल संकट का कारण हैं॥ ३॥

[१४१]

रामचंद्र! रघुनायक तुमसों हौं बिनती केहि भाँति करौं।
अघ अनेक अवलोकि आपने अनघ नाम अनुमानि डरौं॥ १॥
पर दुख दुखी सुखी पर सुख ते संत सील नहिं हृदय धरौं।
देखि आनकी बिपति परम सुख सुनि संपति बिनु आगि जरौं॥ २॥
भगति बिराग ग्यान साधन कहि बहु बिधि डहकत लोग फिरौं।
सिव सरबस सुखधाम नाम तव बेंचि नरकप्रद उदर भरौं॥ ३॥
जानत हौं निज पाप जलधि जिय जल सीकर सम सुनत लरौं।
रज सम पर अवगुन सुमेरु करि गुन गिरि सम रजतें निदरौं॥ ४॥
नाना बेष बनाय दिवस निसि पर बित जेहि तेहि जुगुति हरौं।
एकौ पल न कबहुँ अलोल चित हित दै पद सरोज सुमिरौं॥ ५॥
जो आचरन बिचारहु मेरो कलप कोटि लगि औटि मरौं।
तुलसिदास प्रभु कृपा बिलोकनि गोपद ज्यों भवसिंधु तरौं॥ ६॥

केन्द्रीय भाव—इस पद में कवि अपने पाप कर्मों के लिए ईश्वर के सम्मुख जाने में भी लज्जा का अनुभव कर रहा है, फिर भी, अपने आप परिपूर्ण कर्मों के बावजूद भी वह आश्वस्त है उनकी कृपा कटाक्ष से उसका अत्यधिक हित भविष्य में अवश्य होगा।

अर्थ—हे श्रीराम चन्द्र! हे रघुनायक!! मैं अपना विनय आपसे किस तरह करूँ। अपने अनेक पापों को देखकर तथा आपके निष्पाप नाम का अनुमान करके ही मैं भयभीत हूँ॥ १॥

दूसरे के दुःख से दुखी तथा दूसरे के सुख को देखकर प्रसन्न रहने वाले सन्त के स्वभाव को मैंने कभी भी हृदय में नहीं धारण किया। दूसरे की विपत्ति देखकर परम प्रसन्न तथा दूसरे की सम्पत्ति देखकर बिना आग के अर्थात् डाह से जलता रहता हूँ॥ २॥

भक्ति, वैराग्य, ग्यान साधनों का प्रवचन करते हुए अनेक प्रकार से पथ पर डगमगाता फिर रहा हूँ। शिव के सर्वस्व स्वरूप तथा आनन्ददायी आपके नाम को बेंच करके नरक प्रदान करने वाले कर्म द्वारा पेट पालता हूँ॥ ३॥

अपने पाप रूपी समुद्र को मन से भली-भाँति जानते हुए उसको जन बिन्दु के सदृश समझता हुआ लड़ता रहता हूँ। दूसरे के धूलिकण के बराबर अवगुण को सुमेरु पर्वत की भाँति तथा दूसरे के पर्वत सदृश गुण को धूलिकण सदृश मानकर निरादर करता हूँ॥ ४॥

दिन रात नाना प्रकार की कपटपूर्ण वेश-भूषा बनाकर जिस-तिस प्रकार की युक्तियों (उपायों) द्वारा दूसरे के धन का हरण करता रहता हूँ। एक पल के लिए भी चित्त को अचंचल बनाकर हितैषितापूर्वक (आत्मीयतापूर्वक) श्रीराम के चरण कमल का स्मरण नहीं करता॥ ५॥

यदि आप मेरे आचरण पर विचार करके मेरे उद्धार करने की बात सोचेंगे तो कोटि कल्पों तक मैं कलप-कलप कर मरता रहूँगा। तुलसीदासजी कहते हैं कि मेरे आचरण पर विचार करने के स्थान पर यदि आपकी लेशमात्र कहीं कृपा हो जाए तो यह माया-सागर गौखुर में स्थित जल की भाँति सहज प्राप्त कर जाऊँ॥ ६॥

स्पष्टीकरण—(१) जो आचरण विचारहु मेरो कलप कोटि लगि औटि मरौं।
तुलसीदास प्रभु कृपा विलोकनि गोपद ज्यों भवसिंसु तरौं।

मायासक्त जीव का पाप पंकिल होना तथा अनेकानेक जन्मों एवं योनियों का मलभार ढोते चलना उसकी मुक्ति में गम्भीर बाधा है, किन्तु तुलसी को विश्वास है कि प्रभु की कृपा कटाक्ष मात्र से सम्पूर्ण भवसागर गोपद चिह्न में संचित जल को पार करने जैसा नितान्त सहज हो जाएगा। विवेक जागृति के पश्चात् ईश्वर में अटूट विश्वास तथा श्रद्धा का यहाँ निर्देश किया गया है।

[१४२]

सकुचत हौं अति राम कृपानिधि क्यों करि विनय सुनावौं।
सकल धर्म विपरीत करत जेहिं भाँति नाथ मन भावौं॥ १॥
जानत हूँ हरिरूप चराचर मै हठि नयन न लावौं।
अंजन केस सिखा जुवती तहँ लोचन सलभ पठावौं॥ २॥
स्त्रवननि को फल कथा तुम्हारी यह समुझौं समुझावौं।
तिन्ह स्त्रवननि परदोष निरंतर सुनि सुनि भरि भरि तावौं॥ ३॥
जेहि रसना गुन गाइ तिहारे बिनु प्रयास सुख पावौं।
तेहि मुख पर अपवाद भेक ज्यों रटि रटि जनम नसावौं॥ ४॥
'करहु हृदय अति बिमल बसहिं हरि' कहि कहि सबहिं सिखावौं।
हौं निज उर अभिमान मोह मद खल मंडली बसावौं॥ ५॥
जो तनु धरि हरिपद साधहिं जन सो बिनु काज गँवावौं।
हाटक घट भरि धर्‌यो सुधा गृह तजि नभ कूप खनावौं॥ ६॥
मन क्रम बचन लाइ कीन्हे अघ ते करि जतन दुरावौं।
पर प्रेरित इरषा बस कबहुँक किय कछु सुभ सो जनावौं॥ ७॥
बिप्र द्रोह जनु बाँट पर्‌यो हठि सबसों बैर बढ़ावौं।
ताहूपर निज मति बिलास सब संतन माँझ गनावौं॥ ८॥
निगम सेस सारद निहोरि जो अपने दोष कहावौं।
तौ न सिराहिं कलप सत लगि प्रभु कहा एक मुख गावौं॥ ९॥
जो करनी आपनी बिचारौं तौ कि सरन हौं आवौं।
मृदुल सुभाउ सील रघुपतिको सो बल मनहिं दिखावौं॥ १०॥
तुलसिदास प्रभु सो गुन नहिं जेहि सपनेहुँ तुमहिं रिझावौं।
नाथ कृपा भवसिंधु धेनुपद सम जो जानि सिरावौं॥ ११॥

अर्थ—हे कृपानिधि श्रीराम! मैं संकोच में हूँ कि किस तरह अपनी विनती आपको सुनाऊँ। हे नाथ! मैं आपके मन को कैसे प्रिय लग सकता हूँ क्योंकि मैं सम्पूर्ण धर्मों के विपरीत आचरण करता हूँ॥ १॥

मैं यह जानता हूँ समस्त सचराचर श्रीहरि का स्वरूप है, यह जानते हुए भी कि नेत्रों में अंजित अंजन युक्त तथा दीर्घकेश युक्त कालिमा लिए हुए (लौं से युक्त) युवती रूपी दीपशिखा पर नेत्ररूपी पतिंगों को जलाने के निरन्तर प्रेषित रहता रहता हूँ॥ २॥

इन कानों की सार्थकता तुम्हारी कथा के श्रवण फलों की प्राप्ति है, यह मैं स्वयं समझता हूँ तथा दूसरों को भी समझाता हूँ किन्तु इन्हीं कानों से दूसरे के दोषों को सुन-सुनकर निरन्तर भरता रहता हूँ॥ ३॥

जिस जिह्वा से तुम्हारे गुणों का निरन्तर गायन करता हुआ अनायास ही सुख प्राप्त करता रहता हूँ—उसी मुख से मेंढक की भाँति परनिन्दा रट-रटकर अपने जन्म निरर्थक करता रहता हूँ॥ ४॥

हृदय अत्यन्त निर्मल कर लें ताकि हरि उसमें निवास करें यह मैं सभी को कह-कहकर समझाता रहता हूँ साथ ही, अपने इसी हृदय में अभिमान, मोह, मदादि रूपी दुष्टों की मण्डली को भी निवास बनाए रखता हूँ॥ ५॥

जिस शरीर को धारण करके भक्त जन श्रीहरि की साधना करते रहते हैं, उसे मैं निरर्थक नष्ट कर रहा हूँ। हमारे घर में सोने के घड़े में अमृत भरा हुआ है, उसे त्याग कर मैं आकाश में कुआँ खोद रहा हूँ॥ ६॥

मन-वाणी एवं कर्म से जिन-जिन पापों को कर रखा हूँ, उन्हें भी छिपाए बैठा हूँ। दूसरे लोगों की प्रेरणा से या ईर्ष्यावश दूसरों को सत्कर्म करते देखकर यदि मैंने कुछ शुभ कर्म कर लिया तो उसे चारों ओर कहता फिरताहूँ॥ ७॥

ब्राह्मणों से द्रोह करना तो जैसे मेरे हिस्से में पड़ गया है, और मैं सभी से निरन्तर बैरभाव बढ़ाता रहता हूँ फिर अपनी काल्पनिक बुद्धि से कतिपय सिद्धान्त बनाकर अपनी गणना सन्तों के मध्य कराता रहता हूँ॥ ८॥

निगमादि, शेषनाग तथा सरस्वती के ऊपर निहोरा डालकर भी यदि मैं अपने दोष की गणना कराने लगूँ तो मेरे दोषों की गणना शत कल्प पर्यन्त न समाप्त हो, उसका एक मुख से मैं क्या वर्णन करूँ॥ ९॥

यदि मैं अपनी करतूतों पर विचार करूँ तो आपकी शरण लायक नहीं हूँ, किन्तु मन को एक ही बल दिखा रहा हूँ कि श्रीराम अत्यधिक मृदुल, सुकोमल एवं शीलयुक्त हैं॥ १०॥

तुलसीदास कहते हैं कि हे श्रीराम! मेरे पास ऐसे गुण नहीं हैं, जिनसे मैं आपको खुश कर सकूँ। आपकी कृपा से यह भवसागर गाय खुर सदृश है, यही समझकर मैं सन्तोष लिए बैठा हूँ॥ ११॥

[१४३]

सुनहु राम रघुबीर गुसाईं मन अनीति रत मेरो।
चरन सरोज बिसारि तिहारे निसिदिन फिरत अनेरो॥ १॥
मानत नाहिं निगम अनुसासन त्रास न काहू केरो।
भूल्यो सूल करम कोलुन्ह तिल ज्यों बहु बारनि पेरो॥ २॥
जहँ सतसंग कथा माधवकी सपनेहुँ करत न फेरो।
लोभ मोह मद काम कोह रत तिन्हसों प्रेम घनेरो॥ ३॥

पर गुन सुनत दाह पर दूषन सुनत हरष बहुतेरो।
आप पापको नगर बसावत सहि न सकत पर खेरो॥ ४॥
साधन फल श्रुति सार नाम तव भव सरिता कहँ बेरो।
सो पर कर काँकिनी लागि सठ बेचि होत हठि चेरो॥ ५॥
कबहुँक हौं संगति प्रभावतें जाउँ सुमारग नेरो।
तब करि क्रोध संग कुमनोरथ देत कठिन भटभेरो॥ ६॥
इक हौं दीन मलीन हीनमति बिपतिजाल अति घेरो।
तापर सहि न जाय करुनानिधि मनको दुसह दरेरो॥ ७॥
हारि पर्‌यो करि जतन बहुत बिधि तातें कहत सबेरो।
तुलसिदास यह त्रास मिटै जब हृदय करहु तुम डेरो॥ ८॥

अर्थ—हे श्रीराम! हे गोस्वामी!! मेरा मन तो निरन्तर अन्याय रत है। आपके चरण कमलों को छोड़कर मैं निरर्थक रात-दिन भटकता फिर रहा हूँ॥ १॥

मुझे किसी का भय नहीं लगता और मैंने वेदादि के अनुशासन को भी अस्वीकार कर दिया है। कर्म रूपी कोल्हू में तिल की भाँति अनेक बार पेरे जाते हुए जन्म-मरण के क्लेश को भी भूल बैठा हूँ॥ २॥

श्रीहरि की जहाँ कथा-सतसंगति रहती है, वहाँ भूलकर भी मेरा मन भटकता नहीं (भटक कर भी नहीं जाता)। जो कार्य लोभ, मोह, मद, काम, क्रोध से संलग्न है, उनसे उसे अत्यधिक प्रेम है॥ ३॥

दूसरों के गुणों के श्रवण से संताप तथा दोषों को सुनने में हर्ष उत्पन्न होता है। स्वयं पाप के नगर का निर्माण करता है, किन्तु दूसरी ओर दूसरों के पुण्य के डेरों (खेड़ों) को नहीं देख सकता॥ ४॥

श्रुतियों को निचोड़ रूप में वर्तमान आपका नाम सम्पूर्ण साधनों का फल है और संसार-सरिता के लिए नौका की भाँति है, किन्तु वह शठ दूसरे के हाथों की कौड़ी प्राप्त करने के लिए उस ज्ञान को बेंचकर (उपदेशक, कथावाचक आदि बनकर) हठपूर्वक उनका गुलाम बन जाता है॥ ५॥

कभी कभार सतसंगति के प्रभाव से अच्छे मार्ग पर यदि चला भी जाता हूँ तब दूषित कामनाएँ क्रोधादि वासनाओं का साथ पकड़ कर धक्के देती हैं॥ ६॥

एक तो मैं अत्यधिक दुखी, मलीन, क्षुद्रबुद्धि तथा अनेकानेक प्रकार की विपत्तियों से जकड़ा हुआ हूँ, दूसरे ऊपर से हे करुणानिधि! मन के दुस्सह धक्के सहे नहीं जाते॥ ७॥

तुलसीदास कहते हैं कि मैं अनेकानेक यत्नों को करते-करते हार मान कर बैठ गया हूँ, इसीलिए आपसे यह पहले ही निवेदित कर देना चाहता हूँ कि यह सांसारिक संत्रास तभी दूर होगा, जब आप मेरे हृदय में निवास करेंगे॥ ८॥

स्पष्टीकरण—(१) सूल करम कोल्हू तिल—मनुष्य अपने कर्म विपाक के कारण बार-बार संसार में जन्म लेकर उदर पोषण भोगविलासादि में संसक्त रहता है, कवि जीव के इस कर्म के लिए 'कर्म कोल्हू' की उपमा देता है।

(२) सो पर कर कांकिनी.....................चेरो—धर्मोपदेश, विचारक, ज्ञानी कौड़ियों की लालच में अपने संचित ज्ञान को बेंचकर पुनः कर्म के दास बन जाते हैं। उस ज्ञान से विवेक जाग्रति के स्थान में पुनः माया में फँस जाते हैं॥

(३) ताते कहत सबेरो—अभी भी समय है, शीघ्र ही उद्धार कर दें अन्यथा जाने कब कर्म अपने पाश में बाँधकर मेरे विवेक को मलिन बनाकर आपसे दूर कर दे।

[१४४]

सो धौं को जो नाम लाज तें नहिं राख्यो रघुबीर।
कारुनीक बिनु कारन ही हरि हरौं सकल भवभीर॥ १॥
वेद विदित जग विदित अजामिल विप्रबंधु अघधाम।
घोर जमालय जात निवार्‌यो सुत हित सुमिरत नाम॥ २॥
पसु पाँवर अभिमान सिंधु गज ग्रस्यो आइ जब ग्राह।
सुमिरत सकृत सपदि आए प्रभु हर्‌यो दुसह उर दाह॥ ३॥
व्याध निषाद गीध गनिकादिक अगनित अवगुन मूल।
नाम ओट ते राम सबनि की दूर करी सब सूल॥ ४॥
केहिं आचरन घाटि हौं तिन्ह तें रघुकुल भूषन भूप।
सीदति तुलसिदास निसि बासर पर्‌यो भीम तम कूप॥ ५॥

केन्द्रीय भाव—अकारण संसार की पीड़ा हरण करने के लिए आप विख्यात हैं। इसके परम्परा में अनेक उदाहरण हैं। नाम तो मुक्ति का एक बहाना है, मूल है, आपकी कृपा दृष्टि, किन्तु मैं तो पापियों में शिरोमणि हूँ, किन्तु आपके प्रति अगाध विश्वास, आस्था तथा श्रद्धा है कि पूर्व पापियों की भाँति आप मेरा भी उद्धार करेंगे—

अर्थ—वह कौन है जिसकी रक्षा श्रीराम ने अपने नाम की लज्जा के भय से नहीं की और करुणाशील श्रीहरि ने अकारण ही उसकी सांसारिक पीड़ा नहीं दूर की॥ १॥

वेदों में भी यह विदित है और संसार में भी प्रसिद्ध है कि वह पाप का आश्रय स्थान तथा जाति का ब्राह्मण था। अपने पाप के कारण भयंकर यमलोक में जाते हुए आपने रोका। उसने तो पुत्र के बहाने मात्र आपके नाम का स्मरण किया था। (फिर भी, उसे आपने मुक्ति दी)॥ २॥

अभिमान में डूबे निकृष्ट पशु गजेन्द्र को जब ग्राह ने आकर ग्रसा तब असहाय होकर एक बार स्मरण करने पर प्रभु अपने पैरों से चलकर आए और उसके दुःसह हृदय की पीड़ा को दूर किया॥ ३॥

बहेलिया निषाद, गिद्धराज, गणिका आदि अनेकानेक अवगुण मूलों से युक्त समस्त प्राणियों के दुःख मूल को हे श्रीराम! आपने अपने नाम की आड़ के बहाने से दूर किया॥ ४॥

हे रघुवंश शिरोमणि राजा राम! मैं उन सबसे किस तरह से गर्हित आचरण में घट कर हूँ फिर भी, आपकी कृपा न होने पर रात दिन भयंकर अंधकार रूपी कुएँ में पड़ा काँप रहा हूँ अर्थात्, कष्ट झेल रहा हूँ, उसे आप क्यों नहीं दूर करते॥ ५॥

[१४५]

कृपासिंधु! जन दीन दुवारे दादि न पावत काहे।
जब जहँ तुमहिं पुकारत आरत तहँ तिन्हके दुख दाहे॥ १॥
गज प्रहलाद पांडुसुत कपि सबको रिपु संकट मेट्यो।
प्रनत बंधु भय बिकल बिभीषन उठि सो भरत ज्यो भेट्यो॥ २॥
मैं तुम्हरो लेइ नाम ग्राम इक उर आपने बसावों।
भजन बिबेक बिराग लोग भले मैं क्रम क्रम करि ल्यावों॥ ३॥
सुनि रिस भरे कुटिल कामादिक करहिं जोर बरिआईं।
तिन्हहिं उजारि नारि अरि धन पुर राखहिं राम गुसाईं॥ ४॥
सम सेवा छल दान दंड हौं रचि उपाय पचि हार्‌यो।
बिनु कारनको कलह बड़ो दुख प्रभुसों प्रगटि पुकार्‌यो॥ ५॥
सुर स्वारथी अनीस अलायक निठुर दया चित नाहीं।
जाउँ कहाँ को बिपति निवारक भवतारक जग माहीं॥ ६॥
तुलसी जदपि पोच तउ तुम्हरो और न काहू केरो।
दीजै भगति बाँह बारक ज्यों सुबस बसै अब खेरो॥ ७॥

केन्द्रीय भाव—हे नाथ! जिसने भी आर्त्तभाव से पुकारा, यह इतिहास रहा है कि आपने उसका उद्धार किया, फिर तुलसी के लिए विलम्ब क्यों है। आप एक बार इसे अभय प्रदान कर दें तो यह जीव (तुलसी) सदैव-सदैव के लिए सुस्थिर हो जाए।

अर्थ—हे कृपासागर! यह भक्त आपके द्वार पर क्यों नहीं न्याय पा रहा है। जहाँ-जहाँ दुखियों ने आर्त्तभाव से आपको पुकारा, वहाँ-वहाँ उनके दुखों को आपने दूर किया॥ १॥

गजेन्द्र, प्रहलाद, पाण्डव, सुग्रीव सभी के शत्रुओं से रक्षा करके उनके संकट को दूर किया है। अपने भाई रावण के त्रास से व्याकुल विभीषण को अपने भाई भरत की भाँति आपने अंकों में भर लिया॥ २॥

मैं एकमात्र आपके नाम को लेकर अपने हृदय रूपी नगर को बसाऊँगा। उस नगर के अच्छे नागरिक भजन, विवेक वैराग्यादिक को क्रम-क्रम से ले आकर निवसित कराऊँगा॥ ३॥

इस बात को सुनकर क्रोध में भरे हुए कुटिल कामादिक भाव कुछ जोर-जबर्दस्ती करेंगे। हे गोस्वामी श्रीराम! ये सभी स्त्री, प्रबल शत्रु एवं धन को रखकर उसे उजाड़ देंगे॥ ४॥

समत्व एवं सेवा रूपी छल तथा दान रूपी दण्ड नीति के उपायों को करते-करते थक गया। अकारण उस नगर में कलह नामक प्रचण्ड दुख व्याप्त है और मैंने श्रीराम से प्रकटभाव से उसे हटाने के निमित्त पुकार-पुकार कर कहा है॥ ५॥

देवगण अत्यन्त स्वारथी, असमर्थ, निकृष्ट तथा अत्यन्त निष्ठुर हैं तथा उनके मन में दया का लेशमात्र भी नहीं है। मैं अत्यन्त विपत्तिग्रस्त कहाँ किसके पास मदद के लिए जाऊँ, इस संसार रूपी सागर से पार कर देने वाला तथा विपत्तियों को दूर करने वाला मुझे कोई नहीं दिखाई पड़ता॥ ६॥

तुलसीदास कहते हैं कि मैं अत्यधिक नीच हूँ, किन्तु आपका हूँ और मैं किसी अन्य का नहीं हूँ। हे श्रीराम! आप भक्ति रूपी आश्रय (बाँह) एक बार प्रदान कर दें ताकि अब भली-भाँति मेरा डेरा बस जाए॥ ७॥

स्पष्टीकरण—कवि एक गाँव बनाने की बात यहाँ कर रहा है। यह गाँव उसका हृदय स्थान होगा जिसमें भजन, विवेक, विराग जैसे सद्‌गुण रूपी व्यक्ति निवास करेंगे। जब इन व्यक्तियों को कलियुग देखेगा तो अपने कामादि योद्धाओं के साथ उजाड़ने की कोशिश करेगा जिनको नष्ट करके श्रीराम उस पुर की रक्षा करेंगे। अन्य देवता उस नगर की रक्षा कर पाने में असमर्थ हैं—इसी गाँव में मेरा डेरा (आश्रय स्थल) रहेगा।

इस साङ्गरूपक के माध्यम से कवि मध्यकालीन बस्तियों के उजाड़े जाने एवं उनकी राजाओं द्वारा रक्षा किए जाने के तथ्य को व्यंजित कर रहा है।

समग्रतया साङ्गरूपक अलंकार है। रूपक की यह योजना श्रीराम भक्ति की दृढ़ता के लिए की गई है।

[१४६]

हौं सब बिधि राम रावरो चाहत भयो चेरो।
ठौर ठौर साहिबी होति है ख्याल काल कलि केरो॥ १॥
काल कर्म इन्द्रिय विषय गाहक गन घेरो।
हौं न कबूलत बाँधि कै मोल करत करेरो॥ २॥
बंदि छोर तेरे नाम है विरुदैत बड़ेरो।
मैं कह्यो तब छल प्रीति कै मांगै उर डेरो॥ ३॥
नाम ओट अब लगि बच्यो मलजुग जग जेरो।
अब गरीब जब पोषिए पायबो न हेरो॥ ४॥
जेहिं कौतुक खग स्वान को प्रभु न्याव निवेरो।
तेहिं कौतुक कहिये कृपालु तुलसी है मेरो॥ ५॥

केन्द्रीय भाव—तुलसी अपने निवास के निमित्त आश्रय स्थलों का अन्वेषण कर रहे हैं। खोजते-खोजते श्रीराम का ही दृढ़ आश्रय स्थल मिला। सबको छोड़कर कवि इसी आश्रय स्थल पर स्थायी निवास की कामना करता है।

अर्थ—हे श्रीराम! मैं सब तरह से आपका दास होना चाहता हूँ। यह कलियुग का प्रभाव है कि स्थल-स्थल पर अनेक छोटे-छोटे स्वामियों (इन्द्रियों के विषयों के) का स्वामित्व चलाता रहता है, (अतः उन्हें छोड़कर आपके नियंत्रण में जीवन व्यतीत करना ही ठीक प्रतीत हो रहा है)॥ १॥

काल, कर्म एवं इन्द्रिय के विषय रूपी ग्राहक गणों ने मुझे घेर रखा है। वे सब मुझे बाँधकर मेरा अत्यधिक मूल्य निर्धारित करते हैं—किन्तु बिकने वाला दास के रूप मैं उनके मूल्यों को स्वीकार नहीं करता॥ २॥

आपका नाम बन्धनों से मुक्त करने वाला है और आपका यह यश सर्वत्र व्याप्त है। मैंने उन्हें बताया कि मुझे श्रीराम खरीद चुके हैं तो वे छल भरी प्रीति दिखाते हुए मेरे हृदय में

निवास स्थान माँगते हैं ताकि मुझे आपके प्रेम से डिगा सकें॥ ३॥

आपके नाम की ओट में अभी तक बचा हुआ हूँ, लेकिन कलियुग अब भी परेशान (जेरो) कर रहा है। अब इस निर्धन दास की रक्षा कर लीजिए नहीं तो ये सब मुझे गायब कर देंगे तथा मैं खोजने से भी प्राप्त नहीं हो सकूँगा॥ ४॥

हे प्रभु! आपने जिस कौतुक से पक्षी तथा कुत्ते का फैसला किया था, उसी कौतुक से यह भी कह दीजिए कि तुलसीदास मेरा दास है। इतना ही कलियुग को भगाने के लिए पर्याप्त है॥ ५॥

स्पष्टीकरण—व्यक्ति मध्यकालीन राजाओं के राज्य में आश्रयस्थल खोलने की चेष्टा करते थे और परस्पर एक दूसरे राज्य से निकल कर दूसरे राजा के राज्य में भी बस जाया करते थे। तुलसीदास सांकेतिक रूप से इसी प्रवृत्ति की ओर इंगित करते हैं। छोटे-छोटे राजा भी धौंस जमाते हैं अतः आपका दास होकर आपके राज्य में निवास करना तुलसी को अभीष्ट है।

उपर्युक्त तथ्य व्यंजना भाव से कथित है। वह श्रीराम के प्रभाव, कृपा, वत्सलता, उदारता एवं शरण्य के विषय में अन्तिम रूप से आश्वस्त है। उनको छोड़कर वह अन्य किसी देवी-देवता के आश्रयस्थल में निवास नहीं करना चाहता।

[१४७]

कृपासिंधु ताते रहौं निसिदिन मन मारे।
महाराज लाज आपुही निज जाँघ उघारे॥ १॥
मिले रहैं मार्‌यो चहैं कामादि संघाती।
मो बिनु रहैं न मेरियै जारैं छल छाती॥ २॥
बसत हिये हित जानि मैं ससकी रुचि पाली।
कियो कथक को दंड हौं जड़ करम कुचाली॥ ३॥
देखी सुनी न आजु लौं अपनायति ऐसी।
करहिं सबै सिर मेरे ही फिरि परै अनैसी॥ ४॥
बड़े अलेखी लखि परैं परिहरै न जाहीं।
असमंजसमें मगन हौं लीजै गहि बाहीं॥ ५॥
बारक बलि अवलोकिये कौतुक जन जी को।
अनायास मिटि जाइगो संकट तुलसीको॥ ६॥

केन्द्रीय भाव—कबि अपने जीवन के साथी संगियों के रूप में कामादि की चर्चा करता है। ये ऐसे साथी हैं जो मिलकर तथा साथ रहकर दगाबाजी करते हैं। इन धोखेबाज साथियों से ऊब गया हूँ। आप मेरी ओर कृपादृष्टि से अपना बना लीजिए तब ये सम्पूर्ण दगाबाज साथी स्वतः भाग जाएँगे।

अर्थ—हे कृपा सिन्धु! इसीलिए मैं विश्वस्तभाव से रात-दिन मन मारे निवास करता रहता हूँ कि हे महाराज! अपनी जाँघ उघर जाने से अपनी ही मर्यादा समाप्त हो जाती है॥ १॥

काम आदि मेरे मित्र बनकर मुझसे मिले भी रहते हैं और मुझे मार भी डालना चाहते हैं। यद्यपि उनको मेरे बिना रहा भी नहीं जाता, किन्तु छलपूर्वक मेरी छाती को दिन-रात जलाते

रहते हैं ॥ २ ॥

अपने हृदय में बसने के कारण उन सबको अपना हितैषी समझकर मैंने उनकी रुचियों की पूर्ति की, किन्तु मूर्ख एवं कुमार्गी कर्म ने मुझे कत्थक नृत्य करने वाले का दण्ड बना दिया और उसी के सहारे नाचना पड़ रहा है ॥ ३ ॥

आज तक मैंने इस प्रकार का अपनापन (अपनाइत) नहीं देखा। सभी मेरे ऊपर दायित्व डालकर कार्य करते हैं, फिर विपरीत हो जाते हैं ॥ ४ ॥

ये सभी बेहिसाब अस्थिर दिखाई पड़ते हैं, छोड़ने से साथ छोड़ते भी नहीं, मैं इसी दुविधा में फँसा हुआ हूँ कि क्या करें। इस स्थिति में हे नाथ! मेरी बाँह थाम्ह कर सहारा दे दें ॥ ५ ॥

मैं बलि जा रहा हूँ, एक बार तो इस दास के मन के इस कौतुक को देख लीजिए। तुलसी कहते हैं कि मात्र एक बार देख लेने से ही उसका संकट अनायास ही मिट जाएगा ॥ ६ ॥

स्पष्टीकरण—कवि की प्राकरणिक युक्ति है। काम, क्रोध, लोभ आदि को अपनी बाल्यावस्था का साथी बताता है, किन्तु यह भी बताता है कि ये सभी धोखेबाज हैं, एक उचित अभिभावक के रूप में यदि आपका आश्रय मिला तभी ये भागेंगे, अन्यथा धोखा देते रहेंगे।

कामादि विकारों से मुक्ति बिना प्रभु की कृपा के सम्भव नहीं है, इसके निमित्त कवि एक काल्पनिक प्रकरणभरी उक्ति का आश्रय ग्रहण करता है।

'जाँघ उघारना' तथा 'कथक को दण्ड' मुहावरे हैं। भाव की स्थिरता के लिए इनका प्रयोग हुआ है।

[१४८]

कहौं कौन मुँह लाइ कै रघुबीर गुसाईं।
सकुचत समुझत आपनी सब साहूँ दुहाई॥ १ ॥
सेवत सब सुमिरत सखा सरनागत सो हौं।
गुनगन सीतानाथके चित करत न हौं हौं॥ २ ॥
कृपासिंधु बंधु दीनके आरत हितकारी।
प्रनत पाल बिरुदावली सुनि जानि बिसारी॥ ३ ॥
सेइ न धेइ न सुमिरि कै पद प्रीति सुधारी।
पाइ सुसाहिब राम सों भरि पेट बिगारी॥ ४ ॥
नाथ गरीबनिवाज हैं मैं गही न गरीबी।
तुलसी प्रभु निज ओर तें बनि परै सो कीबी॥ ५ ॥

केन्द्रीय भाव—हे श्रीराम! मैं बचपन से ही अनेकानेक कुसंगतियों में पड़ा रहा और ी करनी को सोचकर और समझकर आपके पास आने में संकोच कर रहा हूँ। आपके गुणों जानता हुआ भी आपकी शरण में नहीं आया और जीव एवं परमात्मा के रूप में स्थित उस न सम्बन्ध को भी सुधारने की इच्छा नहीं प्रगट की। अब पूरी तरह से आपकी शरण ाया हूँ जैसा चाहें करें।

अर्थ—हे स्वामी श्रीराम! मैं कौन सा मुँह लगाकर आपसे कहूँ। स्वामी की दुहाई है! अपनी पूर्व दशा समझते हुए मैं संकोच से विवश हो चुका हूँ॥ १॥

मैं ऐसे सीतापति श्रीराम के गुण समूहों को चित्त में नहीं धारण करता जो सेवा करते ही उसके प्रथम चरण में ही वश में हो जाते हैं, स्मरण करते ही मित्र और शरणागति जाते ही आत्मीय हो जाते हैं॥ २॥

कृपासिन्धु श्रीराम! दीनों के बन्धु एवं दुखियों के संकटों को दूर करने वाले हैं। प्रणत जनों के आप पालनकर्ता हैं मैंने ऐसा सुना है और आप लगता है जान बूझकर विस्मृत करते जा रहे हैं॥ ३॥

उनकी सेवा, उनका ध्यान (धेइ) तथा उनका स्मरण करके यदि चरण कमलों पर प्रीतिभाव को नहीं जमाया तो समझो कि श्रीराम जैसा समर्थ स्वामी पाकर भी जितना हो सकता है, बिगाड़ किया, अर्थात् पूरी तरह से अपना अनिष्ट किया॥ ४॥

हे नाथ! आप दीनों पर दया करने वाले हैं, और मैंने दीनता नहीं धारण की अर्थात् मैंने अपने को अहंभाव के कारण कभी गरीब नहीं समझा। यदि गरीब समझता तो गरीबनिवाज श्रीराम अवश्य रक्षा करते। हे प्रभु! मैं सब कुछ आप पर छोड़ देता हूँ, जैसा आपको मेरे हितो के प्रति बन पड़े, वैसा कीजिए॥ ५॥

स्पष्टीकरण—इस पद में तुलसी कहने की चेष्टा करते हैं कि मैंने पापकारी कार्यों को करने में जरा भी कोर कसर नहीं रखी और न अहम् भाव के कारण किसी को कभी कुछ समझा। ऐसी स्थिति में अब समझ में आने पर मैं पूरी तरह से अपने को अपराधी पा रहा हूँ इसलिए आप पर छोड़ दे रहा हूँ आप जैसा चाहें, वैसा करें।

'भरि पेट बिगारी' अवधीका मुहावरा है।

[१४९]

कहाँ जाउँ कासो कहौं और ठौर न मेरो।
जनम गँवायो तेरेहि द्वार मै किंकर तेरो॥ १॥
मैं तो बिगारी नाथ सों आरति के लीन्हे।
तोहिं कृपानिधि क्यों बनै मेरी सी कीन्हे॥ २॥
दिन दुरदिन दिन दुरदसा दिन दुख दिन दूषन।
जबलौं तू न बिलोकिहै रघुबंस विभूषन॥ ३॥
दई पीठि बिनु दीठि मैं तुम विस्व विलोचन।
तो सों तुही न दूसरो नित सोच विमोचन॥ ४॥
पराधीन देव दीन हौं स्वाधीन गुसाईं।
बोलनि हारे सो करै बलि बिनय कि झाईं॥ ५॥
आपु देखि मोहिं देखियै जन मानिय साँचो।
बड़ी ओट राम नाम की जेहिं लई सो बाँचो॥ ६॥
रहनि बीति राम रावरी नित हिय हुलसी है।
ज्यों भावै त्यों करि कृपा तेरो तुलसी है॥ ७॥

केन्द्रीय भाव—अनन्य शरणागति का भाव है। बिना किसी आकांक्षा के ईश्वर की शरणागति में जीव की सद्‌गति है, क्योंकि जीव अभिन्नतया प्रभु का ही अंश है। तुलसी इस पद में जीव तथा ईश्वर के बीच स्थित सम्बन्ध को सुधारने की बात कर रहे हैं। कवि इसे स्पष्ट करता हुआ कहता है—

अर्थ—कहाँ जाऊँ, किससे कहूँ, मेरे लिए अन्य कोई आश्रयस्थल नहीं है। मैं तो आपका दास रहा हूँ और आपके ही दरवाजे पर मैंने अपना सारा जीवन व्यतीत किया है॥ १॥

हे नाथ! दु:ख से परेशान होने के कारण मैंने सत्कर्म से बिगाड़ पैदा कर ली है। हे कृपानिधि! मेरे आचरण के अनुसार यदि आप भी कार्य करने लगेंगे तो कैसे बनेगा॥ २॥

हे रघुवंश श्रेष्ठ! जब तक आपकी कृपा दृष्टि मुझ पर न हो जाएगी दिन-दिन दुर्दिन, दिन-दिन दुर्दशा, दिन-दिन दुख, दिन-दिन दोष बढ़ते जाएँगे॥ ३॥

मैं बिना दृष्टि का अर्थात् अज्ञानी हूँ और आप समग्र द्रष्टा अर्थात् परम ज्ञानी हैं। हे देव! जीव होने के कारण मैं निरन्तर विवश तथा पराधीन हूँ और आप ईश्वर होने के कारण स्वाधीन तथा स्ववश में हैं। दीन-दुखियों के एकमात्र नित्य संकट दूर करने वाले हे नाथ! तुम्हारे सदृश तुम्हीं हो, और अन्य नहीं॥ ४॥

हे देव! मैं जीव के रूप में आप पर आश्रित तथा अत्यन्त दुखी हूँ और हे गोस्वामी! आप सर्वथा स्वतंत्र तथा स्वाधीन हैं। क्या बोलने वाले से उसकी छाया कभी अलग कर सकती है॥ ५॥

इसलिए हे नाथ! सर्वप्रथम आप अपनी ओर देखिए और फिर मेरी ओर (परछाई की ओर) देखिए और सम्पूर्णत: देखने के पश्चात् इस दास को सच्चा मानिएगा। श्रीराम नाम की ओट (आड़, आलम्बन) बहुत बड़ी है और जिसने इसका आश्रय ग्रहण किया, वही जन्य-कर्म मृत्यु आदि के पाश में बँधने से बच गया॥ ६॥

हे श्रीराम! आपकी 'रहनी' तथा 'रीति' निरन्तर मेरे हृदय को उमंगित किये रहती है। यह दास तुलसी सदा तुम्हारा है और जैसी आपकी इच्छा हो, उसी तरह से आप कृपा करें॥ ७॥

स्पष्टीकरण—कवि सिद्धान्त के आवरण में अपनी भौतिक पीड़ा एवं उसके कारण प्रभु से होने वाले विलम्बभाव का चित्रण कर रहा है। वह आश्वस्त है कि आप यदि एक बार देख लेंगे तो उसके समग्र संकट दूर हो जाएँगे। वैसे मैं बिना किसी कामना के आपके प्रति समर्पित हूँ। मुहावरे तथा विशेष उक्तियाँ इस प्रकार हैं—

दई पीठि, बिनु दीठि मैं, बोलनिहारे सो करें, बलि विनय की झाईं, राम नाम की ओट, ज्यों भावै, त्यों करू आदि उक्तियों द्वारा भाव सघनता निर्मित करने की चेष्टा की गई है।

[१५०]

रामभद्र! मोहिं आपनो सोच है अरू नाहीं।
जीव सकल संतापके भाजन जग माहीं॥ १॥
नातो बड़े समर्थ सों इक ओर किधौं हूँ।
तोको मोसे अति घने मोको एकै तूँ॥ २॥

बड़ी गलानि हिय हानि है सरबग्य गुसाईं।
कूर कुसेवक कहत हौं सेवककी नाईं॥ ३ ॥
भलो पोच रामको कहैं मोहि सब नरनारी।
बिगरे सेवक स्वान ज्यों साहिब सिर गारी॥ ४ ॥
असमंजस मनको मिटै सो उपाय न सूझै।
दीनबंधु! कीजै सोई बनि परै जो बूझै॥ ५ ॥
बिरुदावली बिलोकिये तिन्हमें कोउ हौं हौं।
तुलसी प्रभुको परिहर्‌यो सरनागत सो हौं॥ ६ ॥

केन्द्रीय भाव—यह उस अवस्था का पद है, जब शरणागति सम्पुष्ट हो चुकी है और कवि का भी ईश्वर के प्रति संशयरहित विश्वास हो चुका है। वह बिना किसी शर्त के, ऐसी स्थिति में समर्पण कर रहा है और अपने विषय का सम्पूर्ण निर्णय ईश्वर पर छोड़ देता है।

अर्थ—हे श्री रामभद्र! मुझे केवल अपनी ही चिन्ता है, और नहीं भी। कारण कि सम्पूर्ण जीव मात्र इस संसार में संताप के पात्र हैं और संताप भोग रहे है॥ १॥

मैंने एक समर्थ से नाता जोड़ रखा है और वह एक तरफ का ही है। मुझ जैसे आपके पास अनेक हैं किन्तु मेरे लिए तो एकमात्र आश्रय आप ही हैं॥ २॥

हे सर्वज्ञ गोस्वामी! हृदय में इस हानि के लिए बड़ी ग्लानि है। मैं क्रूर और कुसवक हूँ किन्तु अपने को सदैव सेवक कहता रहता हूँ॥ ३॥

अच्छा है, या बुरा है, सम्पूर्ण नर-नारी मुझे राम का ही सेवक कहते हैं और कुत्ते की भाँति ही बिगड़े सेवक के लिए गाली स्वामी के सिर पर ही पड़ती है॥ ४॥

जिससे मन की दुविधा समाप्त हो जाए वह उपाय मुझे नहीं सूझ रहा है। हे दीनबन्धु! इस सन्दर्भ में जो उपाय बन पड़े, उसे आप ही करें॥ ५॥

आप अपनी विरुदावली पर विचार करें क्या उसमें से कहीं मैं भी हूँ। तुलसीदास कहते हैं कि हे प्रभु! यदि आप इस दास का परित्याग कर देंगे तब भी यह आपकी शरणागति में पड़ा रहेगा॥ ६॥

स्पष्टीकरण—इस पद में ईश्वर (श्रीराम) को वह सबसे बड़ा तथा सर्वाधिक समर्थ मानकर शर्तरहित समर्पण करता है। वह अपने विषय में सम्पूर्ण निर्णय श्रीराम के हाथ में ही छोड़ता है।

(१) 'बिगरे सेवक स्वान ज्यों साहब सिर गारी' अपने को वह श्रीराम के श्वान से उपमित करता है और बताता है कि जैसे कुत्ता गन्दा निकल जाता है तो उसको पालने वाले स्वामी को गाली मिलती है, संसार मुझे 'राम' का ही जानता है और जब तक आप मुझे अपनाएँगे नहीं, लोग मुझे आपसे सम्बद्ध करके गाली ही देते रहेंगे। अतः शीघ्रातिशीघ्र अपनाइए। दृष्टान्त अलंकार है।

[१५१]

जो पै चेराई राम की करतो न लजातो।
तौं तू दाम कुदाम ज्यों कर कर न बिकातो॥ १॥

जपत जीह रघुनाथ को नाम नहिं अलसातो।
बाजीगर के सूम ज्यों खल स्नेह न खातो॥ २॥
जौ तू मन मेरे कहे राम नाम कमातो।
सीतापति सन्मुख सुखी सब ठाँव समातो॥ ३॥
राम सोहाते तोहिं जो तू सबहिं सोहातो।
काल करग कुल कारनी कोऊ न कोहातो॥ ४॥
राम नाम अनुरागही जिय जो रतिआतो।
स्वारथ परमारथ पथी तोहिं सब पतिआतो॥ ५॥
सेइ साधु सुनि समुझि कै पर पीर पिरातो।
जनम कोटिको काँदलो ह्रद ह्रदय थिरातो॥ ६॥
भव मग अगम अनंत है बिनु श्रमहि सिरातो।
महिमा उलटे नामकी मुनि कियो किरातो॥ ७॥
अमर अगम तनु पाइ सो जड़ जाय न जातो।
होतो मंगल मूल तू अनुकूल बिधातो॥ ८॥
जो मन प्रीति प्रतीतिसों राम नामहिं रातो।
तुलसी राम प्रसाद सों तिहुँताप नसातो॥ ९॥

अर्थ—हे जीव! यदि तू श्रीराम की चाकरी करने में न लज्जित होता तो तू खरा दाम होकर खोटे दाम की भाँति अनेक हाथों में न बिकता फिरता॥ १॥

यदि तू श्रीराम के नाम का जप करते-करते आलस्य न करता तो बाजीकर के सूम की भाँति धूल न खाता फिरता॥ २॥

हे मन! यदि मेरा परामर्श मानकर श्रीराम रूपी सम्पत्ति अर्जित करता तो निश्चय ही तो तुम सीतापति श्रीराम के प्रिय हो जाते और तब तू सुखी हो जाता और सर्वत्र तुम्हारा सम्मान बढ़ जाता॥ ३॥

हे जीव! यदि तुझे श्रीराम अच्छे लगत तो तू सभी के लिए अच्छे लगते और काल कर्म जितने कारक (करनी) हैं, तुझसे कोई न दुखी रहता॥ ४॥

यदि श्रीराम के अनुराग में मन अनुरक्त होता तो स्वार्थ तथा परमार्थ दोनों मार्गों के पथिक तुझ पर विश्वास करने लगते॥ ५॥

हे जीव! यदि साधुओं की सेवा करके और दूसरों की पीड़ा को देखकर दुख से पीड़ित होते तो तुम्हारे मानस सरोवर में कोटि-कोटि जन्मों का संचित् कीचड़ स्थिर होकर नीचे बैठ जाता॥ ६॥

इस संसार का मार्ग अन्तहीन है, वह यदि आपकी लेश कृपा हो जाए तो वह मार्ग तत्काल समाप्त हो जाए। आपके सीधे नाम स्मरण की बात कौन कहे, उल्टे नाम की ही महिमा अनन्त है, जिसने किरात को वाल्मीकि मुनि बना दिया॥ ७॥

हे जड़बुद्धि जीव! यदि श्रीराम की भक्ति की होती तो यह देव दुर्लभ शरीर व्यर्थ न जाता। तू आनन्द तथा शिवत्व का अधिष्ठान होता और विधाता भी तुम्हारे अनुकूल हो जाते॥ ८॥

रे मन! यदि तू श्रद्धा-प्रेम तथा अगाध विश्वास करके श्रीराम में रम जाता तो तुलसीदास कहते हैं कि उनकी कृपा से दैहिक, दैविक एवं भौतिक संताप की ज्वाला में जलने से बच जाता॥ ९॥

स्पष्टीकरण—यह पद विवेक की अवस्था में कथित है। जीव को धिक्कारने वाली मति है, मन नहीं। नाना प्रकार के कर्मों, जन्म-जन्मान्तर के क्लेशों में फँसे जीव को धिक्कारती हुई निर्मल मति उसकी अधोदशा की गाथा सुना रही है। कवि विविध जन्मों तथा विविध योनियों में जाने और बार-बार जन्म-मरण के कष्टों के लिए निम्नलिखित दृष्टान्तों से धिक्कारता है—

(१) खोटे दाम की भाँति इस हाथ से उस हाथ तक जाते हुए अपमानित होकर लौटाये न जाते। ईश्वर भक्ति के बिना जीव खोटे सिक्के की भाँति है जो अनेक योनियों में धक्के खाकर अनेक योनियों तक भटकता रहता है।

(२) बाजीगर के सूम की भाँति जगह-जगह पीटे जाकर दुहाई के पात्र न बनते और धूल न फाँकते अर्थात् जीव श्रीराम के नाम के बिना स्थल-स्थल पर (अनेक जन्मने वाली) योनियों में अपमानित न होते।

उसी तरह जीव अनेक नारकीय स्थितियों का भोग निश्च्छल भाव से ईश्वर के समर्पण के बिना करता है। जीव के प्रति मति का यहाँ उपालम्भ है।

[१५२]

राम भलाई आपनी भल कियो न काको।
जुग जुग जानकिनाथ को जग जागत साको॥ १॥
ब्रह्मादिक बिनती करी कहि दुख बसुधा को।
रबिकुल कैरव चन्द्र भो आनन्द सुधा को॥ २॥
कौसिक गरत तुषार ज्यों तकि तेज तिया को।
प्रभु अनहित हित को दियो फल कोप कृपा को॥ ३॥
हर्‌यो पाप आप जाइकै संताप सिला को।
सोच मगन काढ्यो सही साहिब मिथिला को॥ ४॥
रोष रासि भृगुपति धनी अहमिति ममता को।
चितवत भाजन करि लियो उपसम समता को॥ ५॥
मुदित मानि आयसु चले बन मातु पिता को।
धरम धुरन्धर धीरधुर गुन सील जिता को?॥ ६॥
गुह गरीब गतग्यातिहूँ जेहि जिउ न भखा को?
पायो पावन प्रेम ते सनमान सखा को॥ ७॥

सदगति सबरी गीध की सादर करता को?
सोच सींव सुग्रीव के संकट हरता को?॥ ८॥
राखि बिभीषन को सके अस काल गहा को?
आज बिराजत राज है दसकंठ जहाँ को॥ ९॥
बालिस बासा अवध को बूझिये न खाको।
सो पावर पहुँचो तहाँ जहँ मुनि मन थाको॥ १०॥
गति न लहै राम नाम सों बिधि सो सिरजा को?
सुमिरत कहत प्रचारिकै वल्लभ गिरिजा को॥ ११॥
अकनि अजामिल की कथा सानन्द न भा को?
नाम लेत कलिकाल हू हरिपुरहिं न गा को?॥ १२॥
राम नाम महिमा करै काम भूरुह आको।
साखी बेद पुरान है तुलसी तन ताको॥ १३॥

केन्द्रीय भाव—श्रीरामचरित मानस (रामकथा) के विविध पात्रों का दृष्टान्त देते हुए कवि यहाँ बता रहा है कि निश्छल भाव से शरणागति में जाने पर श्रीराम किसका भला नहीं करते। वह विविध दृष्टान्तों को देते हुए स्पष्ट कर रहा है—

अर्थ—हे श्रीराम! आपने अपनी भलाई वाले स्वभाव से किसका भला नहीं किया। युगों-युगों से जानकी नाथ श्रीराम का यह यश (साको) संसार में प्रसिद्ध है॥ १॥

ब्रह्मादिक ने पृथ्वी का दुख विनय करते हुए आपसे कहा तब सूर्यवंश रूपी कुमोदिनी को प्रफुल्लित करने वाले तथा अमृत तुल्य आनन्द देने वाले (श्रीरामचन्द्रजी) आप अवतरित हुए॥ २॥

ताड़का (नारी राक्षसी) का तेज देखकर विश्वामित्र ओले की भाँति गले जा रहे थे। उसे दुष्ट ताड़का का वध करके श्रीराम ने उस अनहित करने वाली हितैषिणी को क्रोध का फल (स्वर्ग के रूप में) प्रदान किया॥ ३॥

आपने स्वयं जाकर शिला रूपिणी अहल्या का पाप-संताप दूर किया तथा मिथिला के महाराज जनक को शोक में डूबने के क्षण निकाल लिया॥ ४॥

अहंकार और अहन्ता (ममता) के हेतुस्वरूप (धनी) तथा क्रोध के भंडार परशुराम को आपने शान्ति तथा समता का पात्र बना दिया॥ ५॥

माता-पिता की आज्ञा मानकर आप अत्यन्त प्रसन्नतापूर्वक बन गए। आप सदृश धर्म की धुरी धारण करने वाला, धैर्यवान, गुण तथा शील का विजेता और कौन होगा॥ ६॥

गरीब जाति विहीन गुह निषाद जिसने किस-किस जीव का भक्षण नहीं किया था, आपके पवित्र प्रेम के फलस्वरूप उसने आपके मित्र की श्रेणी प्राप्त की॥ ७॥

आदरपूर्वक शबरी तथा गिद्ध को आदर देने वाला कौन है! सुग्रीव के शोक एवं सीमाहीन संकट को कौन नष्ट करने वाला है? निष्कर्षतः दोनों के हेतु आप ही हैं॥ ८॥

विभीषण के सदृश यम द्वारा गृहीत वह कौन व्यक्ति था, जिसकी आपने रक्षा की। उस रावण के राज्य में आज भी वह विभीषण राजा बन कर बैठा है॥ ९॥

मूर्ख (बालिस) और अयोध्यावासी (धोबी) जिसे लेश भी (खाक बराबर) बुद्धि नहीं थी, वह पापी वहाँ पहुँच गया, जहाँ मुनियों का मन पहुँच जाता है॥ १०॥

ऐसा कौन रचा (सिरजा) हुआ प्राणी है जो श्रीराम के नाम के प्रभाव से सुगति न प्राप्त करे। पार्वती पति शिवजी राम नाम का स्वयं भी स्मरण करते हैं और उसको कह-कह कर प्रचारित भी करते हैं॥ ११॥

अजामिल की कथा सुनकर कौन प्रसन्न नहीं होता। कलिकाल में श्रीराम का नाम स्मरण करते हुए कौन विष्णु लोक का निवासी नहीं हुआ॥ १२॥

श्रीराम नाम की महिमा धतूरे (आको : अर्क) को भी कल्पतरु बना देता है। इस बात के साक्षी वेद पुराण हैं और यदि उन पर न विश्वास हो तो तुलसी को देखकर विश्वास कर लो॥ १३॥

[१५३]

मेरे रावरियै गति है रघुपति बलि जाउँ।
निलज नीच निरधन निरगुन कहँ जग दूसरो न ठाकुर ठाउँ॥ १॥
हैं घर घर बहु भरे सुसाहिब सूझत सबनि आपनो दाउँ।
बानर बंधु बिभीषन हितु बिनु कोसलपाल कहूँ न समाउँ॥ २॥
प्रनतारति भंजन जन रंजन सरनागत पबि पंजर नाऊँ।
कीजै दास दासतुलसी अब कृपासिंधु बिनु मोल बिकाउँ॥ ३॥

केन्द्रीय भाव—जीव की अहन्ता का बोध हो जाने के कारण आत्मग्लानि एवं अपने को सबके निवृत तथा पतित स्वीकार करते हुए ईश्वर द्वारा ग्रहण किए जाने के प्रति कवि का आत्मनिवेदन है। कवि आत्मनिवेदन करता हुआ कहता है—

अर्थ—हे श्रीराम! मेरी पहुँच तो बस आपही तक है, मैं आपकी बलि जाता हूँ। यहाँ निर्लज्ज, नीच, निर्धन, निर्गुण के लिए इस संसार में अन्य कोई स्वामी नहीं है॥ १॥

स्वामी तो अनेक हैं और घर-घर में भरे पड़े हैं और कार्यसिद्धि के लिए सभी को अपना-अपना दाँव ही सुझाई पड़ता है। वानर जैसे पशुओं के मित्र और राक्षस विभीषण के हितैषी—ऐसी सामर्थ्य कौशलेश श्रीराम के अतिरिक्त और किसी में नहीं है॥ २॥

प्रणत के कष्टों को नष्ट करने वाला दासों को आनन्द देने वाला आपका नाम शरणागतों के लिए वज्र से बने पिंजड़े के सदृश है।

तुलसीदास कहते हैं कि हे स्वामी! इसको अपना सेवक बना लें और हे कृपासिन्धु! वह बिना मोल के ही आपके हाथों में बिक रहा है॥ ३॥

विशेष—मध्यकाल में दासों के खरीदे जाने की प्रथा थी। खरीदे जाने वाले दास स्वामी की एकनिष्ठ भाव से आजीवन सेवा करते थे। तुलसी उसी सन्दर्भ में कहता है कि आप मुझे दास भाव से स्वीकृति दे दें और मैं बिना पैसे के आपके हाथ जीवन भर के लिए बिक जाऊँ—

कीजै दास दास तुलसी अब कृपासिन्धु बिन मोल बिकाऊँ॥

[१५४]

देव! दूसरो कौन दीनको दयालु।
सीलनिधान सुजान सिरोमनि सरनागत प्रिय प्रनत पालु॥ १॥
को समरथ सरबग्य सकल प्रभु सिव सनेह मानस मरालु।
को साहिब किये मीत प्रीतिबस खग निसिचर कपि भील भालु॥ २॥
नाथ हाथ माया प्रपंच सब जीव दोष गुन करम कालु।
तुलसिदास भलो पोच रावरो नेकु निरखि कीजिये निहालु॥ ३॥

केन्द्रीय भाव—तुलसीदास कहते हैं कि उसे मात्र क्षण भर के लिए देख भर लें, वह आपके देखने मात्र से निहाल हो उठेगा मैं जानता हूँ और मुझे समझ आ चुकी है कि आपके अतिरिक्त इस मायासक्त जीव का मुक्तिदाता और कोई नहीं है।

अर्थ—हे देव! आपके अतिरिक्त और कौन दूसरा दीनों का हितैषी है। आप ही एक मात्र शील के भंडार, सहृदयों में शिरोमणि, शरणागतों के लिए प्रिय और समर्पितों का पालन करने वाले हैं॥ १॥

हे प्रभु! आपके अतिरिक्त कौन समर्थवान, सर्वज्ञ है! आप स्नेह से परिपूर्ण शिव के मानस के राजहंस हैं। आपके अतिरिक्त और कौन स्वामी है जिसने पक्षी जटायु, राक्षस विभीषण, कपि सुग्रीघ, भील निषादराज एवं जामवन्त जैसे को स्नेहपूर्वक मित्र बनाया॥ २॥

हे नाथ! आपके ही हाथ में सम्पूर्ण माया के प्रपंच हैं। जीव के भी गुण, दोष एवं कर्म तथा काल के जाल भी आपके ही हाथ है। तुलसीदासजी कहते हैं कि भला हूँ या बुरा आपका ही हूँ। लेशमात्र कृपादृष्टि डाल कर उसे निहाल कर दीजिए॥ ३॥

[१५५]

बिस्वास एक राम नामको।
मानत नहिं परतीति अनत ऐसोइ सुभाव मन बामको॥ १॥
पढ़िबो पर्‌यो न छठी छ मत रिगु जजुर अथर्वन सामको।
ब्रत तीरथ तप सुनि सहमत पचि मरै करै तन छाम को?॥ २॥
करम जाल कलिकाल कठिन आधीन सुसाधित दामको।
ग्यान बिराग जोग जप तप भय लोभ मोह कोह कामको॥ ३॥
सब दिन सब लायक भव गायक रघुनायक गुन ग्रामको।
बैठे नाम कामतरु तर डर कौन घोर घन घामको॥ ४॥
को जानै को जैहै जमपुर को सुरपुर पर धामको।
तुलसिहिं बहुत भलो लागत जग जीवन रामगुलामको॥ ५॥

केन्द्रीय भाव—कवि सुरपुर यमपुर और परलोक की बात को पीछे रखकर श्रीराम के गुलाम के रूप में आनन्दपूर्वक जीवन यापन को सर्वश्रेष्ठ मानता है।

अर्थ—मुझे श्रीराम के नाम की ही एकमात्र प्रतीति है और अब मेरे वाम मन का ऐसा ही स्वभाव हो गया है अर्थात् श्रीराम के अतिरिक्त उसे अब किसी में विश्वास नहीं रह गया है॥ १।

मेरे भाग्य में छह शास्त्रमतों तथा ऋक्, यजुषु, अर्थवण एवं सामवेद पढ़ना नही लिखा था। व्रत, तीर्थ, तप को सुनकर मन सहम उठता है। कौन इसके लिए मरे तथा कौन अपने शरीर को जीर्ण-शीर्ण बनाए॥ २॥

कलियुग से कर्मकाण्ड अत्यधिक कठिन तथा द्रव्य (धन) के अधीन ही सम्पन्न होने वाला है। इस कर्मकाण्ड में ज्ञान, वैराग्य, योग, जप, तप तथा लोभ, मोह, क्रोध, काम आदि का भय लगा रहता है, जिनके कारण भली-भाँति पूर्ण नहीं होते॥ ३॥

इसके ठीक विपरीत श्रीराम के गुणों का गान करने वाला व्यक्ति इस संसार में सदैव भली-भाँति समर्थ दिखाई पड़ता है जो श्रीराम नाम रूपी कल्पवृक्ष के नीचे बैठे हैं उन्हें न प्रचण्ड बादलों की चिन्ता है और न कष्टकारी धूप की॥ ४॥

कौन जानता है, कौन यमपुर कौन स्वर्ग और कौन ब्रह्मलोक जाएगा। तुलसीदासजी कहते हैं कि उन्हें तो एकमात्र श्रीराम का दास होकर जीवन यापन करना बड़ा अच्छा लगता है॥ ५॥

[१५६]

कलि नाम कामतरु रामको।
दलनिहार दारिद दुकाल दुख दोष घोर घन घामको॥ १॥
नाम लेत दाहिनो होत मन बाम बिधाता बामको।
कहत मुनीस महेस महातम उलटे सूधे नामको॥ २॥
भलो लोक परलोक तासु जाके बल ललित ललामको।
तुलसी जग जानियत नामते सोच न कूच मुकामको॥ ३॥

केन्द्रीय भाव—कलियुग में श्रीराम का नाम अमोघ है और इस नाम के माहात्म्य से सभी परिचित हैं और जिस राम नाम का नशा लग गया, उसे जीवन, मृत्यु, स्वर्ग, नर्क किसी की भी चिन्ता नहीं रहती।

अर्थ—इस कलियुग में श्रीराम का नाम ही कल्पवृक्ष है। वही दारिद्य, अकाल के कष्टों तथा वर्षा एवं धूप से उत्पन्न घोर कष्टों से मुक्ति दिलाने वाला है॥ १॥

इन श्रीराम का नाम लेते ही विधाता का प्रतिकूल मन भी अनुकूल हो उठता है। महर्षि वाल्मीकि ने श्रीराम के उल्टे नाम के तथा शिव ने श्रीराम के सीधे नाम लेने का माहात्म्य कहा है॥ २॥

जो अत्यन्त रमणीक एवं आनन्ददायी नाम का आश्रय ग्रहण किए हुए हैं, उनके लिए लोक एवं परलोक दोनों श्रेयस्कर हैं। तुलसीदासजी कहते हैं कि सारा संसार जानता है कि नाम का आलम्बन ग्रहण करने वाले के लिए न तो महाप्रस्थान (मृत्युः कूच) और न संसाराश्रय, किसी की भी चिन्ता नहीं रहती॥ ३॥

[१५७]

सेइये सुसाहिब राम सो।
सुखद सुसील सुजान सूर सुचि सुंदर कोटिक काम सो॥ १॥
सारद सेस साधु महिमा कहैं गुन गन गायन साम सो।
सुमिरि सप्रेम नाम जासों रति चाहत चन्द्र ललाम सो॥ २॥
गमन विदेस न लेस कलेस को सकुचत सकृत प्रनाम सो।
साखी ताको विदित विभीषन बैठो है अविचल धाम को॥ ३॥
टहल सहल जन महल महल जागत चारो जुग जाम सो।
देखत दोष न खीझत रीझत सुनि सेवक गुन ग्राम सो॥ ४।
जाके भजे तिलोक तिलक भये त्रिजग जोनि तनु ताम सो।
तुलसी ऐसे प्रभुहिं भजै जो न ताहि विधाता बाम सो॥ ५॥

केन्द्रीय भाव—अकारण सबके हितैषी एवं मात्र निश्च्छल भाव से स्मरण करते ही अपना लेने वाले श्रीराम के सदृश उपकारी एवं भक्तों को स्वीकार करने वाला और कोई नहीं है। ऐसे प्रभु का जो भजन नहीं करता उसके लिए विधाता ही प्रतिकूल है।

अर्थ—श्रीराम सदृश स्वामी की सेवा की जाए। वे आनन्दधाम, शील तथा मर्यादा युक्त, सहृदय, पराक्रमी, पवित्र तथा करोड़ों कामदेव सदृश सुन्दर हैं॥ १॥

जिस श्रीराम की महिमा का वर्णन सरस्वती, शेषनाग एवं साधुजन करते रहते हैं और जिसके यश का गायन सामवेद सदृश वेद करते हैं। जिसके नाम का प्रेम पूर्वक स्मरण करके शिव (चन्द्र ललाम) भी उनकी आन्तरिक प्रेमासक्ति की कामना करते रहते हैं॥ २॥

उन श्रीराम को वन जाते समय लेशमात्र के लिए भी क्लेश नहीं हुआ और जो एक बार मात्र प्रणाम कर लेने भर से ही संकोच में डूबा रहता है। इस तथ्य के साक्षी विभीषण हैं जो केवल कृपा मात्र से उन श्रीराम द्वारा बैठाए गए लंका के अविचल राज्य के अधिकारी बने हैं॥ ३॥

जिसकी सेवा नितान्त सरल है। अपने भक्तों की रक्षा के निमित्त स्थल-स्थल पर चारों युगों में चारों प्रहर जो जागते रहते हैं और सेवक के अपराध को देखते हुए भी उनसे अप्रसन्न नहीं होते और उनके गुण समूहों को सुनकर निरन्तर आनन्दित होते रहते हैं॥ ४॥

उन श्रीराम का भजन करने से तिर्यक योनि वाले पक्षी एवं तामस शरीर धारण करने वाले राक्षसादि तीनों लोकों के तिलक स्वरूप श्रेष्ठ हो गए। तुलसीदासजी कहते हैं कि ऐसे उदार प्रभु को प्राप्त करके जो उनका भजन नहीं करता, विधाता उसके लिए प्रतिकूल हो गए हैं॥ ५॥

[१५८]

कैसे देउँ नाथहिं खोरि।
काम लोलुप भ्रमत मन हरि भगति परिहरि तोरि॥ १॥
बहुत प्रीति पुजाइबे पर पूजिबे पर थोरि।
देत सिख सिखयो न मानत मूढ़ता असि मोरि॥ २॥

किये सहित सनेह अघ हृदय राखे चोरि।
संग बस किये सुभ सुनाये सकल लोक निहोरि॥ ३॥
करौं जो कछु धरौं सचि पचि सुकृत सिला बटोरि।
पैठि उर बरबस दयानिधि दंभ लेत अँजोरि॥ ४।
लोभ मनहिं नचाव कपि ज्यों गरे आसा डोरि।
बात कहौं बनाइ बुध ज्यों बर बिराग निचोरि॥ ५॥
एतेहुँ पर तुम्हरो कहावत लाभ अँचई घोरि।
निलजता पर रीझि रघुबर देहु तुलसिहिं छोरि॥ ६॥

केन्द्रीय भाव—काम लोलुप मन के साथ समय व्यतीत करने वाले जीव का ही सर्वथा दोष है, इसमें श्रीराम का कहाँ दोष है। काम, दंभ, लोभ आदि मनुष्य के मन को ईश्वर की ओर से निरन्तर विकर्षित करते रहते हैं अत: उसके बिगड़ने में जीव ही दोषी है, प्रभु नहीं।

अर्थ—हे नाथ! आपको दोष कैसे दूँ। हे हरि! कामनाओं से लोलुप मन आपकी भक्ति का परित्याग करके भ्रमित मन डोल रहा है॥ १॥

अपनी पूजा कराने में मेरी निष्ठा अधिक है, आपकी पूजा करने पर बहुत थोड़ी। मेरी ऐसी मूढ़ता है कि उसे बार-बार सिखाता हूँ किन्तु सिखाया हुआ नहीं सुनता॥ २॥

जिन-जिन पापों को अत्यधिक स्नेहपूर्वक किया है उनको हृदय में छिपाकर रखा है और किसी के साहचर्य के कारण जो थोड़ा-बहुत पुण्य किया है उन्हें सम्पूर्ण लोगों पर निहोरा करते हुए सुनाया करता हूँ॥ ३-४॥

लोभ गले में आशा की डोरी डालकर मन को कपि की भाँति नचा रहा है। बातें श्रेष्ठ वैराग्य तत्त्व को निचोड़ करके विद्वान की भाँति बातों को बनाकर सँवार कर कहता हूँ॥ ५॥

इतने पर भी मैं तुम्हारा भक्त कहाता हूँ। लज्जा को घोर कर पी गया हूँ। तुलसीदास कहते हैं कि उसकी इसी निर्लज्जता पर मुग्ध होकर उसके बन्धन को छोड़ दें॥ ६॥

विशेष—काम, क्रोध, लोभ, मोह आदि में संसक्त होकर यह जीव अपने स्वरूप को भूल गया है और अस्मिता राग से वशीभूत होकर वह सत्-असत् का विवेक खो बैठा है। वह विषयों से वशीभूत है और जीवन भर कुकृत्य के बाद भी आज विवेक जागृत होने पर राम की शरण में आया है, इसे बड़ी लज्जा की बात और क्या हो सकती है, तुलसी कहते हैं, कम-से-कम हे श्रीहरि! जीव की आजीवन की गई निर्लज्जता पर ही मुग्ध होकर आप उसे आश्रय दे दें।

अवधी क्षेत्र के अनेक मुहावरों का प्रयोग कवि ने किया है—खोरि देना (व्रजभाषा तथा अवधी में समान रूप से प्रचलित), हृदय राखे चोरि, दंभ लेति अंजारि, लाज ऊँचई घोरि। इन मुहावरों का उपयोग अर्थ को तीव्र तथा प्रभावोत्पादक बनाने के लिए हुआ है।

[१५९]

हे प्रभु! मेरोई सब दोसु।
सील सिंधु कृपालु नाथ अनाथ आरत पोसु॥ १॥

वेष वचन विराग मन अघ अवगुननि कोसु।
राम प्रीति प्रतीति पोली कपट करतबु ठोसु॥ २॥
राग रंग कुसंग ही सों साधु संगति रोसु।
चहत केहरि जसहिं सेइ शृगाल ज्यों खरगोसु॥ ३॥
संभु सिखवन रसन हूँ नित राम नामहिं घोसु।
दंभहूँ कलि नाम कुंभज सोच सागर सोसु॥ ४॥
मोद मंगल मूल अति अनुकूल निज निरदोसु।
राम नाम प्रभाव सुनि तुलसिहिं परम परितोसु॥ ५॥

केन्द्रीय भाव—विभिन्न विरोधमूलक अन्तर्द्वन्द्वों के माध्यम से (जीव की) अपनी तुच्छता का दृष्टान्त देता हुआ कवि अन्त में श्रीराम नाम के चमत्कारी प्रभाव को सुन तथा समझकर उसकी शरण में जाता है।

अर्थ—हे प्रभु! सब मेरा ही दोष है। आप तो शील तथा मर्यादा के सागर हैं, कृपाल हैं, अनाथों के नाथ हैं, और आर्त्तजनों के पोषणकर्त्ता (रक्षक) हैं॥ १॥

मेरे वेश तथा वचन से वैराग्य प्रतीत होता है, किन्तु मेरा मन पाप तथा अवगुणों का खजाना है। राम की प्रीति और प्रतीति (श्रद्धा तथा प्रेम) के प्रति खोखला है किन्तु छल तथा कपटपूर्ण आचरण की दृष्टि से ठोस है॥ २॥

मेरा प्रेम एवं आनन्द पूर्ण कार्य कुसंगति से जुड़ा हुआ है, तथा साधु संगति से मुझे विरक्ति है। मैं खरगोश की भाँति शृगाल की संगति धारण करके सिंह सदृश यश प्राप्त करता चाहता हूँ॥ ३॥

शिवजी की यह शिक्षा है कि जिह्वा से निरन्तर श्रीराम नाम की रट लगाए रहो। कलियुग में दम्भ से भी लिया गया श्रीराम का नाम अगस्त्य की भाँति शोक रूपी सागर को पी जाता है॥ ४॥

यह श्रीराम का नाम आनन्द तथा मंगल की जड़ शान्तिदायक एवं स्वयं भक्त के लिए सर्वथा अनुकूल है। श्रीराम नाम के इस प्रकार के प्रभाव को सुनकर तुलसीदास कहते हैं कि मुझे परम सन्तोष है॥ ५॥

विशेष—कवि विविध दृष्टान्तों द्वारा अपने अब तक के व्यतीत किए गए जीवन की अधमता का निदर्शन करता है। कलियुग में अधम कर्मों द्वारा मुक्ति की आकांक्षा तथा प्रमाद से भी राम का नाम लेने पर मुक्तिपथगामी होने वाले का कवि दृष्टान्त देता है—

(१) 'चहत केहरि जसहि सेइ शृगाल ज्यों खरगोसु' क्या खरगोश स्यार की सेवा (लोक वासनाओं की उपासना) करके सिंह (श्रीराम भक्त) का यश प्राप्त कर सकता है, नहीं।

(२) 'दंभहू कलि नाम कुंभज सोच सागर सोसु' कलियुग में दम्भभाव से भी श्रीहरि (श्रीराम) का नाम अगस्त्य ऋषि की भाँति है, जो मनुष्य के शोक रूपी समुद्र को पी जाता है।

यहाँ अगस्त्य की गाथा का प्रयोग 'मिथक' के रूप में किया गया है जो कवि के मन्तव्य को सटीक ढंग से रखकर उसे प्रभावशाली बनाता है।

[१६०]

मैं हरि पतित पावन सुने।
मैं पतित तुम पतित पावन दोउ बानक बने॥ १॥
ब्याध गनिका गज अजामिल साखि निगमनि भने।
और अधम अनेक तारे जात कापै गने॥ २॥
जानि नाम अजानि लीन्हें नरक सुरपुर मने।
दासतुलसी सरन आयो राखिये आपने॥ ३॥

केन्द्रीय भाव—जीव के सापेक्षिक सम्बन्ध में ईश्वर पतित पावन है, और मलासक्तजीव पतित है। विवेक जागृत होने पर यह तुलसी आपकी शरण में आया है, आपके अतिरिक्त इसका उद्धार और कौन कर सकता है, अत: इसकी आप उद्धार करें—

अर्थ—मैंने श्रीहरि को पतित पावन के रूप में सुना है। मैं पतित हूँ, तुम पतितों को पवित्र करने वाले हो, दोनों के अपने-अपने बाने हैं॥ १॥

व्याध, गणिका, अजामिल एवं गजेन्द्र इसके साथी हैं तथा वेदों ने भी ऐसा कहा है कि और अनेक अधमों का आपने उद्धार किया है, उनकी संख्या इतनी है कि गणना नहीं की जा सकती॥ २॥

समझ तथा भूल में भी नाम ले लेने से नर्क मना हो जाता है तथा देवलोक की गति हो जाती है। यह भक्त तुलसी आपकी शरण में आया है, इसे अपना बनाकर ही रखें॥ ३॥

विशेष—जीव को मायासक्त होने के कारण पतित तथा ईश्वर को शुद्ध जीव का अंश होने के कारण पतित पावन नाम से तुलसी ने पुकारा है। विवेक जागृति के बाद ईश्वर ही जीव के लिए एकमात्र शरण्य है क्योंकि अन्य भौतिक शरण्यों से वह मुक्त हो चुका है।

मध्यकाल में भक्ति को सामान्य जन जीवन से जोड़कर सरलीकृत कर दिया गया था, अत:—'जानि नाम अजानि लीन्हें नरक सुरपुर मने' जैसा वाक्य कथित है।

[१६१]

तो सो प्रभु जो पै कहुँ कोउ होतो।
तौ सहि निपट निरादर निसि दिन रटि लटि ऐसो घटि को तो॥ १॥
कृपा सुधा जलदान माँगिबो कहौं सो साँच निसोतो।
स्वाति सनेह सलिल सुख चाहत चित चातक को पोतो॥ २॥
काल करम बस मन कुमनोरथ कबहुँ कबहुँ कछु भो तो।
ज्यों मुदमय बसि मीन बारि तजि उछरि भभरि लेत गोतो॥ ३॥
जितो दुराव दास तुलसी उर क्यों कहि आवत ओतो।
तेरो राज राय दसरथ के लयो बयो बिनु जोतो॥ ४॥

केन्द्रीय भाव—श्रीराम के माहात्म्य और अपनी उनके प्रति संसक्ति का विविध दृष्टान्तों द्वारा चित्रण करता हुआ कवि उनकी अद्वितीयता का चित्रण कर रहा है। वह कहता है—

अर्थ—यदि तुम्हारे सदृश कोई अन्य स्वामी होता तो भला क्योंकर पूर्णतः अनादर सहकर भी रात-दिन तुम्हारा नाम रट-रटकर इस प्रकार घटता (नष्ट होता) नहीं॥ १॥

मुझे आपसे कृपा रूपी अमृत माँगना है, मैं पूरी तरह से सत्य एवं निश्च्छल भाव से कह रहा हूँ। मेरा चित्त चातक के शावक की भाँति है, उसे केवल आपकी कृपा रूपी सुधा जल के आनन्द की आकांक्षा है॥ २॥

काल तथा कर्म के वशीभूत मन में कभी-कभी कुमनोरथ अवश्य उत्पन्न होते हैं, किन्तु उसकी स्थिति उसी प्रकार है जैसे मछली आनन्दपूर्वक जल में निवास करती हुई भी कभी-कभी घबरा कर जल के ऊपर उसे छोड़कर गोते ले लेती है॥ ३॥

तुलसीदासजी कहते हैं कि उनके हृदय में जितना कपट दुराव है, उसका वर्णन कैसे किया जा सकता है, लेकिन मुझे यह भी पूरी तरह से ज्ञात है कि हे राजा दशरथ के पुत्र श्रीराम तुम्हारे राम राज्य में कितने लोगों ने बिना जोते बोए धान्य प्राप्त किया है—अर्थात् बिना सत्कर्म के भी आपकी शरणागति में रहकर सम्पूर्णतः आनन्द प्राप्त कर सकता हूँ॥ ४॥

विशेष—श्रीराम के प्रति अपनी संसक्ति को कवि ने स्वाति जल आकांक्षी चातक तथा स्नेह जल पर ही एक मात्र आश्रित मछली से उपमित किया है। यहाँ भी वही दोनों दृष्टान्त हैं :—

(१) चित्त रूपी चातक शावक आपके स्नेह रूपी स्वाति-जल के लिए लालायित है।

(२) आपके स्नेह रूपी अगाध जल में स्थित मत्स्य की भाँति आनन्दित होकर गोते लगाना।

दोनों उक्तियाँ परम्परित तथा अगाध आस्था तथा प्रेम के प्रतीक के रूप में हैं।

अर्थ को प्रभावशाली बनाने के लिए मुहावरों का प्रयोग—भँभरि लेत गोतो, लयो बयो बिनु जोतो, आदि किया गया है।

[१६२]

ऐसो को उदार जग माहीं।
बिनु सेवा जो द्रवै दीन पर राम सरिस कोउ नाहीं॥ १॥
जो गति जोग विराग जतन करि नहिं पावत मुनि ग्यानी।
सो गति देत गीध सबरी कहँ प्रभु न बहुत जिय जानी॥ २॥
जो सम्पति दस सीस अरपि करि रावन सिव पहँ लीन्हीं।
सो सम्पदा विभीषन कहँ अति सकुचि सहित हरि दीन्हीं॥ ३॥
तुलसिदास सब भाँति सकल सुख जो चाहसि मन मेरो।
तौ भजु राम काम सब पूरन करै कृपानिधि तेरो॥ ४॥

केन्द्रीय भाव—विविध दृष्टान्तों से सम्पृक्त निदर्शना द्वारा कवि श्रीराम की अतुलनीय कृपा का चित्रण कर रहा है। श्रीराम ही एकमात्र काम्य हैं, वही एकमात्र सेव्य हैं, वही जीव की मुक्ति का आधार हैं अतः वही एक मात्र भजनीय हैं।

अर्थ—संसार में ऐसा कोई उदार नहीं है जो बिना सेवा के ही दीनों पर द्रवित होता हो, वह श्रीराम हैं और इस प्रकार श्रीराम के सदृश बिना सेवा के द्रवित होने वाला कोई दूसरा अन्य नहीं है॥ १॥

अत्यन्त वैराग्य एवं योग साधना के पश्चात् जो मुक्ति मुनि एवं ज्ञानीजन नहीं प्राप्त करते उस मुक्ति को हृदय से बहुत छोटी वस्तु समझकर जटायु तथा शबरी को दिया था॥ २॥

जिस सम्पत्ति को अपने दसों शिरों को काटकर अर्पित कर देने के पश्चात् रावण को भगवान शिव ने प्रदान किया था, उसी सम्पत्ति को भी राम ने विभीषण को अत्यन्त संकोच के साथ प्रदान किया था॥ ३॥

तुलसीदासजी कहते हैं कि रे मेरे मन! यदि तू प्रत्येक प्रकार से समस्त सुखों को प्राप्त करना चाहता है तो तू श्रीराम का भजन करो, तो वह कृपानिधि तुम्हारी सम्पूर्ण कामनाओं को पूर्ण करेंगे॥ ४॥

विशेष—श्रीराम की उदारता का वर्णन कवि निदर्शन तथा दृष्टान्त अलंकारों के माध्यम से कर रहा है। शिव की तुलना के माध्यम से वह समझाता है कि श्रीराम कितने उदार एवं निस्पृह हैं। वह अहैतुकी कृपा के लिए विख्यात तथा भक्तों के एकमात्र रक्षक हैं। ऐसे प्रभु को छोड़कर अन्य किसी दूसरे की उपासना उचित नहीं है।

[१६३]

एकै दानि सिरोमनि साँचो॥
जोइ जाच्यो सोइ जाचकताबस फिरि बहु नाच न नाचो॥ १॥
सब स्वारथी असुर सुर नर मुनि कोउ न देत बिनु पाये।
कोसलपालु कृपालु कलपतरु द्रवत सकृत सिर नाये॥ २॥
हरिहु और अवतार आपने राखी बेद बड़ाई।
लै चिउरा निधि दई सुदामहिं जद्यपि बाल मिताई॥ ३॥
कपि सबरी सुग्रीव बिभीषन को नहिं कियो अजाची।
अब तुलसिहि दुख देति दयानिधि दारुन आस पिसाची॥ ४॥

केन्द्रीय भाव—याचना का पात्र कौन है! अन्य देवी देवताओं से याचना करने पर किसी भी प्रकार से जन्म-मरण के बन्धनों से मुक्ति नहीं मिलती और नाना प्रकार की योनियों में जीव को पुनर्जन्म लेकर नाचना पड़ता है। श्रीराम ही ऐसे हैं जिनकी याचना के बाद पुनर्जन्म तथा मृत्यु का प्रपंच समाप्त हो उठता है। जन्म एवं मृत्यु का कारण आशा प्रवृत्ति है। कवि कहता है कि हे प्रभु! आप उस पर नियंत्रण करें।

अर्थ—एक ही सच्चा दान शिरोमणि है जिसने याचकतावश उससे याचना की, फिर उसे इस संसार में अभावों का नृत्य नहीं करना पड़ा अर्थात् उसकी याचना पूर्ण हुई॥ १॥

देवता, दैत्य, मनुष्य, मुनिगण सभी स्वार्थलिप्त हैं और बिना कुछ प्राप्त किए देते नहीं। कृपालु कोसलपति भगवान श्रीराम कल्पवृक्ष हैं और उनके द्रवित होते ही पुण्य शीश झुका देता है॥ २॥

हे हरि! आपके अन्य अवतार हुए हैं और आपने अपनी मर्यादा की रक्षा सदा की है, वेद आपके बड़प्पन का गान करते हैं। सुदामा का चिउरा लेकर उनको प्रभूत सम्पत्ति दे दी, यद्यपि यह अबोध बाल्यावस्था की मित्रता की॥ ३॥

कपि सुग्रीव, शबरी तथा राक्षस विभीषण में से सभी को आपने अयाचित बना दिया। तुलसीदास कहते हैं कि हे दयानिधि! यह आशा रूपी पिशाचिनी उसे दुस्सह दुःख दे रही है,

मुख पर कृपा करिए॥ ४॥

विशेष—(१) 'जोइ जाच्यो सोइ जाचकताबस फिरि बहु नाच न नाचो' श्रीहरि की कृपा से जीव का 'पुनर्जन्म एवं मृत्यु' का प्रकरण समाप्त हो उठता है।

(२) अब तुलसिहि दुख देत दयानिधि दारुन 'आस पिसाची' आशा को पिशाचिनी निरंङ्ग रूपक से संयुक्त करके उसके दुस्सह कष्टदायी परिणाम की ओर कवि इंगित कर रहा है।

[१६४]

जानत प्रीति रीति रघुराई।
नाते सब हाते करि राखत राम सनेह सगाई॥ १॥
नेह निबाह देह तजि दसरथ कीरति अचल चलाई।
ऐसेहुँ पितु तें अधिक गीध पर ममता गुन गरुआई॥ २॥
तिय बिरही सुग्रीव सखा लखि प्रान प्रिया बिसराई।
रन पर्‌यो बन्धु विभीषन ही को सोच हृदय अधिकाई॥ ३॥
घर गुरुगृह प्रिय सदन सासुरे भई जब जहँ पहुनाई।
तब तहँ कहि सबरी के फलनि की रुचि माधुरी न पाई॥ ४॥
सहज सरूप कथा मुनि बरनत रहत सकुचि सिर नाई।
केवट मीत कहे सुख मानत बानर बंधु बड़ाई॥ ५॥
प्रेम कनौड़ो राम सो प्रभु त्रिभुवन तिहुँकाल न भाई।
तेरो रिनी कह्यो हौं कपि सों ऐसी मानहिं को सेवकाई॥ ६॥
तुलसी राम सनेह सील लखि जो न भगति उर आई।
तौं तोहिं जनमि जाय जननी जड़ तनु तरुनता गँवाई॥ ७॥

केन्द्रीय भाव—कवि यहाँ विविध दृष्टान्तों द्वारा श्रीराम के उदार स्वभाव का वर्णन कर रहा है। भक्त व्यक्तिगत स्वार्थों से भी बड़े हैं और श्रीराम अपने से अधिक उनकी चिन्ता करते हैं। विविध दृष्टान्तों का यहाँ मन्तव्य यही है।

अर्थ—प्रीति की रीति तो एक श्रीराम ही जानते हैं। श्रीराम स्नेह को ही सगापन मानते हैं और अन्य समस्त सम्बन्धों को तोड़ देते हैं॥ १॥

राजा दशरथ ने श्रीराम के लिए अपने शरीर का त्याग कर दिया और अपनी कीर्ति अचल कर दी। ऐसे पिता से अधिक जटायु गृद्ध पर ममता प्रगट की, यह उनके स्नेह का बड़प्पन है॥ २॥

पत्नी के लिए विरह से व्याकुल सुग्रीव को देखकर अपनी प्राण प्रिया सीता का कष्ट भूल गए। रणभूमि में मूर्च्छित पड़े हुए भाई लक्ष्मण की चिन्ता छोड़कर उनके हृदय में विभीषण की ही चिन्ता अधिक थी॥ ३॥

अपने राजभवन में, गुरु वशिष्ट के आश्रम में, अपने श्वसुर जनक के भवन में जहाँ-जहाँ उनका आतिथ्य हुआ था उसकी तुलना में शबरी के बेरों का स्वाद लेकर कहा कि ऐसा आनन्द मुझे कहीं नहीं मिला॥ ४॥

आपके ब्रह्मस्वरूप तथा स्वभाव की सहज कथा जब मुनिजन कहते हैं तो आप संकोचवश सिर झुका लेते हैं किन्तु जब आपको केवट अपना 'मित्र' तथा वानर अपना 'बन्धु' कहते हैं तो सुनकर पुलकित होते हैं ॥ ५ ॥

हे भाई! श्रीराम सदृश प्रेम का कृतज्ञ तीनों लोकों में और तीनों कालों में कोई नहीं हुआ। संसार में कौन ऐसा स्वामी है जो कपि सेवकों की सेवा यह कहकर मानता है कि मैं तुम लोगों का ऋणी हूँ अर्थात् सेवक को सेवक न मानकर स्नेह से वशीभूत होकर उनके प्रति कृतज्ञता अर्पित करता है ॥ ६ ॥

तुलसीदास कहते हैं कि श्रीराम के इस शील तथा स्नेह को देखकर इतने पर भी उनके हृदय में भक्ति की भावना न उत्पन्न हुई, तो तुझे तुम्हारी माता ने व्यर्थ ही जन्म देकर शरीर के तारुण्य को व्यर्थ गँवाया ॥ ७ ॥

विशेष—कवि यहाँ श्रीराम के 'प्रेम कनौड़े' व्यक्तित्व का निदर्शन कर रहा है। प्रभु प्रेम के वशीभूत होकर क्या नहीं कर देते, यहाँ तक कि व्यक्तिगत हितों को भी तिलांजलि देकर भक्तों के स्वार्थों की रक्षा करना उनका स्वभाव है। कवि सम्पूर्ण पद को इस प्रकार निष्कर्षबद्ध करता है—

तुलसी राम सनेह सील लखि जो न भगति उर आई।
तौ तोहिं जनमि जाय जननी जड़ तनु तरुनता गँवाई।

पुत्र उत्पन्न होते ही नारी की तरुणता क्षरित होती है और श्रीराम के भक्तिहीन पुत्र का यही परिणाम है।

[१६५]

रघुबर! रावरि यहै बड़ाई।
निदरि गनी आदर गरीबपर करत कृपा अधिकाई ॥ १ ॥
थके देव साधन करि सब सपनेहु नहिं देत दिखाई।
केवट कुटिल भालु कपि कौनप कियो सकल सँग भाई ॥ २ ॥
मिलि मुनिबृंद फिरत दंडक बन सो चरचौ न चलाई।
बारहि बार गीध सबरीकी बरनत प्रीति सुहाई ॥ ३ ॥
स्वान कहे तें कियो पुर बाहिर जती गयंद चढ़ाई।
तिय निंदक मतिमंद प्रजा रज निज नय नगर बसाई ॥ ४ ॥
यहि दरबार दीनको आदर रीति सदा चलि आई।
दीनदयालु दीन तुलसीकी काहु न सुरति कराई ॥ ५ ॥

केन्द्रीय भाव—दीनों के प्रति विशेष प्रेम भाव रखने वाले भक्त वत्सल श्रीराम के स्वभाव का कवि चित्रण करता है। वह साधन या तपस्या से दुर्लभ हैं किन्तु प्रेम से प्रभावित शीघ्र ही भक्तों का समादर करते हैं। कवि कहता है—

अर्थ—हे श्रीराम! तुम्हारा यही बड़प्पन है कि धनवानों का हमेशा निरादर किया तथा गरीबों को सम्मानित किया और उन पर निरन्तर अधिकाधिक कृपा करते रहते हैं ॥ १ ॥

सम्पूर्ण देवगण अनेकानेक साधन करके थक गए किन्तु उन्हें आपने स्वप्न में भी दर्शन नहीं दिया। किन्तु निषादराज, कुटिल स्वभाव के भालुओं तथा कपियों एवं राक्षसों का आपने

पूर्णत: भाई की भाँति साथ निभाया ॥ २ ॥

मुनिवृन्दों से भेंट कर-करके दण्डकारण्य में टहलते रहे और उनके मिलने की चर्चा तक न की किन्तु गिद्ध जटायु तथा शबरी के प्रेम की बार-बार चर्चा करते हुए थकते नहीं ॥ ३ ॥

कुत्ते के कहने से संन्यासी को हाथी पर चढ़ाकर नगर के बाहर कर दिया। आपकी प्राणप्रिया पत्नी सीता के निन्दक मूर्ख धोबी को अपनी प्रजा समझकर नीति तथा न्यायपूर्वक अपने नगर में बसाया ॥ ४ ॥

आपके दरबार में हमेशा गरीबों के आदर की परिपाटी चली आई है, किन्तु हे दीन दयालु प्रभु श्रीराम! क्या कभी किसी ने भक्त तुलसीदास की आपसे चर्चा नहीं की ॥ ५ ॥

विशेष—(१) थके देव साधन करि सब सपनेहु नहिं देत दिखाई

केवट कुटिल भालु कपि कौनप कियो सकल संग भाई।

कहाँ देवता, जिन्हें आप स्वप्न में भी दर्शन नहीं देते और कहाँ राक्षस कोल, किरात, भालू, कपि इनके साथ मातृत्व का निर्वाह प्रेम को स्पष्ट करने के लिए दृष्टान्त है। दृष्टान्त का अन्तर्विरोध प्रेम को सघन बनाता है।

(२) यहि दरबार दीन को आदर रीति सदा चलि आई।

दीनदयालु दीन तुलसी की काहु न सुरति कराई।

इस वाक्य द्वारा तुलसी की न केवल अनन्य कृपाकांक्षा व्यंजित है, अपितु श्रीराम की उदारता के प्रति भी व्यंग्य है। 'तुलसी की कोई याद भर दिला देता तो वे अवश्य कृपा कर देते,' इसी अभिप्राय की ओर इंगित करता है।

[१६६]

ऐसो राम दीन हितकारी।
अति कोमल करुना निधान बिनु कारन पर उपकारी ॥ १ ॥
साधनहीन दीन निज अघ बस सिला भई मुनि नारी।
गृह ते गवनि परसि पद पावन घोर साप ते तारी ॥ २ ॥
हिंसारत निषाद तामस वपु पसु समान बनचारी।
भेंट्यो हृदय लगाइ प्रेमवस नहि कुल जाति विचारी ॥ ३ ॥
जद्यपि द्रोह कियो सुरपति सुत कहि न जाय अति भारी।
सकल लोक अवलोकि सोकहत सरन गये भय टारी ॥ ४ ॥
बिहँग जोनि आमिष अहार पर गीध कौन ब्रतधारी।
जनक समान क्रिया ताकी निज कर सब भाँति सँवारी ॥ ५ ॥
अधम जाति सबरी जोषित जड़ लोक बेद तें न्यारी।
जानि प्रीति दै दरस कृपानिधि सोउ रघुनाथ उधारी ॥ ६ ॥
कपि सुग्रीव बंधु भय ब्याकुल आयो सरन पुकारी।
सहि न सके दारुन दुख जनके हत्यो बालि सहि गारी ॥ ७ ॥

रिपुको अनुज बिभीषन निसिचर कौन भजन अधिकारी।
सरन गये आगे ह्वै लीन्हों भेंट्यो भुजा पसारी॥ ८॥
असुभ होइ जिन्हके सुमिरे ते बानर रीछ बिकारी।
बेद बिदित पावन किये ते सब महिमा नाथ तुम्हारी॥ ९॥
कहँ लगि कहौं दीन अगनित जिन्हकी तुम बिपति निवारी।
कलिमल ग्रसित दास तुलसीपर काहे कृपा बिसारी?॥ १०॥

केन्द्रीय भाव—सम्पूर्ण पद श्रीराम के अतिशय कोमल स्वभाव का निदर्शन करता है। मूल वाक्य है—'अति कोमल करुना निधान बिनु कारन पर उपकारी' और सम्पूर्ण पद इसी को सम्पुष्ट करने के लिए लिखा गया है। तुलसी कहते हैं—

अर्थ—श्रीराम! दीनों का इस प्रकार हित करने वाले हैं। करुणानिधान श्रीराम स्वभाव से अत्यधिक कोमल और अकारण दूसरों का उपकार करने वाले हैं॥ १॥

अपने पापों के कारण, साधनहीन, दीन मुनि पत्नी अहल्या शिला बन गई। श्रीराम ने अपने घर से उसके पास जाकर तथा अपने चरणों का स्पर्श करके भयंकर शाप से उसका उद्धार किया॥ २॥

निरन्तर हिंसा में संलग्न, तामस शरीर से युक्त तथा पशुओं के सदृश पशुओं की भाँति वन में विचरण करने वाले निषाद से अपने प्रेम विवश हृदय से लगाकर मेरा और उसके कुल तथा जाति पर लेशमात्र भी विचार नहीं किया॥ ३॥

यद्यपि इन्द्र के पुत्र जयन्त ने आपसे इतना अधिक विद्वेष किया था, जिसका वर्णन करते नहीं बनता, आपके ब्रह्मबाण से पीड़ित अपनी रक्षा के निमित्त उसने सम्पूर्ण लोकों की ओर रक्षा के लिए देखा किन्तु उसकी किसी ने रक्षा नहीं की आपकी शरण में ही आने पर आपने उसका भय दूर कराया॥ ४॥

पक्षी योनि का मांस भक्षण करने वाले गृद्ध जटायु कितना बड़ा व्रतधारी था, किन्तु पिता के सदृश उसकी अन्त्येष्टि क्रिया करके आपने उसके परलोक को सँवार दिया (बना दिया)॥ ५॥

लोक एवं वेद दोनों मर्यादाओं से बाहर, मूर्ख (जड़), नारी तथा अत्यन्त अधम जाति की शबरी के प्रेम को समझकर कृपानिधि श्रीराम ने उसे दर्शन दिया तथा उसका भी उद्धार किया॥ ६॥

अपने भाई बालि के भय से व्याकुल सुग्रीव ने शरण में आकर आर्त्तभाव से रक्षा के लिए गुहार लगाई! अपने भक्त सुग्रीव के प्रचण्ड क्लेश का सहन न करके श्रीराम ने बालि के दुर्वचनों को सुग्रीव के रक्षार्थ सहकर भी उसका बध किया॥ ७॥

शत्रु रावण का छोटा भाई विभीषण राक्षस कीर्तन-भजन का भी अधिकारी पात्र नहीं था। आपकी शरण में आने पर आप उससे आगे आकर सम्मान देकर मिले और अपनी भुजाएँ फैला कर अपने अंक में लेकर उसे भेंटा॥ ८॥

विकारग्रस्त वानर तथा भालु जिनका स्मरण मात्र अशुभदायक है, हे नाथ! यह आपकी ही महिमा है कि आपने उन्हें पवित्र किया—ऐसा वेदों से जाना जाता है अर्थात् इसके साक्ष्य स्वयं वेद हैं॥ ९॥

उन अगणित दीन-दुखियों का कहाँ तक वर्णन करूँ—जिनको-जिनको आपने संकट मुक्त किया है फिर हे नाथ! कलियुग की अधमता से ग्रस्त भक्त तुलसीदास पर क्यों कृपा करना भूल गए॥ १०॥

[१६७]

रघुपति भगति करत कठिनाई।
कहत सुगम करनी अपार जानै सोइ जेहि बनि आई॥ १॥
जो जेहि कला कुसल ताकहँ सोइ सुलभ सदा सुखकारी।
सफरी सनमुख जल प्रवाह सुरसरी बहै गज भारी॥ २॥
ज्यों सर्करा मिलै सिकता महँ बलतें न कोउ बिलगावै।
अति रसग्य सूच्छम पिपीलिका बिनु प्रयास ही पावै॥ ३॥
सकल दृश्य निज उदर मेलि सोवै निद्रा तजि जोगी।
सोइ हरिपद अनुभवै परम सुख अतिसय द्वैत बियोगी॥ ४॥
सोक मोह भय हरष दिवस निसि देस काल तहँ नाहीं।
तुलसिदास यहि दसाहीन संसय निरमूल न जाहीं॥ ५॥

केन्द्रीय भाव—कवि यहाँ भक्ति के तत्त्व दर्शन का वर्णन कर रहा है। अविद्याग्रस्त जीव की मोहासक्ति के कारण श्रीराम की भक्ति उसके लिए जटिल है। जीव की जागृति के बाद विवेक साधना से ही भक्ति सम्भव है।

अर्थ—श्रीराम की भक्ति करना अत्यधिक कठिन है। उनकी भक्ति के विषय में कहना तो बड़ा आसान है, किन्तु करना नितान्त दुष्कर है। जिसकी बन गई (अर्थात् जिसकी भक्ति से वह प्रसन्न हो गए) वही उस भक्ति एवं आराध्य श्रीराम के विषय में जान सकता है॥ १॥

जो जिस कला में प्रवीण है, उसे वह सदा सुलभ एवं सर्वदा आनन्द देने वाली है। जल संस्तरण कला में अप्रवीण गज गंगा के प्रवाह में बह जाता है, किन्तु छोटी सी मछली जल-प्रवाह के सम्मुख तैरती चलती है॥ २॥

जिस पर यदि धूलि में शक्कर यदि मिल जाए तो बलपूर्वक उसे कोई पृथक् नहीं कर सकता, किन्तु अत्यन्त सहृदय रसाकांक्षी छोटी-सी चींटी बिना प्रयास ही उसे खोज निकालती है॥ ३॥

सम्पूर्ण दृश्य जगत को अन्तर्मन में लिप्त किए जो योगिजन निद्रा त्याग कर निश्चिन्त भाव से विहार करते हैं तथा सांसारिक माया प्रपंचों के द्वैत भाव से वियुक्त रहते हैं वही योगिजन श्रीहरि के आनन्दास्पद का विलक्षण सुख का भोग करते हैं॥ ४॥

शोक, मोह, भय, हर्ष, रात्रि, दिन, देश, काल आदि के बन्धनों से वह आनन्द का अधिष्ठान मुक्त है। तुलसीदासजी कहते हैं कि बिना उस अवस्था में पहुँचे द्वैत भाव से युक्त संशय निर्मूल नहीं होते॥ ५॥

विशेष—भक्ति एक साधारण अवधारणा नहीं है। श्रीरामचरितमानस के उत्तरकाण्ड में कहा गया है—

निर्गुन रूप सुलभ अति सगुन जान नहिं कोइ।

बिना अहन्ता के त्याग के जीव का सर्वात्म समर्पण नहीं होता—अहन्ता त्याग करने पर सम्पूर्ण चेतना 'मति' में प्रवेश करती है, और मति के पश्चात् 'धी' में और उसके पश्चात् मेधा तत्पश्चात् आत्मबोध की स्थिति आती है। इस आत्मबोध के बाद विवेक जाग्रत होता है और तभी जीव के मायामल दूर होते हैं। इस अवस्था तक पहुँचने में साधक को जो कठिनाई होती है, उसका उल्लेख विनय पत्रिका में अनेक स्थलों पर कहा गया है।

योगादि द्वारा योगी उसी सुख का अनुभव करता है, जिसका भक्त इस साधना के बाद सुखी होता है। कोई-कोई विरला ही भक्ति की इस साधना तक अपने को पहुँचा पाता है।

भक्ति प्रकारान्तर से योग की भाँति भक्ति योग है और योग की समस्त जटिलताएँ इसमें सन्निहित हैं। किन्तु जो इस मार्ग में सिद्ध हो जाता है, उसे कोई कठिनाई नहीं पड़ती। इसके लिए कवि तीन दृष्टान्त देता है—

(१) सफरी सन्मुख...बहै गज भारी।

(२) ज्यों सर्करा..बिन प्रयास ही पावै।

(३) सकल दृश्य...निद्रा तजि जोगी।

अन्त में, कवि निष्कर्ष निकालता है कि 'द्वैत वियोगी' अर्थात् जिनका अहन्ताग्रस्त व्यक्तित्व नहीं है, वही ईश्वर में रमण करता है और जो जितना अधिक रमण करता है, वह उस विलक्षण आनन्द का उतना ही अधिक सघन आस्वाद प्राप्त करता है।

[१६८]

जो पै राम चरन रति होती।
तौ कत त्रिबिध सूल निसिबासर सहते बिपति निसोती॥ १॥
जो संतोष सुधा निसिबासर सपनेहुँ कबहुँक पावै।
तौ कत बिषय बिलोकि झूँठ जल जन कुरंग ज्यों धावै॥ २॥
जो श्रीपति महिमा बिचारि उर भजते भाव बढ़ाए।
तौ कत द्वार द्वार कूकर ज्यों फिरते पेट खलाए॥ ३॥
जे लोलुप भये दास आसके ते सबही के चेरे।
प्रभु बिस्वास आस जीती जिन्ह ते सेवक हरि केरे॥ ४॥
नहिं एकौ आचरन भजनको बिनय करत हौं ताते।
कीजै कृपा दासतुलसी पर नाथ नामके नाते॥ ५॥

केन्द्रीय भाव—'जीव' नाना प्रकार के संकट सांसारिक जीन यापन में द्वैत भाव और अहन्ता से उत्पन्न मोह के प्रास कारण करता है। मोहग्रस्त जीव को उपालम्भ देता हुआ कवि इस पद में अनेक दृष्टान्तों द्वारा उसे भविष्य में किए गए कार्यों के प्रति चेतावनी देता हुआ पुनः भजन करने के लिए प्रेरित करता है—क्योंकि भजन विलक्षण स्वभाव का है।

अर्थ—यदि श्रीराम के चरणों में संसक्ति रहती तो रात्रि दिन क्यों दैहिक, दैविक तथा भौतिक संतापों को सहते। यही संताप ही विपत्ति के घर हैं॥ १॥

यदि संतोष रूपी अमृत रात-दिन के मध्य स्वप्न में भी कभी प्राप्त हो जाए तो विषय के असत्य जल को देखकर मन-हिरण के सदृश क्यों भटकता फिरे॥ २॥

यदि श्रीहरि की महिमा को भली-भाँति विचार करके हृदय में प्रेम-भाव बढ़ाकर उनका भजन करते तो दरवाजे-दरवाजे कुत्ते की भाँति खाली पेट क्यों भटकते?॥ ३॥

आशा के दास बनकर जो लोलुप हैं, वे सभी के दास हैं। जिन्होंने श्रीराम प्रभु के विश्वास के परिणाम स्वरूप आशा पर विजय प्राप्त कर ली है, वे ही श्रीहरि के दास हैं॥ ४॥

मैं आपसे इसलिए विनय कर रहा हूँ कि मुझमें ईश्वर के भजन भाव का एक भी आचरण नहीं है फिर भी हे नाथ! आप इस दीन तुलसी पर अपने दीन वत्सल नाम के कारण कृपा करिए॥ ५॥

[१६९]

जो मोहि राम लागते मीठे।
तौ नवरस षटरस अनरस ह्वै जाते सब सीठे॥ १॥
बंचक विषय विविध तनु धरि अनुभवे सुने अरु डीठे।
यह जानत हौं हृदय आपने सपने न अघाइ उबीठे॥ २॥
तुलसिदास प्रभु को एकहिं बल बचन कहत अति ढीठे।
नाम की लाज राम करुनाकर केहिं न दिये कर चीठे॥ ३॥

केन्द्रीय भाव—जीव को धिक्कारता हुआ कवि कहता है कि यदि श्रीराम का नाम कभी निष्काम रूप में लिया होता तो तुझे दुर्दशा न भोगनी पड़ती। अब भी समय है, विवेक साधकर श्रीराम का नाम लो, अनेक पतितों की भाँति तुम्हारा भी उद्धार हो जाएगा।

अर्थ—यदि मुझे श्रीराम का नाम मीठा लगने लगता तो नवरस एवं षट्रस सभी रस जैसे न रह जाते और उनका आस्वादन फीका लगने लगता॥ १॥

नाना प्रकार के शरीरों को धारण करके मैंने अनुभव किया है, सुना है और देखा है कि विषय वासनाएँ ही वंचक (ठग) हैं। यह अपनी अन्त: चेतना से देखते हुए भी मैं इन विषय वासनाओं से स्वप्न में भी न अतृप्त हुआ और न इनसे ऊब लगी॥ २॥

तुलसीदासजी कहते हैं कि श्रीरामजी के ही एक मात्र भरोसे पर (बल पर) मैं धृष्ठ की भाँति इस प्रकार के वचनों का कथन कर रहा हूँ कि हे श्रीराम! आपने अपने नाम की लज्जा रखते हुए किस-किस को अपने हाथ से लिखकर मुक्ति का चिट्ठा नहीं दिया॥ ३॥

विशेष—यहाँ 'मीठा' शब्द व्यंजनावाची है और वह योगियों के 'ब्रह्म सुखानुभवयन्' का ही रूप है। इनकी तुलना में काव्य के—शृंगार, हास्य, करुण, रौद्र, भयानक आदि एवं भोजन के छह रस मधुर, तिक्त, कषाय निरर्थक हैं।

(१) मुहावरा 'केहिं न दिए कर चीठे' के माध्यम से ईश्वर के स्वभाव तथा उनकी सहज उदारता का चित्रण किया गया है।

[१७०]

यों मन कबहूँ तुमहिं न लाग्यो।
ज्यों छल छाँड़ि सुभाव निरंतर रहत बिषय अनुराग्यो॥ १॥

ज्यों चितई परनारि सुने पातक प्रपंच घर घरके।
त्यों न साधु सुरसरि तरंग निरमल गुनगन रघुबरके॥ २॥
ज्यों नासा सुगंधरस बस रसना षटरस रति मानी।
राम प्रसाद माल जूठन लगि त्यों न ललकि ललचानी॥ ३॥
चंदन चंदबदनि भूषन पट ज्यों चह पाँवर परस्यो।
त्यों रघुपति पद पदुम परस को तनु पातकी न तरस्यो॥ ४॥
ज्यों सब भाँति कुदेव कुठाकुर सेये बपु बचन हिये हूँ।
त्यों न राम सुकृतग्य जे सकुचत सकृत प्रनाम किये हूँ॥ ५॥
चंचल चरन लोभ लगि लोलुप द्वार द्वार जग बागे।
राम सीय आस्त्रमनि चलत त्यों भये न स्त्रमित अभागे॥ ६॥
सकल अंग पद बिमुख नाथ मुख नामकी ओट लई है।
है तुलसिहिं परतीति एक प्रभु मूरति कृपामई है॥ ७॥

केन्द्रीय भाव—जीव को धिक्कारता हुआ कवि कहता है कि वह मन के अधीन होकर इन्द्रियों के द्वारा भौतिक सुखों में जिस प्रकार रमा रहा यदि श्रीराम में उसका यह मन रमता तो उसकी सद्‌गति हो जाती। इसके बावजूद भी, अभी पर्याप्त समय है, लोकवासना जैसी संसक्ति ईश्वर में उत्पन्न करके सद्‌गति प्राप्त कर सकते हो।

अर्थ—जिस प्रकार अनेक छल तथा कपट को त्याग कर स्वभावत: विषय वासनाओं में निरन्तर अनुरक्त रहता है, उस प्रकार यह मन कभी भी तुममें संसक्त नहीं हुआ॥ १॥

जिस तरह निरन्तर दूसरे की पत्नी को संसक्त भाव से देखता रहता हूँ तथा घर-घर के पापपूर्ण प्रपंचों को सुनता रहता है, उस तरह कभी भी साधुओं की संगति में रुचि न रखता है और न गंगा की धवलधारा सदृश निर्मल श्रीराम के गुणसमूह में आसक्ति है॥ २॥

जिस तरह हमारी नासिका निरन्तर गंधरस के पीछे तथा जिह्वा छह स्वाद रसों में संसक्त रहती है, वैसे यह नासिका श्रीराम पर चढ़ी हुई माला के गन्धरस एवं श्रीराम पर चढ़े हुए भोग के प्रसाद के निमित्त आकुल नहीं दिखाई पड़ती॥ ३॥

जिस प्रकार यह अधम चन्दन, चन्द्रमुखी युवती एवं अलंकार तथा वस्त्रों का स्पर्श सुख प्राप्त करता है, उसी प्रकार श्रीराम के चरण कमलों के स्पर्श के प्रति यह पातकी कभी भी लालायित नहीं हुआ॥ ४॥

जिस प्रकार अनेक यत्नों से अनेक अधम देवताओं तथा तुच्छ स्वामियों की सेवा की; उस प्रकार उस श्रीराम की कभी भी सेवा नहीं की जो एक बार मात्र प्रणाम करने से अपने को कृतज्ञ समझते हैं॥ ५॥

जिस प्रकार ये चंचल चरण लोभ के वशीभूत होकर दरवाजे-दरवाजे पर भटकते फिरते हैं, उस प्रकार ये अभागे भी सीताराम के पुण्य आश्रमों की ओर चलते हुए कभी भी श्रमित नहीं हुए॥ ६॥

हे नाथ! मेरे सम्पूर्ण अंग प्रत्यंग आपकी संसक्ति तथा भक्ति से विमुख हैं और मात्र मुख से आपके नाम की ओट तो रखा है फिर भी, तुलसीदास के मन में इस बात का बहुत बड़ा

विश्वास है कि प्रभु श्रीराम की मूर्ति कृपापूर्ण है, और वह पास जाने पर कृपा करेगी॥ ७॥

विशेष—विषय विकारों में संसक्त मन को धिक्कारते हुए कवि श्रीराम के प्रति आचरणीय व्यवहारों से उसकी तुलना करता हुआ प्रबोधित करता है। पंच ज्ञानेन्द्रियों—गंध, दर्शन, स्वाद, स्पर्श, श्रवण आदि के विविध विषयों का सेवन अपनी परम किन्तु क्षणिक तृप्ति के लिए किया और यदि इसी को ईश्वर के प्रति लगाते तो निश्चित ही मुक्त हो जाते।

फिर भी, श्रीराम इतने सरल तथा निश्च्छल हैं कि तू उनके मात्र नाम का स्मरण कर और इतने कुकृत्यों के बाद भी मात्र नाम स्मरण से तुम्हारी मुक्ति हो जाएगी।

[१७१]

कीजै मोकौ जम जातना मई!
राम तुमसे सुचि सुहृद साहिबहिं मै सठ पीठि दई है॥ १॥
गरभवास दस मास पालि पितु मातु रूप हित कीन्हों।
जड़हिं विवेक सुसील खलहिं अपराधहिं आदर दीन्हों॥ २॥
कपट करहु अंतरजामिहुँ सो अघ व्यापकहिं दुरावौं।
ऐसेहुँ कुमति कुसेवक पर रघुपति न कियौ मन बावौं॥ ३॥
उदर भरौं किंकर कहाइ बेंच्यो विषयनि हाथ हियो है।
मोसे बंचक को कृपालु छल छाँड़िकै छोहु कियो है॥ ४॥
पल पल के उपकार रावरे जानि बूझि सुनि नीके।
भिद्यो न कुलिसहुँ ते कठोर चित कबहुँ प्रेम सिय पीके॥ ५॥
स्वामी की सेवक हितता सब कछु निज साई द्रोहाई।
मैं मति तुला तोलि देखी भइ मेरेहिं दिसि गरुआई॥ ६॥
एतेहु पर हित करत नाथ मेरो करि आयो अरु करिहैं।
तुलसी अपनी ओर जानियत प्रभुहिं कनौड़ो भरि हैं॥ ७॥

केन्द्रीय भाव—हे प्रभु! मन विषय वासनाओं में फँसा पर आप जैसे हित चिन्तक से मुझे वियुक्त कर दिया था। मैंने इनसे पीड़ित होकर क्या-क्या नहीं किया। फिर भी, आपने मेरे इन अपराधों पर ध्यान देकर मुझ पर अहैतुकी कृपा की है, और करते रहेंगे, ऐसा विश्वास है।

अर्थ—हे श्रीराम! आपसे पवित्र, अत्यन्त सहृदय, स्वामी को मुझ शठ ने तिरस्कृत कर दिया है, अतः मुझे यम यातनायुक्त ही कर दें अर्थात् यम यातना का दण्ड दें॥ १॥

जब मैं माता के गर्भ में था तो दस महीने माता-पिता से सदृश पालन-पोषण करके मेरा बड़ा हित किया और इस जड़बुद्धि को आपने ज्ञान, इस नीच को सुशीलता तथा इस अपराधी को बड़ा सम्मान दिया॥ २॥

मैं आप सदृश अन्तर्यामी से भी कपटपूर्ण आचरण करते हुए अपने भारी पापों को छिपाये रहता हूँ। ऐसे दुर्बुद्ध सेवक पर सारी बातें जानते हुए भी श्रीराम ने कभी वाम (प्रतिकूल) आचरण नहीं किया॥ ३॥

आपका दास कहलाकर अपना पेट पालता हूँ, किन्तु अपने हृदय को विषय-वासनाओं के हाथ बेच रखा है। हे कृपालु श्रीराम! मुझसे बढ़कर ठग और कौन हो सकता है, किन्तु आपने मेरे छलपूर्ण व्यवहार पर ध्यान न देकर हमेशा मुझ पर आत्मीयता ही व्यक्त की है॥ ४॥

आपके द्वारा मेरे प्रति प्रतिपल किए गए उपकारों को अच्छी तरह से जानते हुए, समझते हुए और सुनते हुए भी मेरे वज्र से भी कठोर हृदय में हे सीतापति श्रीराम! कभी भी आपका प्रेम प्रवेश नहीं कर पाया॥ ५॥

हे स्वामी! मैं आपकी दुहाई देकर कहता हूँ आप जैसे स्वामी की सेवक के प्रति हितैषिता और मुझ जैसे दास की स्वामी के प्रति कृतघ्नता को मैंने बुद्धि रूपी तराजू पर तौलकर देखा तो मेरा ही पलड़ा भारी लगा अर्थात् मेरी कृतघ्नता अधिक निकली॥ ६॥

इतने पर भी हे नाथ! आप मेरा निरन्तर हित कर रहे हैं और आगे भी करते रहेंगे—यह मैं भली-भाँति जानता हूँ तथा तुलसीदासजी कहते हैं कि यह भी समझता हूँ कि आपके अहसानों से दबे इस कृतज्ञ का भरण-पोषण आप ही करेंगे॥ ७॥

विशेष—जीव की भगवदाश्रय के अतिरिक्त अन्य कोई गति नहीं है। यद्यपि जीव माया में पड़कर ब्रह्म से विमुख होता जाता है, किन्तु ब्रह्म अपनी जीवाकर्षिणी शक्ति से निरन्तर जीव को अपनी वास्तविकता का ज्ञान कराता रहता है। इस जीव की परम सद्गति केवल ब्रह्म के हाथ में है।

जीव की अध:दशा का चित्रण निम्नलिखित पंक्तियों में किया गया है—

उदर भरौं किंकर कहाइ बेच्यो विषयनि हाथ हियो है।

मोसे वंचक को कृपालु छल छाँड़ि कै छोह कियो है।

प्राय: इस पद का सम्पूर्ण प्रकरण तुलसी के आत्मवृत्त से भी मिलता है।

इस पद में कवि अर्थ व्याप्ति एवं भावदीप्ति के लिए मुहावरों का प्रयोग करता है—न कियौ मन बावौं, भिदेहु न चित, प्रभुहिं कनौड़ो भरिहैं।

[१७२]

कबहुँक हौं यहि रहनि रहौंगो।
श्रीरघुनाथ कृपालु कृपातें संत सुभाव गहौंगो॥ १॥
जथालाभ संतोष सदा काहू सों कछु न चहौंगो।
पर हित निरत निरंतर मन क्रम बचन नेम निबहौंगो॥ २॥
परुष बचन अति दुसह श्रवन सुनि तेहि पावक न दहौंगो।
बिगत मान सम सीतल मन पर गुन नहिं दोष कहौंगो॥ ३॥
परिहरि देह जनित चिंता दुख सुख समबुद्धि सहौंगो।
तुलसिदास प्रभु यहि पथ रहि अबिचल हरि भगति लहौंगो॥ ४॥

केन्द्रीय भाव—विवेकाश्रित होकर भक्त के रूप में जीवन यापन की कामना का भाव इस पद में सन्निहित है। 'वहि रहनि' अर्थात् लोक जीवन और विवेक जागृत हो जाने के बाद 'यहिं रहनि' की स्थिति पर यहाँ बल दिया गया है। यहिं रहनि का मन्तव्य है—अविचल श्रीहरि की भक्ति की प्राप्ति। रत्यकुंरोत्पत्ति नामक भक्ति की चतुर्थ भूमिका यहाँ कथित है।

अर्थ—कभी क्या मैं इस प्रकार की रहनि (जीवन निर्वाह) रह सकूँगा। श्रीराम की कृपा के फलस्वरूप क्या मैं संत के स्वभाव को ग्रहण कर सकूँगा?॥ १ ॥

मैं सदा यथालाभ सन्तोष को स्वीकार कर सकूँगा और किसी से भी किसी वस्तु की कामना न रख सकूँगा। मन, वाणी तथा कर्म से इसी नियम का निर्वाह करूँगा कि निरन्तर दूसरे के हित कार्यों से जुड़ा रहूँ?॥ २ ॥

परुष वाणी अत्यन्त असह्य है और कानों से उसे सुनकर उसकी आग में न जल सकूँगा। मैं मानापमान से दूर समत्व भाव से परिपूर्ण मन को निर्विकार किए न तो दूसरों के गुणों को और न दोषों का ही वर्णन करूँगा?॥ ३ ॥

देहजनित चिन्ताएँ छोड़कर दुख सुख दोनों को कब एक सरीखा मानकर जीवन यापन करूँगा तुलसीदासजी कहते हैं कि हे प्रभु! उस पथ पर निरन्तर भाव से कब स्थिर रहकर श्रीहरि की भक्ति प्राप्त करने की स्थिति में हो सकूँगा?॥ ४ ॥

विशेष—भक्त की कामना और वह विवेक सिद्ध अवस्था की कवि-भक्ति की इसी सिद्धि के लिए लोक जीवन से भिन्न जीवन यापन की एषणा करता है।

[१७३]

नाहिन आवत आन भरोसो।
यह कलिकाल सकल साधन तरु है स्त्रम फलनि फरो सो॥ १॥
तप तीरथ उपवास दान मख जेहिं जो रुचै करो सो।
पायेहि पै जानिबो करम फल भरि भरि वेद परोसो॥ २॥
आगम विधि जप जाग करत नर सरत न काज खरो सो।
सुख सपनेहुँ न जोग सिधि साधन रोग वियोग धरो सो॥ ३॥
काम क्रोध मद लोभ मिलि ग्यान विराग हरो सो।
बिगरत मन संन्यास लेत जल नावत आम धरो सो॥ ४॥
बहुमत सुनि बहु पंथ पुराननि जहाँ तहाँ झगरो सो।
गुरु कह्यो राम भजन नीको मोहि लगत राज डगरो सो॥ ५॥
तुलसी बिनु परतीति प्रीति फिरि फिरि पचि मरै मरौ सो।
राम नाम बोहित भवसागर चाहै तरन तरो सो॥ ६॥

केन्द्रीय भाव—वेद, शास्त्र, आगम, निगम, तप, तीर्थ, उपवास, व्रत, दान, यज्ञ, जप, योग आदि कितने मार्ग हैं, किन्तु काम, क्रोध मद मिलकर इनके कर्त्ता के मन का हरण कर लेते हैं या इन्हें करने पर भी प्रत्यक्षत: फल नहीं मिलता। इनमें सबसे सरल एवं अचूक मार्ग भक्ति का है। वह इसे स्पष्ट करता हुआ कहता है—

अर्थ—मुझे अन्य कोई भरोसा समझ में नहीं आता। इस कलियुग में जितने भी साधन रूपी वृक्ष हैं, वे सभी श्रम रूपी फल ही फले दीखते हैं अर्थात् समस्त संसार में श्रम ही का परिणाम दिखाई पड़ता है और सम्पूर्ण फल अस्थायी हैं॥ १ ॥

तप, तीर्थाटन, उपवास, दान, यज्ञ जिसे जो रुचे वह उस कर्म को करे किन्तु जहाँ तक फल का प्रश्न है प्राप्त होने पर ही कर्म से उसकी संगति समझ में आती है यद्यपि वेदादि ने

अपने विधान के अनुसार उनको भर-भर करके मनुष्यों के लिए परोसा है अर्थात् कर्मफलों के अनेकों विधानों का निर्देश दे रखा है॥ २॥

शास्त्रादि विधियों से मनुष्य अनेक प्रकार के जप और यज्ञ कर्म करते हैं किन्तु उनसे उनका यथोक्त कार्य ठीक से सिद्ध नहीं हो पाता। योग साधना से भी स्वप्न में भी सुख सम्भव नहीं है और रोग तथा वियोग से वह हमेशा ग्रस्त रहता है अर्थात् योगादि साधनों से भी सुख नहीं प्राप्त होता॥ ३॥

काम, क्रोध, मद लोभ, मोह से मिल करके ज्ञान तथा वैराग्य हर लिया गया है और संन्यास ग्रहण करने पर मन ऐसा नष्ट होता है जैसे पानी पड़ने पर से कच्चा (आम) घड़ा॥ ४॥

अनेक मत-मतान्तरों और पुराणों में निर्दिष्ट नाना प्रकार के पंथों को सुनकर प्रतीत होता है कि यत्र-तत्र झगड़े-ही-झगड़े हैं। गुरु ने मुझे राम भजन का निर्देश दिया है और यही राजमार्ग की भाँति मुझे सुगम प्रतीत होता है॥ ५॥

तुलसीदासजी कहते हैं कि बिना विश्वास और संसक्ति के जिसे बार-बार अच्छी तरह मरना हो मरे, किन्तु यदि तरना चाहता है तो उसके लिए इस भवसागर में श्रीराम नाम की नौका है, उसका आलम्बन ग्रहण करे॥ ६॥

विशेष—गोस्वामी तुलसीदास भक्ति को 'राजमार्ग' बताते हैं—और उस पर आँख मूँद कर चलते जाइये भ्रष्ट होने की कहीं कोई गुंजाइश नहीं है।

'गुरु कह्यो राम भजन नीको मोहि लगत राज डगरो सो' योग, ज्ञान, वैराग्य, तप, व्रत, यज्ञ, दान आदि इसलिए भक्ति की तुलना में 'अवर' हैं क्योंकि उनसे फल मिले या न मिले या कब मिले कौन जानता है। दूसरी कठिनाई यह है कि काम, क्रोध, मद, लोभ आदि उसे इस प्रकार जला देते हैं जैसे पानी पड़ने पर कच्चा घड़ा किन्तु भक्ति ही एक ऐसी नौका है जो निर्विघ्न है और भवसागर से पार करा देने में भी सक्षम।

एक ओर भक्ति एवं दूसरी ओर परम्परित मुक्ति के लिए कथित अन्य मार्गों के बीच तुलना करके कवि भक्ति को सुगम तथा श्रेष्ठ सिद्ध करता है।

[१७४]

जाके प्रिय न राम बैदेही।
तजिये ताहि कोटि बैरी सम जद्यपि परम सनेही॥ १॥
तज्यो पिता प्रहलाद बिभीषन बंधु भरत महतारी।
बलि गुरु तज्यो कंत ब्रज बनितन्हि भये मुद मंगलकारी॥ २॥
नाते नेह रामके मनियत सुहृद सुसेब्य जहाँ लौं।
अंजन कहा आँखि जेहि फूटै बहुतक कहौं कहाँ लौं॥ ३॥
तुलसी सो सब भाँति परम हित पूज्य प्रानते प्यारो।
जासों होय सनेह राम पद एतो मतो हमारो॥ ४॥

केन्द्रीय भाव—श्रीराम ही एकमात्र अभीष्ट एवं बंधु, गुरु, सखा, स्वामी, माता-पिता हैं तथा संसार के समग्र नाते उन्हीं के सम्बन्ध से मान्य हैं। यदि श्रीराम के रिश्ते से कोई रिश्ता नहीं बनता तो वह रिश्ता ही नहीं है। इस प्रकार लोक के मूल में और लोक सम्बन्धों के भी

मूल में श्रीराम के अतिरिक्त अन्य कोई नहीं है।

अर्थ—जिसको श्रीराम तथा श्रीसीताजी प्रिय एवं काम्य नहीं हैं उसे कोटि शत्रु के सदृश्य त्याग दें, चाहे अपना परम स्नेहीजन ही क्यों न हो॥ १॥

प्रहलाद ने अपने पिता को, विभीषण ने अपने सगे भाई को, भरत ने अपनी माता को, बलि ने अपने गुरु शुक्राचार्य को और ब्रज की गोपिकाओं ने अपने पतियों को परम प्रिय होते हुए भी त्याग दिया तथा ये सभी आनन्द तथा कल्याण के पात्र बने॥ २॥

जहाँ तक मित्र के सुसेव्य (साथ) होने का प्रश्न है, श्रीराम के ही प्रेम के सम्बन्ध से ही वह माननीय है, अन्यथा नहीं। इससे अधिक कहाँ तक कहूँ कि उस अंजन से क्या लाभ? जिसके लगाने से आँख ही फूट जाए अर्थात् उस श्रीराम विहीन सम्बन्ध से क्या लाभ जो लोक तथा परलोक दोनों नष्ट कर दे॥ ३॥

तुलसीदासजी कहते हैं कि यह मेरा अपना विचार है कि वही परम हितैषी, पूज्य एवं प्राणों से भी बढ़कर प्रिय है जिसके कारण श्रीराम के चरणों में प्रेमानुराग हो॥ ४॥

विशेष—श्रीराम के सम्बन्ध के नाते ही जीव का अस्तित्व है। यदि जीव विदेह दशा को प्राप्त हो जाता है तो उसे एकमात्र ईश्वर भाव ही दिखाई पड़ता है। 'आँख फूटी व्यक्ति के लिए अंजन' का क्या औचित्य है। परमात्मा के अस्तित्व का अनुभव ही जिसे नहीं है, उस व्यक्ति से कैसा सम्बन्ध और किस बात के लिए सम्बन्ध। जीव को स्वस्वरूप एवं परमात्मा के उसके सम्बन्ध और निजता की प्राप्ति पर लाभार्थ के भाई, बहन, पिता, माता, स्वामी सखा सभी सम्बन्ध व्यर्थ हो उठते हैं। श्रीहरि भक्ति रसमृता सिन्धु में इस मन: स्थिति को आसक्ति की स्थिति मानी है अर्थात् लोकासक्ति से विराग एवं एकमात्र ब्रह्म में मन का अध्यवसित होना।

[१७५]

जो पै रहनि राम सों नाँहीं।
तौ नर खर कूकर सूकर सम वृथा जियत जग माही॥ १॥
काम क्रोध मद लोभ नीद भय भूख प्यास सबहीं के।
मनुज देह सुर साधु सराहत सो सनेह सिय पीके॥ २॥
सूर सुजान सुपूत सुलच्छन गनियत गुरु गरुआई।
बिन हरिभजन इनारुन के फल तजत नहीं करुआई॥ ३॥
कीरति कुल करतूति भूति भलि सील सरूप सलोने।
तुलसी प्रभु अनुराग रहित जस सालन साग अलोने॥ ४॥

इस पद का मूल मन्तव्य 'राममय रहनि' है। राममय रहनि का अर्थ है, सोते-जागते, उठते-बैठते निरन्तर राम के रूप, गुण, क्रिया तथा स्वभाव का स्मरण तथा उसी में आत्यन्तिक संसक्ति। इस पद में विविध उदाहरणों के माध्यम से यही समझाने की चेष्टा की गई है कि गृहस्थ की 'रहनि' यदि राममय नहीं है, तो उसका सम्पूर्ण जीवन स्वाद रहित है—

अर्थ—जिसकी रहनि (श्रीराम के प्रति सर्वस्व आचरणीय भाव) श्रीराम के प्रति नहीं है तो वे मनुष्य गधे, कुत्ते, शूकर सदृश इस संसार में क्यों जीवित है?॥ १॥

काम, क्रोध, मद, लोभ, नींद, भय, भूख, प्यास तो मनुष्य और पशुओं में सभी के पास है अर्थात् सभी इनके वशीभूत हैं किन्तु जिस कारणवश मनुष्य की देह की देवता तथा साधुजन सराहना करते हैं, वह सीतापति श्रीराम का प्रेम ही एकमात्र है॥ २॥

पराक्रमी, चतुर, सुपुत्र, अनेक लक्षणों से युक्त तथा गुणों की गुरुता के कारण समाज में आदरणीय (गिना जाने वाला) व्यक्ति भी श्रीहरि के भजन के अभाव में इन्द्रायण फल के समान है जो देखने में सुन्दर अरुण वर्ण किन्तु अपनी कड़वाहट नहीं छोड़ता॥ ३॥

अच्छी कीर्ति, अच्छा कुल, अच्छे कार्य कलाप, अनेक विभूतियों से सम्पन्न, भले स्वभावयुक्त, शीलवान, रूपवान एवं लावण्ययुक्त व्यक्ति भी तुलसीदासजी कहते हैं कि श्रीराम की भक्ति के अभाव में बिना नमक के सालन तथा साग सदृश फीके है॥ ४॥

विशेष—जीवन यापन के तीन सन्दर्भ हैं। कथनी, करनी तथा रहनी। यहाँ 'रहनि' के विषय में बताया गया है। सन्दर्भ गृहस्थ धर्म का है। पेट तो पशु पक्षी भी पाल लेते हैं। मनुष्य देह की सार्थकता श्रीराम भक्ति की है। सुलक्षण एवं सुन्दर पुत्र भी रामभक्ति के बिना विषैले किन्तु बाहर से देखने में आकर्षक इन्द्रायण फल की भाँति हैं। अन्त में, कवि निष्कर्ष निकालता है कि—

'तुलसी प्रभु अनुराग रहित जस सालन साग अलोने'

नमक रहित 'साग' तथा 'सालन' जैसे गृहस्थ के लिए स्वादहीन होते हैं, उसी प्रकार रामभक्तिहीन गृहस्थ जीवन यापन। दृष्टान्त अलंकार द्वारा श्रीराम की भक्ति की अनिवार्यता व्यंजित है।

[१७६]

राख्यो राम सुस्वामी सों नीच नेह न नातो। एते अनादर हूँ तोहि ते न हातो॥ १॥
जोरे नये नाते नेह फोकट फीके। देहके दाहक गाहक जीके॥ २॥
अपने अपनेको सब चाहत नीको। मूल दुहूँको दयालु दूलह सीको॥ ३॥
जीवको जीवन प्रानको प्यारो। सुखहूको सुख रामसो बिसारो॥ ४॥
कियो करैगो तोसे खलको भलो। ऐसे सुसाहब सों तू कुचाल क्यों चलो॥ ५॥
तुलसी तेरी भलाई अजहूँ बूझे। राढ़उ राउत होत फिरिकै जूझै॥ ६॥

केन्द्रीय भाव—जीव को सम्बोधित करते हुए तुलसी कहते हैं कि हे जीव! तूने जीव के जीवन एवं प्राणों के लिए प्राणस्वरूप श्रीराम का साथ छोड़कर देह के सुख के अनेक सम्बन्धों को बनाकर उनका साथ किया है और प्रभु को भूल गया है। किन्तु श्रीहरि की उदारता है कि उन्होंने अपने अंश स्वरूप इस जीव को विस्मृत नहीं किया है, अत: ऐसे प्रभु की शरण में चल।

अर्थ—हे नीच! तूने श्रीराम सदृश्य, सुन्दर तथा सर्वथा उपयुक्त स्वामी से स्नेह और सम्बन्ध क्यों नहीं रखा। प्रभु धन्य हैं कि तुम्हारे द्वारा किए गए इतने अनादर पर भी तुम्हारा साथ नहीं छोड़ा॥ १॥

तूने नए-नए स्नेह सम्बन्धों को क्यों जोड़ा, वे सब व्यर्थ तथा नीरस हैं और ये सभी सम्बन्ध तुम्हारी शरीर को जलाने वाले तथा तुम्हारे प्राणों के ग्राहक हैं। इन सब सम्बन्धों को

जोड़कर तू अन्ततया अपना विनाश कर लेगा ॥ २ ॥

अपना और अपनों का तो सभी भला चाहते हैं, किन्तु दोनों का कल्याण श्री सीतापति श्रीराम ही कर सकते हैं ॥ ३ ॥

श्रीराम जीवों के जीवन तथा प्राणों के लिए भी प्रिय हैं। वे सुखों के भी सुख हैं किन्तु तूने उन्हें क्यों भुला दिया ॥ ४ ॥

वे श्रीराम तुझ जैसे दुष्ट का बराबर भला किया है और भविष्य में भी भला करते रहेंगे, ऐसे सुन्दर एवं हितैषी स्वामी के प्रति तू कुचालें क्यों चलता है ॥ ५ ॥

तुलसीदासजी कहते हैं कि आज भी श्रीराम तुम्हारा कल्याण सोचते हैं। तू कायर योद्धा की भाँति है किन्तु निराश मत हो। बार-बार युद्ध करने पर कायर भी वीर पुरुष हो जाया करता है ॥ ६ ॥

विशेष—बार-बार ईश्वर की कामना करते हुए तू राग के वशीभूत होकर उन्हें विस्मृत कर जाते हो, होश में आओ और पुनः उनकी शरण में जाओ। बार-बार गिरते पड़ते भी काम कभी-कभी सध जाया करते हैं। कायर व्यक्ति भी बार बार युद्ध करते-करते बहादुर हो जाया करते हैं, तू इसे याद करके निराश मत हो।

यहाँ सामान्य का विशेष वाक्य द्वारा सम्पुष्टि होने के कारण निदर्शना वाक्य है।

देह के दाहक, जी के गाहक, फोकट एवं फीके नाते (रिश्ते), कुचाल चलना आदि शब्द लाक्षणिक प्रयोग है।

[१७७]

जो तुम त्यागों राम हौं तौ नहिं त्यागो। परिहरि पाँय काहि अनुरागो ॥ १ ॥
सुखद सुप्रभु तुम सो जगमाहीं। श्रवन नयन मन गोचर नाहीं ॥ २ ॥
हौं जड़ जीवन ईस रघुराया। तुम मायापति, हौं बस माया ॥ ३ ॥
हौं तो कुजाचक स्वामी सुदाता। हौं कुपूत तुम हितु पितु-माता ॥ ४ ॥
जो पै कहुँ कोउ बूझत बातो। तौ तुलसी बिनु मोल बिकातो ॥ ५ ॥

केन्द्रीय भाव—जीव का स्वामी ईश्वर है, अन्य कोई नहीं। यदि ईश्वर बार-बार छोड़ने की इच्छा भी करता है तो प्रबुद्ध जीव उसे नहीं छोड़ता क्योंकि वह जानता है कि इस जीव का आश्रयस्थल एक मात्र परमात्मा है, अन्य कोई नहीं। वह कहता है—

अर्थ—हे श्रीराम! यदि आप मुझे त्याग भी देंगे तो भी मैं आपको त्यागने वाला नहीं हूँ क्योंकि आपके चरणों को छोड़कर किससे प्रेम किया जाए, यह समझ में नहीं आता ॥ १ ॥

श्रवणों से न सुना है, न नेत्रों से देखा है, न मन से चिन्तनीय है कि आपके सदृश सुख देने वाले अच्छे स्वामी और अन्य कोई भी है ॥ २ ॥

मैं जड़ता का प्रतीक जीव हूँ और हे श्री रघुनाथजी आप ईश्वर हैं। मैं माया से विवशित उसके अधीन हूँ और आप मायापति ब्रह्म हैं ॥ ३ ॥

आप उदार दान देने वाले स्वामी हैं और मैं एक तुच्छ याचक हूँ। मैं कुपुत्र हूँ किन्तु आप उस कुपुत्र के हितैषी पिता-माता हैं ॥ ४ ॥

यदि कोई स्वामी मेरे संकटों को समझ कर मुझसे पूछता तो मैं उसके हाथों बिना दाम के ही बिक जाता और चूँकि अन्य कोई मुझे पूछने वाला नहीं है अतः मेरे ग्राहक स्वतः आप हैं,

मेरे स्वामी भी आप ही हैं॥ ५॥

विशेष—ईश्वर एवं जीव के सम्बन्ध को अनेक रिश्तों से कवि स्पष्ट करता है—

(१) ईश्वर—जड़ जीव

(२) मायापति—माया विवश

(३) स्वामी दाता—कुयाचक

(४) माता-पिता—कुपूत

एक जीव विवेक के पश्चात् अपने अनन्य आश्रय स्थल का परित्याग कैसे कर सकता है।

[१७८]

भयेहूँ उदास राम मेरे आस रावरी।
आरत स्वारथी सब कहैं बात बावरी॥ १॥
जीवनको दानी घन कहा ताहि चाहिये।
प्रेम नेमके निबाहे चातक सराहिये॥ २॥
मीनतें न लाभ लेस पानी पुन्य पीनको।
जल बिनु थल कहा मीच बिनु मीनको॥ ३॥
बड़े ही की ओट बलि बाँचि आये छोटे हैं।
चलत खरेके संग जहाँ तहाँ खोटे हैं॥ ४॥
यहि दरबार भलो दाहिनेहु बामको।
मोको सुभदायक भरोसो राम नामको॥ ५॥
कहत नसानी ह्वैहै हिये नाथ नीकी है।
जानत कृपानिधान तुलसीके जीकी है॥ ६॥

केन्द्रीय भाव—मैं तो स्वाति जल का आकांक्षी चातक या जल के प्रेम में जीवन से जोड़ देने वाले मत्स्य की भाँति निष्काम भाव से आपकी भक्ति का याचक हूँ। मैं अन्य कोई दाहिना-बायाँ नहीं जानता आप स्वयं मेरे हृदय की भावना जानते हैं, मुझे आप प्रिय हैं और यह प्रियता कारण रहित है—

अर्थ—हे श्रीराम! आप भले ही मेरे प्रति उदासीन रहें, किन्तु मुझे तो मात्र आपकी ही आशा है। जो व्यक्ति स्वार्थ से विवश हैं वे सब पागलों की सी बातें करते हैं। अर्थात् संसार अपने स्वार्थ में पागल है वह इसे नहीं समझ सकता और माया मोह की ही बात करता है॥ १॥

जगत को जीवन दान देने वाले बादलों को किस वस्तु की कमी है, किन्तु प्रेम की मर्यादा के निर्वाह के निमित्त पपीहे की ही प्रशंसा की जाती है॥ २॥

पुण्यवान एवं पोषण तत्त्व से युक्त जल को मछली से लेशमात्र के लिए भी लाभ नहीं है, किन्तु उस मछली के लिए मृत्यु से बचने के लिए जल के अतिरिक्त और अन्य कोई आश्रय स्थल नहीं है॥ ३॥

बड़ों की ओर से हमेशा छोटे जन बच जाया करते हैं। जहाँ-तहाँ खोटे सिक्के भी असली सिक्कों के साथ चल जाया करते हैं॥ ४॥

आपका यह दरबार कितना अच्छा है जहाँ भले तथा बुरे दोनों को आश्रय मिल जाया करता है। मेरे लिए सर्वथा सुखदायक आपके नाम का ही मुझे भरोसा है॥ ५॥

कहने से बात नष्ट बिगड़ जाती है इसलिए हृदय में ही उसे रखे रहना अच्छा होगा। हे कृपा निधान श्रीराम आप तो तुलसी के मन की सम्पूर्ण बातों से परिचित हैं, क्योंकि आप अन्तर्यामी एवं सर्वज्ञ हैं॥ ६॥

विशेष—श्रीराम का माहात्म्य हीं ऐसा कुछ है, जहाँ केवल पुण्यात्मा ही नहीं, उन्हीं के साथ पापी भी मुक्त हो जाते हैं। कवि इसके लिए एक दृष्टान्त देता है—

'चलत खरे के संग जहाँ तहाँ खोटे हैं।'

जहाँ तहाँ खरे सिक्कों के साथ एकाध खोटे सिक्के भी चल जाया करते हैं।

[१७९]

कहाँ जाउँ क़ासों कहौं कौन सुनै दीन की।
त्रिभुवन तुही गति सब अंगहीन की॥ १॥
जग जगदीस घर घरनि घनेरे हैं।
निराधार के अधार गुनगन तेरे हैं॥ २॥
गजराज काज खगराज तजि धायो को।
मोसे दोस कोस पोसे तोसे माय जायो को॥ ३॥
मोसे कूर कायर कुपूत कौड़ी आधके।
किये बहुमोल तैं करैया गीध श्राधके॥ ४॥
तुलसीकी तेरे ही बनाये बलि बनैगी।
प्रभुकी बिलंब अंब दोष दुख जनैगी॥ ५॥

केन्द्रीय भाव—संसार में अनेक देवी देवता हैं, किन्तु तुलसी जैसे साधन विहीन के लिए अनन्य शरणस्थली आप ही हैं। कवि शीघ्र ही अपने इस अनन्य शरण्य श्रीराम से बलि जनित बाधाओं को दूर करने की प्रार्थना करता है—

अर्थ—कहाँ जाऊ,किससे कहूँ, इस दीन और दुखी व्यक्ति की बात कौन सुनने वाला है। तीनों लोकों में हे स्वामी! आप ही मुझ साधन हीन (अंगहीन) का सहायक (गति) हैं॥ १॥

इस संसार में जगदीश (स्वामी) प्रभूत मात्रा में घर-घर में पड़े हैं, किन्तु इस आश्रय विहीन के एकमात्र आश्रय आपके गुण समूह हैं॥ २॥

गजेन्द्र की रक्षा के लिए गरुण को त्याग कर दौड़ पड़े थे आपने मुझ अवगुणों के भण्डार अर्थात् महान पातकी का भी पोषण किया। मेरे लिए आपसे बड़ा अपनी माता की कोख से उत्पन्न और कौन दूसरा है॥ ३॥

आधी कौड़ी के मूल्य वाले मुझसे बढ़कर क्रूरकर्मा कायर एवं कुपुत्र और कौन है। हे जटायु गिद्ध के श्राद्ध करने वाले श्रीराम! आपने मुझे भी अमूल्य बना दिया॥ ४॥

तुलसी बलि जाते हैं। उनकी सद्गति तुम्हारे बनाने से ही बनेगी। यदि आपने इसमें विलम्ब किया तो यह विलम्ब रूपी माता दोष तथा दु:ख रूपी पुत्रों को ही उत्पन्न करेंगी अर्थात् विलम्ब करने से दोष तथा कष्टों की ही वृद्धि होगी॥ ५॥

विशेष—(१) कवि अनेक व्यंग्य वचनों द्वारा संसार में पूज्य अन्य देवी-देवताओं को श्रीराम की तुलना में उन्हें अवर बताता है। ये वाक्य आर्थी व्यंजना के हैं—'जग जगदीश घर घरनि घनेरे हैं।'

अर्थात, संसार के घरों में अनेक जगदीश भरे पड़े हैं। तत्त्वत: जो जगदीश नहीं है, लेकिन अज्ञानवश लोग उन्हें जगदीश मानकर मिथ्या तथा अज्ञानता भरा महत्त्व दे रहे हैं।

(२) इनका लक्ष्यार्थ युक्त व्यंजना शक्ति का चमत्कार द्रष्टव्य है—

'प्रभु की विलम्ब अम्ब दोष दुख बनैगी'

प्रभु की विलम्ब रूपी माता 'दोष' तथा 'दुख' रूपी दो सन्तानों को उत्पन्न करेगी। इस रूपक युक्त लक्ष्यार्थ का मन्तव्य है—जितना ही विलम्ब होगा उतना ही कर्म विपाक तथा संसक्तियों का भार बढ़ता जाएगा, फलस्वरूप नाना दोष (मद, मोह, अज्ञान आदि) का विकास होगा तथा कर्मफल भोग से संकट (दुख) भी उसी प्रकार बढ़ता जाएगा, अत: जितना शीघ्र हो सके, मुक्त करें।

वाक्यावली का प्रवाह द्रष्टव्य है—

'मोसे दोस कोस पोसे तोसो माय जायो को'

नई शब्दावलियाँ द्रष्टव्य हैं—'करैया गीधस्राध को' तोसे माय जायो को आदि अर्थ विधान के स्तर पर ये शब्द अर्थ के उसी बिन्दु को इंगित करते हैं जिसे कवि चाह रहा है। वैसे, अर्थ विस्तार की अनेक सम्भावनाएँ इन पदों में भरी पड़ी हैं।

[१८०]

बारक बिलोकि बलि कीजै मोहिं आपनो।
राय दशरथ के तू उथपन थापनो॥ १॥
साहिब सरनपाल सबल न दूसरो।
तेरो नाम लेत ही सुखेत होत ऊसरो॥ २॥
बचन करम तेरे मेरे मन गड़े हैं।
देखे सुने जाने मैं जहान जेते बड़े हैं॥ ३॥
कौन कियो समाधान सनमान सीलाको।
भृगुनाथ सो रिषी जितैया कौन लीलाको॥ ४॥
मातु पितु बन्धु हितु लोक बेदपाल को।
बोलको अचल नत करत निहाल को॥ ५॥
संग्रही सनेहबस अधम असाधुको।
गीध सबरीको कहौ करिहै सराधु को॥ ६॥
निराधारको अधार दीनको दयालु को।
मीत कपि केवट रजनिचर भालु को॥ ७॥

रंक निरगुनी नीच जितने निवाजे हैं।
महाराज सुजन समाज ते बिराजे हैं॥ ८॥
साँची बिरुदावली न बढ़ि कहि गई है।
सीलसिंधु ढील तुलसीकी बेर भई है॥ ९॥

केन्द्रीय भाव—कवि इन पंक्तियों में श्रीरामकी विरुदावली का स्मरण कर रहा है। उस विरुदावली के अनुक्रम में वह उपालम्भ देता है कि आपने कितने अधम पापियों का उद्धार कर दिया। तुलसी को आप उस विरुदावली के क्रम में क्यों भूल रहे हैं। वह कहता है—

अर्थ—हे नाथ! मैं बलि जाता हूँ, एक बार मुझे देखकर मुझे अपना लें। हे दशरथ पुत्र श्रीराम (मैं आपकी सामर्थ्य जानता हूँ) तू विस्थापित को स्थापित करने वाले हैं॥ १॥

आपके सदृश शरणागतों की रक्षा करने वाला सर्वथा समर्थ और कोई दूसरा नहीं है। आपका नाम स्मरण करते ही ऊसर भूमि उपजाऊ खेत बन जाता है, अर्थात असमर्थ एवं असहाय को सहाय बना देते हैं॥ २॥

आपकी वाणी तथा कर्म मेरे मन में स्थिर हो गए हैं, साथ ही मैंने उन सबको देख, सुन, समझ लिया है, जो संसार में बड़े कहे जाते हैं॥ ३॥

उन बड़ों में से कितने ऐसे हैं जिन्होंने एक शिला का सम्मान किया हो और उस रूप में एक अभिशप्त नारी का समाधान निकाला हो। साथ ही, लीलाभाव से सहज ही महाक्रोधी परशुराम पर नियंत्रण करने वाला और कौन हो सकता था?॥ ४॥

आपके अतिरिक्त माता, पिता, भाई के लिए किसने लोक तथा वेद मर्यादा का पालन किया। कौन अपनी बात का पक्का रहा और शरणागत दुखीजन को आपके अतिरिक्त कौन निहाल करता रहा॥ ५॥

स्नेह से विवशीभूत होकर अधम एवं असाधु वानर, भालुओं तथा राक्षसों को किसने साथी के रूप में एकत्रित किया। गीध तथा शबरी का आपके अतिरिक्त और कौन माता-पिता की भाँति श्राद्ध कर्म करेगा॥ ६॥

निराधार के लिए सम्बल स्वरूप था दीन-दुखियों के प्रति पर कृपा करने वाला आपके अतिरिक्त और कोई दूसरा नहीं है। आपके अतिरिक्त वानर, केवट, राक्षस एवं भालुओं का कौन मित्र हो सकता है॥ ७॥

आपने जितने भिखारियों, गुणहीनों तथा नीचों पर कृपा की है, हे महाराज! वे सभी आज सज्जनों की सभा में विराजमान हैं॥ ८॥

यह आपकी विरुदावली (यशगाथा) बढ़ा चढ़ाकर नहीं कही गई है, किन्तु ऐसा मुझे प्रतीत हो रहा है कि मुझ तुलसीदास का अवसर आते ही आपकी ओर से थोड़ी ढिलाई हो रही है॥ ९॥

विशेष—कवि विरुदावली का आश्रय लेकर स्वयं की मुक्ति के लिए याचना करता है क्योंकि उस विरुदावली के अनुसार वह भी उन्हीं की श्रेणी में है, जिनका उद्धार आपने किया है। इस पद में कतिपय पदों का प्रयोग का क्रम अर्थ व्याप्ति के सन्दर्भ को व्यंजित करने के लिए विशेष द्रष्टव्य है—

उथपन थापनो (विस्थापितों को स्थापित), सुखेत होत ऊसरो, (तुलसी जैसा ऊसर भी सुक्षेत्र में परिवर्तित हो गया), इसी प्रकार, मेरे मन गड़े हैं, सनमान सीला को, निवाजे हैं आदि पद द्रष्टव्य हैं।

[१८१]

केहू भाँति कृपासिंधु मेरी ओर हेरिये।
मोको और ठौर न सुटेक एक तेरिये॥ १॥
सहस सिलातें अति जड़ मति भई है।
कासों कहौं कौन गति पाहनहिं दई है॥ २॥
पद राग जाग चहौं कौसिक ज्यों कियो हौं।
कलि मल खल देखि भारी भीति भियो हौं॥ ३॥
करम कपीस बालि बली त्रास त्रस्यो हौं।
चाहत अनाथ नाथ! तेरी बाँह बस्यो हौं॥ ४॥
महा मोह रावन बिभीषन ज्यों हयो हौं।
त्राहि तुलसीस! त्राहि तिहूँ ताप तयो हौं॥ ५॥

केन्द्रीय भाव—कवि विभिन्न पौराणिक कथाओं का 'मिथको' के रूप में उपयोग करते हुए वह अपने दैहिक, दैविक एवं भौतिक संतापों को दूर करने के निमित्त प्रार्थना करता है। यहाँ सम्पूर्ण मिथक उसके त्रय ताप के साक्ष्य के लिए हैं।

अर्थ—हे कृपासिन्धु! किसी भी तरह से आप मेरी तरफ तो देखें। मेरे लिए आपके अतिरिक्त अन्य कोई आश्रय स्थल नहीं है और एकमात्र आपका भरोसा (सुटेक) भी है॥ १॥

मेरी बुद्धि हजारों शिलाओं से भी अधिक जड़ हो चुकी है और मैं किससे कहूँ कि किसने पत्थर को कौन सी सुगति प्रदान की है॥ २॥

आपके चरणों में अनुरक्ति रूप एक यज्ञ विश्वामित्र की भाँति करना चाहता हूँ, किन्तु कलियुग के दुष्टों को देखकर मेरे हृदय में अत्यधिक भय उत्पन्न हो रहा है। अतः आप इस यज्ञ के पूर्ण होने के लिए निर्भयता प्रदान करें॥ ३॥

मैं कर्म रूपी वानरों के राजा बली बालि के संत्रास से पीड़ित हूँ। हे नाथ! यह अनाथ! सुग्रीव की भाँति कर्मफल के बन्धनों से मुक्ति के लिए तुम्हारी अभय छाया में जीवन यापन करना चाहता है॥ ४॥

जैसे रावण ने विभीषण को पैर से मारा था, उसी प्रकार यह महामोह मुझे मार रहा है। हे नाथ! मेरी रक्षा करें, मेरी रक्षा करें, मैं त्रितापों से जल रहा हूँ, मुझे विभीषण की भाँति अपनाकर अभय करके संताप मुक्त करें॥ ५॥

विशेष—रूपक अलंकार इस पद में सामान्य रूप से दृष्टव्य है, किन्तु विभिन्न मिथकीय प्रयोग का यह पद सुन्दरतम साक्ष्य है। सहस्र शिलाओं (अहल्या) से अधिक जड़मति, कौसिक की भाँति 'पदराग यज्ञ' की कामना, मारीच-सुबाहु ताड़का आदि अनेक खल रूपी काम क्रोधादि कलि मल का विनाश, कपीश कर्म हैं, संत्रास ही बली बालि है, रावण महामोह है और मैं विभीषण की भाँति सताया हुआ हूँ। इस प्रकार राम कथा के विविध

संदर्भों को रूपकीकृत करके 'मिथकों की योजना' करता है और इस योजना का लक्ष्य है, अपनी पीड़ा को धनीभूत बनाकर ईश्वर की आत्मीयता प्राप्त करना।

[१८२]

नाथ गुनगाथ सुनि होत चित चाउ सो।
राम रीझिबे को जानौ भगति न भाउ सो॥ १॥
करम सुभाउ काल ठाकुर न ठाउ सो।
सुधन न सुतन न सुमत सुआउ सो॥ २॥
जाँचौ जल जाहि कहै अमिय पिआउ सो।
कासो कहौं काहू सों न बढ़त हिआउ सो॥ ३॥
बाप बलि जाँउ आपु करिये उपाउ सो।
तेरे ही निहारे परै हारेहू सुदाउ सो॥ ४॥
तेरे ही सुझाये सूझै असुझ सुझाउ सो।
तेरे ही बुलाये बूझै अबुध बुझाउ सो॥ ५॥
नाम अवलंबु अंबु दीन मीन राउ सो।
प्रभु सों बनाइ कहौं जीह जरि जाउ सो॥ ६॥
सब भाँति बिगरी है एक सुबनाउ सो।
तुलसी सुसाहिबहिं दियो है जनाउ सो॥ ७॥

केन्द्रीय भाव—हे नाथ! मैं प्रत्येक तरह से निराश्रित हूँ, किसको अपनी विपत्ति सुनाऊँ। जिसके पास एतदर्थ जाता हूँ, वह आश्वासन तो बहुत देता है, लेकिन मिथ्या क्योंकि अन्ततया वह समर्थहीन दिखाई पड़ा, अत: अन्त में आपकी ही शरण एकमात्र काम्य है।

अर्थ—हे श्रीराम! आपकी गुणगाथा सुनकर मेरे चित्त में आपके प्रति प्रेमभाव उत्पन्न होता है, किन्तु दूसरी ओर आप कैसे रीझेंगे उस भक्ति तथा भाव से मैं सर्वथा अपरिचित हूँ अर्थात् आपकी विरुदावली जानता हूँ तथा अपने कर्मों को भी जानता हूँ किन्तु आपके प्रसन्न होने में विलम्ब को देखकर अपनी भक्ति भाव पर विश्वास-सा उठता जा रहा है॥ १॥

मेरे पास न उत्तम कार्य है, न शीलयुक्त स्वभाव है, न समय ही अनुकूल है, न मेरा कोई स्वामी है, न मेरा कोई ठौर ठिकाना है, न पर्याप्त सम्पत्ति है, न निरोग शरीर है, न सुस्थिर चित्त है और न लम्बी आयु है॥ २॥

जिससे जाकर जल पीने की याचना करता हूँ, वह अमृत पिलाना चाहता है (मिथ्या अमृत पिलाने की बात करता है और उसके पास जल भी नहीं है) मैं अपनी याचना किससे करूँ, भयवश मेरे हृदय से बात नहीं निकलती॥ ३॥

हे जगत्पिता! मैं बलि जाता हूँ, आप उस उपाय को मेरे लिए करें क्योंकि सुना है तुम्हारे मात्र देख लेने से हारने के बाद भी जीत का दाँव पड़ जाता है अर्थात् सारा बिगड़ा हुआ कार्य फिर से ठीक हो जाता है॥ ४॥

हे प्रभु! आपके दिखा देने से न देख पाने वाले अतत्त्वदर्शी को तत्त्वदर्शी की भाँति सूझने लगता है और आपके जनाने से अज्ञानी ज्ञानी की भाँति (तत्त्वज्ञाता) हो जाता है॥ ५॥

हे प्रभु! मुझ दीन मत्स्यराज को आपका आलम्बन ही जीवित रहने के लिए जल है और यदि मैं स्वामी से कपट-फरेब की बात कहूँगा तो मेरी जिह्वा जल जाएगी॥ ६॥

तुलसीदास कहते हैं कि एक बात को छोड़कर मेरी सारी बातें बिगड़ चुकी हैं और वह यह कि मैंने उन्हें सही-सही सारी बातें समय पर जता दी हैं॥ ७॥

विशेष—कवि अपने को ज्ञान, कर्म एवं आचरणहीन बताते हुए भक्ति की याचना करता है। वह अपने को पूर्णत: निराश्रित भी बता रहा है, कर्म, स्वभाव, काल, गुण, स्वामी एवं कोई स्थान भी नहीं है, न धन, न शरीर, न मन और न आयु ही है—जहाँ ईश्वर के बिना आश्रय प्राप्त कर ले। तात्त्विक दृष्टि से जीव का आधार एक मात्र ईश्वर है, अन्य कुछ भी नहीं। यहाँ लाक्षणिक रूप से कवि इसी तथ्य को समझाने की चेष्टा कर रहा है।

अन्त में ईश्वरालम्बन को ही वह एक मात्र शरण्य मानता है—

(१) तेरेही निहारे....................................।

(२) तेरेही सुझाए....................................।

(३) तेरेही बुझाए....................................।

जीव के लिए ईश्वर के यही तीन कार्य हैं, कृपादृष्टि, अन्तर्मन का मार्ग दर्शन तथा तत्त्वार्थ को दिखाकर प्रत्यक्ष कराकर दृढ़ आस्था उत्पन्न कर देना। ईश्वर भी जीव पर कृपा होते ही उसकी सम्पूर्ण बिगड़ी (अर्थात्, कलिमल संस्कारों का कदर्भित रूप) बन जाती है।

लाक्षणिक पदों के विशेष प्रयोग अर्थ की सघनता के लिए द्रष्टव्य है—'नाम अवलम्ब-अंबु दीन मीन राउ को' एक ओर मत्यराज भी कह रहा है, दूसरी ओर उसी को 'दीन' भी कह रहा है।

[१८३]

राम प्रीतिकी रीति आप नीके जनियत है।
बड़ेकी बड़ाई छोटेकी छोटाई दूरि करै
ऐसी बिरुदावली बलि बेद मनियत है॥ १॥
गीधको कियो सराध भीलनीको खायो फल
सोऊ साधु सभा भलीभाँति भनियत है।
रावरे आदरे लोक बेद हूँ आदरियत
जोग ग्यान हूँ तें गरू गनियत है॥ २॥
प्रभुकी कृपा कृपालु कठिन कलि हूँ काल
महिमा समुझि उर अनियत है।
तुलसी पराये सब भये रस अनरस
दीनबंधु द्वारे हठ ठनियत है॥ ३॥

केन्द्रीय भाव—कवि श्रीराम के उस व्यवहार की प्रशंसा करता है, जहाँ छोटे-बड़े बराबर हैं तथा उनके इसी माहात्म्य के कारण लोक तथा वेद दोनों में उनका आदर है। तुलसी

यही समझकर उनकी शरणागति में आया है क्योंकि उनमें समत्व बुद्धि है सभी को समान दृष्टि से देखते हैं और बिना उसके पापों को देखे, उसका समादर करेंगे।

अर्थ—हे श्रीराम! आप प्रीति की रीति भली-भाँति जानते समझते हैं। मैं बलि जाता हूँ, वेद आपकी इस प्रकार की विरुदावली स्वीकार करते हैं कि आप बड़े (अभिमानी) का बड़प्पन (अहम् भाव) तथा छोटो (आर्त्त तथा दीनों) की लघुता (दीनता) दूर करते हैं॥ १॥

पक्षी गिद्ध का श्राद्धकर्म किया, शबरी के बेर फलों को खाया और ये बातें साधु समाज में अच्छी तरह से कही जाती हैं। हे नाथ! आपके द्वारा आदर दिए जाने पर लोक तथा वेद दोनों आदर देने लगते हैं और आपके प्रेम को योग तथा ज्ञान दोनों से विलक्षण माना जाता है॥ २॥

हे कृपालु! कठिन कलियुग को समझकर भी आपकी कृपा से आपकी महिमा समझकर उसे हृदय में धारण करता हूँ। हे नाथ! तुलसी यद्यपि दूसरे के वश (वासनाओं के वश) में होकर आपके भक्ति रस का वीतविघ्न आस्वादन नहीं ले पा रहा हूँ फिर भी आपके द्वार पर (आपकी कृपा दृष्टि प्राप्त करने के निमित्त) हठ ठाने बैठा हूँ॥ ३॥

विशेष—यद्यपि जीव मायामुग्ध होकर आपमें तन्मय नहीं है, इसीलिए तुलसी आपके दरवाजे पर हठ ठान कर सत्याग्रह किए बैठा है कि आप उसका उद्धार करें और उसको अपने में समाहित हो जाने के विवेक प्रदान करें।

[१८४]

रामनाम के जपे जाइ जिय की जरनि
कलिकाल अपार उपाय ते अपाय भये जैसे तम नासिबे को चित्र के तरनि॥ १॥
करम कलाप परिताप पाप साने सब ज्यों सुफूल फूले तरु फोकट फरनि।
दम्भ लोभ लालच उपासना विनासि नीके सुगति साधन भई उदर भरनि॥ २॥
जोग न समाधि निरुपाधि न बिराग ग्यान बचन बिशेष बेष कहूँ न करनि।
कपट कुपथ कोटि कहनि रहनि खोटि सकल सराहैं निज निज आचरनि॥ ३॥
भरत महेस उपदेस हैं कहा करत सुरसरि तीर कासी धरम धरनि।
राम नाम को प्रताप हर कहैं जपै आपु जुग जुग जानै जग बेदहूँ बरनि॥ ४॥
मति रामनाम ही सों रति राम नाम ही सों गति रामनाम ही की विपति हरनि।
राम नाम सों प्रतीति प्रीति राखे कबहुँक तुलसी ढरैंगे राम आपनी ढरनि॥ ५॥

केन्द्रीय भाव—तुलसी इस पद में बड़े ही मार्मिक ढंग से मति, रति एवं गति सभी के राम नाम नाममय हो जाने की चर्चा करते हैं। तुलसी कहते हैं कि श्रीराम के नाम में इस प्रकार की प्रतीति होगी तो निश्चित ही श्रीराम प्रसन्न होकर सद्गति प्रदान करेंगे।

अर्थ—श्रीराम नाम का जप करने से ही चित्त की ज्वाला शान्त होती है। कलियुग में चित्त की ज्वाला शान्त करने के अनेक उपाय उसी प्रकार व्यर्थ हो गए जैसे अन्धकार को नष्ट करने के लिए चित्र के बनाए हुए सूर्य व्यर्थ हो जाते हैं॥ १॥

कर्मों का समूह (कर्मकाण्ड) सभी का सभी पाप एवं दुःखों से सना है जैसे वृक्ष में सुन्दर पुष्प लगे हों, किन्तु फल के नाम पर निष्फल हों। दम्भ, लोभ, लालच ने उपासना को अच्छी तरह से नष्ट कर दिया है और मुक्ति उदर पोषण का साधन बन गया है॥ २॥

न योग है, न उपाधि रहित समाधि है। वैराग्य व ज्ञान वचन विशेष एवं वेशभूषा तक ही रह गये हैं। कहीं करनी नहीं है। कपटपूर्ण अनेक धर्म मार्ग बन गए हैं, आचरण खोटा हो गया है तथा सभी अपने मुख से अपने-अपने आचरणों की मिथ्या सराहना करते हैं॥ ३॥

शिवजी गंगा तट पर स्थित धर्मभूमि काशी में मृत्यु के समय क्या उपदेश देते हैं? वे श्रीराम के नाम के ही प्रताप का उपदेश देते हैं और स्वयं राम-राम जपते भी हैं और युग-युग से सभी इसे जानते भी हैं, और वेदों में भी इसका माहात्म्य वर्णित है॥ ४॥

श्रीरामनाममयी बुद्धि होनी चाहिए, बुद्धि की गति भी श्रीराम नाम की होनी चाहिए और संसक्ति भी श्रीराम नाम की होनी चाहिए और श्रीरामनाम ही विपत्ति को हरने वाला है। तुलसीदासजी कहते हैं कि यदि श्रीराम के नाम में तुम्हारा विश्वास और प्रेम लगा रहेगा तो श्रीराम स्वभावत: निहाल होकर कृपा करेंगे॥ ५॥

[१८५]

लाज न आवत दास कहावत।
सो आचरन बिसारि सोच तजि जो हरि तुम कहँ भावत॥ १॥
सकल संग तजि भजत जाहि मुनि जप तप जाग बनावत।
मो सम मंद महाखल पाँवर कौन जतन तेहि पावत॥ २॥
हरि निरमल मलग्रसित हृदय असमंजस मोहि जनावत।
जेहि सर काक कंक बक सूकर क्यों मराल तहँ आवत॥ ३॥
जाकी सरन जाइ कोबिद दारुन त्रयताप बुझावत।
तहूँ गये मद मोह लोभ अति सरगहुँ मिटत न सावत॥ ४॥
भव सरिता कहँ नाउ संत यह कहि औरनि समुझावत।
हौं तिनसों हरि! परम बैर करि तुम सों भलो मनावत॥ ५॥
नाहिंन और ठौर मो कहँ ताते हठि नातो लावत।
राखु सरन उदार चूड़ामनि! तुलसिदास गुन गावत॥ ६॥

केन्द्रीय भाव—तुलसी इस पद में ऐसे जीवों को धिक्कारते हैं जो श्रीहरि से बैर करके उन्हीं की कृपा से कल्याण चाहते हैं। एक स्थिति के बाद अन्य स्थानों पर भटककर वह तत्त्वत: समझता है कि जिन श्रीहरि से बैर कर रखा है, उनके अतिरिक्त अन्य कोई देव नहीं फिर वह हारकर पुन: श्रीहरि की शरण में जाता है और श्रीहरि सहज उदार भाव से उसे ग्रहण करते हैं।

अर्थ—हे श्रीराम! मुझे आपका भक्त कहाने में लज्जा नहीं लगती, यद्यपि जो भक्तों के आचरण आपको प्रिय हैं, उनको छोड़ चुका हूँ और इस छोड़ने की चिन्ता त्याग चुका हूँ॥ १॥

सम्पूर्ण प्रकार की संसक्तियों का परित्याग करके मुनि तुम्हारा भजन तथा वे जप, तप तथा यज्ञ जिनका वे विधान करते हैं इन सबसे दूर मुझ सदृश मूर्ख, अत्यधिक दुष्ट, नीच, किस यत्न से आपको प्राप्त करेगा, समझ में नहीं आता॥ २॥

कहाँ परम निर्मल ईश्वर और कहाँ वासना ग्रसित मेरा हृदय मुझे असमंजस दे रहा है कि मेरी सद्गति समान नहीं है, क्योंकि जिस तालाब में कौए, गिद्ध, बगुले तथा सुअर निवास

करते हैं, वहाँ हंस क्यों कर आएगा॥ ३॥

सिद्ध जन जिन तीर्थों की शरण में जाकर कष्टकारी त्रिविध संतापों को विनष्ट करते हैं, वहाँ भी जाने पर मद, मोह, लोभ अत्यधिक क्षोभ उत्पन्न करते हैं। स्वर्ग में भी ईर्ष्या डाह (सावत) समाप्त नहीं होती॥ ४॥

मैं अन्य दूसरों को यह कह कर समझाता फिरता हूँ कि भवसागर को पार करने के सन्त नौका सदृश हैं। हे श्रीहरि! मैं स्वयं उन सन्तों से वैरभाव रखता हूँ और उनसे वैर भाव रखकर आपसे अपने भले की कामना करता हूँ कैसे सम्भव है?॥ ५॥

तुलसीदास कहते हैं कि हे उदार चूड़ामणि श्रीराम! मेरे पास आपके अतिरिक्त और कोई अन्य स्थान नहीं रह गया है, इसीलिए आपसे हठपूर्वक सम्बन्ध लगाए बैठा हूँ। वह आपका गुणानुवाद कर रहा है, उसे अपनी शरणागति प्रदान करें॥ ६॥

विशेष—कवि उनको धिक्कारता है जो श्रीहरि से वैर करते हैं और उनकी निरीहता पर उसे दया लगती है कि वही जीव जो अभी तक अन्य विषयों में भटक रहा था, निराश होकर उनकी शरण में पहुँचा है क्योंकि जीव एवं ब्रह्म दोनों का अस्तित्व सापेक्षिक है—विवेक होने पर जीव को ब्रह्म की शरण में जाना ही है और जीव के शरण में जाने पर ब्रह्म को उसे तादात्म्य ही करना है।

उपहास्पद तो यह है कि जीव ब्रह्म के महत्त्व को जानता है और उनके महत्त्व की चर्चा भी जगह-जगह करता है, किन्तु मलासक्त होने के कारण उसके विवेक पर माया का लेप आवरण के रूप में लिपटा पड़ा है—विवेक उत्पन्न होते ही वह हारकर थककर उसी की शरणागति में लौटता है।

[१८६]

कौन जतन बिनती करिये।
निज आचरन बिचारि हारि हिय मानि जानि डरिये॥ १॥
जेहि साधन हरि! द्रवहु जानि जन सो हठि परिहरिये।
जाते बिपति जाल निसिदिन दुख तेहि पथ अनुसरिये॥ २॥
जानत हूँ मन बचन करम पर हित कीन्हें तरिये।
सो बिपरीत देखि पर सुख बिनु कारन ही जरिये॥ ३॥
श्रुति पुरान सबको मत यह सतसंग सुदृढ़ धरिये।
निज अभिमान मोह इरिषा बस तिनहिं न आदरिये॥ ४॥
संतत सोइ प्रिय मोहिं सदा जातें भवनिधि परिये।
कहौ अब नाथ कौन बलतें संसार सोग हरिये॥ ५॥
जब कब निज करुना सुभावतें द्रवहु तौ निस्तरिये।
तुलसिदास बिस्वास आन नहिं कत पचि पचि मरिये॥ ६॥

केन्द्रीय भाव—जीव 'अहन्ता' के अभिमान में गर्वित फूल हुआ मदान्ध सत्य का दर्शन नहीं कर पा रहा है। परम्परित मार्गों यथा परोपकार, हितैषिता, सत्संगति आदि का परित्याग कर चुका हूँ और अब आपकी करुणा के अतिरिक्त उसके पास कुछ भी नहीं है।

अर्थ—हे नाथ! किस विधि से आपसे विनती की जाए। जब मैं अपने आचरण को देखता हूँ, मन-ही-मन उनको मानकर तथा जानकर हारा हुआ-सा डरता रहता हूँ॥ १॥

हे श्रीहरि! जिस साधन से आप द्रवित होते हैं, उसे यह दास भली-भाँति जानकर भी हठपूर्वक परित्याग किए बैठा है जिससे रात्रि-दिन विपत्तियों के जाल के कारण दु:ख-ही-दु:ख है, उसी मार्ग का मैं अनुसरण करता हूँ॥ २॥

यह मैं भली-भाँति जानता हूँ कि मन, वाणी तथा कर्म से दूसरे का उपकार करने से उद्धार होता है। मैं ठीक इसके विपरीत दूसरे के सुख को देखकर अकारण ही जलता रहता हूँ, अत: मेरा उद्धार क्या सम्भव है॥ ३॥

वेदशास्त्र तथा पुराणों के यही मत हैं कि सतसंगति को दृढ़तापूर्वक धारण करो, परन्तु मैं अपने अभिमान, मोह, ईर्ष्या के वशीभूत होकर उनका आदर नहीं करता॥ ४॥

मुझे निरन्तर वही बातें प्रिय हैं जिनसे निरन्तर संसार सागर में कष्ट भोगते रहें। हे नाथ! आप ही कहें, किस सामर्थ्य से संसार के जरामरण से उत्पन्न शोक का हरण किया जाए! मेरे पास तो कोई सामर्थ्य और सम्बल ही नहीं है॥ ५॥

जब कभी अपने सहज करुणाशील स्वभाव से आप पिघलेंगे तभी मेरा निस्तार होगा। तुलसीदास कहते हैं कि और किसी का विश्वास नहीं है अत: अन्यत्र पच-पच कर क्यों मरा जाए॥ ६॥

विशेष—कवि के पास सांसारिक शोक को हरे जाने का अब कोई साधन तथा आलम्बन नहीं है क्योंकि उसने कभी भी इन साधनों को नहीं अपनाया और अन्त में, केवल आपकी कृपा दृष्टि मात्र मेरे पास अवशिष्ट बची है। निरुपायहीन होकर अन्तिम रूप से ईश्वर की शरणागति भी जीव की मुक्ति का कारण है। कवि इसी पर इस पद के अन्तर्गत बल देता है।

कवि जीव के अज्ञान एवं विवेक के बीच विरोधी परिस्थितियों का तर्क खड़ा करता है, जैसे—

(क) यह जानता हुआ भी कि 'परहित' में मुक्ति मिलती है, किन्तु अकारण दूसरों के हित भाव से जलता रहा।

(ख) यह जानते हुए भी कि 'सतसंगति' से ईश्वर प्रसन्न होता है, मैं साधुओं का ईर्ष्या एवं अभिमान के कारण निरादर करता हूँ।

अहन्ता से ग्रस्त जीव के यही लक्षण हैं और जब तक 'विवेक' नहीं उत्पन्न होता 'कहने से' या 'शास्त्र' पढ़ने से जीव का ईश्वरार्पण नहीं होता।

इन विरोधी परिस्थितियों के रचने से अर्थ का चमत्कार प्रभावपूर्ण होता है।

[१८७]

ताहि ते आयो सरन सबेरे।
ग्यान विराग भगति साधन कछु सपनेहुँ नाथ न हेरे॥ १॥
लोभ मोह मद काम क्रोध रिपु फिरत रैन दिन घेरें।
तिनहि मिले मन भयो कुपथ रत फिरै तिहारेहिं फेरें॥ २॥

दोष निलय यह विषय सोकप्रद कहत संत श्रुति टेरे।
जानत हूँ अनुराग तहाँ अति सो हरि तुम्हरेहिं प्रेरे॥ ३॥
विष पियूष सम करहु अगिनि हिम तारि सकहु बिनु बेरें।
तुम सम ईस कृपालु परम हित पुनि न पाइहौं हेरें॥ ४॥
यह जिय जानि रहौं सब तजि रघुबीर भरोसे तेरें।
तुलसिदास यह बिपति बागुरो तुमहिं सो बनै निबेरें॥ ५॥

केन्द्रीय भाव—जीव ईश्वर से जुड़ने के समस्त ज्ञान, वैराग्य, भक्ति आदि के समस्त साधनों से अपने को जोड़ न सका। रात-दिन 'अहन्ता' के कारण माया में लिप्त चारों ओर से परेशान है, अन्त में, जीव परेशान होते-होते यह समझ गया की शरणागति के अतिरिक्त अब और कोई मार्ग नहीं है, इसलिए वह हारकर शरणागति में आया है।

अर्थ—हे नाथ! इसीलिए जल्दी ही आपकी शरण में मैं आ गया क्योंकि मेरे पास स्वप्न में भी ज्ञान, वैराग्य, भक्ति आदि साधन नहीं है॥ १॥

मुझे लोभ, मोह, मद, काम क्रोधादि शत्रु दिन रात घेरे रहते हैं उनके मिल जाने से मेरा मन अनीति के मार्ग पर संसक्त हो गया है, अब केवल आपका ही अवलम्ब है और आपके ही लौटाने से वह आपकी ओर लौटेगा॥ २॥

सन्तजन एवं वेदशास्त्र यह पुकार-पुकार कर कहते हैं कि विषय-वासनाएँ दोष की राशि और अत्यधिक शोकदायिनी हैं। यह जानते हुए भी उनमें मेरी अत्यधिक आसक्ति है, ऐसा तो नहीं है कि यह सब आपकी प्रेरणा से हो॥ ३॥

आप इतने सामर्थ्यवान हैं कि विष अमृत तुल्य बना देते हैं, अग्नि हिमवत् और इस संसार सागर को बिना नौका के पार कर सकते हैं। आप के सदृश कृपालु तथा परम हितैषी स्वामी खोजने से नहीं प्राप्त कर सकता॥ ४॥

यह सब भली भाँति समझकर हे श्रीराम! अन्य सबका त्याग करके आपके ही भरोसे पर हूँ। तुलसीदासजी कहते हैं कि यह विषय वासनाओं की जाल आपके ही द्वारा उधेड़ी (तोड़ी या नष्ट) जायगी॥ ५॥

विशेष—'सबेरे' शब्द साभिप्राय प्रयुक्त है। विनय पत्रिका में अन्य दो स्थलों पर सबेरे शब्द प्रयुक्त है। सबेरे में विवेक के सद्यः जागृत होने के साथ दूसरा व्यंजक अर्थ यह है कि जितना विलम्ब होगा, कर्म, फल, माया, अहन्ता उतना ही पाश फैलाकर उलझाते जाएँगे और जीव का मुक्ति पथ लम्बा खिंच जाएगा।

(१) ''दोष निलय यह विषय सोकप्रद कहत संत स्रुति टेरे''—सन्त जन तथा श्रुतियाँ चिल्ला-चिल्ला कर कहती हैं कि विषय-वासनाएँ अहन्ता की उपज हैं और पाप पंकिल होने के कारण अन्ततयः हर्ष के स्थान पर शोक ही उत्पन्न करती हैं। वासनाओं के द्वारा उत्पन्न सामयिक मात्र दिखावा तथा ऊपरी है,

(२) ''तुलसीदास यह विपति बागुरो तुमहिं सो बनै निबेरे''—अहन्ता के कारण जीव ने अनेकानेक संसक्तियों में पड़कर पुनर्जन्म और मृत्यु तथा पुनः पुनर्जन्म के क्रम में फँसा अपने लिए एक विषय कर्मफलों की जाल बना ली है और उस जाल में स्वयं फँस कर छटपटा रहा है। इस जाल को ईश्वर के अतिरिक्त और कौन (निबेर) निखार (एक-एक सूत्र

तोड़कर अलग करना) सकता है। इस विपत्ति को जीव ने स्वयं अपने कर्मों द्वारा अपने लिए उत्पन्न की है।

[१८८]

मैं तोहिं अब जान्यो संसार।
बाँधि न सकहिं मोहि हरिके बल प्रगट कपट आगार॥ १॥
देखत ही कमनीय कछू नाहिंन पुनि किये बिचार।
ज्यों कदलीतरु मध्य निहारत कबहुँ न निकसत सार॥ २॥
तेरे लिए जनम अनेक मैं फिर न पायों पार।
महामोह मृगजल सरिता महँ बोर्‌यो हौं बारहिं बार॥ ३॥
सुनु खल! छल बल कोटि किये बस होहिं न भगत उदार।
सहित सहाय तहाँ बसि अब जेहि हृदय न नंदकुमार॥ ४॥
तासों करहु चातुरी जो नहिं जानै मरम तुम्हार।
सो परि डरै मरै रजु अहि तें बूझै नहिं ब्यवहार॥ ५॥
निज हित सुनु सठ! हठ न करहि जो चहहि कुसल परिवार।
तुलसिदास प्रभुके दासनि तजि भजहि जहाँ मद मार॥ ६॥

केन्द्रीय भाव—बौद्ध धर्म में इस संसार के नश्वरता के अनेक दृष्टान्त दिए गए हैं और इसी प्रकार शांकर अद्वैत में भी इस नश्वरता के विविध दृष्टान्त कहे गए हैं। उन्हीं दृष्टान्तों से कवि संसार को मिथकीय प्रयोग द्वारा कल्पना विदग्धता के माध्यम से चित्र-विचित्र मय चित्रित कर रहा है।

अर्थ—हे संसार! मैं तुझे अब जान गया। तू स्पष्ट रूप से कपट का घर है, किन्तु मुझे श्रीहरि के बल से मुझे बन्धन में नहीं बाँध सका॥ १॥

देखने में तू अत्यधिक सुन्दर है किन्तु तात्त्विक दृष्टि से विचार करने पर तुम कुछ नहीं अर्थात् अस्तित्वहीन हो। जैसे कदली दल के मध्य डन्ठल को (गम्भीरतापूर्वक) देखने पर कभी उसमें ठोस भाग नहीं दिखता, (केवल पत्ते ही पत्ते दिखते हैं)॥ २॥

हे संसार! तुम्हारे लिए मैं अनेक जन्म-जन्मान्तरों तक फिरता रहा, किन्तु तुम्हारा रहस्य मेरी समझ में नहीं आया। मैंने अनेक जन्म-मरणों के बीच महामोह रूपी मृग मरीचिका जैसी नदी में अपने को बारम्बार डुबाया॥ ३॥

हे दुष्ट संसार! सुनो, कोटि-कोटि प्रकार के छल-बल करने से भी ईश्वर भक्त तुम्हारे प्रति उदार नहीं होने वाले हैं। इसलिए अब अपने सहायकों के साथ उनके हृदय में निवास करो जिनके हृदय में भगवान श्रीकृष्ण नहीं बसते॥ ४॥

तुम उससे चतुरतापूर्वक व्यवहार करो जो तुम्हारे रहस्यों से परिचित नहीं है क्योंकि साँप रूपी रस्सी से वही डरकर मरेगा जो उसके यथार्थ को न जानता होगा॥ ५॥

हे शठ संसार! तू अपने परिवार सहित यदि कुशलक्षेम चाहते हो तो मुझसे हठ न करो और अब तुलसीदासजी कहते हैं कि श्रीराम के सेवकों का परित्याग करके जहाँ मद तथा काम वासना है, तू वहीं भाग जा॥ ६॥

विशेष—(१) **'कदली'** स्तम्भ की निरर्थकता का दृष्टान्त जगत के सन्दर्भ में सर्वप्रथम बौद्ध साहित्य में आता है।

(२) **'मृग जल सरिता'** तथा **'सर्प रज्जु'** का प्रयोग माया की आभासिक सत्यता के लिए शांकर अद्वैत में चित्रित है।

(३) 'संसार' को एक कुटिल धूर्त व्यक्ति के रूप में चित्रित करके उसे एक व्यक्तित्व प्रदान किया है, जो उसका 'मिथकीय' व्यक्तित्व है। संसार के समस्त धर्म उसके व्यक्तित्व के अंग हैं।

(४) 'तुलसीदास प्रभु के दासनि तजि भजहिं जहाँ मदमार', 'मद तथा मार' अर्थात् 'अहन्ता तथा काम' इसके दो अनन्य साथी हैं, जो जीवों को अपने पाश में फँसाए रहते हैं। तुलसीदास चतुरतापूर्वक उसे फटकारते हैं कि तुम अपने साथियों के पास जाओ मेरे पास तुम्हारी दाल नहीं गलेगी।

[१८९]

राम कहत चलु राम कहत चलु राम कहत चलु भाई रे।
नाहिं तौ भव बेगारि मँह परिहौ अधिक अधिक कठिनाई रे॥ १ ॥
बाँस पुरान साज सब अठकठ सरल तिकोन खटोला रे।
हमहिं दिहल करि कुटिल करमचंद मंद मोल बिनु डोला रे॥ २ ॥
विषम कहार भार मद माते चलहिं न पाउ बटोरा रे।
मन्द बिलन्द अभेरा दलकन पाइय दुख झकझोरा रे॥ ३ ॥
काँट कुराय लपेटन लोटन ठावहिं ठाउँ बझाऊ रे।
जस जस चलिअ दूर तस तस निस बासन भेंट लगाऊ रे॥ ४ ॥
मारग अगम संग नहिं संबल नाउँ गाउँ भूला रे।
तुलसिदास भवत्रास हरहु अब होहु राम अनुकूला रे॥ ५ ॥

केन्द्रीय भाव—यह छंद कबीर की शैली पर उल्टवाँसी के रूप में कथित जीव के लिए चेतावनी के रूप में प्रयुक्त है कि श्रीराम का नाम स्मरण करते चलो नहीं 'भव की बेगार' में फँसकर जन्म-जन्मान्तर संसार भार का संकट जीव के कंधे पर नाना योनियों में अवतरित होकर झेलते रहोगे।

अर्थ—हे भाई—राम, राम, राम, राम कहते चलो अन्यथा संसार की बेगार में पकड़े जाओगे, (पड़ोगे) और जहाँ इस बेगार में पकड़े गए दिनों-दिन कठिनाई में फँसते जाओगे (छूटना सम्भव नहीं है)॥ १ ॥

कुटिल कर्मचन्द्र (कर्म साथ ही, जमींदार या राजा के सम्मानित मुलाजिम) ने हमें एक सस्ता (पुराना) डोला (पालकी) बिना मूल्य का दिया है। उसमें पुराने बाँस लगे हुए हैं, उसकी सारी सजावट बेतरतीब बिखरी (अटखट) हुई है, और खटोला सड़ा हुआ (सरल) तथा तिकोने आकार का बना है। तात्पर्य यह कि कर्म ने शरीर रूपी पालकी तथा जरामरण रूपी बाँसों से सजाकर त्रिगुणात्मक प्रकृति युक्त आकृति प्रदान की है॥ २ ॥

पंचेन्द्रिय रूपी विषम कहाँर मद तथा काम वासनाओं के बोझ से लदे हुए चल नहीं पा रहे हैं और उनके पाँव (विवेक) सिकडे हए हैं। मन्द और तेज (विलन्द) अर्थात अनियंत्रित

गति से कहाँरो के चलने के कारण बीच का बाँस (अभेरा) तेजी से हिल (दलक) रहा है और उस झकझोरे में हम दुख प्राप्त कर रहे हैं अर्थात् ज्ञानेन्द्रियों के विविध विषय विकारों, काम-वासना तथा अभिमान में चूर इस शरीर रूपी पालकी को उठाकर चलने में बराबर असमर्थ है, यह जीवन यात्रा कष्टदायिनी है॥ ३॥

गन्तव्य के रास्ते में काँटे कँकड़ियाँ (कुरायँ), लपटने वाली लताएँ तथा घासें (लपटनि: लपटनी: अवधी) पैरों को लपेट ले रही हैं और स्थान-स्थान पर पैरों को फँसा देने वाली काँटेदार झाड़ियाँ (बझाऊ) मिलती हैं। जैसे-जैसे चलता जाता हूँ, गन्तव्य दूर होता जाता है, न कोई राहगीर से भेंट होती है और न कोई आत्मीयता दिखाता है। अर्थात्, जैसे-जैसे जीवन यात्रा बढ़ती जाती है, जीवन संकटों से घिरता जाता है। और कोई साथी साथ में अन्त तक रह जाता है और न कोई आत्मीयता प्रगट करने वाला। सम्पूर्ण जीवन यात्रा निरर्थक एकाकी लक्ष्यविहीन भटकाव के अतिरिक्त और कुछ भी नहीं है॥ ४॥

मुझ बेगार पालकी (शरीर) ढोने वाले के लिए सम्पूर्ण मार्ग अगम्य है (कितना चलना है, कहाँ चलना है कुछ पता नहीं) न कोई सहारा है और न कोई साथी है, गन्तव्य के गाँव का नाम भी मैं भूल चुका हूँ। हे भगवान राम अब तो कृपा भाव करें, इस भवत्रास को दूर करें अन्यथा सम्पूर्ण जीवन इसी कर्म के बेगार में बीत जाएगा। अर्थात्, मानव का सम्पूर्ण जीवन गन्तव्य विहीन भटकाव में समाप्त हो जाता है और कर्म की यह बेगार पुन: जन्म देकर बेगार कराने के लिए उद्यत मिलेगी। इस बेगार से मुक्ति ईश्वर की कृपा बिना सम्भव नहीं॥ ५॥

विशेष—(१) साङ्गरूपक अलंकार के द्वारा भवसागर की बेगार को कवि मध्यकाल के सामन्ती वातावरण में बेगार के लिए पकड़े गये लोगों की पीड़ा से कवि उपमित करता हुआ उनकी मुक्ति की कामना करता है। साङ्गरूपक का कवि द्वारा कथित उपमान तथा उपमेय सर्वथा नए एवं सन्तों की लोकात्मक शैली के हैं।

(२) 'राम का दास हूँ' स्वामी का नाम जान लेने पर बेगार को नहीं पकड़ा जाता था क्योंकि स्वामी के यश तथा प्रताप से आतंकित होकर पकड़ने वाले उसके पास ही नहीं जाते थे। अत: 'राम-राम' कहो और तुम्हारे स्वामी का नाम जानकर तुम्हारे पास कोई नहीं आएगा।

(३) माया, संसक्ति, अहन्ता, कर्म का भोग आदि वस्तु के रूप में अपने चमत्कारी प्रभाव उत्पन्न कर रहे हैं।

[१९०]

सहज सनेही रामसों तैं कियो न सहज सनेह।
तातें भव-भाजन भयो सुनु अजहुँ सिखावन एह॥ १॥
ज्यों मुख मुकुर बिलोकिये अरु चित न रहै अनुहारि।
त्यों सेवतहुँ न आपने ये मातु पिता सुत नारि॥ २॥
दै दै सुमन तिल बासिकै अरु खरि परिहरि रस लेत।
स्वारथ हित भूतल भरे मन मेचक तन सेत॥ ३॥
करि बीत्यो अब करतु है करिबे हित मीत अपार।
कबहुँ न कोउ रघुबीर सो नेह निबाहनिहार॥ ४॥

जासों सब नातों फुरै तासों न करी पहिचानि।
तातें कछू समुझयो नहीं कहा लाभ कह हानि॥ ५॥
साँचो जान्यो झूठको झूठे कहँ साँचो जानि।
को न गयो को जात है को न जैहै करि हितहानि॥ ६॥
बेद कह्यो बुध कहत हैं अरु हौंहुँ कहत हौं टेरि।
तुलसी प्रभु साँचो हितू तू हियकी आँखिन हेरि॥ ७॥

केन्द्रीय भाव—तुलसी मानव जीव को मन के द्वारा सान्त्वना देता है कि तुमने उसे सम्बन्ध स्थापित नहीं किया जिससे सम्बन्ध स्थापित कर लेने के बाद सारे सम्बन्ध सार्थकता प्राप्त कर लेते हैं और तूने असत्य को सत्य समझकर सम्बन्ध बनाया और सत्य को असत्य समझा। रे मन! अब भी तेरे पास समय है, तू हृदय की आँखें खोलकर देखो तो जीव के एकमात्र हितैषी श्रीराम ही मिलेंगे, उन्हीं का साथ पकड़ो और शेष का त्याग कर दो।

अर्थ—हे जीव! तूने सहज स्नेहशील स्वभाव वाले राम से कभी सहज स्नेह नहीं किया। आज भी तुम मेरी यह शिक्षा मान लो उसी सहज स्नेह के अभाव में तू भवसागर का पात्र बना अर्थात् जन्म-मरण के बन्धन में अनेक बार फँसा और आगे भी इसके अभाव में फँसता रहेगा॥ १॥

जैसे, मुख को दर्पण में देखने पर वह प्रतिबिम्ब (चित> चित्र> प्रतिबिम्ब) सूरत-शक्ल (अनुहारि: अवधी-रूप, रेख, शक्ल) दर्पण में नहीं है, उसी प्रकार सेवा करते हुए भी ये माता-पिता, पुत्र तथा स्त्री अपने सगे नहीं हैं॥ २॥

तिल में अनेक पुष्पों को सुवासित करके उसका तेल (रस) ले लेते हैं और खली त्याग देते हैं। ठीक उसी प्रकार स्वार्थ के निमित्त सभी इस पृथ्वी पर भरे पड़े हैं, उनका मन तो काला है, लेकिन शरीर उज्ज्वल (अर्थात्, बाहर से दिखावटी आचरण में आत्मीयता दिखावे भर के लिए) है॥ ३॥

मित्र और सम्बन्धियों से कितने सम्बन्ध बनाए थे, इस समय भी सम्बन्ध बना रहे हो और आगे सम्बन्ध स्थापित करने के लिए अनेकों मित्र मिल जाएँगे किन्तु भूत, वर्तमान तथा भविष्य तीनों कालों में श्री रघुवीर सदृश स्नेह का निर्वाह करने वाला मित्र नहीं प्राप्त होगा॥ ४॥

जिसे सम्पूर्ण रिश्ते सच्चे (फुरै) हो जाते हैं, उससे तूने पहचान नहीं की, इसीलिए तू समझ नहीं पाया कि किस कार्य में लाभ है और किस कार्य में हानि॥ ५॥

तुमने सच्चे भगवत्प्रेम को झूठ समझा और झूठे सांसारिक प्रेम को सच्चा माना। तुम्हारी ही तरह सभी अपने आत्यन्तिक हितों की हानि करके कौन जरामरण से ग्रस्त नहीं हुआ, कौन नहीं वर्तमान काल में हो रहा है और कौन नहीं नष्ट होगा॥ ६॥

वेदादि इसी तथ्य को कह गए हैं, विद्वान भी इसी बात की ताईद कर गए हैं और मैं भी इसी बात को पुकार-पुकार कर कह रहा हूँ, तू अपने हृदय की आँखों को खोल कर लेशमात्र अन्तर्मन में देखो और सुनों, प्रभु श्रीराम ही सच्चे हितैषी हैं॥ ७॥

विशेष—(१) इस पद में अर्थ वैपरीत्य द्वारा चामत्कारिक भाव व्यंजनाओं को नियोजित किया गया है। उदाहरणार्थ—'**मन मेचक तन सेत**' 'शरीर से निर्मल लेकिन मन से काला'

पत्नी, पुत्र, कलत्रादि की यही तात्त्विक स्थिति है। **'खरि परिहरि रस लेत'** रस तो स्वयं कुटुम्बादि लेते हैं और अभिभाव को खली मात्र देते हैं, **'साँचो जानो झूँठ को'** इस असत्य संसार को सच्चा समझा और ईश्वर जो सच्चा है, उसे असत्य समझा। यहाँ विरोधाभास अलंकार है किन्तु यह अलंकार उक्ति सौन्दर्य के समक्ष बौना पड़ रहा है।

(२) संसार की अनित्यता एवं जीव की नासमझी दोनों को एक ही बिन्दु पर चित्रित करने की चेष्टा की गई है—

'को न गयो, को नात है, को न जैहैं कर हित हानि'

कौन नहीं मृत्युगामी हुआ, कौन नहीं काल कवलित होने वाला है, और कौन मृत्यु के पाश को आलिंगन नहीं करेगा अर्थात् मृत्यु अनिवार्यता है—इसे जानकर भी हे जीव! तू नश्वर पुत्र कलत्रादि के मोह में फँसकर अपने हितों की हानि क्यों कर रहा है।

[१९१]

एक सनेही साचिलो केवल कोसलपालु।
प्रेम कनोड़ो रामसो नहिं दूसरो दयालु॥ १॥
तन साथी सब स्वारथी सुर ब्यवहार सुजान।
आरत अधम अनाथ हित को रघुबीर समान॥ २॥
नाद निठुर समचर सिखी सलिल सनेह न सूर।
ससि सरोग दिनकरु बड़े पयद प्रेम पथ कूर॥ ३॥
जाको मन जासो बँध्यो ताको सुखदायक सोइ।
सरल सील साहिब सदा सीतापति सरिस न कोइ॥ ४॥
सुनि सेवा सही को करै परिहरै को दूषन देखि।
केहि दिवान दिन दीन को आदर अनुराग बिसेखि॥ ५॥
खग सबरी पितु मातु ज्यों माने कपि को किये मीत।
केवट भेंट्यो भर ज्यों ऐसो को कहु पतित पुनीत॥ ६॥
देइ अभागहिं भागु को को राखै सरन सभीत।
बेद बिदित विरुदावली कबि कोबिद गावत गीत॥ ७॥
कैसेउ पाँवर पातकी जेहि लई नामकी ओट।
गाँठी बाँध्यो दाम तो परख्यो न फेरि खर खोट॥ ८॥
मन मलीन कलि किलबिषी होत सुनत जासु कृत काज।
सो तुलसी कियो आपुनो रघुबीर गरीब निवाज॥ ९॥

केन्द्रीय भाव—जीव एवं ईश्वर का ही प्रेम अनन्य है। निश्च्छल भाव से जीव की भागवत शरणागति ही उसके लिए काम्य है और इसी के द्वारा यह जीव ईश्वर का अपना हो जाएगा। अत: श्रीराम का आश्रय लेकर उनसे जुड़ जाओ—लोक जीवन में परस्पर प्रेम तथा समर्पण के किस्से तो प्रेम नहीं प्रेम की विकृतियाँ हैं, वास्तविक प्रेम तो 'जीव' तथा 'ईश्वर' के ही बीच है।

अर्थ—केवल कोशलपाल श्रीरामचन्द्रजी ही एकमात्र सच्चे (साँचिलो—भोजपुरी) स्नेही हैं। श्रीराम के सदृश प्रेम का कृतज्ञ दूसरा कोई स्वामी इतना दयालु नहीं है॥ १॥

शरीर के साथी (माता-पिता पुत्रादि) सभी स्वारथी हैं। देवता भी इस सन्दर्भ में व्यवहार कुशल हैं (सेवानुसार ही फल देते हैं)। पीड़ित, अनाथ तथा अधम जनों के लिए श्रीराम सदृश कौन हितैषी है॥ २॥

जहाँ तक परम्परा में वर्णित लोक जगत के प्रेमियों का प्रश्न है, वीणा का स्वर निष्ठुर होता है (वधिक स्वर पर मुग्ध करके हिरण का वध करता है), शिखा धारण करने वाली आग की ज्वाला के समान स्वभावधर्मा है (अर्थात् जलाने में प्रेमी तथा शत्रु का लिहाज नहीं करती और अपने प्रिय पतिंगे को भी जला देती है) जल भी अपने स्नेह में पक्का (सूर) नहीं है (अर्थात् जाल में मछली को छोड़कर अपने को अलग कर लेता है), चन्द्रमा रोगी है (अर्थात् पूरी तरह प्रेम करने में सक्षम नहीं है और स्वत: दुखी होने के कारण चकोर को सन्तुष्ट नहीं कर पाता), सूर्य प्रचण्ड है अर्थात् अपने प्रिय कमल को खिलाते हैं, किन्तु जलने के लिए भी विवश कर देते हैं) बादल तो प्रेम पथ का सबसे क्रूर पात्र है (अर्थात् चातक को जल देने के लिए न केवल तड़पाता रहता है अपितु कभी-कभी उस पर उपल तथा विद्युतपात भी करके विनष्ट कर देता है)॥ ३॥

यह सत्य है कि जिसका मन जिससे बिंध गया अर्थात् जिस पर मुग्ध हो गया वही उसे सुख देने वाला नाता है, किन्तु सदा सरल तथा निश्छल स्वामी सीतापति श्रीराम के अतिरिक्त और कोई नहीं है॥ ४॥

सेवा का समाचार सुनकर मात्र 'सही' है, कहने वाला केवल श्रीराम हैं। अपने दासों के अपराधों को देखकर भी कौन ध्यान नहीं देता—केवल श्रीराम, किसके बार (दीवान) में दीनों पर विशेष आदर एवं सम्मान प्रकट किया जाता है—वह हैं श्रीराम॥ ५॥

गिद्ध तथा शबरी को पिता तथा माता के समान आदर दिया, वानर सुग्रीव को मित्र बनाय अनुज भरत सदृश प्रेम देते हुए निषाद को गले लगाया—बताओ, श्रीराम के अतिरिक्त ऐसा कौन पतित पावन है॥ ६॥

भाग्यहीन को कौन भाग्यवान बनाता है, भयाक्रान्त को कौन अपनी शरण में रखता है, वह हैं श्रीराम! उनकी यह विरुदावली वेदों में वर्णित है और उनकी इस विरुदावली का गायन कवि तथा तत्त्वदर्शी करते हैं॥ ७॥

कैसा भी नीच एवं पापी व्यक्ति हो यदि नाम की ओर उसने ले ली तो निश्चित हो गया। यदि बिना परखे सिक्कों को गाँठ में बाँध लिया तो खरे एवं खोटे होने का क्या प्रश्न॥ ८॥

मन से मलिन एवं पापी जिसके किये हुए कर्मों को सुनकर सुनने वाला भी स्वयं पापी हो जाता है, ऐसे तुलसीदास को भी उन श्रीराम ने अपना दास बना लिया, उनके सदृश दीन-दुखियों पर दया करने वाला कौन है॥ ९॥

विशेष—(१) प्रेम की परम्परित रूढ़ियों की चर्चा करके जीव तथा ईश्वर के सम्बन्ध को ही सर्वोपरि माना गया है—(क) स्वर प्रेम निष्ठुर है (हिरण मारा जाता है), अग्नि दाहक है (पतिंगे को भी जला देता है), सलिल स्नेह (मत्स्य के लिए) कष्टदायी है—चन्द्रमा रोगी है, सूर्य गर्व में ही भरा रहता है, स्वाति बादल क्रूर कर्मा है, इनकी तुलना में 'जीव तथा ब्रह्म' का प्रेम सहज है—वह अपने का अपने प्रति प्रेम है।

[१९२]

जो पै जानकिनाथ सों नातो नेहु न नीच।
स्वारथ परमारथ कहा कलि कुटिल बिगोयो बीच॥ १॥
धरम बरन आश्रमनि के पैयत पोथिही पुरान।
करतब बिनु बेष देखिये ज्यों सरीर बिनु प्रान॥ २॥
बेद बिहित साधन सबै सुनियत दायक फल चारि।
राम प्रेम बिनु जानिबो जैसे सर सरिता बिनु बारि॥ ३॥
नाना पथ निरबानके नाना बिधान बहु भाँति।
तुलसी तू मेरे कहे जपु राम नाम दिन राति॥ ४॥

केन्द्रीय भाव—मुक्ति के अनेक पंथ हैं, अनेक विधान हैं, अनेकानेक युक्तियाँ हैं, यद्यपि नाना प्रकार के मार्ग हैं, लेकिन तुलसी की दृष्टि में केवल श्रीराम नाम का स्मरण ही एकमात्र उपाय है और मात्र इसी उपाय से जीव का उद्धार सम्भव है।

अर्थ—हे नीच! जब तक तूने जानकी नाथ श्रीराम से सम्बन्ध तथा स्नेह नहीं किया तो तुम्हारा स्वार्थ तथा परमार्थ कैसे सिद्ध होगा। तू कुटिल कलियुग से ही ग्रस्त रहेगा॥ १॥

आश्रमों के धर्म तथा वर्ण केवल पोथियों तथा पुराणों में ही पाये जाते हैं। यहाँ तो वेश ही दिखाई पड़ता है, कर्तव्य कुछ नहीं है। यह उसी तरह हैं, जैसे बिना प्राण के शरीर॥ २॥

वेद विदित समस्त साधन अर्थ, धर्म, काम, मोक्ष इन चार पुरुषार्थों को देने वाले हैं, ऐसा सुना गया है। इन्हें श्रीराम के प्रेम बिना उसी प्रकार समझो जैसे बिना जल के कोई नदी॥ ३॥

मुक्ति प्राप्त करने के लिए नाना प्रकार के पंथ हैं तथा भाँति-भाँति के अनेक विधान भी हैं। तुलसीदास कहते हैं कि इस मुक्ति के लिए तू मात्र मेरे कहने से श्रीराम नाम का ही जप कर॥ ४॥

विशेष—विभिन्न मतों, मतान्तरों, श्रुतिपथों का सार श्रीराम नाम का कथन है, इस तथ्य को कवि उक्तियों द्वारा सिद्ध करने की चेष्टा करता है। **'मेरे कहे जपि'**—तुलसी के इस कहने में उनके जीवन भर का अनुभव, चिन्तन, स्वानुभव के फल का साक्ष्य—सब कुछ संचित है। शास्त्र श्रेष्ठ है, या आत्मानुभव—तुलसी शास्त्र की तुलना में आत्मानुभव को श्रेष्ठ बताते हैं। उनका प्रसिद्ध चिन्तन है—वेद से लोकमत बड़ा है और शास्त्र चिन्तन से आत्मानुभव श्रेष्ठ है।

[१९३]

अजहुँ आपने रामके करतब समुझत हित होइ।
कहँ तू कहँ कोसलधनी तोको कहा कहत सब कोइ॥ १॥
रीझि निवाज्यो कबहिं तू कब खीझि दई तोहिं गारि।
दरपन बदन निहारिकै सुविचारि मानि हिय हारि॥ २॥
बिगरी जनम अनेक की सुधरत पल लगै न आधु।
पाहि कृपानिधि प्रेम सों कहे को न राम कियो साधु॥ ३॥

बाल्मीकि केवट कथा कपि भील भालु सनमान।
सुनि सनमुख जो न राम सों तिहिं को उपदेसहिं ग्यान॥ ४॥
का सेवा सुग्रीव की का प्रीति रीति निरबाहु।
जासु बन्धु बध्यो ब्याध ज्यों सो सुनत सोहात काहु॥ ५॥
भजन विभीषण को कहा फल कहा दियो रघुराज।
राम गरीब नेवाज के बड़ी बाँह बोल की लाज॥ ६॥
जपहिं नाम रघुनाथ को चरचा दूसरी न चालु।
सुमुख सुखद साहिब धी समरथ कृपालु नतपालु॥ ७॥
सजल नयन गदगद गिरा गहवर मन पुलक सरीर।
गावत गुन गन राम के केहिं की न मिटी भवभीर॥ ८॥
प्रभु कृतग्य सर्वग्य है परिहरि पाछिली गलानि।
तुलसी तोसों राम सों कछु तई न जानि पहिचानि॥ ९॥

केन्द्रीय भाव—श्रीराम का भजन करने से कौन मुक्त नहीं हो गया। बाल्मीकि, केवट आदि के प्रसंग प्रमाण हैं, अतः तू अभिमान त्याग करके अपने स्वत्व का सही-सही अनुमान लगाकर 'अहन्ता' का परित्याग करके श्रीराम की शरण में जा। जीव के रूप में ब्रह्म राम से तुम्हारी पुरानी जान पहचान है।

अर्थ—आज भी अपने कार्य और श्रीराम के कर्म को समझ लो तो तुम्हारा हित हो जाएगा। कहाँ तू तुच्छ जीव युक्त प्राणी और कहाँ कोसलपति भगवान श्रीराम और फिर तुम्हारे विषय में लोग क्या कहते हैं—इसे खूब अच्छी तरह समझ लो॥ १॥

कब प्रसन्न होकर भगवान श्रीराम ने तुझे तुम्हारे संकटों से दूर किया और कब नाराज होकर उन्होंने तुम्हें गाली दी। दर्पण में मुख देखकर अर्थात् अन्तर्मुखी होकर मन में ही देखो और अच्छी तरह विचार करके अपनी पराजय मान लो अर्थात् मन में विचार करोगे तो पता चलेगा कि आज तक उसके प्रति कभी भी समर्पित नहीं रहा॥ २॥

श्रीराम की संगति में आकर अनेक जन्मों की बिगड़ी हुई बात को सुधरने में आधा पल भी नहीं लगेगा। कृपानिधि श्रीराम रक्षा करें, प्रेम से जिसने भी कहा है, उन्होंने किसे साधु नहीं बना डाला (वह चाहे जितना निकृष्ट प्राणी क्यों न रहा हो)॥ ३॥

बाल्मीकि तथा केवट प्रसंग, वानर, भील एवं भालु किसको-किसको नहीं सम्मानित किया। इन सबकी कथाओं को सुनकर जो श्रीराम के प्रति समर्पित नहीं हुआ उसे कौन ज्ञान का उपदेश देगा॥ ४॥

सुग्रीव ने कौन सी सेवा की और उन्होंने किस प्रीति की रीति का निर्वाह किया। उसकी रक्षा के लिए उन्होंने उसके बन्धु बालि का वध व्याध की तरह किया यह दुष्कर्म क्या किसी को सुनते अच्छा लगता है, अर्थात् नहीं॥ ५॥

विभीषण ने श्रीराम को प्रसन्न करने के लिए कौन सा भजन किया था जिसका फल श्रीराम ने उसे लंका का राज्य देकर पूरा किया अर्थात् केवल आत्मीयता देखकर विभीषण को आत्मीय बनाया। गरीब निवाज श्रीराम को अपनी बाँह (आश्रय) देने तथा वचन की बड़ी लज्जा करनी पड़ती है॥ ६॥

इसलिए अब श्रीराम के अतिरिक्त अन्य किसी की चर्चा न चलाया करो और सदा रघुनाथजी के नाम का जप करो। श्रीरामजी आनन्द देने वाले, सुन्दर आकृति से युक्त, स्वामी, बुद्धि सम्पन्न, समर्थ, कृपाल तथा नमन करने वाले के पालन कर्ता हैं॥ ७॥

श्रीराम का गुणानुवाद करते समय नेत्र अश्रुपरिपूर्ण, वाणी अवरुद्ध, हृदय प्रेमपूर्ण गदगद (गहवर) और शरीर पुलकित हो उठता है। श्रीराम का गुणगान करते हुए किस दास का भव संकट नहीं समाप्त हुए॥ ८॥

प्रभु श्रीरामजी उपकारों के प्रति कृतज्ञ, सम्पूर्ण सृष्टि के रहस्यों को जानने वाले और इस ग्लानि को भूल जाओ कि पहले उनसे स्नेह नहीं किया क्योंकि तुलसीदासजी कहते हैं कि तुमसे और श्रीरामजी से ब्रह्म तथा जीव के रूप में बड़ी पुरानी जान पहचान है—कोई नई नहीं॥ ९॥

विशेष—'जीव एवं ब्रह्म' के सम्बन्ध को सम्पुष्ट कर रहा है। जीव तथा ब्रह्म का पुराना रिश्ता है, अतः तुम्हारा तथा श्रीराम का कोई नया रिश्ता नहीं कायम हो रहा है। वह श्रीराम भक्ति की प्रणाली की ओर इंगित करता हुआ कहता है—

सजल नयन गदगद गिरा गहवर मन पुलक सरीर।
गावत गुनगन राम के केहिं न मिटी भवभीर।

'विवेक' जागृति के बाद जीव अन्तिम रूप से इसी भाव से शरणागति प्राप्त करता है।

[१९४]

जो अनुराग न राम सनेही सों।
तौ लह्यो लाहु कहा नर-देही सों॥ १॥
जो तनु धरि परिहरि सब सुख भये सुमति राम अनुरागी।
सो तनु पाइ अघाइ किये अघ अवगुन उदधि अभागी॥ २॥
ग्यान बिराग जोग जप तप मख जग मुद मग नहिं थोरे।
राम प्रेम बिनु नेम जाय जैसे मृग जल जलधि हिलोरे॥ ३॥
लोक बिलोकि पुरान बेद सुनि समुझि बुझि गुरु ग्यानी।
प्रीति प्रतीति राम पद पंकज सकल सुमंगल खानी॥ ४॥
अजहुँ जानि जिय मानि हारि हिय होइ पलक महँ नीको।
सुमिरु सनेहसहित हित रामहिं मानु मतो तुलसीको॥ ५॥

केन्द्रीय भाव—यद्यपि संसार में रमने के अनेक माध्यम हैं, यथा ज्ञान, वैराग्य, योग, जप, तप, यज्ञादि किन्तु श्रीराम के प्रेम के अभाव में ये सब मृग-तृष्णावत् व्यर्थ हैं। अतः अनेकानेक साक्ष्यों से श्रीराम के प्रेम को समर्थित करके उन्हीं का गुणानुवाद करो। कवि कहता है—

अर्थ—परम स्नेही श्रीराम से यदि तुम्हारा अनुराग नहीं है तो नर देह धारण करने से तूने क्या लाभ प्राप्त किया॥ १॥

यदि मनुष्य का शरीर धारण करके सम्पूर्ण सुख की तिलांजलि देकर शुद्ध मति द्वारा श्रीराम के स्नेही नहीं बने। हे अवगुणों के समुद्र अभागे! तूने इस शरीर को प्राप्त करने के बाद भी पेट भर करके पाप किये॥ २॥

ज्ञान, वैराग्य, योग, जप, तप, यज्ञ आदि संसार में आनन्द की प्राप्ति के अनेक मार्ग हैं किन्तु श्रीराम के प्रति श्रद्धा तथा प्रेम के अभाव में जैसे मृग-मरीचिक के समुद्र की लहरें॥ ३॥

संसार को देखकर के वेद पुराणों की मान्यताओं का श्रवण करके, ज्ञानी गुरुओं से समझ बूझ करके सम्पूर्ण शिवत्व के भंडार रूप श्रीराम के चरण कमलों में प्रीति और विश्वास ही एकमात्र मुक्ति का मार्ग है॥ ४॥

यदि हृदय से हार मान ली है तो अब भी समझ लो कि एक पल में तुम्हारा कल्याण हो सकता है कि श्रीराम को एकमात्र हितैषी मानकर उनका स्नेह सहित स्मरण करो। हे तुच्छ! तू हृदय से तुलसीदास के इस सिद्धान्त को मान ले॥ ५॥

विशेष—(१) कवि प्रत्यक्ष अनुभव के साथ-साथ यहाँ शास्त्रादि को भी साक्ष्य में रख लेने पर श्रीराम के ही प्रेम की सार्थकता को सर्वोपरि स्वीकार करता है। वह इस सन्दर्भ में कहता है—

लोक विलोकि पुराण वेद सुनि समुझि-बूझि गुरु ग्यानी।
प्रीति प्रतीति राम पद पंकज सकल सुमंगल खानी॥

'लोक' में श्रीराम का नाम पूर्णरूपेण स्थापित है, अतः यह प्रथम साक्ष्य है, पुराण वेद की श्रुति तथा सिद्धान्त परम्पराएँ हैं, यह शास्त्र साक्ष्य है और गुरुओं तथा ज्ञानीजनों से समझो तथा उस पर गम्भीरता पूर्वक मनन और विचार करो तब संसार की असत्यता तथा श्रीराम की ब्रह्मरूपिणी सत्ता और जोव की एकमात्र आश्रयस्थली श्रीराम की वास्तविकता का बोध होगा।

(२) जप, तप, मख, ज्ञान, वैराग्य आदि श्रीराम से जुड़कर ही सार्थकता प्राप्त करते हैं अन्यथा प्रपंचपूर्ण तथा मिथ्या है। प्रपंचपूर्ण तथा मिथ्या के अर्थ को 'मृगमरीचिका' के उदाहरण द्वारा सिद्ध करता है।

(३) **'मानु मतो तुलसी को'** तुलसी का मत उनके जीवन के यथार्थ का बोध है। तुलसी का मत उनके स्वानुभव से सिद्ध होता है। जप, तप, ज्ञान, वैराग्य आदि श्रीराम से ही जुड़कर सार्थकता प्राप्त करते हैं, यह मत तुलसी का अपना स्वान्तः सिद्ध अनुभव है।

[१९५]

बलि जाउँ हौं राम गुसाईं। कीजै कृपा आपनी नाईं॥ १॥
परमारथ सुरपुर साधन सब स्वारथ सुखद भलाई।
कलि सकोप लोपी सुचाल निज कठिन कुचाल चलाई॥ २॥
जहँ जहँ चित चितवत हित तहँ नित नव बिषाद अधिकाई।
रुचि भावती भभरि भागहि समुहाहिं अमित अनभाई॥ ३॥
आधि मगन मन ब्याधि बिकल तन बचन मलीन झुठाई।
एतेहुँ पर तुमसों तुलसीकी प्रभु सकल सनेह सगाई॥ ४॥

अर्थ—हे श्रीराम मैं आप पर बलि जाता हूँ, आप मुझ पर अपने ही ढंग से मुझ पर कृपा करें॥ १॥

परमार्थ के, स्वर्ग की प्राप्ति के, सुख देने वाले स्वार्थ तथा हितैषिता के जितने भी साधन हैं क्रोधपूर्वक कलियुग ने सभी सन्मार्गों का लोप कर डाला है और उसने अपनी कठिन

कष्टदायी कुमार्गों को चला दिया है ॥ २ ॥

जहाँ-जहाँ चित्त अपने हित को समझकर देखता है, वहाँ हित के स्थान पर नित्य नव विषाद की कठिनता ही दिखाई पड़ती है। रुचि के अनुकूल घटनाएँ व्याकुल (भभरि) भागती हैं अर्थात् मनचाही कुछ भी नहीं हो पा रही है और जो अनीच्छित है, वे समूह की समूह सम्मुख आ जाती हैं ॥ ३ ॥

मन चिन्ताओं (आधि) में विकल है, शरीर रोगादि व्याधाओं से व्याकुल है, वाणी मलिन होकर झूठी हो रही है। हे नाथ! इतना होते हुए भी तुलसी का सम्पूर्ण स्नेह और सगापन (सगाई) आपके प्रति बना हुआ है ॥ ४ ॥

विशेष—तुलसी साहित्य विशेषकर 'विनय पत्रिका' में कलि का एक विशेष सन्दर्भ है। मानव या तो मन, बुद्धि, चित्त एवं अहंकार से इस जगत में फँसता है, या कलि द्वारा उसके कुकर्मों द्वारा फँसाया जाता है। विनय पत्रिका में कलि से निरन्तर सावधान रहने की चिन्ता प्रगट की गई है। 'कलि और अहन्ता' दोनों मिलकर मनुष्य के लिए 'सन्निपात ज्वर' की स्थिति उत्पन्न कर देते हैं। कलि के विषय में कवि यहाँ कहता है—

'कलि सकोप लोपी सुचाल निज कठिन कुचाल चलाई' सम्पूर्ण पद कलिग्रस्तता से उत्पन्न कुप्रभाव से मुक्ति की छटपटाहट तथा श्रीराम के प्रति इस छटपटाहट के बीच उपजती आत्मीयता के वर्णन से सम्बद्ध है।

[१९६]

काहे को फिरत मन करत बहु जतन,
मिटै न दुख बिमुख रघुकुल बीर।
कीजै जो कोटि उपाइ त्रिबिध ताप न जाइ
कह्यो जो भुज उठाय मुनिबर कीर॥ १ ॥
सदृश टेव बिसारि तुही धौं देखि बिचारि
मिलै न मथत वारि घृत बनु छीर।
समुझि तजहिं भ्रम भजहिं पद जुगम
सेवत सुगम गुन गहन गंभीर॥ २ ॥
अगम निगम ग्रंथ ऋषि मुनि सुर संत
सबहीं को एक मत सुनुमतिधीर।
तुलसिदास प्रभु बिनु पियास मरै पसु
जद्यपि है निकट सुरसरि तीर॥ ३ ॥

केन्द्रीय भाव—कवि इस पद के अन्तर्गत यह समझाने की चेष्टा कर रहा है कि श्रीराम के अतिरिक्त मन के लिए अन्य कोई आश्रयस्थली नहीं है। शुकदेव, आगम, निगम, सद्ग्रंथादि, ऋषिकुल आदि सभी का यही मत है कि जीव के निकटस्थ ब्रह्म की सत्ता होते हुए भी नाना प्रकार के भौतिक संकटों को झेल रहा है। कवि कहता है—

अर्थ—हे मन! अनेक यत्नों को करता हुआ तू क्यों व्याकुल होकर घूमता फिरता है, यह सत्य समझो की रघुनाथ के बिना त्रिविध संताप नष्ट नहीं हो सकते मुनिश्रेष्ठ शुकदेवजी ने इसे भुजा उठाकर कहा है ॥ १ ॥

अपने स्वभाव को भूल करके तुम्हीं इसे विचार पूर्वक देखो, बिना दूध का मंथन किए जल मंथन करने से घृत नहीं मिलता। इसे भली-भाँति समझकर भ्रमों का परित्याग करो और श्रीराम के युग चरणों की सेवा करो क्योंकि गहन तथा गम्भीर गुणों से परिपूर्ण श्रीराम सेवा से ही सुगम हैं॥ २॥

हे मन! तू बुद्धि से धैर्य धारण करके सुनो, वेदादि शास्त्रादि, अनेकानेक धर्म ग्रंथ, ऋषि, मुनि, देवता, संतजन सभी का एक ही मत है उसे स्पष्ट करते हुए तुलसीदासजी कहते हैं कि श्रीराम के प्रेम के अभाव में सम्पूर्ण मानव जाति पशुवत् प्यासी मर रही है, यद्यपि प्यास से मरने का कोई कारण नहीं है, जबकि गंगा (श्रीराम के प्रति श्रद्धा-प्रेम) का तट उसके सन्निकट ही है॥ ३॥

विशेष—यह पद विनय पत्रिका की स्थापनाओं में से है। शास्त्रादि के साक्ष्य, शुकदेवादि भक्तों के प्रमाण एवं तुलसीदास के स्वानुभव से यही सिद्ध है कि जीव की अन्तिम गति श्रीराम की है।

(१) 'तुलसी प्रभु बिनु पियास मरै पसु
यद्यपि है निकट सुरसरि तीर'

सुरसरि जैसे पवित्र जल के समीप होते हुए भी मन भव तृष्णा के कारण पिपासित मर रहा है, इससे आश्चर्यजनक और क्या है? सम्पूर्ण हेतु के होते हुए भी कारण नहीं सम्पन्न हो रहा है, विभावना अलंकार के चमत्कार का सृजन नहीं है, वरन् एक स्थिति विशेष को, एक यथार्थ तथा स्वानुभव को इंगित करने का अर्थयोजन है।

[१९७]

नाहिंन चरन रति ताहि तें सहौं बिपति
कहत श्रुति सकल मुनि मतिधीर।
बसै जो ससि उछंग सुधा स्वादित कुरंग
ताहि क्यों भ्रम निरखि रबिकर नीर॥ १॥
सुनिय नाना पुरान मिटत नहिं अग्यान
पढ़िय न समुझिय जिमि खग कीर।
बँधत बिनहिं पास सेमर सुमन आस
करत चरत तेइ फल बिनु हीर॥ २॥
कछु न साधन सिधि जानौं न निगम बिधि
नहिं जप तप बस मन न समीर।
तुलसिदास भरोस परम करुना कोस
प्रभु हरिहैं बिषम भवभीर॥ ३॥

केन्द्रीय भाव—श्रीराम के प्रति आत्यन्तिक आसक्ति नाना पुराणों को सुनने, जप-तप आदि से सम्भव नहीं है। यह प्रभु की ही कृपा होगी, तो बोध का अंकुरण जीव की चेतना में होगा अन्यथा तोते की भाँति शास्त्रादि पढ़ते रहिये, बिना ज्ञान के इस संसार की बाह्य आकर्षण शोभा में चित्त रमाए रहिए, कुछ सिद्ध होने वाला नहीं है। अज्ञान को दूर करने के लिए चरण

रति आवश्यक है, प्रभु तभी कृपा करेंगे।

अर्थ—चरणों में रति नहीं है इसलिए अनेकानेक विपत्तियाँ सह रहा हूँ, यह बात सम्पूर्ण श्रुतियाँ एवं स्थिर बुद्धि वाले मुनिजन कह रहे हैं क्योंकि जो हिरण चन्द्रमा की गोद में बैठकर अमृत का स्वाद ले रहा है, उसे सूर्य किरणों से उत्पन्न मृग-मरीचिका को देखकर (जल पीने जैसा) भ्रम क्यों होगा॥ १॥

नाना पुराणों के श्रवण से अज्ञान नहीं नष्ट हो रहा है और हमारी स्थिति तोता पक्षी की भाँति है जो पढ़ता है, किन्तु समझता नहीं। मनुष्य इस मिथ्या संसार के मोह में तोते की भाँति शेमल पुष्प में फल की आशा से बिना बन्धन के बँधा रहता है और शेमल के फल विहीन (हीर) पुष्प में निरर्थक चोंच मारता रहता है॥ २॥

न मैं भगवत्प्राप्ति के किन्हीं साधनों को जानता हूँ, न वेदादि में निर्दिष्ट विधियों को जानता हूँ, न प्राणवायु का निरोध कर सकता हूँ, न मेरा मन जप-तप से नियंत्रित ही है। तुलसीदासजी कहते हैं कि करुणा की राशि श्रीरामजी पर मुझे एकमात्र भरोसा है और वही प्रभु मेरी विषम सांसारिक यातना दूर करेंगे॥ ३॥

विशेष—(१) सम्पूर्ण मायिक संकटों की मुक्ति का आधार श्रीराम के चरणों में रति को कवि बताता है। यदि मन श्रीराम के चरण कमलों में निरन्तर अनुरक्त रहे तो स्वयं प्रभु उसकी विषम पीड़ा दूर कर देंगे।

[१९८]

मन पछितैहैं अवसर बीते।
दुर्लभ देह पाइ हरिपद भजु करम बचन अरु ही ते॥ १॥
सहसबाहु दस बदन आदि नृप बचे न काल बली ते।
हम हम करि धन धाम सँवारे अन्त चले उठि रीते॥ २॥
सुत बनितादि जानि स्वारथ रत न करु नेह सबहीं ते।
अन्तहु तोहि भजैंगे पामर तू न तजै अबहीं ते॥ ३॥
अब नाथहिं अनुरागु जागु जड़ त्यागु दुरासा जीते।
बुझै न काम अगिनि तुलसी कहुँ विषय भोग बहु घी ते॥ ४॥

केन्द्रीय भाव—मन को सम्बोधित करता हुआ कवि कहता है, मानव देह तक ही श्रीराम को प्राप्त करने की सुगमतम सार्थकता है। यदि तू कामनाओं की आग में अतृप्तियों के घी की आहुति डालता रहा तो अपूर्ण कामनाओं के साथ फिर पुनर्जन्म और पुनर्मृत्यु के बन्धन में पड़कर भोगता रहेगा। फलतः तू श्रीराम के चरणों में अब भी अनुराग उत्पन्न करो।

अर्थ—तुम्हारे लिए अब भी समय है, अवसर समाप्त हो जाने पर मन-ही-मन तुझे पछताना पड़ेगा। इस दुर्लभ मनुष्य देह को प्राप्त करके श्रीहरि के चरणों की सेवा मन, कर्म तथा हृदय से करो॥ १॥

अत्यन्त प्रबल काल से सहस्रार्जुन एवं रावण (जो क्रमशः एक हजार भुजाओं की शक्ति तथा दस भुजाओं की शक्ति रखते थे) भी नहीं बच पाए और इतनी भुजाओं के बाद भी खाली हाथ मृत्यु को प्राप्त हुए॥ २॥

तेरसि तीन अवस्था तजहु भजहु भगवन्त।
मन क्रम बचन अगोचर व्यापक व्याप्य अनन्त॥ १४॥
चौदसि चौदह भुवन अचर चर रूप गोपाल।
भेद गए बिनु रघुपति अति न हरहिं जग जाल॥ १५॥
पूनो प्रेम भगति रस हरि रस जानहिं दास।
सम सीतल गतमान ग्यानरस विषय उदास॥ १६॥
त्रिविध सूल होलिय जरै खेलिय अब फागु।
जो जिय चहसि परम सुख तौ यहिं मारगु लागु॥ १७॥
स्त्रुति पुरान बुध सम्मत चाँचरि चरित मुरारि।
करि विचारि भव तरिय परिय कबहुँ न जमधारि॥ १८॥
संसय समन दमन दुख दुखनिधान हरि एक।
साधु कृपा बिनु मिलहिं न करिय उपाय अनेक॥ १९॥
भवसागर कहँ नाव सुद्ध सन्तन के चरन।
तुलसीदास प्रयास बिन्दु मिलहिं राम दुख हरन॥ २०॥

अर्थ—हे मन! भगवत्स्वरूप श्रीगुरु के पद कमल का अभिमान छोड़कर भजन कर, जिसकी सेवा करने से सुख निधान भगवान प्राप्त होते हैं॥ १॥

प्रतिपदा (परिवा) प्रथम तिथि सम्पूर्ण साधनों में प्रथम प्रेम के सदृश है और उसके बिना भगवान श्रीराम की प्राप्ति असम्भव है। यद्यपि अपने हृदय के पूर्णतः निकट ही उनका निवास है किन्तु बिना प्रेम के वे प्राप्य नहीं हैं॥ २॥

द्वितीया द्वैतमति को छोड़कर पृथ्वी मण्डल पर धैर्य धारण करके विचरने की तिथि है, अतः माया पद मोह से निवृत्त होकर रहो, इसमें श्रीराम निवास करेंगे॥ ३॥

तृतीया तीनों गुणों से परे परम पुरुष लक्ष्मीपति श्री विष्णु का दिन है, अतः इस दिन गुण स्वभाव का परित्याग करो क्योंकि बिना उसके परित्याग किये ब्रह्मानन्द पद दुर्लभ है॥ ४॥

चतुर्थी का दिन मन, बुद्धि, चित्त, अहंकार इन अन्तःकरण चतष्टयों के परित्याग का दिन है। बिना उसे त्यागे सहज उदार स्वसुख का उदय नहीं होगा और न निर्मल मति द्वारा परमानन्द प्राप्त हो सकेगा॥ ५॥

पंचमी के अनुसार स्पर्श, शब्द, गन्ध तथा रस इनका कहना न मानिए अन्यथा पुनः माया कूप में गिरोगे॥ ६॥

षष्ठी के प्रतीक रूप में श्रीराम की कृपा की याचना से काम, क्रोध, लोक, लोभ, मद तथा मात्सर्य इन पर विजय प्राप्त करें। श्रीराम की कृपा रूपी जल के बिना लोभादि रूपी अग्नि शान्त नहीं होती॥ ७॥

सप्तमी के अनुसार सप्त धातु निर्मित इस शरीर पर विचार करो, कि इस शरीर का केवल एकमात्र फल है, वह है, परोपकार और उसे सम्पन्न करो॥ ८॥

अष्टमी के दिन विचार करो कि ईश्वर आठ प्रकृतियों से परे हैं, हृदय में अनेक कामनाएँ निवास करती हैं, उनका परित्याग करके किस प्रकार श्रीराम को प्राप्त किया जाए॥ ९॥

नवमी तिथि इस बात का संकेत है कि जिस व्यक्ति ने नौ द्वार वाले शरीर में रहकर उसका नियंत्रण नहीं किया वे मनुष्य अनेकानेक योनियों में भटकते हुए दारुण दुःख प्राप्त करते हैं ॥ १० ॥

दशमी के अनुसार दसवाँ साधन यह है कि संयमपूर्वक जीवन व्यतीत करो और जो इसे भली-भाँति समझकर पूरा नहीं करता उसके अन्य साधन वृथा हो जाते हैं और सारंगपाणि भगवान विष्णु उसे नहीं प्राप्त होते ॥ ११ ॥

एकादशी को एकनिष्ठ होकर उसकी सेवा करो जिससे उस व्रत का फल प्राप्त करो ताकि मृत्यु तथा पुनर्जन्म का गमनागम समाप्त हो उठे ॥ १२ ॥

द्वादशी के अनुसार दान इस प्रकार करो ताकि त्रैलोक में व्यक्ति अभय हो उठे। एकादशी के व्रत के बाद द्वादशी तिथि का पारण यही है अर्थात् दान में एकनिष्ठ व्यक्ति को पुनः शोक नहीं व्यापता ॥ १३ ॥

त्रयोदशी इस तथ्य का प्रतीक है कि जागृति, स्वप्न एवं सुषुप्ति इन तीन अवस्थाओं का परित्याग करके दृश्य रूप व्यापक एवं उनकी अन्तरात्मा में व्याप्य रूप अगोचर तथा अनन्त रूप ब्रह्म श्रीराम का मन कर्म वाणी से भजन करो ॥ १४ ॥

चतुर्दशी के अनुसार चौदहों भुवनों में श्रीराम चर अचर रूप में व्याप्त हैं। भेद बुद्धि के समाप्त हुए बिना श्रीराम सांसारिक प्रपंचों को दूर नहीं करते ॥ १५ ॥

पूर्णिमा प्रेममूला भक्तिरस का प्रतीक है और भक्त जन उसी को श्रीहरिरस के नाम से भी जानते हैं और विषय वासनाओं से उदासीन, ज्ञानरत, मानादि कामनाओं का त्याग, समत्व शीतलता आदि के माध्यम से उसे प्राप्त करते हैं ॥ १६ ॥

ऐसा फाग खेलो ताकि त्रिविध संताप होली में जल जाएँ, यदि हृदय में परम सुख प्राप्त करना चाहते हो तो इस मार्ग में मन लगाओ ॥ १७ ॥

श्रुतियों, पुराणों एवं विद्वानों द्वारा समर्थित श्रीकृष्ण की यह होली का चाँचर (चर्चरी) गीत है। इस पर विचार करके भवसागर से निवृत्त हो ताकि कभी भी यम के जरा-मरण रूपी मजधार में पड़ो ॥ १८ ॥

संशय परिपूर्ण विचारों के शान्तकर्ता, दुखों को दमन करने वाले श्रीहरि केवल एक हैं, चाहे जितने उपायों को करो साधुकृपा के बिना वे नहीं प्राप्त होते ॥ १९ ॥

सन्तों के पवित्र चरण ही संसार सागर से पार होने के लिए नौका है, तुलसीदास कहते हैं कि उनके पवित्र चरण रूपी नौका पर चलकर बिना प्रयास ही दुखों को दूर करने वाले उन श्रीराम को प्राप्त कर सकते हो ॥ २० ॥

[२०४]

जो मन लागै राम चरन अस
देह गेह सुत बित कलत्र महँ मगन होत बिन किए जस ॥ १ ॥
द्वन्द्वरहित गतमान ग्यानरत विषय विरत खटाय नाना कस।
सुखनिधान कोसलपति ह्वै प्रसन्न कछु क्यौं न होंहि बस ॥ २ ॥
सर्वभूतहित निर्व्यलीक चित भगति प्रेम दृढ़ नेम एकरस।
तुलसिदास यह होइ तबहिं जब द्रवै ईस जेहिं हतौ सीसदस ॥ ३ ॥

अर्थ—यदि श्रीराम के चरणों में मन इस प्रकार लग जाए जैसे शरीर, घर, पुत्र, सम्पत्ति एवं स्त्री आदि में बिना यत्न के लवलीन तथा मग्न रहता है॥ १॥

यह द्वन्द्वरहित मन, मानाभिमान शून्य, ज्ञानरत तथा नाना प्रकार के कांसपात्र में रखे पदार्थों की भाँति स्वादरहित (खटाय) हो जाए और फिर बताओ आनन्द निधान कोसलाधीश श्रीराम प्रसन्न होकर तुम्हारे वश में क्यों नहीं होंगे॥ २॥

समस्त प्राणियों में कल्याण में संसक्त पवित्र चित्त से परिपूर्ण दृढ़ नियमों का पालन करता हुआ प्रेमभक्ति में निरन्तर एकरस में अनुरक्त बनो। तुलसीदासजी कहते हैं कि यह तभी होगा जब रावण का वध करने वाले भगवान श्रीराम जब तुम पर द्रवित होंगे॥ ३॥

[२०५]

जो मन भज्यो चहै हरि सुरतरु।
तौ तज बिषय बिकार सार भज अजहूँ जो मैं कहौं सोइ करु॥ १॥
सम संतोष बिचार बिमल अति सतसंगति ये चारि दृढ़ करि धरु।
काम क्रोध अरु लोभ मोह मद राग द्वेष निसेष करि परिहरु॥ २॥
श्रवन कथा मुख नाम हृदय हरि सिर प्रनाम सेवा कर अनुसरु।
नयननि निरखि कृपा समुद्र हरि अग जग रूप भूप सीताबरु॥ ३॥
इहै भगति बैराग्य ग्यान यह हरि तोषन यह सुभ ब्रत आचरु।
तुलसिदास सिव मत मारग यहि चलत सदा सपनेहुँ नाहिंन डरु॥ ४॥

केन्द्रीय भाव—मन को सम्बोधित करता हुआ कवि कहता है कि यदि श्रीराम का भजन करना चाहता है तो तुम मेरा कहना मानो। सम सन्तोष आदि का परिपालन करते हुए काम क्रोधादि का परित्याग करो और श्रवण, मुख को राम कथा श्रवण-कथन में समर्पित करो और अपने हृदय में श्रीराम को स्थापित करो। सम्पूर्ण इन्द्रियों में श्रीराम को रमा लेने के बाद ही तुझे मुक्ति मिलेगी, अन्य साधनों से नहीं।

अर्थ—हे मन! यदि तू श्रीहरि रूपी कल्पतरु का सेवन करना चाहते हो तो समस्त विषयगत विकारों का परित्याग करो, उस परम सार तत्त्व रूप श्रीराम का भजन कर और आज ही कुछ नहीं बिगड़ा है, जो मैं कहूँ, वही करो॥ १॥

समत्व बुद्धि, सन्तोष, अत्यन्त निर्मल मति एवं सत्संगति इन चारों को दृढ़तापूर्वक पकड़ो। काम, क्रोध, लोभ, मोह, मद, राग-द्वेष इनका परित्याग करके अपने को इनसे मुक्त कर लो॥ २॥

श्रवण पुटों से श्रीराम की कथा का श्रवण करो, मुख से श्रीराम का जप करो, हृदय में श्रीहरि को धारण करो, सिर से प्रणाम करो और इस प्रकार इन सबकी सार्थकताओं के अनुरूप श्रीराम की सेवा करो।

जड़-चेतन (अग-जग) स्वरूप सीता के पति राजाराम जो कृपा के समुद्र रूप श्रीहरि हैं, उन्हें इन नेत्रों से देखो॥ ३॥

यही भक्ति है, यही ज्ञान तथा वैराग्य है, श्रीहरि की तुष्टि के लिए यही व्रत है और यही आचरण है। तुलसीदास कहते हैं कि यही शिव सम्मत मार्ग है और इस मार्ग पर चलने में स्वप्न में भी भय नहीं है॥ ४॥

विशेष—यहाँ कवि 'हरितोषिणी' भक्ति के स्वरूप, सेवा एवं साधन का उल्लेख करता है। इसको कवि शिवमत मार्ग का नाम देता है। इसी हरितोषिती को कवि ने ज्ञान कहा है, वैराग्य भी कहा है तथा भक्ति के नाम से भी पुकारा है।

[२०६]

नाहिन कोउ सरन लायक दूजो श्री रघुपति सम बिपति बिदारन।
काको सहज सुनाउ सेवक बस काहि प्रनत पर प्रीति अकारन॥ १॥
जन गुन अलप गनत सुमेरु करि अवगुन कोटि विलोकि विसारन।
परम कृपालु भगत चिन्तामनि विरद पुनीत पतित जन तारन॥ २॥
सुमिरत सुलभ दास दुख सुनि हरि चलत तुरत पटपीत सँभारन।
साखि पुरान निगम आगम सब जानत जनकसुता अरु बारन॥ ३॥
जाको जस गावत कवि कोविद जिनके लोभ मोह मद मारन।
तुलसिदास तजि आस सकल भजु कोसलपति मुनि बधू उधारन॥ ४॥

केन्द्रीय भाव—श्रीराम के अतिरिक्त अन्य कोई शरण्य नहीं है। कवि इस पद में विविध तर्कों के माध्यम से यह सिद्ध करता है कि अपनी सहजता तथा सेवा से आशु सुलभता के कारण वही एकमात्र शरण्य है। कवि श्रीराम के इस स्वभाव का वर्णन करता हुआ क़हता है—

अर्थ—श्री रघुनाथजी के सदृश न कोई दूसरा शरण प्राप्त करने के लिए उपयुक्त है और न विपत्तियों को दूर करने वाला है। श्री रघुनाथजी के अतिरिक्त और किसका सेवक के वशवर्ती रहना सहज स्वभाव है और अन्य क़िसी दूसरे को अकारण शरणागत पर अकारण प्रेम है॥ १॥

श्री रघुनाथजी भक्तों के स्वल्प गुण को सुमेरु पर्वत सदृश विशाल मानते हैं और उनकी कोटि बुराइयों को देखकर भी विस्मृत कर जाते हैं। वे परम कृपालु हैं, भक्तों के लिए चिन्तामणि सदृश उनका पवित्र करने वाला विरद पापियों का उद्धार करने वाला है॥ २॥

स्मरण करते ही भक्तों के लिए सर्वदा सुलभ तथा सेवकों का दुख सुनकर वे श्रीहरि तुरन्त भक्तों के रक्षार्थ चल देते हैं और शीघ्रातावश पीताम्बर भी नहीं सम्हालते। निगम-आगम तथा पुराण साक्षी हैं और इस रहस्य को सीता तथा गजेन्द्र भली-भाँति जानते हैं॥ ३॥

विद्वान तथा कविगण, जिनके हृदय में लोभ, मोह, मद तथा कामवासना नहीं है, जिनके यश का गान करते रहते हैं। तुलसीदासजी कहते हैं कि अन्य देवताओं की आशा छोड़ो, अब केवल अहल्या का उद्धार करने वाले कोशलाधीश श्रीराम का भजन करो॥ ४॥

[२०७]

भजिबे लायक सुखदायक रघुनायक सरिस सरनप्रद दूजो नाहिन।
आनँदभवन दुखदवन सोकसमन रमारमन गुन गनत सिराहिं न॥ १॥
आरत अधम कुजाति कुटिल खल पतित सभीत कहूँ जे समाहिं न।
सुमिरत राम बिबसहँ बारक पावत सो पद जहाँ सुर जाहिं न॥ २॥

जाके पद कमल लुब्ध मुनि मधुकर बिरत जे परम सुगतिहु लुभाहिं न।
तुलसिदास सठ तेहि न भजसि कस कारुनीक जो अनाथहिं दाहिन॥ ३॥

केन्द्रीय भाव—कवि इस पद के अन्तर्गत अनाथों के सर्वथा हितैषी श्रीराम के भजन के लिए प्रेरित करता है। श्रीराम की भक्ति आधार है। उसकी समत्व दृष्टि तथा भक्तों के लिए आशु प्रसन्नता। इसको स्पष्ट करता हुआ कवि कहता है—

अर्थ—आनन्द निधान श्री रघुनाथजी के सदृश अन्य कोई शरणागति योग्य नहीं है। वे आनन्द निधान, दुखों के विनाशकर्ता, शोक-सन्ताप को दूर करने वाले लक्ष्मीपति श्रीराम के गुणों की गणना का कोई अन्त नहीं है॥ १॥

अत्यन्त आर्त्त, अधम, जातिभ्रष्ट, कुटिल, खल, पापी तथा भयाक्रान्त जो अन्य कहीं भी शरण नहीं प्राप्त कर सकते ऐसे व्यक्ति विवशीभूत होकर एक बार भी नाम का स्मरण करने से उस पद को प्राप्त कर लेते हैं, जहाँ देवगण भी नहीं पहुँच पाते॥ २॥

जिसके पद कमलों में मुनिगण रूपी भ्रमर निरन्तर लीन रहते हैं और उस भक्ति लोलुपता के कारण वे मोक्ष जो सर्वश्रेष्ठ गति है, उसकी ओर से भी लोभ का त्याग कर देते हैं। तुलसीदासजी कहते हैं कि हे शठ! तुम उनका भजन क्यों नहीं करते जो सर्वथा करुणासागर तथा दीनों के लिए सहायक (दाहिन) हैं॥ ३॥

विशेष—इस पद में कवि ने अत्यन्त प्रमुखतापूर्वक श्रीराम की उपासना के जिन तर्कों को प्रतिष्ठित किया है, वे ये हैं—(१) अत्यन्त निराश, सब प्रकार से हताश, आर्त्त, अधम, जातिभ्रष्ट, कुटिल, खल, पापी को भी आदरपूर्वक सम्मानित करने के कारण श्रीराम सबके लिए उपास्य हैं।

(२) इनके प्रति श्रीराम सहानुभूति ही नहीं उत्पन्न करते, अपितु इ सुगति एवं सुख प्रदान करते हैं, जो देवताओं के लिए भी दुर्लभ हैं।

अन्य देवताओं में न ऐसी सामर्थ्य है और न इस प्रकार की विशेषता ही।

[२०८]

नाथ सों कौन बिनती कहि सुनावौं।
त्रिबिध बिधि अमित अवलोकि अघ आपने
सरन सनमुख होत सकुचि सिर नावौं॥ १॥
बिरचि हरिभगतिको बेष बर टाटिका
कपट-दल हरित पल्लवनि छावौं।
नामलगि लाइ लासा ललित बचन कहि
ब्याध ज्यों बिषय बिहँगनि बझावौं॥ २॥
कुटिल सतकोटि मेरे रोमपर बारियाहि
साधु गनतीमें पहलेहि गनावौं।
परम बर्बर खर्ब गर्ब पर्बत चढ़यो
अग्य सर्बग्य जन मनि जनावौं॥ ३॥

साँच किधौं झूठ मोको कहत कोउ
कोऊ राम रावरो हौं तुम्हरो कहावौं।
विरद की लाज करि दास तुलसिहिं देव
लेहु अपनाइ अब देहु जनि बावौं॥४॥

अर्थ—हे नाथ! मैं आपको अपनी विनती किस प्रकार कह सुनाऊँ। अपने तीनों प्रकार के अनन्त पापों का अवलोकन करके आपकी शरणागति में सम्मुख होते ही संकोच तथा लज्जा से सिर झुका लेता हूँ॥१॥

हरि भक्ति की भेष रचना को क्षद्मपूर्ण टट्टी बनाकर कपटपूर्ण हरिपल्लव दलों से (तिलक, माल्यादि से) उसे छा रखा है। नाम रूपी लग्गी में मधुर वचन रूपी लासा लगाकर बहेलिए की भाँति विषय वासना रूपी पक्षियों को फँसाता रहता हूँ॥२॥

मेरे रोएँ-रोएँ पर शतकोटि कुटिलता निछावर है। किन्तु साधुओं की गणना में अपना नाम पहले ही गिनवाता रहता हूँ। मैं अत्यन्त बर्बर तथा नीच गर्व के पर्वत पर चढ़ा हुआ मूर्ख होते हुए भी सर्वज्ञाता जनों के बीच अलंकार स्वरूप अपने को व्यक्त करता रहता हूँ॥३॥

यह सत्य है कि झूठ हे श्रीराम! कोई कोई कहते हैं कि यह राम का है, या तुम्हारा ही कहा जाता हूँ। हे देव! अब आप अपने विरद की लाज करें और अब अपने से अन्यथा बायाँ मत करें और मुझे ग्रहण करें॥४॥

विशेष—कवि अत्यन्त मार्मिकतापूर्वक अपनी वैयक्तिक पापवृत्ति का स्पष्टीकरण करता हुआ कहता है कि अनेकयों व्यक्ति द्वारा यह कहा जाता हुआ मेरे द्वारा सुना गया है कि मैं श्रीराम का भक्त हूँ, लेकिन मेरे कार्य गर्हित हैं और मैं काम तथा लोभ वासनाओं से ग्रस्त न केवल जन समुदाय को अपितु स्वयं को भी ठगता फिर रहा हूँ, इसके होते हुए भी जो कुछ भी मेरी श्रद्धा एवं भक्ति की निश्च्छलता आपके प्रति हो, उसी को केन्द्र में रखकर मुझे स्वीकार करें। मेरी स्वीकृति से आपके विरद की रक्षा हो जाएगी।

(१) साङ्गरूपक अलंकार का प्रयोग कवि मायावृत्ति में पक्षी फँसाने के दृष्टान्त द्वारा कर रहा है। इस प्रकार के दृष्टान्त सूर तथा कबीर दोनों में मिलते हैं। लोभ एवं कामवासना से प्रेरित तथा पीड़ित अपने को बहेलिए से उपमित करता है—

प्रस्तुत	अप्रस्तुत
हरि भक्ति का वेषविन्यास	> टाटिका
कपट दल	> टाटिका के ऊपर छाये हुए हरित पल्लव
श्रीराम नाम का स्मरण	> लासा
व्याध	> स्वयं तुलसी
विषय वासनाएँ	> पक्षीगण

इस प्रचलित साङ्गरूपक द्वारा वह अपने यथार्थ का स्वीकरण करता है, भक्त समाज के प्रति भी प्रकारान्तर भाव से व्यंग्य करते हुए अन्त में, स्वयं तथा भक्त समाज सभी के लिए श्रीहरि शरण ही अन्तिम विकल्प बताता है।

(२) अर्थ के विस्तार के लिए कतिपय मुहावरों का प्रयोग दृष्टव्य है—रोम पर वारिहैं, खर्व गर्व पर्वत चढ़्यो, देहु जनि वावौं आदि।

[२०९]

नाहिनै नाथ! अवलम्ब मोहिं आन की।
करम मन बचन पन सत्य करुनानिधे एक गति राम भवदीय पदत्रान की॥ १॥
कोह मद मोह ममतायन जानि मन बात नहिं जात कहि ग्यान विग्यान की।
काम संकल्प उर निरखि बहु बासनहिं आसनहिं एकहू आँक निरवान की॥ २॥
बेद बोधित करम धरम बिनु आगम अति जद्यपि जिय लालसा अमरपुर जान की।
सिद्ध सुर मनुज दजुजादि सेवत कठिन द्रवहिं हठजोग दिये भोग बलि प्रान की॥ ३॥
भगति दुरलभ परम संभु सुक मुनि मधुप प्यास पद कंज मकरंद मधुपान की।
पतित पावन सुनत नाम विस्राम कृत भ्रमित पुनि समुझि चित ग्रंथ अभिमान की॥ ४॥
नरक अधिकार मम घोर संसार तम कूपकहिं भूप मोहि सक्ति अपान की।
दास तुलसी सोउ त्रास नहिं गनत मन सुमिरि गुर गीध गज ग्याति हनुमान की॥ ५॥

केन्द्रीय विचार बिन्दु—इस पद में कवि श्रीराम के चरण कमलों में अनन्य एवं एकमात्र निष्ठा अर्पित करने की संकल्पना कर रहा है। मेरा मन ममता से आक्रान्त है और हृदय काम वासनाओं से आप्लावित तथा इस समय कर्म-धर्म भी मेरे लिए मुश्किल हैं। चित्त में अहंकार के कारण आपके प्रति निश्च्छल भाव समर्पण मूला भक्ति भी सम्भव नहीं है, किन्तु जटायु तथा गिद्ध की याद करके मैं आश्वस्त हो गया हूँ कि आप मुझ आर्त्तजन का उद्धार निश्चित रूप से करेंगे।

अर्थ—हे नाथ! अब मुझे किसी अन्य का भरोसा नहीं है। कर्म, वांणी तथा मन से हे करुणानिधे! अब यही प्रतिज्ञा है कि हे राम! आपका पदत्राण (खड़ाऊँ या जूतियाँ) में एक मात्र चित्त की दृढ़ निष्ठा (गति) बने॥ १॥

मेरा मन क्रोध, काम, मोह तथा ममता का अधिष्ठान है इसलिए ज्ञान तथा विज्ञान की बातें नहीं कही जा सकतीं। राग भावना की प्रेरणा से हृदय में उठी अनेक वासनाओं को देखकर एक अंक भी (लेशमात्र भी) निर्वाण की आशा नहीं है॥ २॥

वेद विदित कर्म धर्म के अभाव में भी स्वर्गलोक प्राप्त करने की बलवती लालसा मन में बनी रहती है। सिद्धगण, देव, मनुष्य, त्य आदि की सेवा अत्यधिक कठिन है, ये हठयोग करने तथा भोग तथा प्राणों की बलि करने से प्रसन्न होते हैं॥ ३॥

भक्ति एक दुर्लभ मार्ग है, शिव, शुकदेव एवं मुनिगण रूपी भ्रमर श्रीचरण कमल के परागकणों में निहित आनन्द रूपी मधुपान के लिए निरन्तर प्यासे बने रहते हैं, हे विभ्रमित होने योग्य! आपका पतित पावन नाम सुनते हुए भी अहंकार की चित्तग्रंथि से पीड़ित मन भ्रमित हो जाता है॥ ४॥

हे श्रीराम! अपने कर्मों को देखकर ऐसा प्रतीत होता है कि मैं मात्र नरकवास के लिए अधिकृत हूँ और घोर अज्ञान तथा पाप रूपी अंधकार ग्रस्त कुएँ में पड़ने योग्य हूँ—इतने पर भी मुझे केवल आपकी शक्ति पर विश्वास है। तुलसीदासजी कहते हैं कि गुह, गिद्ध, गजेन्द्र, हनुमान जैसे भक्तों की जाति समझकर मैं अपने मन नरकादि के किसी कष्ट की भी गणना नहीं करता॥ ५॥

स्पष्टीकरण—ईश्वर के सामीप्य लाभ के लिए चार साधन हैं—(क) ज्ञान, (ख) कर्म एवं (ग) भक्ति

तुलसीदास तीनों के सन्दर्भ में जीव की असमर्थता बताते हैं—

(क) ज्ञान—क्रोध, अहंकार अज्ञान एवं ममता के कारण मनुष्य का विज्ञान कुंठित हो जाता है और कवि अपने भी लिए कहता है और प्रकारान्तर भाव से जीव के लिए भी कि वह इन प्रवृत्तियों से चतुर्दिक घिरे होने के कारण उस ब्रह्मस्वरूप का सम्पर्क नहीं प्राप्त कर सकता।

(ख) कर्म—एक तो वेद विहित कर्म मार्ग अत्यधिक जटिल है और दूसरे जितना ज्ञान है जैसे—सिद्ध, देवता, मनुष्य एवं राक्षसों की सेवा, हठयोग, यज्ञ, बलि विधान ये सब दुष्कर कार्य हैं, जो मेरे लिए सम्भव नहीं है। अतः कर्म द्वारा ईश्वर का सान्निध्य मुश्किल प्रतीत होता है।

(ग) भक्ति—कहाँ शिव, शुकदेव एवं अन्य मुनिगणों की भ्रमरवृत्ति जो दिन रात श्रीराम के चरण कमल रस का आस्वादन में निमग्न रहते है और कहाँ मुझ अधम मनुष्य की अहन्ता ग्रंथि से संकुचित चित्तवृत्ति।

इतनी दुष्करता के बाद भी मेरा मन लेशमात्र में शंका एवं द्विविधाग्रस्त नहीं है, क्योंकि निषाद, पशु-पक्षी एवं वानर जाति की मुक्ति के कारण मैं अपनी मुक्ति के प्रति आश्वस्त हूँ। यहाँ अपहुति अलंकार है।

[२१०]

औरु कहँ ठौरु रघुबंस मनि मेरे।
पतित-पावन प्रनत पाल असरन सरन
बाँकुरे बिरुद बिरुदैत केहि केरे॥ १॥
समुझि जिय दोस अति रोस करि राम जो
करत नहिं कान बिनती बदन फेरे।
तदपि ह्वै निडर हौं कहौं करुना सिंधु
क्योंऽब रहि ज़ात सुनि बात बिनु हेरे॥ २॥
मुख्य रुचि होत बसिबेकी पुर रावरे
राम तेहि रुचिंहि कामादि गन घेरे।
अगम अपबरग अरु सरग सुकृतैकफल
नाम बल क्यों बसौं जम नगर नेरे॥ ३॥
कतहुँ नहिं ठाउँ कहँ जाउँ कोसलनाथ
दीन वितहीन हौं बिकल बिनु डेरे।
दास तुलसिहिं बास देहु अब करि कृपा
बसत गज गीध ब्याधादि जेहिं खेरे॥ ४॥

केन्दीय भाव बिन्दु—मैं इस प्रकार सोच रहा हूँ कि आप मेरी प्रार्थना को निरन्तर सुनकर भी ठुकराते जा रहे हैं मैं आपके धाम में निवास करना चाहता हूँ, किन्तु काम-क्रोधादि मुझे विवश किए हुए हैं। मेरी दुर्दशा को देखकर आप उसी प्रकार प्रसन्न हो जाएँ जिस प्रकार

गिद्ध, गजादि पर प्रसन्न होकर उन्हें रहने की शरण दी थी, वैसी ही शरण स्वामी आप मुझे भी दे दें।

अर्थ—हे रघुवंश श्रेष्ठ! मेरे लिए आपके अतिरिक्त और कौन स्थान है। आप पतितों को पवित्र करने वाले, प्रणतों के रक्षक, अशरणों के शरण हैं तथा आप जैसी विलक्षण विरुदावली अन्य किस विरुदावली वाले के पास है॥ १॥

हे श्रीराम! अपने हृदय में मेरे दोषों को समझकर तथा अत्यन्त क्रोध करके मेरे विनय पर आप ध्यान नहीं दे रहे हैं तथा मुँह फिराए हुए हैं फिर भी हे करुणा सिन्धु! मैं निडर भाव से कहता हूँ कि मेरी बात सुनकर उस पर ध्यान दिए बिना अब कैसे रहा जाएगा॥ २॥

मेरी यद्यपि प्रबल कामना यही है कि आपके धाम (अयोध्या) में रहूँ, किन्तु हे श्रीराम! मेरी इस कामना को काम आदि कलियुग के गण घेरे हुए हैं और उसे पूर्ण नहीं होने देते। मोक्ष महा दुर्लभ है तथा स्वर्ग सत्कर्मों के फल से प्राप्त होता है और जहाँ तक नरक का प्रश्न है आपके नाम के बल पर मैं वहाँ क्यों जाऊँगा॥ ३॥

हे कोशलनाथ! मेरे लिए अब कोई स्थान नहीं बचा, कहाँ जाऊँ! बिना किसी आश्रय के मैं निर्धन दीन-दुखी बन गया हूँ। तुलसीदास कहते हैं कि हे नाथ! अब उस गाँव में मेरा भी निवास स्थल निश्चित कर दें जिसमें गजेन्द्र, जटायु तथा व्याध आदि निवास करते हैं॥ ४॥

विशेष—(१) मेरे लिए न श्रीहरि लोक में स्थान है और न नरक में ही, कारण कि काम, क्रोध, मोह, लोभादि मुझे निरन्तर आक्रान्त किए हुए हैं अत: आपके लोक में पहुँचना सम्भव नहीं है। दूसरी ओर नरक भी मेरे लिए अगम्य है क्योंकि आपके नाम का मुझे पर्याप्त सम्बल है—फिर इन दो स्थलों के अभाव में मैं कहाँ रहूँ।

अन्त में, एक ही उपाय है, वह यह कि गिद्ध, गजेन्द्र एवं वाल्मीकि, व्याध आदि को जो स्थान आपने दिया है, वही मुझे भी निवासस्थली निर्दिष्ट कर दें।

(२) अपह्नुति अलंकार की व्यंजना द्वारा कवि जीव की अनन्यस्थली ईश्वर को ही स्वीकार करता है।

(३) 'बदन फेरे, बात हेरे' मुहावरे अर्थ को विस्तार देते हैं तथा 'बसत गजगीध व्याधादि जेहिं खेरे' वाक्य में आर्थी व्यंजना है—**'जिस खेरे में निवास करते हैं,** उसी **'खेरे'** में मुझे भी जगह दे दें—अर्थात् यह 'खेरे' शब्द 'आत्मीय' बना लेने का वाचक बन जाता है। वैसे 'खेरे' शब्द यहाँ 'नई बस्ती' के अर्थ में प्रयुक्त होने वाला शब्द है।

[२११]

कबहुँ रघुबंसमनि सो कृपा करहुगे।
जेहि कृपा ब्याध गज बिप्र खल नर तरे
तिन्हहिं सम मानि मोहि नाथ उद्धरहुगे॥ १॥
जोनि बहु जनमि किये करम खल बिबिध बिधि
अधम आचरन कछु हृदय नहि धरहुगे।
दीनहित अजित सरबग्य समरथ प्रनतपाल
चित मृदुल निज गुननि अनुसरहुगे॥ २॥

मोह मद मान कामादि खलमंडली
सकुल निरमूल करि दुसह दुख हरहुगे।
जोग जप जग्य बिग्यान ते अधिक अति
अमल दृढ़ भगति दै परम सुख भरहुगे॥ ३॥
मंदजन मौलिमनि ·ऋल साधन हीन
कुटिल मन मलिन .जय जानि जो डरहुगे।
दासतुलसी बेद बिदित बिरुदावली
बिमल जस नाथ केहि भाँति बिस्तरहुगे॥ ४॥

केन्द्रीय भाव—हे प्रभु! यदि मुझे खल मानकर, अधम समझकर, माया मोह, काम क्रोधादि में संसक्त स्वीकार करके त्याग देंगे, तो इसमें मेरा कुछ बिगड़ने वाला नहीं है, क्योंकि यह तो जीव का स्वभाव ही है, इसमें बिगड़ेगा आपका क्योंकि मुझ आर्त्तों के उद्धार का आपका यश व्यर्थ हो जाएगा।

अर्थ—हे रघुवंश मणि! कभी आप उस प्रकार की मुझ पर कृपा करेंगे जिस कृपा के फलस्वरूप व्याध, गजेन्द्र, अजामिल तथा अनेक पतित मनुष्यों का उद्धार हुआ। हे नाथ! क्या आप उन्हीं पापियों के समान मुझे भी मानकर मेरा उद्धार करेंगे॥ १॥

अनेकानेक योनियों में जन्म लेकर नाना प्रकार के दुष्टतापूर्ण कार्य किए। मेरे उन अधम आचरणों को हे नाथ! हृदय में न लाइयेगा। हे दीनों के हितैषी! आप अजेय हैं, सर्वज्ञ हैं, समर्थ तथा प्रणत जनों के पालन कर्ता हैं। हे कोमल स्वभाव वाले स्वामी श्रीराम! अपने इन गुणों का क्या अनुसरण करेंगे॥ २॥

मोह, मद, मान, काम आदिक दुष्टभावों के समूहों को समूल नष्ट करके हे नाथ! क्या कभी मेरी पीड़ा दूर करेंगे। योग, यज्ञ, जप, विज्ञान से अधिक महत्वपूर्ण अपनी भक्ति देकर क्या मेरे हृदय को आनन्द से परिपूर्ण कर देंगे॥ ३॥

पतितजनों में शिरोमणि, सम्पूर्ण ज्ञानादि साधनों से हीन, कुटिल बुद्धि, मलिन हृदय मुझे जानकर यदि हृदय में कुछ संशय करेंगे तो तुलसीदास कहते हैं कि उस दशा में हे नाथ! अपने विमल यश (दुखियों का उद्धार करने वाले) का आप किस प्रकार विस्तार करेंगे॥ ४॥

स्पष्टीकरण—प्रस्तुत पद में कवि अपना पक्ष श्रीराम के पक्ष के बहाने से रखता है। यदि आप मेरा उद्धार नहीं करेंगे तो मुझे पूर्ववत् जीव के स्वभाव के कारण जन्म-कर्म के बन्धन में फँसकर अनेक योनियों में भ्रमण करना पड़ेगा। मेरे गर्हित कर्मों पर न ध्यान दें क्योंकि वह तो जीव का स्वभाव ही है, आप मेरी दृढ़ निष्ठा पर ध्यान दें जैसा कि आपने व्याध (वाल्मीकि) गजेन्द्र गिद्ध (जटायु) आदि दुष्टों की निष्ठा पर ध्यान देकर उनका उद्धार कर दिया था।

(१) मेरे हृदय में **खलों की मण्डली** निवास कर रही है, कवि 'मोह, मान, मद' आदि विकारों की खलों की मण्डली से उपमित करता है और इन्हें कुल (ग्रंथियों सहित) आप निर्मूल करें। निर्मूल करने में पुनः अंकुरित होने का प्रश्न ही नहीं उँठता।

(२) मुझे अधम शिरोमणि, साधनहीन एवं कुटिल समझकर यदि लोकापवाद वश भयभीत होकर मुझे मुक्त करने से डरेंगे तो मेरी हानि होगी, वह तो मुझ जीव का लक्षण है,

वह तो मुझमें सदैव रहेगा किन्तु उससे आपके 'विरद' की हानि होगी। '**पर्यायोक्ति अलंकार**' इस अर्थवक्रता का हेतु है।

[२१२]

रघुपति बिपति दवन।
परम कृपालु प्रनत प्रतिपालक पतित पवन॥ १॥
कूर कुटिल कुलहीन दीन अति मलिन जवन।
सुमिरत नाम राम पठये सब अपने भवन॥ २॥
गज पिंगला अजामिल से खल गनै धौं कवन।
तुलसिदास प्रभु केहि न दीन्हि गति जानकी रवन॥ ३॥

केन्द्रीय भाव—कवि प्रभु श्रीराम के भक्तों के उद्धार करने वाले विरद का गान करते हुए उन्हें उसका स्मरण दिला रहा है। क्रूर, कुटिल, कुलहीन, दीन, यवनों जैसे मलिन उसके विरद का लाभ प्राप्त कर चुके हैं। फिर मनुष्य को प्राप्त करने में कौन सी कठिनाई है।

अर्थ—हे रघुनाथजी! आप सम्पूर्ण विपत्तियों को नष्ट करने वाले हैं। आप परम कृपालु, प्रणतजनों के पालन कर्त्ता तथा पतितों को पवित्र करने वाले हैं॥ १॥

क्रूर स्वभाव वाले, कुटिल, कुलहीन, अत्यधिक दीन एवं अत्यन्त मलिन यवनों को नाम स्मरण करते ही सभी को अपने धाम साकेत लोक में भेज दिया॥ २॥

गजेन्द्र, वेश्या, पिंगला तथा अजामिल सदृश खलों की गणना कौन करे। तुलसीदास कहते हैं कि जानकीरमण श्रीरामजी ने किसे सुगति नहीं प्रदान की है॥ ३॥

स्पष्टीकरण—केवल 'प्रभु' के विरद का गान करता हुआ कवि उन्हें उसका स्मरण करा रहा है।

[२१३]

हरि सम आपदा हरन।
नहि कोउ सहज कृपालु दुसह दुख सागर तरन॥ १॥
गज निज बल अवलोकि कमल गहि गयो सरन।
दीन बचन सुनि चले गरुड़ तजि सुनाभ धरन॥ २॥
द्रुपदसुताको लग्यो दुसासन नगन करन।
हा हरि पाहि कहत पूरे पट बिबिध बरन॥ ३॥
इहै जानि सुर नर मुनि कोबिद सेवत चरन।
तुलसिदास प्रभु को न अभय कियो नृग उद्धरन॥ ४॥

केन्द्रीय भाव—कवि विविध उदाहरणों को देकर मानव जाति को यह समझाने का प्रयास करता है कि असहाय, दुर्बल, दीन, दलितों के रक्षक वही श्रीराम हैं, अतः निष्कपट भाव से उन्हीं की शरण प्राप्त करो।

अर्थ—श्रीहरि के सदृश्य आपदाओं को दूर करने वाला सहज ही कृपालु दुस्सह मायिक प्रपंच के दुख रूपी समुद्र से पार कराने वाला अन्य कोई दूसरा नहीं है॥ १॥

गजेन्द्र हार मानकर और अपने बल की क्षीणता का अनुमान करके कमल लेकर उनकी शरण में गया। उसकी दीनता भरी वाणी सुनकर चक्रधारी श्रीहरि गरुण छोड़कर दौड़े॥ २॥

दु:शासन द्रुपद सुता को नग्न करने लगा तब उसके 'हा श्रीहरि रक्षा करें' कहते ही विविध रंगों के वस्त्रों से परिपूर्ण कर दिया॥ ३॥

यही समझकर देवता, मुनि एवं विद्वतजन आपके चरणों की सेवा करते हैं। हे राजा नृग का उद्धार करने वाले श्री हरि! तुलसीदास कहते हैं कि किस-किस को नहीं आपने भयभीत किया॥ ४॥

स्पष्टीकरण—ईश्वर की कृपा प्राप्त करने के लिए हृदय की निष्कपटता और अन्य शरणों का परित्याग करके एकमात्र श्रीहरि की ही शरण को ग्रहण करने की भावना जीव की मुक्ति का कारण है।

[२१४]

ऐसी कवन प्रभु की रीति।
विरद हेतु पुनीत परिहरि पाँवरनि पर प्रीति॥ १॥
गई मारन पूतना कुच काल कूट लगाइ।
मातु की गति दई ताहि कृपालु जादव राइ॥ २॥
काम मोहित गोपिकनि पर कृपा अतुलित कीन्ह।
जगत पिता बिरंचि जिनके चरन की रज लीन्ह॥ ३॥
नेम ते सिसुपाल दिन प्रति दते गनि गनि गारि।
कियो लीन सुआपु में हरिराज सभा मँझारि॥ ४॥
व्याध चित दे चरन मार्‌यो मूढ़मति मृग जानि।
सो सदेह स्वलोक पठयौ प्रकट करि निज बानि॥ ५॥
कौन तिन्हकी कहै जिन्हके सुकृत अरु अघ दोई।
प्रगट पातक रूप तुलसी सरन राख्यो सोई॥ ६॥

केन्द्रीय भाव—श्रीहरि ने अनेकानेक पापियों को लोकभाव का परित्याग करके स्वलोक का अधिकारी बनाया। इसके लिए वह अनेक दृष्टान्त देता है। जब पापियों का वह मुक्त करने में संकोच नहीं करता तो उन मनुष्यों को जो 'पाप पुण्य' दोनों के केन्द्र हैं, उन्हें क्यों न मुक्त करेगा।

अर्थ—प्रभु श्रीहरि के अतिरिक्त किसकी ऐसी विलक्षण रीति हो सकती है। अपने विरद की रक्षा के निमित्त कितने पवित्रजनों का परित्याग करके तुच्छजनों पर प्रीति रखी॥ १॥

पूतना नामक दानवी स्तनों में कालकूट नामक भयंकर विष लगाकर आपको मारने गई, किन्तु उसके इस कृत्य पर विचार न करके उसे कृपाल श्रीकृष्ण ने माता की गति दी॥ २॥

काम से मदान्ध गोपिकाओं पर श्रीहरि ने अनन्त कृपा की परिणामस्वरूप जगतपिता ब्रह्मा ने उन गोपिकाओं की चरण रज लेकर अपने को धन्य माना॥ २॥

शिशुपाल नियम से प्रतिदिन गिन गिन कर आपको दुर्वचन कहता था। हे श्रीकृष्ण! आपने भरी सभा के मध्य उस शिशुपाल का वध करके अपने में मिला लिया॥ ४॥

बहेलिये ने आपके चरणों में चित्त लगाकर उसमें बाण मारा। आपने अपने बाने को प्रगट करके उसे सदेह विष्णु लोक भेजा॥ ५॥

जिन्होंने पुण्य तथा पाप दोनों किए हैं, उनके लिए क्या कहा जाए, किन्तु यह दास तुलसी तो पापों का मूर्तिमान स्वरूप है, आपने उसे भी शरणागति प्रदान की॥ ६॥

स्पष्टीकरण—कवि अनेक पौराणिक कथाओं के दृष्टान्तों द्वारा ऐसे पापियों की मुक्ति की चर्चा इस पद में करता है जो रात-दिन श्रीहरि के प्रति शत्रुता भाव ही रखते थे जैसे—पूतना, शिशुपाल, श्रीकृष्ण हन्ता व्याध तथा काममोहित गोपिकाएँ। पूतना का कार्य कृष्ण के लिए सांघातिक था। शिशुपाल का कार्य कृष्ण के प्रति अपमानजनक था, व्याध ने तो साक्षात् कृष्ण का वध ही कर डाला था। कामसक्त गोपिकाओं ने कृष्ण को मायामोह में संसक्त कर डाला था, किन्तु सभी जीव रूप में ईश्वर रूप कृष्ण के प्रिय थे और उन्होंने सबको उपकृत किया। मनुष्य तो 'पाप-पुण्य' का संचयन है। तुलसीदास बलपूर्वक कहते हैं कि जब समस्त खलों का उद्धार हो गया तो शेष मनुष्यों का उद्धार क्यों नहीं होगा, बस, उन्हें निश्च्छल भाव से शरणागति प्राप्ति करनी है।

(१) 'पापी' का उद्धार यदि सम्भव है तो वे जो 'पाप-पुण्य' दोनों करते हैं, अर्थात् सामान्य मानव समुदाय सभी का उद्धार न होने का न कोई कारण दिखता है और न अनौचित्य। 'पापी' से 'पापी' तथा पुण्यात्मा का समर्थन आर्थी व्यंजना का चमत्कार है।

[२१५]

श्रीरघुबीरकी यह बानि।
नीचहू सों करत नेह सुप्रीति मन अनुमानि॥ १॥
परम अधम निषाद पाँवर कौन ताकी कानि।
लियो सो उर लाइ सुत ज्यो प्रेमको पहिचानि॥ २॥
गीध कौन दयालु जो बिधि रच्यो हिंसा सानि।
जनक ज्यों रघुनाथ ताकहँ दियो जल निज पानि॥ ३॥
प्रकृति मलिन कुजाति सबरी सकल अवगुन खानि।
खात ताके दिये फल अति रुचि बखानि बखानि॥ ४॥
रजनिचर अरु रिपु बिभीषन सरन आयो जानि।
भरत ज्यों उठि ताहि भेंटत देह दसा भुलानि॥ ५॥
कौन सुभग सुसील बानर जिनहिं सुमिरत हानि।
किये ते सब सखा पूजे भवन अपने आनि॥ ६॥
राम सहज कृपालु कोमल दीनहित दिनदानि।
भजहि ऐसे प्रभुहि तुलसी कुटिल कपट न ठानि॥ ७॥

केन्द्रीय भाव—श्रीराम जाति से तुच्छ एवं नीचों से भी पूर्ण निष्ठापूर्वक प्रीति तथा स्नेह करते हैं फिर अपने भक्तों को क्यों न आत्मीय बनाएँगे। इसलिए कुटिलता एवं कपटभाव का परित्याग करके उनका स्मरण कर वे तुझे अवश्य स्वीकार करेंगे।

अर्थ—श्री रघुनाथजी का ऐसा स्वभाव है कि वे मन में प्रेम को रखते हुए से भी स्नेह करते हैं॥ १॥

अत्यन्त निर्धन निषाद जिसकी समाज में कोई प्रतिष्ठा नहीं है, उसे पुत्र की भाँति उसके प्रेम को पहचान कर गले लगाया॥ २॥

गिद्ध कौन दयालु स्वभाव का है जिसे विधाता ने हिंसक स्वभाव का बनाया है, किन्तु उस जटायु गिद्ध को अपने पिता दशरथ की भाँति अपने हाथों से श्राद्ध किया॥ ३॥

सम्पूर्ण दुर्गुणों की खानि प्रकृति से ही नितान्त मलिन स्वभाव वाली शबरी के दिए हुए फलों को अत्यन्त आत्मीयता पूर्वक बखान-बखान करके आप खाए॥ ४॥

राक्षस एवं शत्रु विभीषण को शरण में आया देख, आपने उठकर उसे भरत के समान हृदय से लगा लिया, उस समय प्रेमाधिक्य के कारण अपने शरीर की सुध-बुध भी भूल गये॥ ५॥

बन्दर कौन-से सुन्दर और शील-स्वभाववाले थे? जिनका नाम लेने से भी अनिष्ट होता है, उन्हें भी आपने अपना मित्र बना लिया (इतना ही नहीं, वरन्) जब अपने घर पर, अयोध्या में, आये, तब उनका भारी आदर-सत्कार भी किया॥ ६॥

श्रीरामचन्द्रजी प्रकृति से ही दयालु, कोमल स्वभाववाले गरीबों के हितू और सदा दान देनेवाले हैं। इसलिए, हे तुलसी! तू तो छल-कपट त्यागकर ऐसे ही स्वामी का भजन कर (निष्कपट भाव से, अनन्य प्रेम से सदा भजन किया कर)॥ ७॥

स्पष्टीकरण—श्रीराम की मर्यादा विलक्षण है। निषाद को उन्होंने 'पुत्र' की भाँति आलंगित किया, गिद्ध का पिता की भाँति श्राद्ध किया। शबरी के जूठे बेर को खाकर उसे आत्मीय बनाया,राक्षस विभीषण को भाई भरत की भाँति भेंटा, पशुवत् आचरण वाले बन्दरों को सखा भाव का प्रेम दिया—अन्यों के प्रति इतनी आत्मीयता तथा उदारता और किसमें है।

ये विभिन्न उदाहरण मानव जाति के लिए प्रबल साक्ष्य हैं और इन साक्ष्यों पर विश्वास करके निष्कपट एवं अकुटिल भाव से ईश्वर की शरण में जाओ। मनुष्य के लिए श्रीराम के लिए अन्य कोई शरण्य नहीं है।

विविध अप्रस्तुत वाक्यों द्वारा एक प्रस्तुत वाक्य का समर्थन निदर्शना अलंकार का चमत्कार है।

[२१६]

हरि तजि और भजिये काहि।
नाहिनै कोउ राम सो ममता प्रनत पर जाहि॥ १॥
कनक कसिपु बिरंचिको जन करम मन अरु बात।
सुतहिं दुखवत बिधि न बरज्यो कालके घर जात॥ २॥
संभु सेवक जान जग बहु बार दिये दस सीस।
करत राम बिरोध सो सपनेहु न हटक्यो ईस॥ ३॥
और देवनकी कहा कहौं स्वारथहिके मीत।
कबहु काहु न राख लियो कोउ सरन गयउ सभीत॥ ४॥
को न सेवत देत संपति लोकहू यह रीति।
दासतुलसी दीनपर एक राम ही की प्रीति॥ ५॥

केन्द्रीय भाव—इस पद के माध्यम से कवि यह समझाने की कोशिश करता है कि श्रीराम के अतिरिक्त जीव का परम हितैषी अन्य कोई नहीं है। अन्य देव, यक्ष, ब्रह्म, शिवादि भी स्वार्थ के साथी हैं और वे भक्तों के आत्यन्तिक हित की चिन्ता नहीं करते किन्तु श्रीराम भक्तों के सदैव हितैषी तथा रक्षक हैं और प्रतिक्षण उनके हितों का चिन्तन करते रहते हैं।

अर्थ—श्रीहरि को छोड़कर और किसका भजन किया जाए। श्रीहरि के अतिरिक्त अन्य कोई देव नहीं है जिसकी ममता शरणागत पर हो॥ १ ॥

हिरण्यकशिपु मन, कर्म एवं वाणी से ब्रह्मा का दास था, किन्तु पुत्र प्रह्लाद को उसके द्वारा कष्ट दिए जाते समय ब्रह्मा द्वारा उसकी रोकथाम नहीं की गई। उस सेवक के हितैषी ब्रह्मा ने उसे दु:ख देते समय नहीं रोका, अत: काल कवलित होता हुआ उसे ब्रह्मा नहीं बचा पाए॥ २ ॥

सम्पूर्ण जगत जानता है कि रावण शिव का भक्त और उसने अनेक बार अपने सिर को काटकर अर्पित किया, किन्तु श्रीराम का विरोध करते हुए उसे शिव ने स्वप्न में भी नहीं रोका॥ ३ ॥

ब्रह्मा तथा शिव के अतिरिक्त अन्य देवताओं के विषय में क्या कहा जाए वे तो स्वार्थ के ही साथी हैं। कभी भी किसी देवता ने भवपीड़ित शरणागत आए किसी भी व्यक्ति की रक्षा नहीं की॥ ४ ॥

यह संसार की रीति है कि सेवा करने पर कौन सम्पत्ति नहीं देता। किन्तु वे जो सेवा से भी वंचित तथा असहाय हैं, श्रीराम के अतिरिक्त उन पर कौन आत्मीयता प्रकट कर सकता है॥ ५ ॥

विशेष—विविध दृष्टान्तमूलक अप्रस्तुत वाक्यों द्वारा प्रस्तुत श्रीराम की उदारता का कवि समर्थन करता है। भक्तों एवं दीनों पर अकारण कृपा तथा हितैषिता श्रीराम का स्वभाव है, अत: मात्र वही भजनीय है।

[२१७]

जो पै दूसरो कोइ होइ।
तौ हौं बारहिं बार प्रभु कत दुख सुनावौं रोइ॥ १ ॥
काहि ममता दीन पर काको पतित पावन नाम।
पापमूल अजामिलहि केहिं दियो अपनो धाम॥ २।
रहे संभु बिरंचि सुरपति लोकपाल अनेक।
सोक करि बूड़त करीसहिं दई काहु न टेक॥ ३ ॥
बिपुल भूपति सदसि महँ नर नारि कह्यो प्रभु पाहि।
सकल समरथ रहे काहु न बसन दीन्हों ताहि॥ ४ ॥
एक मुख क्यों कहौं करुनासिंधु के गुनगाथ।
भगति हित धरि देह काह न कियो कोसलनाथ॥ ५ ॥
आपसे कहुँ सौंपिये मोंहि जापै अतिहि घिनात।
दास तुलसी और विधि क्यों चरन परिहरि जात॥ ६ ॥

केन्द्रीय भाव—श्रीराम की कृपा वत्सलता के माध्यम से उनके अद्वितीय उदार स्वभाव का चित्रण करना यहाँ कवि का मन्तव्य है। प्रभु इतने कोमल, शीलवान, उदार एवं अनाथों तथा अनाश्रितों के हित रक्षक हैं, कि उनकी तुलना में अन्य कोई आराध्य नहीं मिलता अतः विवश होकर हम उनकी शरण में जाने के लिए विवश हैं, उनके अतिरिक्त हमारा अन्य कोई आश्रय उनके समकक्ष नहीं है।

अर्थ—यदि श्रीराम के अतिरिक्त अन्य कोई दूसरा इतना उदार हो तो हम बार-बार अपने स्वामी श्रीरामचन्द्रजी को अपनी व्यथा क्यों सुनाने जाते॥ १॥

आपके अतिरिक्त मैं नहीं समझता की दीनों पर अन्य किसकी इतनी अधिक ममता है और आपके अतिरिक्त अन्य किसी का नाम भी पतित पावन नहीं है। नितान्त पापी अजामिल को (आपके अतिरिक्त) और किसने उसे अपना धाम दिया॥ २॥

उस समय शिव, ब्रह्मा, इन्द्र तथा लोकपालादिक देवता वर्तमान थे किन्तु शोक में डूबते हुए गजराज को (आपके अतिरिक्त) अन्य किसी ने भी सहारा नहीं दिया॥ ३॥

(दुर्योधन के) राज दरबार में अनेकानेक राजा थे और उनके बीच द्रौपदी (नरनारि) ने आर्त्त होकर पुकारा कि प्रभु मेरी रक्षा करें। वहाँ सभी समर्थ थे किन्तु किसी ने (इसकी मर्यादा की रक्षा के निमित्त) उसके ऊपर वस्त्र नहीं डाला॥ ४॥

करुणासागर श्रीराम के गुणों का वर्णन एकमुख से कैसे किया जा सकता है। इन श्रीराम ने भक्तों की रक्षा के निमित्त शरीर धारण करके क्या नहीं किया॥ ५॥

हे प्रभु! यदि आप मुझसे घृणा करते हों तो आप ही जहाँ चाहें, वहीं सौंप दें। तुलसीदास कहते हैं और अन्य तरह से आपके चरणों को त्याग कर मैं क्यों करके जाने लगा॥ ६॥

स्पष्टीकरण—विविध दृष्टान्तों तथा तर्कों के माध्यम से कवि श्रीराम की अन्तरंगता को अपरिहार्य बताता है। इन तर्कों में सबसे बड़े तर्क हैं—प्रभु की अद्वितीय सामर्थ्य, कृपा तथा उदारता। अन्य में इन गुणों का अभाव तथा श्रीराम में उनकी सहज सुलभता देखकर उन्हें छोड़ पाना दुर्लभ है। इस तथ्य को कहने के निमित्त कवि उदाहरण तथा दृष्टान्त अलंकार दोनों का प्रयोग करता है।

[२१८]

कबहिं देखाइहौ हरि चरन।
समन सकल कलेस कलि मल सकल मंगल करन॥ १॥
सरद भव सुंदर तरुनतर अरुन बारिज बरन।
लच्छि लालित ललित करतल छबि अनूपम धरन॥ २॥
गंग जनक अनंग अरि प्रिय कपट बटु बलि छरन।
बिप्रतिय नृग बधिकके दुख दोस दारुन दरन॥ ३॥
सिद्ध सुर मुनि बृंद बंदित सुखद सब कहँ सरन।
सकृत उर आनत जिनहिं जन होत तारन तरन॥ ४॥
कृपासिंधु सुजान रघुबर प्रनत आरति हरन।
दरस आस पियास तुलसीदास चाहत मरन॥ ५॥

केन्द्रीय भाव—कवि इस पद के अन्तर्गत श्रीराम के चरणों के दर्शन की कामना करता है। कवि के अनुसार यही चरण उसकी मुक्ति के हेतु हैं। इन्हीं चरणों ने ही अनेकानेक भक्तों का उद्धार किया है। कवि कहता है—

अर्थ—हे श्रीहरि! क्या आप कभी अपने चरणों का दर्शन कराइयेगा। आपका चरण कलियुग जनित कल्मष से उत्पन्न क्लेशों के लिए शान्तिदायक तथा सम्पूर्ण मंगलों का कारक है॥ १॥

आपका यह चरण शरद् ऋतु में उत्पन्न चारुतर अरुण वर्ण कमल सदृश है तथा अनुपम छवि वाला यह चरण लक्ष्मीजी के अरुण वर्ण की हथेलियों द्वारा निरन्तर सेवित है॥ २॥

श्रीहरि का यह चरण गंगा का पिता है, शिव के लिए अत्यन्त प्रिय है और कपटपूर्ण वेष विन्यासयुक्त बटु द्वारा (तीन रूपों में) बलि के छलने का एकमात्र हेतु है। अहल्या, नृग तथा वाल्मीकि के भयंकर पापों को नष्ट करने वाला (यह चरण) है॥ ३॥

हे श्रीहरि! आपके ये चरण सिद्ध, देवता, मुनिसमूह द्वारा वन्दित तथा सभी के लिए सुखदायी तथा सभी की शरणागति है। इन चरणों को जो हृदय से धारण करते हैं, उनका तरण हो जाता है तथा वे दूसरों को भी तारने की सामर्थ्य रखने लगते हैं॥ ४॥

हे सुजान, कृपासिन्धु श्रीराम! आपके चरण प्रणतजनों के दुखों को दूर करने वाले हैं आपके चरणों के दर्शन की आशा है और उसकी पिपासा से यह भक्त तुलसी मरना चाहता है। कृपया दर्शन कराकर जीवन दान करने की कृपा करें॥ ५॥

स्पष्टीकरण—कवि सम्पूर्ण पद का बन्ध श्रीराम के चरण की संगति में ही रचता है। चरण, चरण रज, चरण की कोमलता, लालित्य का ही वह वर्णन नहीं करता, उसके विशिष्ट प्रभावों का चित्रांकन करता हुआ उनके प्रति अपनी संसक्ति का चित्रण करके दास्यमूलक भक्ति की ओर इंगित करता है—

'दास आस पियास तुलसीदास चाहत मरन' श्रीराम के चरणों के प्रति दास्यानुराग एवं गहन संसक्ति का चित्रण किया गया है।

[२१९]

द्वार हौं भोर ही को आजु।
रहत रिरिहा आरि और न कौर ही ते काजु॥ १॥
कलि कराल दुकाल दारुन सब कुभाँति कुसाजु।
नीच जन मन ऊँच जैसी कोढ़ में की खाजु॥ २॥
हहरि हिय में सदय बूझयो जाइ साधु समाजु।
मोहु से कहुँ कतहुँ कोउ तिन्ह कह्यो कोसलराजु॥ ३॥
दीनता दारिद दलै को कृपा बारिधि बाजु।
दानि दसरथ राम के तुम बनाइत सिरताजु॥ ४॥
जनम को भूख्यो भिखारी हौं गरीब निवाजु।
पेटभरि तुलसिहिं जेंवाइय भगति सुधा सुनाजु॥ ५॥

केन्द्रीय भाव—गोस्वामी तुलसीदास एक विभुक्षित भिखारी के रूप में श्रीराम से अपनी भूख शान्त करने के निमित्त उनकी भक्ति सुधा रूपी सुन्दर पकवानों की माँग कर रहे हैं।

तुलसी की इस व्यंजना में प्रकारान्तर भाव से भक्ति की ही याचना की कामना है। वे कहते हैं—

अर्थ—आज प्रातः से ही आपके द्वार पर अड़ा बैठा हूँ। मैं गिड़गिड़ा कर माँगने वाले (रिरिहा) की भाँति गिड़गिड़ा रहा हूँ, मुझे केवल आपके दर्शन रूपी कौरे (एक टुकड़े, ग्रासमात्र) की आवश्यकता है, और कुछ न चाहिए॥ १॥

कलियुग में भयंकर अकाल पड़ चुका है, प्रत्येक रूप में दुर्व्यस्था ही दिखाई पड़ रही है। मनुष्य अघोकर्मा किन्तु मन बड़े-बड़े स्वप्नों से मण्डित है। यह स्थिति उसी प्रकार है, जैसे कोढ़ में खाज॥ २॥

हृदय में अत्यन्त भयभीत होकर मैंने दयाशील साधुजनों से इसका उपाय पूछा कि मुझ जैसे पापी के लिए भी क्या कोई शरण्य है, तब उन्होंने श्रीराम का नाम बताया॥ ३॥

दैन्य तथा दारिद्र्य दलने के लिए कृपासिन्ध श्रीराम बाज नहीं आएँगे, हे दशरथ पुत्र श्रीराम आप बाना धारण करने वालों में शिरोमणि हैं॥ ४॥

मैं जन्म-जन्म का भूखा भिखारी हूँ और आप दीनानाथ हैं। तुलसीदास जैसा भूखा भक्त दरवाजे पर बैठा है, उसे आप भक्त्यामृत रूपी सुस्वादु भोजन छक कर जियाइये॥ ५॥

स्पष्टीकरण—द्वार पर रिरिहा की भाँति भोजन के लिए रात-दिन रटने वाला व्यक्ति तुलसी अपने सम्पूर्ण संकटों का वर्णन यहाँ कर रहा है। वह कह रहा है कि उसने अनेक उपायों का आलम्बन ग्रहण किया, अनेक महात्माओं से परामर्श किया और अन्त में किसी ने यह समझा कर कहा कि श्रीरामजी की शरण में जाओ फिर आपकी शरण में आया हूँ, मैं आपकी भक्ति के लिए आर्त्त हूँ, मुझे आप अपनी अमृतोपम भक्ति दें।

उक्त पद में प्रकरण वक्रता जैसी स्थिति कथित है। भक्ति के भूखे व्यक्ति का सन्दर्भ और उसे दूसरों के परामर्श से भक्ति रूपी सुस्वादु अन्न का प्राप्त हो जाना सम्पूर्ण सन्दर्भ को एक प्रकरण प्रदान करता है। इस 'प्रकरण वक्रता' के कारण यहाँ सांगरूपक अलंकार की स्थिति जैसी घटित दिखाई पड़ती है, किन्तु वह भी निदर्शन अलंकार द्वारा सम्पुष्ट है। संकट के कारण पेट न भर पाना और कलि के कारण दुर्भिक्ष जैसी स्थिति का घटित हो जाना और भक्त्यामृत रूपी सुन्दर अनाज की प्राप्ति सभी एक दूसरे के साथ परस्पर अर्थ के स्तर पर संश्लिष्ट हैं। चूँकि सम्पूर्ण रूपक यहाँ आद्यन्त घटित नहीं हो पाता और सामान्य वाक्य का विशेष वाक्य से समर्थन भी है, अतः संसृष्टि अलंकार की दृष्टि से भी यह एक उत्कृष्ट पद-विधान है।

[२२०]

करिय सँभार कोसलराय!
और ठौर न और गति अवलंब नाम बिहाय॥ १॥
बूझि अपनी आपनो हितु आप बाप न माय।
राम राउर नाम गुर सुर स्वामी सखा सहाय॥ २॥
रामराज न चले मानस मलिनके छल छाय।
कोप तेहि कलिकाल कायर मुएहि घालत घाय॥ ३॥

लेत केहरिको बयर ज्यों भेक हनि गोमाय।
त्योंहि राम गुलाम जानि निकाम देत कुदाय॥ ४॥
अकनि याके कपट करतब अमित अनय अपाय।
सुखी हरिपुर बसत होत परीछितहि पछिताय॥ ५॥
कृपासिंधु बिलोकिये जन मनकी साँसति साय।
सरन आयो देव दीनदयालु देखन पाय॥ ६॥
निकट बोलि न बरजिये बलि जाउँ हनिय न हाय।
देखिहैं हनुमान गोमुख नाहरनिके न्याय॥ ७॥
अरुन मुख भ्रू बिकट पिंगल नयन रोष कषाय।
बीर सुमिरि समीरको घटिहै चपल चित चाय॥ ८॥
बिनय सुनि बिहँसे अनुजसों बचनके कहि भाय।
भली कही कह्यो लषन हूँ हँसि बने सकल बनाय॥ ९॥
दई दीनहिं दादि सो सुनि सुजन सदन बधाय।
मिटे संकट सोच पोच प्रपंच पाप निकाय॥ १०॥
पेखि प्रीति प्रतीति जनपर अगुन अनघ अमाय।
दासतुलसी कहत मुनिगन जयति जय उरुगाय॥ ११॥

केन्द्रीय भाव—कलियुग से त्रस्त गोस्वामी तुलसीदास इस पद में उससे मुक्ति दिलाने के लिए भगवान श्रीराम से प्रार्थना करते हैं। उनकी प्रार्थना भगवान श्रीराम स्वयं सुनते हैं और हनुमान को, कवि की प्रार्थना के अनुसार, उसे रोकने का आदेश देते हैं—

अर्थ—हे कोशलेन्द्र श्रीराम! आप मेरी रक्षा करिये। आपके नामों को छोड़कर मेरी अन्यत्र न गति है और न कोई और ठिकाना॥ १॥

आप स्वयं अपने से अपने सेवक का भला इस प्रकार करते हैं जैसे माता-पिता भी नहीं करते। हे श्रीराम! आपका नाम ही मेरे लिए गुरु, देवता, स्वामी, मित्र तथा सहायक हो॥ २॥

हे श्रीराम! आप के रामराज्य में मलिन मन वाले कलिकाल के छल की छाया नहीं चली, इससे कुपित होकर कायर कलियुग इस मृतक जैसे घावों से घायल कर रहा है॥ ३॥

जैसे स्यार मेढंक का वध करके सिंह के वध का फल लेना चाहता है वैसे ही मुझे श्रीराम का दास समझ कर व्यर्थ ही अकारण मुझे कष्ट दे रहा है॥ ४॥

इस कलियुग के कपटपूर्ण करतब तथा अनेक अनीतिपूर्ण, अनर्थकारी कार्यों को देखकर महाराज परीक्षित ज़ो प्रसन्नतापूर्वक स्वर्ग में निवास करते हैं, उन्हें भी दण्डित न करने का पछतावा हो रहा है॥ ५॥

हे कृपासिंधु श्रीराम! आप कृपापूर्वक इस दास को देख लें जिससे उसके मन की पीड़ा शान्त हो जाए, हे दीनदयाल, यह दीन आपकी शरणागति में केवल आपके चरणों के दर्शन के लिए आया है॥ ६॥

यदि कलियुग को निकट बुलाकर रोकना नहीं चाहते हैं और उसकी हाय-हाय दीनतापूर्ण वाणी सुनकर मारना भी नहीं चाहते हैं तो मैं आपकी बलि जाता हूँ तो थोड़ा सा

हनुमानजी को ही संकेत कर दीजिए तो हनुमानजी उसे उसी प्रकार देखेंगे जैसे सिंह गाय के मुख की ओर घूरता है॥ ७॥

जब हनुमानजी लाल मुख बंकिम भौंहें और पीली आँखों को क्रोध से लाल करके उसे देखेंगे तो उन महापराक्रमी हनुमानजी का स्मरण करके उसके चंचल चित्त का सम्पूर्ण अमर्षभाव भूल जाएगा॥ ८॥

मेरी विनय सुनकर श्रीरामचन्द्रजी हँसे और अपने अनुज लक्ष्मण से यह बात बताई। लक्ष्मण ने भी हँसकर कहा—"तुलसी ने ठीक ही कहा है।" और मेरी इस तरह से सारी बात बन गई॥ ९॥

दीन तुलसी को न्याय दिया इसे सुनकर सहृदय भक्तों के घर में बधाइयाँ बजने लगीं और सम्पूर्ण चिन्ता, दुःख, छल, कपट और पाप पुंज नष्ट हो गए॥ १०॥

इस दास पर प्रीति तथा विश्वास देखकर निर्गुण, निष्पाप एवं निष्कपट तुलसीदास बताते हैं कि मुनिजन 'श्रीहरि की जय हो' इस प्रकार का उच्चारण कर रहे हैं॥ ११॥

[२२१]

नाथ कृपाही को पंथ चितवत दीन हौं दिनराति।
होइ धौं केहि काल दीनदयालु जानि न जाति॥ १॥
सुगुन ग्यान बिराग भगति सु साधननिकी पाँति।
भजे बिकल बिलोकि कलि अघ अवगुननिकी थाति॥ २॥
अति अनीति कुरीति भइ भुई तरनि हू ते ताति।
जाउँ कहँ बलि जाउँ कहूँ न ठाउँ मति अकुलाति॥ ३॥
आप सहित न आपनो कोउ बाप कठिन कुभाँति।
स्यामघन सींचिये तुलसी सालि सफल सुखाति॥ ४॥

केन्द्रीय भाव—कलिधर्म के कारण सम्पूर्ण पृथ्वी पाप बोझिल हो चुकी है और अब श्रीराम के अतिरिक्त कोई अन्य आलम्बन नहीं है जो कलि से मुक्ति दिला सके। कवि कहता है—

अर्थ—हे नाथ! आपकी कृपा के लिए रात-दिन आपका मार्ग देखता रहता हूँ, हे दीनदयाल, किस क्षण आपकी कृपा हो जाए यह जाना नहीं जाता॥ १॥

सद्गुण, ज्ञान, वैराग्य तथा भक्ति एवं धर्म में अनेकानेक साधनों के समूह कलियुग को देखकर व्याकुल होकर भाग गए और पाप तथा अवगुणों के समूह ही बचे॥ २॥

कलियुग की अनीति तथा आत्याचारों से पृथ्वी सूर्य से भी अधिक तप्त हो उठी है। मेरी बुद्धि भ्रमित तथा व्याकुल है मैं आपकी बलि जाता हूँ मुझे समझ में नहीं आता कि मैं कहाँ जाऊँ, कोई स्थान नहीं दिखाई पड़ता॥ ३॥

हे पिता! अपनी देह तथा अहन्ता सहित अपना कोई नहीं है। सभी स्वभाव से कठोर और आचरण से कुमार्गी प्रतीत हो रहे हैं। तुलसीदासजी कहते हैं कि ऐसी स्थिति में उसकी फल युक्त लहलहाती खेती सूख रही है—हे घनश्याम श्रीराम! भक्ति स्नेह की वर्षा करके उसे सींचें॥ ४॥

स्पष्टीकरण—आर्त्तभक्त के रूप में कवि रात-दिन श्रीराम की भक्ति में डूबा उनकी कृपा दृष्टि के लिए लालायित है और उसे पूरा विश्वास है कि श्रीराम उस पर पूरी तरह कृपा करेंगे। वह आश्वस्त है कि प्रभु द्वारा किसी न किसी क्षण कृपा अवश्य होगी, किन्तु विलम्ब देखकर वह परेशान है -

(१) अति अनीति कुरीति भई भुइँ तरनिहूँ ते तात—अत्यन्त अनीति एवं कुरीतियों का इतना अधिक प्रचार-प्रसार है कि पृथ्वी सूर्य से भी अधिक सन्तप्त है। इस सन्तप्तता से लहलहाती हुई पुण्य कर्म की फलयुक्त लहलहाती कृषि सुखा रही है—और यदि आप कृपा दृष्टि करके इस भक्ति तथा सत्पुण्यों की संरक्षा नहीं करते तो पकने के मौके पर सूख जाएगी।

सफल कृषि भक्ति एवं सत्पुण्यों की भाँति है, आपकी कृपादृष्टि वर्षा की भाँति है और उसको सिंचित करना स्नेह वृष्टि है। पर्यायोक्ति अलंकार है। रूपक का सन्दर्भ इस पर्यायोक्ति की सम्पुष्टि के लिए है।

(२) आप सहित न आपनो कोउ बाप! कठिन कुभाँति—अपने सहित अर्थात् मन, बुद्धि, चित्त, अहंकार तथा शरीर ये सभी अपने नहीं हैं, जो रात-दिन अपना-अपना कहते रहते हैं और ये सभी केवल अपने स्वार्थ की पूर्ति करने के निमित्त तत्पर स्वभाव से नितान्त स्वार्थी एवं कुमार्गी हैं।

[२२२]

बलि जाउँ और कासो कहौं।
सदगुन सिंधु स्वामि सेवक हित कहुँ न कृपानिधि सो लहौं॥ १॥
जहँ जहँ लोभ लोल लालचबस निज हित चाहनि चहौं।
तहँ तहँ तरनि तकत उलूक ज्यों भटकि कुतरु कोरक गहौं॥ २॥
काल सुभाउ करम विचित्र फलदायक सुनि सिर धुनि रहौं।
मोको तो सकल सदा एकहिं रस दुसह दाह दारुन दहौं॥ ३॥
उचित अनाथ होइ दुख भाजन भयो नाथ किंकर न हौं।
अब रावरो कहाइ न बूझिये सरनपाल साँसति सहौं॥ ४॥
महाराज राजीव विलोचन मगन पाप संताप हौं।
तुलसी प्रभु जब जब जेहिं तेहिं बिधि रामनिबाहे निरबहौं॥ ५॥

केन्द्रीय भाव—गोस्वामी तुलसीदास प्रभु से निवेदन करते हैं कि आपकी शरणागति का परित्याग मैं नहीं कर सकता और जैसे भी आप द्वारा सम्भव हो, मेरा उद्धार करें। आपके अतिरिक्त अन्य कोई मेरा उद्धार नहीं कर सकता। कवि कहता है—

अर्थ—मैं आपकी बलि जाता हूँ, अपनी व्यथा किसे सुनाऊँ। आपके सदृश सद्गुणों को समुद्र, सेवकों का हितैषी स्वामी और आपके सदृश कृपा निधान स्वामी कहाँ अन्यत्र प्राप्त करूँ॥ १॥

जहाँ तहाँ लोभ से वशीभूत चंचल चित्त वाला मैं अपने हित की कामना करता हूँ, वहाँ-वहाँ सूर्य को देखकर उल्लू की भाँति भटक कर पुनः अपने कोटर (पूर्वावस्था) की ओर लौट कर आ जाता हूँ॥ २॥

काल, स्वभाव तथा कर्म ये तीनों विचित्र फलदायक हैं। यह सुन-सुन कर मैं अपना सिर पीटने लगता हूँ। मैं तो सदा एक ही समान असहनीय दारुन दुख में जल रहा हूँ। अतः काल, कर्म एवं स्वभाव की बात तो अभी आगे है ॥ ३ ॥

मैं दुख का भाजन जन्म से ही अनाथ रहा, ठीक ही मेरे लिए रहा और मैं आपका दास ही बना, और हे शरणागत रक्षक! अब आपका कहाकर भी संकट झेल रहा हूँ, आप कृपा क्यों नहीं करते ॥ ४ ॥

हे कमल नयन महाराज की श्रीराम! मैं पाप और संकट दोनों में आकण्ठ निमग्न हूँ। तुलसीदासजी कहते हैं कि हे नाथ! तुलसीदास का तो तब उसी भाँति निर्वाह हो सकता है,जब श्रीरामजी जैसा निर्वाह करना चाहेंगे ॥ ५ ॥

स्पष्टीकरण—जीव को ब्रह्म के अतिरिक्त अन्य किसी स्थल पर सद्‌गति नहीं है। इस तथ्य का भली-भाँति परिज्ञान हो जाने के बाद जीव इस बात के लिए कटिबद्ध है कि वह अपने मूल आश्रयस्थल ईश्वर के अतिरिक्त और कहाँ जा सकता है?

(१) जहँ तहँ तरनि तकत उलूक ज्यों भटकि कुतरु कोटरु गहौं—मन नाना विषयों को उल्लू की भाँति देखता उन्हीं में संसक्त था, किन्तु एकाएक विवेक रूपी सूर्य से आँख मिलते ही असद्‌भावना रूपी कोटर में शरण लेने के लिए पुनः घुस गया। आप ही इस मन रूपी उलूक को फिर से नई दृष्टि दे सकते हैं। रूपक गर्भित उदाहरण अलंकार अपने मन्तव्य को प्रभावशाली बनाने के लिए प्रयुक्त है।

(२) काल सुभाउ करम विचित्र फलदायक सुनि सिर धुनि रहौं—मैं तो केवल कर्म फल के असह्य दुःखों को मनुष्य के रूप में झेल रहा हूँ किन्तु यह ज्ञान होने पर कि अकेले कर्म ही नहीं, काल एवं नियति भी कर्म के साथ मिलकर विचित्र-विचित्र प्रकार के कष्टदायी फल देते हैं, पूरी तरह से सद्‌गति के विषय में निराश हो चुका हूँ—अब केवल आपकी कृपा मात्र ही अवशिष्ट है, जिससे मैं मुक्त हो सकता हूँ।

[२२३]

आपनो कबहुँ करि जानिहौ।
राम गरीबनिवाज राजमनि बिरद लाज उर आनिहौ ॥ १ ॥
सील सिंधु सुंदर सब लायक समरथ सदगुन खानि हौ।
पाल्यो है पालत पालहुगे प्रभु प्रनत प्रेम पहिचानिहौ ॥ २ ॥
बेद पुरान कहत जग जानत दीनदयालु दिन दानि हौ।
कहि आवत बलि जाऊँ मनहुँ मेरी बार बिसारे बानि हौ ॥ ३ ॥
आरत दीन अनाथनिके हित मानत लौकिक कानि हौ।
है परिनाम भलो तुलसीको सरनागत भय भानि हौ ॥ ४ ॥

केन्द्रीय भाव—तुलसी कहते हैं कि अब मैं अनन्य निष्ठा से आपकी शरण में पड़ा हूँ, आपने जिन-जिन योनियों में जीव पड़ा सदैव-सदैव उसकी उन-उन योनियों में आपने रक्षा की है, और उसे पूर्ण आशा है कि इस योनि में भी आप रक्षा करेंगे।

अर्थ—हे नाथ! क्या आप कभी मुझे अपना समझकर जानेंगे। हे राजाओं में श्रेष्ठ, गरीबों के रक्षक श्रीराम क्या अपने विरद की लज्जा रखेंगे ॥ १ ॥

हे शील के समुद्र, सर्वथा सभी योग्य तथा प्रत्येक प्रकार से समर्थ श्रीराम! आप श्रेष्ठ गुणों के भण्डार हैं। आपने निश्चित रूप से शरणागत के प्रेम को पहचान करके सदैव पालन किया है, पालन कर रहे हैं तथा आगे भी परिपालन करते रहेंगे॥ २॥

वेद पुराण हमेशा कहते रहते हैं, सम्पूर्ण संसार जानता है कि आप दीनदयालु हैं और नित्य प्रति नित्य दान देने वाले हैं। हे नाथ! आपके विषय में सदैव यह कहा जाता है, किन्तु मैं बलि जाता हूँ, लगता है, मेरा अवसर आते ही आप अपना बाना भूल बैठे हैं॥ ३॥

आपको आर्त्त, दीन एवं अनाथों का हमेशा हितैषी माना जाता है और आप दूसरी ओर संसार की लौकिक मर्यादा भी मान रहे हैं। जैसा भी हो, तुलसीदास का अन्त तो भला होगा ही क्योंकि आप शरण में आए हुए दीनों को भयमुक्त करते हैं और आपकी शरण में हूँ ही॥ ४॥

स्पष्टीकरण—जीव की अनन्य शरणागति का यहाँ चित्रण किया गया है। जीव के लिए आपके अतिरिक्त और कोई आधार नहीं है, इसीलिए उसकी आप रक्षा करेंगे केवल उसके समक्ष निष्ठापूर्वक शरणागति का प्रश्न है।

(१) पाल्यो है, पालत, पालहुगे प्रभु—हे प्रभु! इस जीव के भूत, भविष्य एवं वर्तमान के नियन्ता आप ही हैं, अन्य नहीं।

(२) दीनदयाल दिन दानि हौ—यह वेद पुराण आदि का साक्ष्य है कि जीव की रक्षा आप नित्यश: (दिन) अकारण किया करते हैं।

[२२४]

रघुबरहिं कबहुं न लागिहैं।
कुपथ कुचाल कुमति कुमनोरथ कुटिल कपट कब त्यागिहै॥ १॥
जानत गरल अमिय बिमोह बस अमिय गनत करि अगिहैं।
उलटी रीति प्रीति अपनें की तजि प्रभु पद अनुरागिहैं॥ २॥
आखर अरथ मंजु दुइ मोदक राम प्रेम पगि पगिहैं।
ऐसे गुन गाइ रिझाइ स्वामि सों पाइहैं जो मुँह मांगिहैं॥ ३॥
तू यहिं विधि सुख सयन सोइहैं जिय की जरनि भूरि भगिहैं।
राम प्रसाद दास तुलसी उर राम भगति जोग जागि हैं॥ ४॥

केन्द्रीय भाव—यह पद मन के प्रबोधन से सम्बन्धित है। कवि मन को प्रबोधित करता हुआ कहता है कि तू अनन्य निष्ठा भाव से श्रीराम के प्रति अनुराग धारण करो।

अर्थ—रे मन! तू क्या कभी रघुनाथजी के प्रति भी अनुराग (लागिहैं) करेगा। तू कुमार्ग, बुरी आदतें, दुर्बुद्धि, बुरी कामनाएँ, कुटिलता तथा कपट का परित्याग कब करेगा॥ १॥

मुग्धबुद्धि के कारण विष को अमृत सदृश तथा अमृत को आग के सदृश मान रहा है। तू उलटी रीति तथा स्वार्थों के प्रति प्रीति को छोड़कर श्रीराम के चरणों में अनुराग कब करोगे॥ २॥

श्रीराम के कोमल अक्षर और सुन्दर अर्थ रूपी लड्डू को श्रीराम के प्रेम को पकाकर कब उसे कब पाओगे। ऐसे स्वामी के गुण का गान और उन्हें प्रसन्न होने से मुँह माँगी आकांक्षाएँ कब पूर्ण करोगे॥ ३॥

इस प्रकार उनके प्रसन्न हो जाने से तू हृदय की विषमताग्रस्त पीड़ा कब शान्त करेगा तथा तुलसीदास कहते हैं कि इस तरह श्रीराम की कृपा से तुम्हारे हृदय में श्रीराम का भक्तियोग जागृत होगा॥ ४॥

[२२५]

भरोसो और आइहै उर ताके।
कै कहुँ लहै जो रामहिं सो साहिब के अपनो बल जाके॥ १॥
कै कलिकाल कराल न सूझत मोह मार मद छाके।
कै सुनि स्वामि सुभाउ न रह्यो चित जो हित सब अंग थाके॥ २॥
हौं जानत भलिभाँति अपनपौ प्रभु सो सुन्यो न साके।
उपल भील खग मृग रजनीचर भले भये करतब ताके॥ ३॥
मोको भलो रामनाम सुरतरु सो राम प्रसाद कृपालु कृपा के।
तुलसी सुखी निसोच राज ज्यों बालक माय बबा के॥ ४॥

केन्द्रीय भाव—कवि कहता है कि वही श्रीराम का आलम्बन नहीं ग्रहण करेगा जो जिसे श्रीराम के अतिरिक्त अपने बल का गर्व होगा, या श्रीराम के सदृश उसे कोई देव मिलेगा, या कलिधर्म से ग्रस्त होगा या जिसने श्रीराम के स्वभाव के विषय में नहीं सुना होगा। वह कहता है—

अर्थ—श्रीराम जैसा उसको समर्थ सहायक स्वामी मिल गया होगा या उसे अपने निज का बल होगा उसी व्यक्ति के मन में श्रीराम के अतिरिक्त अन्य किसी का भरोसा होगा॥ १॥

यो मोह एवं काम वासना में आद्यन्त डूब गया हो जिसके फलस्वरूप उसके ऊपर कराल कलिकाल का भी प्रभाव न पड़ता हो या स्वामी श्रीरामजी जो सब प्रकार से थके हुए जीव के परम हितैषी हैं वे स्वभाव को सुनकर भी वह उसको चित्त से विस्मृत हो चुका हो॥ २॥

हम अपने पुरुषार्थ से भली-भाँति परिचित हैं और दूसरी ओर यह भी सुना है कि श्रीराम के अतिरिक्त और किसी की ऐसी (दयाशीलता) की विरुदावली भी नहीं है। अहल्या, शेबरी, भील जटायु, मारीच तथा विभीषण आदि के कार्य कितने अच्छे थे फिर भी उनका उद्धार किया॥ ३॥

मुझे तो श्रीराम नाम का सुरतरु ही भला है और वह एकमात्र श्रीरामजी की कृपा से हुआ और इसके फलस्वरूप तुलसी उसी तरह से चिन्तारहित एवं आनन्दित हैं जैसे बालक माँ-बाप के जीवनकाल में रहता है॥ ४॥

स्पष्टीकरण—तुलसीदास यहाँ विविध उदाहरणों तथा पूर्व पक्ष द्वारा अपने पक्ष का समर्थन करते हैं। पूर्वपक्ष की स्थिति यह है कि अपने मद से मदान्ध व्यक्ति श्रीराम का विरोध करते हैं, किन्तु वे जो श्रीराम में सम्पूर्णतः आस्था रखते हैं उनके लिए श्रीराम ही एकमात्र आलम्बन हैं। प्रकारान्तर भाव से कवि उनके पक्षों का निषेध करता है जो अहन्ताभाव के कारण अपने को या अन्य देवताओं को श्रीराम के सदृश बलशाली पराक्रमी तथा शक्ति सम्पन्न मानते हैं। कवि यहाँ अहन्ताग्रस्त जीव एवं विवेक जागृत जीव की स्पष्ट भाव से तुलनाकर द्वितीय के अन्तर्गत अपने को रखकर श्रीराम की भक्ति का समर्थन करता है।

(१) तुलसी सुखी निसोच राज ज्यों बालक माय बबा के—ब्रह्म और जीव के बीच उसी प्रकार की आत्मीयता तथा संरक्षण का भाव है जो पिता-माता तथा पुत्र के बीच परस्पर है। उसी वात्सल्य के सन्दर्भ में 'र' वर्ण माता है और 'म' वर्ण पिता।

[२२६]

भरोसो जाहि दूसरो सो करो।
मोको तो रामको नाम कलपतरु कलि कल्यान फरो॥ १॥
करम उपासन ग्यान बेदमत सो सब भाँति खरो।
मोहि तो सावनके अंधहि ज्यों सूझत रंग हरो॥ २॥
चाटत रह्यो स्वान पातरि ज्यों कबहुँ न पेट भरो।
सो हौं सुमिरत नाम सुधारस पेखत परुसि धरो॥ ३॥
स्वारथ औ परमारथ हू को नहि कुंजरो नरो।
सुनियत सेतु पयोधि पषाननि करि कपि कटक तरो॥ ४॥
प्रीति प्रतीति जहाँ जाकी तहँ ताको काज सरो।
मेरे तो माय बाप दोउ आखर हौं सिसु अरनि अरो॥ ५॥
संकर साखि जो राखि कहौं कछु तौ जरि जीह गरो।
अपनो भलो राम नामहि ते तुलसिहि समुझि परो॥ ६॥

केन्द्रीय भाव—कवि श्रीराम नाम पर अपनी पूर्ण संसक्ति तथा आस्था प्रकट करता हुआ उसको अपना सर्वस्व मानता है। तुलसी बताते हैं कि उसकी पूर्णत: प्रतीति श्रीराम नाम में है, अत: विश्वास है कि वही पूर्णत: कल्याण करेंगे।

अर्थ—जिसे किसी अन्य का भरोसा हो, वह श्रीराम की सेवा के अतिरिक्त अन्य साधन काम में लाये। कलि के लिए कल्याणकारी फल से फला हुआ श्रीराम नाम ही कल्पवृक्ष प्रतीत होता है॥ १॥

कर्म, उपासना, ज्ञान एवं अन्य वेद समर्थित मत सभी सच्चे तथा खरे हैं, लेकिन मेरी स्थिति सावन की हरियाली को देखकर अंधे हुए पशु की भाँति है जिसे सर्वत्र हरा-हरा ही दिखाई पड़ता है॥ २॥

सांसारिक प्रपंचों में लिप्त मैंने कुत्ते की भाँति मायिक प्रपंच रूपी पत्तलों को चाटते हुए जीवन बिता दिया और कभी भी मेरा पेट नहीं भरा। आज मैं श्रीराम नाम के स्मरण मात्र से ही सामने अमृत रस परस कर रखा हुआ देखता हूँ॥ ३॥

मेरे लिए राम नाम स्वार्थ तथा परमार्थ दोनों का साधक है, इसमें कोई द्विविधा (कुंजरो नरो) नहीं है। सुना है श्रीराम नाम के प्रभाव से बन्दरों की सेना पत्थरों का पुल बनाकर पार कर गई थी (फिर मनुष्यों के लिए तो वह और फलदायी है)॥ ४॥

जहाँ जिसका प्रेम तथा विश्वास है, वहीं उस व्यक्ति का मन्तव्य पूरा हो जाता है। मेरे लिए तो 'राम' शब्द के दोनों वर्ण माता-पिता तुल्य हैं और मैं हठीला शिशु इन्हीं के समक्ष हठ से मचल रहा हूँ॥ ५॥

शिव की सौगन्ध है, यदि मैं कुछ छिपाकर कहता हूँ तो मेरी जीभ जल जाए। तुलसीदासजी ने अपना भला श्रीराम नाम में ही समझ रखा है, अन्य से नहीं॥ ६॥

स्पष्टीकरण तथा टिप्पणी—(१) ज्ञान, उपासना, कर्मकांड आदि मुक्ति के अनेक साधन हैं, किन्तु मुझे तो श्रीराम नाम ही प्रिय है इस एकमात्र अंधभक्ति तथा प्रियता के लिए वह अपनी उपमा सावन के अंधे भैसे से देता है जिसे बारहों महीने हरियाली ही सुझाई पड़ती है। इस लोकोक्ति का प्रयोग उदाहरण अलंकार के रूप में करता है।

(२) 'चाटत रह्यो स्वान पातर ज्यों'—कवि ने विषय-वासनाओं के संसक्त जीवन को कुत्ते द्वारा जूठी पत्तल चाटने से उपमित किया। कार्य की निकृष्टता के साथ-साथ अनन्त आकांक्षाओं की अतृप्ति का अर्थ इसके मूल में है। उदाहरण अलंकार गर्भित लोकोक्ति।

(३) 'नहिं कुंजरो नरो'—'नरो वा कुंजरो' का युधिष्ठिर वाक्य द्विविधा का अर्थदायी है। श्रीराम का नाम लोकार्थ एवं परमार्थ दोनों का साधक है, इसमें कोई संशय नहीं है। अर्थ को वक्रता देने के लिए इस उक्ति का प्रयोग किया गया है।

(४) 'माय बाप दोउ आखर हौं सिसु अरनि अरो'—'र' माँ है 'म' पिता है और साधक अबोध हठीला शिशु है जो उनके वात्सल्य प्राप्ति के लिए अड़ा हुआ है।

[२२७]

नाम राम रावरोई हित मेरे।
स्वारथ परमारथ साथिन्ह सों भुज उठाइ कहौं टेरे॥ १॥
जननी जनक तज्यो जनमि करम बिनु बिधिहु सृज्यो अवडेरे।
मोहुँसो कोउ कोउ कहत रामहि को सो प्रसंग केहि केरे॥ २॥
फिर्‌यो ललात बिनु नाम उदर लगि दुखउ दुखित मोहि हेरे।
नाम प्रसाद लहत रसाल फल अब हौं बबुर बहेरे॥ ३॥
साधत साधु लोक परलोकहि सुनि गुनि जतन घनेरे।
तुलसीके अवलंब नामको एक गाँठि कइ फेरे॥ ४॥

केन्द्रीय भाव—गोस्वामी तुलसीदास आत्मवृत्त से श्रीराम नाम के माहात्म्य को जोड़कर यह सिद्ध करते हैं कि शैशवावस्था से लेकर आज तक यही नाम मेरे लिए आलम्बन रहा है। वह कहते हैं—

अर्थ—हे श्रीरामजी आपका नाम ही मेरा हितैषी है। मैं सत्यता के प्रमाण के लिए अपनी भुजा उठाकर और पुकार-पुकार कर कहता हूँ मेरे स्वार्थ तथा परमार्थ दोनों का साथी है॥ १॥

माता-पिता ने जन्म देकर त्याग दिया और विधाता ने कुछ बेढंगा तथा कर्महीन मुझे बनाया। मुझे कोई-कोई तो श्रीराम का ही कहते हैं, सो किस कारण (प्रसंग) से कहते हैं, मेरे समझ में नहीं आता॥ २॥

मैं बिना किसी नाम का पेट भरने के दरवाजे, दरवाजे पर (अन्न के निमित्त) लालायित घूमता फिरता था, और मुझे देखकर दुःख भी दुखित था। तब के बबूल और बहेड़ों से मैं अब श्रीराम के प्रसाद से आम्रफल को प्राप्त कर रहा हूँ॥ ३॥

अनेकानेक शास्त्र मार्गों को सुनकर, उनको समझकर एवं यत्न कर-करके साधुजन अपने इहलोक एवं परलोक दोनों को सफल बनाते हैं, किन्तु तुलसीदास कहते हैं कि मुझे तो एकमात्र श्रीराम के नाम का आलम्बन है (और उसी से सब सिद्ध होंगे) जैसे गाँठ एक है और उनकी लपेट अनेकों हों॥ ४॥

स्पष्टीकरण—(१) गोस्वामी तुलसीदासजी अपनी कई रचनाओं में अपनी वाल्यावस्था का संकट निर्दिष्ट करते हैं। यह पद भी इसी के लिए विश्रुत है। **'जननी जनक तज्यो जनमि करम बिनु विधिहुँ सज्यो अवडेरे'**—इसी की समानान्तर पंक्ति कवितावली में है—

'मातु पिता जग जाइ तज्यो विधिहूँ न लिखी कछु भाल भलाई'—जीवन साक्ष्य की दृष्टि से इस पंक्ति का विशेष महत्व है।

(२) मोहुँ सो कोउ कोउ कहत रामहिं को सो प्रसंग केहि केरे—यह पंक्ति भी आत्मवृत्त से सम्बद्ध है 'राम गुलाम' या 'राम बोला' तुलसी का प्रारम्भिक नाम बताया गया है और यह इसलिए कि अनाथ बालक के स्वामी प्रभु श्रीराम ही हैं।

(३) नाम प्रसाद लहत रसाल फल अब हौं बबुर बहेरे—बबूरे और बहेड़े के स्वभाव का कहीं भी अपने आप जम जाने वाला वृक्ष श्रीराम के प्रसाद से 'आम' की भाँति मधुर आनन्ददायी फलों से युक्त है—आत्मवृत्तमूलक वाक्य।

(४) तुलसी के अवलम्ब नाम के एक गाँठि कई फेरे—तुलसी तथा श्रीराम दो जेवरी की भाँति परस्पर बँटे हुए हैं और अनेक सम्बन्धों की उनके बीच गाँठि लग गई है जो किसी भी तरह से न ढीली होगी न छूटेगी यथा ब्रह्म-जीव, उपास्य-उपासक, आराध्य-आराधक, पिता-पुत्र आदि।

[२२८]

प्रिय रामनाम तें जाहि न रामो।
ताको भलो कठिन कलिकालहुँ आदि मध्य परिनामो॥ १॥
सकुचत समुझि नाम महिमा मद लोभ मोह कोह कामो।
राम नाम जप निरत सुजन पर करत छाँह घोर घायो॥ २॥
नाम प्रभाउ सही जो कहै कोउ सिला सरोरुह जायो।
जो सुनि सुमिरि भाग भाजन भइ सुकृत सील भील वामो॥ ३॥
बालमीकि अजामिल के कछु हुतो न साधन सामो।
उलटे पलटे नाम महातम गुंजनि जितो ललामो॥ ४॥
राम ते अधिक नाम करतब जेहिं किये नगर गत गामो।
भये बजाइ दाहिने जो जपि तुलसिदास से बामो॥ ५॥

केन्द्रीय भाव—इन पंक्तियों में कवि राम नाम के प्रति अटूट आस्था तथा श्रद्धा रखता हुआ, सभी को आलस्य, सन्देह एवं भ्रम का परित्याग करके उसमें संसक्त होने के लिए निर्देशित करता है।

अर्थ—जिसे राम नाम की अपेक्षा श्रीराम भी प्रिय नहीं है। (नाम की साधना करने वाले के लिए) उस व्यक्ति का इस भयंकर कलिकाल के अन्तर्गत आदि मध्य तथा अन्त तीनों ही कल्याणकारी होगा॥ १॥

जिस राम नाम की महिमा को समझकर मद, लोभ, मोह, क्रोध तथा काम संकोच का अनुभव करते हैं। घोर संकट के समय (घोर घामो) भक्त सहृदयों पर राम नाम का जप संताप मुक्ति (छाँह) का कार्य करता है॥ २॥

यदि कोई कहे कि राम नाम के प्रभाव से शिला पर कमल उग आया है तो वह सत्य है। जिस नाम को सुनकर तथा उसका जाप करके भील पत्नी शबरी पुण्यशीला बन गई (तो यह कोई आश्चर्य की बात नहीं है)॥ ३॥

वाल्मीकि तथा अजामिल के पास न तो कोई साधन था और न व्यवस्था ही। उन्होंने उलटे-पुलटे नाम साधना रूपी घुँघुचियों से रत्नों (ललाम) को जीत लिया॥ ४॥

श्रीराम से अधिक नाम का आश्चर्यपूर्ण कौतुक है जिसने ग्रामीण नासमझों को नागर बना दिया। तुलसीदास जैसा कुटिल एवं कुमार्गी भी जिस नाम का जप करके डंके की चोट करके संत बन गए॥ ५॥

स्पष्टीकरण—(१) आदि मध्य परिनामो—भूतकाल (पूर्वजन्म), मध्य (वर्तमान जीवन) तथा परिनामो अर्थात् भावीजन्य श्रीराम नाम में संसक्त न रहने वाले जीव का बार-बार पुनर्जन्म एवं क्लेशों से पीड़ित होना अनिवार्य है।

(२) 'करत छाँह घोर घामो'—श्रीराम नाम का जाप करने वाले व्यक्ति गहरे संकट में भी सुख आनन्द का अनुभव प्राप्त करते हैं।

(३) 'गुंजनि जितो ललामो'—घुँघुचियों ने माणिक्यों पर विजय प्राप्त कर ली अर्थात् रामनाम का निरन्तर आस्था से स्मरण करने वाले नीच प्राणी भी देव दुर्लभ पद के अधिकारी बन जाते हैं। इसके लिए कवि कई दृष्टान्त देता है।

(४) 'भए बजाइ दाहिने जो जपि तुलसीदास से बामो'—'दाहिने' तथा 'बामो' दोनों शब्द का प्रयोग मुहावरे के रूप में अर्थात् तुलसीदास जैसा तुच्छ और कुमार्गी व्यक्ति भी नाम के प्रभाव से शुभदायी हो गया।

[२२९]

गरैगी जीह जो कहौं औरको हौं।
जानकी जीवन जनम जनम जग ज्यायो तिहारेहि कौरको हौं॥ १॥
तीनि लोक तिहुँ काल न देखत सुहृद रावरे जोरको हौं।
तुमसों कपट करि कलप कलप कृमि ह्वैहौं नरक घोरको हौं॥ २॥
कहा भयो जो मन मिलि कलिकालहिं कियो भौंतुवा भौंरको हौं।
तुलसिदास सीतल नित यहि बल बड़े ठेकाने ठौरको हौं॥ ३॥

केन्द्रीय भाव—कवि यहाँ ईश्वर एवं जीव के सम्बन्ध को निर्दिष्ट करता हुआ स्वयं को ईश्वर द्वारा प्रतिपालित किए जाने के तथ्य का संकेत करता है। जीव ईश्वर से सदैव जल भ्रमर की भाँति जुड़ा हुआ निरन्तर क्रीड़ा करता रहता है, विनष्ट नहीं होता।

अर्थ—यदि मैं श्रीराम के अतिरिक्त और किसी का हूँ, या कहता हूँ तो मेरी जिह्वा गल जाएगी। हे सीता रमण! मैं तो जन्म-जन्मान्तर से इस संसार में उत्पन्न तुम्हारी जूठन पर ही जीवित रहा हूँ॥ १॥

तीनों कालों, तीनों लोकों में मुझे आपके सदृश कोई अन्य शुभैषी नहीं दिखाई पड़ा। आपसे कपट करके घोर रौरव नरक में कल्प-कल्पान्तर कृमि होकर यातना भोगूँगा॥ २॥

क्या हुआ, यदि मेरे मन से मिलकर कलियुग ने उसे जल प्रवाह के भौंर का क्रीड़ा (काला कीड़ा) बना दिया (अर्थात् कलि ने मुझे अपने पाप संकुल यातना में घसीट रखा है लेकिन मैं उनके बीच रहता हुआ भी 'भौंतुआ' नाम जल कीड़ा की भाँति डूब नहीं सकता) तुलसीदास कहते हैं कि वह इसी लिए निश्चिन्त (शीतल) है कि मैं बड़े ठौर-ठिकाने अर्थात् श्रीरामजी से जुड़ा हूँ (मेरा कोई क्या कर सकता है।)॥ ३॥

स्पष्टीकरण—इस पद में गोस्वामी तुलसीदास ईश्वर एवं जीव के रूप में अपने सम्बन्ध का निर्देश करते हुए कहते हैं कि उनका तथा श्रीराम का जन्म-जन्मान्तर का सम्बन्ध है, यद्यपि कलि ने अहन्ता बुद्धि को विवश करके जड़ीभूत कर दिया है, फिर भी, जीव का संस्कार कभी भी विनष्ट नहीं होता और वह अन्ततया अनेक पापवासनाओं एवं उसके विघातक परिणामों के बाद भी उसी का अंश बना रहता है, और अन्त में उसी का होकर ही रहता है। पापासक्त जीव को 'भौंर' का 'भौंतुआ' जलकीड़ा कहकर कवि दृष्टान्तबद्ध कर रहा है।

[२३०]

अकारन को हितू और को है।
विरद गरीब निवाज कौन को भौंह जासु जन जोहै॥ १॥
छोटो बड़ो चहत सब स्वारथ जो बिरंचि बिरचो है।
कोल कुटिल कवि भालु पालिबो कौन कृपालुहि सोहै॥ २॥
काको नाम अनख आलस कहें अघ अवगुननि बिछौहे।
को तुलसी से सेवक संग्रह्यो सठ सब दिन साईं द्रोहै॥ ३॥

केन्द्रीय भाव—श्रीराम का बाना ही गरीबों का हितैषी है और इस बाने की रक्षा को ध्यान में रखते हुए प्रभु ने अनेक कुटिल जीवों का उद्धार किया। मानव जीवन के लिए तो यह उद्धार नितान्त सरल है, क्योंकि यदि वे आलस्य एवं क्रोध में श्रीराम का स्मरण कर लेंगे तो मुक्त हो जाएँगे।

अर्थ—बिना किसी प्रयोजन के श्रीरामजी के अतिरिक्त मेरा और कौन हितैषी है? अन्य किसका बाना 'गरीब निवाज' का है, जिसकी कृपा के लिए उसकी भृकुटी की ओर यह दास (तुलसी) कृपा के लिए देखे॥ १॥

छोटे तथा बड़े जो ब्रह्मा के रचे हुए हैं, वे सभी अपना स्वार्थ साधना चाहते हैं और अन्य कौन ऐसा कृपालु देव है जिसे कुटिल स्वभाव के निषाद वानर तथा भालु आदि को पालना अच्छा न लगे॥ २॥

श्रीराम के अतिरिक्त और किसका नाम है जिसे क्रोध तथा आलस्य में लेने पर दोषों से विमुक्ति मिल जाती है और जिसने निरन्तर अपने स्वामी से द्रोह करने वाले तुलसीदास जैसे शठ सेवक को अपना लिया॥ ३॥

स्पष्टीकरण—श्रीराम अपने स्वभाव के कारण उनका नाम लेकर याचना करने वालों का हित करने के लिए तत्पर हैं। उनके लिए न छोटे-बड़े का प्रश्न है और न प्रेम और विकृति

का प्रश्न। विशेषकर मनुष्यों के लिए तो यह युक्ति और भी सरल है। वह लाख स्वामी का द्रोही हो किन्तु प्रमाद या क्रोध में भी यदि कोई उनका नाम एक बार ले लेता है, तो वही उसकी मुक्ति का हेतु है।

[२३१]

और मोहि को है काहि कहिहौं?
रंक राज ज्यों मनको मनोरथ केहि सुनाइ सुख लहिहौं॥ १॥
जम जातना जोनि संकट सब सहे दुसह अरु सहिहौं।
मोको अगम सुगम तुमको प्रभु तउ फल चारि न चहिहौं॥ २॥
खेलिबे को खग मृग तरु कंकर ह्वै रावरो राम हौं रहिहौं।
यहि नाते नरकहुँ सचु या बिनु परमपदहुँ दुख दहिहौं॥ ३॥
इतनी ही लालसा दास के कहत पानही गहिहौं।
दीने बचन कि हृदय आनिये तुलसी को पन निर्बहिहौं॥ ४॥

केन्द्रीय भाव—प्रभु ही एकमात्र काम्य हैं। प्रभु प्राप्त हों, इसके लिए साधक खग, मृग, तरु, कंकड़ सब कुछ बनना पसन्द करता है। वह इन पंक्तियों में 'जिस भी रूप में रहे श्रीराम का होकर ही रहे' इस तथ्य का समर्थन करता है। वह कहता है—

अर्थ—हे स्वामी! आपके अतिरिक्त और मेरा कौन है, अत: अन्य किससे मैं कहने जाऊँ। मेरे मन की कामना रंक से राजा बनने की है, आपके अतिरिक्त मैं किसे सुना कर सुख प्राप्त करूँ॥ १॥

अनेकानेक योनियों में जन्म लेने के कारण अनेकानेक प्रकार की दु:सह यम यातनाएँ झेली हैं और आगे भी झेलूँगा। धर्मार्थ काम, मोक्ष, नाम फल चतुष्टय मेरे लिए नितान्त अगम्य हैं किन्तु आपके लिए सहज ही देय हैं, किन्तु वे भी आपकी प्रियता की तुलना में मुझे काम्य नहीं हैं॥ २॥

मैं तो आपकी विहार क्रीड़ा के निमित्त पक्षी, पशु, वृक्ष-कंकड़-पत्थर होना चाहता हूँ जिससे आपका ही होकर रहूँ और इस कामना के कारण मुझे आपके सान्निध्य से नरक में भी सुख मिलेगा और बिना आपके मोक्ष का आनन्द भी कष्टदायी होगा॥ ३॥

इस दास के मन में इतनी ही लालसा है कि वह सदा आपकी जूती पकड़े रहे। तुलसीदास कहते हैं कि या तो आप वचनबद्ध होकर कह दें कि मैं तुमको हृदय से अपना रहा हूँ या फिर मैं तुम्हारे प्रण को पूरा कर दूँगा (तभी तुलसी को शान्ति मिलेगी)॥ ४॥

स्पष्टीकरण—(१) 'रंकराज' शब्द के स्व सम्बोधन द्वारा तुलसीदास जीव की अकिंचनता की ओर निर्देश करते हैं और 'ईश्वर' के अतिरिक्त अन्य कोई भी जीव के प्रति हितैषिता नहीं बरतने को है, क्योंकि प्रभु के अतिरिक्त जीव का रिश्ता अन्य किसी देवी-देवता से नहीं है।

(२) 'जम जातना जोनि संकट सब'—मनुष्य जीवन में दो ही असह्य कष्ट है—'जन्म और मृत्यु' 'जन्मत मरत दुसह दुखदाई'—और अहन्ता तथा कर्म विपाक के कारण अनेक-अनेक योनियों में जन्मत्म कर्म के दुसह दु:खों को भोगना एवं अन्ततया सर्वाधिक कष्टकारी मृत्यु पीड़ा झेलना यह सब अहन्ताग्रस्त जीव का लक्षण है

(३) यहिं नाते नरकहुँ सचु या बिनु परम 'पदहुँ' दुख दहिहौं—श्रीराम का सान्निध्य ही सर्वस्व है, और यदि श्रीराम के नाते नरक भी प्राप्त हो तो वह भी पवित्र है, और बिना उनके स्वर्ग भी काम्य नहीं है। जीव की अनन्य आश्रयस्थली ईश्वर है, और वह जहाँ है, वहीं जीव की मुक्ति है। अपरं च भक्ति के लिए इसी प्रकार की निष्ठा है।

(४) दीजे हृदय कि बचन आनिये तुलसी को पन निर्वहिहौं—इसका दो तरह से अर्थ किया जाता हैं हृदय में स्थान दें या आश्वासन दें कि हृदय में स्थान देंगे या यह आश्वासन दें कि हृदय में स्थान देंगे, दोनों अर्थों की संगति प्रतीत होती है। 'शरणागति' का प्रमुख भाव है, आत्यन्तिक सान्निध्य और कवि की कामना इसी आत्यन्तिक सान्निध्य के लिए है।

[२३२]

दीनबंधु दूसरो कहँ पावों?
को तुम बिनु पर पीर पाइहै केहि दीनता सुनावों॥ १॥
प्रभु अकृपालु कृपालु अलायक जहँ जहँ चितहिं डोलावों।
इहै समुझि सुनि रहौं मौन ही कहि भ्रम कहा गवावों॥ २॥
गोपद बुड़िबे जोग करम करौं बातनि जलधि थहावों।
अति लालची काम किंकर मन मुख रावरो कहावों॥ ३॥
तुलसी प्रभु जियकी जानत सब अपनो कछुक जनावों।
सो कीजै जेहि भाँति छाँड़ि छल द्वार परो गुन गावों॥ ४॥

केन्द्रीय भाव—श्रीराम के अतिरिक्त अन्य किसी दीनबन्धु का नाम अब तक न परम्परा में सुना गया और न श्रुतियों में। अत: इस दीन-हीन जीव के लिए (तुलसी जैसे भक्त के लिए) अन्य किसी शरणागति का प्रश्न नहीं उठता। दीन तुलसी के लिए वही एकमात्र शरण्य हैं।

अर्थ—आपके सदृश दीन-बन्धु और अन्यत्र कहाँ प्राप्त करूँगा। आपके अतिरिक्त दूसरे की पीड़ा समझने वाला कौन है, और मैं अपनी दीनता किसे सुनाऊँ॥ १॥

मैंने स्थान-स्थान पर चित्त दौड़ाकर देखा कि या तो स्वामी कृपालु स्वभाव के ही नहीं हैं और यदि कृपालु हैं तो वे असमर्थ हैं। यही समझकर और दूसरों से सुनकर मैं चुपचाप पड़ा हूँ किसे कहकर मैं जानबूझकर अज्ञानी सा बना पड़ा रहता (भरम गँवाना) हूँ॥ २॥

मैं बातों-बातों से ज्ञान के समुद्र को थहा लेता हूँ, किन्तु सत्य तो यह है कि सम्पूर्ण कर्म गाय के खुर-चिह्न में स्थित जल में डूबने लायक कर्म करता हूँ। मुख से तो मैं अपने आपको आपका दास कहता हूँ, किन्तु मेरा मन अत्यन्त लालची और कामवासनाओं का भृत्य बना है॥ ३॥

हे प्रभु श्रीराम! आप तुलसी के हृदय की सभी बातें जानते हैं फिर भी अपने मन की कुछ बातें बताना चाहता हूँ, मेरे साथ कुछ ऐसा ही उपाय करें ताकि सब प्रकार के छल का परित्याग करके आपके द्वार पर पड़ा-पड़ा आपका गुणानुवाद करता रहूँ॥ ४॥

स्पष्टीकरण—(१) प्रभु अकृपालु कृपालु अलायक जहँ तहँ चितहिं डोलावौं—मैंने अनेकानेक स्वामियों को देखा या तो वे अकृपालु हैं और यदि कृपालु हैं तो मदद करने में समर्थ नहीं हैं—प्रकारान्तर भाव से ब्रह्मा, शिवादि देवताओं की ओर भी संकेत है और लोक के अनेकानेक नरेशों एवं सामन्तों की भी व्यंजना निकलती है।

(२) तुलसी प्रभु जिय की जानत...................................द्वार परो गुन गावौं—स्वामी श्रीराम अन्तर्यामिन् हैं और उनसे कुछ कहना इसलिए उचित नहीं है कि वे अन्दर और बाहर से सब भली-भाँति जानते हैं और जो अन्तर्यामी है, उससे क्या कहा जाए, यह संकोच का विषय है। तुलसी ने सब कुछ प्रभु की मर्जी पर छोड़ दिया है—अपनाना उनका कार्य है।

[२३३]

मनोरथ मन को एकै भाँति।
चाहत मुनि मन अगम सुकृत फल मनसा अघ न अघाति॥ १॥
करमभूमि कलि जनम कुसंगति मति बिछोह मदमाति।
करम कुजोग कोटि क्यों पैयत परमारथ पद साँति॥ २॥
सेइ साधु गुरु सुनि पुरान स्त्रुति बूझयो राग बाजी ताँति।
तुलसी प्रभु सुभाउ सुरतरु सो ज्यों दरपन मुख काँति॥ ३॥

केन्द्रीय भाव—इस कर्म प्रेरित अघ से परिपूर्ण जीवन में ईश्वर की ओर मन का उन्मुख होना बड़ा कठिन कार्य है। अन्ततः वह निष्कर्ष निकालता है कि जैसा कर्म करोगे, वैसा ही फल भोगोगे, वैसे श्रीराम अत्यधिक उदार हैं, एकनिष्ठ तथा निश्च्छल भाव से उनकी उपासना करो—

अर्थ—मेरे मन में एक ही आकांक्षा है। मेरा मन मुनिगणों के मन के लिए भी दुर्लभ पद के विषय में कामना रखता है, किन्तु यह मन पाप कर्मों से कभी भी संतृप्त नहीं होता॥ १॥

इस कर्मभूमि में जन्म लेकर कलियुग के प्रभाव के फलस्वरूप कुसंगति के कारण उसकी मति उन्मत्त एवं विक्षुब्ध रही। अतः दुष्कर्म एवं दुष्कर्मों के कुयोग से शान्तिदायक परमार्थ पद कैसे प्राप्त किया जा सकता है॥ २॥

गुरुओं तथा साधुओं की सेवा करके, पुराणों तथा श्रुतियों का श्रवण करके यह माना जाता है कि परम शान्ति रूप परमार्थ पद को प्राप्त किया जा सकता है—जैसे तंत्री (वीणा) बजते ही राग की पहचान हो जाती है। तुलसीदासजी कहते हैं कि प्रभु का स्वभाव कल्पवृक्ष के सदृश है और उनकी आराधना जिस कामना से करोगे उसकी पूर्ति होगी जैसे दर्पण में जैसा मुख बनाओगे उसी प्रकार बिम्ब दिखाई पड़ेगा॥ ३॥

स्पष्टीकरण—जिस भाव से व्यक्ति ईश्वर की आराधना करता है, उसको वैसा ही फल प्राप्त होता है—इसके लिए वह दो दृष्टान्त देता है—

(१) 'बूझयो राग बाजी ताँति'—यह 'सारंगी बजी और राग पहचाना' लोकोक्ति का परिष्कृत रूप है। यदि मनुष्य श्रुतियों सन्तवचनों एवं धर्मनिष्ठा का अनुपालन करेगा तो निश्चित ही कहने की आवश्यकता नहीं, उसे सद्गति स्वयं प्राप्त होगी।

(२) 'ज्यों दरपन मुख कांति'—जिस प्रकार सुन्दर या कुरूप मुख बनाकर व्यक्ति दर्पण के समक्ष प्रस्तुत होगा, उसी प्रकार उसका मुख भी उसे दिखाई पड़ेगा। व्यक्ति जैसा कर्म करेगा तद्वत् उसे कर्म का फल भी प्राप्त होगा।

[२३४]

जनम गयो बादिहिं बर बीति।
परमारथ पाले न पर्‌यो कछु अनुदिन अधिक अनीति॥ १॥

खेलत खात लरिकपन गो चलि जौबन जुवतिन लियो जीति।
रोग बियोग सोग श्रम संकुल बड़ि बय बृथहि अतीति॥ २॥
राग रोष इरिषा बिमोह बस रुची न साधु समीति।
कहे न सुने गुनगन रघुबरके भइ न रामपद प्रीति॥ ३॥
हृदय दहत पछिताय अनल अब सुनत दुसह भवभीति।
तुलसी प्रभु तें होइ सो कीजिय समुझि बिरदकी रीति॥ ४॥

केन्द्रीय भाव—कवि समझा कर कह रहा है कि यों ही देखते-देखते सारी उम्र बीत गई। वाल्यावस्था, युवावस्था एवं वृद्धावस्था सभी यों ही नष्ट हो गए। अब मुझसे करना कुछ सम्भव नहीं है, अब तो इस जीव का उद्धार प्रभु ही कर सकते हैं।

अर्थ—यह सुन्दर जीवन व्यर्थ ही व्यतीत हो गया। परमार्थ तत्त्व अपने पल्ले कुछ नहीं पड़ा और दिन दूनी रात चौगुनी अनीति बढ़ती गई॥ १॥

खेलते-खाते लड़कपन बीत गया और युवावस्था को स्त्रियों ने जीत लिया। वृद्धावस्था की उम्र रोग, वियोग, शोक एवं श्रम पीड़ित स्थिति में व्यतीत हो गया॥ २॥

राग, द्वेष, ईर्ष्या एवं मोह के कारण साधुओं की सभा (समिति) भी रुचिकर न लगी, न श्रीराम का गुणानुवाद किया और सुना और न श्रीराम के चरणों में प्रीति ही उत्पन्न की॥ ३॥

अब इस अन्तिम अवस्था में हृदय पश्चाताप की अग्नि में जल रहा है क्योंकि अब सांसारिक प्रपंचों से उत्पन्न असह्य दुखों के भय को सुन रहा हूँ। तुलसीदास कहते हैं कि हे प्रभु श्रीराम! अपने विरद की परिपाटी समझकर आपसे जो हो सके, वह करें क्योंकि अब इस अवस्था में मेरे लिए कुछ भी करना मुश्किल है॥ ४॥

स्पष्टीकरण—(१) परमारथ पाले न...लियो जीति।

कवि सम्पूर्ण जीवन के कर्मों की मीमांसा इतनी सहजता से कर रहा है कि कहीं भी अहन्ताग्रस्त मनुष्य के लिए बचने की जगह नहीं है—परमार्थ तो अपने पल्ले पड़ा नहीं—क्योंकि वाल्यावस्था नासमझी में बीती, युवावस्था मद तथा कामवासना के कारण विमुग्धता में बीती तथा वृद्धावस्था रोगग्रस्तता में—ऐसी स्थिति में मनुष्य के पल्ले कुछ भी नहीं परमार्थ आया, अतः ईश्वर ही कृपा करें, तभी कुछ इस जीव के लिए सम्भव है, अन्यथा नहीं।

(२) **'हृदय दहत पछिताय अनल अब सुनत दुसह भवभीति'**—इस मनुष्य जन्म में परमार्थ न साध पाने के कारण पश्चाताप की अग्नि में हृदय जला जा रहा है और अब अनन्य शरणागति के अतिरिक्त कोई विकल्प नहीं है।

[२३५]

ऐसेहि जनम समूह सिराने।
प्राननाथ रघुनाथ से प्रभु तजि सेवत चरन बिराने॥ १॥
जे जड़ जीव कुटिल कायर खल केवल कलिमल साने।
सूखत बदन प्रसंसत तिन्ह कहँ हरितें अधिक करि माने॥ २॥
सुख हित कोटि उपाय निरंतर करत न पायँ पिराने।
सदा मलीन पंथके जल ज्यों कबहुँ न हृदय थिराने॥ ३॥

यह दीनता दूर करिबे को अमित जतन उर आने।
तुलसी चित चिंता न मिटे बिनु चिंतामनि पहिचाने॥ ४॥

केन्द्रीय भाव—तुलसीदास इस पद में जरामरण एवं अज्ञान से उत्पन्न व्यामोह के कारण जीव को प्राप्त क्लेशों का वर्णन करते हुए उनकी मुक्ति का उपाय बताते हैं। वे कहते हैं—

अर्थ—इसी प्रकार इस जन्म की ही भाँति अनेक जन्मों के समूह व्यर्थ में बीत गए। प्राणनाथ श्रीराम जैसे स्वामी को छोड़कर अन्य अपरिचितों के चरणों की सेवा करता रहा॥ १॥

वे जो इस संसार में जड़ता से परिपूर्ण, कुटिल, कायर, खल तथा कलिवासनाओं से ग्रस्त व्यक्ति थे, श्रीराम से अधिक समझकर उनकी प्रशंसा करते करते तुम्हारा मुख सूख गया॥ २॥

अपने भौतिक सुखों की निरन्तर खोज करते-करते तुम्हारे पैरों ने कभी कष्ट अनुभव नहीं किया। रास्ते में पड़े हुए निरन्तर कुचले जाते हुए जल की भाँति तुमने जीवन व्यतीत किया है। एक क्षण के लिए भी तुम्हारा हृदय रूपी स्थल स्थिर नहीं हुआ॥ ३॥

तुमने अपने जीव की दीनता को दूर करने के निमित्त अनेक उपायों को मन में विचारा किन्तु तुलसीदास कहते हैं कि बिना श्रीराम रूपी चिन्तामणि की सही पहचान किए तुम्हारे चित्त की चिन्ताएँ दूर होने से रहीं॥ ४॥

विशेष—अहन्त्रा बुद्धि के कारण भ्रमित व्यक्ति नाना प्रकार के कर्मपाशों एवं मोहग्रंथियों से चक्रित नाना प्रकार के क्लेशों को सह रहा है। जीव ने इस प्रकार के कष्ट अनेक जन्मों में भोगे हैं।

(१) ऐसेहि जनम समूह सिराने—जीव को अनेक योनियों में शरीर धारण करना पड़ता है और प्रत्येक योनि में अज्ञान तथा अहन्ता के कारण उसमें सम्यक् दृष्टि नहीं आ पाती।

(२) सेवत चरन बेगाने—जीव का सहज, अनिवार्य अंशाशि सम्बन्ध ईश्वर से है और जीव उस अपने अंशिन् स्वामी को भूलकर ब्रह्मा, शिव आदि अन्य देवों के चक्कर में पड़ा रहता है, जिनसे उसका कोई सम्बन्ध नहीं है।

(३) सूखत बदन प्रसंसत तिन्ह कहँ—उन देवताओं की जिनसे इस जीव का कोई सम्बन्ध नहीं है, प्रशंसा करते-करते मुँह सूख जाता है। 'मुँह सूखना' मुहावरा है, अर्थ को तेजवान बनाने के लिए इसका प्रयोग किया गया है।

(४) 'तुलसी चित चिन्ता न मिटै बिन चिन्तामनि पहचाने'—चिन्तामणि स्वरूप श्रीराम की प्रतीति के बिना जीव की चिन्ता दूर नहीं हो सकती। 'चिन्तामणि' कवि समयगत प्रयोग है। कवियों का विश्वास है कि 'चिन्तामणि' प्राप्त होते ही समस्त चिन्ताएँ समाप्त हो जाती हैं।

[२३६]

जो पै जिय जानकी नाथ न जाने।
तौ सब करम धरम श्रमदायक ऐसेइ कहत सयाने॥ १॥
जे सुर सिद्ध मुनीस जोगबिद बेद पुरान बखाने।
पूजा लेत देत पलटे सुख हानि लाभ अनुमाने॥ २॥

काको नाम धोखेहू सुमिरत पातकपुंज पराने।
बिप्र बधिक गज गीध कोटि खल कौनके पेट समाने॥ ३॥
मेरु से दोष दूरि करि जनके रेनु से गुन उर आने।
तुलसिदास तेहि सकल आस तजि भजहि न अजहुँ अयाने॥ ४॥

केन्द्रीय भाव—वेदादि में वर्णित अन्य देवता आदि पूजा के बदले फल देते हुए बताए गए हैं, किन्तु श्रीराम के विषय में यह कहा गया है और देखा गया है कि अपने भक्तों के अवगुणों के बिना किसी परवाह के वे शीघ्र ही उनके ऊपर कृपा करते हैं।

अर्थ—हे जीव! यदि जानकी रमण श्रीराम को तूने नहीं जाना तो सम्पूर्ण तुम्हारा कर्मकाण्ड तथा धर्म मात्र तुम्हारे लिए श्रमकारी ही रहा, ऐसा ज्ञानीजन कहते हैं॥ १॥

जिन देवताओं, सिद्धों, मुनिश्रेष्ठों, योगज्ञाताजनों का वर्णन वेद पुराणों में हुआ है, वे सब पूजा लेते हैं और उस पूजा के एवज़ में सुख देते हैं और उनके द्वारा दिया हुआ सुख उनके अपने हानि लाभ के विचार से है॥ २॥

वह कौन है, जिसका नाम भूल से भी स्मरण कर लेने के बाद पाप समूह भाग जाते हैं। अजामिल ब्राह्मण, वाल्मीकि वधिक, गजेन्द्र तथा जटायु गृद्ध सदृश कोटि खल किसी शरण में गए (कौन के पेट समाने)॥ ३॥

अपने भक्तों के सुमेरु पर्वत सदृश गम्भीर दोषों का तिरस्कार करके तथा धूलिकण सदृश अल्प गुण को गम्भीर मानकर हृदय में धारण कर लिया। तुलसीदासजी कहते हैं कि हे अज्ञ! अन्य की सम्पूर्ण आशाएँ छोड़कर अब भी उनका भजन क्यों नहीं करते॥ ४॥

स्पष्टीकरण—भगवत्स्वरूप की पहचान ही ईश्वर की प्रसन्नता का हेतु है, क्योंकि यदि स्वरूप की पहचान होगी तो प्रतीति होगी और ईश्वर मात्र इसी प्रतीति से ही भक्तों पर प्रसन्न हो जाते हैं।

[२३७]

काहे न रसना रामहिं गावहिं।
निसिदिन पर अपवाद वृथा कत रटि रटि राम बढ़ावहिं॥ १॥
नरमुख सुन्दर मंदिर पावन बसि जनि ताहिं लजावहिं।
ससि समीप रहि त्यागि सुधा कत रवि कर जल कहिं धावहिं॥ २॥
राम कथा कलि कैरव चंदनि सुनत स्त्रवन दै भावहिं।
तिनहिं हटकि कहि हरि कल कीरति करन कलंक नसावहिं॥ ३॥
जातरूप मति जुगुति रुचित मनि रचि रचि हार बनावहिं।
सरन सुखद रविकुल सरोज रवि राम नृपहिं पहिरावहिं॥ ४॥
बाद बिबाद स्वाद तजि भजि हरि सरस चरित चित लावहिं।
तुलसिदास भवतरहिं तिहूँ पुर तू पुनीत जस गावहिं॥ ५॥

केन्द्रीय भाव—अपनी जिह्वा को सम्बोधित करता हुआ कवि प्रकारान्तर भाव से अ रचना का मन्तव्य, कीर्तन विधि तथा श्रीराम नाम के माहात्म्य का चित्रण कर रहा है। व कहना है—

अर्थ—हे जीभ! तू श्रीराम के गुणों का गान क्यों नहीं करती? रात-दिन क्यों दूसरों की व्यर्थ ही निंदा कर-करके आसक्ति बढ़ा रही है॥ १॥

मनुष्य कें मुख रूपी सुन्दर और पवित्र मंदिर में निवास करती हुई तो उसे क्यों लज्जित कर रही हो। चन्द्रमा के समीप रहकर उसके अमृत का त्याग कर सूर्य किरणों से उत्पन्न भ्रमात्मक मृगमरीचिका के लिए क्यों दौड़ रही हो॥ २॥

काम कथा जो कलि रूप कुमुदिनी के लिए चन्द्रिका की भाँति है, उसे कान लगाकर तृप्तिपूर्वक सुना करती हो। उस काम कथा को रोककर अब तू कानों के कलंक को दूर करने के लिए श्रीहरि की रमणीक कथा का गान करो॥ ३॥

मति सुवर्ण द्वारा युक्ति रूपी सुन्दर मणियों को रच-रच कर एक हार तैयार करो। उस हार को शरणागतों के लिए सुखद सूर्य कुल रूपी कमल के सूर्य राजा श्रीराम को पहनाओ॥ ४॥

वाद-विवाद रसास्वाद त्याग कर श्रीहरि का भजन करो और उनके रसमयी चरित्र को चित्त में बैठा लो। तुम्हारे इस कार्य से भक्त तुलसीदास इस संसार से पार हो जाएगा और तीनों लोकों में तू पुनीत यश को प्राप्त करेगी॥ ५॥

स्पष्टीकरण—(१) 'रटि-रटि राग बढ़ावहि'—वाणी ही राग-द्वेष की वृद्धि का कारण है अत: कवि सांसारिक प्रपंचों के कथन के स्थान पर उस वाणी को श्रीरामाभिमुख करना चाह रहा है।

(२) नरमुख सुन्दर मंदिर—रूपक अलंकार जिसके अन्तर्गत मुख को 'नरमुख मंदिर' कहना एक रमणीक उक्ति है—सम्पूर्ण सत्कर्म वाणी द्वारा सम्पन्न होते हैं और वाणी का अधिष्ठान मुख है अत: कवि उसकी श्रेष्ठता का प्रतिपादन कर रहा है।

(३) 'राम कथा कलि कैरव चंदिनी'—वासनाओं में संसक्त मनुष्य जाति की तृप्ति काम कथा के श्रवण में होती है, अत: उन्हें विरक्त करने के लिए श्रीहरि की कथा वर्णनीय है।

(४) जातरूप मति..........................नृपहिं पहिरावहिं—इन पंक्तियों में 'विनय पत्रिका' जैसे काव्य का मन्तव्य छिपा हुआ है—कवि की मति स्वर्ण रूप में है उनसे नि:सृत सुन्दर काव्योक्तियाँ मणि रूप में हैं—और कवि अपनी मति से अनेक काव्योक्ति रूपी कंठहारों की रचना करके इस विनय पत्रिका के आधार श्रीराम को अलंकृत करे। रूपक अलंकार जिसका मन्तव्य काव्य की सुन्दर उक्तियों द्वारा श्रीराम की विमल गाथा का गायन है।

[२३८]

आपनो हित रावरेसों जो पै सूझै।
तौ तनु तनुपर अछत सीस सुधि क्यो कबंध ज्यों जूझै॥ १॥
निज अवगुन गुन राम! रावरे लखि सुनि मति मन रूझै।
रहनि कहनि समुझनि तुलसीकी को कृपालु बिनु बूझै॥ २॥

केन्द्रीय भाव—यदि जीव को 'स्वबोध हो जाए तो इस शरीर को नाना दुष्कर्मों की ओर वह क्यों प्रेरित करे। अपना अवगुण और श्रीराम के गुण का लेशमात्र ज्ञान होने पर जीव मुक्ति में कोई सन्देह नहीं।

अर्थ—हे श्रीराम! अपने से स्वतः इस जीव को यदि आपके सम्पर्क में आने का लाभ यदि सूझ जाता तो अपने इस शरीर पर सिर रहते हुए भी कबन्ध की भाँति उचित-अनुचित न सोचता हुआ क्यों कार्य करता?॥ १ ॥

अपने अवगुण तथा आपके गुणों को देखकर तथा सुनकर, हे श्रीराम मेरा मन तथा मेरी बुद्धि दोनों क्यों अवरुद्ध (रूझै) हो जाती है। तुलसीदास कहते हैं कि हे कृपासिन्धु श्रीराम! आपके बिना उसकी कथनी, करनी तथा उसके विचारों को और कौन समझ सकता है?॥ २ ॥

स्पष्टीकरण—(१) 'कबन्ध' एक पौराणिक पात्र है। उदाहरण अलंकार के अन्तर्गत अर्थ व्याप्ति की व्यंजना के निमित्त कवि उसका 'मिथकीय' प्रयोग करता है। 'कबन्ध' धड़मात्र था और किसी अस्त्र-शस्त्र से उसकी मृत्यु सम्भव नहीं है। ठीक जीव की स्थिति 'कबन्ध' की भाँति है वह स्वयं में ईश्वराधीन है और ईश्वर की भाँति वह भी अजर-अमर है। माया-मोह एवं अहन्ताग्रस्त जीव का आचरण कबन्ध की भाँति है, वह मरता नहीं और अनेक योनियों में जन्म लेकर दुराचार करता रहता है।

(२) 'निज अवगुन गुन राम! रावरे लखि सुनि मति मन रूझै' अहन्ता तक ले जाने वाला मन है तथा स्वबोध एवं विवेक तक ले जाने वाली मति है। श्रीराम के रूप, गुण तथा लीलाओं को देखकर अहन्ता की ओर ले जाने वाला मन भी अवरुद्ध हो जाता है और स्वबोध की ओर ले जाने वाली मति भी। ऐसी स्थिति में, कोई विरला ही आपके मूल रहस्य को समझ पाता है—

राम देखि सुनि चरित तुम्हारे। जड़ मोहहिं बुध होंहिं सुखारे'

निर्गुन रूप सुलभ अति सगुन जान नहिं कोय।

कहत सुनत समुझत अगम सुनि मुनि मन भ्रम होइ।

विवर्त का कारण 'श्रीराम' के 'चरित' की रहस्यमयता है। इसी[illegible] वही समझ पाता है, जिसे श्रीराम कृपापूर्वक प्रतीति करा देते हैं।

(३) रहनि कहनि समझनि तुलसी की को कृपालु बिनु बूझै—'एकमात्र श्रीराम का होकर रहना' अर्थात् अनन्य समर्पण—यह साधक तुलसी ही उसकी जटिलता तथा विघ्नों को जानता है, आपके स्वरूप का वर्णन उसकी मन में प्रतीतिपूर्वक समझ—नाना मायिक प्रपंचों, संसक्तियों राग-विरागों द्वारा अवरुद्ध होती रहती है। आपकी 'उपासना, रूपवर्णन तथा प्रतीति' में जो बाधाएँ आती हैं, उन्हें तुलसी जैसा अनन्य समर्पित साधक ही समझ सकता है।

[२३९]

जाको हरि दृढ़ करि अंग कर्‌यो।
सोइ सुसील पुनीत बेदबिद बिद्या गुननि भर्‌यो॥ १॥
उतपति पांडु सुतनकी करनी सुनि सतपंथ डर्‌यो।
ते त्रैलोक्य पूज्य पावन जस सुनि सुनि लोक तर्‌यो॥ २॥
जो निज धरम बेदबोधित सो करत न कछु बिसर्‌यो।
बिनु अवगुन कृकलास कूप मज्जित कर गहि उधर्‌यो॥ ३॥
ब्रह्म बिसिख ब्रह्मांड दहन छम गर्भ न नृपति जर्‌यो।
अजर अमर कुलिसहुँ नाहिंन बध सो पुनि फेन मर्‌यो॥ ४॥

बिप्र अजामिल अरु सुरपति तें कहा जो नहिं बिगर्‌यो।
उनको कियो सहाय बहुत उरको संताप हर्‌यो॥ ५॥
गनिका अरु कंदरप तें जगमहँ अघ न करत उबर्‌यो।
तिनको चरित पवित्र जानि हरि निज हृदि भवन धर्‌यो॥ ६॥
केहिं आचरन भलो मानै प्रभु सो तौ न जानि पर्‌यो।
तुलसिदास रघुनाथ कृपा को जोवत पंथ खर्‌यो॥ ७॥

केन्द्रीय भाव—तुलसीदास इस पद के माध्यम से भक्त (जीव) के कर्त्तव्य के स्थान पर श्रीराम (ब्रह्म) के कर्त्तव्य का निर्देश करते हैं। ईश्वर के कृपालु होने पर ही जीव (भक्त) की ईश्वरोन्मुख प्रवृत्ति का बीजांकुरण होता है। कवि इसको समझाता हुआ कहता है—

अर्थ—जिसको श्रीहरि ने दृढ़तापूर्वक अंगीकार कर लिया, वही शीलवान, पवित्र, ज्ञानी और सम्पूर्ण विद्याओं एवं गुणों से सम्पन्न है॥ १॥

पांडु पुत्रों की उत्पत्ति और आचरण को सुनकर सन्मार्ग भी डर गया, किन्तु श्रीहरि की कृपा से वे तीनों लोकों में पूज्य हो गए और उनके पवित्र यश को सुन-सुनकर जन तर गये॥ २॥

जो राजा नृग वेदों द्वारा निर्दिष्ट स्वधर्म को करते हुए लेशमात्र भी विचलित न हुआ वह बिना किसी दोष के गिरगिट (कृकलास) होकर कूप में पड़ा था, उसे आपने हाथ से पकड़कर बाहर निकाला तथा उसका उद्धार किया॥ ३॥

ब्रह्माण्ड को जला देने में समर्थ ब्रह्मास्त्र से परीक्षित आपके प्रभाव से गर्भ में भी नहीं जल पाए। अजर-अमर काय वाले व्रज से भी न मर सकने वाला दैत्य नमुचि फेन से मरा॥ ४॥

अजामिल ब्राह्मण और देवपति इन्द्र, ऐसी कौन सी बात की जो न बिगड़ी हो, उन दोनों की आपने बड़ी सहायता की और उनके हृदय के कष्टों को दूर किया॥ ५॥

गणिका पिंगला तथा कामदेव ने संसार में पाप करते-करते उसी में संसक्त हो गए और उनसे उबर नहीं पाए, किन्तु हे श्रीहरि! आपने उनके चरित्र को पवित्र मानकर उन्हें भी हृदय-रूपी भवन में स्थान दिया॥ ६॥

किस आचरण को श्रीहरि भला समझते हैं, यह समझ में नहीं आता। तुलसीदासजी कहते हैं कि वह श्री रघुनाथजी की कृपाकांक्षा का मार्ग देखता हुआ खड़ा है। शायद श्रीरामजी की किसी तरह कृपा हो जाए॥ ७॥

स्पष्टीकरण—जीव अपनी अहन्ता के कारण ईश्वर के प्रति समर्पित नहीं होता और ईश्वर कृपापूर्वक जब जीव की इस अहन्ता शक्ति का विनाश कर देता है तभी उसकी प्रवृत्ति उसकी ओर उन्मुख होती है। कवि इसको विविध दृष्टान्तों से स्पष्ट करता है। ईश्वर की कृपा करते ही अहन्ता भाव का विनाश हो जाने के कारण वह ईश्वरोन्मुख होता है।

(१) केहिं आचरन भलो—भक्त का जो आचरण प्रभु को रुचे, भक्त के लिए वही करणीय है। श्रीरामचरितमानस में भी यही कहा गया है—

जासो बेगि द्रवौं मैं भाई।
सो मम भगति भगत सुखदाई।

इस पद पर सूरदास की छाया वर्तमान है।

[२४०]

सोइ सुकृति सुचि साँचो जाहि राम! तुम रीझे।
गनिका गीध बधिक हरिपुर गये लै करसी प्रयाग कब सीकै॥ १॥
कबहुँ न डग्यो निगम मग ते पग नृग जग जानि जिते दुख पाये।
गज धौं कौन दिच्छित जाके सुमिरत लै सुनाम वाहन तजि धाये॥ २॥
सुर मुनि विप्र बिहाइ बड़े कुल गोकुल जन्म गोपगृह लीन्हो।
बायो दियो विभव कुरुपति को भोजन जाइ विदुर घर कीन्हो॥ ३॥
मानत भलहि भलो भगतनि तें कछुक रीति पारथहिं जनाई।
तुलसी सहज सनेह रामबस और सबै जल की चिकनाई॥ ४॥

केन्द्रीय भाव—श्रीराम (ईश्वर) जिस पर रीझ जाता है, कृपा दृष्टि कर दें, वही प्रतिष्ठित हो उठता है, शेष अपना अहन्ता भरा कर्तव्य व्यर्थ है। इस विचार को विविध उदाहरणों द्वारा सम्पुष्ट करता हुआ वह कहता है—

अर्थ—हे श्रीराम वही पुण्यात्मा है, पवित्र है और वही सत्पात्र है, जिस पर आप रीझ गये।

गणिका पिंगला, गिद्ध जटायु, बधिक वाल्मीकि आपके रीझ जाने से ही वैकुंठ धाम में प्रतिष्ठित हुए, उन्होंने कंडे की आग में कब अपने को प्रयाग में दग्ध किया था॥ १॥

वेदोक्त मार्ग से कभी विचलित न होने वाले नृग ने कितना दुख पाया, यह संसार जानता है (किन्तु आपने उसका सहज ही उद्धार किया)। गजेन्द्र ही कौन किसी गुरु से दीक्षा ली थी जिसके द्वारा आपका पवित्र नाम लिए जाने पर उसकी रक्षा के निमित्त अपने वाहन गरुण को छोड़कर दौड़े॥ २॥

देवता, मुनिगणों तथा ब्राह्मणों के श्रेष्ठ कुलों का त्याग करके आपने गोकुल में आपने अहीर के घर जन्म लिया। कुरुपति दुर्योधन का उपेक्षिक करके (बायो दियो) विदुर के घर जाकर (शाक) का भोजन किया॥ ३॥

अपने श्रेष्ठ भक्तों के साथ वे प्रेम का ही सम्बन्ध मानते हैं और इस प्रेम की रीति को आपने अर्जुन को बताया था। तुलसीदास जी कहते हैं कि श्रीराम सहज स्नेह के अधीन हैं और अन्य साधन जल की चिकनाई के समान अस्थिर हैं॥ ४॥

स्पष्टीकरण—श्रीराम के रीझ जाने का हेतु भक्ति नहीं है, उनका दयालुतापूर्ण स्वभाव है और इस स्वभाव के कारण ही अनेकानेक खल, अधम एवं पतित भी भक्त शिरोमणि हो गए। श्रीराम का स्नेह जिसे मिल जाए वही भक्त है और श्रीराम का स्नेह प्राप्त करने के लिए वही आचरण करो जिससे वे प्रसन्न हों—

(१) तुलसी सहज सनेह रामबस और सबै जल की चिकनाई—कवि ने मुद्रा अलंकार के माध्यम से श्रीराम के प्रेम को सर्वोच्च बताया है।

(क) 'जल की आर्द्रता' चिकनी नहीं है—वह भिगो भर देती है स्नेह (प्रेम) तो श्रीराम का है। भौतिक जगत का स्नेह केवल आर्द्रता मात्र है थोड़ी देर के लिए तारोताज़ा कर देंगे, किन्तु शरीर का रूखापन नहीं समाप्त हो सकता।

(ख) स्नेह तो श्रीराम भक्ति का है, जल के ऊपर तैरती हुई चिकनाई तो केवल देखने के लिए है। भौतिक साधनों में निहित तुष्टिशक्ति केवल दिखावे के लिए है।

स्नेह (तेल) तथा प्रेम श्लेषार्थक होने के कारण अर्थमुद्रा व्यंजित कर रहे हैं।

[२४१]

तब तुम मोहूसे सठनिको हठि गति न देते।
कैसेहु ना लेइ कोउ पामर सुनि सादर आगे ह्वै लेते॥ १॥
पाप खानि जिय जानि अजामिल जमगन तमकि तये ताको भे ते।
लियो छुड़ाइ चले कर मींजत पीसत दाँत गये रिस रेते॥ २॥
गौतम तिय गज गीध बिटप कपि हैं नाथहिं नीके मालुम जेते।
तिन्ह तिन्ह काजनि साधु समाज तजि कृपासिंधु तब तब उठिगे ते॥ ३॥
अजहुँ अधिक आदर येहि द्वारे पतित पुनीत होत नहिं केते।
मेरे पासंगहु न पूजिहैं ह्वै गये हैं होने खल जेते॥ ४॥
हौं अबलौं करतूति तिहारिय चितवत हुतो न रावरे चेते।
अब तुलसी पूतरो बाँधिहै सहि न जात मोपै परिहास एते॥ ५॥

केन्द्रीय भाव—कवि श्रीराम के शठों के उद्धार की सहज प्रवृत्ति तथा स्वभाव के लिए ताना देता हुआ अनेक उदाहरणों द्वारा यह प्रार्थना करता है कि मैं तो सम्पूर्ण ठगों से बढ़ चढ़कर हूँ और कब से अपनी मुक्ति की प्रतीक्षा करता हुआ बैठा हूँ, आप मेरा उद्धार क्यों नहीं करते। वह कहता है—

अर्थ—हे श्रीराम! तब आप मुझ जैसे शठ को हठपूर्वक मुक्ति देते, क्योंकि कैसा भी कोई नीच प्राणी जिस भी प्रकार से आपका नाम स्मरण करता है। आप उसके नाम लेते ही आदरपूर्वक उसे अगवानी के साथ ग्रहण करते हैं॥ १॥

अजामिल को पाप की खानि समझकर यम के गण अत्यन्त तमक करके उसे भयभीत करना प्रारम्भ किया, किन्तु आपने यमगणों के हाथों से उसे छुड़ा लिया जिससे वे क्रोध से भरे हुए हाथ मींजते तथा दाँत पीसते चले गए॥ २॥

गौतम पत्नी अहल्या, गजेन्द्र, जटायु, यमलार्जुन, कपिगण सुग्रीवादि, हे नाथ! आपको ज्ञात है कि कितने भले हैं—उनके संकटपूर्ण समय में उनके कार्यों के निमित्त, हे कृपासिन्धु, साधु समाज का परित्याग करके उठकर चले गए॥ ३॥

आज भी आपके दरवाजे पर कितने पापी क्या पवित्र होते नहीं रहते। जितने भी आपके द्वारा उद्धार प्राप्त खल हो गए हैं, या होंगे या हैं, वे सब मेरे पसँगे भी नहीं हैं॥ ४॥

मैं अब तक आपकी करतूतों को देखता, प्रतीक्षा रत हूँ किन्तु आपको मेरे प्रति कोई चिन्ता नहीं है। तुलसीदासजी कहते हैं कि अब यह परिहास मुझसे सहा नहीं जाता, अतः वह अब आपका पुतला बाँधेगा, तब शायद आप ध्यान दें॥ ५॥

स्पष्टीकरण—श्रीराम का स्वभाव शठों का उद्धार करने का है। यही उनका बाना (शील) है और इसी के लिए वे विख्यात हैं। वह सूर आदि भक्तों की भाँति अपने अधिकार से धमकी देता है कि आप मेरी शठता को देखकर यदि उद्धार नहीं करते तो मैं आपका पुतला बाँधकर कृपा के लिए हठ करूँगा।

(१) अब तुलसी पूतरो बाँधि हैं सहि न जात मोपै 'पुतला बाँधना'—व्यक्ति से कुछ प्राप्त करने के लिए सार्वजनिक रूप से हठ भरा कार्य करना—विशेष रूप से उसके पुतले को सार्वजनिक स्थान पर रख करके।

[२४२]

तुम सम दीनबंधु न दीन कोउ मो सम सुनहु नृपति रघुराई।
मोसम कुटिल मौलिमनि नहिं जग तुमसम हरि न हरन कुटिलाई॥ १॥
हौं मन बचन कर्म पातक रत तुम कृपालु पतितन गतिदाई।
हौं अनाथ प्रभु तुम अनाथ हित चित यहि सुरति कबहुँ नहिं जाई॥ २॥
हौं आरत आरति नासक तुम कीरति निगम पुराननि गाई।
हौं सभीत तुम हरन सकल भय कारन कवन कृपा बिसराई॥ ३॥
तुम सुखधाम राम श्रम भंजन हौं अति दुखित त्रिबिध श्रम पाई।
यह जिय जानि दास तुलसी कहँ राखहु सरन समुझि प्रभुताई॥ ४॥

केन्द्रीय भाव—कवि अपनी अधमता के विविध रूपों को हेतु के रूप में प्रस्तुत करता हुआ प्रभु को हेतुओं की परम्परा में विश्रुत निवारक कारण मानकर उपालम्भ देते हुए अपनी शरणागति की प्रार्थना करता है। कवि कहता है—

अर्थ—हे राजाराम! सुनें, आपके समान न कोई दीनबन्धु है और मेरे समान न कोई दीन है। मेरे सदृश न कुटिल शिरोमणि कोई और न आपके सदृश कोई कुटिलता का निवारण-कर्त्ता॥ १॥

मैं मन, वाणी, कर्म से पातकों में लीन हूँ और हे कृपालु! तुम पतितों को परमगति देने वाले हो। हे प्रभु! मैं अनाथ हूँ, आप अनाथों के हितैषी हैं—क्या आपको अपना यह स्वभाव मेरे विषय में भूल सा गया है॥ २॥

मैं आर्त्त हूँ और आप आर्त्त के मुक्तिदाता हैं, आपकी इस कीर्ति का गान वेद-पुराणों ने किया है। मैं सांसारिक प्रपंचों से भयग्रस्त हूँ और आप भय सम्पूर्ण भय के निवारणकर्त्ता हैं। हे नाथ! मालूम नहीं, आपने क्यों कृपा भुला रखी है॥ ३॥

हे श्रीराम! आप आनन्द धर्म और मायिक प्रपंचों से उत्पन्न श्रम के परिष्कार कर्त्ता हैं और मैं दैहिक, दैविक, भौतिक श्रमों से थका अत्यधिक दुखित प्राणी हूँ। इस सम्पूर्ण बातों को समझकर तुलसीदास की रक्षा करें। आपके प्रभुत्व को समझकर ही वह आपकी शरण में आया है॥ ४॥

स्पष्टीकरण—श्रीहरि के शील के अभिन्न अंगों तथा कारणों का उल्लेख करता हुआ विशेषोक्ति भाव से अपनी मुक्ति की प्रार्थना उनसे करता है—

(क) कवि कुटिल मौलिमणि कारण रूप है और ईश्वर कुटिलता का निवारणकर्त्ता है।

(ख) कवि मन, वाणी, कर्म से पातकरत है और प्रभु पतितों के उद्धारकर्त्ता हैं।

(ग) कवि अनाथ है और प्रभु अनाथों का रक्षक है। इसी तरह से वह अपने 'आर्त्त' तथा सभीत दुखित होने के तर्कों को भी रख रहा है।

इस प्रकार पर्याप्त हेतुओं के भी शरणागति रूपी कार्यों की उत्पत्ति नहीं हो रही है।

(१) 'श्रम भंजन'—'त्रिविध श्रम दुखित'—श्रम शब्द का लाक्षणिक प्रयोग है। अनेक योनियों में जन्मने, मरने तथा नाना कर्मों एवं उनके फलभोगों और पुन: कर्म एवं भोग की श्रृंखला में जीव रूप में निरन्तर भ्रमित एवं कलान्त होने का भाव है।

[२४३]

यहै जांनि चरननि चित लायो।
नाहिन नाथ अकारन को हितु तुम समान पुरान स्त्रुति गायो॥ १॥
जननि जनक सुत द्वार बंधुजन भये बहुत जहँ तहँ हौं जायो।
सब स्वारथ हित प्रीति कपट चित काहू नहिं हरि भजन सिखायो॥ २॥
सुर मुनि मनुज दनुज अहि किन्नर मैं तनधरि सिर काहि न नायो।
जरत फिरत त्रय ताप पापबस काहु न हरि करि कृपा जुड़ायो॥ ३॥
जतन अनेक किये सुख कारन हरिपद बिमुख सदा दुख पायो।
अब थाक्यो जलहीन नाव ज्यों देखत बिपति जाल जग छायो॥ ४॥
यो कहँ नाथ बूझियै यह गति सुख निधान निज पति बिसरायो।
अब तजि दोष करहु करुना हरि तुलसिदास सरनागत आयो॥ ५॥

केन्द्रीय भाव—अनेक जन्मों तथा अनेक योनियों में कितनी माताएँ, कितने पिता, कितने पुत्र, कितनी पत्नियाँ तथा कितने बंधु बांधव मुझे प्राप्त हुए, सभी स्वार्थी निकले। अनेक योनियों अनेक देवों की पूजा की, किन्तु कोई काम में नहीं आया। अन्त में, हे प्रभु! मैं भली-भाँति सबसे निराश होकर आपकी शरण में आया हूँ—

अर्थ—हे नाथ! यही समझ करके आपके चरणों में चित्त लगाया है। आपके सदृश अकारण कृपालु और कोई हितैषी नहीं है, ऐसा पुराणों तथा स्तुतियों ने गान किया है॥ १॥

माता, पिता, पुत्र, पत्नी, सुहृद बंधु-बांधव जितनी बार मैंने जन्म लिया तदनुसार अनेकों मिले। सभी की प्रीति स्वार्थयुक्त और सभी कपट भाव से परिपूर्ण मिले और किसी ने श्रीराम के गुणानुवाद के लिए प्रेरित नहीं किया॥ २॥

देवता, मुनिगण, मनुष्य, दैत्य किन्नर आदि को इस शरीर को धारण करके बार-बार किसको माथा नहीं टेका। हे हरि! इसके बावजूद भी पाप और त्रयतापवश मैं जलता फिरता रहा, हे हरि! किसी ने भी मेरी जलन को शान्त नहीं किया॥ ३॥

मैंने सुख प्राप्त करने के निमित्त अनेक यत्नों को किया, किन्तु श्रीहरि के चरणों से विमुख होकर सदा दुख प्राप्त किया है। इस संसार में अपने चारों ओर विपत्ति के जाल को फैला हुआ देखकर मैं जलविहीन नदी में स्थित नौका के सदृश स्थिर थक कर बैठ गया हूँ॥ ४॥

हे नाथ! मुझे ऐसा प्रतीत होता है कि मैंने इस प्रकार की अधोदशा इसलिए प्राप्त की है कि आनन्द के अधिष्ठान अपने स्वामी को मैंने विस्मृत कर दिया था। हे नाथ! अब मेरे दोषों

का परित्याग करके कृपा करें, यह भक्त तुलसीदास आपकी शरण में आया है॥ ५॥

स्पष्टीकरण—कर्मभीमांसा दर्शन के अनुसार जब तक जीव की सद्गति नहीं होती तब तक अनेक योनियों में उसे भटकना पड़ता है। अन्य देवताओं की उपासना, कर्मकांड, धार्मिक कृत्यों के बाद भी चित्त की ज्वाला शान्त नहीं हुई और अन्त में, इस निश्चय पर पहुँचकर कि मेरे चित्त की जलन केवल आपकी शरणागति से ही शान्त होगी, मैं सब कुछ त्यागकर आपकी शरण में आया हूँ। आप मेरी रक्षा करें।

(१) 'अब थाक्यो जलहीन नाव ज्यों देखत विपति जाल जग छायो'—कवि उदाहरणगत रूपक के माध्यम से इस जीव को जलविहीन सूखे स्थल पर पड़ी हुई क्लान्त नौका मानकर बताता है कि श्रीराम की भक्ति रूपी जलराशि के बिना यह चलकर अपने गन्तव्य तक नहीं पहुँच पाएगी।

[२४४]

याहि ते मैं हरि ग्यान गँवायो।
परिहरि हृदय कमल रघुनाथहि बाहर फिरत बिकल भयो धायो॥ १॥
ज्यों कुरंग निज अंग रुचिर मद अति मतिहीन मरम नहिं पायो।
खोजत गिरि तरु लता भूमि बिल परम सुगंध कहाँ तें आयो॥ २॥
ज्यों सर बिमल बारि परिपूरन ऊपर कछु सिवार तृन छायो।
जारत हियो ताहि तजि हौं सठ चाहत यहि बिधि तृषा बुझायो॥ ३॥
ब्यापत त्रिबिध ताप तनु दारुन तापर दुसह दरिद्र सतायो।
अपनेहि धाम नाम सुरतरु तजि बिषय बबूर बाग मन लायो॥ ४॥
तुम सम ग्यान निधान मोहि सम मूढ़ न आन पुराननि गायो।
तुलसिदास प्रभु यह बिचारि जिय कीजै नाथ उचित मन भायो॥ ५॥

केन्द्रीय भाव—मैं श्रीराम को, जो जीव के एकमात्र आधार हैं, छोड़कर अज्ञान एवं मोह से पीड़ित भटकता रहा। असत्य एवं मिथ्य को 'सत्य' की भाँति मानकर उनकी उपासना करता रहा। अब मेरी समझ में आया कि मेरे अनेक जन्म व्यर्थ गए। कवि कहता है—

अर्थ—मैंने इसीलिए श्रीहरि का वास्तविक ज्ञान खो दिया, क्योंकि हृदय कमल में स्थित श्रीहरि का परित्याग करके बाह्य संसार में व्याकुल होकर ईश्वर प्राप्ति के लिए दौड़ता रहा॥ १॥

मेरी स्थिति उस कस्तूरी मृग की है जो अपने शरीर में स्थित सुन्दर कस्तूरी के स्थित होते हुए भी अत्यन्त मूर्ख वह सुगंध के मर्म को नहीं समझ सका। वह पर्वत, वृक्ष, लता, भूमि, बिल आदि में खोजता फिर रहा है कि यह आनन्ददायिनी मादक सुगंध कहाँ से आ रही है॥ २॥

जिस प्रकार निर्मल वारि के परिपूरित किन्तु शैवाल तथा घास से आच्छादित सरोवर का परित्याग करके प्यास से पीड़ित व्यक्ति बाहर घूम-घूम कर जल की खोज के लिए अपने को नष्ट करता है तथैव हृदय सरोवर में स्थित श्रीहरि की उपेक्षा करके बाहर उनके दर्शनादि के लिए व्यक्ति भटकता फिर रहा है, यह उसकी जड़ता नहीं तो और क्या है!॥ ३॥

शरीर के अन्तर्गत कष्टकारी प्रबल त्रिविध संताप व्याप्त हो रहे हैं। उसके ऊपर असह्य दरिद्रता कष्ट दे रही है। कारण यह है कि अपने हृदय में स्थित कल्पवृक्ष का परित्याग करके बाहर विषय रूपी बबूल के बाग में मन को लगा रखा है ॥ ४॥

पुराणों ने यह बताया है कि आपके सदृश ज्ञानी तथा मेरे सदृश मूढ़ और कोई दूसरा नहीं है। तुलसीदासजी कहते हैं कि हृदय में ऐसा विचार करके हे प्रभु! आप जैसा उचित समझें उसे करें॥ ५ ॥

स्पष्टीकरण—भ्रम बुद्धि के कारण मिथ्या की उपासना सत्य मानकर करता रहा। कवि भक्ति साहित्य में प्रचलित मिथ्यात्व के प्रमुख दृष्टान्तों का यहाँ उल्लेख करता है—जैसे मृग-कस्तूरी भ्रम, सिवार-जल भ्रम आदि। भ्रम के कारण भटकते-भटकते अनेक क्लेशों को सह लेने के बाद पुराणादि अध्ययन से यह ज्ञात हुआ। आप जैसे एक मात्र शरण्य की उपेक्षा करता रहा और तथ्य समझ में आ जाने के बाद मैं आपकी शरण में आया हूँ।

(१) विविध उदाहरणों एवं दृष्टान्तों के द्वारा कवि अपने 'अज्ञान' भाव को सघन बनाकर अपनी शरणागति के तर्क को सम्पुष्ट करता है।

(२) **जारत हियो ताहिं तजि हौं सठ चाहत यहिं विधि तृषा बुझायो**—'तृषा' शब्द लाक्षणिक है। भौतिक सन्ताप, जन्य-पीड़ा एवं प्यास जो श्रीराम की कृपा से ही बुझ सकती है, उसे मिथ्या एवं भ्रमास्पद हेतुओं से पूर्ण करने का प्रयास करता रहा।

[२४५]

मोहि मूढ़ मन बहुत बिगोयो।
याके लिये सुनहु करुनामय मैं जग जनमि जनमि दुख रोयो॥ १॥
सीतल मधुर पियूष सहज सुख निकटहिं रहत दूर जनि खोयो।
बहु भाँतिन स्त्रम करत मोह बस वृथहिं मंदमति बारि बिलोयो॥ २॥
करम कीच जिय जानि सानि चित चाहत कुटिल मलहिं मल धायो।
तृषावंत सुरसरि बिहाइ सठ फिरि फिरि बिकल अकास निचोयो॥ ३॥
तुलसिदास प्रभु कृपा करहु अब मैं निज दोष कहू नहिं गोयो।
डासत ही गई बीति निसा सब कबहुँ न नाथ नीद भरि सोयो॥ ४॥

केन्द्रीय भाव—मन, बुद्धि, चित्त, अहंकार के द्वारा अनेक बार छला जाकर अनेक जन्मों और योनियों का संकट झेलते हुए जीव की दशा का चित्रण करता हुआ कवि ईश्वर से प्रार्थना करता है, वह जन्म-मरण के मृत्यु से मुक्त करे—

अर्थ—इस नासमझ मन ने मुझे भली-भाँति विनष्ट कर रखा है। इसी अज्ञानी मन को तृप्त करने के निमित्त हे प्रभु! मैं बार-बार इस संसार में पुनर्जन्म लेकर दारुण दुखों से पीड़ित होता रहा॥ १॥

अत्यन्त शीतल, मधुर तथा अमृत तुल्य आत्मस्थित सहज आनन्द स्वस्थित नितान्त समीप ही है, किन्तु मैंने उसे इस प्रकार भुला दिया, जैसे बहुत दूर हो। अत्यन्त मुग्धतावश अनेक प्रकार के निरर्थक श्रम करता रहा और यह मूढ़ (तत्त्व रूपी नवनीत को प्राप्त करने के लिए) जल को मथता रहा॥ २॥

कर्म रूपी कीचड़ को भली-भाँति जानता हुआ भी उसमें अपने चित्त को सान दिया और इस प्रकार वह कुटिल मल से मल साफ करना चाहता है। भौतिक तृष्णा से पीड़ित वह शठ सामनें गंगा को त्याग करके पुनः पुनः व्याकुल होकर आकाश को (विषयवासना) प्यास की तृप्ति के लिए निचोड़ रहा है॥ ३॥

तुलसीदासजी कहते हैं कि हे नाथ! अब आप मुझ पर कृपा करें, क्योंकि मैंने अपने दोषों को लेशमात्र भी नहीं छिपाया है। हे नाथ! बिस्तर बिछाते-बिछाते सम्पूर्ण रात्रि व्यतीत हो गई। किन्तु एक क्षण के लिए भी भर नींद नहीं सोया अर्थात् सुख के उपायों की तलाश में सम्पूर्ण जीवन व्यतीत हो गया, किन्तु आनन्द का एक क्षण भी नहीं प्राप्त हो सका॥ ४॥

[२४६]

लोक बेद हूँ बिदित बात सुनि समुझि
मोह मोहित बिकल मति थिति न लहति।
छोटे बड़े खोटे खरे मोटेऊ दूबरे
राम रावरे निबाहे सबहीकी निबहति॥ १॥
होती जो आपने बस रहती एक ही रस
दूनी न हरष सोक साँसति सहति।
चहतो जो जोई जोई लहतो सो सोई सोई
केहू भाँति काहूकी न लालसा रहति॥ २॥
करम काल सुभाउ गुन दोष जीव जग मायाते
सो सभै भौंह चकित चहति।
ईसनि दिगीसनि जोगीसनि मुनीसनि हू
छोड़ति छोड़ाये तों गहाये तें गहति॥ ३॥
सतरंजको सो राज काठको सबै समाज
महाराज बाजी रची प्रथम न हति।
तुलसी प्रभुके हाथ हारिबो जीतिबो नाथ
बहु बेष बहु मुख सारदा कहति॥ ४॥

अर्थ—यह लोक मान्यताओं तथा वेदों दोनों से ज्ञात है और उसे सुनकर-समझकर भी (यथार्थ को जानकर भी) मोह से मुग्ध व्याकुल बुद्धि स्थिरता नहीं प्राप्त कर पाती। हे राम! छोटे-बड़े सज्जन तथा दुष्टजन, मोटे तथा दुबले सभी का निर्वाह आपके निर्वाह करने से होता है॥ १॥

यदि सब अपने वश में होता तो व्यक्ति सदैव एक स्वभाव (रस) में स्थित रहता और यह दुनिया हर्ष, शोक, संकट बराबर न सहती, जो जिस-जिस वस्तु की कामना करता वह उन-उन अभीष्ट वस्तुओं को प्राप्त करता और किसी भी व्यक्ति की किसी भी प्रकार की कोई कामना अवशिष्ट न रहती॥ २॥

कर्म, काल, स्वभाव, गुण, दोष, जीव तथा सृष्टि सभी मायाजनित है और वह भी चकित हर समय आपकी भकटी की ओर देखती रहती है। वह माया. शिव. ब्रह्मा तथा दिग्पालों

योगिश्वरों तथा मुनीश्वरों को आपके छुड़ाने से छोड़ती है तथा आपके पकड़ाने से पकड़ती है ॥ ३ ॥

यह माया का सम्पूर्ण समाज असल शतरंज के राज्य की भाँति है। सारा समाज काठ का बना हुआ है। हे महाराज! यह शतरंज की बाजी आपके ही द्वारा रची हुई है (विशात आपने ही बिछाई है) और यह आपके अस्तित्व के पूर्व नहीं थी। तुलसीदासजी कहते हैं कि हे नाथ! हारना तथा जीतना दोनों आपके ही हाथ है, यह बात सरस्वती ने अनेक वर्षों और अनेक मुखों द्वारा कहा है अर्थात् सरस्वती ने अनेकानेक विद्वानों द्वारा अनेक मुखों से कहलवायी है ॥ ४ ॥

[२४७]

राम जपु जीह जानि प्रीति सो प्रतीतिमानि
राम नाम जपे जैहे जिय की जरनि।
राम नाम सो रहनि रामनाम की कहनि
कुटिल कलिमल लोक संकटहरनि॥ १॥
राम नाम को प्रभाउ पूजियत गनराउ
कियो न दुराउ कही आपनी करनि।
भवसागर को सेतु कासी हूँ सुगति हेतु
जपत सादर संभु सहि घरनि॥ २॥
बालमीकि व्याध हे अगाध अपराध निधि
मरा मरा जपे पूजे मुनि अमरनि।
रोक्यो विन्ध्य सोख्यो सिन्धु घर जहुँ नाम बल
हारो हिय खार्‌यो भयो भूसुर उरनि॥ ३॥
नाम महिमा अपार सेष सुक बार बार
मति अनुसार बुध बेदहूँ बरनि।
नामरति कामधेनु तुलसी को कामतरु
राम नाम है विमोह तिमिर तरनि॥ ४॥

केन्द्रीय भाव—कवि इस पद में राम नाम के माहात्म्य का वर्णन करता हुआ उसे संसार सागर से पार करने के नौका सदृश आवश्यक तथा उपादेय बताता है। वह कहता है—

अर्थ—हे जीभ! राम नाम जपो, राम नाम का मर्म जानो, राम नाम की प्रीति को विश्वास पूर्वक मानो, और इसी राम नाम के जप से हृदय की विषय ज्वाला शान्त होगी। रामनाम के अनुकूल आचरण करो, राम नाम का ही कथन करो। कुटिल कलि जनित पापों से ग्रस्त लोकों के संकट को दूर करने वाला यही रामनाम है ॥ १ ॥

राम नाम के प्रभाव से गणेश प्रथम वन्दित हैं, उन्होंने कुछ छिपाया नहीं और अपनी करनी को स्वयं कहा है। राम नाम संसार सागर के सेतु हैं, काशी में अपनी सुगति के निमित्त अपनी पत्नी सहित आदरपूर्वक इस राम नाम का जप करते रहते हैं ॥ २ ॥

अगाध अपराध से परिपूर्ण व्याध वाल्मीकि ने 'मरा-मरा' जपा परिणामस्वरूप मुनियों तथा देवताओं द्वारा पूजित हुए। राम नाम के बल से अगस्त्य मुनि ने विन्ध्यपर्वत की गति को रोक दिया तथा समुद्र पी गए। तत्पश्चात् वह उन्हीं से हार मानकर खारा बन गया॥ ३॥

राम नाम की महिमा अपार है। शेष, शुकदेव विद्वानों तथा वेदों ने बार-बार स्वमति के अनुसार इसका वर्णन किया है। राम नाम के प्रति आसक्ति तुलसी के लिए कामधेनु सदृश है। राम नाम तो अज्ञान रूपी अंधकार का नष्ट करने के लिए साक्षात् सूर्य है॥ ४॥

स्पष्टीकरण—भक्ति काल में साधक के लिए नामोपासना को महत्त्वपूर्ण बताया गया है। तुलसी भी नामोपासना के क्रम में उसके महत्त्व का निरूपण करते हुए उसे सर्वोपरि बताते हैं। तुलसी इस प्रकरण में व्यक्तिगत सन्दर्भ जोड़ने का प्रयास करते हैं—

'नाम रति कामधेनु तुलसी को कामतरु'—संसार के लिए नामासक्ति कामधेनु की भाँति है और तुलसी राम नाम कल्पतरु की कृपा से अपना जीवन यापन कर रहे हैं, क्योंकि उनके लिए राम नाम के अतिरिक्त अन्य कोई आधार नहीं था।

[२४८]

पाहि पाहि राम पाहि रामभद्र रामचंद्र
सुजस स्त्रवन सुनि आयो हौं सरन।
दीनबंधु दीनता दरिद्र दाह दोष दुख
दारुन दुसह दर दुरित हरन॥ १॥
जब जब जग जाल ब्याकुल करम काल
सब खल भूप भये भूतल भरन।
तब तब तनु धरि भूमि भार दूरि करि।
थापे मुनि सुर साधु आस्त्रम बरन॥ २॥
बेद लोक सब साखी काहकी रती न राखी
रावनकी बंदि लागे अमर मरन।
ओक दै बिसोक किये लोकपति लोकनाथ
रामराज भयो धरम चारिहु चरन॥ ३॥
सिला गुह गीध कपि भील भालु रातिचर
ख्याल ही कृपालु कीन्हे तारन तरन।
पील उद्धरन सीलसिंधु ढील देखियतु
तुलसी पै चाहत गलानि ही गरन॥ ४॥

केन्द्रीय भाव—कवि श्रीराम की एकमात्र शरणागति द्वारा उनकी कृपा की प्रार्थना कर रहा है। उसने इस सम्बन्ध में अनेक साक्ष्यों को देखा है, सुना है, पढ़ा है, और उन सबके आधार पर श्रीराम की शरणागति में जाकर उनकी कृपा की आकांक्षा करता है।

अर्थ—हे श्रीराम रक्षा करें, भद्र श्रीरामचन्द्र मेरी रक्षा करें। आपके सुयश का श्रवण करके में आपकी शरण में आया हूँ। हे दीनबन्धु! दुसह दारुण दुख, दीनता, दरिद्रता, संताप,

पाप तथा दुखों को तत्काल ही नष्ट करने वाले हैं॥ १॥

जब जब भक्तजन सांसारिक प्रपंचों में फँसकर तथा कर्म एवं काल के प्रभाव से व्याकुल हुए तथा पृथ्वी का भरण-पोषण करने वाले नृपति दुष्टमति के हो गए तब-तब आप शरीर धारण करके, पृथ्वी के भार को दूर करके मुनिगण, देवगण तथा साधुजनों एवं वर्णाश्रम धर्म की स्थापना की॥ २॥

लोक और वेद सभी इसके साक्षी हैं कि रावण ने किसी का सम्मान (रती) न रहने दिया और रावण के बन्दीगृह में रखे हुए अमर देवता भी मरने लगे। उन देवताओं को आलम्बन (ओक) देकर आपने लोकपतियों एवं राजाओं को शोक विमुक्त किया और आपके रामराज्य में धर्म (रूपी वृषभ) चारों चरणों से संयुक्त हो गया॥ ३॥

अहल्या, निषाद, गिद्ध, कपि, भील, भालु, राक्षस को विचार-विचार में ही उद्धार का हेतु बना दिया। हे गजेन्द्र का उद्धार करने वाले, हे शीलसिन्धु, तुलसी अपनी मुक्ति के समय आपकी ढिलाई देखकर ग्लानि से गला जा रहा है, उसे गलने से रोक लें॥ ४॥

स्पष्टीकरण—श्रीराम अधर्म का विनाश करने वाले, लोक के संकटों को दूर करने वाले तथा भक्तों को आनन्द देने वाले हैं। उन्होंने कितने नीचों तथा पापियों का उद्धार किया है। उसके इस शक्ति, सामर्थ्य तथा स्वभाव को देखकर ही तुलसी श्रीराम की शरण में आया है।

(१) 'पील उद्धरन सीलसिन्धु ढील देखियत तुलसी पै चाहत गलानि ही गरनि।'

हाथी जैसे दुर्बुद्धि पशु का तो आपने उद्धार कर दिया, किन्तु एकमात्र आपके भरोसे जीवन यापन करने वाला तथा एकमात्र आपके प्रति समर्पित व्यक्ति के प्रति आप लापरवाही बरत रहे हैं, यही कष्ट का विषय है।

[२४९]

भली भाँति पहिचाने जाने साहिब जहाँ लौं जग
जूड़े होत थोरे थोरे ही गरम।
प्रीति न प्रवीन नीतिहीन रीतिके मलीन
मायाधीन सब किये कालहू करम॥ १॥
दानव दनुज बड़े महामूढ़ मूँड़ चढ़े
जीते लोकनाथ नाथ बलनि भरम।
रीझि रीझि दिये बर खीझि खीझि घाले घर
आपने निवाजेकी न काहूको सरम॥ २॥
सेवा सावधान तू सुजान समरथ साँचो
सदगुन धाम राम पावन परम।
सुरुख सुमुख एकरस एकरूप तोहि
बिदित बिसेषि घटघटके मरम॥ ३॥
तोसो नतपाल न कृपाल न कँगाल मो सो
दयामें बसत देव सकल धरम।
राम कामतरु छाँह चाहै रुचि मन माँह
तुलसी बिकल बलि कलि कुधरम॥ ४॥

केन्द्रीय भाव—कवि यहाँ श्रीराम के शील-स्वभाव की गम्भीरता तथा स्थिरता की तुलना अन्य देवताओं के अस्थिर स्वभाव से करता हुआ कलि से व्याकुल होकर अन्ततया उनकी शरण में ही शान्ति तथा आनन्द का अनुभव करता है। वह कहता है—

अर्थ—जहाँ तक संसार में अनेक स्वामीगण हैं, उन्हें मैंने भली-भाँति पहचान लिया है, थोड़े में ही वे गर्म हो उठते हैं और थोड़े में ही शीतल। चतुर विद्वानों के प्रति उनके मन में न प्रेम है, वे नीति हीन हैं, आचरण के मलिन हैं। सभी को काल और कर्म ने मायाधीन बना रखा है॥ १॥

महामूढ़ बड़े-बड़े दैत्य तथा राक्षस सिर पर चढ़ गए थे और हे नाथ! और अपने बल के भ्रम से लोकपालों को जीत लिया था। शिव तथा ब्रह्मा आदि ने प्रसन्न हो-होकर उन्हें वरदान दिया और उन्होंने ही खीझ-खीझ कर उनके घरों को विनष्ट (घाले) कर दिया। अपने द्वारा दी गई कृपा पात्रता की किसी को शरम नहीं लगी॥ २॥

हे श्रीराम! अपने भक्तों की सेवा के प्रति सदैव सतर्क हे सुजान, समर्थ, सत्यरूप, सद्‌गुणों के भंडार श्रीराम! आप परम पवित्र हैं। आपका भक्तों के प्रति रुख एक सा रहता है, आप उनसे सदैव प्रसन्न रहते हैं, आप सदा उनके प्रति एक भाव रखते हैं, आप सदा एक रूप हैं और आपको विशेष प्रकार (रीति) से प्रत्येक व्यक्ति-व्यक्ति का रहस्य ज्ञात है॥ ३॥

आपकी भाँति न तो कोई प्रणतपाल (नतपाल) है, आपके सदृश न तो कोई कृपाल है, और मुझ सदृश न तो कोई कंगाल है। हे देव! आपकी दया में ही सम्पूर्ण धर्म का निवास है। तुलसीदास कलियुग के कुधर्म रूपी धूप के संताप से व्याकुल अपने मन की इच्छा के अन्तर्गत श्रीराम रूपी कामतरु की छाया चाहता है॥ ४॥

स्पष्टीकरण—श्रीराम का निरन्तर विकार रहित स्वभाव सभी से भिन्न है। वह इसे स्पष्ट करता हुआ कह रहा है कि—

सुरुख, सुमुख, एकरस एकरूप तोंहि
विदित विसेषि घर-घर के मरम।

विकार रहितता ही ब्रह्म का स्वभाव है और यह स्वभाव अन्य देवों का नहीं है। विकार रहित होने के बाद भी श्रीराम अत्यन्त कृपालु एवं दयालु हैं दूसरी ओर कलि के कुप्रभाव से व्याकुल तथा सन्तप्त भक्त के लिए मात्र वही शरण्य है, क्योंकि भौतिक तापों से पीड़ितजनों के संताप वही दूर कर सकते हैं।

[२५०]

तौ हौं बार बार प्रभुहिं पुकारि कै खिझावतो न
जो पै मोको होतो कहुँ ठाकुर ठहरु।
आलसी अभागे मोसें तैं कृपालु पाले पोसे
राजा मेरे राजाराम अवधु सहरु॥ १॥
सेये न दिगीस न दिनेस न गनेस गौरी
हित कै न माने विधि हरिउ न हरु।
राम नाम हीं सो जोगु छेम नेम प्रेम पन
सुधा सो भरोसो एहु दूसरो जहरु॥ २॥

समाचार साथ के अनाथ नाथ कासो कहौं
नाथ ही के हाथ सब चोरु पहरु।
निज काज सुरकाज कारत के काज राज
बूझिये बिलंब कहा कहूँ न गहरु॥ ३॥
रीति सुनि रावरी प्रतीति प्रीति रावरे सो
बरतु हौं देखि कलिकालु को कहरु।
कहैगी बनेगी कै कहाये बलि जाउँ राम
तुलसी तू मेरो हारि हिये न हहरु॥ ४॥

केन्द्रीय भाव—तुलसी इस पद में श्रीराम के प्रति अपनी अनन्य आस्था प्रकट कर रहे हैं। वे स्पष्ट रूप से कहते हैं कि मैंने दिकपाल, गणेश, पार्वती, सूर्य, ब्रह्मा, शिव तथा विष्णु सभी को आपकी तुलना में न स्वीकार किया, न सेवा की। आस्था प्रगट की तो केवल आपके ही प्रति—

अर्थ—हे प्रभु! यदि मेरे लिए अन्य कोई स्वामी या कोई आश्रय स्थल मिल जाता तो मैं बार-बार आपको पुकार-पुकार कर खिझाता (रुष्ट न करता) न। मुझ जैसे अभागे तथा आलस्य से परिपूर्ण व्यक्ति का हे कृपा वत्सल! आपने पालन-पोषण किया और जबसे मैं जानने लायक हुआ यही जाना कि मेरे स्वामी श्रीराम हैं और उनकी राजधानी अयोध्या मेरा निवास-नगर है॥ १॥

आपके अतिरिक्त न मैंने किसी दिक्पाल, सूर्य, न गणेश, न पार्वती की सेवा नहीं की और श्रद्धा तथा प्रेमपूर्वक मैंने ब्रह्मा, शिव तथा विष्णु को भी नहीं माना। योगक्षेम प्रेम तथा प्रण एवं नियम राम नाम तक ही सीमित है। राम नाम के प्रति विश्वास अमृत तुल्य है और शेष नाम विष है॥ २॥

हे अनाथों के नाथ! अपने साथ के साथियों के समाचार मैं किससे कहूँ और मेरे साथी चोर तथा पहरेदार सब हे स्वामी! आपके ही हाथ में हैं। हे महाराज! आप स्वयं समझ लीजिए, आप स्वयं अपने काम में, देवकार्य तथा आर्त्तजनों के कार्यों को पूर्ण करने में कहीं भी आपने लेशमात्र की भी देरी नहीं की॥ ३॥

आपकी इस रीति को सुनकर आपके प्रति ही मेरी प्रीति उत्पन्न हुई, किन्तु विलम्ब होने के कारण कलिकाल द्वारा ढहाए जा रहे कहर (अनीति) को देखकर डर लगने लगा है। तुलसीदासजी कहते हैं हे श्रीराम! मैं बलि जाता हूँ उसका तो मात्र इतने से ही भला हो जाएगा, या तो स्वयं कह दें या फिर किसी से कहलवा दें कि तुलसी तू मेरा है तू हार मत मान, न हृदय में भय॥ ४॥

स्पष्टीकरण—गोस्वामी तुलसीदास अपना नियम, प्रेम, प्रण केवल राम नाम तक ही आश्रित रखते हुए स्पष्ट रूप से शिव, विष्णु तथा ब्रह्मा सदृश अधिदैवत् तत्त्वों को श्रीराम की तुलना में पीछे छोड़ने में हिचकते नहीं।

(१) 'राम नाम ही सों जोग क्षेम नेम प्रेम पन
सुधा सो भरोसो एहु दूसरो जहरु'

अन्य नाम चाहे जिसके हों मेरे लिए श्रीराम नाम की तुलना में विष तुल्य हैं, अमृत तो राम नाम ही है। कवि अपनी आस्था के चरम बिन्दु पर शिव, ब्रह्मा तथा विष्णु का भी निषेध करता है।

(२) 'समाचार साथ के अनाथ नाथ कासों कहौं
नाथ ही के हाथ सब चोरऊ पहरू॥'

'चोर और पहरेदार' अर्थात् काम, क्रोधादि तथा विवेक ज्ञानादि सभी तो आपके नियंत्रण में हैं—अतः दोनों मेरा समाचार आप तक नहीं पहुँचाते।

[२५१]

राम रावरो सुभाउ गुन सील महिमा प्रभाउ
जान्यो हर हनुमान लखन भरत।
जिन्हके हिये सुथरु राम प्रेम सुरतरु
लसत सरस सुख फूलत फरत॥ १॥
आप माने स्वामी कै सखा सुभाइ भाइ पति
ते सनेह सावधान रहत डरत।
साहिब सेवक रीति प्रीति परिमिति नीति
नेमको निबाह एक टेक न टरत॥ २॥
सुक सनकादि प्रहलाद नारदादि कहैं
रामकी भगति बड़ी बिरति निरत।
जाने बिनु भगति न जानिबो तिहारे हाथ
समुझि सयाने नाथ पगनि परत॥ ३॥
छ मत बिमत न पुरान मत एक मत
नेति नेति नेति नित निगम करत।
औरनिकी कहा चली एकै बात भलै भली
राम नाम लिये तुलसी हू से तरत॥ ४॥

केन्द्रीय भाव—प्रभु की महानता का प्रत्येक रूपों का यहाँ कवि चित्रण करता है। एक ओर उनके प्रेम की महनीयता तथा बड़प्पन को स्पष्ट करता है तो दूसरी ओर ब्रह्म के रूप में उनकी विराटता का। कवि इस विराट ब्रह्म को भक्त की आकांक्षा के अनुसार इतना तरलायित देखकर मुग्ध है। वह कहता है—

अर्थ—जिनकी हृदय रूपी सुन्दर स्थली में श्रीराम के प्रेम का कल्पवृक्ष हरा-भरा शोभित आनन्दपूर्वक पुष्पित एवं फलयुक्त है, उन शिव, हनुमान, लक्ष्मण एवं भरत ने आपके स्वभाव, शील, गुण तथा महिमा को समझा है॥ १॥

अपने स्वभाव से विवश आपने उन्हें स्वामी (शिव के सन्दर्भ में), सखा (हनुमान के सन्दर्भ में), भाई (लक्ष्मण तथा भरत के सन्दर्भ में) माना है। वे सब आपके स्नेह के प्रति सावधान डरते रहते हैं। स्वामी तथा सेवक की मर्यादा, प्रेम एवं प्रीति की पराकाष्ठा, नीति

तथा नियम का निर्वाह में से किसी एक की भी गरिमा गिरने नहीं पाती॥ २॥

शुक, सनक, प्रह्लाद, नारदादि कहते हैं कि श्रीराम की भक्ति आसक्ति एवं अनासक्ति की पराकष्ठा है। बिना जाने भक्ति नहीं होती और जानना आपके ही हाथ है और चतुर भक्तगण इसीलिए सारी बातें समझते हुए आपके चरणों में अनुरक्त होते हैं॥ ३॥

छः शास्त्रों के मत भिन्न-भिन्न हैं और समस्त पुराणों के भी एकमत नहीं है और निगमादि भी कहते हैं कि वह ब्रह्म नेति-नेति है। इस स्थिति में औरों के सम्बन्ध में क्या कहा जाए एक ही बात भली है कि तुलसी ज़ैसा व्यक्ति भी राम नाम का स्मरण करते ही तर गया॥ ४॥

स्पष्टीकरण—ब्रह्म नेति नेति है। आगम तथा निगमादि उसके स्वरूप का वर्णन करते-करते उसे अगम्य मानकर थक जाते हैं। वही ब्रह्म प्रेम विवश होकर भक्तों को स्वामी, सखा, बन्धु, पिता आदि बनकर आनन्द देते हैं। श्रीराम की भक्ति विलक्षण स्वभाव की है—और बिना समझे वह हो ही नहीं सकती और इसीलिए भक्तगण अहन्ता का परित्याग करके सम्पूर्णतः आपके चरणों में समर्पित होकर उसे ज्ञात कराने का दायित्व आप पर ही जानबूझकर डाल देते हैं। निष्कर्ष यह कि ईश्वर सर्वांग समर्पण के पश्चात् ही जाना जा सकता है।

[२५२]

बाए आपने करत मेरी घनी घटि गई।
लालची लबारकी सुधारियो बारक बलि
रावरी भलाई सबहीकी भली भई॥ १॥
रोगबस तनु कुमनोरथ मलिन मनु
पर अपबाद मिथ्या बाद बानी हई।
साधनकी ऐसी बिधि साधन बिना न सिधि
बिगरी बनावै कृपानिधिकी कृपा नई॥ २॥
पतित पावन हित आरत अनाथनिको
निराधारको अधार दीनबंधु दई।
इन्हमें न एकौ भयो बूझि न जूझ्यो न जयो
ताहिते त्रिताप तयो लुनियत बई॥ ३॥
स्वाँग सूधो साधुको कुचालि कलितें अधिक
परलोक फीकी मति लोक रंग रई।
बड़े कुसमाज राज आजुलौं जो पाये दिन
महाराज केहु भाँति नाम ओट लई॥ ४॥
राम नामको प्रताप जानियत नीके आप
मोको गति दूसरी न बिधि निरमई।
खीझिबे लायक करतब कोटि कोटि कटु
रीझिबे लायक तुलसीकी निलजई॥ ५॥

केन्द्रीय भाव—तन, मन एवं वाणी से भली-भाँति कलुषित मैं आपके प्रति पूर्णतः समर्पित हूँ। मैंने साधु का स्वाँग रचा है और आपकी नाम का आड़ में उदर पोषण कर रहा हूँ—मैं जानता हूँ कि आप पतित पावन हैं और मैं इसीलिए निर्लज्जतापूर्वक अपने पापों को बढ़ाता जा रहा हूँ कि आप अपने शील तथा स्वभाव के अनुसार मेरा उद्धार अवश्य करेंगे।

अर्थ—हे पिताश्री! अपनी करनी से मेरी बहुत बिगड़ गई। मैं आपकी बलि जाता हूँ। एक बार ही इस लालची तथा लबार की सुधार दीजिए। आपके भला कर देने से सभी का भला हो गया॥ १॥

शरीर रोगग्रस्त है, मन भी मिथ्या आकांक्षाओं से मलिन हो चुका है, दूसरे का अपवाद और मिथ्या भाषण से (वाद) वाणी नष्ट हो चुकी है। साधनों की तो ऐसी स्थिति है कि बिना साधे वे भी सिद्ध नहीं होते। हे कृपानिधान! आपकी वह विलक्षण कृपा है, जो बिगड़ी बना देती है॥ २॥

आप पतित पावन तथा आर्त्त एवं दुखियों के हितैषी हैं। जिनका और कहीं आश्रय नहीं है आप उनके आश्रय हैं। पर मैं इनमें से एक भी नहीं हुआ। मैंने अपने शत्रुओं (काम-क्रोधादि) को समझकर भी इनसे न लड़ा और न विजय प्राप्त की, इसीलिए मैं दैहिक, दैविक एवं भौतिक संकटों को झेल रहा हूँ। ठीक ही है, जो मैंने बोया है, वही काट रहा हूँ॥ ३॥

मैंने सीधे स्वभाव वाले साधु का स्वांग रच रखा है, किन्तु पाप करने में कलि से भी अधिक कुकृत्यकर्मी बन गया। मेरी बुद्धि में परलोक की बातें की हैं और संसार के रंग में रंग उठा हूँ। हे राजाधिराज! आज तक के दिन कुसमाज के साथ निरर्थक व्यतीत हो गए। हे महाराज! किसी तरह से मैं आपके नाम का आश्रय बनाए रखा॥ ४॥

हे श्रीराम! आप अपने नाम के माहात्म्य को भली-भाँति जानते हैं। आपके नाम रूपी विधाता ने मेरे लिए किसी अन्य गति की रचना नहीं की है। आपके खीझने लायक मेरे कोटि-कोटि कटु आचरण हैं और आपके रीझने लायक तो केवल मेरी निर्लज्जता है॥ ५॥

स्पष्टीकरण—'खीझिबे लायक करतब कोटि-कोटि कटु
रीझिबे लायक तुलसी की निलजई'

तुलसी जो भी आचरण कर रहा है, वह आपको खिझाने के लिए और वह भी जानता है कि उसके आचरण से उसका पक्ष कमजोर होता जा रहा है, लेकिन उस जानने के बाद वह निर्लज्जता से बाज नहीं आ रहा है, हे प्रभु! उसकी यही निर्लज्जता आपको किसी दिन आकर्षित कर लेगी, क्योंकि आप भक्त वत्सल तथा पतित पावन हैं और फिर हठात् उसे स्वीकार करेंगे।

[२५३]

राम राखिये सरन राखि आये सब दिन।
बिदित त्रिलोक तिहुँ काल न दयालु दूजो
आरत प्रनत पाल को है प्रभु बिन॥ १॥
लाले पाले पोषे तोषे आलसी अभागी अघी
नाथ पै अनाथनिसों भये न उरिन।

स्वामी समरथ ऐसो हौं तिहारो जैसो तैसो
कलि चाल हेरि होति हिये घनी धिन॥ २॥
खीझि रीझि बिहँसि अनख क्यो हूँ एक बार
तुलसी तू मेरो बलि कहियत किन?
जाहिं सूल निरमूल होहिं सुख अनुकूल
महाराज राम रावरी सौं तेहि छिन॥ ३॥

केन्द्रीय भाव—कलियुग के प्रपंचों को देखकर मुझे अपने ही ऊपर घृणा हो रही है और उन्हीं प्रपंचों में अनुरक्त और संसक्त मैं प्रतिदिन अधिकाधिक डूबता जा रहा हूँ। किन्तु यह भी विश्वास है कि जिस क्षण आप अनुकूल होंगे, ये समस्त प्रपंच स्वत: ही नष्ट हो जाएँगे अत: एक बार आप अपना लें।

अर्थ—हे श्रीराम! आप अपने शरण में मुझे रख लें, क्योंकि आप सदा मुझ जैसे की सदैव रक्षा करते आये हैं। हे प्रभु! आपके बिना आर्त्त एवं शरणागतों का रक्षक अन्य कोई नहीं है॥ १॥

हे नाथ! आपने दीन-दुखियों तथा पापियों का सदा लालन-पालन, पोषण एवं तोषण (संतृप्त) किया है, फिर अनाथों के कर्ज से कभी भी ऋण मुक्त नहीं हुए हैं। हे स्वामी! आप इतने समर्थ हैं और जैसा तैसा हूँ किन्तु आपका ही हूँ। कलि की चाल को देखकर मेरे हृदय को बड़ी घृणा महसूस हो रही है॥ २॥

मैं बलि जाता हूँ, प्रसन्न होकर, नाराज होकर, हँसकर, क्रोध करके किसी भी तरह से क्यों नहीं कहते, तुलसी तू मेरा है। यह कहते ही सम्पूर्ण पीड़ा निर्मूल नष्ट हो जाएगी और हे महाराज श्रीराम! मैं आपकी सौगन्ध खा कर कहता हूँ कि यह कहते ही समस्त सुख मेरे अनुकूल हो जाएँगे॥ ३॥

स्पष्टीकरण—जिस क्षण, हे श्रीराम! भाव तथा कुभाव किसी तरह से मुझ पतित कलिग्रस्त तुलसी को अपना कर कहेंगे कि हे तुलसी! 'अब तू मेरा है' उसी क्षण सम्पूर्ण प्रपंच सम्पूर्ण त्रास, सम्पूर्ण संताप एवं पाप स्वत: ध्वस्त हो जाएँगे और अत्यन्त चिन्तातुर उसी क्षण की प्रतीक्षा कर रहा हूँ।

(१) रीझि-खीझि बिहँसि अनख क्यो हूँ एक बार
'तुलसी तू मेरो' बलि कहियत किन।

श्रीराम का भक्त पर रीझतना, खीझना, प्रसन्न होना एवं क्रोध करना सभी जीव मुक्ति के कारण है, क्योंकि इन सभी कार्यों से जीव परमात्मा के सम्मुख हो उठता है और उसके सम्मुख होने पर जीव का अहन्ताजन्य आवरण समाप्त हो उठता है।

(२) 'जाहि सूल निरमूल होहिं सुख अनुकूल
महाराज राम रावरी सौं तेहिं छिन'

'भाव, कुभाव, अनख, आलस्य' किसी भी रूप में आपका ध्यान आकृष्ट होते ही जीव की सद्गति हो जाती है। ध्यान का आकृष्ट मात्र होने का सम्पूर्ण परिणाम इन पंक्तियों में कथित है। सम्पूर्ण आनन्दधर्मिता जीव को आलिंगत कर लेती है तथा अहन्ताजन्य शूल जड़ से निकल कर दूर हट जाते हैं, इतना सारा कार्य आपके ध्यानाकर्षण मात्र का प्रभाव है।

[२५४]

राम रावरो नाम मेरो मातु पितु है।
सुजन सनेही गुरु साहिब सखा सुहृद
राम नाम प्रेम पन अविचल वितु है॥ १॥
सतकोटि चरित अपार दधि निधि मथि
काढ़ि लियो वामदेव नाम घृतु है।
नाम को भरोसो बल चारिहूँ फल को फल
सुमिरिये छाँड़ि छल भलो कृतु है॥ २॥
स्वारथ साधक परमारथ दायक नाम
राम नाम सारिखो न और दूजो हितु है।
तुलसी सुभाउ कही साँचियै परैगी सही
सीतानाथ नाम नित चितहू को चितु है॥ ३॥

केन्द्रीय भाव—कवि को श्रीराम नाम का एकमात्र आलम्बन है। वह इस नाम को अपनी चित्त दृष्टि की दृष्टि मानता है और उसने अपने सम्पूर्ण जीवन में जो कुछ भी अर्जित किया है, इसी नाम के प्रभाव से ही। इसीलिए नाम पर अपनी हर आस्था रखता हुआ उनको सम्बोधित करके कहता है—

अर्थ—हे श्रीराम! आपका नाम ही मेरे माता-पिता, स्वजन, स्नेहीं, गुरु, स्वामी, सखा तथा आत्मीयजन है। आपके नाम में मेरा प्रेम और अटल प्रण ही मेरी अचल सम्पत्ति है॥ १॥

शिवजी (वामदेव) ने शतकोटि चरित्रों रूपी दधि सागर को मथ कर सार तत्त्व के रूप में नाम रूपी घृत को निकाला था। धर्मार्थ काम मोक्ष रूप चतुर्थ पुरुषार्थों के निचोड़ इस नाम का ही मुझे भरोसा है तथा इसी का ही मुझे बल है। कपट तथा छल का परित्याग करके इस नाम का स्मरण करो, यह पुनीत यज्ञ (क्रतु) है॥ २॥

यह नाम स्वार्थ को सिद्ध करने वाला, परमार्थ को देने वाला है तथा इस राम नाम के सदृश अन्य कोई हितैषी नहीं है। तुलसी ने बात सहज ही कही है और यह सचमुच ही बात सही उतरेगी कि सीतापति श्रीराम का नाम चित्त का भी चित्त है॥ ३॥

स्पष्टीकरण—कवि आत्मसाक्ष्य को ध्यान में रखकर श्रीराम नाम के माहात्म्य का प्रतिपादन करता है। वह उसे स्वजन, स्नेही, गुरु, स्वामी, सखा, सुहृद बताता है। इस प्रकार स्वजन, स्नेही आदि के लोक सम्बन्ध मात्र दिखावे के लिए हैं और उनका कोई महत्त्व नहीं है। यह नाम अनेकानेक ऋषियों द्वारा अन्वेषित, वेद पुराणादि के सार तत्त्व एवं परमार्थ स्वरूप है यह तुलसी अपना अनुभव बताते हैं।

(१) सीतानाथ नाम नित चितहुँ को चित है।

श्रीराम का नाम आत्मबोध तथा विवेक का हेतु है और इसकी साधना करने पर चित्त की भी दिव्यदृष्टि (आत्मबोध) हो जाती है।

[२५५]

राम! रावरो नाम साधु सुरतरु है।
सुमिरे त्रिबिध घाम हरत पूरत काम
सकल सुकृत सरसिजको सरु है॥ १॥
लाभहुको लाभ सुखहूको सुख सरबस
पतित पावन डरहूको डरु है।
नीचेहूको ऊँचेहूको रंकहूको रावहूको
सुलभ सुखद आपनो सो घरु है॥ २॥
बेद हू पुरान हू पुरारि हू पुकारि कह्यो
नाम प्रेम चारिफलहूको फरु है।
ऐसे राम नाम सों न प्रीति न प्रतीति मन
मेरे जान जानिबो सोई नर खरु है॥ ३॥
नाम सो न मातु पितु मीत हित बंधु गुरु
साहिब सुधी सुसील सुधाकरु है।
नामसों निबाह नेहु दीनको दयालु देहु
दासतुलसीको बलि बड़ो बरु है॥ ४॥

केन्द्रीय भाव—कवि इन पंक्तियों में श्रीराम नाम के अतिशय माहात्म्य का निरूपण करता हुआ आत्मसाक्ष्य के माध्यम से मानव समुदाय के लिए उसे एकमात्र आचरणीय तत्त्व के रूप में निरूपित करता है—

अर्थ—हे श्रीराम! आपका नाम साधुजनों के लिए कल्पवृक्ष है। आपके इस नाम का स्मरण करते ही त्रिविध संताप नष्ट कर देते हैं, सम्पूर्ण कामनाओं को पूर्ण करते हैं। आपका नाम समस्त पुण्य रूपी कमल के लिए सरोवर है॥ १॥

आपका नाम लाभ का लाभ स्वरूप एवं सुखों का भी सुखस्वरूप है तथा भक्तजनों के लिए सर्वस्व है, पापियों को पवित्र करने वाला तथा भय के लिए भी भय है। छोटे, बड़े, रंक तथा राव सभी के लिए सुलभ तथा अपने घर के सदृश आपका नाम विश्रामदायक है॥ २॥

वेद भी, पुराण भी तथा शिवजी ने भी पुकार-पुकार कर बताया है कि आपके नाम के प्रति प्रेम पुरुषार्थ चतुष्ट्यों का भी फल है। यदि ऐसे राम नाम के प्रति न प्रीति है और न मन में विश्वास है तो मेरी समझ से उस मनुष्य को गधा समझो॥ ३॥

नाम के सदृश न माता-पिता, न मित्र और न हितैषी न गुरु न भाई-बन्धु कोई भी सुखकर नहीं है। नाम ही, चन्द्रमा के सदृश सहृदय सुशील स्वामी है। हे दीनदयालु! तुलसी बलि जाता है। उसे नाम के ही स्नेह निर्वाह का ही फल दीजिए। यही तुलसीदास के लिए सबसे बड़ा वरदान होगा॥ ४॥

स्पष्टीकरण—दिव्य आत्मा के लिए पुण्यश्लोक स्वरूप श्रीराम नाम के माहात्म्य का कवि यहाँ निरूपण कर रहा है। श्रीराम नाम माहात्म्यमूलक इस पद के द्वारा कवि न केवल अपनी भोगी हुई आस्था को चित्रित करता है, अपितु निर्दिष्ट करता है यह सम्पूर्ण लोक

सम्बन्धों का यथार्थ स्वरूप है।

(१) कवि इस पद में निरंग रूपकों की माला के माध्यम से अपने मन्तव्य को स्पष्ट करता है—

साधु सुरतरु, सरसिज को सरु,

उरहूँ को डरु आदि रूपक सम्पूर्ण भाव प्रकरण सम्पूर्ण भाव सन्दर्भ को समेटे हुए है।

[२५६]

कहे बिनु रह्यो न परत कहे राम रस न रहत
तुमसे सुसाहिब की ओट जन खोटो खरो
काल की करम की कुसाँसत सहत॥ १॥
करत विचार सार पैयत न कहूँ कछू
सकल बड़ाई सब कहाँ ते लहत।
नाथ की महिमा सुनि समुझि आपनी ओर
हेरि हारिकै हहरि हृदय दहत॥ २॥
सखा न सुसेवक न सुतिय न प्रभु आप
माय बाप तुही साँचो तुलसी कहत।
मेरी तौ थोरी ही है सुधरैगी बिगरियो
बलि राम रावरी सौं रही रावरी चहत॥ ३॥

केन्द्रीय भाव—कवि इस पद के माध्यम से श्रीराम के माहात्म्य, बड़प्पन, शील तथा सामर्थ्य की ओर इंगित करता हुआ अपने वैयक्तिक सम्बन्ध तथा उनके प्रति समस्त भौतिक संसक्ति को अर्पित करता हुआ कृपाभाव की आकांक्षा करता है—

अर्थ—हे श्रीरामजी! बिना कहे रहा नहीं जाता और कह देने पर रस नहीं रहता। आप जैसे स्वामी की आड़ पाकर भी अज्ञानतावश यह भक्त खोटा हो या खरा, किन्तु काल एवं कर्म की गति के कारण अनेक संकटों को भोग रहा है॥ १॥

वह बराबर विचार करता रहा है और कहीं से यह निष्कर्ष नहीं निकलता कि सभी सब प्रकार की बड़ाई कहाँ से प्राप्त करते हैं। हे नाथ! आपके माहात्म्य को सुनकर तथा अपनी ओर देख करके हार मान लेता हूँ तथा परम कष्ट के का[illegible] हृदय जलने लगता है॥ २॥

हे प्रभु! मेरा कोई साथी नहीं है, मेरा कोई सेवक नहीं है, न कोई सुलक्षणा स्त्री है, न कोई स्वामी है। तुलसीदास कहते हैं कि आप ही सचमुच मेरे माता-पिता हैं। मेरी तो थोड़ी सी बात है, बिगड़ने पर भी सुधर जाएगी, हे श्रीराम! मैं तो चाहता हूँ, आपका बड़प्पन बना रहे॥ ३॥

स्पष्टीकरण—कवि इस पद को भाव की सघनता तथा वृहत्तम ऊँचाई पर ले जाकर न केवल अपनी आत्यन्तिक संसक्ति का चित्रण करता है, अपितु श्रीराम को वह अपनी नेक सलाह भी देता है कि तुलसी को वह शीघ्र शरणागति प्रदान करें ताकि लोक में उनके बड़प्पन का विश्वास बना रहे।

(१) कहे बिनु रह्यो न परत कह्यो राम रस न रहत—अनुभव की अकथनीय अद्वैतता का चित्रण जो केवल अनुभव का व्यापार है कथन का नहीं किन्तु उस विशिष्ट अनुभव को ज्योंही भाषाबद्ध करने की चेष्टा की जाती है, भौतिक संस्कारों से मण्डित यह भाषा उस अनुभव को इंगित भी नहीं कर पाती।

(२) 'नाथ की महिमा सुनि समुझि आपनी ओर'—श्रीराम के माहात्म्य का सबसे बड़ा प्रमाण मैं ही हूँ, कवि अपने आत्मनेपद का बोध करते ही उसी को राम-माहात्म्य का कारण बना देता है—

'जो सुमिरत भयो भाँग ते तुलसी तुलसीदास'

(३) सखा न सुसेवक..तुलसी कहत।

अनाथ तुलसी का इस संसार में आप के अतिरिक्त और कोई नहीं है।

[२५७]

दीनबंधु दूरि किये दीनको न दूसरी सरन।
आपको भले हैं सब आपनेको कोऊ कहूँ
सबको भलो है राम रावरो चरन॥ १॥
पाहन पसु पतंग कोल भील निसिचर
काँच ते कृपानिधान किये सुबरन।
दंडक पुहुमि पाय परसि पुनीत भई
उकठे बिटप लागे फूलन फरन॥ २॥
पतित पावन नाम बाम हू दाहिनो देव
दुनी न दुसह दुख दूषन दरन।
सीलसिंधु तोसों ऊँची नीचियौ कहत सोभा
तोसो तुही तुलसीको आरति हरन॥ ३॥

केन्द्रीय भाव—इस तुलसी (जीव) का परित्याग कर देने के बाद उसे अन्यत्र कोई आश्रयस्थली नहीं है। आपके पुनीत, आश्चर्यमयी कौतुक भरे आचरणों तथा असमर्थ को समर्थ बना देने वाले कृत्यों को देखकर मेरी दृढ़ आस्था है कि आपकी मेरे लिए (जीव के लिए) अनन्य शरण्यस्थली है—

अर्थ—हे दीनबन्धु! इस दीन को दूर करने पर इसके लिए अन्य कोई दूसरी शरण नहीं है। अपने आपकी भलाई तो सभी चाहते हैं और अपने-अपने का भला करने वाला कोई प्राप्त हो जाएगा, किन्तु हे श्रीरामजी! आपके चरण सभी के लिए भला करने वाले हैं॥ १॥

पत्थर अहल्या, पशु, बन्दर, पक्षी, जटायु, कोल भील, राक्षस (विभीषण) को आपने हे कृपानिधान काँच से सोना बना दिया। दण्डक वन की भूमि आपके चरण स्पर्श से पवित्र हो गई और उकठे हुए वृक्ष पुष्पित एवं फलवान होने लगे॥ २॥

हे देव! आपका पतित पावन नाम विमुख के लिए भी अनुकूल है। असह्य दुखों एवं कष्टकारी पातकों को दूर करने वाला आपके अतिरिक्त इस जगत में अन्य कोई नहीं है। हे शील सिन्धु! आपसे खरी-खोटी कहने में भी शोभा है क्योंकि अन्ततया आपके सदृश आप ही

हैं और आप ही अकेले तुलसी की विपत्ति को दूर करने वाले हैं ॥ ३ ॥

स्पष्टीकरण—आप द्वारा सम्पादित विविध असम्भव कृत्यों को देखकर मुझे पूर्ण विश्वास है और मेरी आस्था को पूरी तरह बल मिल चुका है कि मेरी (जीव की) सद्‌गति के एकमात्र आधार आप ही हैं—

(१) कवि श्रीराम के माहात्म्य को सिद्ध करने के लिए असम्भवोक्ति अलंकार की झड़ियाँ लगा देता है—

(क) काँच ते किए सुबरन

(ख) उकठे बिटप लागे फूलन फंरन

(ग) बामहूँ दाहिनो

(घ) दुसह दुख दूषन दरन

(२) 'तोसो तुहीं तुलसी को आरति हरन'—उपमेयोपमा अलंकार के माध्यम द्वारा कवि ब्रह्म की अद्वितीयता का चित्रण करता है। लोकार्थ की दृष्टि से अलंकार मूलक वाक्य है, किन्तु परमार्थ की दृष्टि से यथार्थ है।

[२५८]

जानि पहिचानि मैं बिसारे हौं कृपानिधान
एतो मान ढीठ हौं उलटि देत खोरि हौं।
करत जतन जासो जोरिबे को जोगीगन
तासों क्योंहू जुरी सो अभागो बैठो तोरि हौं॥ १॥
मोसो दोस कोस को भुवन कोस दूसरो न
आपनी समुझि सूझि आयो टकटोरि हौं॥
गाड़ी के स्वान की नाईं माया मोह की बड़ाई
दिनहि तजत छिन अजत बहोरि हौं॥ २॥
बड़ो साईं द्रोही न बराबरी मेरी को कोऊ
नाथ की सपथ किए कहत करोरि हौं।
दूरि कीजे द्वार ते लबार लालची प्रपंच
सुधा सो सलिल सूकरी ज्यों गहडोरिहौं॥ ३॥
राखिये नीके सुधारि नीच को डारिये मारि
दुहू ओर की बिचारि अब न निहोरि हौं।
तुलसी कही है साँची रेख बार बार खाँची
ढील किये नाम महिमा की नाव बोरिहौं॥ ४॥

केन्द्रीय भाव—इस पद के माध्यम से यह मूढ़ आपसे सामान्य सम्बन्ध तोड़कर उपेक्षा का भाव दिखाना शुरू किया और इसी माया में पड़ा बार-बार भोगों में अपना जीवन नष्ट कर रहा है। हे प्रभु! मेरे इस जीवन को आप सुधार दें—

अर्थ—हे कृपानिधान! जान पहचान कर भी मैंने आपको भुला रखा है और इतना धृष्ठ हो गया हूँ कि मैं उलटे आपको ही दोष दे रहा हूँ, जिससे योगीगण जोड़ने का प्रयत्न करते हैं,

उससे किसी प्रकार से थोड़ी बहुत जुड़ी, उसे यह अभागा तोड़ बैठा है॥ १॥

मेरे सदृश पापों का निधान इन भुवन समूहों (चौदहों भुवनों) में शायद कोई दूसरा न हो और अपनी समझ से मैं चारों ओर बारीकी से खोज चुका हूँ (मेरे सदृश और कोई दूसरा पापी नहीं है)। गाड़ी के साथ लगे कुत्ते की भाँति जो कभी गाड़ी के आगे जाता है और कभी गाड़ी के पीछे रहता है मैं भी माया-मोह के माहात्म्य को क्षण भर के लिए त्यागता हूँ और क्षण में पुनः उसी में रम जाता हूँ॥ २॥

मैं सर्वाधिक स्वामी द्रोही हूँ और मेरी बराबरी करने वाला कोई नहीं है, हे नाथ! मैं आपकी करोड़ों सौगन्ध करके कहता हूँ। इस झूठे लालची, प्रपंची को अपने दरवाजे से दूर कर दीजिए क्योंकि इसने अमृत जैसे आपके निर्मल यश रूपी जल को शूकरी की तरह मथित कर डाला है॥ ३॥

या तो मुझे सुधार कर अच्छी तरह रख लीजिए या इस नीच को मार ही डालिये, आप इन दोनों तरफ की बातों को विचार कर लीजिए अब मुझ पर निहोरा न करें (तत्काल जो भी करना हो कर डालें), तुलसीदास ने बार-बार लकीर खींच-खींच कर (अर्थात् पक्की और अन्तिम बात) कह दी है। यदि आपने ज्यादा ढील दी तो मैं आमके नाम की महिमा तथा मर्यादा की नौका डुबो दूँगा अर्थात् मुझे इस प्रकार देखकर सभी आपकी श्रद्धा तथा उनका विश्वास आपकी ओर से उठता प्रतीत होगा॥ ४॥

स्पष्टीकरण—जीव ब्रह्म का अंश है और इसी नाते उसका उससे अनिवार्य सम्बन्ध है। माया संकुल होकर जीव ने अपने स्वरूप को विकृत कर डाला है और अब श्रीराम के अतिरिक्त उसे और कोई सुधार नहीं सकता।

(१) गाड़ी के स्वान की नाईं मायामोह की बड़ाई—इस उदाहरण द्वारा कवि मायाबद्ध जीव के स्वभाव का चित्रण गाड़ी के पीछे लगे हुए स्वान से उपमित करता है जो सामान्य चैतन्य की स्थिति में गाड़ी के साथ चलता है, लेकिन अविवेक ग्रस्त वह नासमझी से आगे-पीछे आता-जाता रहता है।

[२५९]

रावरी सुधारी जो बिगारी बिगरैगी मेरी
कहौं बलि बेद की न लोक कहा कहैगो
प्रभुको उदास भाउ जनको पाप प्रभाउ
दुहूँ भाँति दीनबन्धु दीन दुख दहैगो॥ १॥
मैं तो दियो छाती पबि लयो कलिकाल दबि
साँसति सहत परबस को न सहैगो
बाँकी बिरुदावली बनैगी पाले ही कृपालु
अंत मेरो हाल हेरि यौं न मन रहैगो॥ २॥
करमी धरमी साधु सेवक बिरत रत
आपनी भलाई थल कहाँ कौन लहैगो
तेरे मुँह फेरे मोसे कायर कपूत कूर
लटे लटपटेनि को कौन परिगहैगो॥ ३॥

काल पाय फिरत दसा दयालु सबहीकी
तोहि बिनु मोहि कबहूँ न कोऊ चहैगो।
बचन करम हिये कहौं राम सौंह किये
तुलसी पै नाथके निबाहेई निबहैगो॥ ४॥

केन्द्रीय भाव—हे प्रभु! आपके उदासीन हो जाने से या अहन्ता तथा पाप में संसक्त हो जाने के कारण मुझे इस भवजाल से उबरना असम्भव हो जाएगा क्योंकि मेरे पास आपकी शरणागति भाव के अतिरिक्त कुछ भी नहीं है, और यदि आप तिरस्कृत कर देंगे तो मेरा सब कुछ नष्ट हो जाएगा।

अर्थ—आपके द्वारा सुधारी हुई बात यदि मेरे बिगाड़ने से बिगड़ जाएगी, मैं बलि जाता हूँ वेद की बात तो मैं नहीं जानता हूँ—किन्तु संसार क्या कहेगा (मुझ पर हँसेगा)। हे दीनबन्धु! आपकी मेरे प्रति उदासीनता तथा इन भक्त के बढ़ते दुष्कर्मों तथा पापों का प्रभाव यदि दोनों मिल गए तो यह गरीब दुख से जल जाएगा॥ १॥

मैंने अपनी छाती पर पत्थर रख लिया है और ऊपर से उसे कलिकाल ने दबा लिया है। मैं साँसति भोग रहा हूँ ऐसा कौन परतंत्र (दूसरे के वश में है) या कलि के वश में है जो कष्ट न सहता हो। हे कृपासिन्धु! आपकी विलक्षण विरुदावली मेरा पालन करने से ही बनेगी और अन्त में, मेरी दशा देखकर आपसे यों ही चुप नहीं रहा जाएगा॥ २॥

कर्मकाण्डी, धर्मनिष्ठ, साधु, सेवकजन, संन्यासी तथा आपमें संसक्त व्यक्ति अपने कर्म के अनुसार अपना-अपना स्थान कहीं-न-कहीं प्राप्त कर लेंगे किन्तु आपके विमुख हो जाने के पश्चात् मुझ कायर, कुपूत और क्रूरकर्मा लटे हुए तथा लड़खड़ाए हुए (लटपटेनि) को कौन ग्रहण करेगा॥ ३॥

हे दयालु! समय पाकर सभी की दशा फिरती है, किन्तु यह सच है कि आप के बिना अन्य कोई मुझे कभी नहीं चाहेगा। हे राम! वाणी से, कर्म से और हृदय से मैं सौगन्ध खाकर कहता हूँ कि हे नाथ! तुलसी का तो निर्वाह करने पर होगा॥ ४॥

स्पष्टीकरण—तुलसी श्रीराम को स्मरण दिलाता है कि उसके पास ज्ञान, धर्म, कर्मकांड आदि न होकर मात्र प्रपत्ति तथा शरणागति भाव है, और आपके उदासीन हो जाने पर मुझे तो कुछ भी नहीं मिलने वाला है, क्योंकि मेरे पास तो ज्ञान धर्मादि कुछ भी तो नहीं है। अतः मेरा (जीव रूप) का एकमात्र निर्वाह श्रीराम के ब्रह्म के पास या साथ है। यदि आप मेरा पालन नहीं करते तो आपकी विरुदावली नष्ट होगी।

(१) कवि ने अर्थ को प्रभावी बनाने के लिए मुहावरों का प्रयोग अत्यधिकतापूर्वक इस पद के अन्तर्गत किया है—दुख में दहना, छाती पर पत्थर रखना, मुँह फेरना आदि।

(२) मुहावरों के अतिरिक्त लाक्षणिक प्रयोगों की अत्यधिकता हैं जैसे मेरो अन्त हाल हेरि, पाव गयो कलिकाल दबि।

[२६०]

साहिब उदास भये दास खास खीस होत
मेरी कहा चली? हौं बजाय जाय रह्यो हौं।
लोकमें न ठाउँ परलोकको भरोसो कौन?
हौं तो बलि जाउँ रामनाम ही ते लह्यो हौं॥ १॥

करम सुभाउ काल काम कोह लोभ मोह
ग्राह अति गहनि गरीबी गाढ़े गह्यो हौं।
छोरिबेको महाराज बाँधिबेको कोटि भट
पाहि प्रभु पाहि तिहुँ ताप पाप दह्यो हौं॥ २॥
रीझि बूझि सबकी प्रतीति प्रीति एही द्वार
दूधको जर्‌यो पियत फूँकि फूँकि मह्यो हौं।
रटत रटत लट्यो जाति पाँति भाँति घट्यो
जूठनिको लालची चहौं न दूध नह्यो हौं॥ ३॥
अनत चह्यो न भलो सुपथ सुचाल चल्यो
नीके जिय जानि इहाँ भलो अनचह्यो हौं।
तुलसी समुझि समुझायो मन बार बार
अपनो सो नाथ हू सों कहि निरबह्यो हौं॥ ४॥

अर्थ—नौकर की तरफ से स्वामी के उदासीन हो जाने से खास नौकर भी बरबाद (खीस) हो जाते हैं। मेरी तो बात निराली है, मैं तो डंके पीटकर नष्ट होता जा रहा हूँ। मेरे लिए इस लोक में ही कोई स्थान नहीं है तो परलोक का कौन भरोसा। मैं तो बलि जाता हूँ—राम नाम से ही मैं खरीदा गया (लह्यो: प्राप्त किया गया) हूँ॥ १॥

कर्म, स्वभाव, काल, काम, क्रोध, लोभ, मोह आदि ग्राहों की भयंकर पकड़ से पकड़ा हुआ हूँ और ऊपर निर्धनता ने जोर लगाकर पकड़ रखा है। हे महाराज! बन्धन में बाँधने के लिए तो करोड़ों हैं, किन्तु पाशमुक्त करने के लिए तो मात्र आप ही हैं, हे प्रभु! आप मेरी रक्षा करें, रक्षा करें क्योंकि मैं दैहिक, दैविक, भौतिक संतापों तथा पापों में जल रहा हूँ॥ २॥

सभी देवताओं का रीझना-बूझना एवं प्रतीति तथा प्रीति सब कुछ आपके ही द्वार पर है। मैं दूध का जला हुआ मट्ठा भी फूँक-फूँक कर पीता हूँ (सभी के द्वारा छले जाने के कारण) मैं पूरी तरह से सावधान हूँ। रटते-रटते लट गया हूँ। जाति, पाँति एवं आचरण (भाँति) से हाथ धो बैठा हूँ। मैं दूध में नहाने (सुखभोग) के लिए प्रार्थना नहीं कर रहा हूँ, मैं तो आपकी जूठन की लालच लगाए हुए हूँ॥ ३॥

सदाचरण एवं सन्मार्ग पर चलकर मैं दूसरी जगह अपना भला नहीं चाहता। मन में अच्छी तरह निश्चित् करके मैं अच्छा हो या बुरा आपके ही साथ रहने का संकल्प कर चुका हूँ। तुलसीदासजी कहते हैं कि मैंने स्वयं तथा स्वयं के मन को बार-बार समझाया है कि मैं अपने स्वामी से कह कर ही निर्वाह कर लूँगा, अन्यत्र की आवश्यकता नहीं है॥ ४॥

[२६१]

मेरी न बनै बनाये मेरे कोटि कलप लौं
राम रावरे बनाये बनै पल पाउ मैं।
निपट सयाने हौ कृपानिधान कहा कहौं
लिए बेर बदलि अमोल मनि आउ मैं॥ १॥

मानस मलीन करतब कलिमल पीन
जीह हू न जप्यो नाम बक्यो आउ बाउ मैं।
कुपथ कुचाल चल्यो भयो न भूलिहू भलो
बाल दसा हू न खेल्यो खेलत सुदाउ मैं॥ २॥
देखा देखी दंभ तें कि संग तें भई भलाई
प्रकटि जनाई कियो दुरित दुराउ मैं।
राग रोष दोष पोषे गोगन समेत मन
इनकी भगति कीन्ही इनही को भाउ मैं॥ ३॥
आगिली पाछिली अबहूँकी अनुमान ही तें
बूझियत गति कछु कीन्हों तो न काउ मैं।
जग कहै रामकी प्रतीति प्रीति तुलसी हू
झूठे साँचे आसरो साहब रघुराउ मैं॥ ४॥

केन्द्रीय भाव—हे नाथ! कलियुग निरन्तर कष्ट दे रहा है और उसके कारण मैं त्रस्त हूँ और मैं आपकी विरुदावली के आश्रित हूँ।

अर्थ—हे श्रीराम! मेरे द्वारा कोटि-कोटि कल्पों तक प्रयास करने पर भी मेरी दशा नहीं सुधरेगी, किन्तु आपके बनाने से यह पाव पल (पल मात्र में) सुधर जाएगी। हे कृपानिधान! मैं क्या कहूँ आप तो स्वयं चतुर हैं, मैंने मूर्खतावश मणि रूपी आयु के बदले विषय वासना रूपी बेर से बदल लिया है॥ १॥

मन का मलीन हो गया, कलि दोष के कारण मेरे बुरे आचरण और भी मलाक्रान्त हैं। (पीन; पुष्ट), मैंने अपनी जिह्वा से आपका नाम नहीं जपा वरन् आव-बाव बकता रहा। मैं कुमार्ग और कुसंगति को अपनाता रहा, और भूल से भी मुझसे किसी प्रकार का भला नहीं हुआ। वाल्यावस्था से ही खेलते हुए मैंने कभी अच्छा दाँव नहीं खेला॥ २॥

देखा-देखी या सत्संगति के प्रभाव से यदि कोई अच्छा कार्य हो गया तो अहंकारवश मैंने उसे प्रकट रूप से कहते घूमते फिरा और अपने पापों को छिपाये रखा। राग, रोष, द्वेष और इन्द्रियों सहित मन का पोषण किया। मैंने इन्हीं रागद्वेषादि की भक्ति की और इन्हीं का आदर किया॥ ३॥

मैंने आगे का, पीछे का और आज का भली-भाँति आकलन कर लिया है कि कभी अच्छा कार्य नहीं किया है, किन्तु सारा संसार कहता है कि तुलसी श्रीराम का है, और मैं भी समझता हूँ कि चाहे झूँठ हो या सच मैं तो स्वामी श्रीराम के सहारे पड़ा हुआ हूँ॥ ४॥

स्पष्टीकरण—आत्मपश्चात् की शैली में कवि (जीव) अपने अज्ञान अहंकार तथा मोह का चित्रण करता हुआ पूर्वकृत के प्रति दुखी है। दुःख के बावजूद भी उसे इस तथ्य का एहसास है कि वह श्रीराम के सहारे ही रहा। जीव को श्रीराम के अतिरिक्त अन्य कोई आश्रय नहीं है। इस आश्रय के नाते प्रभु कृपा करके उसे मुक्त करेंगे, ऐसा उसे दृढ़ विश्वास है।

[२६२]

कह्यो न परत बिनु कहे न रह्यो पर
बड़ो सुख कहत बड़े सो बलि दीनता।
प्रभु की बड़ाई बड़ी अपनी छोटाई छोटी
प्रभु की पुनीतता आपनी पाप पीनता॥ १॥
दुहूँ ओर समुझि सकुचि सहमत मन
सनमुख होत सुनि स्वामि समीचीनता।
नाथ गुनगाथ गाये हाथ जोरि माथ नाये
नीचउ निवाजे प्रीति रीति की प्रवीनता॥ २॥
एही दरबार है गरब ते सरब हानि
लाभ जोग छेम को गरीबी मिसकीनता
मोटो दसकंध सो न दूबरो विभीषन सो
बूझि परी रावरे की प्रेम पराधीनता॥ ३॥
यहाँ को सयानप अयानप सहस सम
सूधो सतभाय कहै मिटति मलीनता।
गीध सिला सबरी की सुधि सब दिन किये
होइगी न साईं सो सनेह हित हीनता॥ ४॥
सकल कामना देत नाम तेरो काम तरु
सुमिरत होत कलिमल छल छीनता।
करुनानिधान वरदान तुलसी चहत
सीतापति भक्ति सुरसरि नीर मीनता॥ ५॥

केन्द्रीय भाव—श्रीराम का माहात्म्य विलक्षण है और इसे अनेक साक्ष्यों के माध्यम से सुना गया है, समझा गया है। प्रभु के प्रति निश्च्छल कामना रहित सर्वात्म समर्पण ही मुक्तिदायी है—अत: कवि श्रीराम की जीवन दायिनी पवित्र भक्ति की ही एकमात्र कामना करता है—

अर्थ—कहा भी नहीं जाता और बिना कहे रहा भी नहीं जाता। मैं बलि जाता हूँ अपने से बड़ों से दीनता निवेदित करने में बड़ा सुख है तथापि वहाँ तो स्वामी का महान बड़प्पन और कहाँ मेरी अत्यधिक क्षुद्रता। कहाँ प्रभु की पवित्रता और कहाँ मेरे पापों की अत्यधिकता॥ १॥

दोनों पक्षों के विषय में समझकर मन सहम रहा है, संकुचित हो रहा है फिर भी साहस करके स्वामी श्रीराम की पात्रता (दयालु स्वभाव) को सुनकर मैं उनके सन्मुख हो रहा हूँ। हे नाथ! जो आपका गुणानुवाद करता है या हाथ जोड़कर माथा झुकाता है वह कितना भी नीच क्यों न हो आप प्रीति रीति की चतुरता से उसे निहाल कर देते हैं॥ २॥

इस दरबार में गर्व से सर्वस्व हानि हो जाती है तथा गरीबी एवं विनम्रता (मिसकीनता) से ही योग क्षेम का लाभ मिलता है। रावण सदृश महापराक्रमी कोई नहीं था और विभीषण

सदृश कोई दुर्बल तथा दीन नहीं, किन्तु आपकी प्रेमाधीनता से बात स्पष्ट हो गई कि आपको कौन प्रिय है ॥ ३ ॥

आपके यहाँ किसी की चतुरता सहस्त्र-सहस्त्र अज्ञानता के सदृश है, यहाँ सीधे-सीधे निश्छल भाव से निवेदित कर देने पर मलिनता मिट जाती है। गिद्ध, जटायु, अहल्या एवं शबरी को नित्य स्मरण करने से स्वामी के प्रति प्रेम भाव कभी भी कम नहीं होगा ॥ ४ ॥

आपका नाम सम्पूर्ण कामनाओं को पूर्ण कर देने वाला कल्पवृक्ष है जिसका स्मरण करने से कलियुग के कपट तथा पाप दोनों क्षीण होते हैं। हे करुणा निधान! तुलसीदास आपसे यह वरदान माँग रहा है कि सीतापति श्रीराम की भक्ति गंगा में निरन्तर मछली की भाँति निमग्न रहूँ ॥ ५ ॥

[२६३]

नाथ नीके कै जानिबी ठीक जन जीयकी।
रावरो भरोसो नाह कै सु प्रेम नेम लियो
रुचिर रहनि रुचि मति गति तीयकी ॥ १ ॥
कुकृत सुकृत बस सब ही सों संग पर्‌यो
परखी पराई गति आपने हूँ कीयकी।
मेरे भलेको गोसाईं पोचको न सोच संक
हौंहुं किये कहौं सौंह साँची सीय पीयकी ॥ २ ॥
ग्यानहू गिराके स्वामी बाहर अंतरजामी
यहाँ क्यों दुरैगी बात मुखकी औ हीयकी
तुलसी तिहारो तुमहीं पै तुलसीके हित
राखि कहौं हौं तो जो पै ह्वैहौं माखी घीयकी ॥ ३ ॥

अर्थ—हे नाथ! आप अपने भक्त की बात ठीक-ठीक समझ लीजिए। मेरी बुद्धि रूपी सुन्दरी युवती ने पातिव्रतपूर्वक आपके विश्वास को अपना स्वामी बनाकर शुद्ध प्रीतिपूर्वक जीवन निर्वाह का प्रण कर लिया है ॥ १ ॥

पाप तथा पुण्य के अधीन होकर मुझे सभी के साथ रहना पड़ा और मैं अब अपनी करनी दूसरों की चालों को समझ चुका हूँ। हे प्रभु! मुझे अपनी भलाई तथा बुराई दोनों में से किसी की चिन्ता नहीं है, और डर भी नहीं क्योंकि मेरे स्वामी ने तो मेरा सभी तरह से भला कर दिया है ॥ २ ॥

ज्ञान तथा वाणी के स्वामी सभी के आन्तरिक एवं बाह्य रहस्यों के ज्ञाता आपके समक्ष मन तथा हृदय की बातें कैसे छिप सकेंगे। तुलसी आपका है और तुलसी से ही आपका हित है। यदि आपसे छिपाकर कुछ कहता होऊँ तो घी की मक्खी हो जाऊँ अर्थात् घी में मक्खी गिरकर जैसे तुरन्त विनष्ट हो जाती है, वही दशा मेरी हो ॥ ३ ॥

स्पष्टीकरण—हे प्रभु! इस तुलसी के सम्पूर्ण कृत्यों का आपको भली-भाँति ज्ञान है, क्योंकि आप अन्तर्यामी हैं। आपके समक्ष झूठ और सच के छिपाने का कोई प्रश्न नहीं होता। मैं सर्वात्म भाव से आपके प्रति समर्पित हूँ, मेरी सम्पूर्ण कामनाएँ आपमें ही विसर्जित हैं—इसके साक्ष्य आप हैं क्योंकि आप अन्तर्यामी हैं, और मैं हूँ, क्योंकि मेरी जीवात्मा स्वयं

एक निष्ठभाव से आपके प्रति अर्पित है।

(१) रावरो भरोसो...गति तीय हैं।

मेरी बुद्धि सुन्दर युवती है। उसने अपने पातिव्रत का संकल्प ले लिया है और उसे आपके मिलने का पूर्ण विश्वास है। यही आपके प्रति अखण्ड विश्वास तथा आस्था ही पति है। उसकी यह आस्था डगमगा नहीं सकती। इस रूपक अलंकार की योजना का मूल मन्तव्य प्रभु श्रीराम के प्रति अखण्ड आस्था को इंगित करना है।

(२) ह्वैहौं माखी घीय की—इस दृष्टान्त अलंकार का उद्देश्य श्रीराम के प्रति अपनी दृढ़ आस्था का समर्थन कराना है।

[२६४]

मेरो कह्यो सुनि पुनि भावै तोहि करि सो।
चारिहू बिलोचन बिलोकु तू तिलोक महँ
तेरो तिहु काल कहु को है हितू हरि सो॥ १॥
नये नये नेह अनुभये देह गेह बसि
परखे प्रपंची प्रेम परत उघरि सो।
सुहृद समाज दगाबाजिही को सौदा सूत
जब जाको काज तब मिलै पाँय परि सो॥ २॥
बिबुध सयाने पहिचाने कैधौं नाहीं नीके
देत एक गुन लेत कोटि गुन भरि सो।
करम धरम श्रम फल रघुबर बिनु
राखको सो होम है ऊसर कैसो बरिसो॥ ३॥
आदि अंत बीच भलो भलौ करै सबहीको
जाको जब लोक बेद रह्यो है बगरि सो।
सीतापति सारिखो न साहिब सील निधान
कैसे कल परै सठ बैठो सो बिसरि सो॥ ४॥
जीवको जीवन प्रान प्रानको परम हित
प्रीतिम पुनीतकृत नीचन निदरि सो।
तुलसी तोको कृपालु जो कियो कोसलपालु
चित्रकूटको चरित्र चेतु चित करि सो॥ ५॥

केन्द्रीय भाव—कवि श्रीराम के स्वभाव का चित्रण करता हुआ उन्हें ही एकमात्र उपास्य बताता है। उनकी तुलना में अन्य देव तुच्छ एवं स्वार्थ केन्द्रित हैं। अपने सम्पूर्ण कलिमल ग्रस्त कृत्यों को देखकर तू पश्चाताप करते हुए श्रीराम की शरण में आ। अब भी तुम्हारे लिए पर्याप्त समय है।

अर्थ—हे मन! एक बार तू मेरा कहना सुन ले उसके बाद तुझे जो अच्छा लगे वह करो। तू अपने चारों नेत्रों (दो प्रत्यक्षतः और मन, बुद्धि के दो नेत्र) से सम्पूर्ण लोकों को देखो, तीनों कालों में प्रभु के समान तुम्हारा कौन हितैषी है॥ १॥

तुमने शरीर रूपी गृह में रहकर प्रेम का अनुभव किया और उनके कपट भरे प्रेम को भी अच्छी तरह समझ लिया और अब उस प्रेम की पोल खुल गई है। यह सम्पूर्ण सुहृद समाज दगाबाज के सौदे की भाँति है और जब जिसका काम पड़ता है, वह पैरों पर गिरने लगता है॥ २॥

देवगण बड़े चतुर हैं, तुमने उन्हें अच्छी तरह से पहचाना है या नहीं। वे एक गुना देते हैं, किन्तु करोड़ों गुना ले लेते हैं। श्रीराम के बिना कर्म-धर्म के श्रम का फल राख में होम करने या ऊसर में वृष्टि के सदृश निरर्थक है॥ ३॥

जो आदि, अन्त एवं मध्य सर्वत्र भले हैं वे सभी का सदैव कल्याण करते हैं—जिसका यश लोक एवं वेद में सर्वत्र निर्मल चन्द्रिका सदृश बिखरा हुआ है। सीतापति श्रीराम सदृश स्वामी, शील का निधान अन्य कोई नहीं है। हे शठ! तू उन्हें भुला-सा बैठा है तूझे चैन (कल) कैसे मिल रहा है॥ ४॥

जो जीवों के लिए जीवन तुल्य, प्राणों के भी प्राण, परम हितैषी अत्यन्त प्रियतम और निराहत नीचों को भी पवित्र करने वाले हैं तू उनका निरादर कर रहा है। हे तुलसी! तुम्हारे लिए कोशलाधीश श्रीराम ने चित्रकूट में जो लीला रची है, उसे तू चित्त में ध्यान ला॥ ५॥

विशेष—(१) बिबुध सयाने...गुन भरि सो।

देवगण स्वार्थी तथा चतुर हैं और वे देते कम हैं, आराधना अधिक कराते हैं और उनका देय भौतिक सुख है जो ऊसर वृष्टि एवं राख में होम करने के सदृश निरर्थक हैं।

(२) चित्रकूट को चरित्र—वनवासी श्रीराम की लीला या कवि के प्रसंग में उसका निजी प्रकरण, किंवदन्ति है, श्रीराम ने तुलसी को चित्रकूट में दर्शन दिया था।

[२६५]

तन रुचि मन रुचि मुख कहौं जन हौं सिय पीको।
केहिं अभाग जान्यो नहीं जो न होइ नाथ सो नातो नेह न नीको॥ १॥
जल चहत पावक लहौं विष होत अमी को।
कलि कुचालि संतनि कही सोइ सही मोहि कछु कहम न तरनि तमी को॥ २॥
जानि अंध अंजन कहै बन बाधिनि घी को।
सुनि उपचार विकार को सुविचार करौं जब तब बुद्धि बल हरै ही को॥ ३॥
प्रभु सों कहत सकुचत हौं परौ जनि फिरि फीको।
निकट बोलि बलि बरजिये परिहरै ख्याल अब तुलसिदास जड़ जी को॥ ४॥

केन्द्रीय भाव—कवि कलि के कुचालों का वर्णन करता हुआ कहता है कि यह हमारे सम्पूर्ण सत्कर्मों पर पानी फेर रहा है। मेरे सत्कर्मों का विपरीत फल देकर यह आपके प्रति अनिष्ठ उत्पन्न करना चाहता है, अतः आप इसे रोक दें—

अर्थ—हे श्रीराम! शरीर तथा मन को भली-भाँति पवित्र किए हुए मुख से कहता रहता हूँ कि मैं सीतापति श्रीराम का दास हूँ। हे नाथ! मैं जानता नहीं, किस दुर्भाग्यवश स्वामी से मेरा सम्बन्ध और प्रेम भली-भाँति नहीं हो पा रहा है॥ १॥

जल की कामना करता हूँ किन्तु मिलती है आग, और अमृत भी विष बन जाता। सन्तों ने कलि के सम्बन्ध में उसकी कुछ कुचालें बताई हैं, वही सत्य है, मुझे स्वयं कुछ रात्रि के अंधकार तथा सूर्य के प्रकाश की कोई समझ नहीं है॥ २॥

मुझे अंधा जानकर कलि बाघिन के घी के अंजन को आँख में लगाने को कहता है (जो असम्भव है)। इस औषधि को सुनकर अपने नेत्र विकार (अज्ञान) के विषय में सोचता हूँ, तब-तब बुद्धि और हृदय के बल का हरण हो जाता है॥ ३॥

हे नाथ! मैं आपसे निवेदन करना चाहता हूँ, लेकिन फिर सोचता हूँ और संकोच होता है कि कहीं मेरी पुकार फीकी न पड़ जाए। इसलिए, मैं आपकी बलि जाता हूँ कि आप निकट बुलाकर उसे रोक दें जिससे वह कलियुग तुलसी सदृश इस जड़ जीव को संतप्त करने का विचार हृदय से निकाल दे॥ ४॥

स्पष्टीकरण—कलि में सम्पूर्ण सत्कर्म विपरीत फलदायी हो जाते हैं और जब तक कलि के इस स्वभाव धर्म को वर्जित नहीं किया जाएगा, आपके प्रति अनन्य निष्ठा एवं समर्पण भाव उत्पन्न होने में कठिनाई पड़ेगी, अतः उस पर नियंत्रण आवश्यक है।

[२६६]

ज्यों ज्यों निकट भयो चहौं कृपालु त्यों त्यों दूरि पर्‌यो हौं।
तुम चहुँ जुग रस एक राम हौं हूँ रावरो जदपि अघ अवगुननि भर्‌यो हौं॥ १॥
बीच पाइ एहि नीच बीच ही छरनि छर्‌यो हौं।
हौं सुबरन कुबरन कियो नृपतें भिखारि करि सुमतितें कुमति कर्‌यो हौं॥ २॥
अगनित गिरि कानन फिरयो बिनु आगि जर्‌यो हौं।
चित्रकूट गये हौं लखि कलिकी कुचालि सब अब अपडरनि डर्‌यो हौं॥ ३॥
माथ नाइ नाथ सों कहौं हाथ जोरि खर्‌यो हौं।
चीन्हों चोर जिय मारिहै तुलसी सो कथा सुनि प्रभुसों गुदरि निबर्‌यो हौं॥ ४॥

केन्द्रीय भाव—तुलसी प्रकरण वक्रता को आधार बनाकर कह रहे हैं कि कलिकाल मुझे भली-भाँति पहचान गया हैं और मैं इस कलि द्वारा पूरी तरह से छला जाकर भी आपकी अनन्य शरणागति भाव से मुक्त नहीं हुआ हूँ। यदि आप इस समय मेरी रक्षा नहीं कर लेंगे तो यह कलि मुझे अपने अधम कृत्यों से मेरा अस्तित्व समाप्त कर देगा—

अर्थ—हे कृपालु श्रीराम! ज्यों-ज्यों आपसे सन्निकट होना चाहता हूँ, त्यों-त्यों आपसे दूर पड़ता जाता हूँ। हे राम! आप युग-युगान्तर निरन्तर एकरस रहे हैं, और हैं, यद्यपि मैं अनेक अवगुणों तथा पापों से भरा हूँ, किन्तु आपका ही हूँ॥ १॥

आपसे पृथक् रहने का अवसर पाकर इस नीच कलि के छल द्वारा मैं छला गया हूँ। छल द्वारा मुझ सुवर्ण को इसने कुवर्ण (कोयले) में परिणत कर दिया, मुझ नृप को भिखारी बना दिया और मुझ समझदार को नासमझ बना डाला है और इस कलि के प्रभाव से मैं अनन्त पर्वत एवं वन प्रान्तरों में मारा-मारा फिरता रहा और बिना आग का जलता रहा। जब मैं चित्रकूट गया तब मुझे कलि की कुचाल समझ में आई और इन कुचालों को समझते हुए भी अपने आप स्वतः उत्पन्न भय से भयभीत हो गया हूँ॥ २-३॥

हे नाथ! माथ झुकाए हाथ जोड़कर खड़ा हूँ और आपसे कह रहा हूँ कि पहचाना हुआ चोर जानकर मार डालता है, (और कलि मुझे पहचानता है और मेरे पीछे पड़ा है) अतः तुलसीदास की इस विपत्ति कथा को सुनें, हे नाथ! यह आपसे बार-बार विनीत भाव से प्रार्थना कर रहा है॥ ४॥

स्पष्टीकरण—किंवदन्ति है, चित्रकूट में तुलसीदास को कलि ने धमकाकर श्रीराम की भक्ति छोड़ने के लिए संत्रस्त करने लगा, तब उन्होंने कलि के इस दुराचार को श्रीराम तक पहुँचाने के लिए यह 'विनय पत्रिका' लिखी थी—इस किंवदन्ति से यह पद जुड़ा हुआ है। किंवदन्ति की स्पष्ट व्यंजना यही है कि कलि अपने मद, मोह, काम, क्रोध आदि साधनों द्वारा मानव के मन को विकृत करके सन्मार्ग से च्युत करता है और उसे प्रभु की शरणागति ही सन्मार्ग पर चलने के लिए प्रशस्त कर सकती है।

(१) चित्रकूट गए हौं लखि कलिकी कुचालि सब—जीव के अर्थ में स्पष्ट संकेत है—अनेक योनियों में भटकते-भटकते मैं तुलसीदास (जीव) चित्रकूट में मनुष्य (तुलसीदास) के रूप में पैदा हुआ और वहीं मुझे अध्यात्म का यथार्थ बोध हुआ। इस पद से तुलसीदास के राजापुर (चित्रकूट) में पैदा होने की धारणा की पुष्टि होती है।

[२६७]

पन करि हौं हठि आज तें राम द्वार पर्‌यो हौं।
तू मेरो यह बिन कहे उठिहौं न जनम भरि
प्रभु की सौं करि दूरि निबर्‌यो हौं॥ १॥
दै दै धक्का जमभर थके टारे न टर्यो हौं
उदर दुसह साँसति सही बहु बार जनमि जग
नरक निदरि निकर्‌यो हौं॥ २॥
हौं मचला लौ छाड़िहौं जेहिं बेगि अर्‌यो हौं
तुम दयाल बनिहै दिये बलि विलम्ब न कीजिए
जात गलानि गर्‌यो हौं॥ ३॥
प्रकट कहत जो सकुचिये अपराध भर्‌यो हौं
तौ मन में अपनाइये तुलसिहिं कृपा करि
कलि बिलोकि हहर्‌यो हौं॥ ४॥

केन्द्रीय भाव—तुलसी इस पद के माध्यम से श्रीराम के प्रति अपने अनन्य समर्पण के माध्यम से उनकी स्वीकृति भरा विश्वास अपने प्रति चाहते हैं। वे कहते हैं कि यदि आप मुँह से न कह सकें तो मन-ही-मन आप मुझे अपना लें और मैं उस आपकी मानसिक स्वीकृति से ही सन्तुष्ट हो जाऊँगा, अन्यथा आपके द्वारा अंगीकृत किए जाने का हठ मैं स्वीकार करके आपके दरवाजे पर बैठ गया हूँ।

अर्थ—हे श्रीराम! मैं प्रणपूर्वक हठ करके आज आपके दरवाजे पर पड़ा हूँ। 'तू मेरा है' यह आपके द्वारा जब तक न कहा जाएगा मैं जन्म भर आपके इस द्वार से नहीं उठूँगा। प्रभु की सौगन्ध खाकर मैं कह चुका हूँ॥ १॥

यम के दूत धक्का लगा-लगाकर थक चुके हैं, किन्तु मैं टस से मस नहीं हुआ। माँ की कुक्षि (पेट-उदर) में अनेक बार संसार में जन्म लेकर, अनेक बार संकटों को झेला, और नरक का निरादर करके उससे निकला हूँ॥ २॥

मैं जिस वस्तु के लिए मचल गया हूँ, उसे लेकर ही छोड़ूँगा हे दयालु! मेरे इस हठ पर आपको देते ही बनेगा, अतः देर न कीजिए मैं तो इसी बात को लेकर ग्लानि से गला जा रहा हूँ॥ ३॥

वह तो अपराधी है और यदि स्पष्ट वाणी द्वारा यह कहने में संकोच होता है कि तुलसी मेरा है तो आप उसे मन-ही-मन अंगीकार कर लें, क्योंकि कलि को देखकर मैं भय से आक्रान्त हूँ॥ ४॥

स्पष्टीकरण—'भक्त हठ' और अपनापन भरा आग्रह तथा उसे अंगीकार कराने की आत्मीयता भरी व्यंजना भक्तों को विशेष प्रिय है। यह पद उसी परम्परा का है। सूर आदि कवियों में इस प्रकार के हठ भरे भाव अनेक रूपों में प्राप्त होते हैं। इसमें भक्त के हठ और खीझ में आत्मीयता का ही भाव दृष्टिगत होता है। इसमें जीव को अनुगृहीत करने के लिए ईश्वरीय आकांक्षा का संकेत मिलता है—'तौ मन में अपनाइये' मात्र इतने से ही जीव की सद्गति सम्भव होगी।

(१) 'उदर दुसह साँसति सही बहु बार जनमि जग'—अपने कर्मों के कारण जीव को अनेकों बार जन्मना और मरना पड़ता है— यह 'जन्म और मृत्यु' दोनों सर्वाधिक दारुण हैं कर्ममीमांसा इस सिद्धान्त का समर्थन करता है। इस जन्म तथा मृत्यु के बन्धन से जीव का छुटकारा ही मुक्ति है।

[२६८]

तुम अपनायो तब जानिहौं जब मन फिरि परिहै।
जेहि सुभाव बिषयनि लग्यो तेहि सहज नाथ सौं नेह छाड़ि छल करिहै॥ १॥
सुतकी प्रीति प्रतीति मीतकी नृप ज्यों डर डरिहै।
अपनो सो स्वारथ स्वामिसों चहुँ बिधि चातक ज्यों एक टेकते नहिं टरिहै॥ २॥
हरषिहै न अति आदरे निदरे न जरि मरिहै।
हानि लाभ दुख सुख सबै समचित हित अनहित कलि कुचालि परिहरिहै॥ ३॥
प्रभु गुन सुनि मन हरषिहै नीर नयननि ढरिहै।
तुलसिदास भयो रामको बिस्वास प्रेम लखि आनँद उमगि उर भरिहै॥ ४॥

केन्द्रीय भाव—कवि ईश्वर के प्रति सर्वात्म समर्पण के कपितय लक्षणों का निर्देश करता है, श्रीराम के प्रति प्रीति पुत्र जैसी प्रतीति मित्र जैसी और भीति नृप जैसी हो यही सर्वात्म समर्पण की पहचान है। यही प्रभु द्वारा जीव के अंगीकृत किए जाने का संज्ञान चिह्न है और इस स्थिति में प्रभु के प्रति समर्पण से उत्पन्न विश्वास, प्रेम तथा आनन्द विह्वलता साधक को काम्य है। कवि इसी को केन्द्र में रखकर कहता है—

अर्थ—जब मेरा मन विषय वासनाओं से विमुख हो जाएगा तो मैं स्वयं समझ सकूँगा कि आपने मुझे अपना लिया है॥ १॥

जब आप पर मेरा प्रेम उस तरह से दृढ़ हो जाएगा जैसे पुत्र की प्रीति है, मित्र की प्रीति है या नृप से भय है और इसी प्रकार अपने स्वामी से वह सम्पूर्ण स्वार्थ भाव चहुँविधि निवेदित करेगा और चातक की भाँति अपनी एकमात्र टेक से डिगेगा नहीं॥ २॥

आदर पाने पर न बहुत प्रसन्नता होगी और निराहत होने पर न जल कर मरेगा। हानि लाभ सुख-दुख एवं हित-अनहित के प्रति सभान विचार रखेगा और वह कलि के कुचाल का परित्याग कर देगा॥ ३॥

प्रभु के गुणानुवाद को सुनकर मन हरषित होगा तथा नेत्रों के प्रेमाश्रु का प्रवाह होगा, तभी तुलसीदास को विश्वास होगा कि वह श्रीराम का दास हो गया। इस विश्वास के फलस्वरूप श्रीराम का उसके प्रति प्रेम जानकर वह भाव विह्वल आनन्द से फूला नहीं समाएगा॥ ४॥

स्पष्टीकरण—प्रभु के प्रेम में, विश्वास में, आनन्द में मन, बुद्धि, चित्त तथा हृदय सभी का विह्वल होकर उन्मत्त तथा आत्मराम हो उठना भक्ति की पहचान है और कवि इसी भाव की याचना इस पद के माध्यम से करता है। वह कहता है कि ये समस्त धर्म साधक भक्ति में तभी आते हैं, जब प्रभु उसे स्वीकार करते हैं। प्रकारान्तर भाव से समस्त लक्षण जीव के प्रति ईश्वर की अंगीकारिता के हैं—जीव अपने मूलस्वरूप की प्रतीति करके जिस उमंग से उससे मिलने को आतुर होता है, उसकी व्यंजना यहाँ निर्दिष्ट है।

(१) सुत की प्रीति, प्रतीति मीत नृप ज्यों उर डरिहौं—संसक्ति की पराकाष्ठा के ये दृष्टान्त हैं और इन दृष्टान्तों से ईश्वर संसक्ति की व्यंजना की गई है।

(२) चातक ज्यों एक टेक—तुलसी की भक्ति का दृष्टान्त 'चातक स्वाति जल प्रेम' है—यह कवि समय एवं एक साहित्यिक अभिप्राय का उदाहरण है।

(३) प्रभु गुन सुनि मन हरषिहैं नीर नयननि ढरिहैं.........................—ये भक्ति रस के सात्त्विक भाव हैं। भक्ति तथा समर्पण के चरम शीर्ष पर भक्तों की यही दशा देखी जाती है।

[२६९]

राम कबहुँ प्रिय लागिहौं जैसे नीर मीन को।
सुख जीवन ज्यों जीव को मनि ज्यों फनि को हितू ज्यों धन लोभ लीन को॥ १॥
ज्यों सुभाउ प्रिय लगति नागरी नागर नवीन को।
त्यों मेरे मन लालसा करिये करुनाकर पावन प्रेम पीन को॥ २॥
मनसा को दाता कहैं श्रुति प्रभु प्रवीन को।
तुलसीदास को भावतो बलि जाउँ दयानिधि दीजै दान दीन को॥ ३॥

केन्द्रीय भाव—तुलसी अपनी मन की लालसा के अनुसार आपसे भक्ति की याचना कर रहा है, यह आपकी भक्ति उसे उतनी ही प्रिय है जैसे मछली को जल, जीव को सुखमय जीवन, सर्प को मणि, युवक को सहज भाव से प्रिय कोई युवती। इन दृष्टान्तों द्वारा कवि अपनी श्रीराम की भक्ति विषयक अनन्य लालसा प्रकट करते हैं—

अर्थ—हे श्रीराम! क्या आप मुझे कभी ऐसे प्रिय लगेंगे जैसे मछली को जल। जीव को सुखमय जीवन प्यारा लगता है, साँप को मणि प्रिय है जैसे लोभ में संसक्त व्यक्ति व्यक्ति को धन॥ १॥

जैसे किसी नववय प्राप्त युवक को कोई युवती सहज ही प्रिय लगने लगती है, उसी प्रकार हे करुणाकर श्रीराम जी! मेरे मन में अपने अनन्य प्रेम की एकमात्र उत्कंठा उत्पन्न कर दें॥ २॥

श्रुतियाँ कहती है कि प्रभु मनोवांछा के अनुसार फल देते हैं क्योंकि वे बड़े ही प्रवीण हैं, और मनोवांछा को ताड़ लेते हैं। हे दयानिधि! मैं बलि जाता हूँ—आप तुलसी के मनोवांछित को पूरा कर दें तथा बहुत दिनों से याचनाबद्ध एक दीन दास को उसकी मनोवांक्षा के अनुसार फल दें॥ ३॥

स्पष्टीकरण—मध्यकाल में अत्यन्तिक प्रियता के अनेक उदाहरण रूढ़ि के रूप में मिलते हैं, जल और मत्स्य का, सुखी जीवन तथा जीव का, सर्प तथा सर्प मणि का, धन के प्रति लोभी का, नागर को नवीन युवती का। कवि इन दृष्टान्तों को अपने और श्रीराम के प्रति संस्थित प्रेम पर घटित करके उन्हें अपनी आत्मीयता का अभिन्न अंग बनाता है। कवि श्रीराम से इसी 'प्रेमदान' की याचना करके उसकी प्राप्ति के लिए संकल्पबद्ध है।

[२७०]

कबहुँ कृपा करि रघुबीर मोहू चितैहो।
भलो बुरो जन आपनो जिय जानि दयानिधि अवगुन अमित बितैहो॥ १॥
जनम जनम हौं मन जित्यो अब मोहि जितैहो।
हौं सनाथ ह्वैहौ सही तुमहू अनाथपति जो लघुतहि न भितैहो॥ २॥
बिनय करौं अपभयहु तें तुम्ह परम हितै हो।
तुलसिदास कासों कहै तुमही सब मेरे प्रभु गुरु मातु पितै हो॥ ३॥

केन्द्रीय भाव—कवि यहाँ कवि (जीव) के पश्चाताप का चित्रण कर रहा है। अपने दुष्कर्मों के कारण उसे अनेक योनियों में जन्म लेना पड़ा और जन्म-जन्मान्तर मुझे मन जीत रहा, किन्तु हे कृपानिधि! इस बार मुझे (जीव को) ज़ीतने का अवसर प्रदान करें क्योंकि अब आपके अतिरिक्त मैं इसके लिए किससे याचना कर सकता हूँ क्योंकि मेरे (जीव के) माता-पिता, स्वामी एवं गुरु आप ही हैं। आपकी ही कृपा से जीव की सद्गति सम्भव है।

अर्थ—हे श्रीराम! कभी कृपाभाव से मुझे देख लें। हे दयानिधि! आप समझ लें कि यह बुरा है, या भला, है तो हमारा ही दास, ऐसा समझकर मेरे अनन्त अवगुणों को क्षमा कर दें॥ १॥

मैं जन्म-जन्मान्तर मन द्वारा जीता जाता रहा हूँ, इस बार कृपा करके मुझे जिता दें। आप अनाथों के स्वामी हैं, और मुझ जैसा अनाथ आपकी कृपा कटाक्ष प्राप्त करके सनाथ हो जाएगा। मुझे विश्वास है कि मेरी क्षुद्रता को देखकर आप संकोच नहीं करेंगे॥ २॥

मैं अपने ही भयों से भयभीत आपसे उनकी मुक्ति के लिए विनय कर रहा हूँ। आप ही मेरे परम हितैषी हैं। तुलसीदास कहते हैं कि मैं अन्य किस व्यक्ति से अपनी पीड़ा कहूँ क्योंकि आप ही मेरे लिए स्वामी, गुरु, माता-पिता सभी कुछ हैं॥ ३॥

स्पष्टीकरण—विवेक उत्पन्न होने पर जीव प्रायश्चित की मुद्रा में ईश्वर की अनन्य शरणागति की याचना करता है, क्योंकि जीव को आत्मस्वरूप की पहचान के बाद संसार में प्रभु के अतिरिक्त सब कुछ मिथ्या प्रतीत होने लगता है, वही प्रभु जीव का स्वामी, सखा,

पिता, माता, गुरु सभी कुछ प्रतीत होता है। यहाँ विवेक जागृति का प्रकरण जन्म-जन्मान्तर के बाद मायिक ग्रंथियों का पाश खुल जाने के कारण है।

(१) लघुतहिं न भितौहैं—मुझे अपना ही अंश रूप स्वीकार करें और ऐसी में मेरी जीवात्मा की लघुता समाप्त हो जाती है या इस दीन की क्षुद्रता को देखकर आप भय न करें कि मुझ जैसे अनेक दीनों का आपने उद्धार किया है।

[२७१]

जैसो हौं तैसो राम रावरो जन जनि परिहरिये।
कृपासिंधु कोसलधनी सरनागत पालक ढरनि आपनी ढरिये। १ ॥
हौं तौ बिगरायल और को बिगरो न बिगरिये।
तुम सुधारि आये सदा सबकी सबही बिधि अब मेरियो सुधरिये॥ २ ॥
जग हँसिहै मेरे संग्रहे कंत इहि डर डरिये।
कपि केवट कीन्हें सखा जेहि सील सरल चित तेहिं सुभाव अनुसरिये॥ ३ ॥
अपराधी तऊ आपनो तुलसी न बिसरिए।
टूटियो बाँह गर परे फूटे हूँ विलोचन पीर होय हित करिये॥ ४ ॥

केन्द्रीय भाव—हे प्रभु! मैं तो आपका ही अंश हूँ। मुझे देखकर और माया के कीचड़ में सने हुए मुझे समझकर घृणा न करें, क्योंकि आप बिगड़े हुए दलितों, दीनों, दुखियों को शरणागति तथा अनन्य भाव प्रदान करते हैं, अत: मेरी अधमता देखकर मुझे त्यागें न, स्वीकार कर लें।

अर्थ—हे श्रीराम! मैं जैसा हूँ, वैसा हूँ—हूँ आपका ही दास, आप मेरा परित्याग न करें। हे कोशलेन्द्र, कृपा सिन्धु, शरणागतों के रक्षक आप अपने सहज भाव से ही मुझ पर कृपा करें॥ १ ॥

मैं तो सदा का औरों की प्रेरणा से बिगड़ा हुआ हूँ—इस बिगड़े हुए को और न बिगाड़िये आप तो सभी की सदैव से सब तरह से सुधारते चले आए हैं और अब मेरा भी सुधार दीजिए॥ २ ॥

मुझे भली-भाँति ग्रहण कर लेने या अपना लेने से (संग्रहे) संसार हँसेगा, क्या आप इसी डर से डर रहे हैं। आपने जिस शील तथा सरलता से वानरों एवं केवट को सखा बना लिया था उसी अपने शील तथा स्वभाव का आचरण करते हुए मुझे भी अपना लें॥ ३ ॥

तुलसीदास कहते हैं कि यद्यपि मैं अपराधी हूँ, फिर भी आपका ही हूँ, इस नाते मुझे आप विस्मृत न करिये। अपना टूटा हुआ हाथ भी गले बँध जाता है, अपनी फूटी हुई आँख में जब भी पीड़ा होती है तब उसे पीड़ा को दूर करने की कोशिश की जाती है। अत: मैं यद्यपि गिरा हुआ हूँ फिर भी आपका ही हूँ, आप मेरा त्याग न करें॥ ४ ॥

स्पष्टीकरण—माया के कारण जीव विकृत रूप प्रगट करता है और आत्मबोध हो जाने पर जीव को अपने इस विकृत रूप पर ग्लानि होती है। तुलसी इसी ग्लानि तथा पश्चाताप से प्रेरित अपराधी की भाँति श्रीराम के सम्मुख अपनी मुक्ति का तर्क देते खड़े हैं। वे कहते हैं कि यह जीव आपका ही अंश है और आप ही इसके अंशिन् हैं अर्थात् यह आपका स्वरूप है और

जैसे अपना टूटा हुआ हाथ भी शरीर को प्रिय है, फूटी हुई आँख को भी शरीर पृथक् नहीं करना चाहता, उसी तरह यद्यपि मैं पाप पंकिल हूँ, किन्तु आपका अंश हूँ, इसलिए आपके द्वारा त्याज्य नहीं हूँ।

कवि सैद्धान्तिक एवं वैयक्तिक सन्दर्भ को ले आकर यहाँ उस ऊँचाई पर जोड़ रहा है जहाँ कवि एवं जीवात्मा दोनों परस्पर पर्याय हो जाते हैं।

(१) ढरनि आपनी ढरिये—जीवात्मा पर ईश्वर की कृपा नैसर्गिक है अत: कवि स्वत: और सहज ही प्रसन्न होने की ओर संकेत कर रहा है।

(२) टूटियो बाँह गर परे....................—ये आत्मीयता तथा आत्मरक्षण के दृष्टान्त हैं और अंगिन अपने विकृत अंग को जिस प्रकार सहज भाव से ग्रहण किए रहता है, उसी प्रकार आप इस जीव की मायिक विकृति का ध्यान न दें।

[२७२]

तुम जनि मन मैलो करो लोचन जनि फेरो।
सुनहु राम बिनु रावरे लोकहु परलोकहु कोउ न कहूँ हितु मेरो॥ १॥
अगुन अलायक आलसी जानि अधम अनेरो।
स्वारथके साथिन्ह तज्यो तिजराको सो टोटक औचट उलटि न हेरो॥ २॥
भगतिहीन बेद बाहिरो लखि कलिमल घेरो।
देवनिहू देव परिहरयो अन्याव न तिनको हौं अपराधी सब केरो॥ ३॥
नामकी ओट पेट भरत हौं पै कहावत चेरो।
जगत बिदित बात ह्वै परी समुझिये धौं अपने लोक कि बेद बड़ेरो॥ ४॥
ह्वैहै जब तब तुम्हहिं तें तुलसीको भलेरो।
दिन हू दिन देव बिगरि है बलि जाउँ बिलंब कियेअपनाइये सबेरो॥ ५॥

केन्द्रीय भाव—हे प्रभु उन सबने, जिनका मैंने जीवन में भरोसा किया, मेरा त्याग कर दिया है। मैं अज्ञ, साधन विहीन, गुणहीन मात्र आपके भरोसे अपना जीवन व्यतीत कर रहा हूँ और सारा संसार यही जानता है कि तुलसी के केवल श्रीराम का ही बल है अत: शीघ्रातिशीघ्र आप उसे अपना लें। वह कहता है—

अर्थ—हे श्रीराम! आप मेरे प्रति अपने मन में किसी प्रकार का दुर्भाव न रखें और न मेरे प्रति अपनी आत्मीयता समाप्त करें, क्योंकि आपके अतिरिक्त इहलोक तथा परलोक में मेरा कोई सगा सम्बन्धी नहीं है॥ १॥

स्वार्थ के वशीभूत साथियों ने मुझे गुणविहीन, अयोग्य, आलसी, अधम और निकम्मा (अनेरो) समझ कर तिजारी ज्वर के टोटके की भाँति उलट करके पुन: नहीं देखा॥ २॥

मुझे भक्तिहीन, वेदोक्त मार्ग से च्युत कलियुग के पापों से घिरा हुआ समझकर हे देव! देवताओ ने भी मुझे त्याग दिया, इसमें उनका तनिक भी अन्याय नहीं है, मैं ही इन कार्यों के लिए अपराधी हूँ॥ ३॥

मैं आपके नाम की ही ओट में पेट पालता हूँ इतने पर भी लोग मुझे श्रीराम का दास कहते हैं। यह बात भी संसार में प्रसिद्ध हो चली है और आप स्वयं मन में समझ लें कि लोक

बड़ा है या वेद। (व्यवहारतः लोक ही बड़ा है—और लोक मुझे आपका सेवक मानता है, अतः आप भी मुझे वरण करें)॥ ४॥

तुलसी का भला चाहे जब हो, उसे इसकी चिन्ता नहीं है, केवल चिन्ता यही है कि वह आपके ही हाथों हो। हे देव! मैं आपकी बलि जाता हूँ, विलम्ब करने से दिनों-दिन काम बिगड़ता ज़ाएगा, अतः मुझे शीघ्र ही अपना लें॥ ५॥

स्पष्टीकरण—सारा संसार मुझे तिरस्कृत कर चुका है, मुझसे अलग हो चुका है, मुझे त्याग कर चुका है—मैं तो जन्म से ही आपके प्रति अर्पित हूँ, आपके अतिरिक्त मेरा कोई नहीं है, अतः आप मुझे स्वीकार कर लें—क्योंकि सारा संसार जानता है कि मैं आपका सेवक हूँ और आपके अतिरिक्त मेरे पास और कोई आलम्बन नहीं है।

(१) स्वारथ के साथिन्ह तज्यों तिजरा को सो टोटक—प्रायः कहा जाता है कि माता-पिता ने इन्हें जन्म लेते ही त्याग दिया था, पत्नी ने ब्याह के पश्चात्—और वह त्यागना इस प्रकार का था जैसे तिजारी ज्वर का टोटका को पुनः पलट कर नहीं देखा जाता।

(२) 'लोक कि वेद बड़ेरो'—लोक बड़ा है या वेद—लोक अनुभव का प्रमाण है, वेद शास्त्र प्रमाण। तुलसी के मत से अनुभव प्रमाण अर्थात् लोक वेद से बड़ा है।

(३) दिन ही दिन देव बिगरिये..विलम्ब किए, अपनाइये सबेरे—जितने दिन विलम्ब होगा, कर्मफल का विपाक, माया, जन्म, मृत्यु, पुनर्जन्म का बन्धन तथा दबाव बढ़ता जाएगा, अतः शीघ्रातिशीघ्र मुक्त करने की कृपा करें।

[२७३]

तुम तजि हौं कासों कहौं और को हितू मेरे।
दीन बंधु सेवक सखा आरत अनाथ पर सहज छोह केहिं केरे॥ १॥
बहुत पतित भवनिधि तरे बिनु तरि बिनु बेरे।
कृपाकोप सतभायेहुँ धोखेहुँ तिरछेहुँ राम तिहारेहि हेरे॥ २॥
जो चितवनि सौंधी लगै चितइये सबेरे।
तुलसिदास अपनाइये कीजै न ढील अब जीवन अवधि अति नेरे॥ ३॥

केन्द्रीय भाव—कवि श्रीराम से प्रार्थना करता है कि आप उसे शीघ्रातिशीघ्र अपना लें, आपका यह अपनाना चाहे प्रेम से हो, चाहे उपेक्षा से हो, चाहे क्रोध से हो, चाहे भूल एवं भ्रम से हो, आपकी दृष्टि मुझ पर किसी भाव से पड़ जाए, वही मेरे लिए आपके अपनाने की स्वीकृति होगी क्योंकि जितना ही विलम्ब होता जा रहा है, कर्मफल मुझे आपसे दूर करता जा रहा है।

अर्थ—हे श्रीराम! आपको छोड़कर अपनी व्यथा मैं और किससे कहूँ, मेरा आपके अतिरिक्त अन्य कोई हितैषी नहीं है। हे दीनबन्धु! आपके अतिरिक्त सेवक, सखा, आर्त्तजन तथा अनाथों पर और किसकी कृपा रहती है॥ १॥

हे श्रीराम! ऐसे अनेकानेक पतित इस भवसागर से अनायास ही बिना नाव और बिना बेड़े के ही पार हो गए, जिनकी ओर आपने कृपा से या क्रोध से या तिरछी दृष्टि से मात्र देख भर लिया॥ २॥

जिस प्रकार का दृष्टिपात आपको मेरे प्रति अच्छा लगे उसे शीघ्र ही पूर्ण कर डालें और तुलसीदास को अपना लें ढील न करें, जीवन का अन्त समीप है ॥ ३ ॥

स्पष्टीकरण—जीव पर ईश्वर का आवेश एवं दृष्टि ही उसकी मुक्ति का कारण है, ईश्वर की दृष्टि भक्त (जीव) पर किसी रूप में पड़ने का अर्थ है, उसकी मुक्ति और इस अपनाने में जितना विलम्ब होगा उतना ही कर्मफल तथा वासनाओं का जाल जीव के लिए बढ़ता जाएगा और अन्म में वह आपसे दूर हटता जाएगा।

(१) सेवक, सखा, आरत, अनाथ—कवि के अनुसार यही चार श्रेणियाँ हैं—जिन पर प्रभु शीघ्र ही कृपा करते हैं।

(२) बहुत पतित भवनिधि तरे बिनु तरि बिनु बेरे—बिना कारण के कार्य का होना अर्थात् बिना नाव और बेड़े के सागर पार करना विभावना अलंकार का चमत्कार है।

(३) कृपा, क्रोप, सतिभाएहु, धोखेहु, तिरछेहुँ राम तिहारेहिं हेरे—हे श्रीराम! आपकी कृपा, क्रोध, आत्मीयता, भूल से ही देखना, तिरछी दृष्टि इनमें से किसी भी प्रकार से दृष्टिपात जीव (भक्त) की मुक्ति का कारण है। कर्ममीमांसा सिद्धान्त के अनुसार जीव का ईश्वर के सन्मुख हो जाना ही मुक्ति है।

(४) चितइये सबेरे—शीघ्रातिशीघ्र जीव (भक्त) को आप अपने सन्मुख करके उसे अपने में अंगीकृत कर लें, क्योंकि विलम्ब करने से जीव, कर्म, फल, माया, जन्म, मरण न जाने किसके प्रपंच में फँसकर आपसे दूर निकल जाए।

(५) 'अब जीवन अवधि अति नेरे'—कर्म फल विपाक ही जीवन है। आत्मविवेक के पश्चात् आपके स्वरूप का दर्शन हो चुका है—अतः शीघ्रातिशीघ्र ग्रहण कर लें, क्योंकि मैंने स्वयं को कर्मफल विपाक से मुक्ति पा चुका हूँ।

इस पद का सांकेतिक अर्थ तुलसी की वृद्धावस्था से भी लगाया जा सकता है और तुलसी अपनी मुक्ति एवं ईश्वर की कृपा के लिए छटपटाते हुए कहते हैं हे प्रभु! शीघ्र ही मेरे ऊपर कृपा दृष्टि करें। वृद्धावस्था आ चुकी है। मृत्यु ने आयु के दरवाजे पर दस्तक देना शुरू कर दिया है।

[२७४]

जाउँ कहाँ ठौर है कहाँ देव दुखित दीनको
को कृपालु स्वामी सारिखो राखै सरनागत सब अँग बल बिहीनको ॥ १ ॥
गनिहि गुनिहि साहिब लहै सेवा समीचीनको।
अधम अगुन आलसिन को पालिबो फबि आयो रघुनायक नवीनको ॥ २ ॥
मुखकै कहा कहौं बिदित है जीकी प्रभु प्रबीनको।
तिहू काल तिहु लोकमें एक टेक रावरी तुलसी से मन मलीनको ॥ ३ ॥

केन्द्रीय भाव—हे प्रभु! मैं प्रत्येक भाँति से निरीह, पौरुष बलहीन, अनाश्रित आपके अतिरिक्त किसकी शरण में जाऊँ क्योंकि संसार में सभी पौरुषवान बलयुक्त सम्पन्न से सम्बन्ध रखते हैं और मैं सर्वथा उससे च्युत हूँ, किन्तु इन सबके बावजूद इतना सत्य है कि आपके

अतिरिक्त मैंने किसी को नहीं अपनाया है अतः हे प्रभु आपकी शरण में हूँ, आप मुझे स्वीकार करें।

अर्थ—हे देव! मैं अब कहाँ जाऊँ, मुझ दुखी तथा दीन के लिए और कोई अन्यत्र ठौर ठिकाना नहीं है। आपके सदृश अन्य कौन कृपाल स्वामो है जो सभी प्रकार से अंगों-प्रत्यंगों की शक्ति से विहीन हो चुका है, उस शरणागत की रक्षा करें॥ १॥

संसार में अन्य स्वामी हैं जो धनी (गनी) हो, गुणी हो और अच्छी (समीचीन) तरह से सेवा कर सकता हो, किन्तु गुणविहीन, अधम, आलसी को पालना, नित्य वात्सल्य भाव से पूर्ण श्रीरामजी को ही भला लगता है॥ २॥

हे प्रभु! आप तो स्वयं चतुर हैं, मैं अपने मुख से क्या कहूँ, आप मेरी सारी करनी जानते हैं कि तुलसीदास जैसे मलिन मन वाले व्यक्ति की तीनों लोकों एवं तीनों कालों में केवल आपके प्रति ही उसकी एकमात्र दृढ़ आस्था वर्तमान है॥ ३॥

स्पष्टीकरण—ईश्वर ही जीव की एकमात्र एवं अनन्य आश्रय है और जीव चाहे जितना भटके अन्ततया वही उसके लिए एकमात्र काम्य है। तीनों कालों एवं तीनों लोकों में जीव का एकमात्र आश्रय ईश्वर है और तुलसी यहाँ जीव के साथ अपने को अनन्य भाव से जोड़ते हुए ईश्वर की एकमात्र शरणागति की याचना करते हैं।

(१) मुख की कहा कहै विदित है जीकी—मन-मन की बात समझता है, मुख से कहने का कोई मतलब नहीं, यह आन्तरिक संसक्ति की पराकाष्ठा है। जीव के पक्ष में यही अर्थ समान रूप से घटित होता है क्योंकि जीव तो उस ईश्वर का अंशमात्र है और जीव की आन्तरिक प्रकृति ईश्वरापेक्षी है।

[२७५]

द्वार द्वार दीनता कही काढ़ि रद परि पाहू।
हैं दयालु दुनी दस दिसा दुख दोष दलन छम कियो न सँभाषन काहूँ॥ १॥
तनु जन्यो कुटिल कीट ज्यों तज्यों मातु पिताहूँ।
काहेको रोष दोष काहि धौं मेरे ही अभाग मोसों सकुचत छुइ सब छाहूँ॥ २॥
दुखित देखि संतन कह्यो सोचै जनि मन माँहू।
तोसे पसु पाँवर पातकी परिहरे न सरन गये रघुबर ओर बिनाहूँ॥ ३॥
तुलसी तिहारो भये भयो सुखी प्रीति प्रतीति बिनाहू।
नामकी महिमा सील नाथको मेरो भलो बिलोकि अब तें सकुचाहुँ सिहाहूँ॥ ४॥

केन्द्रीय भाव—तुलसी आत्मवृत्त को आधार बनाकर अपने को सर्वाधिक निराद्दात सिद्ध करते हैं। तुलसी इसमें किसी को दोषी नहीं मानते, मात्र अपने भाग्य का दोष मानते हैं। ऐसे दुःख के क्षणों में इस अनाथ तुलसी को सन्तों ने श्रीराम का ही मार्ग आलम्बन के लिए बताया और तबसे हे नाथ! मैं आपके सहारे पड़ा हूँ, कृपया, आप मेरा उद्धार करें।

अर्थ—हे नाथ! मैं द्वार-द्वार पर जीभ निकाल करके तथा पाँव पर पड़-पड़ करके अपनी दीनता कहता फिरा, किन्तु दसों दिशाओं के दुःख तथा दोषों को दलन करने में सर्वथा समर्थ जो भी संसार में दयालुजन हैं, किसी ने बात तक नहीं की॥ १॥

माता-पिता ने भी कुटिला कीड़ा की भाँति मुझे पैदा करके त्याग दिया अतः मैं किस पर क्योंकर क्रोध करूँ और किस पर दोष लागाऊँ। यह सब मेरे ही दुर्भाग्य से हुआ कि मेरी छाया छूते हुए दूसरो को संकोच होता था॥ २॥

मुझे दुखित देखकर सन्तों ने कहा तू मन में तनिक भी सोच न कर तुझसे निकृष्ट पशु, पातकी, व्यक्तजनों को शरण में जाने के पश्चात् श्रीराम ने अन्त तक नहीं त्यागा—तुझे भी शरण में लेंगे और अन्त तक तुम्हारा प्रतिपालन करेंगे॥ ३॥

सन्तों की सान्त्वना के पश्चात् यह तुलसी आपका दास हो गया, और बिना प्रीति की प्रतीति के ही मैं सुखी हुआ। हे नाथ! आपने नाम की महिमा तथा शील से मेरा जो भला हुआ, उसे देखकर तथा समझकर मैं संकुचित होता हूँ तथा भाग्य की प्रशंसा (सिहाता) करता हूँ॥ ४॥

स्पष्टीकरण—(१) तनु जन्यो कुटिल कीट ज्यों मातु पिता हूँ—तुलसी के विषय में यह किंवदन्ति है कि माता-पिता ने इन्हें पैदा करके परित्याग कर दिया था। कवितावली में भी यही साक्ष्य है—

'मातु पिता जग जाइ तत्यो विधिहूँ न लिखी कछु भाल भलाई'

(२) 'सकुचत छुई सब छाहूँ'—मैं इतना अभागा था कि लोग मेरी छाया छूने में संकोच का अनुभव करते थे। इस सन्दर्भ के अनुसार तुलसी आश्रय विहीन तथा पूर्णतः परिव्यक्त थे।

(३) दुखित देखि सन्तन कह्यो....................—मेरे दुख को देखकर, मेरी आश्रयविहीनता को समझकर तथा मुझे अनाथ जानकर सन्तों ने श्रीराम की शरण दिखाई और तबसे मैं आपकी ही शरण में हूँ।

(४) नाम की महिमा सील नाथ को—आपका बाना (शील) निराश्रित को अंगीकार करना है और मेरे पास आपके नाम के अतिरिक्त और कुछ साधन नहीं है। मुझ आश्रय विहीन को आपके नाम का ही एकमात्र आलम्बन है और आप अपने स्वभाव के अनुसार मुझे अपनाए हुए हैं।

[२७६]

कहा न कियो कहा न गयो सीस काहि न नायो।
राम रावरे बिनु भये जन जनमि जनमि
जग दुख दसहूँ दिसि पायो॥ १॥
आस विवस खास दास ह्वै नीच प्रभुनि जनायो
हाहा करि दीनता कही द्वार द्वार बार बार
परी न छार मुँह बायो॥ २॥
असन बसन बिनु रावरो ज़हँ तहँ उठि धायो।
महिमा मान प्रिय प्रान ते तजि खोलि खलनि
आगे खिनु खिनु पेट खलायो॥ ३॥

नाथ हाथ नहिं काहु लग्यो लालच ललचायो।
साँच कहौं नाच कौन सो जो न मोंहि लोभ
लघु हौं निर्लज्ज नचायो॥ ४॥
स्त्रवन नयन मन मग लगे सब थलपति लायो
मूड़ मारि हिय हारिकै हित हेरि
हहरि अब चरन सरन तकि आयो॥ ५॥
दसरथ के समरथ तुही त्रिभुवन जस गायो
तुलसी नमत अवलोकिये बलि
बाँह देत ते विरुदावली बुलायो॥ ६॥

केन्द्रीय भाव—मैं दुखी, अनाथ संकट का मारा किसके-किसके आश्रय में नहीं गया और सभी ने लालच दी, मुझे कुछ भी परमार्थ तत्त्व नहीं दिया और अब सभी तरफ से निराश्रित, अनाथ हे प्रभु! मैं आपकी शरण में आया हूँ। आप मुझे अंगीकार करें। वह कहता है—

अर्थ—मैं आचरणीय और अनाचरणीय क्या-क्या नहीं किया, कौन ऐसा स्थान जहाँ नहीं गया, मैंने किन-किन देवी-देवताओं के समक्ष शीश नहीं झुकाया, किन्तु! हे श्रीराम! आपके बिना संसार में बार-बार जन्म लेकर दशों दिशाओं में असहनीय दुखों का भोग किया॥ १॥

आपका विश्वसनीय दास होकर भी मैं क्षुद्र देवताओं के आगे झुकता रहा। हाय हाय कह कर उनके समक्ष दरवाजे दरवाजे पर अपनी दीनता कही, पर मेरे खुले हुए मुख में किसी ने नमक तक नहीं डाला अर्थात् किसी ने मेरी याचना पर ध्यान नहीं दिया॥ २॥

भोजन तथा वस्त्र के बिना पागल मैं जहाँ-तहाँ विवेकशून्य दौड़ता फिरा। प्राणों से प्रिय प्रतिष्ठा तथा (सम्मान मान) उनका परित्याग करके दुष्टों के समक्ष क्षण-क्षण यह पेट खोल करके दिखाया॥ ३॥

हे नाथ! लोभवश बहुत लालच की किन्तु हाथ कुछ भी नहीं लगा। मैं सही-सही कह रहा हूँ, कौन-कौन सा नाच है जिसे लघु लोभ ने मुझे न नचाया हो॥ ४॥

कानों, आँखों तथा मन को अपने-अपने रास्ते पर लगाया, सभी राजे-महाराजे भी अन्यमनस्क लगे तब अन्त में, अन्तिम निश्चय करके (मूड़ मारि के) अन्य आलम्बनों से हार मानकर, पूर्णतः निराश (हहरा हुआ) मैं अन्त में आपके चरणों की शरण में आया॥ ५॥

हे महाराज दशरथ के पुत्र श्रीराम! आप ही एकमात्र सामर्थ्यवान हैं, तीनों लोकों में आपका ही यशोगान होता है, मैं आपको बलि जाता हूँ—देखिये तुलसी आपके चरणों में नत हो रहा है आपकी विरुदावली ने ही मुझे बाँह एवं अभय वचन देकर मुझे बुलाया है॥ ६॥

स्पष्टीकरण—कवि अपने जीवनवृत्त विशेषकर आश्रय विहीनता को आधार बनाकर श्रीराम की शरणागति की सार्थकता को स्पष्ट करता है। वह कहता है कि मैंने अपने संकट के दिनों में किसकी उपासना नहीं की, किन्तु मुझे तो पूर्णशान्ति आपके ही आश्रय में मिली है क्योंकि मुझ अनाथ को आप ही शरण प्रदान कर सकते हैं।

[२७७]

राम राय बिनु रावरे मेरे को हितु साँचो

स्वामी सहित सबसों कहौं सुनि गुनि बिसेषि कोउ रेख दूसरी खाँचो॥ १॥

देह जीव जोगके सखा मृषा टाँचन टाँचो।

किये बिचार सार कदलि ज्यों मनि कनकसंग लघु लसत बीच बिच काँचो॥ २॥

बिनय पत्रिका दीनकी बापु आपु ही बाँचो।

हिये हेरि तुलसी लिखी सो सुभाय सही करि बहुरि पूँछिये पाँचो॥ ३॥

केन्द्रीय भाव—गोस्वामी तुलसीदास विनय पत्रिका को अपने समापन बिन्दु की ओर ले जाते हुए सम्पूर्ण सृष्टि में जीवात्मा युक्त इस देह का एकमात्र आश्रय श्रीराम को ही मानते हैं। जीव तथा ईश्वर की आत्मिक निजता की ओर संकेत करते हुए वे अपनी पीड़ा भरी इस पत्रिका को स्वयं स्वामी द्वारा ही पढ़े जाने की प्रार्थना करते हैं।

अर्थ—हे राजा रामचन्द्रजी! आपके बिना मेरा सच्चा हितैषी और कौन है। मैं अपने स्वामी समेत सभी से कहता हूँ, उसे सुन तथा समझ लें कि यदि आपसे कोई और श्रेष्ठ एवं बड़ा हो तो दूसरी लकीर खींच दीजिए अर्थात् आपसे बड़ा उसे सिद्ध कर दीजिए॥ १॥

देह एवं जीवात्मा के सम्बन्ध के जितने भी हितैषी मित्र मिलते हैं, वे मिथ्या टाँके से सिले (टाँचे) मिलते हैं। विचार करने पर ये मित्र केले के तने की भाँति निस्सार हैं, मणि तथा स्वर्ण के साथ मिले हुए काँच के सदृश आभासिक शोभा से युक्त हैं॥ २॥

हे पिता! इस दीन-दुखी की यह 'विनय-पत्रिका' स्वयं आप ही पढ़ें, क्योंकि तुलसीदास ने अपने हृदय की सही-सही बातें उसमें लिखी हैं पहले अपने स्वभाव से इस पर सही बना दीजिए, फिर पीछे पंचायतन के पंचों से पूछियेगा॥ ३॥

स्पष्टीकरण—जीव एवं ईश्वर के पारस्परिक, आन्तरिक एवं गोपनीय साक्ष्य को केन्द्र में रखकर तुलसी अपनी निजी पीड़ा, गोपनीयता तथा पारस्परिक आत्मीयता का परिज्ञान कराने के लिए उसे स्वयं श्रीरामजी से पढ़ने का आग्रह करते हैं, क्योंकि जीव तथा ईश्वर के बीच अन्य कोई साक्ष्य नहीं है। भक्त तथा आराध्य के बीच अन्य दूसरा कोई प्रमाण नहीं है—इसीलिए तुलसी साक्षी की बात बाद में करते हैं।

(१) रेख दूसरी खाँचो—आर्थी व्यंजना का चमत्कार है। हे नाथ! यदि आपसे कोई श्रेष्ठ हो तो आप ही अपने से बड़ी रेखा खींचकर बता दें कि आपसे भी कोई बड़ा है। निष्कर्षत: आप ही स्वयं प्रमाण हैं कि आपसे श्रेष्ठ कोई नहीं है।

(२) देह जीव जोग के सखा.........................—जीवात्मा से युक्त इस देह के अन्य साथी मूर्ति की भाँति जड़ हैं और उनका बनाया जाना ही व्यर्थ है। यह सम्पूर्ण संसार, भाई-बन्धु, माता-पिता, पुत्रादि की स्थिति ऐसी ही है।

(३) 'मनि कनक संग लघु लसत बीच बिच काँचो'—जीवात्मा तथा परमात्मा का सम्बन्ध 'मणि तथा स्वर्ण' का सम्बन्ध है और भौतिक जगत की चमक शीशे की चमक के समान नकली है।

(४) विनय पत्रिका दीन की.....................बहुरि पूछिये पाँचों—अपने पंचायतन से बाद में पूछिएगा, मेरी पत्रिका गोपनीय है, आपके लिए ही लिखी गई है, क्योंकि मेरे और आपके बीच में मैं (जीव) तथा आप (ईश्वर) ही साक्ष्य हैं, अन्य कोई नहीं।

[२७८]

पवन सुवन रिपु दवन भरतलाल लखन दीनकी।
निज निज अवसर सुधि किये बलि जाउँ दास आस पूजि है खास खीनकी॥ १॥
राज द्वार भली सब कहैं साधु समीचीनकी।
सुकृत सुजस साहिब कृपा स्वारथ परमारथ गति भये गति बिहीनकी॥ २॥
समय सँभारि सुधारिबी तुलसी मलीनकी।
प्रीति रीति समुझाइबी नतपाल कृपालुहि परमिति पराधीनकी॥ ३॥

केन्द्रीय भाव—यहाँ तुलसी साक्ष्यों से 'आत्म निवेदन' का समर्थन कराना चाहते हैं। उनका कहना है कि अच्छों की तो सभी सिफारिश करते हैं किन्तु इस तुच्छ तथा अनाथ का अवसर आते ही आप सुधार दें यदि कहीं कोई त्रुटि हो तो ठीक करके मेरे (जीव) तथा श्रीराम (ईश्वर) के जन्म-जन्मान्तर के प्रेम का स्मरण कराते हुए मेरी पराधीनता भी इंगित कर दें।

अर्थ—हे हनुमान! हे शत्रुघ्न! हे लक्ष्मण! अपना-अपना अवसर पाकर इस दास तुलसी का स्मरण रखना, मैं आपको बलि जाता हूँ आप लोगों के ऐसा करने से इस विशेष दुर्बल की आशा पूरी हो जाएगी॥ १॥

राज दरबार में सच्चे सज्जनों की बात तो सभी अच्छी कहते हैं, किन्तु यदि आप लोग इस शरणविहीन की सिफारिश कर देंगे तो इसे भगवान की शरण प्राप्त हो जाएगी और आपका भी यश फैलेगा और दुर्दशा भोगते (गतिविहीन) मुझ अधम की दशा बदल जाएगी॥ २॥

तुलसीदास कहते हैं कि सँभाल कर समय देखकर इस मलिन भक्त की आप लोग दशा सुधार दें। भक्त वत्सल दयालु श्रीरामजी को आप इस पराधीन (जीव) के प्रेम की मर्यादा भी समझा दीजिएगा॥ ३॥

स्पष्टीकरण—राजाश्रय के वातावरण की व्यंजना द्वारा कवि अपने (जीव के) जन्म-जन्मान्तर के सम्बन्ध, आत्मीयता तथा निष्ठा की स्मृति श्रीराम (ईश्वर) को कराना चाह रहा है। वह श्रीराम के पंचायतन के सदस्यों हनुमान, शत्रुघ्न, भरतादि को लक्षित करके इस आत्मीयता का स्मरण कराने का निवेदन कर रहा है, क्योंकि वे भी इस सम्बन्ध के बाह्य साक्ष्य हैं।

(१) 'राजद्वार भली सब कहैं'—मध्यकालीन सामन्तों तथा राजाओं के दरबार में बड़ों के बड़प्पन की वर्णन परिपाटी थी। तुलसी इस मध्यकालीन दरबारी विशेषता को इन शब्दों के माध्यम से इंगित करना चाह रहे हैं।

(२) प्रीति रीति समुझाइये नतपाल कृपालुहिं परिमिति पराधीन की—सांसारिक माया के बन्धन में फँसकर जीव पराधीन हो जाता है और दूसरे के बन्धन में बँधे यह जीव चित्त से उसका परित्याग करके अपने स्वामी के लिए तड़प रहा है, इस विरही जीव के प्रेम की मर्यादा का श्रीराम को स्मरण करा दें।

[२७९]

मारुति मनं रुचि भरतकी लखि लषन कही है।
कलिकालहु नाथ नाम सों परतीति प्रीति एक किंकर की निबही है॥ १॥

सकल सभा सुनि लै उठी जानी रीति रही है।
कृपा गरीब नवाजकी देखत गरीबको साहब बाँह गही है॥ २॥
बिहँसि राम कह्यो सत्य है सुधि मैं हूँ लही है।
मुदित माथ नावत बनी तुलसी अनाथकी परी रघुनाथ हाथ सही है॥ ३॥

केन्द्रीय भाव—विनय पत्रिका के इस अन्तिम पद में कवि श्रीराम के प्रति अपनी आस्था, अगाध विश्वास तथा निष्ठा का प्रसंगगत परिकल्पना को आधार बनाकर न केवल सम्पुष्ट करता है, अपितु अपनी पत्रिका की सार्थकता पर भी मुहर लगाता है। उसके आराध्य स्वयं अपने श्रीमुख से उसकी भक्ति को स्वीकारते हैं।

अर्थ—हनुमान का विचार समझकर तथा भरत की रुचि को देखकर लक्ष्मण ने श्रीराम से कहा कि हे नाथ! कलियुग में भी एक सेवक की आपके नाम की प्रतीति तथा प्रीति का निर्वाह हुआ है॥ १॥

यह सुनकर सम्पूर्ण राजसभा यह बात लेकर ले उठी कि हम लोग जानते हैं कि उसकी ही (प्रीति की) रीति सत्य है। गरीब निवाज श्रीराम की उस पर सर्वथा कृपा रही है और सबके देखते-देखते स्वामी ने उसकी बाँह पकड़ ली है॥ २॥

श्रीराम ने तब हँसकर कहा सत्य है, मैंने भी इस बात की खबर प्राप्त कर ली है—इतना कहना मात्र पर्याप्त है, सुनते ही मैंने मुदितभाव से उनके चरणों पर मस्तक रख दिया, इस अनाथ का सारा बिगड़ा बन गया, क्योंकि श्रीरघुनाथ ने अपने हाथ से इस विनय पत्रिका पर 'सही है' लिख दिया॥ ३॥

स्पष्टीकरण—हनुमान का सद्विचार, भरत की रुचि को देखकर लक्ष्मण की सिफारिश और उस पर श्रीराम की स्वीकृति से कवि को अपना सम्पूर्ण अभीष्ट प्राप्त हो जाता है।

(१) विहँसि राम कह्यो सत्य है सुधि मैं हूँ लही है—जानकारी पूर्व प्राप्त है, वर्तमान प्रकरण में श्रीराम की सर्वज्ञता, वात्सल्य, दीन तथा अनाथ रक्षक के उनके शील (बाना) का समर्थन है।

इसके साथ यह भी प्रसंग कल्पित है कि कवि श्रीसीताजी से पूर्व निवेदन कर चुका है कि अवसर आने पर आप इस दीन की चर्चा चलाने की कृपा करेंगी।

(२) रघुनाथ हाथ सही है—विनय पत्रिका पर श्रीराम की स्वीकृति, मुद्रायुक्त हस्ताक्षर, प्रमाण-पत्र और प्रकारान्तर भाव से 'पत्रिका' शब्द की प्रसंगगर्भिता की सम्पूर्णता कथित है। तुलसी अपनी कृतियों में वस्तुगतता पर अपनी निजता और वैयक्तिकता की छाप लगाकर उसे वस्तुगत कृति से व्यक्तिगत अनुभव की कृति बनाने के लिए निरन्तर सचेष्ट दिखाई पड़ते हैं। यहाँ भी यही प्रवृत्ति दिखाई पड़ती है।

□□□

परिशिष्ट : १

परिशिष्ट : १

विनय पत्रिका और गोस्वामी तुलसीदास का भक्तियोग दर्शन

गोस्वामी तुलसीदास की तीन महत्त्वपूर्ण कृतियाँ—श्रीरामचरितमानस, विनय पत्रिका तथा कवितावली क्रमशः उनकी तीन भिन्न मनःदशा की रचनाएँ हैं। मानस में व्यावहारिक तथा उन समस्त आध्यात्मिक समस्याओं का समाधान प्रस्तुत किया है—जिनको लेकर हम बराबर संशय एवं द्विधा झेलते रहते हैं। मानस की विशेषता उसकी बहु-आयामिता में है और स्वयं गोस्वामी तुलसीदास जी भी उसे बहु-आयामी रचना कहते हैं—

'कहब साधुमत लोकमत नृपनय निगम निचोरि'

कवितावली का रचना पक्ष मानस से सर्वथा भिन्न है। सामान्यतया कवितावली के दो पक्ष हैं—प्रथम पक्ष में रामकथा प्रायः झाँकी रूप में है—कहना चाहें तो उसे विम्बात्मक रूप-विधान की कथा कह सकते हैं। शिशु राम से लेकर धनुर्धर राम के अनेकानेक रमणीक विम्बों से भरी हुई कथा और इसी के साथ हनुमान तथा अन्य योद्धाओं के विम्बात्मक चित्र सर्वत्र मिलते हैं। श्रीराम के रूप की जितनी भी झाँकियाँ सम्भव हैं, उन सबको कवि यहाँ रखता है—लोक की चित्त-विश्रान्ति के लिए। कवितावली का दूसरा पक्ष लोक यथार्थ का है। लोक यथार्थ विशेषकर सामान्य जन के संकटों को अपने संकटों के साथ जोड़कर कवि यहाँ उन्हें रखता और उनका समाधान देता है। कवितावली में इस प्रकार श्रीराम के ऐश्वर्य एवं लोक यथार्थ के संकट से मुक्ति के लिए उनकी शरणागति की चर्चा करता है।

विनय पत्रिका में इन दोनों से भिन्न कवि का अपना भिन्न मन्तव्य है। विनय पत्रिका सामान्यतया आत्मनेपद की कृति है—कवि की अपनी पीड़ा का निजीपन और उस पीड़ा को, उसके निजीपन को समाज अपना निजीपन बना ले तो कवि को कहीं भी कोई आपत्ति नहीं है। कवि की अपनी निजी पीड़ा अन्ततया समाज की भी अपनी निजी पीड़ा बन जाती है, क्योंकि विनय पत्रिका सृजन है और सृजन वैयक्तिक होते हुए भी अन्ततया लोक का है।

मध्यकालीन अवधारणा के अन्तर्गत मुक्ति समाज में सर्वथा काम्य रही है। वह उनके लिए सर्वाधिक पवित्र, प्रिय, सर्वोच्च एषणा के रूप में दिखाई पड़ती है। मध्यकाल में भक्ति स्वयं भक्ति को ही मुक्ति मानती रही है। विनय पत्रिका में कवि मुक्तिमयी भक्ति को स्थापित करना चाहता है। तुलसी की दृष्टि में यह भक्ति योग है। गीता में भक्ति योग का सूत्र है—

'सर्वाणि धर्माणिपरित्यक्त माम् एकं शरणं व्रज'

प्रभु की अनन्यशरणागति ही भक्ति योग है। तुलसी अपने भक्ति योग को गीता से भिन्न करते हैं। वे उसे स्पष्ट करते हुए कहते हैं कि—

"राम प्रसाद दास तुलसी उर राम भगति जोग जागिहैं।"

श्रीराम की कृपा से ही तुलसी के हृदय में **भक्ति योग** जागृत होगा। गीता के अनुसार प्रभु के प्रति साधक का आग्रहपूर्ण समर्पण ही **भक्ति योग** का कारण है, तुलसी इस कारण को नहीं

मानते। उनके अनुसार '**प्रभु कृपा**' ही भक्ति योग का मूल कारण है। 'प्रभु–कृपा' ही मूल मंत्र है। विनय पत्रिका की रचना सम्पूर्णतः प्रभु कृपा के लिए ही हुई है। जीव का प्रभु द्वारा स्वीकार कर लिया जाना ही प्रभु कृपा है—विनय पत्रिका में सर्वत्र तुलसी श्रीराम से अपनी स्वीकृति के लिए निरन्तर हठ करते दिखाई पड़ते हैं। इस हठ के पीछे अपनी जीवमयता की ब्रह्ममयता में परिणति की कामना सर्वत्र दिखाई पड़ती है। **जीवमयता की ब्रह्ममयता ही** विनय पत्रिका का भक्ति योग है। तुलसी इसी भक्ति योग की सिद्धि के लिए विनय पत्रिका में तत्पर दिखाई पड़ते हैं। वे कैवल्य, सामीप्य, सालोक्य, सायुज्य मुक्ति, निर्विकल्पक समाधिजन्य आनन्द आदि के स्थान पर भक्ति योग के माध्यम से इस वपु में स्थित जीव की प्रभु की सारूप्यता की प्राप्ति ही मुक्ति मानते हैं। उनके अनुसार प्रभु का जीव के रूप में अवलोकन मात्र कर लेना ही जीव मुक्ति है। इसके लिए केवल अनुकूलतापूर्वक समर्पण भाव ही आवश्यक नहीं है। सेवाभाव की भी आवश्यकता नहीं है। प्रभु का जन के किसी भी भाव से प्रसन्न हो उठना, किसी भी आचरण से आनन्दित हो उठना—भक्ति है। श्रीरामचरितमानस में कवि भक्ति तत्त्व के इस मर्म को इंगित करता हुआ कहता है कि—

जासो बेगि द्रवौं मैं भाई। सो मम भगति भगत सुखदाई।

प्रभु भक्त के किसी भाव से, किसी भी आचरण से द्रवित हो उठता है। शिशु की युयुत्सा भी पिता के लिए वत्सलता भरे आनन्द का हेतु बनता है। ठीक उसी प्रकार जीव का प्रभु के प्रति द्वेष ही क्यों न हो, युयुत्सा तथा हठ, क्रोध तथा अमर्ष भरा आचरण सब कुछ उसकी प्रसन्नता का कारण बन सकता है और इसीलिए कवि कहता है कि जन का वह आचरण जो उसे द्रवित कर दे वही भक्ति है। लीलाभक्ति के अन्तर्गत रावण भी प्रभु का भक्त है और हनुमान भी। प्रभु के लिए समस्त जीव शिशुवत् हैं। इसी भक्ति मान्यता में थोड़ा-सा और परिवर्तन करते हुए तुलसी विनय पत्रिका के अन्तर्गत कहते हैं कि—

कृपा कोप सतभायहुँ तिरछेहुँ राम तिहारेहिं हेरे।
जो चितवनि सौंधी लगे चितइये सबेरे॥

हे प्रभु! जिस प्रकार से भी, जो देखना आपको उचित लगे, उसी दृष्टि से मुझे आप एक बार देख भर लें—चाहे कृपापूर्वक, चाहे कोपपूर्वक, चाहे प्रेम से, चाहे आधी या वंकिम दृष्टि से—बस आप मुझको देख भर लें, क्योंकि मैं जानता हूँ कि आपके देख भर लेने से मुझ जीव की मुक्ति हो उठेगी—वह आपमय हो उठेगा, क्योंकि वह तो आपसे उपजा है, आपका अपना ही अंश है—और आप से बिछुड़कर पीड़ित आपसे मिलने के लिए ही लालायित है। आप उसे केवल देख भर लें। जीव को प्रभु के द्वारा देख लिया जाना ही 'प्रभु कृपा' है और विनय पत्रिका की रचना का मूल उद्देश्य है, इस पीड़ित जीव को प्रभु के द्वारा एक बार देख लिया जाना—जीव के प्रति प्रभु के ध्यान को आकर्षित करने वाली ही यह कृति ही पत्रिका है—जीव की नितान्त निजताभरी पीड़ा से ओत-प्रोत। इस प्रकार, विनय पत्रिका जन्म जन्मान्तर के कर्म कलुषित संस्कारों से संयुक्त जीव के प्रति 'प्रभु कृपा' के आलम्बन स्वरूप दृष्टिगत् कराने की चिन्तनमयी गाथा है। इस कृति की रचना की मूल संवेदना 'प्रभु कृपा' है।

जीव को, भक्त को, साधक को कृपा मुक्ति की आवश्यकता क्यों पड़ी, विनय पत्रिका में इस तथ्य का वर्णन बड़े विस्तारपूर्वक किया गया है। अहन्ता ग्रस्त जीव प्रथमतः माया ग्रस्त है। बड़ी मुश्किल से विवेक पथ का वह आलम्बन ग्रहण करता है—किन्तु प्रभु कृपा के बिना

उन साधनों में निहित उसकी अहन्ता का विनाश नहीं होता। तुलसी स्पष्ट शब्दों में कहते हैं—

ज्ञान भक्ति साधन अनेक सब सत्य झूँठ कछु नांही।
तुलसिदास हरि कृपा मिटै भ्रम यह भरोस मन मांही।

बिना 'प्रभु कृपा' के अहन्ता भाव का विनाश नहीं होता और बिना इसके प्रभु कृपा नहीं होती। बिना प्रभु कृपा के इस संसार का तत्त्वार्थ बोध नहीं होता।

विनय पत्रिका में कर्म की वासना को अहंकार तथा अज्ञान का मूल कारण बताया गया है। जीव एवं ब्रह्म एक अंशाशि रूप हैं। इस जगत में आते ही जीव कर्म की वासना में बँधता है—कर्म और कर्मफल उसे निरन्तर अपने में बाँधते हुए उसे उसके मूल स्वरूप से पृथक् करते हैं। इसी कर्म वासना के कारण अहंकार और अहंकार के कारण अज्ञान उसके बोध रूप को निरन्तर ढँकते जाते हैं। वह इसी अज्ञान के कारण इस संसार की समग्र असत्यता को सच की भाँति मानता है। वह संसार की मृग मरीचिका में अपनी प्यास को बुझाना चाहता है, जबकि उसकी प्यास और मृग मरीचिका दोनों ही भ्रम हैं। मोह बुद्धि और अज्ञान के बंधन में बँधकर वह सारा जीवन अपनी अज्ञानमयी तृष्णा को बुझाने के निमित्त कल्पित तालाब खोदने में लगा रहता है, किन्तु उस तालाब से उसे एक भी बूँद जल नहीं मिला—

कबहूँ मन विश्राम न मान्यो।
निसिदिन भ्रमत बिसारि सहज सुख जहँ तहँ इन्द्रिन तान्यो।
जदपि बिषय सँग सह्यो दुसह दुख बिषम जाल अरुझान्यो।
तदपि न तजत मूढ़ ममता बस जानतहूँ नहिं जान्यो।
तुलसिदास कब तृषा जाय सर खनतहिं जनम सिरान्यो॥

अज्ञान के कारण भ्रम और भ्रम के कारण बहकाव—सारा-का-सारा जीवन इसी बहकने में व्यतीत हो उठा—उसे ज्ञान की एक किरण भी न मिली। उसी कड़वाहट को वह पुनः दूसरे दृष्टान्त से समझाने की चेष्टा करता है—

तुलसिदास प्रभु कृपा करहु अब मैं निज दोष कछू नहिं गोयो।
डासत ही गई बीति निसा अब कबहूँ न नाथ नींद भरि सोयो॥

सारी रात बिस्तर बिछाते-बिछाते बीत गयी, एक क्षण के लिए भी भर नींद सोने का अवसर ही न मिला। जीवन भर योजना ही बनाते रहे—कहीं हाथ कुछ न आया।

मूलतः मन, बुद्धि, चित्त तथा अहंकार का अपना जीवन है। सम्पूर्ण प्रपंच मन को भ्रम में बाँधता है और व्यक्ति एक बार बँधा तो आजीवन उसी में बँधता और बँधता चला जाता है। विनय पत्रिका जीव के इस भ्रम को सनातन बताती है। यही भ्रम तथा भ्रम से उत्पन्न अज्ञानमयी बन्धन ही उसकी नियति है। वह जन्म कर्म बन्धनों के ही कारण कितनी बार पुत्र बनता है, कितनी बार पिता, पुत्री, बंधु आदि। अनेकानेक बार जन्म और अनेकानेक बार मरण उसकी नियति बन जाती है—

त्रिजग देव नर असुर अपर जग जोनि सकल भ्रमि आयो।
गृह बनिता सुत बंधु भये बहु मातु पिता जिन्ह जायो।

अनन्त-अनन्त कर्म बन्धनों के अनन्त-अनन्त सम्बन्ध सबको भोगा और सबकी व्यथाएँ भोगीं—केवल व्यथा ही हाथ लगी।

उसने अपने जन्म-कर्म काल में इस मिथ्या, क्षणभंग, नश्वर प्रपंचों को मोह बुद्धि के कारण सत्य समझता रहा। कल्पित गेह, कल्पित देह, कल्पित स्वजन, कल्पित परिजन आदि सभी के सभी इस मिथ्या प्रपंचपूर्ण कृत्य के अंग बने। सम्पूर्ण सृष्टि रचना के मिथ्यात्व को इंगित करते हुए तुलसीदास बताते हैं कि—

सून्य भीति पर चित्र रंग नहिं तनु बिनु लिखा चितेरे।
धोये मिटइ न मरइ भीति दुख पाइय यहिं तनु हेरे।

इस संसार के कल्पित चित्र से उसका मन जितना ही जुड़ता है, जीव का दु:ख उतना ही बढ़ता जाता है। इस संसार के विषय में वह निरन्तर सुनता है, देखता है, कहता है—सब कुछ असत्य और मिथ्या। कितना इसके विषय में समझाया जाता है, जानते हुए भी, उसका मोह नहीं छूटता और वह अन्त तक आचरण में नहीं उतरता—

सुनिय गुनिय समुझिय समुझाइय सदा हृदय नहिं आवै।

कवि यह निरन्तर स्पष्ट करता रहता है कि वह अहंकारवश मोह पाश में फँसता ही जाता है—

कोह मद मोह ममतायतन जानि मन
बात नहिं जात कहि ग्यान विग्यान की।
पतित पावन सुनत नाम विश्रामकृत
भ्रमित पुनि समुझि चित ग्रंथि अभिमान की।

कवि के अनुसार मनुष्य को फँसाने वाला उसका मूल कारण मन ही है। जब से जीव उस अपने अंशिन् से पृथक् होकर आया इसी मन ने उसे इस मिथ्या जगत् में बाँध दिया और वह अपनी मूल सत्ता (ब्रह्म) से पृथक् और दूर हो गया।

विनय पत्रिका को यदि ध्यानपूर्वक देखा जाए तो यहाँ दो पक्ष भिन्नत: पृथक्-पृथक् दिखाई पड़ते हैं। एक पक्ष है, मन, बुद्धि, चित्त अहंकार से ग्रस्त भ्रमास्पद एवं अविवेकपूर्ण संसार का। यह पक्ष मन से जुड़कर बनता है और इन्द्रियाँ इस अनित्य जगत् का भोग कराकर मन को विस्मृत किए रहती हैं। यह विस्मृति इतनी गम्भीर होती है कि अपने मूल स्वरूप के पास जीव का लौटना मुश्किल होता है—

मैं अब तोहिं जान्यो संसार।
देखत ही कमनीय कछु नाहिन पुनि पुनि किए बिचार।
ज्यों कदली तरु मध्य निहारत कबहू न निकसत सार॥
तेरे लिए अनेक जनम मैं फिरत न पायो पार।
महामोह मृग जल सरिता महँ बोर्‌यौ हौं बारहिं बार॥

तुलसीदास इस संसार की असत्यता का बार-बार भंडाफोड़ करते हैं, अनेक योनियों, अनेक कर्म फलों, अनेक संकटों के भोग तथा अनेक यातनाओं के बीच जीव एक दृश्य या तमाशा बन जाता है। उसका द्रष्टा ब्रह्म उसकी अधोदशा को निरन्तर देखता है—और जीव

कर्म प्रवाह में बढ़ता हुआ अपने मूलस्वरूप से दूर—बहुत दूर जाकर बूड़ता-डूबता-उतारता दिखाई पड़ता है।

विनय पत्रिका में तुलसीदास इस आबद्ध जीव की मुक्ति कामना की चिन्ता करते हैं और उनकी इस चिन्ता के अन्तर्गत वे जीव रूप स्वयं एवं समग्र संसार को भी प्रकारान्तर से रख लेते हैं। विनय पत्रिका की यही चिन्ता है कि जीव को '**स्वस्वरूपावबोध**' कैसे हो? यही विनय पत्रिका की केन्द्रीय संवेदना है। उसके लिए वह तीन कारणों की चर्चा करता है—

(१) प्रभु की स्वयं कृपा

(२) भक्त द्वारा किए गए विनय के उपरान्त उपजी प्रभु कृपा

(३) कर्म के संस्कारवशात् उत्पन्न बोध और प्रभु कृपा की वांछा

'प्रभु कृपा' ही एकमात्र जीवत्व के 'विज्ञानबोध' का कारण है। संसार में वैसे विज्ञानबोध के अनेक कारण बताये गए हैं, किन्तु वे सभी-के-सभी निष्प्रभावी एवं बहकावे मात्र हैं—

ग्यान बिराग जोग जप तप मख जग महँ मग नहिं थोर।
राम प्रेम बिन नेम जाय जैसे मृग जल जलधि हिलोरे॥

प्रभु राम के प्रति पूर्व समर्पण के बिना सम्पूर्ण साधन मृग तृष्णा के समुद्र की भीषण गहरें हैं। प्रभु के प्रति आत्यन्तिक समर्पण के बाद ही प्रभु की कृपा सम्भव है और यही जीव की—मूल पीड़ा भी है कि जन्म-जन्मान्तरों को उसने प्रभु के समर्पण के बिना यों ही अकारथ बिता दिया। कभी-न-कभी इस जीव को अपने इन कार्यों के प्रति तीव्र असंतोष उत्पन्न होता है—यही असंतोष आत्म पश्चाताप एवं प्रायश्चित का कारण बनता है। विनय पत्रिका में इसीलिए जीव के पश्चाताप एवं प्रायश्चित की मुद्रा के अनेक छन्द भरे पड़े हैं—जहाँ कवि अपने पूर्व कृत्य के प्रति पीड़ा से भरा हुआ कहता है—

यहै जानि चरननि चित लायौ।
नाहिन नाथ अकारन को हितु तुम समान पुरान श्रुति गायो।
जननी जनक सुत दार बंधु जन भये बहुत जहँ तहँ हौं जायो।
सब स्वारथ हित प्रीति कपट चित काहू नहिं हरिभजन सिखायो।
सुर मुनि मनुज दनुज अहि किन्नर मैं तन धरि सिर काहि न नायो।
जरत फिरत त्रय ताप पाप बस काहु न हरि करि कृपा जुड़ायो।
जतन अनेक किये सुख कारन हरि पद बिमुख सदा दुख पायो।
अब थाक्यो जलहीन नाव ज्यों देखत बिपति जाल जग छायो॥

आश्रयविहीन जीव की आत्यन्तिक समझ यही है कि अब प्रभु के बिना यह जीवन टस-से-मस नहीं हो सकता और एकमात्र प्रभु के प्रति समर्पण एवं आश्रय के अतिरिक्त कुछ भी नहीं सूझता। प्रभु के अवलम्बन की यही घड़ी है और उसकी कृपा का फल भी जीव को इसी क्षण मिलता है। प्रभु कृपा से मनुष्य में यति तथा धृति की जागृति होती है। जीव जगत् तथा पारमार्थिक तत्त्वों की मूल समझ का उसमें विकास होता है एवं लोक संसक्ति से स्वयं मन विरक्त होने लगता है। तुलसी इस क्षण के लिए अनेक दृष्टान्त देते हैं—द्रौपदी का, अजामिल का, पांडु पुत्रों का, शबरी-गृद्ध का। यह एक ऐसा क्षण है, जब निराश्रित जीव के पास प्रभु के

अतिरिक्त कुछ भी नहीं बचता और प्रभु का यह स्वभाव है कि ऐसे क्षणों में वह जीव के लिए स्वयं आश्रय बन जाता है। प्रभु की अहैतुकी कृपा ऐसे ही क्षणों के लिए है।

विनय पत्रिका में समग्र जीवन की परम संसक्तिमयी जीवन प्रवाह का वर्णन मिलता है, किन्तु यदि ध्यान से देखा जाए तो उसी के समानान्तर का प्रतिपक्ष भी है। तुलसीदास संसक्तिमयी जीवन की व्याख्या मन, बुद्धि, चित्त तथा अहंकार के प्रकाश में करते हैं, किन्तु प्रभु कृपा के पश्चात् जीव का बोध-संदर्भ पूर्णतया विपरीत हो उठता है तब यति, धृति, विवेक बोध तथा प्रज्ञा का जीवन शुरू हो उठता है। यह जीवनवृत्ति मन, बुद्धि, चित्त तथा अहंकार के ठीक विपरीत है। आत्म बोध के पश्चात् प्रज्ञा का जीवन अहंताग्रस्त जीवन से ठीक प्रतिकूल एवं विलोम भाव का है। अहन्ताग्रस्त जीव दृश्य बनकर उस प्रज्ञावान के लिए चिन्ता का विषय बन जाता है। इस सत्ता तक पहुँचकर जीव द्रष्टा या दर्शक रूप ब्रह्म जैसे स्वभाव से संयुक्त हो उठता है। वही जाग्रत की अवस्था में समस्त संसार को स्वप्न की भाँति देखता है और इस स्थिति में पहुँचकर जीव के आचरण की दो परिणतियाँ दिखाई पड़ती हैं—

(१) बद्ध या अहन्ताग्रस्त जीव के रूप में अपने द्वारा किए गए कर्मों का पश्चाताप।

(२) प्रभु की अनन्य कृपा, अनन्य शरणागति तथा अनन्त आत्मीयता की एकमात्र आकांक्षा।

विनय पत्रिका की केन्द्रीय संवेदना इन्हीं दो बिन्दुओं से निरन्तर टकराती रहती है।

भक्ति मुक्ति की अवधारणा अन्तिम रूप से 'प्रभु कृपा' से ही जुड़ी रहती है। जैसा कि, कहा गया है, किसी विशेष काल में प्रभु कृपा माया से पंकिल इस जीव में बोध का भाव जाग्रत करती है। जीव अपने मूल स्वरूप ब्रह्म से अलगाव की पीड़ा महसूस करता हुआ जन्म जन्मान्तरों से किए जा रहे अपने द्वारा दुष्कर्मों का स्मरण करके प्रायश्चित करता है। विनय-पत्रिका का कवि अधिकांशतया पश्चाताप की मुद्रा में निरन्तर अपनी दीनता को प्रकट करता रहता है। यही पश्चाताप ही दैन्यभाव का मूल कारण तथा दास्यभक्ति का हेतु है। दास्यभक्ति के अन्तर्गत आत्मग्लानि की चर्चा निरन्तर की जाती है, किन्तु विनय पत्रिका के इस दैन्य में पीड़ा का विषाद भरा संदर्भ निरन्तर करुणा का प्रवाह उत्पन्न करता चलता है। वैयक्तिकता का आवेग भरा विगलन एवं पश्चाताप की पीड़ा भरी प्रायश्चित दृष्टि का बोध यहाँ निरन्तर दिखाई पड़ता है। कवि जिस 'विनय' शब्द के प्रयोग से अपनी पत्रिका बनाता है, उसका संदर्भ इसी पीड़ा से जुड़ता है। बद्धजीव निरन्तर इस संसार द्वारा उत्पन्न किए जा रहे संकट का अनुभव करके ये बार-बार उसकी भर्त्सना करते हैं। इस भर्त्सना के मूल में उनका बोधभाव प्रभु के समीप पहुँचने में उन्हें प्रेरित करता है। विनय पत्रिका के प्रारम्भ में इस भाव से संबंधित अनेक पद प्राप्त होते हैं—

नाचत ही निसि दिवस मर्‌यो
तबहीं तें न भयो हरि थिर जबते जिव नाम धर्‌यो।
बहु बासना बिबिध कंचुकि भूषन लोभादि भर्‌यो।
मेट्यो दुसह दरिद्र दोष दुख काहू तो न हर्‌यो।
थके नयन पद पानि सुमति बल संग सकल बिछुर्‌यो।
अब रघुनाथ सरन आयो जन भव भय बिकल डर्‌यो।
तुलसिदास निज भवन द्वार प्रभु दीजै रहन पर्‌यौ॥

विनय पत्रिका में कवि की पश्चाताप की मुद्रा बड़ी भी चित्तद्रावक है। इसी चित्तद्रावक मुद्रा को आध्यात्मिक चिन्तन की भाषा में **'मति तथा धृति'** के नाम से पुकारा गया है। सांसारिक संसक्ति से पूरी तरह से उचाट और यह समझ में आने लगना कि अभी तक तो यह जीव पूरी तरह से कर्मपाश में ही जकड़ा है। जन्म-जन्मान्तर के उसके द्वारा किये कर्मों एवं संस्कारों के इतने अधिक दबाव जो उसके लिए स्वयं भय के कारण हैं, मति तथा धृति को पुष्ट करते हैं। विनय पत्रिका के अध्यात्म पथ की शुरुआत यति तथा धृति भाव से ही होती है।

'मति तथा धृति' के पश्चात् 'विवेक' की जागृति जीव को आध्यात्मिक पथ का दर्शन कराती है। विवेक के जग जाने के बाद इस आध्यात्मिक पथ से विचलन नहीं होता। इन्द्रियाँ, लोभ, संसक्ति, ममता तथा आकर्षण, कलियुग, कर्म संस्कार आदि कहीं भी उसके मार्ग में बाधक नहीं हो पाते और विवेक से वह साधक आत्मबोध की ओर बढ़ता है। यदि कहना चाहें तो कह सकते हैं कि 'विनय पत्रिका' जीव के आत्मबोध के इसी संदर्भ को जागृति प्रदान करने वाली आध्यात्मिक कृति है। आत्मबोध के पश्चात् ही जीव को संसार एवं स्वयं का वास्तविक ज्ञान होता है। उसे प्रज्ञा की इस अवस्था तक पहुँचाने वाली मूल सहायिका 'प्रभु कृपा' ही है। विनय पत्रिका 'प्रभु कृपा' के लिए एक भक्त कवि की निश्छलता भरी प्रार्थना है जिसमें सर्वत्र प्रभु को अपनी ओर आकर्षित करने का उसका विनय भरा प्रयास दिखाई पड़ता है। इस प्रभु कृपा के निमित्त कवि अनेक देवी-देवताओं की मनौतियाँ करता है। हनुमान से बार-बार गिड़गिड़ाता है। सीता माता से अत्यन्त एकान्त में अपनी आत्मीयता को बताने की प्रार्थना करता है। भरत, लक्ष्मण तथा शत्रुघ्न सभी को बार-बार याद दिलाता है कि वे प्रभु को इस जन की ओर इंगित करें और इसी याद दिलाने के ही उपक्रम में वह पत्रिका-लेखन भी करता है। वह इस पत्रिका को उनकी कृपा कटाक्ष के प्रबल साधन के रूप में चुनता है। सम्पूर्णतः विनय पत्रिका की मूल मान्यता यही है कि—

यदि प्रभु का इस जीव तुलसी के प्रति किसी भी भाव से लेशमात्र के लिए भी ध्यानाकर्षण हो तो उसकी तात्कालिक मुक्ति सम्भव हो जाए। यहाँ मुक्ति का अर्थ है—जीवत्व का अपने मूल भाव ब्रह्मत्व में विलयन और भक्ति का अर्थ है—दीनता भरी प्रार्थना जिसकी द्रवता से 'प्रभु कृपा' प्राप्त हो सके। इस प्रकार, 'प्रभु कृपा' ही वह मूल तत्त्व है जो जीवत्व को प्रभु से जोड़ती है। इस प्रकार 'विनय पत्रिका' के 'भक्ति योग' की साधना 'प्रभु कृपा' से ही सम्भव है—और तुलसी इसी प्रभु कृपा के निमित्त ही अपनी सम्पूर्ण पीड़ा भरी गाथा यहाँ प्रस्तुत करते हैं। कवि की मुक्ति मात्र यहाँ इतने से ही हो जाती है कि वह यह स्वीकार कर लेता है कि उन्हें ज्ञात है कि कलियुग में भी एक भक्त का सही-सही ढंग से पूरी तरह से भक्ति का निर्वाह हो सका है। इतनी ही भंगिमा तुलसी की सम्पूर्ण प्रसन्नता का कारण है और वह मानता है कि इतना ही ध्यान दे देना जीवत्व मुक्ति का पर्याप्त कारण है। प्रभु के नेत्रों की जीव के प्रति भंगिमापात् मात्र ही उसकी मुक्ति का हेतु है। प्रभु देखें, एक बार जीव की ओर उन्मुख हों, चाहे जिस भाव से देखें, यही तुलसी की एकमात्र यहाँ कामना है और इस कृति की संवेदना भी। प्रभु के दृष्टिपात् करते ही जीव का प्रभुमय हो उठना—अर्थात् जन्म-मृत्यु एवं कर्म के अनन्त—अनन्त युग से बंधन से जीवत्व का मुक्त होकर अपने मूल अंशिन् (ब्रह्म) में विलयन हो जाने की स्थिति प्रभु कृपा पर ही आधारित है—और सम्पूर्ण विनय पत्रिका इसी भाव में लिखी गई है।

इस प्रकार विनय पत्रिका की संवेदना दो छोरों से जुड़ी हुई है—प्रथम यह कि मोहग्रस्त इस संसार में दृश्य रूप में न बनकर दर्शक रूप में बनने की आकांक्षा प्रत्येक जीव की होनी चाहिए और इसके लिए वह अपने कर्म, मन, वाणी एवं स्वभाव को एकमात्र प्रभु कृपा के निमित्त अर्पित करना चाहिए। एक का सम्बन्ध सम्पूर्ण भोगमयी वासना की संसक्ति का विनाश है तो दूसरे का संबंध प्रभु कृपा की अनन्य एवं एकमात्र आकांक्षा से है। कवि भक्ति साधना के बीच एक विलक्षण 'बोधि' का भाव इसके द्वारा उत्पन्न करना चाहता है। इस बोधि के लिए एकमात्र माध्यम 'प्रभु कृपा' है और इसके मिलने के बाद फिर कोई आकांक्षा शेष नहीं बचती। जीव की अपनी जड़ता से मुक्ति के बाद अपने अंशिन् ब्रह्म से अभिन्न रूप से जुड़ जाने के बाद की चित्त दशा का नाम ही वह 'विलक्षण बोधि' है—जिसमें वह निरन्तर लीन रहता है। तुलसी भक्ति से उत्पन्न इसी सम्प्रबुद्धि की आकांक्षा विनय पत्रिका में करते हैं।

तुलसी अपनी सम्पूर्ण जीवत्व की पीड़ा श्रीराम के प्रति निवेदित करते हैं। युगों-युगों से बिछुड़े अपने अनन्य एकमात्र शरण्य ब्रह्म के लिए संस्कारी जीव (तुलसी) की यही याचना है, कामना तथा विनय है, कि वह अपने इस अनन्य अंश जीव की ओर एक बार उन्मुख हो उठे। विनय पत्रिका में कवि (तुलसी, जीव) प्रभु को विवश कर देता है कि वह उसे स्वीकार कर लें। तुलसी के अतिशय एवं अनन्य भाव पर रीझकर वह स्वीकार कर लेते हैं कि—

''बिहँसि राम कह्यो सत्य है सुधि मैं हूँ लही है।''

बस, प्रभु के मुँह से इतना ही सुनते ही तुलसीदास का अभीष्ट पूरा हो उठा और वह उठकर उनके चरणों में अपना शीश रख देते हैं—अनन्य भावुकता भरा प्राप्य और समर्पण ठीक उसी के समानान्तर प्रभु की अनन्य आत्मीयता भरी स्वीकृति दोनों की पराकाष्ठा है। जीव के जीवत्व की सनातन भाव के लिए समाप्ति—यही विनय पत्रिका का लक्ष्य है—जन्म-जन्मान्तर से अपने मूल से बिछुड़े जीव की यही अनन्य तथा अन्तिम सिद्धि है।

इस प्रसंग में एक बात स्मरणीय है, वह है, पत्रिका लेखन का प्रसंग। वह प्रारम्भ में समस्त देवों का स्मरण करता है। जो कुछ लिखता है, उसे स्तुति मानकर पत्र लेखन की औपचारिकता भी माना जा सकता है। इसका अर्थ यह नहीं है कि वह उनका सबका स्मरण (स्तुति) पत्र को प्रभु तक पहुँचाने के लिए करता है। विन्दु माधव तक की स्तुतियाँ पत्र लेखन की औपचारिकताएँ हैं। कवि की मूल पत्रिका तो विनय खण्ड से प्रारम्भ होती है। यह पत्रिका कागज पर नहीं चित्त पर लिखी जाती है। कवि की आत्मपीड़ा, ग्लानि, विविध जन्मों तथा कर्मों (काल-कर्म) से उत्पन्न व्याधि समूह, कलियुग का उत्पीड़न आदि संकटों के बोध की व्यथा-कथा है। जीव अपने अनन्य स्वामी, अपने मूल अंशिन् को बार-बार अपने संकटों को सुनाता है। अपने मूल से वियुक्त होकर नाना संकटों को झेलने का वह अनेक बार स्मरण कराता है। उसे प्रभु की कृपा तथा अनन्यता पर पूर्ण विश्वास है। वह उन्हें उनके स्वभाव, उनकी भक्त वत्सलता, दयालुता, अकारण कृपा शीलता, निरन्तर दीन हितैषिता आदि स्वभावों का स्मरण कराता है और वह अनत तक उन्हें विश्वास दिलाता है कि शास्त्र, पुराण, साधना, ज्ञान, कर्म, उपासना, संन्यास, योग, यज्ञ, कर्मशुद्धि, धर्माचरण आदि आप तक न पहुँचाकर इसी कर्ममय जगत् के बीच पुनः भ्रमण कराते हैं। निश्चल शरणागति ही आपकी कृपा को प्राप्त करने का अन्तिम तथा अनन्य उपाय है। विनय पत्रिका के पत्र लेखन का संदर्भ

जीव की इसी पीड़ा भरी चित्त दशा की अभिव्यक्ति है जिसे जीव समझता है या प्रभु। तुलसी की विनय पत्रिका के इस लेखन में 'जीव एवं प्रभु' यही दो साक्ष्य हैं।

हिन्दी के अनेक आलोचकों ने यह बताया है कि पत्रिका विविध माध्यमों से राम तक पहुँचती है—यह कपोल कल्पना मात्र है। यह भी कहा जाता है कि कवि सीता, लक्ष्मण, शत्रुघ्न, भरत तथा हनुमान को प्रसन्न करके अपने स्वामी तक उनके माध्यम से अपनी पत्रिका भेजकर अपने प्रति कृपालु होने के लिए उनका उपयोग करता है। यह धारणा गलत तथा आरोपित है। तुलसी जीव तथा ब्रह्म के बीच अन्य किसी सत्ता के हस्तक्षेप को स्वीकार नहीं करते—तुलसी तथा राम के बीच विनय पत्रिका में और कोई भी नहीं है। अंश रूप जीव की बोधिमयी पीड़ा का प्रमाण या तो स्वयं जीव है, या स्वयं उसके अंशिन् रूप ब्रह्म राम—उसका लेखमात्र भी संबंध न सीता से है न हनुमान और भरत आदि से। तुलसी विनय-पत्रिका में यही कहते हैं कि ''जीव की पीड़ा ब्रह्म जानता है, या स्वयं जीव, अन्य कोई नहीं। घायल की पीड़ा स्वयं घायल जानता है या मर्मविद्ध करने वाला वधिक। तुलसी अपने इस मन्तव्य को विनय पत्रिका के अन्त में कहते हैं कि हे प्रभु! सबसे पहले मेरी इस **'विनय-पत्रिका'** को आप पढ़ना और पढ़कर भलीभाँति समझना और यदि उसके बाद कोई इच्छा हो तो अपने पंचायतन से (सीता, हनुमान, भरत, लक्ष्मण एवं शत्रुघ्न) से पूछ लेना—

> **''विनय पत्रिका दीन की बापु आप ही बाँचो।**
> **हिये हेरि तुलसी लिखी सो सुभाय सही करि—**
> **बहुरि पूँछियै पाँचों।''**

पाँचों से इसलिए साक्ष्य लेना, क्योंकि उन्होंने भी तुलसी जैसे संकट भोगकर आपका सान्निध्य प्राप्त कर रखा है।

तुलसी यह भलीभाँति समझते हैं कि जीव तथ ब्रह्म के पारस्परिक एवं गोपनीय साक्ष्य अन्य दूसरे नहीं है और इसीलिए वे अपनी नितान्त वैयक्तिक जीव पीड़ा की समझ की गोपनीयता केवल श्रीराम तक ही रखते हैं। पीड़ा का साक्ष्य वह पीड़ा देने वाला है—क्योंकि वह दृश्यभाव से सम्पूर्ण जीवत्व को लक्ष्यबद्ध किए हुए हैं। भक्त तथा ब्रह्म के बीच साध्य एवं साधक के बीच, आराध्य एवं आराधक के बीच, प्रेमी एवं प्रिय के बीच अन्य किसी की सत्ता नहीं आती—इसीलिए साक्षी की बात यदि आवश्यक हो तो—बाद की है। अनन्त-अनन्त युगों से बिछुड़े होने की अनन्य पीड़ा को नितान्त वैयक्तिक आत्मीयता से अपने चित्त-पत्र पर परम अभिन्न ब्रह्म के लिए जीव को एक पत्रिका जो किसी भी रूप में एक बार पुनः उसकी ओर आकर्षित करा दे—यही गोस्वामी तुलसीदास की विनय पत्रिका है—

> **कृपा कोप सतभायेहुँ तिरछेहुँ-राम तिहारेहिं हेरे।**
> **जो चितवनि सौंधी लगै—**
> **चितइये सबेरे।**

परिशिष्ट 2

विनयपत्रिका क्या एक प्रबन्ध कृति है?

स्वर्गीय श्री वियोगीहरि 'विनयपत्रिका' को तुलसी द्वारा श्रीराम को भेजी गयी पत्रिका के प्रकाश में देखने का प्रयत्न करते हैं, इसके लिए वे 'पत्रिका' शब्द में उसके अन्त के तीन छन्दों को आधार के रूप में जोड़कर अहेतुमूलक अप्रस्तुतविधान जैसा रूप दे देते हैं। यदि ध्यानपूर्वक विनयपत्रिका का अध्ययन करें तो निष्कर्ष के रूप में कुछ अन्य बातें भी सामने कवि के मन्तव्य के रूप में सामने आ जाती हैं। विनयपत्रिका में कवि का आध्यात्मिक लक्ष्य है, एक बार प्रभु द्वारा तुलसी को देख भर लेना—वही उनके आराध्य हैं, जीव एवं ब्रह्म सम्बद्ध का अक्षय सन्दर्भ यहाँ है, वह जीव अन्ततया ब्रह्म का ही मायाबद्ध रूप है और एक बार वह ब्रह्म किसी भी रूप में जीव ब्रह्म को देख भर ले, उसकी ब्रह्ममयी मुक्ति हो उठेगी—

कृपा कोप सतभायेहु सपनेहु तिरछेहु नाथ तिहारे हेरे।
जो चितवनि सौंधी लगै सो चितइये सबेरे॥
तुलसीदास अपनाइये कीजै न ढील जीवन अवधि अति नेरे। पद सं0 273

हे स्वामी! इस जीवब्रह्म को आप एक बार बस देख भर लें, चाहे जैसे देख लें—चाहे कृपापूर्वक, चाहे क्रोधपूर्वक, चाहे आत्मीयतापूर्वक, चाहे तिरछी (बंकिम दृष्टि : आधी दृष्टि से ही) मुझे देख भर लें और शीघ्रातिशीघ्र देख लें और फिर मैं आप में विलीन हो जाऊँ, इसमें अब कोई देर या ढील न करें।

तुलसीदास विनयपत्रिका भेजकर यह स्मरण कराना चाहते हैं या श्रीराम की दृष्टि मात्र के स्पर्श से प्रभुमयी मुक्ति चाहते हैं—ऐसे द्वन्द्वों के बीच हमें पत्रिका पढ़कर औचित्य का निराकरण करना, श्रीराम को सीता तथा भरत, लक्ष्मण, शत्रुघ्न तथा हनुमान की याद दिलाने पर उनका याद आ जाना, एक प्रबंध वैचित्र्य है और अन्य आध्यात्मिक द्वन्द्वों की भाँति यहाँ कवि अपना अर्थसंधान करता है, केवल स्मरण मात्र नहीं, तुलसी बार-बार यही कहते हैं कि आप तो सर्वत्र व्याप्त हैं, आपको क्या याद दिलाऊँ कि एक तुलसी भी भक्त आपके दर्शन के लिए लालायित हैं, तुलसी तो स्वयं जानता है कि मैं श्रीराम के हृदय में हूँ—क्योंकि श्रीराम मेरे हृदय में हैं,

मुख से कहाँ कहौं विदित है जी की प्रभु प्रवीन को।
तिहूँ काल तिहूँ लोक में एक टेक रावरी मन मलीन को॥

आप भलीभाँति जानते हैं कि तुलसी के जीवन भर की एक ही टेक है, वह है, आपके प्रति आत्यन्तिक समर्पण। अतः तुलसी तथा विनय भरी पत्रिका का रूपक कहीं घटित नहीं होता और वियोगी हरि ने खींचतान कर उसे जिस रूप में घटाने की चेष्टा की है, वह साधक तुलसीदास के अध्यात्म चिन्तन की विविध भूमिकाओं का अंग हैं।

यहाँ पहली स्थिति, आध्यात्मिक मनःदशा की भूमिका की है, शरणागत एवं प्रपत्ति में निष्ठावान् भक्त के स्तोत्र के साथ। गणेश वन्दना, शिव वन्दना, पार्वती वन्दना, गंगा स्तुति, यमुना स्तुति, चित्रकूट स्तुति आदि के द्वारा कवि केवल अपनी भक्ति की दृढ़ता की माँग कर रहा है न कि पत्रिका के लिए वातावरण बना रहा है।

गोस्वामी तुलसीदास व्यक्तिगत रूप से जिनसे जुड़े रहे, जिनके साहचर्य में रहकर अपना जीवन व्यतीत करते रहे हैं, उन्होंने पूरी आध्यात्मिक सजगता के साथ उन सबका स्मरण किया है—सबकी कृपा, सबकी आत्मीयता, सबका अपनापन तुलसी के साथ जीवन भर रहा है और ऐसी ही स्थिति उनके हनुमान बाहुक में भी दिखाई पड़ती है और अन्त में, वे श्रीराम की स्तुति का गान करते हैं—

सत सारदा सेस श्रुति मिलि करि सोभा कहि न सिराई।
तुलसीदास मतिमंद द्वन्द्वरत कहै कौन विधि गाई॥

तुलसी की पीड़ा यहाँ भौतिक जीवन एवं आध्यात्मिक निष्ठा के द्वैत में पड़कर केवल दिखलाने मात्र के लिए नहीं है। तुलसी पूरी तरह से लौकिकता तथा आध्यात्मिकता के द्वन्द्व से मुक्त हैं, केवल प्रभु श्रीराम के प्रति समर्पित, अर्पित एवं समर्पणयुक्त आत्मीयता तथा प्रेम की आत्यन्तिकनिष्ठा के प्रतीक के रूप में।

जैसा कि बताया गया है, तुलसीकृत विनयपत्रिका का अन्तिम स्वरूप संशोधित है। तुलसी ने पहले 'रामगीतावली' की रचना की थी फिर उसे विनयपत्रिका के रूप में परिवर्तित किया। रामगीतावली में भावात्मक आत्मीयता थी। विनयपत्रिका में आत्यन्तिक आत्मीय प्रेमभरी संसक्ति है। वे रामगीतावली की आत्मीयता को विनयपत्रिका की रागानुगा संसक्ति में बदलते हैं, राम के लिए कोई और नहीं है, केवल तुलसी हैं और तुलसी के लिए केवल राम एकमात्र राम हैं।

तुलसी इस बिन्दु तक पहुँचने के लिए विनयपत्रिका के अन्तर्गत कई भावात्मक छन्दों से जूझते हैं और इस अपने आत्मिक या आध्यात्मिक संघर्ष के क्षणों से होते हुए अन्त में राम को याद दिलाते हैं कि

''विहँसि राम कह्यो सत्य है सुधि में हूँ लही है।''

विनयपत्रिका की मूल संवेदना, लोक के मिथ्यात्व से उत्पन्न उसकी अधमता के द्वारा परमार्थ की आध्यात्मिकता की पहचान है। अहम् से आच्छादित लोक जीवन का ज्ञान सत्य की प्रनीति कराने में असमर्थ है—और भक्त में सामर्थ्य न योग मे उत्पन्न

होता है, न समाधि से—अपितु प्रभु कृपा ही इसके लिए आधार है। यह वाक्य कहने के स्तर पर जितना सरल दिखाई पड़ता है, अनुभूति के स्तर पर उतना ही जटिल है? यह प्रभु कृपा ही है जो साधक को इस स्थिति में पहुँचाती है—

कबहुँक हौं यह रहनि रहौंगो।
श्री रघुनाथ कृपालु कृपा तें सन्त सुभाव गहौंगो।
विगत मान मन सीतल जन पर गुन नहि दोष कहौंगो।
परिहरि देह जनित चिंता सुख दुख समबुद्धि सहौंगो।।

विनयपत्रिका उनकी लीलाकृति नहीं है, यह उनकी आध्यात्मिक कविता का उत्कृष्टतम रूप है—जैसे शंकराचार्य कृत आनन्द लहरी या सौन्दर्य लहरी। यहाँ ब्रह्मराग की वासना ही विनयपत्रिका से सम्बद्ध भावचेतना है, जो सर्जक कवि, तुलसी के चित्तलोक को बार-बार मथकर व्यक्त होने के लिए बाध्य करती है। यह परम्परा की 'कैवल्यावली विलास' तथा 'मनोदूत' जैसी आध्यात्मिक कविता है, जो अद्वैत वेदान्त की भावना से प्रेरित साधकों द्वारा लिखी गयी है। 'विनयपत्रिका' कोई पत्रिका नहीं है। यह तुलसी के आध्यात्मिक अनुभव की अभिव्यक्त गाथा न होकर बहुत सोच-समझ कर लिखी गयी लोक की 'अहंचेतना' के विसर्जन के बाद उत्पन्न ब्रह्ममयता से सम्बद्ध 'स्वमयता' की अनुभूति का आख्यान है। यह तुलसी के आध्यात्मिक चिन्तन के द्वन्द्व का प्रथम सोपान है।

तुलसी विनयपत्रिका में 'भौतिक' लोकानुभूति एवं 'आध्यात्मिक आत्मानुभूति' के बीच अलगाव उपस्थित करते हैं। वे सारे तर्कों तथा आत्मानुभव के प्रश्नों की झड़ियाँ लगा देते हैं। लोक के मिथ्यात्व को नाना रूपों में इंगित करते हुए तथा अधमता से पीड़ित स्व को, लोक को, जन-जन को उससे मुक्त होने के लिए प्रभु की शरणागति को इसके लिए आधार बनाते हैं। विनयपत्रिका में कवि की लीला का बड़े विस्तार के साथ वर्णन मिलता है और वे प्रतिक्षण सचेत होकर राम को पुकारते हैं, इस लोक में पुनः न फँसने के लिए और कवि की भक्ति की यह भावना अद्वैत वेदान्त, बौद्धों के शून्यवाद एवं भागवत की लीलाभक्ति से जुड़ी है। कलि एक अभिप्रय (Motif) है और इससे मुक्ति का सन्दर्भ योग, साधना, अद्वैत-चिन्तन तथा द्वैत मतों एवं भागवत आदि पुराणों से जुड़ा है।

नाम की कानि पहिचानि जन आपन्यो,
ग्रसत कलि काल राखो सरन सोऊ।।

कवि की पीड़ा का मौलिक द्वन्द्ववाद आध्यात्मिकता के लिए एक चुनौती है और प्रभु की कृपा से ही मानव को कलि पर विजय संभव है।

तुलसी बौद्ध तथा अद्वैतवेदान्तियों की भाँति जन्मने के कारण उत्पन्न होने वाली जड़ता से मुक्ति के प्रश्न को विनयपत्रिका में बराबर उठाते हैं। बौद्धमत में जन्म ही दुःख का सबसे बड़ा कारण है, और यही बात अद्वैत वेदान्त में भी कही गई है।

तुलसी लोक के दुःख के कारणों का प्रकरण बौद्ध धर्म एवं अद्वैत वेदान्त के सन्दर्भ में जन्म को ही मानते हैं। इस जन्म के कारण अहंकार एवं लोक संसत्ति एक व्यापक भ्रम उत्पन्न करती है और व्यक्ति जीवन भर डूबा रहता है—

''जौं मन निज परि हरै बिकारा।
हौ कत द्वैत जनित संसृति दुख संसय सोक अपारा॥
सत्रु मित्र मध्यस्थ तीनि ये मन कीन्हें बरिआई।
त्यागब गहब उपेक्षणीय अहि घटत तृन की नाई॥''

जन्म के कारण उत्पन्न यह सत्यता का भ्रम जीवन भर व्यक्ति को परेशान करता रहा है। आचार्य शंकर ज्ञान को इस मुक्ति का कारण मानते हैं, महात्मा बुद्ध इस मोह के कारणों की खोज और उससे मुक्ति को मनुष्य के लिए आवश्यक बताते हैं। तुलसी उसके लिए एक तीसरा मार्ग खोजते हैं—

रघुपति भगति बारि छालित चित बिनु प्रयास ही सूझे।

श्रीराम में समर्पण से मोहग्रस्त चित्त को निर्मल कर लेना, यही उपाय है, एक अन्य स्थल पर श्रीराम की भक्ति एवं संतों की संगति को इस मोह के विनाश का कारण बताते हैं—

तुलसीदास सब बिधि प्रपंच जग जदपि झूठ श्रुति गावै।
रघुपति भगति संत संगति बिनु को भवत्रास नसावै॥

इस प्रकार अविद्याग्रस्त मानव मन की शान्ति का कारण वास्तविकता का बोध है और बोध के लिए सन्त संगति तथा श्रीराम की भक्ति अनिवार्य है। विनयपत्रिका में कवि के द्वारा उठाए गये मानसिक द्वन्दों का कारण मोह है और रामभक्ति ही उसकी मुक्ति का कारण है।

गोस्वामी तुलसीदास निरन्तर इसी एक प्रश्न में उलझे हुए इस विनयपत्रिका में छटपटाते रहते हैं। उनकी मूल आकांक्षा है, ईश्वर से जुड़ने की और अपने चित्त द्वारा इन्हीं सम्पूर्ण साधनों की वह तर्कसंगत व्याख्या करते हैं। एक साधन ज्ञान है, किन्तु यह सबके लिए समान सुलभ नहीं है, दूसरा साधन योग है, तीसरा साधन समाधि साधना है, चौथा साधन भजन और कर्मकाण्ड है—तुलसी इन सबका परीक्षण बार-बार अपने चित्त में करते हैं और उसके लिए वे एक ही सरलतम उपाय जो सबके लिए समान रूप से सुलभ है, उसके लिए प्रेरित करते हैं, वह है, प्रभु के प्रति आत्मसमर्पण। वे निष्कर्ष निकालते हुए कहते हैं कि—

वाक्य ग्यान अत्यन्त निपुन भव पार न पावै कोई।
निसि गृह मध्य दीप की बातन्हि तम निवृत्त नहिं होई॥

इसके सन्देह से मुक्त होकर वे अन्तिम निष्कर्ष इस प्रकार निकालते हैं कि—

दास तुलसी चरन संसय हरन देहि अवलंब वैदेहि भर्त्ता।

मध्यकाल में मानव मुक्ति के लिए प्रचलित सारे संदर्भों को तुलसीदास बार-बार उठाते हैं और वे उन परम्परावादियों पर संदेह करते हैं, जो प्रपत्ति और शरणागति के अतिरिक्त अन्य मार्गों का चिन्तन करते हैं। अनन्य शरणागति जो केवल प्रभुमयता के अतिरिक्त चित्त को और कहीं नहीं जोड़ती, तुलसी की दृष्टि में उसके अतिरिक्त शेष साधन व्यर्थ है। इस प्रकरण में उनका अन्तिम निष्कर्ष है—

जाके पद कमल लुब्ध मुनि मधुकर विरत जे परम संगतिहि लुभाहि न।
तुलसीदास सठ तेहिं न भजसि कारुनीक जो अनाथहिं दाहिन॥

तुलसीदास इस प्रकार अनाथों की रक्षक श्रीराम की शरणागति भक्ति की उत्कट अभिलाषा की स्थापना विनयपत्रिका में करते हैं। श्रीराम की शरणागति में पहुँचकर सम्पूर्ण अज्ञान, संशय, भ्रम, मोह, अहंकार, तृष्णा आदि का भक्ति में विसर्जन अनिवार्य है। तुलसी बराबर इस सांसारिक मुक्ति के लिए अन्य साधनों का तिरस्कार करते रहते हैं—प्रभु श्रीराम की शरणागति को ही वे ज्ञान, योग, वैराग्य, तप, भजन आदि माध्यमों से श्रेष्ठ बताते हैं।

गोस्वामी तुलसीदास कृत विनयपत्रिका में इस प्रकार पाँच संदर्भ दिखाई पड़ते हैं—**स्तुतियों या स्तोत्र, सांसारिक नश्वरता या अनित्यता, इस सांसारिक अनित्यता के बीच श्रीराम भक्ति की स्थापना, कलियुग के द्वारा दी जा रही पीड़ा तथा अन्तिम है, आत्यन्तिक भाव से प्रभु के प्रति समर्पण**। इन पाँचों प्रकरणों में कहीं भी पत्रिका का सन्दर्भ नहीं है। स्तुतियों में एक स्थल सीता से सम्बद्ध है—

"कबहुँक अंब अवसर पाइ।
मेरियौ सुधि द्याइबी कछु करुण कथा चलाइ॥"

यह पत्र का प्रकरण नहीं, एकान्त एवं विश्राम के क्षणों में याद दिलाने का प्रकरण है।

श्री वियोगीहरि इन सारे प्रकरणों को पत्र लेखन की भूमिका मानकर विनयपत्रिका के अन्तिम तीन छन्दों 277, 278, 279 में आये पत्र लेखन को सम्पूर्ण कृति की रचना का आधार बना देते हैं। संस्कृत तथा हिन्दी साहित्य में मनोदूत, हंसदूत, मेघदूत जैसे प्रबन्धात्मक खण्ड काव्य लिखे गये हैं, जहाँ कथा का प्रारम्भिक सूत्र समापन तक जुड़ा रहता है। 'विनयपत्रिका' किस कोटि का काव्यरूप है, यह विचारणीय है, यदि 'पत्रिका लेखन' का सूत्र यहाँ प्रारम्भ से अन्त तक बना रहता तो निश्चय ही, इसे हम प्रबन्ध काव्य (खण्डकाव्य) कह सकते थे किन्तु यहाँ अन्त के केवल तीन छन्दों में कवि 'पत्रिका प्रसंग' रखता है जो एक प्रकार से राम के प्रति आत्मीयता की सूचना मात्र है। विनयपत्रिका भक्तिपरक गीति काव्य है, यह सत्य है कि कवि ने प्रारम्भ में इसका नाम, राम गीतावली' रखा था और बाद में कुछ छन्दों को जोड़कर इसे विनयपत्रिका का रूप दे दिया किन्तु यदि इसकी सम्पूर्ण प्रस्तुति को देखें तो इसमें पत्रिका का कोई

पूर्वक्रम न रामगीतावली में दिखाई पड़ता है और न विनयपत्रिका में। अन्त के तीनों पत्रिकामूलक छन्द कवि की भक्ति तथा आत्मीयता के एक साक्ष्य के रूप में है, कृति के वस्तुसंरचनाविधान को ये तीनों छन्द नहीं प्रभावित करते और कवि प्रभु की आत्मीयता के साक्ष्य की व्यंजना को केन्द्र में रखकर इस कृति का नाम 'विनयपत्रिका' रख देता है। यदि 'विनयपत्रिका' की संरचनात्मक प्रस्तुति कथाविधान या प्रसंगविधान जैसी होती तो इसमें मेघदूत आदि काव्यों की भाँति निरन्तर क्रमबद्धता बनी रहती। विनयपत्रिका के प्रारम्भिक 63 स्तोत्र भी क्रमबद्ध नहीं हैं—किन्तु स्तोत्र के कारण उन्हें हम मान भी लें तो यह क्रमबद्धता अन्तिम तीन छन्दों के अतिरिक्त और कहीं भी नहीं दिखाई पड़ती है। इस सन्दर्भ में डॉ० माताप्रसाद गुप्त का कथन निश्चित ही प्रामाणिक है—

"विनयपत्रिका के उपर्युक्त 63 तथा अन्तिम तीन स्तोत्रों-पदों के अतिरिक्त शेष में कोई स्पष्ट क्रम नहीं लक्षित होता है और इसीलिए और किसी भी शीर्षकों में वे विकसित नहीं मिलते हैं। उसकी रचना किस क्रम में हुई होगी, यह कहना एक प्रकार से असम्भव है।"[1]

इस विनयपत्रिका का मूलस्वर आत्मनिवेदन का है। करुणतम शब्दों में, कवि द्वारा किया गया आत्मनिवेदन ही 'विनयपत्रिका' का प्राण तत्त्व है। इसे श्री वियोगीहरि की भाँति प्रबन्धात्मक रचनाविधान जैसा स्वरूप प्रदान करना, सर्वथा अनुचित है। यह प्रकारान्तर भाव से तुलसी की श्रीराम भक्ति की 'काव्यगाथा' है और इसकी रचना वे पूरी सन्तुष्टि के साथ करते हैं।

इसमें कोई संदेह नहीं कि विनयपत्रिका जैसी विलक्षण भक्तिगाथा जैसी दूसरी कृति हिन्दी साहित्य में नहीं है।

---

1. हिन्दी साहित्य कोश : सम्पादन—डॉ० धीरेन्द्र वर्मा - में डॉ० माताप्रसाद गुप्त की 'विनयपत्रिका' पर टिप्पणी देखें।